沒有終點的戰爭

二戰波蘭猶太少女和她們不為人知的戰鬥

茱蒂·巴塔利恩
Judy Batalion——著

聞翊均——譯　夏克勤——審定

The Light of Days

The Untold Story of Women Resistance Fighters in Hitler's Ghettos

二戰時期猶太戰鬥組織的三名信使，
從左到右分別為塔瑪、貝拉與朗卡，
攝於一九四一年一場蓋世太保舉辦的聖誕派對。
她們在戰爭期間的英勇事蹟，才應長存於我們心中。

（Courtesy of Yad Vashem Photo Archive, Jerusalem. 3308/91）

謹以此書

紀念我的祖母薩爾達（Zelda），

也將此書

獻給我的女兒薩爾達（Zelda）與比莉（Billie）。

L'dor v'dor . . . Chazak V'Amatz.

代代相傳……成為強大勇敢的人。

以此向所有反抗納粹政權的波蘭猶太女性致敬。

波蘭被德國和蘇聯入侵後的疆域（一九三九年年末）。

華沙擁有哭泣的面孔，
擁有街角的眾多墳墓，
她將活得比敵人更久，
她將繼續看見天之光。

——出自歌曲〈禱告的篇章〉（A Chapter of Prayer）。

這是一首獻給華沙隔離區起義的歌，
在猶太隔離區歌唱比賽中獲得第一名。
這首歌是一名年輕的猶太女孩在死前寫下的，
在一九四六年出版的
《隔離區裡的女人》（*Women in the Ghettos*）
一書中發表。

CONTENTS

推薦序　歷史已經發生，記憶則是選擇／夏克勤　013
推薦序　無盡毀滅下的無以摧毀者／蕭育和　017
猶太戰鬥組織關係圖　020
人物列表　024
引　言　戰斧　027
作者序　預敘——抵禦還是拯救？　035

Part 1　隔離區的女孩　041

Chapter
1　波—林 ———— 042
2　逃離戰火後，前方仍是戰火 ———— 055
3　鑄造女性戰爭 ———— 059
4　看見下一個黎明——隔離區的恐懼 ———— 074

5 華沙猶太隔離區：教育與文字——087
6 自靈魂至血肉：成為ŻOB——096
7 顛沛流離的日子：從無家可歸到管家——112
8 變成石頭——129
9 黑色渡鴉——135
10 歷史中的三條線—克拉科夫市的聖誕節驚喜——152
11 一九四三年，新的一年：華沙的小規模叛亂——164

Part 2

惡魔或女神 177

Chapter

12 準備階段——178
13 信使女孩——186
14 蓋世太保之中——194
15 華沙隔離區起義——205
16 編著辮子的匪徒——217
17 武器、武器、武器——233

CONTENTS

18 絞刑架——242
19 森林裡的自由——游擊隊——249
20 梅利納、金錢與救援——267
21 血之花——277
22 烈火吞噬札倫比的耶路撒冷——286

Part 3 「沒有國界能擋住她們的去路」 295

Chapter
23 地堡與地堡之外——296
24 蓋世太保的網羅——315
25 杜鵑——329
26 姊妹們，復仇！——343
27 天之光——361
28 大逃亡——366
29 「永遠別說這是最後一趟旅程」——384

Part 4

情緒的傳承

情緒的傳承 397

Chapter 30 對活著的恐懼 —— 398

31 被遺忘的力量 —— 417

後記 一名消失的猶太人 432

作者筆記 調查過程 445

致謝 449

參考資料 464

註釋 525

推薦序

歷史已經發生，記憶則是選擇

美國印第安納大學歷史系助理教授／夏克勤

關於第二次世界大戰間的猶太大屠殺（the Holocaust;Shoah）中的受害者，臺灣讀者已經有幾本最經典親身記述的中譯，例如安妮・法蘭克（Anne Frank）的《安妮日記》（*Het Achterhuis*）、普利摩・李維（Primo Levi）的《如果這是一個人》（*Se questo è un uomo*）、埃利・維瑟爾（Elie Wiesel）的《夜》（*Night*）。這些紀錄重點不同、文風各異，也不乏讓了讀者各取所需的機會。作為二十世紀人類歷史最殘暴一頁的見證，它們的重要性與影響力無庸置疑，但對臺灣讀者來說，東歐猶太人（大屠殺最主要的受害者）在大禍年間的經驗，甚至是大屠殺的人造慘劇開始之前那些豐富、歷史悠久的東歐猶太文化與生活，仍然是很陌生的領域。我們常常只知道大部分東歐猶太人的最後一刻：系統性謀殺。這樣狹隘、去人性化的認識，無論就知識面或道德面來說都很令人遺憾。納粹德國極端反猶主義的目標不僅是謀殺歐洲（甚至是世界其他地方）的猶太人，而且也要將猶太人的文化與記憶完全抹滅。我們雖然是外人（其實也不盡然，不過這是另外的課題），但是如果僅記得東歐猶太人是謀殺的被害人，對於抵抗野火燒不盡的反猶主義與對猶太人的刻板印象，恐怕是不夠的。

《沒有終點的戰爭》是精彩的歷史寫作。作者巴塔利恩聚焦波蘭猶太反抗運動中的女性，尤其是組織領導人與承擔最危險但也最重要信使任務的年輕女性的經歷，詳細地重建她們非比尋常的反納粹行動。這本書主要建立在戰後早期生還反抗鬥士的自傳或口述記錄，並參考高度發展的大屠殺學術研究成果，《沒有終點的戰爭》一方面是兼具可讀性與可靠性的左翼猶太復國主義青年運動抵抗納粹的歷史敘事，一方面也是重新發掘這些女性在大屠殺期間以及戰後大多被遺忘、但是令人敬佩與嘆息的經驗。

巴塔利恩成功地避開灑狗血催動讀者同情或憐憫，或有意無意間情緒勒索的陷阱。透過豐富的材料與生動的筆觸，書中這些女性反抗運動成員不是僵化無趣、僅供崇拜的黑白「烈士」，她們是有血有肉、有個性、有慾望的個人，是他人的女兒、姊妹、伴侶，是戰前的務實理想主義者，也是戰時挺身而出，在絕望的環境中為猶太人的尊嚴（她們很清楚生還機會渺茫）奮力一搏的戰士。穿插在女性信使為中心的敘事之間，作者也簡要地勾勒猶太社群在波蘭的長久歷史、納粹入侵波蘭之前生氣勃勃而多元的猶太政治與文化，以及在一九三〇年代猶太人如何面對波蘭政府與社會日益高漲的反猶政策與氣氛。《沒有終點的戰爭》不只重申猶太反抗運動中女性成員的無畏事蹟在大屠殺史上的重要性，也是透過她們的生命史，一瞥毀滅前夜的波蘭猶太經驗與生死無常的隔離區社會實況。

重新記憶、表揚這些女性鬥士，並不需要黑白分明、隱惡揚善的卡通化圖像。《沒有終點的戰爭》最成功的地方，在於作者對於灰色地帶的重視與處理：反抗運動成員的掙扎（逃跑或留下？反抗是為了生存還是為了榮譽？冒險或犧牲的意義何在？）；為納粹工作的猶太隔離區居民委員會領導層與猶太警察的困難選擇；左右翼，以及猶太復國主義與其他猶太人政黨之間不同反抗組織的分立甚至對立；青年運動與傳統社群或政黨領袖的分歧；猶太反抗運動與非猶太波蘭人反抗運動的隔閡；各種反納粹游擊隊的排猶與性剝削文化；非猶太波蘭人對他們猶太鄰居的冷漠、勒索、趁火打劫、出賣，與冒生命危險的善舉與拯救；德國人在波蘭對猶太人的暴行與義舉；生還者在戰後以色列政治中的尷尬地位，與她們在大屠殺集體記憶甚至反抗敘事中的邊緣化。這些都是非常困難的主題，也是不應該避開的事實。作者直截了當的分析深掘，提供讀者更細緻地理解這段歷史的機會。本書最後兩章，處理生還的女性反抗鬥士的戰後經歷以及她們的事蹟為何被大眾遺忘，探討「對活著的恐懼」和「在倖存後活下來」的困難，尤其對討論臺灣社會自身（或是華人世界俯拾即是）的歷史創傷，相當有參考價值。

當反猶主義在歐美再度抬頭，以及在非猶太主流文化同化壓力與保守／宗教猶太認同於以色列崛起的夾擊下，作為大屠殺倖存者的孫女，《沒有終點的戰爭》可以說是巴塔利恩為自己的世俗猶太女性自我認同追尋新座標的旅程。為了當下的認同問題從歷史中找尋啟發，是古老也常見的現象。在這裡不但不減本書的價值，反而給沉重的主題相當吸引人的個人色彩與活力。這本書是少見的佳作，讀者會因為想知道幾位主角的命運而一路讀下去。我們會看到有尊嚴與勇氣的波蘭猶太少女，置性命於度外，為了同胞，也為了人類，進行不可能的任務。這是破除刻板印象的開始。

推薦序

無盡毀滅下的無以摧毀者

國科會人社中心博士級研究員／蕭育和

《沒有終點的戰爭》所講述的故事從華沙隔離區開始，背景是一場前所未有的戰爭：希特勒在一九三九年侵略波蘭，為的不是擊敗對手，也不是波蘭的屈服，甚至不是為了奴役波蘭人，這場戰爭的目的是徹底抹消一個民族的存在，並重新建立「新歐洲秩序」。

戰後的歐洲透過《凡爾賽條約》建立了民族國家的國際體系，被希特勒視為條約「不正常產物」的波蘭自然成為納粹鐵騎的首要目標，計畫是將波蘭重新打造成猶太人的隔離區，為德意志民族騰出生存空間。

全面抹消一個民族的具體做法是屠戮其菁英階層。海德里希指揮的「坦能保行動」（Unternehmen Tannenberg）負責殺光六萬波蘭菁英，通常是光天化日下的槍決，六萬人的機密名單顯然僅供參考，得到非戰殺戮許可的「特別行動隊」謹遵希特勒在會議上「目標是消滅波蘭一切有生力量，而不是占領某條戰線」的指示，毫無顧忌屠殺波蘭人民。如約瑟夫．戈培爾（Joseph Goebbels）所說，未來不會再有波蘭占領區總督政府，而只有總督政府，納粹要讓波蘭永遠消失在這個地球以及人們的記憶中。

華沙的猶太隔離區也是納粹新歐洲秩序的縮影。根據希特勒的說法，歐洲不是地理概念，而是種族概念，波蘭是希特勒重建歐洲種族秩序的實驗地，納粹將整個波蘭占領區切割成西德意志民族區與東猶太人隔離區，即便針對猶太人的種族隔離與強制遷徙拖累戰事，但對納粹分子來說，如果猶太人倖免於難，那麼，這場聖戰就不能說是成功。因此戈培爾將波蘭境內的猶太人問題比喻為「醫學問題」，一個需要動用外科手術切除的技術問題。

對波蘭的侵略也是大屠殺的序曲，納粹在接下來對蘇用兵的「巴巴羅薩行動」（Unternehmen Barbarossa）中展開了更血腥的殺戮，為的是避免新占領區像波蘭占領區那樣出現大量的貧民區。納粹高層曾經計畫將猶太人轉移到馬達加斯加島與西伯利亞，以緩解波占區的人口壓力，但由於東西線戰事不如預期，導致計畫中止，他們開始考慮更直接「有效」的滅絕手段。

集中營正是滅絕計畫的衍生，納粹的集中營帝國在侵略波蘭後大幅擴張。薩克森豪森（Sachsenhausen）是第一座黨衛軍完全主導的集中營，希姆萊的構想是讓集中營成為「提升」人民素質的場所，「勞動帶來自由」（Arbeit macht frei）的標語也是這時候成為集中營的統一標語，無論是「去極端化」還是「教育轉化培訓」，都是古今集中營的原初構想。希姆萊主張新的集中營必須擴大規模，以應付更多需要再教育的人口，更重要的是隱密，一切都是為了讓集中營能盡可能隔絕於世界。

一九三九年侵波之前並不存在「死亡」集中營，爾後更有效率的殺戮逐漸取代勞動改造，到了一九四二年，已經有上百萬人在集中營中被屠戮，波蘭人同樣首當其衝。一九三九年十一月，克拉科夫大學的教員是首批來到薩克森豪森集中營的波蘭人，其中大部分人都遭到殺害。至於往後成為大屠殺最知名象徵的奧斯維辛（Auschwitz）集中營，在建立毒氣室後也迅速轉型為滅絕營，希姆萊立即發動滅絕歐洲猶太人的「萊茵哈德行動」（Aktion Reinhard），而在奧斯維辛中被滅絕的猶太人中，多數便來自波蘭的猶太隔離區。新型集中營是極權體制完全體的象徵，其恐怖之處正如鄂蘭所說：不再是殘酷不受控的獸性暴力，而是「絕對冷酷且步驟井然的毀滅」。

這場由國家機器發起的大規模屠殺與文化滅絕催生了一個新概念：種族滅絕（genocide）。一九四四年，猶太裔的波蘭學者拉斐爾·萊姆金（Raphael Lemkin）在其著作《軸心國在歐洲占領區的統治》（*Axis Rule in*

Occupied Europe）一書中首次提出這個概念。納粹極權的生命政治理據需要反覆不斷在支配人口的內部進行大規模的清洗，從抹殺一個民族的菁英階層，再到隔離一個種族，直至徹底滅絕的「最終解決方案」（final solution）。在本書中，女戰士所面對的正是這樣一場「沒有終點」的戰爭，無人可以倖免於「留地不留人」的劇烈震盪，也無人知道它的殺戮終點所在。

書中的主角是一群被稱為「kashariyot」的女戰士，即希伯來語「連接者」。她們投身秘密行動的最前線，利用她們的性別身分，以及掩蓋猶太特徵的能力，組織地下網絡庇護反抗戰士、規劃潛逃路線、傳遞偽造的身份證件，甚至運送軍火，在蓋世太保的眼皮底下，進行一次次兇險無比的潛伏行動。她們的組織活動，遊走於隔離與非隔離區、勞動營與滅絕營之間的驚險行動很少被述說，出於各種偶然因素沉沒在浩若煙海的大屠殺研究中，不是所有人都能活下來，而有幸的倖存者，所得到的關注也完全比不上集中營的倖存者。

然而，這些女戰士不該被遺忘。

《沒有終點的戰爭》原作書名是「The Light of Days」，意在讓這些女戰士的故事「重見天光」，若做大膽詮釋，也可指她們的行動是遁入、隱身於「光天化日」之下，在納粹的嚴密監控與無盡網羅中傳遞希望的光；似也可指在多重壓迫與疲乏艱困中，她們依然寫作、閱讀、社交、遊戲，不忘手足同胞的幼兒教育，盡力維持得體的舉止與人性，此為黑暗時代中堅持人之為人的「日常」幽光。她們是狂暴的殺戮機器所無以摧毀的希望。

關係圖

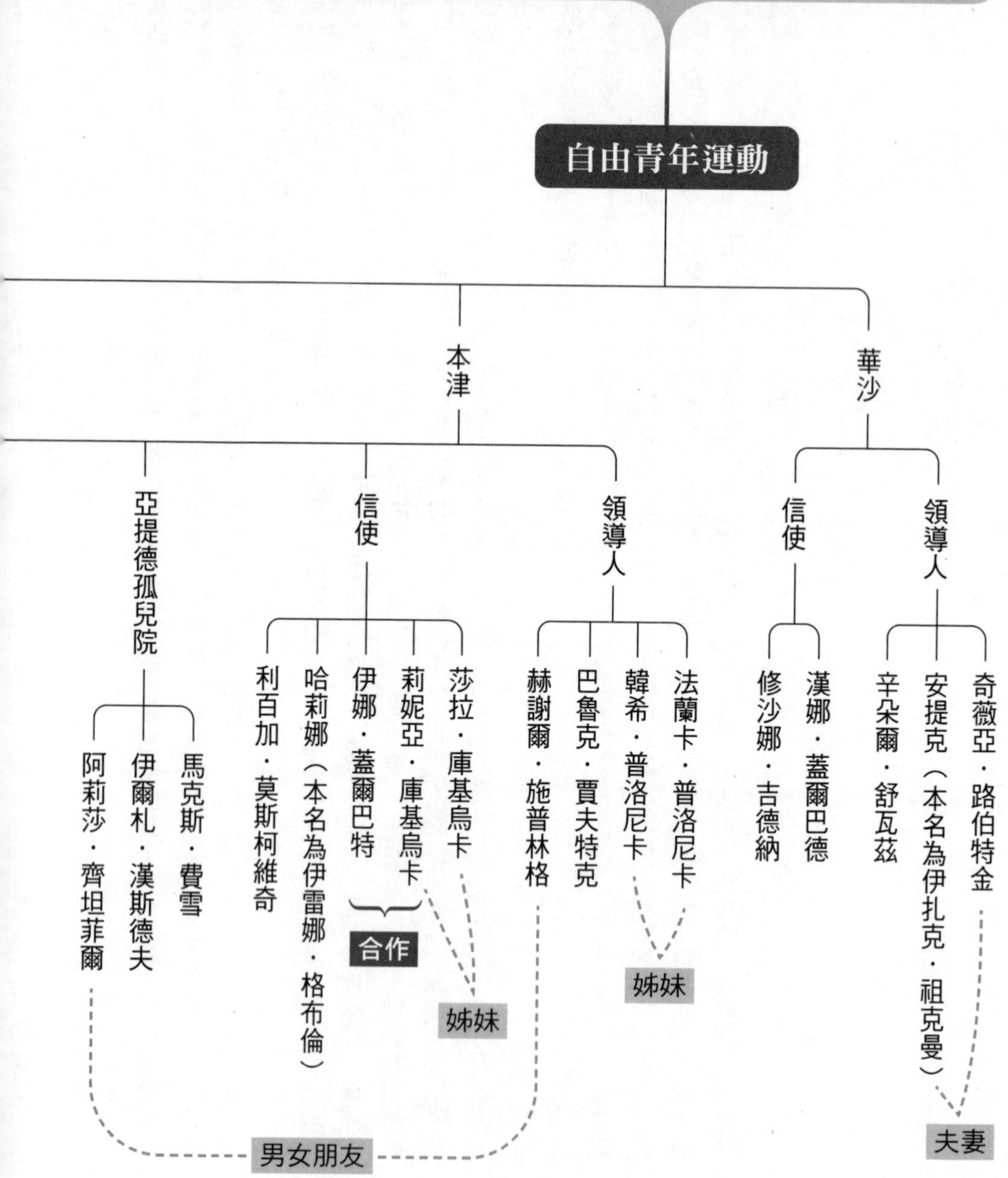
自由青年運動
本津
華沙
亞提德孤兒院
信使
領導人
信使
領導人
馬克斯・費雪
伊爾札・漢斯德夫
阿莉莎・齊坦菲爾
利百加・莫斯柯維奇
哈莉娜（本名為伊雷娜・格布倫）
伊娜・蓋爾巴特
莉妮亞・庫基烏卡
莎拉・庫基烏卡
合作
姊妹
赫謝爾・施普林格
巴魯克・賈夫特克
韓希・普洛尼卡
法蘭卡・普洛尼卡
姊妹
男女朋友
修沙娜・吉德納
漢娜・蓋爾巴德
辛朵爾・舒瓦茲
安提克（本名為伊扎克・祖克曼）
奇薇亞・路伯特金
夫妻

猶太戰鬥組織

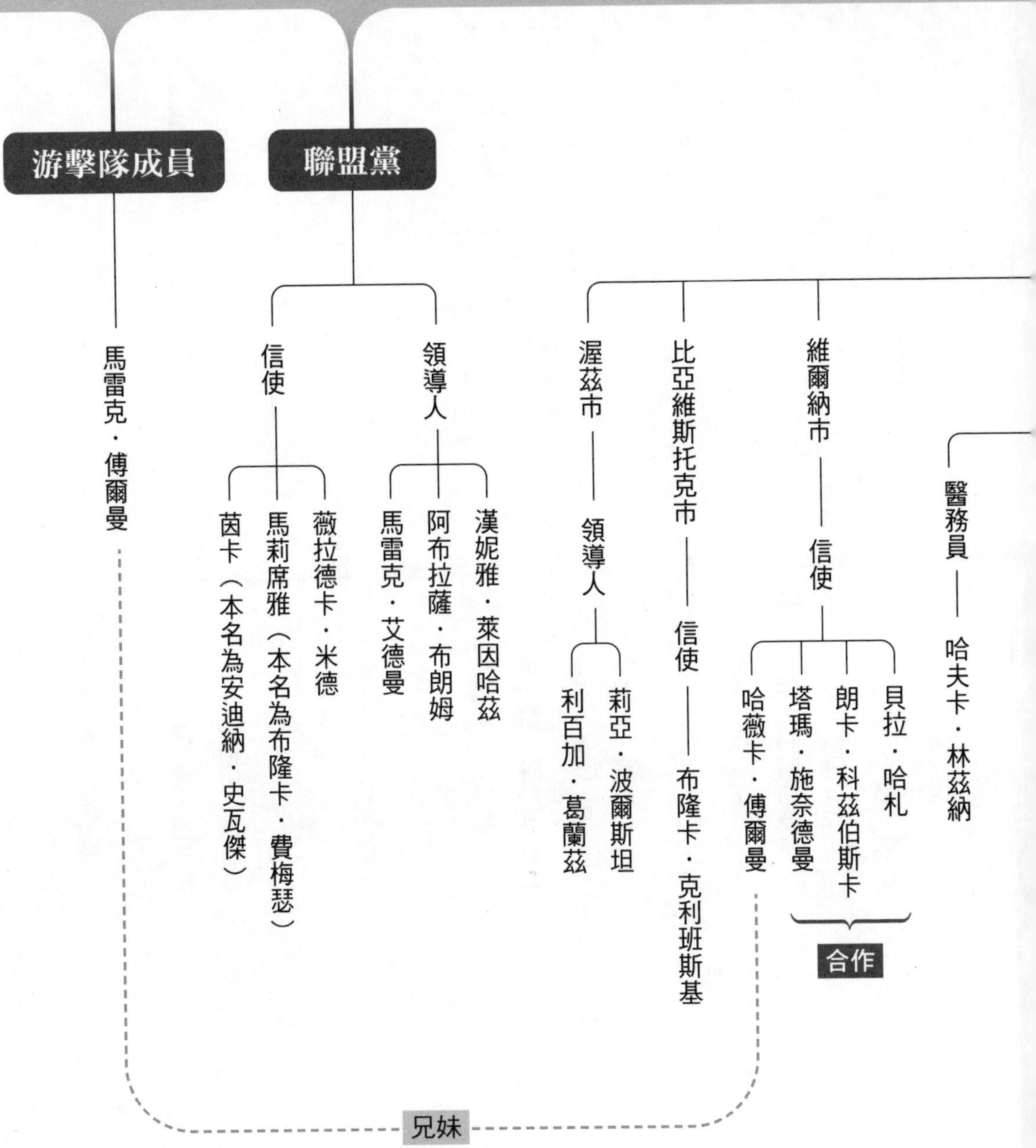
游擊隊成員
馬雷克・傅爾曼
聯盟黨
信使
茵卡（本名為安迪納・史瓦傑）
馬莉席雅（本名為布隆卡・費梅瑟）
薇拉德卡・米德
領導人
馬雷克・艾德曼
阿布拉薩・布朗姆
漢妮雅・萊因哈茲
渥茲市
領導人
利百加・葛蘭茲
莉亞・波爾斯坦
比亞維斯托克市
信使
布隆卡・克利班斯基
維爾納市
信使
哈薇卡・傅爾曼
塔瑪・施奈德曼
朗卡・科茲伯斯卡
貝拉・哈札
合作
醫務員
哈夫卡・林茲納
兄妹

關係圖

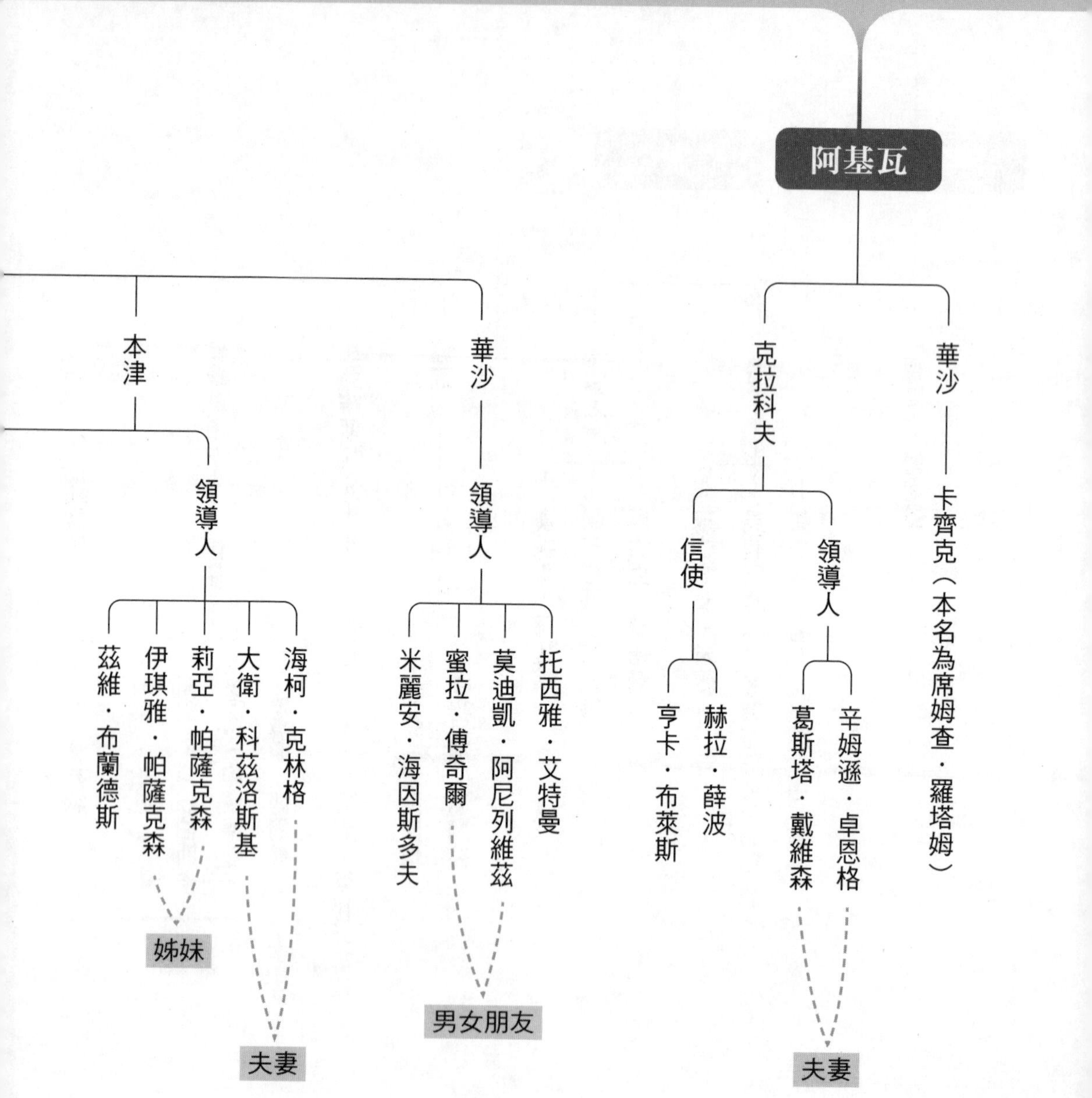
阿基瓦
克拉科夫
華沙
信使
領導人
亨卡・布萊斯
赫拉・薛波
葛斯塔・戴維森
辛姆遜・卓恩格
夫妻
卡齊克（本名為席姆查・羅塔姆）
本津
華沙
領導人
領導人
茲維・布蘭德斯
伊琪雅・帕薩克森
莉亞・帕薩克森
大衛・科茲洛斯基
海柯・克林格
姊妹
夫妻
米麗安・海因斯多夫
蜜拉・傅奇爾
莫迪凱・阿尼列維茲
托西雅・艾特曼
男女朋友

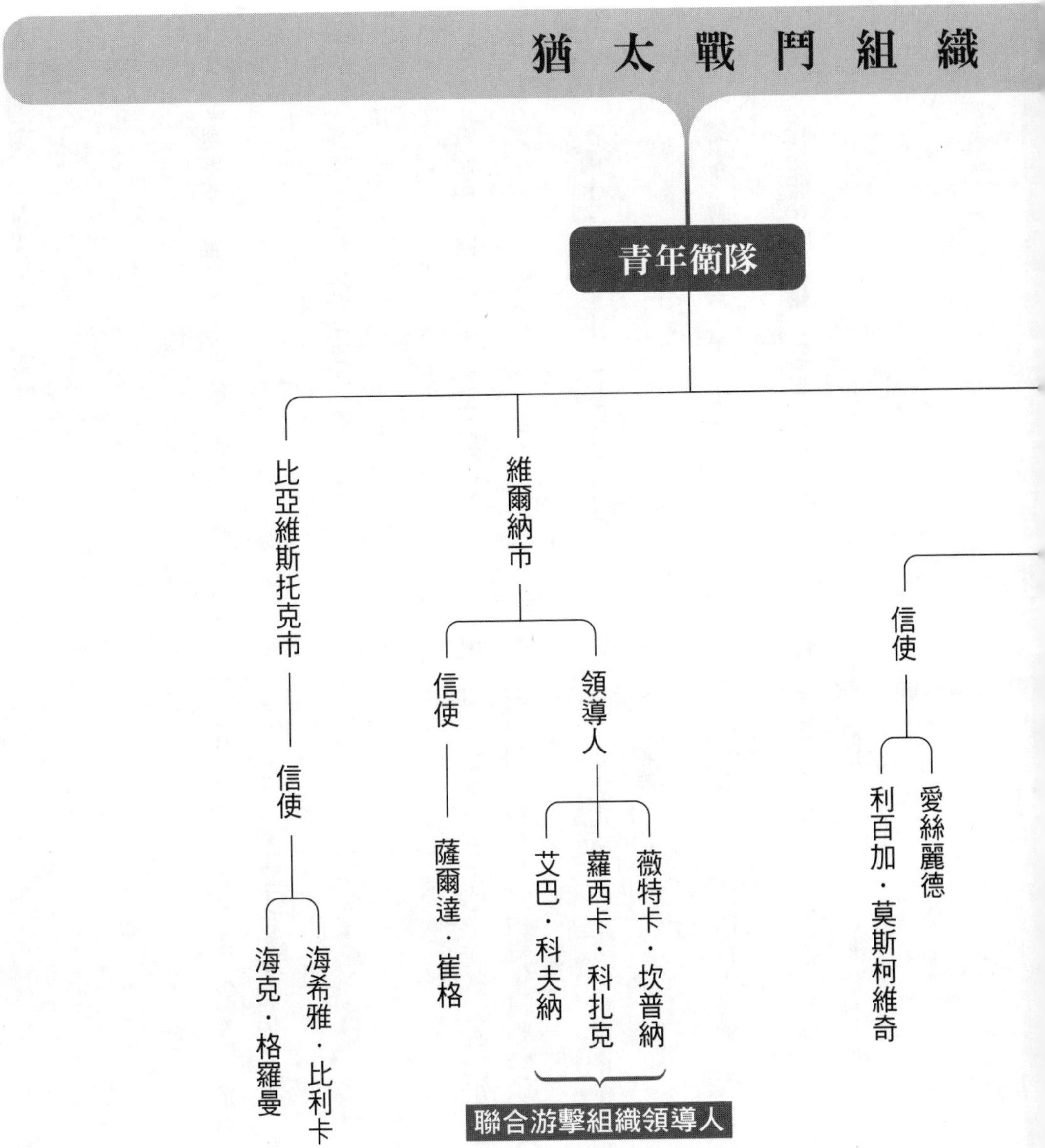
猶太戰鬥組織
青年衛隊
比亞維斯托克市
信使
海希雅・比利卡
海克・格羅曼
維爾納市
信使
薩爾達・崔格
領導人
薇特卡・坎普納
蘿西卡・科扎克
艾巴・科夫納
聯合游擊組織領導人
信使
愛絲麗德
利百加・莫斯柯維奇

人物列表（依照書中出現順序排列）

利妮亞・庫基烏卡（Renia Kukiełka）——出生於延傑尤夫鎮（Jędrzejów），是自由青年運動（Dror）在本津鎮（Będzin）的信使。

莎拉・庫基烏卡（Sarah Kukiełka）——利妮亞的姊姊，在本津鎮照顧孤兒，是自由青年運動的同志。

奇薇亞・路伯特金（Zivia Lubetkin）——出生於拜騰鎮（Byten），在猶太戰鬥組織（ŻOB）與華沙隔離區起義中擔任自由青年運動的領導人。

法蘭卡・普洛尼卡（Frumka Płotnicka）——出生於平斯克市（Pinsk），是自由青年運動的同志，在本津鎮領導戰鬥組織。

韓希・普洛尼卡（Hantze Płotnicka）——法蘭卡的妹妹，也是自由青年運動的領導人與信使。

托西雅・艾特曼（Tosia Altman）——青年衛隊（Hashomer Hatzair）的領導人，也是青年衛隊中最活躍的信使之一，以華沙為基地。

薇拉德卡・米德（Vladka Meed）

婚前原名菲格・帕爾托（Feigele Peltel），是華沙的聯盟黨信使。

海柯・克林格（Chajka Klinger）

本津鎮青年衛隊與戰鬥組織的領導人。

葛斯塔・戴維森（Gusta Davidson）

猶太復國主義組織「阿基瓦」（Akiva）的信使與領導人，以克拉科夫市（Kraków）為基地。

赫拉・薛波（Hela Schüpper）

阿基瓦的信使，以克拉科夫市為基地。

貝拉・哈札（Bela Hazan）

自由青年運動的信使，以格羅德諾市（Grodno）、維爾納市（Vilna）和比亞維斯托克市（Bialystok）為基地。和她一起工作的還有朗卡・科茲伯斯卡（Lonka Kozibrodska）與塔瑪・施奈德曼（Tema Schneiderman）。

海希雅・比利卡（Chasia Bielicka）與**海克・格羅曼**（Chaika Grossman）

青年衛隊的信使，她們也參與了比亞維斯托克市的反法西斯行動。

蘿希卡・科扎克（Ruzka Korczak）

青年衛隊在維爾納市的聯合游擊組織（FPO）領導人，也是森林中的游擊隊領導人。

薇特卡・坎普納（Vitka Kempner）——負責領導青年衛隊在維爾納市的聯合游擊組織，也是森林中的游擊隊領導人。

薩爾達・崔格（Zelda Treger）——青年衛隊的信使，以維爾納市和森林為基地。

菲伊・舒曼（Faye Schulman）——攝影師，後來成為了游擊隊的護士與戰士。

安娜・海爾曼（Anna Heilman）——波蘭化的華沙青年衛隊成員，後來參與了奧斯維辛集中營的反抗行動。

引言
戰斧

大英圖書館的閱讀室有一種老舊書頁的味道。我盯著眼前這一大疊我剛剛請館員幫忙找來的女性歷史書——「這些書的數量真的不算太多」，我安慰自己，還沒有多到我無法承受的地步。最底下的那本看起來最不同尋常：精裝的藍色布面書殼已經磨損，泛黃的書頁邊緣起了毛邊。我最先翻閱的就是這本書，裡面是整整兩百頁的手寫小字，且全都是意第緒語。＊這是一種我雖然認識，卻已經十五年沒有接觸過的語言。我差點連讀都沒讀就把這本書塞回那疊書裡了，但我心中卻燃起某種渴望不斷要求我閱讀下去，所以，我掃視了幾頁。接著我又多讀了好幾頁。我原以為這本書會針對女性的力量與勇氣寫出沉悶又宛如聖人傳記般的哀悼文字，並以模糊又類似猶太法典的文句做討論——但我讀到的卻是女人、陰謀、步槍、偽裝、炸藥。簡直就像翻開了一本驚悚小說。

裡面描寫的事件是真的嗎？這本書讓我大吃一驚。

＊譯者註：Yiddish，一種結合部分猶太詞語及特色的日耳曼語，於世界各地的猶太族群之間流通。作者為彰顯猶太文化，在書中穿插了一些意第緒語，為維持作者本意，多數意第緒語為音譯。

我曾試著在歷史中尋找強大的猶太女性。

二〇〇〇年代初期，我二十多歲，住在倫敦，白天的工作和藝術史學有關，晚上則是喜劇演員。在這兩個領域中，我的猶太人身分都是個不小的問題。無論是學術界學者、藝廊經紀人、聽眾、表演者還是製作人，都常在私底下用開玩笑的態度批評我很猶太的外表與行為。我慢慢發現，原來我用這麼公開又隨意的方式表現出猶太人特質會使英國人感到不悅。我從小生長在加拿大一個關係緊密的猶太社區，接著又到美國東北部念大學。在這兩個地方，我的背景都算不上特別，使得我無論是在私下還是在公開場合都表現出相同的性格。但在英國，用這麼「開放」的方式表現出我的不同之處，卻會顯得我很無禮並使他人感到不自在。我在意識到這一點之後大受打擊，並因為這種全新的自我意識嚇呆了。我不太確定我該怎麼應對這種狀況：忽略嗎？用玩笑回擊嗎？謹慎行事嗎？反應過度嗎？反應不足嗎？偽裝自己的同時，擁有兩種身分嗎？還是只能逃跑？

為了解決這個疑惑，我求助於藝術與研究，並決定要撰寫一篇作品，主題是猶太女性的身分認同與世代傳承的創傷造成的情緒影響。在我心目中的猶太女勇士楷模是漢娜．西納許（Hannah Senesh），她是少數沒有消失在歷史上的二戰女性戰士。我小時候讀的是世俗化的猶太學校（這間學校的哲學論述根植於波蘭猶太運動），在學校裡會學習希伯來詩作和意第緒語小說。我在五年級的意第緒語課上學到了西納許的故事，得知她如何在二十二歲那年於巴勒斯坦加入了英國傘兵的行列對抗納粹，並回到歐洲協助反抗行動。雖然她的任務沒有成功，但她成功激起了其他人的勇氣。她被處決時拒絕使用眼罩，堅持要直視向她發射的子彈。漢娜．西納許直面真相，為了自己的信念而生，也為了信念而死，她驕傲而誠實地活出了自己。

二〇〇七年春天，我在倫敦的大英圖書館尋找有關西納許的資訊，希望能找到詳細討論她個性的文獻。我發現談到她的書其實並不多，所以我請館員幫我找了所有提及她的書。其中一本正好是以意第緒語寫成的，而我差點就把這本書放回去了。

但我終究還是拿起了這本在一九四六年於紐約出版的《隔離區裡的女人》，[1]並開始瀏覽內頁。這本選集共一百八十五頁，只有最後一章提到西納許。在那一章之前的一百七十頁中寫滿了其他女人的經歷：數十名默默無聞的年輕猶太女性加入了反抗行動、對抗納粹，多數人都位於波蘭的猶太隔離區（ghetto）。這些「隔離區的女孩」賄賂蓋世太保守衛、把左輪手槍藏在麵包裡並幫忙建立地下碉堡系統；她們和納粹調情，用紅酒、威士忌和糕點收買他們，再悄悄地槍殺他們；她們執行莫斯科發布的間諜行動，運送假證件並分發地下傳單；她們知道猶太人遭受的是何種對待，肩負著殘酷真相；她們幫助病患、教導兒童；她們爆破了德國的火車鐵軌，炸毀了維爾納市的電力設施；她們打扮成非猶太人的樣子，在城鎮中的雅利安區＊擔任女傭，再幫助猶太人在牆上挖洞、爬過屋頂並經由運河和煙囪逃離隔離區；她們賄賂行刑人、撰寫地下電臺的公告、提振團隊士氣、找波蘭地主協商、哄騙蓋世太保替她們搬運裝滿武器的行李、鼓動一群納粹成立反納粹團體；此外，她們當然也是多數地下行動的指揮者。

儘管我受過許多年的猶太教育，但我從來沒有讀過這一類的資料，我很震驚這些文章如此詳細地描述了這些女性在戰役中的日常工作與傑出表現。我根本不知道有多少猶太女性曾參與過反抗行動，也不知道她們參與到何種程度。

這些文章不但使我大吃一驚，也使我深受感動，扭轉了我對自身歷史的理解。我家裡的長輩就是經歷了波蘭境內猶太人大屠殺的倖存者。我的祖母薩爾達（我的大女兒以她的名字命名）沒有參與反抗作戰，她雖

＊編按：此書為還原當時的歷史情境而採用「雅利安人」一詞，但納粹種族主義者認定的「雅利安人」是一個將古語言—族群聯繫假說種族化的概念，並沒有清楚的定義，且所謂雅利安人之間的差異，並沒有比他們與非雅利安人之間的差異還小，因此不能用來作為歷史學分析。除此之外，很多猶太人也並沒有刻板印象中認定的「猶太人」外貌。

然成功逃離波蘭，但過程卻非常悲慘，她的經歷形塑了我對生存的理解。我祖母的顴骨很高、鼻子很挺，看起來不像猶太人，在逃離了被納粹占領的華沙後，她游泳渡河、躲在修道院中、和納粹調情換來對方的視而不見、搭上一輛載著橘子往東駛的卡車，最後終於跨越了蘇聯國界，諷刺的是，她在這裡能保住一命，是因為她被迫進入西伯利亞勞動營。雖然我的祖母像公牛一樣強壯，但她卻失去了雙親與四名姊妹中的三名，因為他們全都留在華沙。每次輪到她在下午照顧放學後的我時，她都會描述這段可怕的經歷給我聽，眼中蓄滿了淚水與怒火。我們住在加拿大蒙特婁的猶太社群中，多數家庭裡都有大屠殺的倖存者，我家和其他鄰居家都同樣充滿了疼痛與受苦的故事。創傷已經在我的基因上留下了烙印——如今的神經科學家指出這種創傷會修改基因。我從小生長的環境中充滿了迫害與恐懼的氛圍。

但在這裡，在《隔離區裡的女人》一書中，我看見了女人在戰爭中也能擁有截然不同的故事。我對於這些擁有決策權的女性感到非常驚奇。這些女性以凶猛又堅毅的（甚至是暴力的）手段走私貨品、蒐集情報、執行破壞行動並參與戰鬥。她們對於心中的熊熊烈火感到自豪。寫作這本書的作者們不是在要求憐憫，而是在邀請讀者一同慶祝這些充滿勇氣的無畏行為。儘管女人時常挨餓與受虐，但她們仍然充滿勇氣、堅毅不拔。在這本書中，有好幾名女性曾有機會能逃離波蘭，但她們卻選擇留下，有些人甚至選擇從國外回到波蘭繼續戰鬥。我的祖母是我的英雄，但如果她當初決定要冒著生命危險留下來奮戰的話，會怎麼樣呢？接著，我又心神不寧地思考起這個問題：要是我遇到類似的狀況的話，我會怎麼做？我會戰鬥，還是逃跑？

❖

一開始，我以為在《隔離區裡的女人》一書中提到的數十個名字，就已經囊括了那個時代的所有女性戰士了。開始研究這個主題後，我很快就從四面八方獲得了許許多多女性戰士的非凡故事：文獻檔案、分類目錄、把家族故事用電子郵件寄給我的陌生人。我找到了數十本小出版社印製的女性回憶錄，也找到了從一九四〇年代至今的數百份相關證詞，這些證詞包含波蘭語、俄語、希伯來語、意第緒語、德語、法語、荷蘭語、丹麥語、希臘語、義大利語和英語。

大屠殺的學者曾辯論過哪些行為才「算是」猶太反抗行動。[2] 許多人接受的是最廣泛的定義：任何肯定猶太人人性的行為；任何個體或集體挑戰納粹政策或納粹意識形態的行為，就算是無意中做到的也算，例如活下來。還有些人認為太過廣泛的定義會貶低那些冒著生命危險積極反抗納粹政權的人，他們認為「英勇反抗」與「奮鬥求生」之間有非常明顯的差異。

我在研究過程中把焦點放在波蘭上，我注意到波蘭猶太女性的反抗行為囊括四海，從複雜的規劃與精細的預謀（例如引爆大量黃色炸藥），到即興又簡單的行動皆有，有些甚至宛如鬧劇，還有些行動包括了戲服、變裝、又咬又抓、從納粹的手中掙扎逃脫。許多女性的目標是拯救猶太人，還有些女性的目標是有尊嚴地死去並留下有尊嚴的傳承。《隔離區裡的女人》強調的是女性「隔離區戰士」的行為：她們是來自猶太青年運動團體的地下戰士，在隔離區中執行任務。這些年輕女人是戰鬥人員、是地下刊物的編輯，也是社會運動人士。特別值得一提的是，在當時的各種活動中擔任核心人員「信使」（courier）的大多都是女人，她們偽裝成非猶太人，往來封鎖的隔離區與城鎮之間，走私人、現金、文件、資訊和武器，她們走私的這些許多人事物，都是她們自己想方設法找來的。

除了隔離區的戰士之外，還有一些猶太女人逃進森林並加入游擊隊，負責執行破壞任務與情報任務，有些反抗行動甚至「沒有組織」；有些波蘭猶太女性加入了國外的反抗勢力，另一些則和波蘭的地下抵抗組織合作。這些女性建立了救援網絡，[3] 幫助猶太同胞躲藏或逃跑。除此之外，她們也在道德、精神與文化上進行反抗，隱匿自己的身分、分發猶太書籍、在運輸途中為了緩解恐懼而說笑話、擁抱同伴讓他們保持溫暖，[4] 並為孤兒設立施膳處——設立施膳處有時是有組織、公開的合法活動，有時則是個人私下執行。

我在調查了數個月後，面臨了身為作家必定會遇到的寶藏與挑戰：我已經蒐集到數量超乎想像、內容精彩的反抗事件了。接下來我要怎麼把範圍縮小，選擇最主要的歷史人物呢？

到了最後，我決定要跟隨我的靈感，也就是《隔離區裡的女人》。這本書把焦點放在隔離區中來自自由青年運動與青年衛隊的女性戰士身上。《隔離區裡的女人》一書中最重要也最長的一篇文章，是一位女信使撰寫的，屬名是「利妮亞．K」（Renia K）。我深受利妮亞的吸引——不是因為她最出名、最好戰或者最有領袖魅力，原因正好相反。利妮亞既不是理想主義者，也不是革命家，她只是一名精明能幹的中產階級女孩，碰巧陷入了一場突如其來又永無止境的噩夢，並受到內心的正義感與憤怒所驅動，起身反抗納粹。我著迷於她偷偷跨越國界走私手榴彈的驚人舉動，以及她對於臥底任務的詳細描述。利妮亞在二十歲時，用紮實又發人深省的文字記錄下過去五年的經歷，生動地刻畫出人物性格，直白地記錄了感受，甚至還參雜了一些幽默感。

後來，我發現利妮亞在《隔離區裡的女人》的文章，其實摘錄自一本長篇回憶錄，[5]利妮亞在波蘭寫下這本回憶錄，並在一九四五年於巴勒斯坦用希伯來文出版此書。她的回憶錄是第一批（有些人說是第一本）[6]針對大屠殺進行了完整個人描述的書籍。一九四七年，紐約市區的一間猶太出版社發行了這本書的英文版本，[7]並找了一位著名的譯者撰寫引言。但人們在沒多久後就淡忘了這本書與其描述的世界。我在尋找資料時發現人們只會在順道一提時或學術註釋中論及利妮亞這個名字，因此我在本書中把她的經歷從註釋裡轉移到主文中，揭開這位猶太女性的神祕面紗，她雖默默無聞，卻做出了許多震撼人心的勇敢舉動。利妮亞描寫了來自不同地下抵抗運動的波蘭猶太戰士所經歷的事件和執行的任務，我把這些歷史縱橫交織在一起，希望能展現出女性勇氣的廣度與深度。

在猶太傳說中，有非常多弱者勝過強者的故事：大衛與巨人歌利亞、愚弄法老的以色列奴隸、打敗希臘帝國的馬加比兄弟（Maccabee brother）。

但這本書寫的並不是那種故事。

在軍事成就、納粹傷亡與拯救猶太人這幾個方面，波蘭猶太反抗軍取得的勝利相對微不足道。[8]但是，她們為了反抗付出的努力遠比我能想像到的還要更多也更有組織，相較於我從小聽到大的大屠殺描述，她們付出的努力可說是龐大無比。各個猶太武裝地下團體活動的地點超過了九十個東歐猶太隔離區，[9]出現過「小型反抗行動」與起義的不只華沙市，還有本津鎮、維爾納市、比亞維斯托克市、克拉科夫市、利維夫市（Lvov）、琴斯托霍瓦市（Częstochowa）、索斯諾維茲鎮（Sosnowiec）和塔爾努夫市（Tarnów）。[10]猶太人至少曾在五個集中營與滅絕營——包括奧斯維辛集中營（Auschwitz）、特雷布林卡集中營（Treblinka）和索比堡滅絕營（Sobibor）——和十八個強制勞動營武裝起事（或反抗）。[11]共有三萬名猶太人加入了森林中的游擊分隊，[12]他們的網絡更資助了一萬兩千名藏匿在華沙的猶太同胞。[13]除此之外，還有數不清的日常反抗行動。

我不斷問自己，為什麼我從來都不知道這些故事？為什麼我從來都不知道曾有數百位、甚至數千位猶太女性在各方面參與了這些反抗行動，其中甚至有不少女性是領導人？為什麼《隔離區裡的女人》會如此默默無聞，沒有成為大屠殺閱讀清單上的經典著作？

我後來慢慢理解到，這個社會在發展有關大屠殺的敘事時，會受到許多個人因素與政治因素的影響。一直以來，從各個面向抵制「反抗」的力量都在形塑我們的集體記憶。沉默是一種能改變認知並轉移權力的手段，在過去數十年來，沉默一直以不同方式在波蘭、以色列與北美運作；此外，沉默也是一種適應與生存的方法。

就算有故事敘述者違反了常理寫下了反抗事件，這些故事也鮮少會聚焦在女性身上。[14]確實有少數幾個撰文者把女性含括在他們描述的反抗事件中，但他們對女性的描述充滿了刻板印象。二〇〇一年上映的精彩電影《寧死不屈》（*Uprising*）描述了華沙猶太隔離區的歷史事件，雖然電影中確實有女性戰士出場，但她們遭到了非常典型的扭曲。原本擔任領導人的那幾位女性變成了次要角色，變成只是主角們的「女朋友」。電影的女主角是托西雅·艾特曼，雖然片中確實呈現了她走私武器的無畏行為，但卻把她描繪成一名美麗又害羞的女孩，必須照顧病重的父親，在受到戰爭波及後被動地成了戰士，態度驚恐又溫順；然而，現實世界中的托西雅早在戰爭開打之前，就已經是青年運動團體青年衛隊的領導人了。她的傳記作者強調，她以個性爭強好勝聞名，是個「打扮亮麗的女孩」，而且「行為輕佻」。[15] 電影在重新撰寫她的背景故事時，不但扭曲了她的人格，也抹除了養成她這種個性的猶太女性教育、訓練與工作。

猶太人在波蘭抵抗納粹的行動，當然不是只有允許女性參加的激進女性主義任務，也有許多男人是戰士、領導人和作戰指揮官。但是，女人因為性別以及掩蓋猶太特徵的能力，特別適合執行某些會危及生命的關鍵任務，尤其是擔任信使。正如戰士海克·格羅曼所描述的：「猶太女孩是這場行動的神經中樞。」[16]

著名的華沙隔離區紀實作家伊曼紐爾·林格布倫（Emanuel Ringelblum）也曾描寫當時的信使女孩：「她們從沒有半句埋怨，毫不猶豫地接受了最危險的任務，並順利完成。……她們和死神對視過多少次了？……在這場戰爭中，猶太女人的經歷將會是猶太歷史中最輝煌的一頁。」[17]

《隔離區裡的女人》在一九四六年出版時的最終目標，是讓美國猶太人知道隔離區裡的猶太女性付出了多麼驚人的努力。許多撰稿人當時都認為這些女人將會變成家喻戶曉的名字，未來的歷史學家將會繪製出一張不可思議的歷史地圖。戰士蘿希卡·科扎克寫道，這些女性戰士的故事是「我們這個國家最珍貴的寶藏」，一定會成為猶太傳說中不可或缺的一部分。[18]

七十五年後，這些英雄大多仍默默無名，沒有人在書中為她們寫下永恆的記憶。[19] 直到現在為止。

序

預敘——抵禦還是拯救？

從空中俯瞰時，有些人可能會誤以為這個擁有閃亮城堡、鮮豔建築與糖果色街道的小鎮是個魔法王國。這裡是本津鎮，自九世紀起就有人定居，起初建立的用途是當作要塞，[1] 用來保護基輔與西方之間的古老貿易道路。就像波蘭的許許多多中世紀城市一樣（尤其是那些位於波蘭南部、處處都是森林的城市），本津鎮擁有絕美的地景。綠意盎然的景色不會讓你聯想到分裂與死亡、無盡的戰爭與法令。從遠處觀看時，你絕不會猜到這個擁有金色塔樓的高貴小鎮，是猶太人幾乎被毀滅的象徵。

本津鎮位於波蘭的札倫比區（Zaglembie），曾是猶太人數百年來的居所。猶太人從一二〇〇年左右開始在這裡工作並蓬勃發展，到了十六世紀晚期，國王賜予本津鎮猶太人權利，使他們可以擁有禱告殿、購買地產、無限制地行商、宰殺動物與賣酒。在接下來的兩百多年間，願意繳稅的猶太人都受到保護，在這裡建立了強大的貿易關係。十九世紀，本津鎮前後受到普魯士人與俄羅斯人的嚴格統治，但當地團體非常反抗這些外來殖民者，大力提倡波蘭人與猶太人之間的情誼。到了二十世紀，本津鎮經濟蓬勃發展，設立了現代學校，變成了新思想（尤其是社會主義思想）的核心地區。新的職業與思想浪潮帶來了激烈又富有成效的內部衝突，使猶太政黨、教授與媒體大量湧現。這裡就像波蘭境內的許多小鎮一樣，猶太人口占比逐漸增加，細針密縷地交織進了當地的日常生活中。這些說意第緒語的居民，成為了這個地區不可或缺的一部分；反之亦然，對他們來說札倫比區逐漸變成了其中一種極為重要的身分認同。

本津鎮在一九二一年被稱做「札倫比的耶路撒冷」，當時的猶太人擁有六百七十二間當地工廠與工作坊。將近一半的札倫比居民都是猶太人，[2]其中有許多人具有一定的身分地位：醫師、律師、商人以及製造工廠的老闆。他們態度開明、世俗化又有些偏向社會主義，會去咖啡店消費、在山上買避暑別墅，也會享受探戈之夜、爵士樂與滑雪，這些富裕的猶太人覺得自己是歐洲人。另一方面，勞工階級與信仰虔誠的猶太人也同樣正蓬勃發展，當地有數十個祈禱殿，猶太議會中有許多政黨可以選擇。在一九二八年的地方選舉中，共有二十二個政黨參加，其中有十七個是猶太組織，本津鎮的副鎮長便是猶太人。想當然，這些猶太人並不知道這個由他們一手打造起來、生氣蓬勃的世界，很快就要被徹底摧毀了，也不知道他們即將必須為了自己的傳承與生命而戰。

一九三九年九月，德軍入侵了本津鎮。納粹燒掉了小鎮上那座宏偉的羅馬風格猶太會堂（這座美麗的會堂矗立在城堡的下坡處，一直都是猶太人的驕傲），接著殺掉了數十名猶太人。[3]三年後，兩萬名戴著大衛之星臂章的猶太人被迫走進了本津鎮外的一個窄小區域，[4]每個棚屋和房間裡都擠滿了好幾個家庭。在過去數個世紀，這裡的居民享受著相對和平、繁榮且社會融合的生活，他們已累積了好幾個世紀的文化，如今他們全都被塞進了寥寥數個凌亂的街區中。本津鎮出現了一個新的區域，一個漆黑又潮濕的區域：猶太隔離區。

札倫比區的這幾個猶太隔離區，是波蘭最後幾個被「清空」的隔離區，希特勒的軍隊在戰爭後期才為了完成「最終解決方案」（Final Solution）來到這裡。[5]隔離區中有許多居民持有工作許可證，他們不會立刻被送到滅絕營去，而是會先被送到德國的武器工廠與工作坊去強制勞動，因此本津鎮依然可以使用郵政通訊。這些隔離區可以聯絡上蘇聯、斯洛伐克、土耳其、瑞士和其他非雅利安人為主的國家，因此就算在這些漆黑無光的區域中，仍有許多猶太反抗軍的存在。

在這些人滿為患的房子裡、在這種驚慌不安又恐懼的氛圍中，有一棟十分特別的建築。這棟建築之所以能屹立不搖，不是因為它的結構堅實（事實上，這些建築結構很快就會坍塌，只剩下地底碉堡），更因為居住者的思緒、心靈與肌肉十分強大。這裡是當地猶太反抗軍的本津鎮總部，這支反抗軍創立的基礎是勞工猶太復國主義運動（Labor Zionism）哲學觀，他們非常珍視猶太人的自主權、土地的生命力、社會主義與平等，這些「同志」（comrade）是由獨一無二的體力勞動與女性賦權共同培養出來的。這裡便是自由青年運動的核心地點。

一九四三年二月，隔離區一片冰寒，空氣像鉛塊一樣沉重。這棟通常熙熙攘攘的社區建築陷入了不同尋常的安靜之中。自由青年運動的文化活動（語言課程、音樂表演、討論心靈與土地如何連結的講座）所帶來的熟悉嘈雜聲消失了。沒有交談聲，也沒有歌聲。

一名十八歲的猶太女人從洗衣間走了出來，她是利妮亞．庫基烏卡，在地下反抗行動中剛嶄露頭角的戰士。她邁步前往總部一樓，他們總是在那裡的一張大桌子前計畫最重要的事件，今天他們要在那裡開會。這張大桌子對她來說一點也不陌生。

「我們拿到了一些文件。」赫謝爾宣布道。

所有人都屏住了呼吸。那些文件是他們的黃金門票——能讓他們離開波蘭，能讓他們活下去。

他們要在今天做出最重要的決定。[6]

法蘭卡．普洛尼卡也參與了這次的會議，她皺著眉頭站在長桌的其中一端。法蘭卡擁有深色雙眼，來自平斯克市，從小在信仰虔誠的貧困家庭長大，她加入自由青年運動時還是個內向的青少女，與生俱來的嚴謹個性與分析思維使她在組織中步步高陞。戰爭開打後，她很快就變成了地下組織的領導人。

站在長桌另一端的是赫謝爾．施普林格（Hershel Springer），是法蘭卡在本津鎮「部隊」中的共同領導人。赫謝爾受到眾人喜愛，「個性非常符合典型的猶太人」，[7] 每次遇到猶太人時都能直率地開啟對話，無論對方是貨車司機還是肉販，他都能和對方認真談論最瑣碎的各種事件。他溫暖又傻氣的微笑具有安撫人心的力量，能抵禦已經飽受摧殘的外界、抵禦這個一天比一天空曠的骯髒隔離區和虛無的回音。

利妮亞走到桌旁的空位上，和其他猶太青年一起圍繞著桌子坐下來。

她常覺得眼前的現實使她既難以置信又震驚。不過幾年前，她還只是個擁有六名手足與一對摯愛父母的十五歲女孩，如今她變成了孤兒，甚至連兄弟姐妹在哪裡或是不是還活著都不知道。戰爭爆發後，利妮亞和她的家人一起跑過橫屍遍野的田地。最後，只剩下她一個人在田地間逃竄。她在幾個月前才剛從一輛行進間的火車上跳下來，偽裝成波蘭農民的小孩，在一個擁有部分德國血統的家庭中擔任女傭。為了扮演好這個假身分，她堅持要和這家人去做禮拜，她從頭到尾都在發抖，擔心自己不知道該在何時起立、該如何坐下、該對哪些事物畫十字。她從青少女變成了女演員，每時每刻都在表演。那個家庭的家長很喜歡她，稱讚她衣著整潔又工作勤奮，甚至還受過教育。「當然了。」利妮亞半真半假地回答。「我們家的人都具有基本的文化素養。我們很有錢。我是因為爸媽過世了，所以才必須出來做勞力工作。」

雖然這一家人對她很好，但利妮亞聯絡上了姊姊莎拉，她知道自己必須去找她、必須和僅存的家人相聚。莎拉替利妮亞安排好一切事宜，讓利妮亞偷渡到本津鎮，住進了莎拉所屬的自由青年運動總部。

受過良好教育的利妮亞現在只能負責洗衣服，必須躲在檯面下。她在這裡是違法的存在，她是入侵者之中的入侵者。納粹把他們占領的波蘭地區明確分成數個領地，利妮亞擁有的文件只能讓她在總督政府（General Government）活動，也就是專門用來當作「種族垃圾場」，[8] 並提供奴工的區域——在不久後的未來，納粹將會用這個地點大量消滅歐洲猶太人；而札倫比區則是被第三帝國（Third Reich）併吞的區域，利妮亞沒有能讓她在這裡生活的文件。

在自由青年運動的會議中，坐在利妮亞右邊的是法蘭卡的妹妹韓希，她的個性和法蘭卡截然相反，總是用充沛的活力與不屈不撓的樂觀態度，帶動沉悶的氣氛。韓希最喜歡告訴其他同志，她是如何假扮成信奉天主教的女人，大搖大擺地走過納粹的面前，一次又一次地騙過他們。這天出席的還有莎拉，她擁有一雙深色的眼睛，眼神銳利，顴骨突出，[9]和她一起出席的是赫謝爾的女朋友阿莉莎・齊坦菲爾（Aliza Zitenfeld），她和莎拉一起負責照顧隔離區的年幼孤兒。另一位可能也參與這次會議的是新面孔海柯・克林格，她是另一個姊妹組織的領導人，總是有話直說、精力充沛，隨時準備好要捍衛自己的理想：真理、行動、尊嚴。

「我們拿到了一些文件。」赫謝爾重複道。每一份文件都能讓一個人進入拘留營，讓一個人活下去。這些文件是同盟國提供的假護照。這些同盟國俘虜了一些德國人，納粹會把持有該同盟國護照的人關在特殊營地，用這些人和同盟國交換德國俘虜——這是他們在過去幾年來時常聽到的其中一種護照計畫。[10]他們希望這一次的計畫能生效。為了取得這些文件，他們花了好幾個月規畫，過程無比昂貴又極其危險，包括要把相片與密碼信偷偷送去給偽造專員。但，誰能拿到這些文件呢？

又或者誰都不該拿？

要抵禦還是拯救？要戰鬥還是逃跑？

他們從開戰後不久便開始來回討論這個問題。猶太人數量稀少、武器更少，光靠他們不可能推翻納粹，這樣說來，繼續反抗的意義何在？若要有尊嚴的戰鬥到死，目的是為了要復仇嗎？還是為了留下榮譽的事蹟給後代？又或者他們戰鬥的目的是造成傷害，是援助和拯救？若答案是肯定的，那麼他們要援助與拯救的是誰？是個人還是整個運動？是孩童還是成人？是藝術家還是領袖？猶太人抗戰的地點應該在隔離區還是森林？奮戰時要用猶太人的身分還是波蘭人的身分？

現在，他們必須做出真正的決定了。

「法蘭卡！」赫謝爾看著法蘭卡深色的雙眼，從桌子的那一端叫道。

她以同樣堅定的眼神回視，但沒有回答。

赫謝爾解釋道，他們尊敬的領袖奇薇亞・路伯特金在華沙下達了指令：法蘭卡要使用其中一個護照離開波蘭、前往海牙，也就是國際聯盟的國際法庭（International Court of Justice）所在地。她要把猶太人的遭遇告訴全世界的人，讓他們知道這裡的狀況；接著她要前往巴勒斯坦，成為納粹暴行的正式證人。

「要我離開？」法蘭卡回答。

利妮亞看向法蘭卡，她的心跳加速，能感覺到法蘭卡也十分吃驚，雖然她的表情冷靜，但顯然腦袋正在用清晰的思緒不斷運轉。法蘭卡是他們的領袖，像磐石一樣支撐著所有人，無論男女。組織會叫誰和她一起去？她走了之後，他們該怎麼辦？

「我拒絕。」法蘭卡用堅定卻溫和的態度宣布，「如果我們必須死去，那就讓我們死在一起吧。但是，」——她停頓片刻——「讓我們為英勇的死亡而戰。」

聽到她堅定的話語後，整個房間裡的人都鬆了一口氣，彷彿整棟建築都恢復了生氣。組織成員開始跺腳，有些人甚至露出了微笑。法蘭卡把拳頭放在桌上，像是木槌一樣又輕又快地擊中了桌面。「是時候了。是時候整裝待發了。」

全體成員無異議地得出了結論：抵禦。

利妮亞立刻從椅子上站了起來——她早就準備好了。

Part 1

隔離區的女孩

那些英勇的女孩。……她們勇敢地在波蘭的城鎮之間來回。……她們每天都必須面對生命危險。她們只能依賴自己近似「雅利安人」的五官與戴在頭上的農民頭巾。她們從沒有半句埋怨，毫不猶豫地接受了最危險的任務，並順利完成。有誰需要前往維爾納、比亞維斯托克、利沃夫、[1] 科威爾、盧布林、琴斯托霍瓦或拉敦走私違禁的非法刊物、商品、錢嗎？這些女孩自願承擔這些責任，彷彿這是世界上最自然而然的一件事。在維爾納、盧布林或其他城市有需要拯救的同志嗎？——她們接受這項任務。沒有任何事物能阻擋她們。沒有任何事物能遏止她們。……她們和死神對視過多少次了？她們被逮捕與調查多少次了？……在這場戰爭中，猶太女人的故事將會是猶太歷史中最輝煌的一頁。而海柯與法蘭卡這兩家人將會是這篇故事中的主角。因為這些女孩永不屈服。[2]

——伊曼紐爾・林格布倫，日誌紀錄，一九四二年五月

Chapter 1 波－林

利妮亞
1924 年 10 月

一九二四年十月十日禮拜五，[1] 延傑尤夫鎮的猶太人開始為了猶太安息日（Sabbath）前夕做準備，[2] 人們紛紛關閉商店、鎖上錢箱、煮水、切菜、煎煮炒炸，而摩希・庫基烏卡（Moshe Kukiełka）正匆匆忙忙從他的商店趕往家裡。庫基烏卡一家人住在克拉茲托納街（Klasztorna Street，意為修道院街）十六號的一棟小型石造建築，矗立在綠意盎然的大街上，再過一個轉角，就會看到一間以土耳其玉與鍍金內部裝修聞名的莊嚴中世紀修道院。這天晚上，庫基烏卡的家裡格外忙碌。隨著黃昏到來，金橘色的秋日光輝染紅了凱爾采區（Kielce）鬱鬱蔥蔥的山谷與綿延起伏的丘陵，庫基烏卡家的烤爐熱氣騰騰、餐具鏗鏘作響、瓦斯爐嘶嘶噴著氣，教堂的鐘聲融入了一家人交雜著意第緒語和波蘭語的喧鬧談話聲。[3] 接著，新的聲音出現了，是嬰兒的第一聲啼哭。

摩希・庫基烏卡和莉亞・庫基烏卡（Leah Kukiełka）都是思想貼近當代且觀察力敏銳的人，他們家中年紀較大的三個孩子也是如此。庫基烏卡一家人十分融入波蘭文化，也會慶祝猶太傳統節日。摩希每週都會為了安息日晚餐與禱告而趕回家或趕去什特貝爾（shtiebel，意為禱告殿），他會輕快地穿越市鎮廣場與一排排顏色繽紛的建築，路上會遇到許多與他並肩工作和生活的猶太商人和基督教農夫。這個禮拜，他在秋天的冷空氣中趕路的腳步比往常更加匆忙。根據傳統，猶太人要在安息日前夕點燃蠟燭，像是歡迎新娘進門一樣歡迎安息日的到來，不過，摩希在這天要歡迎的不是新娘，而是比新娘更讓他雀躍的新家人。

他一回家就見到了她：他的第三個女兒。這名新生兒立刻成了摩希的掌上明珠。在希伯來語中，利百加（Rivka）這個名字具有許多不同的意思，包括連接、團結，甚或迷人。在聖經中，利百加是猶太人的四位女家長之一。＊由於這個家庭在一定程度上已經波蘭化了，所以他們理所當然地替這名新生兒取了一個波蘭名字：利妮亞．庫基烏卡。庫基烏卡這個姓氏和波蘭的另一個姓氏庫基烏洛（Kukiełо）很相似——在波蘭，世代經營在地葬儀社的家庭，就會使用庫基烏洛這個姓氏。[4]猶太人常會在波蘭姓氏後面多加一個漂亮的音節「卡」（ka）當作自己的姓氏，而庫基烏卡的意思是「木偶」。

當時是一九二四年，波蘭經過了連年的侵占、分割與不斷變動的國界，終於在一年前受到國際社會認可，成立了新波蘭政權。（正如一個猶太老笑話描述的，有一名男人詢問另一個人，他居住的城鎮現在是屬於波蘭還是蘇聯。對方回答：「今年我們屬於波蘭。」男人感嘆道：「謝天謝地！我終於不用繼續忍受俄羅斯的冬天了。」）國家經濟蒸蒸日上，雖然在延傑尤夫鎮中，多數猶太人的生活狀況都在貧窮線以下，但摩希的小生意十分成功，他經營一家加倫特理亞商店（gallenteria shop），專賣鈕釦、布料與縫紉用品。他的家庭靠著商店收入維持中產階級的生活水準，還有餘裕能接觸音樂和文學。這週的安息日，庫基烏卡家的兩名大女兒與親戚一起擺好了餐具，[5]與此同時，莉亞正忙著其他工作。桌上擺滿了摩希負擔得起的美味佳餚：[6]甜酒、薑餅、肝片佐洋蔥、喬倫特（cholent，豆子燉肉湯）、馬鈴薯與甜麵做成的庫格派（kugel

＊譯者註：四位女家長分別是撒拉、利百加、利亞和拉結。

pudding）、糖漬李子、糖漬蘋果和茶。莉亞幾乎每週五都會端上餐桌的格菲特魚（gefilte fish），將會成為利妮亞的最愛。這一週的安息日晚餐無疑比往常還要更豐盛。

有些人的人格特質會在他們剛出生的那幾個小時就明顯可見，有時甚至會明顯到不容錯認，就像是烙印在靈魂上的心理特性一樣。這一晚是摩希初次把利妮亞擁入懷中，他把自己的溫柔、智慧與機敏都傳遞給了利妮亞，或許這時他就已經清楚知道，他的這些特質將會引領利妮亞踏上無數次特別的旅程，而這些旅程是生活在一九二四年的人所難以想像；或許這時他就已經清楚知道，這個有著綠色大眼睛、頭髮與精緻臉龐的小嬰兒，他的小利妮亞、他可愛的小木偶，注定有所成就。

延傑尤夫鎮是一個什特圖（shtetl），[7]這是意第緒語的「小城鎮」的意思，另一個意思是許多猶太人居住的波蘭市集城鎮。利妮亞出生後，這個城鎮中的四千五百名猶太人口又增添了一人，猶太人數量已經快要達到總人口的百分之四十五了。（不久後，她的三名弟弟與妹妹也會加入猶太人的陣營，[8]他們是亞倫〔Aaron〕、伊絲特〔Esther〕與雅科夫〔Yaacov，也寫作Yankel〕。）這個猶太人社群是在一八六〇年代建立的，當時獲准在這裡定居的猶太人大多都很貧困，大部分的工作都是流動銷售員、小販以及在氣氛輕鬆的市集廣場上或周邊開設店家的小本生意人，其餘猶太人則是工匠：鞋匠、麵包師傅、木匠等。延傑尤夫鎮不像毗鄰德國與西方國家的本津鎮那麼現代化，儘管如此，這裡依然有少數當地菁英是醫師、急救人員和老師，其中還有一名猶太人是法官。鎮上大約有百分之十的猶太人十分富有，擁有木材廠、麵粉廠、機械工廠與位於主要廣場旁的地產。

就像波蘭其他地區一樣，延傑尤夫鎮的現代猶太文化在一九三〇年代日漸興盛，利妮亞也逐漸成長為一名小孩。當時光是華沙市就有多達一百八十份猶太報紙：其中有一百三十份使用意第緒語、二十五份使用希伯來語，還有二十五份使用波蘭語，[9] 延傑尤夫鎮上的居民同時也透過鎮上的郵局訂閱了數十種雜誌。當地的猶太人口持續增加，他們依照不同的猶太教風格建造了各種祈禱殿。光是這麼小的城鎮上就開設了三間猶太書店、一間猶太出版社和數間猶太圖書館，鎮上的戲劇團體與讀書會迅速增加，政黨蓬勃發展。

利妮亞的父親參與了猶太人的學習、教育與慈善事業，為貧困人口提供食物、協助喪葬協會查佛拉卡迪沙（chevra kadisha）處理死者後事，並擔任當地唱詩班的領唱。他也投票給猶太復國主義者。*當地信仰虔誠的猶太復國主義者尊崇知名作家提爾多·赫茲爾（Theodor Herzl）的十九世紀理想，他們相信真誠且公開的猶太生活，唯有在猶太人是一等公民的家園，也就是巴勒斯坦，才有可能成真。或許波蘭在過去數個世紀以來都是他們的家園，但這只是暫時的。相同的，摩希也一直希望一家人能在未來的某天回到他們的「應許之地」。

支持猶太復國主義的政黨舉辦了各種講座與政治集會。有關猶太復國主義的市鎮集會越來越受歡迎，利妮亞年輕時想必也曾陪著她親愛的大鬍子父親一起參加過其中一場類似的大型市鎮集會，例如一九三七年五月十八日舉辦的演講「一名猶太巴勒斯坦人的掙扎」（The Struggle for a Jewish Palestine）。[10] 利妮亞向來喜歡散步，[11] 她或許會身穿白色與海軍藍色相間的水手制服、百褶裙與及膝襪，[12] 和摩希攜手穿越兩座新建的猶太復國主義圖書館，來到熱鬧的集會場所，那裡有數百名猶太人正在互相爭辯與討論——他們全都因為歸屬問題而怒形於色。當波蘭人在他們剛穩定下來的國土上討論自己的新身分認同時，猶太人也同樣在這麼做：他們要如何融入這個嶄新的國家呢？他們在這裡定居了一千多年，卻從來沒有成為真正的波蘭人。他們的波蘭人身分應該優於猶太人身分嗎？又或者他們的猶太人身分才應該優於波蘭人身分？當時人們正熱烈討論猶

---

*譯者註：Zionist，指奉行猶太復國主義的人，猶太復國主義又稱作錫安復國主義或錫安主義。

太離散者（Diaspora）的身分認同問題，而迅速興起的反猶主義（antisemitism）更是加強了討論熱度。

摩希和莉亞非常重視孩子的教育。波蘭國內設立了大量猶太學校：非宗教的希伯來學校、意第緒語預科學校、單一性別宗教學校等。在延傑尤夫鎮的四百名猶太孩童中，有一百人的上學地點是慈善機構塔木德托拉（Talmud Torah）、猶太托兒所和伯利恆亞科夫女子小學（Beit Yaakov girls' elementary school）的當地分部，這些學生都穿著長袖與長襪。[13] 基於庫基烏卡家與學校之間的距離（也基於宗教教育的成本高昂，一般家庭只有兒子能接受宗教教育的事實），利妮亞和許多猶太女孩一樣就讀了波蘭的公立學校。[14]

但這並不要緊。她的班上有三十五人，她總是名列前茅。利妮亞的波蘭語十分流利，她在學校的朋友大多是天主教徒。當時她還不知道，這種文化洗禮竟會是幫助她成功執行地下行動的關鍵訓練，她因此獲得的能力包括了用毫無猶太口音的波蘭語談天說笑。然而，儘管利妮亞在學校的表現十分出色，也受到了波蘭文化的同化，但依然有些學生沒有全然接納她。在某次頒獎典禮她上臺領學術獎項時，一位同學朝她扔了鉛筆盒，砸到了她的額頭，留下了無法抹滅的傷痕。[15] 那麼，她覺得自己是波蘭人還是猶太人呢？從她的觀點來說，她已經同時具備了「波蘭人與猶太人的身分認同」這個持續了數百年的艱難問題。

波蘭自立國便不斷處於變動之中，[16] 隨著地理疆界不斷變化，新的社群持續併入波蘭，國內的族群組成因而出現了各種改變。中世紀的猶太人因為在西歐受到迫害和驅逐，所以遷移到了波蘭這個避風港。猶太人帶著商業機會來到波蘭，這片寬容的土地讓他們鬆了一口氣。波蘭的希伯來語是「波林」（Polin），這個詞是由「Po」和「Lin」這兩個字組成的，意思是「在此，我們停留」。波林為猶太人提供了相對的自由與安全，也提供了一個未來。

在華沙的波林波蘭猶太人歷史博物館（POLIN Museum of the History of Polish Jews）中，有一枚來自一千兩百年前的硬幣，上面寫著希伯來文。在波蘭的少數民族中，人數最多的正是說意第緒語的猶太人，他們已經成為波蘭經濟中不可或缺的一部分了，他們的職業包括了銀行家、麵包師傅和法警。波蘭早期採用的是共和國體制，[17]通過憲法的時間點和美國相去不遠。國內的下層貴族階級透過選舉產生了議會，削弱了皇室的權力，而猶太社群和貴族彼此互助合作：仕紳保護定居在他們城鎮的猶太人，給予自治權和宗教自由；猶太人則繳納高額稅款，並進行信奉基督教的波蘭人不得進行的商業活動，例如以需要計算利息的方式借貸資本。

一五七三年的華沙聯盟協約（Warsaw Confederation）是全歐洲第一份在法律上規範宗教寬容的文件。猶太人已經正式融入了波蘭文化，和波蘭人共享哲學、民俗、服飾、食物和音樂，但是，他們依然覺得自己格格不入、受到威脅。許多波蘭人十分痛恨猶太人的經濟自由。猶太人從貴族手上轉租了整座城鎮，而波蘭農奴則嫉妒這些猶太地主的統治權。一些宗教與社群領袖紛紛散布充滿仇恨又荒謬萬分的假謠言，指出猶太人會殺害基督徒——尤其是嬰兒——並在宗教儀式上使用死者的血。猶太人開始因此受到襲擊，偶爾還會發生大規模的暴動和謀殺，進而使得猶太社區的連結變得更加緊密，希望能透過他們的習俗獲得力量——猶太人和波蘭人之間出現了一種「推拉式」的關係，兩者的文化都和對方息息相關。以札拉辮子麵包（braided challah）為例，這個鬆軟又富含雞蛋的麵包是猶太安息日的神聖象徵。波蘭把這種麵包稱作查卡（chalka），烏克蘭則將之稱作卡拉奇（kalach）——沒有任何人能確知是誰先發明這種麵包。猶太人與波蘭人的傳統文化同時發展、彼此交纏，共同閃耀出甜蜜（又苦澀）的光澤。

然而，波蘭在一七〇〇年代末瓦解了。當時的波蘭政府十分不穩定，普魯士、奧地利和俄羅斯同時入侵，最後波蘭被切分為三個區塊，分別由三個入侵國各自統治一區，強制輸入自己的文化習俗。波蘭人靠著對民族主義的渴望保持團結一心，成功留存了他們的語言和文學。波蘭猶太人在占領期間也逐漸改變：在普魯士統治區，波蘭猶太人學會了德語並逐漸成為受過良好教育的中產階級；在奧地利統治的加利西亞（Galician），猶太人則陷入可怕的貧困中。絕大多數猶太人都由俄羅斯統治，俄羅斯帝國強迫大部分是勞工階級的猶太人服從他們的經濟法令與宗教法令。與此同時，這三個區域的邊界也不斷改變。舉例來說，延傑尤夫鎮一開始屬於加利西亞，接著又由俄羅斯接手統治，這樣的變動讓猶太人非常緊張，尤其是在經濟層面上，不斷變化的法律影響了他們的維生方式。

在一次世界大戰期間，三個占領波蘭的入侵者，其國土全都成為了戰場。儘管波蘭有數十萬人喪生、經濟也遭受了重創，但波蘭還是取得了勝利，成立了第二共和國。波蘭統一國土後，還需要重建城市和國民的身分認同——當時，政治格局出現了分歧，人民渴望能表達磨練已久的民族主義，但表達方式卻互相對立。懷抱著往日情感的君主主義者，呼籲國家重建過去的多元化波蘭：將波蘭建構成一個多民族的國家（state of nations），畢竟這個新國家每十位公民中就有四位是少數民族；而另一群人則認為波蘭應該是一個民族的國家（ethnic nation），提倡純種波蘭人的民族主義運動迅速成長。這些提倡民族主義運動的政黨，整個綱領都把焦點放在誹謗波蘭猶太人上，他們說波蘭的貧困與政治問題全都是波蘭猶太人的錯，因此波蘭一直沒有從一次世界大戰與隨後的鄰國衝突中恢復過來，許多波蘭人開始指責猶太人和敵人站在同一邊，而右翼政黨開始提倡一種新的波蘭身分，這種新身分的明確定義就是「不是猶太人」，[18] 無論猶太人在這裡住了多少世代、無論他們是否擁有正式的平等權利，都無法撼動這個定義。右翼政黨輕率地採用了納粹種族理論揭櫫的概念：猶太人永遠不可能成為波蘭人。

波蘭的中央政府制訂了週日休息法，並提出歧視猶太人的公部門就業政策，但是，中央政府的領導權仍十分不穩定。短短數年後，約瑟夫·畢蘇斯基（Józef Piłsudski）就在一九二六年政變中接管了波蘭政府。畢蘇斯基同時支持君主主義與社會主義，觀念不同尋常，這位前任將軍與政治家提倡讓波蘭成為一個多民族的國家。雖然他沒有特別幫助猶太人，但猶太人覺得在畢蘇斯基半專制的統治下，遠比受到代議政府統治更安全。

儘管如此，波蘭還是有許多人反對畢蘇斯基，他在一九三五年去世時，利妮亞剛滿十一歲，而右翼民族主義者輕而易舉地接管了整個波蘭。雖然新政府反對直接暴力與反猶暴動（不過暴動還是發生了），但卻鼓勵國民抵制猶太企業。此時，波蘭教會譴責納粹種族主義，同時卻又推動了反猶情緒。各間大學裡的波蘭學生紛紛開始擁護希特勒的種族意識形態，校方甚至強制執行族群配額，把猶太學生限制在演講廳後方的「板凳隔離區」。諷刺的是，在波蘭的所有少數民族中，猶太人接受的波蘭教育是最傳統的，許多猶太人會說波蘭語（有些甚至只會說波蘭語），也會閱讀波蘭文的猶太報紙。

就連延傑尤夫這種小鎮，也在一九三〇年代經歷了日益高漲的反猶主義，[19]從種族蔑稱到抵制猶太企業、砸毀店面和煽動鬥毆等行動逐漸氾濫。利妮亞時常在晚上警戒地盯著窗外看，害怕反猶主義的流氓可能會燒毀他們的房子並傷害她的父母，她一直覺得自己應該要負責照看家人。

希曼．吉岡（Shimen Dzigan）和伊斯羅．舒馬赫（Yisroel Schumacher）是十分著名的意第緒語喜劇雙人組，[20]在華沙擁有一間專門提供卡巴萊歌舞表演（cabaret）的劇團，他們也開始在上臺表演時探討反猶主義。他們在詭異又具有先見之明的短喜劇〈波蘭最後的猶太人〉（The Last Jew in Poland）中，[21]描繪了一個國家突然開始想念起猶太人，並對於傾頹的國內經濟與文化感到恐慌。雖然波蘭對猶太人的包容性越來越低，但猶太人或許反而受到了這種不適感與希望的啟發，在文學、詩歌、戲劇、哲學、社會行動、宗教研究和教育方面都進入了創意激盪的黃金年代——而庫基烏卡一家人盡情享受了這些美好成果。

波蘭猶太社群的政治觀點十分多樣，每個觀點都代表猶太人在面對這場仇外危機時的不同反應。猶太復國主義者再也沒有耐心繼續忍受這種二等公民的感受了，利妮亞經常聽到父親說，他們應該搬到一個屬於猶太人的國家，如此一來，猶太人才能以公民的身分好好發展，不受階級或宗教的限制。支持希伯來語又具有領袖魅力的知識分子，帶領猶太復國主義者從根本上反對其他政黨。相較之下，支持波蘭的宗教政黨主張社會應緩減歧視，應該像對待其他公民一樣對待猶太人。除外，許多共產主義者都支持把猶太人同化成波蘭人，上層階級中也有許多人抱持同樣的看法。隨著時間推移，聯盟黨（Bund）成為了波蘭的最大政黨，[22]這個政黨是推行猶太文化的勞工階級社會主義團體。聯盟黨人十分樂觀，他們希望波蘭人能清醒過來，意識到反猶主義無法解決波蘭的問題。身為猶太離散者的聯盟黨人，堅持波蘭就是猶太人的家，他們應該留在原地、繼續說意第緒語，並訴求得到他們應有的位置。聯盟黨組織了自衛隊，希望波蘭猶太人能維持原樣，「我們所住的地方就是我們的國家」：波－林。

要戰鬥，還是要逃跑——這個問題不斷盤踞著。

利妮亞進入了青春期，她很可能在這個時期跟著姊姊莎拉一起參加了青年團體的活動。[23]莎拉出生於一九一五年，比利妮亞大九歲，是利妮亞的英雄。莎拉擁有銳利的眼睛和柔潤的嘴唇，看起來總像是在微笑，她是無所不知的知識分子，是機智精明的理想主義者，對利妮亞來說，她就是權威人士。我們可以想像這對姊妹踩著俐落的步伐比肩前行，顯得勤勞又精力充沛，她們兩人都打扮得非常時尚：貝雷帽、合身開襟襯衫、長及小腿的百摺裙，以及用髮夾簡單向後夾起的短髮。利妮亞向來講究打扮，想必會從頭到腳都打理得一絲不苟，她的後半生也一直貫徹同樣的原則。在兩次世界大戰之間的戰間期，波蘭的流行風格受到女性解放運動與巴黎時尚影響，女性不再使用珠寶、蕾絲和羽毛，轉而把焦點放在俐落的剪裁與舒適上。當時流行較鮮明的妝容，包括深色眼影與亮紅色唇膏，髮型與裙子都變短了。（當時的一位諷刺作家寫道：「你幾乎能看到整隻鞋子呢！」）[24]在一九三〇年代拍攝的一張照片中，[25]莎拉穿著一雙不高的粗跟鞋，這種鞋子能讓她快步走——這是非常必要的特點，因為那個年代的女性時常到處走動，要步行很長的距離去工作或上學。這對姊妹進入會議室時，想必會引來許多人的目光。

在戰間期，波蘭的猶太青年因為逐漸高漲的反猶主義，與越來越貧困的環境，而出現了集體抑鬱的現象。[26]他們覺得無法融入這個國家，又覺得和長輩們相比起來，他們的未來非常不穩定。猶太人不得加入波蘭童軍，因此有數十萬名猶太人加入了各個政黨底下的猶太青年團體。[27]這些團體為年輕人提供了存活的方法與對未來的希望。延傑尤夫鎮的猶太青年所加入的這些青年團體正蓬勃發展，在那個年代的照片中，[28]青年團體的成員們穿上了深色的衣服，擺出嚴肅知識分子的姿勢：雙手交叉在胸前。還有些照片中的成員會站在開闊的田地上，手握鐵耙、肌肉緊繃，皮膚曬成了淺棕色，渾身充滿了生命力。

雖然莎拉和父親一樣，是一位猶太復國主義者，但她和摩希的不同之處在於她是自由青年運動的成員。[29]自由青年運動是一個世俗化、偏向社會主義的勞工猶太復國主義團體。勞工猶太復國主義者大多都來自中產階級、通常見多識廣，他們想建立一個人們可以集體生活、說希伯來語又有歸屬感的國家。他們鼓勵閱讀與辯論，同時也非常看重體能，認為體能訓練可以消除「猶太人既懶惰又聰明」的迷思，也能促進個人的主動性。團體成員的首要目標是付出體力勞動以及為團體貢獻資源，他們用十分理想化的方式看待務農，在他們看來，農業的自給自足和獨立的社會與個人密不可分。

當時有許多勞工猶太復國主義青年團體，有些比較偏向學術、有些比較偏世俗，還有些致力於慈善、觀念倡導或多元主義，但所有勞工猶太復國主義團體都吸收了民族主義、英雄主義與個人犧牲等傳統波蘭價值，並賦予這些價值猶太脈絡。自由青年運動把焦點放在社會行動上，他們的另一個獨特之處是，他們從說意第緒語的勞工階級中吸收成員。為了做好移民的準備，他們成立了夏令營、哈奇瑟拉（hachshara，意為訓練營）和基布茲，*他們也教導成員如何辛勤勞動與合作生活，而這些成員的父母往往會對此感到惱怒。摩希不但大加抱怨自由青年運動太過自由又不夠菁英，也抱怨成員把所謂的「同志」看得比原生家庭還要重要，甚至把領導人看做楷模——簡直就像代理家長一樣。這些青年運動團體不同於童軍和運動組織，他們會深入成員生活中的每個面向，是身體、情緒與精神方面的訓練場，年輕人會用他們參與的團體來定義自己。[30]

---

*譯者註：kibbutz，也稱作集體農場或人民公社，是融合猶太復國主義與社會主義的猶太聚落。

莎拉非常支持社會平等與公義，特別熱衷於為年幼的兒童提供諮商。在隔離區戰士之家博物館（Ghetto Fighters' House Museum）中，有許多張莎拉在一九三七年參加訓練營的照片，地點在距離延傑尤夫鎮三百二十公里遠的波茲南市（Poznán）。在其中一張照片裡，她筆直地站在一座雕像前，身穿高領訂製西裝，時尚地把帽子戴得斜斜的，手上拿著一本書，顯得嚴肅又果斷——現代社會對她來說觸手可及。

在實證教育理念與一次大戰的推動下，波蘭女性同時扮演了傳統與進步的角色，並因此踏入了職場。在新共和的體制下，國小是義務教育，包含了女孩；大學也同樣開放女學生入學；波蘭女性在一九一八年獲得投票權，[31] 比多數西方國家都還要早。

西歐的多數猶太家庭都是中產階級，他們受到較廣泛的資產階級觀念所約束，使得女性被降級回到家庭；但東歐的多數猶太家庭則比較貧困，出於財務需要，女性會離開家庭外出工作——在信仰虔誠的圈子中尤其如此，因為這些家庭大多認為對男性來說，讀書遠比工作重要。猶太女性就此踏入了公共領域中，[32] 無法脫身：一九三一年，猶太工資勞動者中有百分之四十四點五是女性，不過她們賺的錢仍比男性少。猶太人的平均結婚年齡往後推至將近三十歲，甚至超過三十歲，最大的原因便在於貧困。這種現象導致了生育率下降，進而使職場女性數量下降。從某種程度上來說，她們在工作與生活之間取得的平衡，其實有點類似現代的性別常態。

早在數個世紀之前，猶太女性就獲得了「知的權利」。印刷機的發明使得市面上大量出現提供給女性讀者的意第緒語書籍與希伯來語書籍；宗教規定准許女人出席參加宗教儀式；新的猶太會堂建築也包括了女性的附屬建築。猶太女人成為了詩人、小說家、記者、貿易商、律師、醫師和牙醫。大學裡的女學生有很大一部分都是猶太人，她們修習的主要是人文科學課程。

雖然猶太復國主義的政黨絕對算不上「女性主義者」（舉例來說，女性並不會擔任黨內公職），[33] 但年輕女性在社會主義青年的領域中，能獲得一定程度上的平等待遇。[34] 利妮亞的哥哥茲維（Zvi）是另一個青年團體「青年衛隊」的成員，這個團體用雙重領導的結構創立了「親密團體」（intimate group）的概念。每一個小組都由一男一女一起領導。「父親」是學習領袖，「母親」則是情緒領袖，兩者權力相等，彼此互補。在這樣的家庭模型中，他們的「孩子」全都是彼此的手足。

這些團體不但研讀馬克思與佛洛伊德的思想，也研讀羅莎・盧森堡（Rosa Luxemburg）與艾瑪・高德曼（Emma Goldman）等女革命家的論述。他們用明確的態度提倡人們應該對人際關係進行情感討論與分析。成員大多是二十歲左右的青年，這個年紀的女性大多比男性成熟，因此許多女性成為了組織幹部，帶領成員進行自我防衛訓練。組織會教導這些女性培養社會意識、冷靜沉著的態度與強健的身心。位於巴勒斯坦的先驅者聯盟（Hechalutz Union）是個傘形組織，底下包含多個猶太復國主義青年團體，他們為了巴勒斯坦的先驅生活推廣農業訓練，並為了預防波蘭軍隊徵兵造成的人員短缺訂了備案，而在備案中的負責人僅限為女性。在一九三〇年代的青年團體留下的無數照片中，有許多女人與男人並肩而立，有些人穿著相似的深色大衣並繫著大衣綁帶，有些人穿著工作服與長褲，他們拿著鐮刀的氣勢好像手上拿著的是獎盃或刀劍一樣，顯然已經準備好要面對充滿體力勞動的艱辛生活了。

莎拉是非常忠誠的勞工猶太復國主義者。她的妹妹貝拉（Bela，是利妮亞的姊姊）也加入了自由青年運動，而茲維的希伯來語則說得十分流利。利妮亞因為年紀太輕而不能加入，但她在十三、十四歲的這段期間不斷吸收哥哥與姊姊的熱忱，很可能曾跟著他們一起參加過會議、運動比賽與慶典——她跟在哥哥與姊姊的後頭，睜大雙眼觀察這一切。

一九三八年，十四歲的利妮亞從小學畢業了。少部分的猶太學生可以繼續在延傑尤夫鎮的男女混合區域中學（Coeducational District Secondary School）接受普通中等教育，不過利妮亞沒辦法繼續念高中。在部分文獻中，利妮亞指出她不能念高中是因為反猶主義，在其他文獻中，她則解釋說她沒辦法繼續唸書是因為必須去賺錢。[35] 雖然當時許多年輕女性在撰寫回憶錄時，都提到她們想成為護士，甚或是醫師，[36] 但或許是因為延傑尤夫鎮的環境較傳統，也或許是因為利妮亞急迫的財務需求，使得她開始尋找秘書的工作。她報名了速記課程，希望未來能在辦公室工作。她當時並不知道，她將會在不遠的未來獲得一份性質截然不同的工作。

這些青年團體全都會舉辦夏季活動。一九三九年八月，年輕的勞工猶太復國主義者聚在一起舉辦營隊與座談會，他們唱歌跳舞、學習、閱讀、運動並在戶外過夜，並帶領多不勝數的研討會。他們探討英國當時提出的白皮書如何限制猶太人移民到巴勒斯坦，並深思熟慮他們要如何搬遷，迫切地想執行他們的共同理想——拯救全世界。夏季活動結束了，到了九月一日，這些青年團體成員們都回到了家中，適應著環境的變換：從選擇的家庭到原生家庭、從夏天到學校、從綠意盎然到赭色環繞、從溫暖的微風到冷涼的空氣、從郊區到城市。

此外，這也是希特勒入侵波蘭的第一天。

Chapter 2 逃離戰火後，前方仍是戰火

利妮亞

1939年9月

謠言像子彈一樣滿天飛。納粹到處放火打劫、挖人眼睛、割人舌頭、殺死嬰兒、切下女人的乳房。雖然利妮亞不知道自己該思考哪些事，但她和小鎮上的每個人一樣，知道德國人正在往延傑尤夫鎮前進。她知道德國人在追殺猶太人。家裡一片愁雲慘霧，陷入了恐慌的龍捲風之中。沒有人知道他們該去哪裡。家家戶戶門窗緊閉，人們紛紛開始打包行李。平民百姓帶著孩子一起從這個城鎮走到下一個城鎮，走在這些百姓身邊的是一隊又一隊撤退的波蘭士兵。已經沒有火車可以搭了。

庫基烏卡一家人和許多鄰居一樣，決定要往東走，越過尼達河（Nida River），前往和這裡有些相像的赫梅尼克鎮（Chmielnik），他們希望那裡會是德國人無法觸及的地區，也相信那裡的波蘭軍隊仍堅守陣地。庫基烏卡家有認識的親戚住在赫梅尼克鎮，他們什麼都沒有帶，便加入了往東走的隊伍，徒步出發。

這兩個城鎮之間相距三十三公里，路上到處都是人與牲畜的屍體——這是納粹毫不留情的空襲造成的傷亡。[1] 德國飛機往四面八方投下炸彈，利妮亞被腐臭味燻得近乎窒息，常會在被撞倒之後才發現自己已經四肢無力地攤倒在地上，附近往往都是熊熊燃燒著的村莊。她很快就發現到，在飛機投擲炸彈時不要動比較安全，

靜止不動也是一種防禦方法。又一次爆炸，接著一輛飛機低空飛過，用機槍猛烈掃射。她只能聽見子彈破空的聲響，還有嬰兒的哭聲。她後來描述，許多母親把孩子緊緊擁抱在懷中，但這些母親有些已經被殺死了，有些只能跛著腳前進，那些活下來的嬰兒和幼童「哭聲震天」。[2] 他們經歷了一天一夜的地獄後，抵達了赫梅尼克鎮。

然而，利妮亞一眼就看出來，赫梅尼克鎮絕不是適合避難的地方。小鎮上到處都是燒焦的瓦礫堆，許多半死不活的人從房子裡被拖出來，而且這些人已經算是很幸運了。他們聽說已經有一些人離開這裡，逃往延傑尤夫鎮了，他們希望那裡是安全的。「每個人都想逃，但都只是從煎鍋上逃到了柴火中。」[3]

預料之中的暴行使赫梅尼克鎮的人議論紛紛，來自家鄉的謠言宛如噩夢卻又無比真實：納粹占領了延傑尤夫鎮，無差別地開槍射擊，又把十名猶太男人帶到了色彩繽紛的市鎮廣場，槍殺了他們，而市鎮廣場原本是當地人的生活中最熱鬧的中心地點。納粹這麼做的目的是警告當地的猶太人，讓他們知道不服從的後果。赫梅尼克鎮的人都知道，接下來就要輪到他們了。

當時人們相信這次的戰爭就像過去曾發生過的那些戰爭一樣，只有男人有生命危險，女人與小孩不會有事。許多猶太男性都在得知蘇聯軍隊推進到布格河（Bug River）後，決定要逃到那裡去，希望能靠著躲在野外逃過一劫，利妮亞的父親也是其中之一。利妮亞後來寫道，女人們和男人分開時發出的尖聲哭喊令人不忍聽聞。她當時想必非常害怕，她親愛的爸爸必須離開了，但他們都不知道他要離開多久、前往何處、未來有什麼在等著他。

利妮亞聽說赫梅尼克鎮的有錢人都租馬逃到俄羅斯去了。鎮上有許多房子空無一人。

雖然他們都深知納粹會來到鎮上，但仍感到非常害怕。利妮亞在某天晚上看到遠處有好幾輛德國坦克車。她自豪地記錄道，在整個鎮上只有一名猶太男孩有勇氣面對那些德國人。他拿著一把槍衝出去朝德國人開火，但納粹的子彈很快就把他撕成了碎片。利妮亞寫道，納粹只花了不到十分鐘的時間，就把整個小鎮都巡了一遍，他們闖入住宅和餐廳中掠奪食物，拿了一些布料去幫馬洗澡——他們想拿什麼就拿什麼。

利妮亞和家人一起躲在閣樓上，她透過一條細縫往外偷看。她看見房子燃燒的火光照亮了底下的街道，人們躲在頂樓與地下室中，窗戶緊閉，重門深鎖；利妮亞聽見機槍不停開火、牆壁碎裂、呻吟、哭泣。她伸長脖子，想看得更清楚一點：大半個城鎮都被熊熊烈火吞沒了。

接著，有人敲響了這棟房子的柵欄門。那是一扇鐵製柵欄門，已經用鐵條封住了，但德國軍人並沒有因此卻步。他們打碎了窗戶。利妮亞聽見他們走進屋裡的腳步聲。她的家人用迅速而輕巧的動作把梯子拉回閣樓。[4]利妮亞坐在閣樓上、屏住呼吸，她能聽見下方的德國人正在四處翻找。

接著，一切再次歸於寧靜。納粹離開了。

庫基烏卡一家人毫髮無傷，但許多鄰居的家都被洗劫一空，還有些鄰居家裡的男人與男孩被帶到庭院去射殺。納粹把鎮上最有錢的猶太人關進了宏偉的猶太會堂中，再往教堂上倒汽油點火，還有些當地人在自家房子起火時逃了出來，馬上就被當場射殺。這一次，利妮亞的家人逃過了一劫。

隔天早上九點，家家戶戶的門紛紛開啟。利妮亞小心翼翼地走到街上，想知道小鎮受到多大的損害。赫梅尼克鎮有百分之八十的人口是猶太人，[5]如今鎮上有四分之一的人口都被活活燒死或射殺身亡了。

這只是第一個晚上。[6]

在接下來的十天之間，利妮亞的震驚情緒逐漸消散，她的新生活出現了另一個需要關注的焦點。納粹禁止口渴的猶太人走到街上找水喝、街道上逐漸腐敗的屍體散發出可怕的臭味，但在那之後，德國人保證接下來人民的生活會回歸正常狀態，也保證只要鎮上的人服從命令，他們就不會殺人。儘管人們的生活與工作狀態都逐漸恢復，但飢餓已經進入了他們的生活之中。納粹開始定量配給麵包，[7]而且是又硬又苦的灰色麵包，就算多數麵包師傅都是猶太人，納粹也一樣要求猶太人到隊伍的最後面排隊。回想起來，利妮亞過去向來都很畏懼一年之中的這段時節。[8]她熱愛春天的踰越節與五旬節會舉辦的慶典，總是不怎麼喜歡秋天的大節日，＊因為她討厭自省、懺悔與禁食。但現在她願意用一切來交換過新年（Rosh Hashanah）時吃的札拉辮子麵包。

不幸中的大幸，利妮亞的父親平安歸來了，和他一起回來的還有其他男人，他們在抵達另一個城鎮之後，立刻就意識到那裡和赫梅尼克鎮一樣危險便隨即折返，接著庫基烏卡一家人立刻決定要返回延傑尤夫鎮。在走回家的一整天路程中，「我們在路上看到了逃離戰場的波蘭軍隊，他們飢餓又衣衫襤褸，同時也看到了一支驕傲自大的德國軍隊」。

利妮亞寫道，「我們很快就回到了家裡，見識了德國人的所作所為。」占領延傑尤夫鎮的納粹把猶太知識分子全都趕到屋外殺死，又在指控許多男人持有武器後射殺他們。他們先是在一棟幾乎只有猶太人居住的大型公寓裡放了一把槍，然後從每間公寓裡抓一名男人出來，說這是他們持有手槍的懲罰。他們命令鎮上的每一名猶太人都出來觀看處決，納粹沿著大街把這些無辜男人的屍體高高掛起，讓屍體在樹上搖晃一整天。這個小鎮寧靜的命脈被割斷了，再也無法復原。

＊譯者註：包括新年、贖罪日與住棚節。

Chapter 3 鑄造女性戰爭

奇薇亞和法蘭卡
1939 年 12 月

這天是跨年夜，[1]奇薇亞・路伯特金在波蘭東北部的齊澤夫鎮（Czyzew）外圍，這個小鎮已經被戰火摧毀殆盡了。冰冷的空氣打在她的臉頰上。一步一步向前走。她在一片黑暗中吃力地沿著蜿蜒的道路前進，積雪高達脖子，她的下巴早已被凍僵了。每一個角落和每一次轉彎都有可能是她生命的終點。奇薇亞是這群人裡面唯一的女人，也是唯一的猶太人。她和一群波蘭學生在同一位人口偷運者的幫助下穿越了蘇聯－德國的國界，對這些學生來說，如果真要被抓到的話，最好是被德國人抓到，而不是被他們最厭惡的俄羅斯布爾什維克支持者抓到，但奇薇亞卻「因為擔心被納粹抓到而渾身發抖」。[2]黎明降臨了，他們沒有遇到任何意外便抵達了德國占領地，奇薇亞回到了她親愛的波蘭。

多數猶太人都想要逃離納粹占領的波蘭，奇薇亞卻回到了這裡。

利妮亞因為德國人占領了延傑尤夫鎮而開始恐懼的同時，一個抱持著前衛構想的嶄新社群正在波蘭的另一個區域蓬勃發展——這個社群將會在未來徹底改變利妮亞的人生。雖然戰爭爆發了，但猶太青年運動並沒有停下腳步。一九三九年九月，青年團體的同志們雖然離開了夏令營，但並沒有解散，反而變得更加團結有力，他們在數個心懷熱忱與勇氣的年輕領導人的率領之下，不斷重新部署與改良他們的任務——其中有許多領導人原本可以逃離波蘭，但卻沒有那麼做。他們決定要留下來，甚至有些人是從外國返回波蘭，其他波蘭猶太人很可能都受到了他們的影響。

❖

奇薇亞就是其中一位領袖，她是一名個性嚴肅且內向的年輕女性，在一九一四年出生在拜騰鎮一個信仰虔誠的下層中產階級家庭，鎮上唯一的一條道路上的照明設備只有煤油燈。奇薇亞的父母希望她能在波蘭過上舒適的生活，因此把她送進波蘭國立小學，她在課後的希伯來語班是老師的明星學生，逐漸學會了流利的希伯來語。奇薇亞很聰明，記憶力絕佳，她有六名手足，不過父親最信任的孩子非她莫屬。畢業後她沒有繼續就讀高中，而是在父親的雜貨店工作，但她在沒多久後接觸到自由青年運動的理想主義並深受吸引，開始在生活中實踐該運動的平等主義哲理與鍛鍊身體。她很快就穿上了寬鬆的衣服與皮外套（這是社會主義者的象徵性服裝），不顧父母的反對進入了基布茲，偶爾回家時，她的父母都快要認不得她了。

雖然奇薇亞（她的名字在希伯來語中的意思是「瞪羚」）個性羞怯又容易尷尬，但她的自我控制力、勤奮盡責以及她對猶太復國主義和社會主義的熱忱，使她在自由青年運動中無往不利，很快就成為了領導人。（她的家人常要她放鬆一點。有時他們會在客人來時，強迫她站在廚房的椅子上演說。她總是會滿臉通紅，幾乎一個字也說不出口。）她在二十一歲時被指派了一個任務，要到凱爾采區負責領導一個狀況不佳的基布茲，那裡充滿了想要前往以色列，卻不認可自由青年運動原則的「冒牌貨」。她費盡了千辛萬苦完成了這個任務，也向所有人證明了自己的能力。她同時也在任務期間獲得了愛情，認識了她的第一任男友舒姆爾（Shmuel）。

奇薇亞無論對待自己或他人都很嚴格，她不怕冒犯別人，總是實話實說。她總是表現沉著，從來不會顯露自己的情緒，就算是自我質疑也一樣。她常輕描淡寫地解決他人的糾紛，因此逐漸出名並贏得尊重，就連那些因為她的誠實而惱火的人也同樣尊重她。奇薇亞在完成了身為領導人的工作後，每天晚上都會和其他女同志一起進行洗衣服或烤麵包等體力勞動，她也堅持要嘗試通常由男人負責的勞動，例如建造鐵路軌道。她曾單槍匹馬地趕跑一群正在嘲弄其他同志的街頭流氓，當時她手上拿著一根木棍，就把那些人嚇跑了。奇薇亞是團體中的「長姊」，負責照顧整個大家庭。

奇薇亞在升職後成為了先驅者聯盟訓練計畫的波蘭總協調人，她因此搬到了華沙，舒姆爾也跟著一起搬了過去。當時的英國白皮書嚴格限制猶太人移民到巴勒斯坦，這使得奇薇亞的工作變得更加困難。當時有許多想要移民的年輕人在基布茲做準備，英國白皮書使他們士氣大減，但奇薇亞仍然設法繼續進行教育課程，並強烈要求政府提供更多簽證。由於她是青年團體中的領導人，所以她在一九三九年八月，以代表人的身分前往瑞士參加第二十一屆猶太復國主義大會（Zionist Congress），這是一場世界各地的猶太復國主義代表人共同參加的會議。她在日內瓦過得很開心，她喜歡漫步在優美的街道上，欣賞修剪整齊的草坪、商店櫥窗和衣著講究的女人。「如果我奇薇亞決定要寫一本小說的話，」她說，「這本小說的書名一定會是《從拜騰到日內瓦》（*From Byten to Geneva*）。」[3] 但是，儘管日內瓦是個令人目眩神迷的城市，二十四歲的奇薇亞還是非常想要回到她的學生和那些貧困孩子的身邊，她想要教導他們要走上哪一條路才能達成自我實現。這些猶太復國主義代表人紛紛意識到未來的政治狀況將會十分艱辛，許多人都設法從瑞士找到逃離歐洲的方法，奇薇亞便獲得了特殊的證明文件，可以立刻前往巴勒斯坦以徹底避開迫在眉睫的戰爭。

但她沒有使用那份文件。

法國已經關閉國界、封閉道路並改變鐵路路線了。雖然對奇薇亞來說，回到波蘭並非易事，但她還是成功在八月三十日抵達華沙，正好趕上了希特勒進攻的第一天。在波蘭陷入混亂戰爭的頭幾天，奇薇亞前往多個青年運動的農場與訓練班場地，停止這些地方的運作。先驅者聯盟的備案奏效了，奇薇亞和反抗行動的其他女性，站上了領導人的位置。[4]

但是，波蘭軍隊立刻撤退的舉動，卻使得備案無法施行，如同其他針對不斷改變的政治現況做出回應的計畫一樣。備案失效後，奇薇亞和其他同志接收到了往東走的命令，他們要越過布格河，前往俄羅斯人控制的區域，這也正是利妮亞的家人逃跑的方向。接下來的幾個月間，許多反抗行動團體都把基地轉移到蘇聯掌權的城鎮，因為年輕人在這裡能享有相對的自由。在這段動盪的時期，這些團體變得越來越穩固，發展成秩序井然的強健組織。奇薇亞在這段期間除了要確保自由青年運動繼續致力於原本的理想，還要學習如何應對新的狀況，例如蘇聯對信仰與猶太人活動的限制逐漸加強了。她學到的新技巧是：在環境出現劇烈改變時，立刻改變自己的工作方法。

早在一九三九年十一月，蘇聯占領區就已經有數十個自由青年運動的分部在運作了，他們持續推廣猶太復國主義、社會主義與赴巴勒斯坦先驅者運動價值觀。他們共有四位主要領導人，其中有兩人是女性：奇薇亞負責管理通訊與情資，辛朵爾・舒瓦茲（Sheindel Schwartz）負責協調教育活動。辛朵爾當時正在和第三位領導人伊扎克・祖克曼（Yitzhak Zuckerman）談戀愛，伊扎克後來以化名「安提克」（Antek）變得廣為人知。[5]

奇薇亞當時主要在科威爾鎮（Kovel）附近活動，協助聯絡其他同志。「自由青年運動有些成員失蹤了，有些則距離遙遠，為了聯絡上他們，我們每天都必須在面對致命危險的狀況下，像瘋子一樣四處奔波」，[6]她後來寫道。她幫助其他同志找到糧食與舒適的環境，同時也把焦點放在尋找逃脫管道，並幫助猶太人從羅馬尼亞非法前往巴勒斯坦。雖然她的上級不願意讓她為了實踐社會主義與猶太復國主義的目標而建立地下行動，但她堅持要這麼做。「我們絕不可能放棄建立先驅者青年的地下組織。」[7]

她讓男友舒姆爾透過她規劃的一條逃跑路線離開，但舒姆爾卻被抓起來並關進牢裡，接著便失蹤了。奇薇亞悲痛欲絕，但她沒有表現出來，反而更專注地投入工作中。

還有許多人需要奇薇亞。當時個性嚴肅的法蘭卡已經回到華沙領導當地的年輕人，她寫了一封信給自由青年運動的領導人，要求他們把她親愛的朋友奇薇亞也派回來，她說奇薇亞是最適合應付新納粹政府的人選。所有資深的成員都逃離了華沙，這個至關重要的城市裡只剩下二級領導人，這些人還沒有做好負責聯絡德國政府或波蘭人的準備。

由於蘇聯帶來的威脅與日俱增，所以自由青年運動派遣奇薇亞前往不久前才被立陶宛控制的維爾納市，但奇薇亞認為自由青年運動這麼做是在保護她，便拒絕了這個嬌慣她的命令，堅持要前往華沙協助引導他們的行動，[8] 她要安慰那些生活陷入混亂的年輕人，推動先驅教育和勞工猶太復國主義的目標。她一如往常地擅自為自己做了決定，直直地衝進了火焰之中。

一九三九年的跨年夜，自由青年運動舉辦了一場徹夜會議，這場會議既是慶祝活動，也是一線領導者的地下會議。「我們吃飯飲酒，即時行樂，」奇薇亞後來寫道，「我們也在喝酒中間的空檔討論自由青年運動與未來的計畫。」[9] 會議地點是其中一名成員在利維夫市的住所，奇薇亞在那裡享受了巧克力、香腸和黑麥麵包加奶油，也在那裡傾聽其他領導人反覆重申，在蘇聯統治區和德國占領下的波蘭，維持猶太復國主義的火焰與「維持猶太人的人性價值」有多麼重要。

那天晚上，儘管身材高挑、一頭金髮又長相英俊的安提克再三挽留，[10] 奇薇亞還是拒絕了這位和她日益親近的共同領導人，動身前往納粹占領下的波蘭。她心中其實有些害怕自己將要遇到的事物，也不確定自己能否承受新政權之下的生活。除此之外，離開朋友讓她很難過，他們在這幾個月的動盪中一起執行了許多危險的任務，她已經習慣在完成艱難任務後能見到他們迎接的身影了。但與此同時，奇薇亞也非常堅決。「在我心事重重地思考這些討厭的想法時，」她後來在證詞中描述道，「轟隆作響的火車抵達了月臺，人們你推我擠地進入了車廂中。」[11] 她感覺到溫暖的手掌和炙熱的眼淚，接著她也上了車，坐在搖搖晃晃的火車上離開了她的同志們。

奇薇亞靠著法蘭卡安排的計畫，通過違法管道回到了納粹的領地。她坐了許久的火車，花了一整晚的時間徒步前進，全身都被雪浸溼了，和她同行的是一群想要回到家鄉的波蘭男學生。抵達邊界的小鎮後，這些學生立刻一改原本對奇薇亞彬彬有禮的態度。在蘇聯的領地中，一個猶太同伴是重要的資產，但到了納粹的領地，奇薇亞立刻變成了次等人。他們在火車站看到一名德國人打了一群猶太人耳光，要求猶太人不准在已經有波蘭人與雅利安人的候車室裡逗留。奇薇亞的同行人開始抱怨他們應該要拋下奇薇亞，但她沒有做出任何反應。「我咬緊牙關、不動半分。」[12]奇薇亞必須發展出一種全新的內在力量，使她在歧視的眼神中仍能抬頭挺胸。火車裡面幾乎一片漆黑——車廂裡沒有燈——這裡的每個人都在躲避德國人，一名男人深深嘆了一口氣，接著奇薇亞親眼看著他被一群波蘭人狠狠攻擊，這些波蘭人指控那是「猶太人的嘆氣」。他因此被趕出了車廂。

已經是一九四〇年了，這是嶄新的一年。奇薇亞也經歷了嶄新的體驗——猶太人的身分從驕傲變成了屈辱。火車駛進中央車站（Central Station），經過林蔭大道與鴿子停棲啄食的開闊廣場，她在心中暗忖，這是一個嶄新的華沙。

猶太人抵達華沙的時間相對較晚。他們從中世紀開始，就被反猶法禁止進入華沙，一直到法國皇帝拿破崙一世（Napoléon I）在十八世紀初期占領這裡為止。猶太人藉由資助拿破崙打仗，開啟了這個城市裡的猶太金融文化。接著，華沙在十九世紀中期被俄羅斯占領，當時維斯瓦河（Wisła）沿岸綠意盎然，攤販與電車帶來了熙來攘往的人潮，一座令人驚嘆的中世紀城堡為這座城市畫龍點睛。同一時期，波蘭的猶太人口逐漸增加，一小部分波蘭化的「進步」猶太人，在這裡蓬勃發展。

來自「猶太定居區」（Pale of Settlement，允許猶太人居住的俄羅斯領地）的猶太人，在一八六〇年獲得了許可得以進入華沙，在那之後，猶太人口出現了指數增長。到了一九一四年，猶太人變成了華沙工業中的主要勞動力，終於獲得授權能住在任何他們想住的地方。這裡的猶太文化（劇院、教育、報紙、出版品、政黨）迅速增加，既有住在都市的窮困猶太家庭，也有在世界各地都有住所的有錢猶太人。猶太社群欣欣向榮的最佳寫照是宏偉壯麗的大猶太會堂（Great Synagogue），[13] 這間猶太會堂啟用於一八七八年，是當時全世界最大的猶太會堂，建築風格帶有俄羅斯帝國的元素。這不是一間傳統的禱告殿，會來到這裡的都是菁英信眾，裡面有管風琴和唱詩班，還有波蘭語的布道活動。這棟壯觀的建築象徵了猶太人的蓬勃發展與文化同化，也象徵了波蘭的包容。

奇薇亞在戰前認識的華沙是所有猶太人的生活核心。納粹入侵時，華沙共有三十七萬五千名猶太人把華沙稱做自己的家，[14] 大約占了這座首都三分之一的人口。（作為對比，在二〇二〇年，猶太人大約占了紐約市百分之十三的人口。）[15]

儘管奇薇亞離開的時間還不到四個月，但等到她回到華沙時，這裡已經被明確切割出了兩種截然不同的區域：非猶太人居住的華沙與猶太人居住的華沙。她立刻注意到儘管街上的人群熙來攘往，但卻只有波蘭人。納粹占領華沙後，立刻實施了反猶法，每天都有新的歧視性法規通過。猶太人因此必須持有特殊許可證才能在基督徒的工廠工作或搭火車。街道上只有寥寥數名猶太人，全都被迫戴上了臂章──這是他們的「恥辱象徵」。這些猶太人全都步履匆匆，不斷四處張望，確保沒有人跟蹤他們。奇薇亞嚇呆了。她要怎麼習慣這種生活？但接著她又想，或許這些猶太人是用輕蔑的心態戴上臂章，藉此祕密反抗那些壓迫者。她緊抓著這個想法不放，聊以慰藉。

街上處處都是精緻的汽車、馬車與紅色電車，但比起搭電車，奇薇亞寧願用走的。她曾短暫離開這座城市，如今她想要近距離觀察這裡的動態。她還記得華沙有咖啡廳露天座位、開滿了花朵的陽台，以及許多母親或保母推著華麗嬰兒車散步的蓊鬱公園。[16] 她曾聽過謠言說這個城市已經毀了，但她在走進這座城市時發現，除了少數幾棟被轟炸過的建築之外，這裡看起來一如往常。街上有許多波蘭人在走動，商店仍在正常營運。「空氣中瀰漫著一種愉悅的感覺，」她回憶道，「就好像什麼事都沒有發生一樣。」[17] 她能看到的唯一改變，是街道上出現了一列又一列的德國車隊，不斷驅散驚恐萬分的群眾。

接下來是舊猶太居住區。奇薇亞筆直地往先驅者聯盟的總部走去，但只找到一大片瓦礫堆。這裡的景象讓她清楚意識到時代已經改變了。奇薇亞走入了一個新世界，這個世界的猶太人躲在陰影裡、害怕開闊的區域，他們為了避免遇到德國人和可能的羞辱，全都緊貼著建築物行走。

奇薇亞想要找到「有勇氣面對新環境」[18] 的猶太人，她往自由青年運動的總部吉爾納街（Dzielna Street）三十四號走去，戰爭開打後有許多成員都住在那裡。吉爾納街一直以來都充滿活力，街上有四棟三層樓高的建築圍繞著庭院而立，奇薇亞在抵達時震驚地發現那裡有一大群人，他們是從各個小鎮來到華沙的數百名同志，他們在看到奇薇亞時也同樣又驚又喜，管理食物的負責人為她舉辦了一場即興派對，宣布這天是「官方節慶」，拿出了超出配給量的麵包與果醬。奇薇亞和法蘭卡溫馨地擠在彼此身邊，回顧納粹進攻後發生了什麼事、他們做了什麼事，還有最重要的是，接下來要怎麼做。

可以想像，看到值得信賴的老朋友奇薇亞同志走進總部時，法蘭卡一定非常開心。過去幾個月來，法蘭卡一直都是自由青年運動在華沙的主要領導人，她幫助成員們在心懷新恐懼的狀況下，在吉爾納街重新建立一個充滿溫暖、希望與熱忱的大家庭。

法蘭卡．普洛尼卡出生在波蘭東部的平斯克市外圍，那裡的人大多是猶太人與知識分子。這年她和奇薇亞一樣二十五歲，兩人在忽然之前成為整個團體中年紀最大的成員之一。法蘭卡的容貌特徵十分鮮明，她的額頭偏高、留著一頭直髮，在家中的三個女兒中排行第二。她的家境貧困，家裡信奉哈雷迪正統猶太教（Hasidic Judaism），追隨的是卡林納拉比（Karliner rabbi），其價值觀包括坦率與追求完美。法蘭卡的父親曾接受過擔任拉比的訓練，但他在其他拉比的建議下，為了養家糊口而成了商人。他們家做的生意是公牛買賣，不幸的是，法蘭卡的父親並沒有這方面的天賦。法蘭卡父母的經濟能力不足以支付上學的學費，所以她是由姊姊薩拉卡．普洛尼卡（Zlatka Płotnicka）教大的。薩拉卡是一位敏銳的思想家，她在波蘭菁英文科中學（gymnasium）的成績一直很好。此外，薩拉卡是共產主義者，和父親一樣總是非常克制自己的感情。

法蘭卡則比較像她的母親：個性勤奮、忠誠又謙虛。她是一名情感豐富的社會主義猶太復國主義者（Socialist Zionist），在十七歲時加入了自由青年運動，全心全意地投入其中——對於家庭需要協助的窮困女孩來說，這種全心投入是一種額外的犧牲。她是具有深入分析思維的思想家，不過她容易尷尬，待人處事認真又嚴肅。她以前總是很難和其他人建立連結，也難以維持友誼，剛開始一直位處反抗運動的邊緣。不過法蘭卡透過反抗團體中的活動，疏導了她混亂的情緒和與生俱來的熱忱。她時常關心其他同志，會在成員生病時堅持要他們留在訓練營中不要回家；她負責管理靜思時間、規劃從課程到餐飲的一切事物、約束年輕人、把偷懶的人趕去工作，並拒絕當地農夫提供的救濟品。危機降臨時，她的道德羅盤依然文風不動，使她脫穎而出。

「她在人們狂歡時躲在角落，」一名資深信使在描述她時寫道，「但到了關鍵時刻，她會挺身擔任領導人。她會在突然之間表現出勝過所有人的品格與美德。她的道德精神與高強度的分析思維總是能引導我們的行動。」這名信使繼續描述道，法蘭卡擁有一項獨特的能力，她會「把溫柔、愛與宛如母親的擔憂，加入她分析人生經驗的能力中」。[19] 另一位朋友解釋道：「她從來都不會為了小事而改變心情，她似乎是在等待大事發生，讓她能夠付出心中的愛。」[20]

法蘭卡通常會穿著她的羊毛大衣，在房間的昏暗角落傾聽其他人說話。她會真正的傾聽，記得聽過的每個細節。她有時會在其他場合上突然用「魔法般的腔調」吸引房間裡所有人的注意力——她說的是親切又富有文學性的意第緒語。一位同志回憶道，她曾在某一次突發演說中談論到「一名憂心的猶太女孩，她雖然找到了前進的路，但卻沒有在心中找到和平。」她用直白又率真的態度抓住了所有人的注意力：「她臉上的酡紅變成了火焰。」[21]另一位朋友則記錄下了另一個故事，[22]當時他們一起前往比亞維斯托克市的公共花園，法蘭卡被美麗的花朵給迷住了，用手輕輕拂過那些花。

法蘭卡柔和的下巴線條勾勒出她鮮明的五官，透露出她溫暖的性格。其他同志都很欣賞她鎮靜又熱忱的個性，時常有人請教她的建議。法蘭卡就像個性害羞的奇薇亞一樣，過去曾是個溫順的內向者，她的家人很意外她會擔任領導人。[23]如果充滿奉獻精神又實事求是的奇薇亞是團體中的長姊的話，那麼充滿同理心又溫柔的法蘭卡就是團體中的「瑪瑪哈」（Die Mameh，意第緒語的母親）。

法蘭卡慢慢升職了，每次都只上升一個位階，但她前往全國各地進行教學講座，後來她為了先驅者聯盟總部的工作，和奇薇亞一起搬到了華沙。一九三九年夏天，活動的數量迅速增加，但巴勒斯坦的信使卻開始不斷延後來訪時間，與此同時，法蘭卡獲得了更高的職位。她的夢想是搬到「陽光普照的國土」：以色列之地（Eretz Israel）。她本來打算要在那年夏天「阿利亞」（aliyah，指移民到巴勒斯坦），但上級領導人要求她等到秋天再走，儘管她無比渴望前往巴勒斯坦，也很害怕自己可能永遠也無法達到這個目標，但她還是盡職地接受了這個要求。那年秋天的狀況確實不好。

戰爭爆發後，法蘭卡立刻遵照指示前往東邊。但是在遇到危機時逃離並不符合她的理念，她立刻要求自由青年運動的領導人讓她離開家人居住的區域，回到納粹占領的華沙。[24]她的同志們都對此感到非常吃驚。法蘭卡是第一個回去的。

現在奇薇亞也回到這裡了。

法蘭卡和奇薇亞坐在一間安靜房間的偏僻角落，法蘭卡如實告訴奇薇亞，這三個月她在吉爾納街做了哪些事。他們的公社為逃離各個城鎮的年輕人提供避難所，居民大多是女性。法蘭卡帶領他們建立各種援助措施，在這個飢餓、混亂、家庭失散的時代提供食物、工作與安慰，她也因此變成了鎮上家喻戶曉的人物。自由青年運動的理想改變了：他們不再只聚焦於運動與先驅目標上，他們也要幫助受苦的猶太群眾。奇薇亞一直以來都很支持社會平等，她立刻挺身支持這些行動。

美國聯合救濟委員會（American Joint Distribution Committee，簡稱 Joint 或 JDC）是在一九一四年為了救助全球猶太人而成立的組織，法蘭卡在委員會的支持下，成立了足以餵飽六百名猶太人的公共施膳處。她組織了讀書小組，帶頭與其他運動合作，並用有空位的房間收容沒有參加運動的人。在惡名昭彰、無比殘酷的帕維克監獄（Pawiak Prison）對面，在處處都是警察、間諜與致命槍擊的區域中，革命分子建立了屬於他們的家，裡面人群絡繹不絕，在這裡創造出新的想法與行動。自由青年運動的一位女性顧問指出：「先驅者聯盟渴望能存活、行動、實踐夢想。……在這裡，你無法逃避現實，也不會與現實和解。……雖然這些任務會損害你的身體、摧毀你的心靈，但到了晚上，每個人都會在我們位於吉爾納街的家裡相聚，我們不再感到憤怒。」[25]奇薇亞能感覺到這個空間裡洋溢著溫暖的同志情誼與積極的精神，這都要感謝法蘭卡與她身邊的年輕女性。

法蘭卡一直有在吉爾納街之外的地方工作，有時甚至會離開華沙，她因此事先預見了未來他們將會需要遠距離的聯絡方式。她打扮成非猶太人的樣子、用農民頭巾遮掩住臉，為了獲取情資前往渥茲市（Lódź）和本津鎮。當時本津鎮的自由青年運動基布茲持續協助當地難民並提供洗衣服務，可以說是當地的活動中心；而渥茲市的自由青年運動幾乎全都是由拒絕逃跑的女性負責領導，其中也包括了法蘭卡的妹妹韓希，還有利百加．葛蘭茲（Rivka Glanz）與莉亞．波爾斯坦（Leah Pearlstein）。當時常有許多德國軍人會威脅要沒收這裡的設備，為避免東西被拿走，她們開始為這些士兵縫紉。莉亞是個活力充沛又負責任的人，她每一次都會挺身而出對抗納粹——而且她每一次都能得勝。[26]

奇薇亞和法蘭卡初次和自由青年運動的其他領導人相聚的那天晚上，就決定要按照猶太復國主義的目標，專心尋找前往巴勒斯坦的逃跑路線，同時也要把焦點放在社群援助上。為了同時達成這兩件事，他們必須一邊維護青年自由運動的價值觀，一邊好好維持當地基布茲運作。

奇薇亞不甘落後法蘭卡的行動，在抵達吉爾納街後只休息了片刻就再次動身了。首先，她要聯絡猶太居民委員會（Judenrat）並開始遊說他們。

納粹在很早期就決定要讓猶太人彼此對立。他們下了命令，要由猶太人自己來管理與整飭隔離區，然而管理者不是過去數個世紀以來負責領導猶太社群的民選卡哈爾（kahal），而是由納粹控制的機構，也就是猶太居民委員會。每一個猶太居民委員會都要負責登記猶太公民的資料、開立出生證明與商業許可證、收稅、分發配給卡、組織勞動力與社會服務，並監管他們自己成立的猶太警察或猶太民兵。華沙的猶太民兵都頭戴制服帽、腳踩靴子、手持橡膠棍棒，大多是受過教育的中產階級男性，通常會是年輕的律師和讀過大學的人。[27]對許多人（包括利妮亞）來說，猶太民兵招募的「全都是最糟糕的那種人」，[28]他們會盡責地執行蓋世太保的命令，搜尋、管理與監視猶太人。有些猶太人說，他們是因為面臨被殺死的風險才被迫進入猶太居民委員會，有些人則希望可以藉著自願進入猶太居民委員會來拯救家人（但這些家人並沒有因此幸免於難），甚至有些人希望能藉此幫助更廣大的社群。雖然納粹把猶太居民委員會這個機構用來當作壓迫猶太人的工具，但其中有許多個體成員抱持著各自不同的觀點，不同隔離區的成員也會有不同的行事風格。[29]猶太居民委員會之間的差異極大，[30]裡面的成員從英勇救助者到納粹協助者皆有。

許多人都很害怕猶太居民委員會，將他們視為蓋世太保的傀儡，[31]不過奇薇亞不但不害怕他們，還不斷糾纏，要求他們提供額外的食物配給證。她變成了各個主要猶太社群機構的大廳中固定會出現的人物，總是頂著一頭沒梳的頭髮，唇間叼著一支煙，好像她的「煩惱會隨著她吹出來的煙圈一起消散在空中」。[32]她常把一整天的時間都花在提洛馬克街（Tlomackie）五號的猶太自救組織（Jewish Self-Help Organization）上，那裡有許多雪白的大理石柱，以及一條條宏偉開闊的走廊。這棟一九二〇年代建造的建築旁邊緊鄰著大猶太會堂，過去曾是華沙的猶太圖書館（Judaic Library），也是歐洲的第一個兼顧神學與世俗主題的猶太研究中心。在戰爭時期，這裡變成了猶太互助中心。

奇薇亞花了許多個下午在這裡找美國聯合救濟委員會和社福機構的負責人協商談判、和青年團體的領導人交換資訊、交易地下刊物，並說服富有的猶太人大量貸款給她。她負責管理送到華沙來給各個猶太復國主義青年團體使用的錢，也是和外國組織祕密通信時的收件人。到了晚上，奇薇亞會和其他女同志在洗衣間做苦工。她吃得很少，瘦得令人擔憂，常發表一些能鼓舞士氣的演說、總是傾聽他人的哀嘆，當然也會用坦率的言詞提供當頭棒喝。其他年輕同志都很欣賞她個性毫不矯揉造作、決策迅速以及總是直言不諱的特點。

在這種充滿了飢餓與羞辱的環境下，奇薇亞覺得自己有責任要讓這些年輕人吃得飽並有地方住，她盡一切所能地保護他們不被抓去勞動營。當時，華沙市所有十二歲到六十歲之間的猶太人，都有可能被強制送去勞動營當勞工，那裡充滿了暴力與虐待，猶太人一直以來都很懼怕這件事。為了獲得勞動力，德國人會封住一整條街，把所有恰巧在那裡的猶太人都抓走——就算只是剛領了一片麵包要拿回家給小孩吃的人也一樣。一批批猶太人被納粹趕進貨車中，載去做粗重的勞動工作，在那裡挨餓和挨打。奇薇亞曾干涉過數次類似的事件、救出被抓住的同志，每次行動都伴隨著一縷香菸的煙霧。

她負責的其中一項主要計畫，是利用協商來重建與維護納粹當時還沒奪走的集體訓練農場。在戰爭期間，格羅庫夫區（Grochów）與切爾尼科夫區（Czerniaków）的農場變成了重要的勞動地點，他們雇用了沒有工作就會被抓走的年輕人在田地、花園與牧場工作。此外，這些農場也是教育中心，他們會在這裡唱歌與跳舞。奇薇亞為了協調這兩個區域的教育活動，而頻繁在這附近往來，她特別喜歡造訪這些蓊鬱的農場，在這裡她可以趁著晚上毫無顧忌地表現出自己的猶太特徵，沉浸在相對的自由中，也能讓她逃離華沙的飢餓、體蝨和猖獗的流行病，更不用說隨機開槍掃射與每天的折磨了。

到了戰爭後期，奇薇亞習慣賄賂猶太警察、翻過隔離區的牆再從墓園離開。接著，她開始對於他們必須浪費這麼多時間才能離開感到怒火中燒。奇薇亞在陪伴移民離開隔離區時用的也是同樣的方法：在正確的時機把鈔票塞給警察，然後拿著行李翻過柵欄門，表現得像是一名準備要去上課的女學生一樣，自信滿滿地大步走在街道上。

但在戰爭初期，華沙隔離區還沒有被牆圍起來。儘管這裡充滿了絕望、混亂與異常的暴力，但人們根本沒有預料到未來會出現監禁與謀殺。當時這些年輕人最害怕的是在納粹不可避免地輸掉戰爭並撤退後，波蘭人之間會爆發大量屠殺。目前為止，這些猶太青年都只是忙碌的社會運動人士而已，他們希望能藉由教導歷史與社會理論把先驅者的價值觀傳承下去；目前為止，他們都忙著加強各個單位的力量，而這些單位將會在不遠的將來被用在截然不同的神聖用途上。

❖

奇薇亞在一九四〇年春季回到吉爾納街，人們一如往常地忙著自己的工作。還有，安提克也在這裡。

他也回到了納粹占領區了，有些人懷疑他是追隨奇薇亞來的。奇薇亞對自己的感情守口如瓶，沒有記錄他們之間的任何私人關係，但安提克則寫下了他們早期的互動。他們都還在科威爾鎮時，安提克曾在奇薇亞生病時穿越滿地泥濘，帶了魚和蛋糕給她。奇薇亞沒有用溫暖的態度感謝他，反而責罵他看起來太過狼狽。「她的反應讓我覺得很驚奇，」他說，「講話的態度就像妻子一樣。」[33] 數個月後，他看到奇薇亞慷慨激昂地授課，激動地用拳頭敲打桌子——他立刻墜入了愛河。[34]

安提克加入了奇薇亞和法蘭卡的行列，也成為了領導人，他們在華沙與其他區域建立自由青年運動。儘管法蘭卡擁有「猶太人的鼻子」，說起波蘭語時「結結巴巴」，[35] 但她還是設法建立華沙總部與波蘭的其他城鎮之間的聯繫，提供許多支持，並招募新成員。為了領導訓練班與維護自由青年運動的波蘭全境聯繫，法蘭卡越來越常四處奔波，但也有人說她如此頻繁的奔走，部分原因在於她想避開安提克與奇薇亞。她十分喜歡安提克，但她越來越明顯地感覺到，安提克喜歡的只有她最要好的朋友奇薇亞。[36]

在吉爾納街時，為了提振士氣，奇薇亞會在晚上把窗簾放下來，與眾人分享白日的趣聞軼事、一首寧靜的歌、一齣簡短的戲劇（安提克也會加入，法蘭卡沒有外出時也會出席）。社群成員從猶太歷史中的英勇故事獲得勇氣，他們一起看書、學習希伯來語並進行激烈的討論。在這個充滿恐懼與謀殺、人人只為自己的世界中，他們仍舊相信憐憫與社會行動。他們想要打造出能夠在這場戰爭中倖存下來的強大猶太人（當時他們依然以為多數猶太人都能活下來）、他們仍相信猶太人有未來，一直都在為此做準備。這些成員們間的氣氛放鬆——曾在吉爾納街居住並授課數個月的著名詩人伊扎克・卡澤內爾森（Yitzhak Katzenelson），也曾描述過這裡有一種「自由的氛圍」。

「奇薇亞」變成了整個波蘭行動的祕密代號。[37]

Chapter 4 看見下一個黎明——隔離區的恐懼

利妮亞

1940 年 4 月

猶太大屠殺帶來的恐怖感是一點一滴慢慢演化出來的。雖然納粹的每一次行為都只比上一次更升級一些些，慢慢往種族滅絕邁進，但對於利妮亞來說，戰爭早期帶來的恐懼已經把她的生活切割成了再也無法融合的「之前」與「之後」。她原本順利找到了法庭書記的工作，[1]現在這份工作消失了，她對未來的希望也化為烏有。這場戰爭徹底顛覆了利妮亞的生活。[2]

一九四〇年，法令接二連三地傳入了波蘭各地的社群中，包括渺小的延傑尤夫鎮。這些法令的目的是孤立、羞辱與削弱猶太人，此外，也是為了辨別出猶太人。由於德國人無法分辨波蘭人與猶太人之間的差別，所以利妮亞與超過十歲的猶太人都被迫在手臂上戴上了白色的臂章，上面是藍色的大衛之星。如果這條臂章髒了，或者寬度不對，他們就有可能因此受到死亡的懲罰。猶太人在遇到納粹時必須脫帽，而且也不能走在人行道上。利妮亞厭惡地看著猶太人的財產被取走，發送給其他「德意志裔人」（Volksdeutsche）＊：也就是擁有部分德國血統，並向德國人申請這個高級地位的波蘭人。她寫道，最貧困的波蘭人在轉眼間變成了百萬富翁，而猶太人則在他們原本的住家裡擔任傭人，被迫支付房租，並教導德意志裔人要如何管理自己先前的宅邸。接著，猶太家庭會被趕出去，變成街上的乞丐。猶太人的商店被強占；他們的財物，尤其是黃金、毛皮、珠寶和各種他們來不及藏進花園或塞進廚房鬆脫地磚下的貴重物品，全都被沒收了。莉亞把她的勝家（Singer）縫紉機與漂亮的燭臺都送到隔壁的波蘭鄰居家裡，請他們保管。[3] 利妮亞在其他波蘭人進城裡逛街時，聽到他們不斷幻想著接下來還有哪些物品會變成他們的。

到了四月，這裡設立了一個強制的「猶太人居住區」，許多猶太人都希望這個制度能保護他們。[4] 管理者告訴利妮亞的家人，他們有兩天的時間可以搬家，把全家人（已經加入了自由青年運動基布茲的莎拉以及已經逃往俄羅斯的茲維不算）的生活都轉移到距離市政廣場只有數個街區的位置：那裡是由低矮的建築與窄小的巷弄組成的骯髒區域，過去住在那裡的通常是鎮上的小混混。他們必須放棄家具與財產——事實上，他們幾乎放棄了所有事物，只帶走了一個小袋子和一些亞麻布。部分文獻指出，[5] 當時有許多家庭的母親整夜沒睡，瘋狂地打包各種物品，孩子們不斷來回奔走，把他們能帶走的東西全都放進背包或籃子裡：衣服、食物、鍋子、寵物、肥皂、大衣、鞋拔、縫紉用品與其他生活必需品。他們把珠寶貼在身上藏起來，有人把黃金手鐲縫在毛衣的袖子裡，[6] 有人把錢烘焙進餅乾中。[7]

擁擠的程度令人難以置信。每一間公寓裡都擠滿了好幾個家庭，他們睡在地板或臨時床位上，利妮亞甚至睡在一袋麵粉上。[8] 一間小小的房子裡可能必須擠進五十人。[9] 隔離區的照片十分稀有，在其中幾張照片中，可以看到好幾個家庭一起住在曾是猶太會堂的建築裡，許多兄弟姐妹一起睡在講臺上與長椅下。在這種狀況下，你連要伸直自己的手臂都有困難，個人空間根本不存在。有些比較幸運的猶太人因為認識住在隔離

＊編按：德意志裔人指的是在一次大戰後居住在德意志地區之外但母語以德語為主的居民，或與德國或奧地利有血緣關係的歐洲居民。

區裡的人，所以可以搬進他們家一起住，不過大部分的人都必須和陌生人住在一起，這些人的生活習慣往往差異很大。來自附近多個村落與不同階級的猶太人被迫住在一起，加劇了矛盾，也破壞了過去的社會常規。[10]

有些人帶了家具過來，但這裡根本沒有空間能放家具。他們必須在白天把臨時搭建的床拆掉，才有空間能梳洗和吃飯。他們用牆上的釘子掛衣服，用小澡盆清潔身體和洗衣服，再把衣服鋪在鄰居的屋頂上晾乾。[11] 桌子和椅子都被堆在屋外。過了幾週後，利妮亞的家人開始把生活用品拿來當作生火的柴薪，過去的生活基礎在火焰中燃燒殆盡。

德國人在波蘭建立的猶太隔離區超過了四百個，[12] 他們的目標是靠著疾病與飢餓大量消滅猶太人口，此外，集中管理也比較方便他們把猶太人聚集起來，運送到勞動營或滅絕營。建立隔離區是一項大規模的行動，每個隔離區的規則與性質都略有不同，這些差異來自當地猶太文化、當地納粹統治、隔離區的自然地景與內部領導狀況。不過，波蘭的隔離區還是有一些共通的基本規則，無論在偏遠的小鎮、更偏遠的村落或監獄中都一樣。

一開始，庫基烏卡一家人還可以為了工作與購買食物離開隔離區，波蘭人也同樣可以從大門走進隔離區，帶麵包來和猶太人交易有價值的物品，但這裡很快就像其他隔離區一樣開始限制出入。猶太人必須持有猶太居民委員會頒發的通行證才能離開。從一九四一年開始，納粹再也不允許任何猶太人和波蘭人進出這個隔離區。他們用柵欄封閉了隔離區的部分邊界，另一邊則是一條河。到了最後，只要踏出隔離區的人就會被處決。

然而……[13]

利妮亞穿上了一層又一層的衣物：襪子、再一雙襪子、最外面再套一件洋裝，她穿得像是波蘭農人那麼厚重。伊絲特則穿上了兩件大衣，頭上戴著農民頭巾。她們在一片黑暗中整理衣物，貝拉幫忙兩名妹妹把外衣綁好，再把好幾件上衣折進腰帶裡，偽造出懷孕的肚子。她們在口袋中塞滿了一個個可以賣的小東西，渾身上下都是商品與偽裝，所有東西都藏在身上。利妮亞提醒自己，她這麼做可以幫助她的母親、她的弟弟、她的家人。

有那麼一秒鐘的時間，她回想起了一個非常遙遠的國度，不過幾個月前，那個國度距離她只有數公里而已——那是她的中產階級生活灰飛湮滅之前的事了。她像是在做白日夢一樣，回想著個性堅強的母親如何處理好一切事物：煮飯、打掃、管帳。他們的波蘭鄰居常會不可置信地詢問莉亞：「你怎麼有辦法靠著你們的薪水讓七名孩子吃飽穿暖，還讓他們看起來這麼有錢啊？」用意第緒語來說的話，莉亞絕對是一名巴拉巴斯塔（balabasta），意思是技術高超的家庭照顧者，家中總是擠滿了受過良好教育又行為端正的孩子與其朋友，卻又能神奇地保持家中整潔有序。她總是這麼回答：「我買昂貴的衣服是因為這些衣服能穿很久，還可以給下一個孩子穿。我還會為每個孩子都買一雙好看的鞋子——尺寸一定要買大一點，這樣才有空間讓孩子的腳長大。」

重點在於你穿戴哪些衣物，以及如何穿戴它們。如今女孩們把所有衣服都穿在身上了，這既是她們的服裝，也是她們的生存方法。時間快要到晚上九點，[14]該出發了。她們簡短地揮手道別後，一起沿著街道前進，離開了隔離區。利妮亞從來沒有透露過她是怎麼離開隔離區的，或許是賄賂了守衛、從縫隙比較寬大的木板或柵欄中間鑽過去、爬過圍牆、穿越地下室或越過屋頂。這些都是在波蘭猶太隔離區進出的走私者（大多都是女人）會使用的方式。

由於猶太男人時常會被抓走，所以他們都待在家裡，而無論是來自貧困階級還是高等社會的猶太女人，都必須負責蒐集物資，[15]她們販賣香菸、內衣、藝術精品，甚至也販賣自己的身體。除外，讓孩子偷溜出隔離區尋找食物也相對比較容易。這些隔離區創造出了大量的角色轉換。[16]

庫基烏卡姊妹成功抵達了附近的村落，開始在街上來回走動。利妮亞步履匆匆，她回想起自己曾在每週五和母親一起到麵包店，挑選各種顏色與形狀的餅乾。現在她們能擁有的只有麵包配給卡：每天一百克或者四分之一的小麵包。麵包攤販只要賣出了超過配給額或定價的麵包，就會被處死。

利妮亞走到一棟房子前。她踏出的每一步都充滿風險，誰知道會有哪些人看見她站在這條街上呢？波蘭人？德國人？猶太民兵？來應門的人也可能會告發她，或者槍殺她，又或者對方可能會假裝要買東西，接著拒絕付款或威脅要把她送去給蓋世太保換取賞金。到時候她該怎麼辦？利妮亞過去在法院工作的時候，她接觸到的律師、公義和法律都是有道理可循的，如今再也沒有什麼事物是有道理的。女人們每天晚上都必須像利妮亞一樣出門販賣物品，設法養活家人。

還有一些女孩幫助家人的方式，是為市鎮管理者或私人企業做強制勞動。[17]雖然所有十四歲到七十五歲的猶太人都應該要工作，但有時候小於十四歲的女孩會為了有食物吃而穿上有跟的鞋子，讓自己看起來年長一點。[18]有些猶太人被迫成為裁縫和木匠，有些猶太人則被送去拆除房屋、修路、打掃街道和搬卸火車上的炸彈（有時這些炸彈會爆炸並把他們炸死）。猶太女人必須走好幾公里的路去做打碎石頭的工作，又常必須在挨餓且衣衫襤褸的狀況下站在及膝的深雪與凍入骨髓的爛泥中勞動，只要要求休息就會被無情地抽打。人們會把自己的傷口藏起來，並在沒多久後因為感染而死亡。在這裡，不是四肢凍僵，就是骨頭被打到斷裂。

「所有人都一聲不吭。」一名年輕的女性勞工描述她們在清晨四點列隊走去工作的情景，他們前後左右都是納粹守衛。「我努力避免踩到前一個人的腳跟，在一片黑暗中試著預估他的速度和每一步的距離。我穿過了他呼吸時吐出的白色水霧，穿越沒洗的衣服散發的氣味，穿越過度擁擠又宛如噩夢的房子傳出的惡臭。」[19]這些工人在晚上回到家時總是滿身淤青、四肢僵硬，他們很失望自己沒能偷渡一些東西回家，因為隔離區的大門守衛會搜身，所以他們連一根紅蘿蔔也沒辦法帶回來。儘管這些工人懼怕被打，但他們還是會在隔天回到工作崗位上，其中有些工人是母親，她們必須拋下孩子，讓他們自己照顧自己。不然她們還能怎麼做呢？

對於隔離區的女性來說，她們的反抗方式就是想辦法照顧好家人、讓猶太小孩存活下去——在身體與精神方面養育下一代。男人大多不是被抓走就是逃走了，女人則留下來照顧這些孩子，有時甚至要照顧男人的父母。許多女人和莉亞一樣，原本就很熟悉要如何分配家庭財務預算與食物，只不過現在她們必須在極端匱乏的狀況下分配。每天配給的食物能提供的營養，少到就連一頓早餐也不夠——他們拿到的食物通常是穀物、莖與葉製作成的苦澀的雜糧餅以及一些麥片、一小撮鹽、一把馬鈴薯。[20]

利妮亞寫道，貧困的人過得最糟，他們根本買不起黑市販售的商品。[21]然而，為人母都願意做任何事來避免眼睜睜地看著孩子餓死——利妮亞後來描述說，餓死是「最可怕的一種死法」。[22]這些母親無法獲取最基本的生存所需資源，必須到處尋找營養來源、把孩子藏起來躲避暴力與後來的遣送（她們必須在躲藏地點設法讓孩子保持安靜，有時甚至得在嬰兒哭泣時摀住他的口鼻），並在沒有藥物的狀況下盡其所能的治療疾病。隔離區的女人一直處於被強暴的風險中，她們必須外出工作或走私，若她們被抓走了，她們的孩子就沒有人照顧了。有些女人選擇把嬰兒交給波蘭人照顧，她們往往必須因此支付大筆金額，有時還必須在遠處看著自己的孩子被虐待，或者被告知一些有關父母的謊話。到了後來，有無數母親在原本可以去工作的狀況下，選擇和孩子一起進入毒氣室，她們不願意讓孩子獨自死去——直到最後一秒都抱著自己的孩子安慰他們。

如果丈夫留在隔離區，這種時候就會出現許多夫妻衝突。[23]男人對飢餓的忍受能力往往比較差，他們常會把能找到的食物全部吃掉，因此女人必須把配給食物藏起來。在如此狹小的住所與這麼多飢餓的人之間，性行為通常不太可行，這也使得夫妻間的矛盾更加劇烈。根據渥茲市隔離區的紀錄，儘管單身者比較有可能會被遣送並處死，但依然有許多夫妻申請了離婚。在離婚的案例中，有許多人是家中第一代因為相戀而結婚的夫妻，[24]而非被家庭安排的，但他們的愛情已經在長期的飢餓、折磨與恐懼之下灰飛湮滅了。

女人以前就受過家務技能方面的訓練了，她們在隔離區替家人除去身上的蝨子、打掃與保持衣著整齊，這些技能在生理上與心理上幫助她們存活下去。有些人指出，對女人來說，不整潔的環境比飢餓還要難以忍受。[25]

儘管延傑尤夫鎮隔離區的猶太人已經盡了自己最大的努力適應新環境了，但這裡的糧食短缺、居住空間擁擠、缺乏自來水，又沒有衛生設備，導致隔離區中出現了流行性斑疹傷寒。這種疾病經由蝨子傳染，感染者住的房子全都被封起來，生病的人全都被帶去特別為此設立的猶太醫院中。多數病人都因為缺乏治療而死亡。隔離區裡有特殊的浴室，專門用來消毒身體與衣物，但被消毒過的衣服往往會變得不堪穿著。利妮亞聽到謠言說，德國人禁止斑疹傷寒的病患接受治療，還下令要直接毒死這些人。（納粹向來以細菌恐懼症聞名。在克拉科夫市，德國人為了確保自己的性命無礙，把沒有感染的猶太人也送進了傳染病院。）[26]

如今猶太人的日常生活中充滿了飢餓、感染與沒有洗澡導致的惡臭體味，他們沒有工作也沒有每天該做的例行公事，[27]總是在害怕自己會被抓去強制勞動和挨打。街上的小孩玩的遊戲是納粹與猶太人的對決。一名小女孩對她的小貓大吼大叫，說牠沒有文件就不准離開隔離區。[28]猶太人沒有錢買光明節的蠟燭或安息日的札拉辮子麵包，就連富有的猶太人也把他們帶進隔離區的錢以及他們變賣物品賺來的錢通通花光了。他們以接近免費的價格把各種物品賣給波蘭人，黑市裡賣的東西卻都是天價。在華沙的隔離區，猶太人購買一條麵包的價格大約是如今的六十美元（約臺幣一千八百元）。[29]

利妮亞站在一棟房子的門口，她的機會來了，她非常需要錢。她和波蘭的許多猶太女人一樣，不認為自己是個關注政治的人。她不屬於任何組織，然而她還是走到了這一步，冒著生命危險採取了行動。她伸出手，每一次敲門都有可能會引來一發子彈。

一名女人打開了門，她已經準備好要和利妮亞做划算的交易了。他們買得很開心，利妮亞想著。他們沒有其他地方可以花錢了。那名女人匆匆拿出一點煤炭。利妮亞要她支付一些錢，遠低於她們家的祖傳蕾絲桌墊應有的價值。「好。」接著她迅速離開，心臟怦怦直跳。她摸著口袋中的錢幣。[30] 雖然這些錢微不足道，但至少她幫上家裡的忙了。

噩耗在一天早上降臨。民兵帶來了一條命令。納粹命令猶太社群必須挑選出兩百二十名身強體健的男人，讓民兵帶去鎮外的強制勞動營。利妮亞的弟弟亞倫也在名單上。

儘管庫基烏卡一家人不斷懇求亞倫別走，但亞倫擔心不服從會使納粹履行他們的威脅：處決他的全家人。利妮亞看著一頭金髮、身材高挑的亞倫消失在門外，她覺得自己的五臟六腑好像在燃燒。這群男人被帶到消防局，在那裡接受醫師的檢查與蓋世太保的折磨，他們被迫唱猶太歌、跳猶太舞，並抽打彼此直到見血，蓋世太保則在一旁哈哈大笑。公車來到隔離區載他們離開時，帶著狗與機槍的蓋世太保只要看到有人停下腳步就會打他們，許多人被打到要由其他男孩攙扶才能上公車。

利妮亞的弟弟後來告訴她，他當時以為自己一定會被帶去處死，但後來才驚訝地發現他們的目的地是利維夫市附近的強制勞動營。他說的有可能是亞諾夫斯卡中轉營（Janowska transit camp），[31] 那裡有一個工廠，納粹會把猶太人帶去那裡做無償木工與鐵工。納粹成立了四萬多個營地，[32] 目的是加速殺死「低等種族」，其中包括了中轉營、集中營、滅絕營、勞動營和綜合營等。納粹親衛隊（SS）把其中一些勞動營租給私人公司，[33] 以人數計價。由於女人的價格比較低，所以這些公司往往會比較喜歡「租賃」女性，讓她們去做粗重的苦工。[34] 這些國有勞動營與私有勞動營遍布波蘭各地，環境都很糟糕，人們因為飢餓、長期挨打、環境髒亂導致的疾病與工作過勞而死亡。在戰爭剛開始的那幾年，勞動營的犯人往往會因為必須執行羞辱人又沒有必要的勞動工作（例如敲碎岩石）而意志消沉，到了後來，德國軍隊越來越需要勞工完成他們的需求，因此工作也逐漸增加。勞動營的猶太人每天的食物通常會是一片麵包與一碗黑色的野豌豆湯，野豌豆通常用來餵牲口，味道像煮過的胡椒。[35]猶太年輕人全都非常害怕被送進勞動營裡做奴工。

雖然波蘭社會已徹底崩潰，但郵政網絡仍在運作。這天，利妮亞收到了一封信。她用顫抖的雙手攤開信紙，發現亞倫還活著。但是亞倫的生活狀況可怕到讓利妮亞感到非常震驚：這些男孩住在馬廄裡，睡在從來沒更換過的稻草上，他們從天亮工作到天黑，總是又冷又餓，常會摘地上的野莓和野草裹腹。他們每天都會挨打，必須倚在朋友的肩膀上才走得回去。到了晚上，納粹會強迫他們做健身操，跟不上節奏的人會直接被殺死。蝨子咬穿了他們的皮膚，那裡也沒有水槽和廁所，臭味令人窒息。隨之而來的是痢疾，許多男孩意識到自己時日無多而試圖逃跑，但由於他們的衣服在冬季的環境中太顯眼，所以他們必須避開城鎮，穿越森林與田野。蓋世太保一邊追捕那些逃跑的人，一邊用酷刑折磨剩下的男孩。

利妮亞立刻寄了許多關愛包裹給弟弟。她把錢縫在幾件衣服裡，放在包裹中一起寄過去，如此一來，若亞倫順利逃走了，才有錢能買票回家。她每天都在注意逃回來的人。這些逃脫者的狀態令人義憤填膺：他們瘦成了皮包骨，身上滿是潰瘍與皮疹，四肢腫脹，衣服上爬滿了蝨子。這些男孩看起來像是弱不禁風的老人一樣。那麼，亞倫到底在哪裡？

許多猶太人被抓走後就不見了。「父親、哥哥、姊姊或母親。」利妮亞寫道。「每個家庭都有一名失蹤的家人。」

不過任何事物都是相對的。利妮亞很快就會明白，只有「一名失蹤的家人」是件好事。事實上，光是有「一名存活的家人」就算是很幸運了。

利妮亞知道，她必須努力使自己成為幸運的那個人。

一天晚上，在黃昏籠罩了隔離區即將倒塌的屋頂後，猶太人迎來了一條命令。每一個消息、每一個文字片語都有可能會永遠改變你的生命，都有可能會在你為了適應環境而建構出搖搖欲墜的一點安慰後，徹底摧毀那些安慰。庫基烏卡家和隔離區內的其他三百九十九個最富裕的家庭被迫要離開這個小鎮。午夜之前就要出發。

利妮亞曾看過有錢人付錢躲過法令、賄賂猶太居民委員會派工人到家裡或雇用勞工替他們去工作。他們試著用過去已知的方法來應對當下的困境，想用過往的方式操縱這個系統，然而這個系統沒有任何規則可言。尊敬有錢猶太人的只有猶太人，德國人根本不在乎。這一次，最有錢的猶太家庭仍想靠著付錢躲過強制驅離，但猶太居民委員會的金庫已經塞滿之前的賄賂了——事實上，他們甚至還支付五十茲羅提（zlotys，波蘭標準貨幣單位）給每個富裕家庭當作搬遷費。

庫基烏卡一家慌忙地把所有財物放進拖車裡，[36]在大半夜出發了。納粹把他們丟在溫度極為寒冷的沃濟斯瓦夫鎮（Wodzisław）。利妮亞推測這也是德國人的計畫之一：他們毫無理由地把猶太人從一個城鎮轉移到下一個城鎮，只是為了要羞辱他們並使他們感到沮喪。利妮亞冷得瑟瑟發抖，她用大衣緊緊裹住身體（她很幸運還有大衣能穿），在絕望中注意到好幾個歇斯底里的母親正眼睜睜地看著嬰兒的冰冷皮膚逐漸發紫。沃濟斯瓦夫鎮的猶太人把這些母親和近乎死亡的嬰兒帶到了院子的羊舍裡，至少他們可以在這裡稍微躲避呼嘯的寒風。

最後，所有猶太人都湧進了寒冷刺骨的猶太會堂，牆壁上掛著一支支冰柱，他們用公共施膳處提供的湯果腹。他們曾是社群中最富有、影響力最高的一群人，如今他們得接受只有活下來才是最重要的事。「德國人使猶太人變成了鐵石心腸的人。」利妮亞寫道，她能感覺到自己的心靈正逐漸變得堅硬。「現在每個人在乎的都只有自己，每個人都會直接搶走同伴手中的食物。」[37]正如一位猶太生還者描述的，住在華沙隔離區的這段期間使他的靈魂逐漸硬化了：「你在街上看到死人的屍體時，你會拿走它的鞋子。」[38]

在所有隔離區中，納粹下達的命令都越來越野蠻了。

「德國人每天都會發明一個殺死猶太人的新方法。」利妮亞寫道。德國人還能使他們更害怕嗎？儘管他們已經經歷過這麼多事件了，但驚恐之情仍沒有消退。每次納粹發明了新的虐待方法，利妮亞都隱隱有種噁心感，她能感覺到更深層的、無邊無界的惡意，那些將要殺死她的謀殺犯還有一萬種方法能施加暴力。「到了晚上，會有一整輛巴士的蓋世太保來到這裡，他們全都已經醉得神志不清了。」他們會拿出一份名單，上面有三十個名字，他們會把這些男人、女人與小孩從家中抓走，毆打他們再槍殺他們。利妮亞會聽到喊叫聲與槍聲，到了早上，她會看見散落在巷弄裡的屍體，身上布滿了挨打留下的青紫痕跡。死者家屬的哭嚎令人於心不忍，利妮亞的心都碎了。每一次，她都會想像下一次可能就輪到她了。整個社群需要花好幾天的時間才能冷靜下來：這份名單是誰列出來的？他們應該要小心提防誰？他們應該要厭惡誰？人們甚至會害怕到不敢對話。

隔離區的猶太人覺得自己的一切都被占領了，他們的領地、他們的軀體，甚至連他們的想法都受到了威脅。無論他們做了什麼或說了什麼，就算是最微不足道的聲音和動作，都有可能會使自己與全家人被處決。他們每一吋的身心靈都處在監視之下，「無論你是在呼吸、咳嗽還是哭泣，都絕對會有人聽見你的聲音。」[39]一名曾住在隔離區的年輕女性描述道。你能信任誰？有誰在偷聽？若你想和老朋友進行一場坦率的對話，你必須預先約好一個說話的地點，接著再表現得好像要去辦日常雜務一樣，和對方一起走過去。波蘭的猶太人甚至開始害怕他們會在作夢時背叛自己。

有時候，蓋世太保會在晚上來到隔離區，直接開槍把人射死。一天晚上，猶太居民委員會的所有成員和他們的家人都被處決了。在另一個令人刻骨銘心的夜晚，好幾輛坐滿了蓋世太保的巴士來到了隔離區，強迫猶太人穿著睡衣、半裸著身體、光著腳走到屋外，在積了雪的市場外繞圈跑步，而蓋世太保則拿著橡膠棍棒追在他們身後，有些蓋世太保命令猶太人在雪地裡躺三十分鐘，還有些則強迫猶太人用鞭子鞭打同伴，或者要他們躺在地上並駕駛軍用車輛碾過他們。納粹把水倒在這些已經凍壞了的猶太人身上，要他們立正站好。利妮亞的生活現況變成了「永遠也不知道自己能不能活著看到明天早上的太陽」。她怎麼會有理由知道呢？

接著，噩夢開始在白天出現了。機槍的聲音在森林中迴盪，納粹命令猶太人挖掘自己的墳墓，再強迫他們在挖出來的坑洞中唱歌跳舞，直到他們被槍殺為止。他們強迫其他猶太人把這些被害者埋起來——有時甚至會將人活埋。年紀較大的猶太人也同樣被迫唱歌跳舞，納粹會一個一個拔掉他們的鬍子，再打他們巴掌，直到他們的牙齒被打掉。

雖然隔離區是一個封閉的社群（他們不准使用收音機），但利妮亞還是探聽到了一些資訊。有數百名女人被帶到了不知名的地方去，之後再也沒人聽說過她們的消息。一名率直的士兵告訴她，這些女人被送到前線去當妓女了。她們罹患了會傳染人的性病後，就會被活活燒死或開槍殺死。這名士兵告訴利妮亞，他有一次親眼看到數百名年輕女人反叛，利妮亞聽得十分入迷。士兵說那些女人攻擊納粹、偷走他們的刺刀、刺傷他們、挖出他們的眼睛，接著再自殺，大喊著她們絕不會被迫成為妓女。活下來的女孩們最後都被納粹制伏並強暴了。

身為一名十五歲的女孩，利妮亞該怎麼辦？她開始保持警覺，本能地知道自己必須蒐集資訊並面對現實。她打聽來自其他城鎮的各種謠言：許多人都餓死了，還活著的人四處乞討馬鈴薯皮與廚餘；許多猶太人為了不要落入德國人手上而殺掉自己的孩子再自殺；德國人在遣送猶太人時，強迫他們從隔離區步行到火車站——有時甚至一次送走上萬人，這些人離開了城市，前往未知的目的地。據說這些經過挑選的猶太人被送去工作了，這個消息是猶太社群從少數幾個通過篩選的人那裡聽來的，但他們認為這些人是德國人刻意留下的活口，目的是誤導猶太人，因為多數人被送走之後都直接消失了。「他們離開之後，就好像墜入深淵一樣，消失無蹤。」[40] 利妮亞寫道。他們到底被送去哪裡了？

納粹向來慣於執行連坐處分。納粹親衛隊已經下令，所有幫助猶太人的波蘭人都會被殺死。隔離區的猶太人很擔心若自己逃跑了，他們的全家人都會因此遭到報復性謀殺。[41] 你要留下來保護你的社群嗎？還是要逃跑？要戰鬥，還是要逃跑？

德國人的屠殺行為從沒有停止過。德意志裔人組成的滅絕隊（Extermination committees）開始運作了，利妮亞說滅絕隊的成員是「烏克蘭野蠻人」[42]和「年輕又健康的德國人，他們覺得人命毫無價值」。「他們非常嗜血，」利妮亞在描述納粹與其協助者時說。[43]「這是他們的天性，就像對酒精或鴉片成癮一樣。」這些「黑狗」總是穿著黑色制服和黑帽，上面裝飾著骷髏頭，帽子下面是面無表情的臉孔、突起的眼睛和巨大的牙齒——就像隨時準備好要撲向受害者的野生動物一樣。每個人都知道，只要這些人一出現，那天就會有半數人被處決。他們一踏入隔離區，人們就紛紛躲避。

「對他們來說，」利妮亞寫道，「殺死一個人比抽一根煙還要簡單。」[44]

Chapter 5 華沙猶太隔離區：教育與文字

韓希與奇薇亞

1940年10月

在一九四〇年的猶太人贖罪日（Yom Kippur），吉爾納街三十四號的餐廳擠滿了從各個農場來到華沙參加會議的同志。[1]不過餐廳裡靜悄悄的，所有人都深受法蘭卡的妹妹韓希發表的演說所吸引。[2]韓希用甜美的聲音說話時，總是充滿了她特有的魅力，[3]她這次的演說主題是猶太人的驕傲與保持人性的重要性。

韓希比法蘭卡小四歲，從許多方面來說，兩人的個性都南轅北轍。她的金髮對比上法蘭卡的棕髮；她的活潑對比上法蘭卡的專注；她的喜愛社交對比上法蘭卡的嚴肅正經；她的充滿想像力對比上法蘭卡天生的分析思維。「我從來沒有遇過任何人像她一樣，令我感到那麼激動、那麼心潮澎湃。」著名的以色列政治家瑞秋・卡澤內森（Rachel Katzenelson）在後來如此描寫韓希。「她的笑聲和動作有一種魔力。那些特質超越了外表的美，她坦率、樂觀，並且願意承擔命運扔給她的任何重擔，她令人著迷。」[4]

韓希個性熱情、充滿魅力，從交朋友到學習語言，做什麼都易如反掌，從小就是當地孩子裡的領頭羊，他們一起蹺課、一起爬樹，她總是大笑著跑在最前面。韓希很受父親的寵愛，當家人們在安息日的晚餐爭論政治時，她總是能在篤信宗教的爸爸、支持共產主義的姊姊薩拉卡（也是韓希的老師）與支持猶太復國主義的哥哥伊萊霍（Elyahu）之間，緩解緊張的氣氛。法蘭卡通常不會發表意見，韓希則常會說笑話。這對姊妹被稱做「韓希與法蘭卡」，韓希的名字總是在前面。當她們一起走進房間時，妹妹的活力往往會偷走眾人的注意力。

韓希剛滿十四歲時，伊萊霍就發現她的個性異常成熟，因此伊萊霍在前往巴勒斯坦前，就先把韓希引薦給自由青年運動了。雖然韓希還帶著一些孩子氣的愉快個性，但她冰雪聰明、渴望挑戰，她絕佳的藝術品味以及對詩歌的愛好使團體中的同志們非常訝異。[5] 她變成了十分活躍的自由青年運動成員，與此同時，她哥哥會寄錢讓她參加訓練班與活動。不過，她並不是一直都過得那麼開心。韓希曾在訓練營寫信說她覺得很孤單也很沮喪，她聽到了其他女孩對她品頭論足，當時那些女孩以為她睡著了。（「她是個瘋子……不過倒是很漂亮。」）她對於其他男孩把她當作目標感到很矛盾，不太確定自己和一位叫伊扎克的男孩會不會發展成戀愛關係：「他答應要幫忙編輯我的詩集，我則把他的短篇小說搞得一團糟。」[6] 這對姊妹的關係充滿了愛與衝突。她們都很喜愛彼此，但韓希有時會覺得法蘭卡對她的擔憂令她窒息。他們兩個一起生活並非易事，因為法蘭卡喜歡孤獨，韓希則喜歡「活動、人群、生活」。[7]

戰爭爆發的第一週，自由青年運動派韓希前往利維夫市支持他們的活動。她精力充沛的態度激勵了那裡的每個人，提醒他們站在蘇聯這一邊有多幸運，也鼓舞了整體士氣。她帶著重大消息到平斯克市造訪她的父母。她的一位朋友寫道：「我永遠都不會忘記韓希告訴父母她決定要回到納粹占領下的波蘭時的情景。整棟屋子在那瞬間陷入沉默，好像全世界都四分五裂、變成了石頭。在她艱難地宣布這個決定時，她父母的表情立刻凍結了。經過了令人難受的片刻寂靜後，她父親好像倏然驚醒似的說：『我們的小女兒啊，如果你覺得自己必須去的話，那就去吧，願上帝保佑你。』」[8] 她當然非去不可。她第一次試著偷偷越過邊界時失敗了，她本來應該要游泳渡河，但在走進冰冷的河水中之後便被凍得動彈不得，但她堅持要再試一次。

時間來到了一年當中最神聖的猶太節日，韓希站在自由青年運動華沙總部的餐廳裡，距離故鄉無比遙遠。她像往常一樣綁著活潑的辮子，頭上戴著農民頭巾，身上穿著澎袖設計的碎花短袖上衣，正在進行有關尊嚴的演說——這時她姊姊法蘭卡從門口衝了進來。

法蘭卡帶來了最新消息：猶太隔離區要被封起來了。他們將會和外面的世界失去連結，再也接觸不到工作、其他群體和食物，再也接觸不到任何事物。雖然這裡的成員都知道其他省的隔離區有這種狀況，但他們沒有想到這種事竟然會發生在華沙這座歐洲著名的金融城市。奇薇亞和法蘭卡都知道，自由青年運動必須重新調配資源、重新安排組織架構並重新進行訓練。他們再次遇上了重大轉折。

德國人鎖上了隔離區的大門，把超過四十萬名猶太人關在一個窄小的區域，[9]用高聳厚重、上面插滿玻璃的圍牆把這裡圍起來。不過在這之後，自由青年運動對救助、教育和文化活動的關注不但沒有動搖，反而更加堅定。奇薇亞相信，他們必定能透過這些方式保持精神抖擻，撐過德國占領時期。

自由青年運動並不孤單，因為當時有許多組織都舉辦了文化活動並提供救助服務。數千名隔離區的猶太人冒著生命危險表演戲劇：業餘表演與專業表演、使用意第緒語與波蘭語、經過排練的傑出演出與競賽。有些猶太人在咖啡廳表演諷刺戲劇，在劇場表演教育戲劇。有些演員參與地下室的祕密演出以賺取額外的收入。華沙隔離區裡面有一個「百老匯」，裡面光是一條街上就有三十個表演場地。[10]聯盟黨也會在這裡舉辦音樂會，[11]他們設立了七間施膳處和兩間茶室，創建了大規模學校系統、日間營隊、運動組織、地下醫藥學校、文學活動和社會主義紅十字會（Socialist Red Cross）。有鑑於當時舉辦任何政治會議都是違法行為，所以他們把公共施膳處用來當作會面的祕密地點。[12]

對自由青年運動來說，教育最為優先。[13]在一九四〇年至一九四一年間，他們不顧猶太居民委員會的反對，在吉爾納街舉辦了三次大型訓練班。第一次訓練班有五十人參加，這些人分別來自波蘭各地的二十三個自由青年運動分會，其中也包括了許多著名人士，例如詩人伊扎克．卡澤內爾森、歷史學家暨社運人士伊曼紐爾・林格布倫、教育家雅努什・柯札克（Janusz Korczak）與史蒂法・維爾金斯卡（Stefa Wilczynska），他們全都是奇薇亞在猶太居民委員會的走廊認識的朋友。這些參與者會花六週的時間研究並深思未來。除此之外，吉爾納街提供的文化教育計畫也包括了聖經課、文學閱讀、科學演講和戲劇小組。

當時所有猶太學校都被迫關閉了，奇薇亞擔心隔離區的孩子會四處閒晃並變得舉止粗野。為了解決這種狀況，自由青年運動建立了地下小學與中學，為一百二十名小孩子上課，其中也包括了韓希，她是這些小孩裡年齡最大的。共有十三位老師負責教導這些孩子世俗課程與猶太課程，他們沒有相關材料或可以穩定使用的教室，也不一定有薪水。他們帶著學生們在一間又一間的房間徘徊，擠進整個家庭一起居住的狹小房間裡。雖然這些老師一直都在挨餓，雙腳也因為冬天的寒冷而腫脹，但他們仍然在教授有關聖經、生物、數學、世界文學、波蘭語和心理學的課程。他們教導這些冷得渾身發抖、餓得肚子腫脹的學生們「如何思考」。詩人卡澤內爾森引導學生們去熱愛自己的傳承，讓整棟房子裡都充滿了歌聲。這些「移動學校」維持了兩年，期間曾舉辦考試。這些課程是苗圃，培養的是未來的地下戰士。[14]

照顧年輕的孩子也是他們的優先事項之一。吉爾納街提供照顧孩童的訓練課程，還有由多位托兒所與幼稚園的專家一起開設的托兒中心。因為原本由波蘭政府管理的孤兒院全都荒廢了，所以自由青年運動的女孩蒐集了衣物和書寫用具，教導這些孩子玩遊戲、聽故事和唱民謠，還幫他們安排節慶假日的活動。隔離區有許多孩子都住在街上，靠著交易貨品或乞討食物維生。奇薇亞、安提克和其他組織的人一起建立了「孩童廚房」，專門提供食物給這些小孩，並教導他們閱讀、用希伯來語和意第緒語寫作。

「我們希望能盡力為他們帶回一點童年該有的美好時光，一點歡笑與玩樂。」其中一位女同志寫道。「德國的視察員過來的時候，他們……會吃東西，但不會做任何其他事情。這些十一、二歲的孩子已經學會像成人一樣躲起來了，他們的行為舉止一點也不像這個年紀的小孩。」[15]自由青年運動的兒童合唱團與兒童戲劇小組吸引了數千名猶太人來這裡尋求情感寄託。

吉爾納街的地址在猶太社群中非常知名。大致上來說，自由青年運動的社群幾乎都是由女性負責管理，共有一千多名成員。這些同志會花好幾個小時和孩子們一起唱歌、帶他們到外面的空地去散步和玩耍，而這些空地都位於斷垣殘壁之間。比較年長的猶太人會站在一旁看著這些孩子玩樂，宛如看著希望的微弱火光。

自由青年運動需要書籍才能教授這些課程。

在早期反抗行動中，其中一個很重要的部分是文學。占領波蘭的德國人禁止了意第緒語、希伯來語、猶太作家的書籍，也禁止政治傾向與納粹不同的人撰寫的書，這些書都會被燒掉。想當然，反納粹的刊物絕對被禁止，光是攜帶這一類的書就會鋃鐺入獄或直接處死。針對納粹的行為寫下日記與「編纂證據」也同樣會招致懲處。[16]猶太人向來以愛書聞名，他們用寫作抵抗德國人的禁令，因為寫作能幫助他們傳播資訊、記錄事實並抒發個人情緒。讀者也能靠著保存故事反抗納粹。

由於當時不能出版新書，大部分的舊書又都難以取得，所以自由青年運動建立了自己的印刷系統。[17]他們的第一本書是用油印機印製成的歷史文學選集，裡面收錄了許多有關苦難與英勇行為的猶太人故事。他們想用這些強而有力的例子向年輕人展示猶太人的勇氣。他們印了數百本複本，走私到全國各地的自由青年運動分會。他們還出版了教育手冊，以及卡澤內爾森的聖經戲劇《約伯》(*Job*)——這也是他們的劇團表演的戲碼之一。安提克印製書籍時，自由青年運動的小孩會用最高的音量大聲歌唱，蓋過印刷機器的噪音。

在納粹實施資訊管制的時期，通訊非常重要。不同派系的猶太人紛紛印製地下刊物，發送到全國各地，提供有關隔離區與集中營的資訊。自由青年運動印製波蘭語報紙與意第緒語報紙來討論每日議題，[18]後來還發行了意第緒語週刊，把他們在祕密廣播中聽到的消息寫在上面。歷史學家伊曼紐爾指出：「政治刊物像是雨後春筍一樣湧現。如果你每個月印製一次報紙的話，我就要每個月印製兩次報紙。」[19]在波蘭共有七十多份祕密印製的定期刊物在討論政治辯論、文學作品與隔離區外的消息，他們會蒐集各種能用的紙張，用格斯特納牌（Gestetner）的模版複印機來印刷這些希伯來語和意第緒語的刊物。雖然印刷的數量不多，但每一份複印出來的刊物都會流通給許多人閱讀。[20]

閱讀是一種逃離現實的方法，也是一種獲取關鍵知識的管道，而儲藏書籍既是一種具有文化涵養的舉動，也是一種個人救贖。由於圖書館被禁止了，所以自由青年運動的構想是在華沙創造出一套屬於他們的分類圖書館，一位女性成員解釋道：「如果我們不能把書全都聚集在一間房間裡的話，那麼就讓我們把每棟房子裡能找到的書做成一份清單，如此一來，這裡的居民就能知道要去哪裡找書看了。」[21]

除了華沙之外，波蘭各地都有人在家裡建立祕密圖書館。[22]在渥茲市隔離區的年輕聯盟黨人漢妮雅・萊茵哈茲（Henia Reinhartz）解釋道，[23]有一群聯盟黨人從渥茲市的意第緒語圖書館中搶救了一大堆書，把書帶進了她家。漢妮雅找了妹妹和幾位朋友一起整理這些書，又做了許多書架來擺放書籍。「我們的廚房因此變成了隔離區的圖書館，」她後來解釋道。「這是一個地下圖書館，也就是說這個圖書館是一個祕密，無論是隔離區的掌權者還是德國人都不會知道這件事。」漢妮雅認為自己是因為隔離區才養成了對閱讀的喜愛。「閱讀代表你可以逃到另一個世界去，」她寫道，「你可以經歷男女英雄的人生，分享他們的喜悅與哀愁，那是來自正常世界的喜悅與哀愁，不像如今這個世界，充滿了恐懼與飢餓。」她在躲避德國人的遣送行動時讀完了波蘭文的《飄》（*Gone with the Wind*）。

許多人都沒有工作也無法去上學，只能困在一個小空間裡，飢腸轆轆又無精打彩、孤獨又無聊，於是，寫作變成了一種方便、常見又能打發時間的興趣。猶太人寫下個人經歷是為了維持人性，也是為了維持他們對人生的掌控感。自傳式的書寫能記錄下他們的情緒演變，文字中的內省則能確認自我認同並加強他們的個體性。[24]正如在安妮・法蘭克（Anne Frank）這個著名的例子，以及在本津鎮的青少女露特卡・拉斯基爾（Rutka Laskier）這個知名度較低的例子中看到的，猶太女性在記錄的過程中探索她們不斷轉換的感知與作為性個體的慾望和認同、她們的恐懼與社會分析、她們因為追求者與母親而感覺到的沮喪。安妮和露特卡就像當時的許多猶太女性一樣，都受過良好的教育，而她們原本深信的自由人文主義已經被摧毀了。她們透過寫作獲得對命運的掌控感，藉此否認可怕的社會頹敗，維護信仰與秩序。她們藉由寫作在這些毫無道理的殘酷暴行中尋求意義，找方法修補這個已經崩毀的世界。[25]

伊曼紐爾．林格布倫會在每週六到吉爾納街的數個街區之外和一個團體見面，這個團體叫做「安息日的喜樂」（*Oneg Shabbat*），成員是知識分子、拉比和社工，他們覺得自己對猶太人有責任，也覺得自己必須要用猶太人的視角見證並記錄下這場戰爭。納粹孜孜不倦地用照片與影片記錄下波蘭的猶太人；安息日的喜樂則認為，他們絕不能讓德國人對這場戰爭的偏頗視角成為唯一留下的歷史。[26] 該團體的成員為後代大量蒐集各種資料，其中也包括在華沙隔離區生活的人留下的各種物品與手寫稿件，他們後來把這些東西全都封存進牛奶罐裡。其中一份留存至今的資料是用蠟筆繪製的圖畫《睡著的女孩》（*Sleeping Girl*），畫的是一名正在打瞌睡的小女孩，繪者是女孩的母親蓋拉．薩克茲坦（Gela Seksztajn），她是一名畫家。在這張充滿親密情感的圖畫中，一名黑髮的小女孩側躺著，一隻手臂微微彎曲，散發出一種難得的寧靜氛圍。「我不想要得到讚美，」這位藝術家寫道，「我只想要後人能記住我和女兒。記住這名才華洋溢的小女孩叫做瑪格莉特．立克特茲坦（Margolit Lichtensztajn）。」[27]

華沙隔離區的環境迅速惡化。「擁擠的環境、孤獨、想要活下去的可怕憂慮，」一名女同志寫道。「猶太人每天上街都背負著這種情緒。他們成群結隊地行動，坦率地說出想法。」[28] 大多數建築都會從街道向後延伸成迷宮般的居住區（有錢人通常住在採光良好、面向街道的房子裡）。他們把裡面的庭院當作會面地點，甚至也會在這裡舉辦社區組織會議。儘管熙來攘往的人群和活躍的組織之間的互動十分密集，但飢餓、病痛與恐懼仍然處處都是。各種疾病在城市中肆虐，街上屍體橫陳。猶太人的生意都停擺了，幾乎所有人都找不到工作。城市裡無時無刻都能看到浮腫的肚子以及為了獲得食物而絕望乞求的人。奇薇亞整個晚上都能聽見小孩要吃麵包的哭喊，令她感到痛苦不堪。[29]

奇薇亞和法蘭卡更加努力地提振猶太人的士氣，繼續營運施膳處。每當有新成員出現，自由青年運動的同志就會把他們那份稀少的湯分一點出去，用他們午餐剩餘的食物擺出長長一排的盤子。但沒多久後，他們變得太過飢餓，便停止了這種行為。

無數猶太女性挺身領導華沙的猶太人並提供幫助。[30]將近兩千個「家庭委員會」（House Committee）提供了醫療照顧與文化活動，而這些委員會幾乎全都是由女性志願者組織而成。[31]「安息日的喜樂」的其中一位成員瑞秋·奧爾巴赫（Rachel Auerbach），[32]是傑出的記者、小說家與哲學系畢業生，她負責管理其中一個施膳處；寶拉·阿爾斯特（Paula Alster）擁有「希臘人的外貌與高貴姿態」，[33]曾在中學時因為政治行動被逮捕，[34]她管理的施膳處成為了地下活動的中心；貝莎·柏曼（Basia Berman）是熱情洋溢的教育者，[35]她從無到有成立了一座孩童圖書館；聯盟黨人曼雅·瓦瑟（Manya Wasser）和地下領導人桑雅·諾沃葛斯基（Sonya Novogrodsky）負責管理工廠，在那裡把廢棄的衣服重製給街上的孩童穿，她們同時也為這些孩子提供食物與醫療照顧；[36]辛道爾·赫特柯普（Shayndl Hechtkop）是華沙大學（Warsaw University）法學院的榮譽畢業生，[37]也是自由青年運動的活躍成員，她負責管理佩雷茲圖書館（Peretz library）與人民施膳處，並組織學術會議，在納粹抓住她之後，雖然自由青年運動安排要救她出來，但她拒絕離開母親身邊而未逃獄。

這一年來，華沙的狀況不斷惡化，自由青年運動仍持續在華沙之外的地區運作。他們彼此協作，為許多生活在恐懼之中、不再活躍的年輕人建立了全國性的計畫。奇薇亞常離開華沙到各地去整合各個學生團體，有時會為了節省時間直接在火車站和當地的反抗運動成員見面。[38]她認為建立起一套能橫越隔離區高牆的通訊線路很重要——這項遠見很快就帶來了回報。

為了達到目標，奇薇亞從華沙派遣同志到各個城鎮去，這種危險的任務正是法蘭卡一直以來都在做的事。這些信使通常都是長相神似雅利安人的女性，她們會和特定地區建立聯繫，指導當地人組建「五人組」（five）：[39] 指派五個人負責執行最先驅的工作。其中一位早期信使是漢娜．蓋爾巴德（Chana Gelbard）。[40] 漢娜在初次執行任務時，奇薇亞給了她一份假造的波蘭文件，她在表面上假裝自己是個四處旅行的商人，但她真正的目標是四處分發自由青年運動的文宣。當時就連波蘭人也很難搭火車四處移動，因此漢娜改搭鐵路貨車，她行事謹慎，對所有人都抱持著懷疑的態度，就算對方是猶太同胞也一樣。每次收到中央指揮中心傳來的地址，漢娜就要盡一切努力找到對的人，確保對方不會把她引入陷阱中，並說服對方相信她不是蓋世太保的密探，而她會在交出文件之前先和對方仔細對質。

猶太人向來很歡迎這些女孩的來訪，他們尤其歡迎信使帶來有關反抗運動的好消息。漢娜第二次離開華沙執行任務時，在旅行箱裡裝滿了地下刊物：各種關於猶太歷史、勞工文學與國家節日的書籍文件。「帶著這些『故事』行動是很危險的一件事」，但她決意要把這些文章傳播出去。漢娜寫道，在其中一次任務中，來的不是一個「五人組」，而是兩個。在漆黑的木屋裡，她向這十位同志描述了自由青年運動的活動，並強調納粹並沒有毀掉一切事物，他們如今該做的事就是從猶太人的歷史中獲取力量。這些年輕人屏氣凝神地聽她說話。不久後，這些年輕人紛紛離開，去做他們該做的事，雖然他們心中依然懷揣著憂慮，但卻因為重新燃起了勇氣而顯得神采奕奕。漢娜這番擲地有聲的言論帶來了知識也緩解了眾人的擔憂，幫助猶太青年「在風雨欲來的陰暗時刻覺得自己充滿力量」。

這些女孩被稱做「奇薇亞的女孩」，[41] 她們逐漸變成了反抗行動中非常重要，甚至是最重要的角色。[42]

Chapter 6 自靈魂至血肉：成為ŻOB

托西雅、奇薇亞與薇拉德卡

1941年12月

一九四一年，維爾納市。十二月的鵝毛大雪在風中輕飄飄地盤旋而下。六個月前，納粹武裝部隊席捲了東部，控制了整個區域。奇薇亞和其他年輕人在一九三九年曾在蘇聯與立陶宛的統治之下，在東部的許多城鎮裡舉辦過猶太復國主義與聯盟主義的活動，如今這些城鎮也不再安全。在一九四一年之前，猶太人還能擁有工作、教育與相對自由的行動（事實上，許多女性表示她們很感激自己能在蘇聯的治理下接受高等教育），但這一切全都戛然而止。納粹毫無預警地實施了隔離區、反猶法和刑求，猶太人的生活陷入了一片黑暗，宛如墜入無底深淵。

不過，托西雅．艾特曼可不會因為納粹占領這點小事而停下腳步。[1] 這一次的任務是她所執行過最關鍵的任務之一。

這名二十三歲的青年衛隊領導人抵達了維爾納市，雪花飄落在她豐厚的金色捲髮上，隨著她輕快的步伐輕輕躍動。她穿越了嚇人的內里斯河（Neris River）、覆滿白雪的公園、沿著鋪石街道矗立的中世紀建築、猶太圖書館、猶太會堂、猶太神學院（yeshiva）、鎮上隨處可見的檔案館（維爾納市是幾世紀以來在波蘭的意第緒詩歌、拉比學術與知識的中心），終於抵達位於舊猶太區的窄小隔離區。托西雅曾在戰爭剛爆發時逃到維爾納市，所以她對這裡很熟悉。過去兩年來，她絕大部分的時間都在納粹占領的波蘭地區四處移動，她曾走過的路線組合起來就像是一幅瘋狂的塗鴉，令人幾乎無法辨別她到底出過多少次任務。應付維爾納市的德國人對她來說只不過是日常工作罷了。

托西雅早在戰爭開打之前就已經是青年衛隊的領導人了，她就像奇薇亞和法蘭卡一樣，是備案中的關鍵角色。個性活潑的托西雅從小在一個富裕、具有文化涵養又充滿愛的家庭中長大，他們一家人住在波蘭中部的弗沃瓦維鎮（Włocławek），數個世紀之前天文學家哥白尼（Nicolaus Copernicus）曾在這裡上過學，數個世紀之後，托西雅的父親在這裡開了一間鐘錶飾品店。托西雅的父親是一名猶太復國主義者，為猶太社群投入了很多心力。托西雅在猶太復國主義運動中也非常活躍，她擁有很高的求知慾，社交時態度自在，又總是渴望能成為行動的中心，因此在組織中步步高陞。她想要實踐「阿利亞」，即移民到巴勒斯坦，但這個夢想卻因為她被指派到華沙青年衛隊擔任青年教育領導人，而必須暫時擱置。她很羨慕許多朋友已經定居在應許之地了，那裡的生活想必多彩多姿，同時她也覺得那些比較年長的波蘭共同領導人有點太過認真了。不過隨著時間流逝，她和這些領導人建立了深厚的連結。

人們都覺得托西雅很懂得流行。她是個「打扮亮麗的女孩」，受過良好教育，口齒伶俐，總是穿著漂亮的服裝，而且她「行為輕挑」，[2] 交過許多男朋友。特別值得一提的是，她對富有創意又聰明絕頂的尤利克·霍恩（Yurek Horn）非常著迷（她的父親一點也不喜歡態度冷淡的霍恩）。她心中充滿浪漫情懷，是個書痴——她常會蹺著腳坐在角落，把整張臉都埋在厚重的書中。托西雅害怕狗，也怕黑，為了克服這種焦慮感，她強迫自己在大屠殺期間的晚上到外面走動。她喜歡哼歌，總是笑著露出宛如珍珠般大而雪白的牙齒。她幽默風趣，能迅速交到朋友，往往會心思細膩地避開社交衝突，每當受到誤解就會憂慮不安。

法蘭卡是第一批回到華沙照顧餘下同志的自由青年運動成員，而托西雅則是被青年衛隊選中，是第一批回到華沙的青年衛隊成員。托西雅不是意識形態掛帥的意見領袖，青年衛隊選中她是因為她滿懷熱忱、精力充沛又有能力和所有年齡層的人建立連結，此外，他們選中她的另一個原因是，她擁有一雙藍眼睛和不像猶太人的有錢人外貌。她立刻答應了這個任務，因為她在理智上能理解青年衛隊的任務應該要優於她的個人生活。不過，她私底下的情緒卻因此受到強烈的影響。她只有在對著最親近的朋友時，才會哭著說她很難過自己必須離開維爾納市，放棄她一直以來夢寐以求的巴勒斯坦。儘管如此，她仍舊滿懷熱忱地出發了，她嘗試了三次才越過邊界，成功抵達了華沙。她擁有金髮碧眼的魅力、流利的波蘭語，以及她的希伯來語傳記作者所說的「剛硬的柔軟態度」，[3]因此很快就變成青年衛隊最主要的信使，不斷在郡與郡之間來回聯絡各個分部、傳遞訊息、組織訓練班並鼓勵祕密教育活動，每一個接待她的分部都非常喜愛她開朗的笑容與鬈髮。托西雅常打扮成普通鄉下女孩，穿上許多層裙子，把違禁品藏在層層堆疊的裙擺之間。雖然她的工作有時會令她感到挫折，但她總是能靠著活潑的態度、逞強的性格與敏銳的直覺，表現得好像從來不曾受傷。根據其中一份文獻記載，她曾在琴斯托霍瓦市被一名納粹邊境守衛抓到，但她掙脫了他的箝制，一路跑到二十四公里外的札基鎮（Żarki）農場。

無數同志在回憶錄中提起「托西雅抵達隔離區的那天」。她的出現就像是打破了黑暗生活的一道曙光，是「一股令人振奮的能量」。[4]人們不會感覺到她心中的矛盾，總是在看到托西雅時喜極而泣、緊緊抱住她。她帶來的是溫暖、「無盡的樂觀」、[5]建立連結的感覺、尚未被遺忘的寬慰，以及或許一切都會好轉的希望。就算是在戰爭期間，托西雅也會教導同志們「生活的藝術」，[6]以及要如何避免每時每刻都活得那麼嚴肅。

如今來到了寒冷的維爾納市，她要做的事也相差無幾。這趟旅程比往常更艱困：漫長、危險又布滿檢查哨站。托西雅有好幾個晚上都無法入睡，她躺在冰凍刺骨的泥土地上，手上緊握著一疊假證件。雖然在抵達維爾納市時，她得花一小段時間緩解身上的霜凍，但她很快就恢復成了原本那個開朗的女孩。「若你沒有和我們一起生活在隔離區的高牆之中的話，你絕對無法理解這名『奇蹟之人』跨越隔離區邊界對我們來說有多重要。」維爾納市的青年衛隊領導人蘿希卡．科扎克寫道。「托西雅來了！這個消息就像令人歡心鼓舞的春天一樣在人群中傳播開來：托西雅從華沙來到了這裡，就好像隔離區、德國人與團團包圍著我們的死亡都不存在一樣，就好像每個轉角的危險都消失了一樣……托西雅來了！她是愛與光的泉源。」[7]

托西雅走進了青年衛隊的總部，這裡的同志睡在桌子與拆下來的門板上。[8] 她帶著一種沒人能解釋清楚的快樂與朝氣蓬勃的熱忱，向他們描述華沙的故事——雖然那裡充滿恐怖與飢餓，但仍有許多同志在繼續努力。「她為我們開啟了令人無法置信的新世界，」蘿希卡後來回憶道。「她告訴我們，在華沙隔離區的黑暗生活中，他們如何創造出一首充滿活力的嶄新詩歌。」[9] 儘管納粹占領了波蘭並打造出毫無人性的環境已經整整兩年了，但他們仍未被打敗，仍相信他們擁有更重要的使命。

托西雅每次抵達隔離區都會帶來新資訊，這次也不例外。這天晚上，她在維爾納市證實了一些消息。她在出發執行這次任務時，有幾位自由青年運動的信使也在同一時間出發。他們先前在華沙就已經聽說了大量處決的謠言，但是這些謠言是真的嗎？她要怎麼做才能幫上忙呢？她已經準備好要幫助維爾納市的青年衛隊前往華沙了，多數同志都認為那裡應該比較安全。

隔天晚上，當地的青年衛隊領導人艾巴．科夫納（Abba Kovner）從數個青年運動團體中召集了一百五十位住在隔離區的年輕人。這是青年衛隊第一次召開大型集會，他們用新年派對做偽裝，在猶太居民委員會大樓中一間潮溼又只有燭光照明的房間裡碰面。所有人都抵達後，艾巴用意第緒語閱讀了一份傳單。接著他向托西雅打了個手勢，問她能否用希伯來語閱讀一遍，藉此表明從華沙來到這裡的領導人也願意支持他的顛覆性想法。托西雅對於傳單上的消息感到非常震驚，她用希伯來語轉述了一遍。

在前陣子，有一名來自維爾納市的女孩莎拉被德國人帶去了曾經非常受歡迎的度假勝地，[10] 波納里（Ponary）。德國占領後，波納里變成了大屠殺的地點，在接下來的三年間，將會有七萬五千名被迫脫掉衣服的猶太人站在一個個深達六公尺的巨大坑洞前被納粹射殺，[11] 他們的屍體將會堆疊在這些坑洞之中。莎拉被納粹開槍擊中，但沒有死亡，她赤身裸體地在結凍的屍堆中醒來，一睜眼看見的就是逝去母親的雙眼。她一直等到天黑了才爬出坑洞，在森林裡躲了兩天後跑回維爾納市，她身上一件衣服也沒有，歇斯底里地向其他人轉述她見證的那場大屠殺。猶太居民委員會的領導人不相信她，至少領導人表面上這麼宣稱，他警告莎拉不要把這件事告訴其他人，否則會造成恐慌。

莎拉被送進了醫院，在那裡見到了艾巴・科夫納。艾巴相信莎拉，因為艾巴一眼就看出納粹計畫要殺死所有猶太人了。在新年派對上，托西雅朗聲讀出了艾巴的結論：「不要相信那些意圖哄騙你的人……希特勒計畫要消滅全歐洲的所有猶太人。」她最後唸出來的結語是艾巴最著名的一句反抗格言：「我們不會成為屠夫面前的羔羊！」[12] 艾巴堅持他們必須警告所有猶太人，也必須反擊。對他來說，答案只有一個：自我防衛。

托西雅是個很有計畫的女人，她從來不會閒置太久。現在她得前往其他隔離區，這一次她傳遞的不再是來自青年衛隊的安撫話語，而是可怕又急迫的消息。納粹計畫要把所有猶太人都殺掉。所有猶太人。

是時候起身反抗了。

你在聽到自己將會被殺掉的消息後，該作何反應？你會試著保持樂觀，並為了維持理智而躲進妄想的避風港嗎？又或者你會面對黑暗，直視著朝你飛來的子彈？

奇薇亞從托西雅和自由青年運動的信使那裡聽到這個消息後，[13] 毫不猶豫地相信了，因為除了他們之外，虔誠的猶太人與波蘭反抗運動成員也帶回了一模一樣的消息，維爾納市只是證實了這件事而已。還有其他從滅絕營逃脫的猶太人也在回到隔離區之後分享了他們令人震驚的遭遇，其中也包括從海烏姆諾村（Chelmno）的滅絕營逃脫的人。[14] 奇薇亞曾對希特勒的威脅不屑一顧（他們過去全都對此不屑一顧），認為那只是「傲慢狂人所說的空話」，但如今這些威脅卻在一夕之間真實得如芒刺背。

奇薇亞感覺到一股巨大的罪惡感席捲而來。事情當然會發展成這樣啊。她怎麼沒有更早看清這個事實呢？她怎麼沒有發現納粹早就已經在發展一套令人作嘔的系統性計畫，想要滅絕猶太人呢？她怎麼會推辭團體領導人的職位，只把注意力放在年輕人身上，以為那些更年長的人會擔起這項任務呢？她怎麼沒有早點聚焦在自我防衛與獲取武器上呢？她怎麼沒有更早採取行動呢？她浪費了那麼多寶貴的時間。

奇薇亞試著開解自己不要懊悔。怎麼可能會有人能預先知道納粹在計畫這種恐怖的暴行呢？更何況，納粹為了避免反擊與全球各國的譴責與抨擊，還費了特別多心力保密。他們這些正在受苦的弱勢怎麼有辦法打贏一支侵占了整個國家的軍隊呢？他們這些又餓又病的人，怎麼有辦法為了抵抗軍事行動而擬定策略性的計畫呢？要是他們在一開始的那幾年，沒有把那麼多注意力放在增進自尊、教育和同志情誼上的話，或許他們不會有如今的精神、信任與價值觀能形成反擊的力量。但是，她仍然深感懊悔。

包括法蘭卡在內的無數信使女孩開始行動，[15] 把波納里大屠殺的消息以及地下組織對「最終解決方案」的了解傳播出去。此外，也有一些逃跑的證人在多位領導人聚會時出面作證，但人們往往不相信他們。[16] 許多猶太社群都不願意接受這些逃脫者的說法，這種事實對他們來說醜惡到無法消化。他們拒絕相信波蘭西邊也出現了相似的惡行，他們知道那裡的生活環境極其糟糕，但並沒有出現大量謀殺的跡象。猶太社群一直在提供不可或缺的奴工給第三帝國，從經濟層面來看，把他們全部處死對納粹來說並不合理。

許多猶太人躲進了幻想的避風港中，相信自己有機會能活下去。他們想要相信最好的可能性，無比渴望活下去。沒有人想要認為納粹強制帶走他們的母親、手足、孩子是為了殺死他們，也沒有人想要認為自己被德國人遣送後很可能是死路一條。而且華沙和其他地方不太一樣，華沙是歐洲的核心，他們怎麼可能遣送整個首都的人呢？波蘭猶太人已經在這個區域居住好幾個世紀了，但他們從來沒想過希特勒建立的隔離區會是謀殺計畫的一部分。猶太人已經在心理上準備好面對他們已知的狀況了，也就是一次世界大戰。不幸的是，這場戰爭並不是一次世界大戰。

在托西雅寄到巴勒斯坦的最後一封信中，她的落款是一九四二年四月七日，她在信上描述當自己親眼看見這種毀滅計畫卻無法制止時，感覺就像是遭受酷刑：「猶太人在我眼前死去，但我無力挽救。你有試過用自己的頭去撞碎一堵牆嗎？」[17]

在一份文獻中，一名年輕的猶太女性描述了自己登上前往奧斯維辛集中營的火車時發生的事。她說她突然看到火車側邊的木條之間推出了一張紙卡。她拿起紙卡，上面寫道：「這輛火車會把你帶去恐怖的滅絕營。不要上車。」[18]

但這名女人忽略了紙卡上的警告。她覺得這個警告聽起來太瘋狂了，不可能是真的。

但奇薇亞很清楚：「這是計畫縝密的謀殺。」[19] 在那些信使回到華沙後的那幾天，她繞著喧鬧又焦慮的隔離區走了幾圈，腦海中已經開始想像每個人死去的樣子。她沒有自殺的唯一原因是，她覺得自己得完成一個使命，這個使命或許不是拯救性命，而是挽回榮譽，拒絕順從地死去。奇薇亞放下自己的情緒，她知道自己該採取行動了。自由青年運動的其他同志也都已經知道真相了，他們再次改變了組織的焦點，這一次他們的首要目標是抵禦。但是，想要成立反抗軍抵禦希特勒是一項極其艱難險阻的任務，原因除了資源和經驗不足外，還有內部衝突——他們在面對猶太居民委員會與猶太領導人時有衝突，不同的青年運動之間有衝突，各個反抗組織內部也有衝突。

自由青年運動從來沒有和波蘭的地下反抗組織建立聯絡，奇薇亞擔心那些組織對於幫助猶太人沒什麼興趣，但自由青年運動的同志們如今需要「成人」的幫助。許多青年運動的領導人都召開會議，找了不同團體的領導人見面，希望他們能理解納粹帶來的威脅並做出改變。但是這些成年領導人卻因為恐懼與憤怒而臉色發白。「他們責罵我們不負責任地在群眾中散布了絕望與混亂的種子。」[20] 奇薇亞後來寫道。她和安提克都被美國聯合救濟委員會的本地領導人警告，之後做事應該要克制一點。她解釋道，雖然領導人很清楚這些屠殺背後的意涵，但他警告他們，草率行動只會導致危險的後果，到時候整個猶太民族都不會原諒他們。另一方面，華沙猶太居民委員會的主管則根本不相信這些謠言，也不願意採取任何行動，他們擔心只要有所做為就會激怒納粹，致使更嚴重的暴力。他們認為猶太社群可以靠著保持低調與遵守規則逃過一劫，或許他們自己也可以因此倖存。他們都已邁入中年，都有家人與小孩，不想要為了幾個沒受過訓練的年輕人對游擊戰抱持的理想主義願景，就讓所有猶太人陷入危險的處境之中。

隨著這些與會者不斷拖延，自由青年運動的成員越來越躁動不安了。奇薇亞和同志們都感覺到「沮喪與無能為力的怒火」，[21]他們知道這件事只能靠自己了。首先，他們需要獲得群眾的支持。他們必須親自向猶太人同胞們揭露駭人的真相。奇薇亞認為：「我們的責任就是直面真相。」[22]對她來說，「我們最大的敵人是虛假的希望。」[23]群眾只有在接受了死亡即將到來的事實之後，才會開始反抗或是躲藏。

自由青年運動的同志知道要怎麼出版地下刊物與傳遞訊息，但他們大多都對如何組織軍隊一竅不通。奇薇亞記錄道：「德國軍隊握有武器和權力，我們卻不知道該怎麼做——我們只有兩把左輪手槍。」[24]開戰之前，聯盟黨和修正猶太復國主義者（Revisionist Zionist，提倡私有企業與猶太軍隊的右派陣營）建立了自衛聯盟，[25]但是，勞工猶太復國主義年輕人接受的訓練，主要都集中在社會理論方面的辯論，雖然他們確實研究過自我防衛，但並沒有能夠作戰的組織。自由青年運動需要的是與軍方有聯繫或受過軍事訓練的盟友。

奇薇亞十分堅持。她利用過去數年磨練出來的談判技巧與適應力，不斷遊說那些團體領袖，但卻一次又一次遭到黨派政治的拒絕。一九四二年三月，她找了多個黨派的猶太人到聯盟黨的施膳處開會。安提克代表自由青年運動請求這些領導人理解，如今猶太人有多需要做好反擊的準備，並提出一套能幫猶太人建立集體抵禦行動的計畫。這場會議最後沒有帶來任何實際成果。猶太復國主義者想要找過去一直和波蘭政黨有聯絡的聯盟黨一起合作，但聯盟黨不信任來自中產階級又執著於巴勒斯坦的猶太復國主義團體，他們比較想找確實擁有少量武器的波蘭地下組織並肩奮戰。[26]好幾位主事的政黨領導人都怒斥這些青年運動團體，說他們態度天真、行事倉促、沒有從軍經驗又大驚小怪。至於武力充足的修正猶太復國主義青年團體「貝塔爾」（Betar），則是完全不可能達成協議的對象。

猶太復國主義的年輕人對此感到既厭惡又無助，他們轉而試著直接聯絡波蘭抵抗組織。接著，他們加入了猶太共產主義者成立的反法西斯聯盟（Anti-Fascist Bloc）。這些共產主義者想要和隔離區外的蘇聯紅軍（Soviet Red Army）合作，但身為領導人之一的奇薇亞則認為他們應該從內部進行抵禦。[27]然而，在他們討論出下一步如何進行的共識之前，共產主義者的領導人就被逮捕了，這個聯盟也解散了。如今自由青年運動的成員不知道他們該去哪裡找武器。就連奇薇亞也被難倒了。

接著，她意識到：我們已經來不及了。

❢ ❢

「時間正在一分一秒倒數」對猶太人來說是一種荒謬的輕描淡寫。這是一九四二年的夏天，華沙隔離區的納粹開始採取「行動」（Aktion）了——這是納粹的委婉用語，指的是大量遣送與謀殺猶太人。第一次「行動」發生在四月的「血腥安息日」，[28]納粹親衛隊在晚上闖入華沙隔離區，依照預先準備好的名單把知識分子集中並殺死。整個隔離區在那一刻變成了由恐懼統治的殺戮戰場。到了六月，法蘭卡帶著新消息來到華沙，她說在東邊兩百四十公里處還有另一個營地：索比堡滅絕營。[29]

薇拉德卡．米德（婚前原名菲格．帕爾托）是二十一歲的聯盟黨人，她幫忙聯盟黨印製地下報紙，管理數個非法的青年團體，她後來記錄下了隔離區在一九四二年七月的狀況：[30]到處都是末日即將來臨的謠言、圍捕的故事、不斷發生的槍擊事件。一名走私貨品的小男孩告訴他們，高牆的另一邊站了一排又一排的德國軍人與烏克蘭士兵。空氣中瀰漫著恐懼與混亂。

接著，公告出現了。

猶太人把原本荒蕪人煙的數條街道擠得水洩不通，為的就是親自閱讀那些公告：每一個沒有為德國人工作的人都必須接受遣送。薇拉德卡花了好幾天的時間在隔離區來回奔走，緊張又瘋狂地為自己和家人尋找工作證明文件，尋找他們的「保命文件」。數百名飽受折磨的猶太人在酷暑中排隊，在工廠與工作坊外面推擠、等待，渴望能獲得工作和文件，任何一種都好。有些比較幸運的人把自己的縫紉機抱在懷中排隊，希望能因此更容易受雇。盜賣者偽造各種假的工作證明文件，賄賂無比猖獗，人們紛紛拿出傳家遺物換取正式工作的機會。許多母親們茫然地思考著，她們的孩子該怎麼辦。有工作的人（也就是那些暫時保住性命的人）都因為罪惡感而避免與他人交談。納粹甚至把淚流滿面的小孩從父母身邊抓走，一節節裝滿了小孩的鐵路貨運車廂駛離了華沙。

「我們對於未來太過恐懼，」薇拉德卡後來寫道，「以致於我們只能想著拯救自己。」[31]

薇拉德卡知道站在這些沒有盡頭的隊伍中只是徒勞，所以她在收到一位地下活動的朋友傳來的消息時感到非常激動——她只要提供自己和家人的照片，就能拿到工作卡。她馬上跑到對方要她去的地點。那棟房子裡面瀰漫著香菸的煙霧，狀況非常混亂。薇拉德卡在這裡看到許多聯盟黨的領導人與歷史學家林格布倫，他們正在討論這些假造工作卡是怎麼來的，並正設法成立新的工廠，以拯救年輕人的性命。但也有些領導人認為躲起來才是最好的選擇，就算被納粹找到一定會被處死，他們仍舊這麼認為。「我們該怎麼做？」他們低聲說著。

接著眾人陷入了恐慌，因為房子外面被包圍了。薇拉德卡飛快地取走假造的工作證明文件，混在賄賂了猶太警衛的人群中逃離了——隨著越來越多猶太人被抓走，賄賂也變得越來越常見，此外薇拉德卡也注意到，儘管猶太警衛抓人時，猶太人的反抗往往不會成功，但他們從未放棄抵抗。女人會在警察把她們推進貨車時不斷掙扎，也會從火車上跳下來，[32]然而這些努力往往都只是徒勞。但是，為什麼薇拉德卡從未提供任何幫助呢？

遣送行動持續進行，德國人與烏克蘭人都加入了猶太警察的行列，一起搜捕猶太人。猶太警察每天都必須要逮捕一定數量的猶太人，否則被遣送的就會是他們自己與家人。[33]他們抓走了小孩、老人、沒有工作的人與名單上列出的人之後，開始以街道為單位進行遣送。人們恐懼地等待自己居住的街道被封鎖。遇到封鎖時，許多人會設法躲起來，有些人爬到屋頂上，有些人把自己鎖在地下室或閣樓中。薇拉德卡的假文件已經沒有用處了，她也沒有安全的躲藏點。猶太警察大力規勸猶太人自動到「轉運點」（umschlagplatz，把猶太人送去滅絕營的地點）報到，這些自願者將能拿到三公斤的麵包和一公斤的柑橘果醬。仍有些人希望也相信這是最好的選擇，許多飢餓、孤獨又渴望能和家人團聚的猶太人因此前往「轉運點」，然後全都被送走了。「就這樣，猶太人的生命變得只值一片麵包。」[34] 一位地下行動的領導人寫道。

接著，輪到薇拉德卡的那條街了。雖然她立刻躲了起來，但和她躲在同一個地方的同伴卻在士兵大力捶門時，決定要打開門鎖。薇拉德卡順從地接受了自己的命運，她在擁擠的人群中尋找躲在附近另一間房子裡的家人。她和眾人聚在一起接受「挑選」，交出了一位朋友匆匆寫下的工作證明文件。出於她也不明白的原因，警察認可了這份文件。她被分到了右邊，活了下來。她的家人則被分到了左邊。

接下來的日子，她麻木地前往仍在運作的工廠工作，她一直很疲憊，一直在等待、擔憂、挨打，她的肚子腫脹，因為飢餓而生病。剩下的少數工作也受到了威脅，到處都有猶太警察在檢查文件和逮捕猶太人，所有四處遊蕩的人、躲藏的人以及看起來太年輕或太老的人，都是死路一條。有些人在縫紉機前工作到昏倒。警察進行了一次又一次的挑選，在薇拉德卡設法取得官方身分證件的期間，她所住的建築物被包圍了，她在櫥櫃裡躲了好幾個小時。

隔離區變得空空蕩蕩，每天都有許多人消失。

清空與街道封鎖變成了家常便飯。雅努什．柯札克與史蒂法．維爾金斯卡和她們照顧的孤兒都被抓走並殺死了。薇拉德卡從躲藏點的窗戶親眼看見了抓補的過程，那是一次夜間襲擊行動，納粹從聯盟黨領導人的家裡抓走了他們。街道上空無一人，只有壞掉的家具、老舊的廚房用具、落下的「白雪」、「被子裡面白雪般的絨毛」，[35] 以及，死掉的猶太人。走私變成了不可能的任務。徹底的飢餓降臨了。唯一會撕裂寂靜的，只有擁有工作證的母親被迫和孩子分開時，孩子發出的尖聲哭喊。薇拉德卡描述道，最讓她心碎的是，她聽到幾個八歲的孩子努力說服母親去上班，把他們留下來沒有關係，他們保證會找到方法把自己藏好。「不要擔心。」他們不斷重複道。「不要擔心，媽媽。」[36]

在第一次的「行動」中，華沙隔離區中共有五萬兩千名猶太人遭到遣送。

隔天，自由青年運動的成員找了多位社群領導人見面，討論他們應該做出什麼樣的反擊。他們提議用木棍攻擊沒有武器的猶太警察。他們也想要煽動大規模的示威抗議，但這些領導人再次警告他們不要輕舉妄動，否則會激怒德國人，領導人還告誡他們，若他們這麼做的話，被謀殺的數萬名猶太人性命，都要算在他們這些年輕同志的頭上。

如今大屠殺已經迫在眉睫，這些青年運動成員終於意識到，這些成年人已經過度謹慎到令人無法容忍的地步了。誰還在意這麼做會不會擾亂現狀啊？他們如今的現狀就是所有人都要死了。

七月二十八日，奇薇亞和其他青年團體的領導人在吉爾納街見面。

不需要再多做討論了。

他們無法獲得成年人和波蘭抵抗組織的支持，因此建立了屬於他們自己的武裝勢力：猶太戰鬥組織（Jewish Fighting Organization）。[37] 這個組織的意第緒語名稱是「Yiddishe Kamf Organizatsye」，希伯來語名稱是「EYAL」，波蘭語名稱是「Żydowska Organizacja Bojowa」，簡稱為「ŻOB」。ŻOB沒有強大的影響力，他們沒有錢，除了兩把左輪手槍之外沒有其他武器，ŻOB的自由青年運動分隊在華沙甚至沒有躲藏地點（他們把一百四十名成員藏在一座農場裡）。儘管如此，他們依然懷抱著願景：他們要舉辦一場猶太人的抗議；他們要以猶太人的身分為了猶太人而戰；他們要利用奇薇亞已經詳細設計好的聯絡網絡，發動橫跨全國的行動。奇薇亞要再次派出年輕的女信使執行攸關生死的任務，這一次她們要做的事不再是散布具有教育意義的文件或消息，而是要安排好抵禦行動的事前準備。（雖然奇薇亞有假證件能讓她假扮成「薩萊娜」，但她的猶太人外表太過顯眼，已經不能再離開隔離區行動了。）奇薇亞的罪惡感與焦慮感因為建立這支隊伍而減少了，她覺得他們終於找到了前進的正確道路。但是，由於ŻOB沒有武器，也沒有人受過軍事訓練，導致內部成員為了接下來該如何發展起了爭執。隨著越來越多猶太人被帶去殺死，內部關係也越來越緊繃。

奇薇亞是ŻOB裡面唯一一位被眾人推舉出來的女領導人。她是戰鬥團隊的一員，學會了如何使用槍枝、接受了擔任守衛的訓練。她也負責煮飯、洗衣，並協助年輕戰士保持樂觀與精力充沛。其他女性領導人（托西雅、法蘭卡、莉亞．波爾斯坦）則被派去雅利安區建立合作關係，設法取得武器。

ŻOB在等待武器的過程中，決定要標記自己的地盤。這天晚上，ŻOB的成員們從帕維克監獄對面的總部出發，他們分成了三個小隊，在寂靜無聲的隔離區中開始了ŻOB的第一個任務。第一個小隊要負責通知隔離區的居民，如今有一個新成立的組織將會為了他們而戰。他們要把公告貼在布告欄和建築物上，把先前跟蹤火車的信使帶回來的消息告訴所有猶太人：前往特雷布林卡村（Treblinka）代表你會被殺掉、猶太人必須躲起來、年輕人必須自我防衛。公告上的標語寫著：「在隔離區被槍殺遠好過死在特雷布林卡！」[38]

第二個小隊要負責放火燒掉存放掠奪物品的棄置住宅與倉庫。在猶太人被遣送後，納粹會派專家去評估他們家中的資產，接著強迫還活著的猶太人依照嚴格的標準把有價值的物品整理好。

第三個小隊則負責殺人。反抗軍裡有一位年輕的雙面男間諜以色列爾．卡納（Israel Kanal），他在猶太民兵中臥底。他這次的任務是槍殺猶太警察的領導人。ŻOB除了要復仇之外，也要在執行納粹指令的民兵中散布恐懼。

奇薇亞是第二小隊的成員。她走在黑暗中，心臟跳得很快。她用被汗沾溼的手掌握住梯子，一格一格往上爬，牆上的磚塊輕輕刷過她的身側。她又向上爬了幾格，翻過高牆，抵達了目的地。

她和其他同志一起把用來燃燒的材料放好。但這時他們卻遇到了問題——房子沒有著火。他們迅速決定要把所有能燃燒的東西都堆疊起來，用這些東西來點火。「成功了！」她後來記錄道。「火舌席捲了房子，變成了巨大的烈焰，在夜晚中劈啪作響，在空氣中躍動燃燒。我們欣喜地看著我們心中熊熊燃燒的復仇之火出現在現實世界中，這是猶太武裝反抗行動的象徵，這是我們已經渴望了太久的反擊。」[39]

數小時後，所有人都回到了吉爾納街三十四號，三個任務都成功了。以色列爾開槍擊中了警察的領導人，雖然沒有成功將他殺死，但也讓猶太警察害怕到不敢動手制服他。[40]在同一天晚上，俄國人第一次轟炸了華沙。對奇薇亞來說，這是充滿了純粹喜悅的一夜。

接著，奇怪的事情發生了。一九四二年夏末，其中一位領導人從雅利安區走私了五把槍和八個手榴彈到隔離區裡。[41]托西雅用ŻOB的錢買下了數個手榴彈和槍枝，放在裝釘子的貨箱裡運進隔離區。有些人說，法蘭卡是最先把武器帶進來的人，她混進了一群返回隔離區的勞工中，扛著一大麻袋的馬鈴薯回來——裡面藏著槍枝。薇拉德卡則受到一位聯盟黨人的請託，到雅利安區工作，變成了主要的武器供應者，最後把炸藥也運進了隔離區的臨時武器工廠中。這些走私者會親自爬上隔離區的高牆，或者賄賂波蘭人守衛，請他們偷偷把暗號轉告牆內的戰士，接著戰士會爬上牆，把包裹拿走。他們也會利用沿著隔離區邊界矗立的房屋，從窗戶把武器送進隔離區內。每次獲得新的武器，ŻOB成員都會陷入狂喜。接下來，他們開始擬定偷襲德國人的計畫。他們會躲在建築物的入口處，丟手榴彈攻擊納粹，然後在一片混亂之中偷走他們的槍枝。

不過，成功的喜悅很快就被一系列的挫折打斷了。其他華沙猶太人不但沒有因為ŻOB的成就而加入他們，反而被這些行為嚇壞了。猶太人中瀰漫著恐懼與猜忌，許多人都認為近期的反抗行動其實是德國人的陰謀，是用來懲罰他們的陷阱。在得知猶太警察的領導人遭到暗殺後，猶太人都非常開心，但他們卻把這件事歸功於波蘭抵抗組織，不相信猶太同胞有能力或勇氣執行這種行動。奇薇亞驚恐地看著猶太人撕下ŻOB張貼的公告，並在ŻOB的同志貼上更多公告時動手打他們。

許多反抗戰士都被派到隔離區外，加入森林游擊隊，這些游擊隊的武器比較精良，但多數戰士都在前往森林的路上被殺死了。接著，青年衛隊的一位領導人約瑟夫・卡普蘭（Josef Kaplan）在武器儲藏地點被抓住並殺死了。另一位眾人愛戴的領導人前去解救他，也同樣被抓住並射殺身亡。ŻOB灰心喪志地決定把武器儲藏點轉移到吉爾納街。其中一位年輕的女成員芮吉娜・施奈德曼（Regina Schneiderman）把他們的武器放在籃子裡帶出去，但卻在街上被德國軍人攔住，發現了武器。（正如安提克後來指出的：「光是一名女孩就能把整個『軍械庫』的東西放在籃子裡帶走，由此可知我們的武器真的很少。」）[42]奇薇亞說，這三件接連而來的悲劇帶來了「重大打擊」。[43]ŻOB失去了士氣、失去了同志也失去了原本的計畫。

他們再次開始爭論：ŻOB應該要立刻反擊還是謹慎地制訂策略？他們不斷來回討論。與此同時，納粹在這三個月執行了三次「行動」，把三十萬名猶太人從華沙送到特雷布林卡滅絕營的毒氣室，華沙隔離區中有百分之九十九的孩童都被殺死了。猶太人已經沒有未來可言了。奇薇亞後來寫道，隔離區的高牆內只剩下六萬人，[44]他們全都因為自己還活著而無法直視彼此的眼睛。

九月十三日是「行動」的最後一晚，數十名同志聚集在米瓦街（Mila Street）六十三號。他們讓那些已經被激怒、急著想做出魯莽回擊的人到另一個房間裡，年齡比較大（二十五歲上下）的成員則留下來，討論接下來要怎麼做。但這次的談話內容十分令人沮喪。「我們聚在一起，坐了下來，」奇薇亞寫道，「我們一起哀悼，心如刀割。」他們一致認為如今的狀況已經超過了他們能承受的程度，已經太遲了，他們受到的創傷太嚴重了，是時候執行自殺任務了。他們要帶著汽油、煤油和剩下的最後一把槍，放火燒掉德國人的倉庫，射殺一些納粹再被殺掉，如此一來他們雖死猶榮。

奇薇亞一直都是悲觀主義者，她很快就被說服了：是時候該迎向死亡了。

這個時候，安提克站了出來，反對他的同儕與他的摯愛。他的聲音由小而大：「我拒絕這個提議……這是一場重大的危機，我們也受到了巨大的羞辱。但是這個提議出自於絕望，就這麼死去不會帶來任何迴響……這個行動只對我們個人有好處，這是因為在如今的環境中，死亡是一種解脫。但是我們靠著自己的力量採取了行動，一路走到了現在，難道我們努力活到現在只是為了一場美好的死亡嗎？我們希望能透過戰鬥與死亡拯救猶太人的榮譽……我們已經創造出了無數次的失敗戰績，接下來應該要創造出勝利的戰績了。我們必須從頭再來一次。」[45]

他的話語和其他戰士們的情緒產生衝突，激起了無盡的怒火——他正在拖延他們唯一的機會！但最後，那些期望能執行極端英雄行為的人，都無法反駁安提克的邏輯，於是他們放棄了集體自殺的計畫。奇薇亞知道，ŻOB的同志必須拿起武器，用毫不畏懼的姿態反抗納粹。自由青年運動最重要的其中一個信念是「集體比個人更重要」。從現在開始，反抗行動將會成為他們存在的理由，他們願意為此而亡。

奇薇亞再次回到工作崗位，重整行動，準備好進入下一個階段：組建民兵。

Chapter 7 顛沛流離的日子：從無家可歸到管家

利妮亞

1942年8月

在一九四二年八月的一個溫暖早晨，也就是華沙隔離區經歷大屠殺的期間，沃濟斯瓦夫鎮的陽光普照，空氣清新。十七歲的利妮亞從睡夢中醒來。她被噩夢嚇壞了，她的夢境一片混亂，她「陷入了戰鬥，但接著卻像風箏一樣向下墜落」，這場夢讓她覺得很虛弱。不過，美好的早晨讓她感到安慰，也恢復了活力。「我的腦袋爆炸了，我想要全神貫注地生活……我的臉光彩動人。我還活著。我是無敵的！」[1]

但是一看到她的父母，她的情緒馬上就改變了。他們把臉埋在雙手中，看起來快瘋了。那天晚上，附近的凱爾采區經歷了一次大規模遣送。只要有人試圖逃跑，無論年齡或性別為何，全都被納粹射殺或活埋了。在英國要求納粹不得傷害任何猶太人之後，納粹承諾再也不會把任何人遣送出隔離區，也承諾他們會把先前遣送的人帶回來。

全都是騙人的。

「雖然你爸爸和我還年輕，但我們已經有過快樂的時光了。」利妮亞的母親告訴她，像往常一樣一針見血。「但是這些可憐的嬰兒，他們做錯了什麼事嗎？如果他們願意饒過這些嬰兒的性命的話，我很願意現在就用我的命來交換。」[2] 莉亞如今四十多歲，她最擔心的事情就是該如何把最年幼的孩子們藏好，拯救他們的性命。

在過去幾週，到處都在流傳有關大屠殺的故事。有些從附近村莊逃出來的人躲過了德國人的子彈，也躲過了波蘭人的出賣，他們聽說沃濟斯瓦夫鎮還有一些猶太人活著，因此來到了這裡。他們虛弱到幾乎站不穩，除了一個破舊的背袋之外什麼都沒有，他們帶來的只有可怕的故事——通常都是關於孩子的故事。其中一名男人描述了他妻子遇到的事，他說他妻子把他們的兩名嬰兒從遣送的隊伍中搶了回來。一名德國人勃然大怒地衝向她，用帶刺的靴子把兩名嬰兒活活踢死了。他命令這名母親在一旁看著，又命令她幫這兩名嬰兒挖墳墓。最後，這名德國人用步槍槍托打碎了她的頭。男人描述說，他的妻子痛苦地抽搐了很長一段時間才死。

還有一次，利妮亞看到了一群近乎瘋癲的女人，她們衣衫襤褸、面色蒼白、嘴唇發紫，渾身瑟瑟發抖。這些幾乎快餓死的女人一邊歇斯底里地哭泣一邊告訴利妮亞，前陣子她們的城鎮被德國人包圍了，到處都是槍林彈雨。她們的孩子當時在外面玩，立刻就想要跑回家，但是一名納粹在半路上抓住了他們，一個接著一個把這些孩子都打死了。這些女人穿著衣不蔽體的睡袍、光著腳逃到了附近的田地與森林裡，向農夫的好心妻子乞討食物，毫無目的地四處流浪。

後來又有一小群人來到鎮上。他們共有一百八十人一起逃跑，最後只剩下十七人活著來到這裡。他們受到波蘭人的攻擊，所有東西都被搶走了，波蘭人還威脅要告發他們。在這群人中，有些男人只穿著內衣，有些甚至只能用手帕遮掩身體，孩子們則全都赤身裸體。他們已經好幾天沒有東西吃也沒有水喝了，非常口渴，每個人看起來都已經半死不活了。然而他們卻很慶幸，因為他們逃過一劫，活下來了，其他人都死了，有些人因為不想落入德國人的手裡而割腕自殺，有些人則失蹤了。許多年輕人的頭髮在一夜之間轉為灰白。利妮亞看到這些人時受到非常大的打擊，她送出了一些衣服和食物。她必須做點什麼事來幫助他們，任何事情都好。

在利妮亞聽過的所有經歷中，最令她難過的是五個年紀很小的兄弟姐妹，他們說他們的母親一發現德國人在逮捕猶太人，就立刻把他們藏在衣櫃中、床板下和毯子裡。數分鐘後，他們聽見了德國人踩著靴子的腳步聲，他們嚇得大氣都不敢喘。一名拿著步槍的納粹走進了他們的房間，開始四處搜查。他找出了每一名藏起來的孩子。

但這名納粹沒有殺掉他們，他悄悄遞給他們每人一片麵包。「你們一定要在這裡躲到晚上。」他如此要求他們，並保證他們的母親一定會回來，帶著他們一起逃跑。孩子們對他感激萬分，這名納粹先是笑了出來，後來又開始哭泣，他拍拍孩子們的頭，說他也有孩子，他的良心不允許他殺死小孩。到了晚上，整個城市陷入了死寂，這些孩子發現他們兩個月大的妹妹已經在毛毯下窒息而死了，她的身體轉為冰冷。他們之中年紀最大的是十一歲的姊姊，她抱起小小的羅莎（Rosa）因為死亡而顯得格外沉重的屍體，但她擔心去外面會被抓住，所以只能把屍體放在地下室。她為弟弟和妹妹穿好衣服，等著母親回家。她是不是把他們忘了呢？

他們的母親始終沒有回來。天亮之後，這名姊姊牽起了弟弟和妹妹的手，從窗戶爬了出去。他們在附近找了一圈，一直覺得母親好像走在他們身後。她帶著弟弟妹妹走出小鎮，沿途向農民乞討麵包，入夜後就睡在地上，避開那些朝他們丟石頭的農家小男孩。姊姊告訴那些農民說，他們的母親死了，但沒有再透露其他資訊。他們聽說沃濟斯瓦夫鎮還有一些猶太人活著，於是來到了這裡，他們的雙腳因為沒有穿鞋的長途跋涉而傷痕累累，他們的臉和身體十分腫脹，衣服又髒又破。他們不敢和任何人交談，擔心對方會是偽裝成猶太人的德國人。「媽媽一定正哭著到處找我們。要是我們找不到她該怎麼辦？這些可憐的孩子一直在哭著問：『媽媽在哪裡？媽媽在哪裡？』」[3] 幾個富有的家庭收留了這些孩子，但是利妮亞想知道的是，他們接下來要往哪裡去？許多從行刑者手上逃脫的人都像他們一樣漫無目的地流浪，他們光著腳、赤身裸體、瘋瘋顛顛、乞求別人賞他們一片麵包。

利妮亞陷入了純粹的恐慌之中。她覺得如今的生活每一分鐘都在不斷瓦解，每一刻都是他們生命中最關鍵的時刻，每一天都是靠著運氣活下來的。到了晚上也沒人睡得著，或許這樣也好，畢竟納粹往往會在晚上行動。「智者在突然之間失去了所有智慧。拉比也給不出任何建議，他們剃掉了鬍子，但看起來依然像是猶太人。」利妮亞後來寫道。「他們還能去哪裡呢？」[4]

每個人都想離開，但離開後要到哪裡去？怎麼做才是安全的？他們要怎麼躲？從早到晚都有許多人聚在街上著急地討論這些問題。還有哪些城鎮裡有猶太人？要是他們落入德國人的手中要怎麼辦？他們沒有武器，什麼都沒有。人們開始用家具交易麵包。利妮亞發現，儘管隔離區擠滿了人，但她家卻空盪到令人害怕。庫基烏卡家把所有東西都賣給波蘭人了，卻只換到一點點零錢，利妮亞害怕僅存的最後一點財產也會在不久之後被波蘭人全數偷走。

這天晚上，有一大群猶太人從隔離區逃進了森林和田野中。有錢人賄賂鎮上的居民把他們藏在閣樓、地窖和馬廄裡，但多數猶太人都因為缺乏引導或沒有目的地而四處遊蕩。[5] 到了最後，多數人都被殺死了。

利妮亞知道，雖然爬上隔離區的圍牆是很危險的一件事，但在外面存活下來比爬牆還要更加危險。在雅利安區生存的其中一個方法是躲起來。五官具有猶太特徵的猶太人往往必須支付高額費用，給那些願意窩藏他們並提供食物的波蘭人。有些波蘭人行事仁慈慷慨，願意冒著生命危險幫助他們，但也有些波蘭人會在金錢方面（甚至性行為方面）剝削猶太人，威脅要向警察告發他們。[6] 由於躲藏地點時常會被發現，所以這些流亡的猶太人必須隨時準備好在半夜迅速撤離，尋找新的躲藏點。

在雅利安區存活下來的第二個方法，是隱藏自己的靈魂，取得新的身分。這些猶太人必須表現得像是非猶太人，這是許多波蘭化的猶太人早就預演過的行為，他們要設法削弱自己與非猶太人之間的差異。這些猶太人必須利用一般人對「猶太人外表特徵」的錯誤觀念，盡一切可能淡化自己的猶太人特徵，突出非猶太人的特質。

利妮亞很幸運，她看起來像是波蘭人，再多財富都比不上這種幸運。長得不像猶太人的猶太人有機會能「過關」，並重生成所謂的基督徒。在這一類猶太人之中，比較有錢或有關係的人會購買偽造的旅行證，還有些認識波蘭官員的人能購買昂貴的出生證明。他們會搬到沒人認識他們的新城市去。若他們足夠幸運的話，他們會用新名字登記成當地居民、找到工作，開始一段新人生，不會有任何人猜到他們原本的身分。通常女孩比較容易成功獲得新身分，她們可以在辦公室或商店找到工作，或者去當演員和女傭。有些受過良好教育、從沒有做過半天勞動工作的女人，會急切地接受家務管理的工作，有些女人則進入了修道院。然而，這件事對男人來說比較困難，如果德國人懷疑男人是猶太人的話，就會命令他們脫下褲子。只要家裡有一個割過包皮的男嬰，就有可能會使全家人都被抓起來。當時的整形外科醫師發明了一種手術，可以復原被割過的包皮，[7] 根據利妮亞所述，這項手術要價一萬茲羅提（大約是如今的三萬三千美元），而且手術鮮少成功，其他文獻對這項復原手術的描述則比較樂觀。這些醫師在恢復孩子的包皮時使用的方法包括外科手術、特殊按摩和負重。有些男人會設法取得醫學診斷文件，證明自己是因為生殖器官出問題，所以在出生時就割了包皮。華沙的小型組織韃靼穆斯林協會（Association of Tartar-Muslims）也提供了一些假文件給少數幾個猶太人，為他們假造割包皮的理由。[8]

就算能順利抵達雅利安區，這些「冒充者」的日子也很難熬。有些「施馬佐夫尼」（Schmaltzovnik，勒索者，字面上的意思是揩油的人）[9] 會在大街上攔住偽裝的猶太人，威脅若他們不給錢的話，就要告發他們。波蘭人比德國人更擅長看出誰是猶太人，因此猶太人在離開隔離區時，就算沒有走遠，身上也都會帶著一大疊現金，就是為了能在碰到施馬佐夫尼時脫身。有些波蘭幫派會向猶太人勒索錢財、搶他們的東西、毆打並威脅他們，或者留下匿名紙條要他們把錢放在隨機指定的地點。有時候，他們會連續勒索同一名猶太人，在那段時間靠勒索的錢過活。有時他們會在拿到錢之後把猶太人交給蓋世太保，因為把活的猶太人交給蓋世太保能換到微薄的獎賞，例如一點點現金、兩磅的糖或一罐威士忌。[10] 有些勒索者專門為蓋世太保工作，他們會把勒索到的錢拿去和蓋世太保分贓。

有些猶太人逃離隔離區後沒有前往城鎮，而是躲進森林裡，假裝自己是波蘭人，設法加入游擊隊；有些人會到處遊蕩好幾個月、甚至好幾年；有些家長會把小孩送到孤兒院，有時還得先賄賂孤兒院；有些孩子在雅利安區的大街上工作，他們賣報紙、賣香菸並替人擦鞋，他們必須躲開波蘭小孩，否則有可能會被認出來、拿棍子毆打並抓去給德國人。

儘管離開隔離區後的生活困難重重，但利妮亞別無選擇。有謠言說德國人隨時都有可能會執行「行動」。這一次，沒有任何人能更改名單上的名字。唯一能夠留下來的，只有那些被德國人選中，要負責拆除隔離區並為猶太人的財產分類的人。一名從附近的凱爾采區拘留營逃出來的男子提出警告，他說他親眼見到納粹折磨一名年輕人，強迫他寫下一封假信給家人，告訴他們：一切都很好，遭到遣送的猶太人不會被處死。然而，拒絕配合的人全都被當場槍殺了。這名男子也見過很多擠滿了人的火車，他很確定那些火車是載著那些人去送死的。

庫基烏卡一家人必須逃跑。他們把變賣家具換來的所有錢財蒐集起來，平均分給孩子們。利妮亞的父母和她的弟弟雅科夫將會逃往森林。她的姊姊貝拉和妹妹伊絲特會偽裝成雅利安人前往華沙，住在親戚家裡，然後再試著把莉亞和摩希也帶過去。「答應我，無論你們遇到了什麼事，」摩希告訴孩子們，「都要繼續當個猶太人。」[11]

利妮亞必須獨自出發。這是她和家人共渡的最後一晚。

八月二十二日，禮拜六。利妮亞在弟弟的幫助下成功抵達森濟舒夫鎮（Sędziszów）外圍，[12] 一個由納粹營運的猶太勞動營。[13] 亞倫之前從第一個勞動營逃了出來，假裝成波蘭人在森林裡遊蕩許久，[14] 成功回到家人身邊，接著來到這裡建造鐵路。他特別受警衛喜愛，設法替利妮亞安排了職位，讓她進入勞動營。這個勞動營裡有五百名才華洋溢的猶太男孩，他們支付了數千茲羅提，深信他們能避過遣送。除了他們之外，勞動營裡還有二十名猶太女人負責較輕鬆的工作，例如數算磚塊。

利妮亞和她的朋友約奇莫維茲（Yochimovitz）一起離開了隔離區，抵達這個勞動營，雖然她在抵達時鬆了一口氣，但卻一直忘不了和父母道別的場景。莉亞和摩希在道別時都悲痛欲絕。利妮亞無法不去回想父親的淚水和母親的哭聲，以及他們的手臂、手掌與手指離開她身上時的觸感。還有雅科夫，他小小的眼睛不斷流淚，他溫暖的、小小的手指緊緊抓著她的背。不，她不能接受這就是他們最後一次相見了，絕不可以。

所以，她在鐵路橋開始工作後不久，便說服了上級長官，允許她的父親和姊姊們來勞動營工作。

但一切都太遲了。

過了幾天後的一個晴朗早晨，利妮亞早起做好了工作的準備後，收到了一個宛如晴天霹靂的消息。在幾個小時前，大約四點的時候，德國人在沃濟斯瓦夫鎮展開了「行動」。利妮亞再也無法聯絡上她的家人了。他們及時離開了嗎？

但壞消息不止於此。[15] 勞動營的納粹指揮官走向女孩們。他把利妮亞叫到一旁，用溫和的語氣告訴她，這個勞動營以後不能再讓女人在這裡工作了。蓋世太保要求他把這裡的女性全都列入接下來的遣送名單中。「快逃吧。」他輕聲對利妮亞說。「逃到哪裡都好。」

快逃？要離開這裡嗎？一切又要重來一次嗎？

不、不、不，她再也受不了這種絕望了。

但這名指揮官更努力地試著說服利妮亞。「你還很年輕。」這名德國人說道。「逃離這裡吧，或許你可以活下去。」

那約奇莫維茲要怎麼辦？利妮亞拒絕拋下她獨自逃跑。

這名德國人說，若能交給他決定的話，他也很想讓她們留下來，但他不能收留她們，否則只會使她們置身於更大的風險中。「祝你好運。」他真誠而溫和地說道。「快走吧。」

一九四二年八月二十七日，利妮亞開始了人生中的下一個階段——流浪的日子。她也變成失去了引導與目標、只能四處遊蕩的猶太人了。亞倫和他的朋友赫曼（Herman）幫她和約奇莫維茲找了一些水，讓她們梳洗，又從德國指揮官那裡拿了一包食物給她們。接著，他們把兩名女孩帶到工作地點附近的樹林裡，便離開了。

現在只剩下利妮亞和約奇莫維茲了。她們該往哪裡去呢？

突然之間，她們聽見了吼叫聲、槍聲和狗叫聲從四面八方傳來。

接著她們聽見有人用德文對狗下命令道：「雷克斯，把該死的猶太人攔下來！攻擊！」

兩名女孩拔足狂奔，試圖逃離追捕。幾分鐘後，就有兩名警察追了上來，他們指控約奇莫維茲是猶太人。她們被帶到了一個訓練火車列車長的小屋中，還有一些猶太人也被關在那裡。利妮亞還在外面時，就能聽見從地下室傳來的尖叫聲。

利妮亞立刻下定決心，她絕對不會走進那個地下室的。

「你有小孩嗎？」她問其中一名警察。

「有，我有四個小孩。」

「我也是我爸媽的女兒。我也有兄弟姐妹。」利妮亞不斷懇求，與此同時，另一名警察不斷催促這名警察帶這兩名女孩下樓梯。「你真的覺得我是猶太人嗎？」

「不。」他眼中含淚地說。「你看起來像波蘭人，講話也像波蘭人。你和我們是一樣的。快離開吧。帶你的朋友走。」

兩名女孩拔腿就跑，情勢非常糟糕。約奇莫維茲的長相不對，她的朋友會是累贅，還是支持她活下去的力量？利妮亞是不是必須拋下她？

有些時候，問題在出現的同時也會帶來答案。

她聽見了槍響。利妮亞轉過身。

她的朋友倒在地上。約奇莫維茲死了。

一九四二年，紐約市的十八歲女孩都在進入了嶄新的成年期後開始四處探險，她們緊盯著亨佛萊・鮑嘉（Humphrey Bogart），或者在街角的藥妝店一邊喝奶昔，一邊哼唱平・克勞斯貝（Bing Crosby）的《白色聖誕節》（*White Christmas*）。在倫敦的舞廳裡，和利妮亞同年的年輕人在亮晃晃的舞池中跳著捷舞。就連在華沙的雅利安區中，年輕人也忙著把注意力從戰爭上轉移開來，他們走進公園裡散步，坐在旋轉木馬上調情。但是利妮亞在十八歲生日的數週前，在森林裡迎來的卻是截然不同的成年禮。

「從那一刻開始，」她後來寫道。「我只能靠我自己了。」[16]

一九四二年九月十二日

這是個美麗的夜晚。月亮撒下了皎潔的光芒。我躺在田野中的馬鈴薯之間，因為寒冷而渾身發抖，我在心中不斷回憶著最近的經歷。為什麼？為什麼？為什麼我要繼續承受這麼多折磨？

但是，我仍舊不想死。[17]

利妮亞在清晨醒來。她在田野中度過了許多個日夜，這裡什麼都沒有，只有一隻叫聲古怪的狗，接著，她突然意識到，她不能繼續待在這裡啃食她從地面上蒐集來的穀粒了。她必須移動，她必須找到一個還有猶太人存活的地方。找到一個能讓她的自我活下去的地方。利妮亞的雙腿像灌了鉛一樣，她迷失了方向，心中充斥著失去朋友帶來的悲傷。獨自度過這個難關對她來說太困難了。她在遊蕩了數個小時後，終於來到了一個小村莊。[18]

利妮亞竭盡所能地把自己的外表整理乾淨——在這種時期，外表就是一切——接著她找到了附近的火車站，搭上火車，前往她認識的一名鐵路工人居住的小鎮，因為那名工人以前常到她爸媽開的店裡消費。她已經筋疲力竭了，但下了火車後，她還是走得飛快。利妮亞的腦海裡只剩下兩個念頭，一個是她有多想要洗澡，一個是她有多希望能和親友們團聚。

接著，奇蹟降臨了。地上有一個女用錢包。利妮亞翻開錢包，找到了一點點錢。更重要的是，裡面還有錢包主人的護照。利妮亞緊緊握住護照，她知道有了這個護照，她就能去她想去的地方了。

利妮亞步履匆匆地穿越小鎮，終於抵達了那名熟人的家門口，[19] 她伸出因為疲憊與恐懼而顫抖的手，敲了敲門。那名鐵路工人打開了門，門後面是一個溫暖、乾淨又舒適的公寓——看起來像是來自上輩子的景象。工人和他妻子看到利妮亞時非常激動，同時也因為她的勇氣與外表大吃一驚。他們的第一句話就是：「利維朱（Rivchu），你看起來遭透了。」

「我的臉部浮腫，」利妮亞寫道，「但誰在乎這種事啊？」[20] 這對夫婦端出了馬鈴薯湯麵給她吃，又為她準備了乾淨的衣服和內衣。他們坐在廚房裡，為了利妮亞偉大的母親哭泣——她的母親莉亞也是這對夫婦的朋友。

就在這時候，他們從窗戶聽到他們的小兒子告訴鄰居，有一名女孩來他們家作客，他說這名女孩叫利維朱，他們家以前都和她的家人買衣服和襪子。

「這個名字真奇怪。」這位粗魯的鄰居批評道。

「啊，」男孩說，「她是猶太人嘛。」

廚房裡的夫婦兩人立刻從座位上跳了起來，把利妮亞推進櫥櫃裡，拿出一大疊衣服蓋在她身上。利妮亞能聽到敲門聲，還有模模糊糊的質問聲。

「不、不、不。」那對夫婦開始嘲笑他們孩子的豐富想像力。「我們剛剛確實有個客人，但不是猶太人。」

那天晚上，夫婦兩人拿了一些錢和一張火車票給利妮亞。這段休息時間很短暫，算不上絕對安全，利妮亞不允許自己太過沉迷其中。她立刻再次出發了。不過，這一次她有了新衣服，也有了一個新名字：汪達．維杜科斯卡（Wanda Widuchowska）。這個新名字可能來自她撿到的皮夾裡面的證件；而在另一份文獻中，[21]利妮亞靠著家人的朋友向他們的猶太祭司尋求幫助，祭司提供的身分證件上面的名字是汪達．維杜科斯卡，一名去世沒多久的當地女性，汪達的丈夫用墨水筆把文件上的指紋變得模糊不清，用利妮亞的指紋取而代之。

波蘭猶太人能獲得的假文件包括身分證（每個人都必須隨身攜帶）、[22]出生證明、通行許可、工作證、居住卡、食物卡與受洗證明。多數猶太人都擁有多個不同身分，主要是因為不同區域需要不同的身分證明文件。最好的假證件是來自死者的證件，有些證件甚至來自還活著的人（蓋世太保有時會打電話去確認某個人的名字有沒有在市鎮紀錄簿上）。多數猶太人都像利妮亞一樣，會用自己的照片和指紋取代證件上原本的資料，如果原本的照片上面有官方印章的話，他們就得假造一部分的印章或整個印章。第二好的假證件是真正的證件配上假名字。想要獲得這種假證件，你必須先偷到或買到空白表格、印章和密封章，再把申請書送去市政廳。有些假造者有辦法用橡皮擦刻出密封章，有些則會要求市政單位郵寄文件給他們——因為政府寄來的信封上就會有密封蠟，假造者會把這些密封章的印記留下來自己用。

多數猶太人的身分證件從頭到尾都是假造的，假造者會在收到照片後創造出一個身分。比較高明的假造者會選擇符合委託者原本階級的新姓名（他們通常會按照舊猶太名字的讀音或字義來選擇新名字），可能的話，假造者也會依照委託者的外表甚或真正的職業來選擇新身分的職業，而且新身分的出生地最好是委託者熟悉的地點——舉例來說，對於華沙人而言，渥茲市就是個好選擇。如果有些人說波蘭語時有明顯的口音的話，假造者就會在證件上標示他們是從東邊的白俄羅斯來的。毫無根據便完全假造出來的證件最不可靠，有些技術不佳的偽造品會使警察懷疑證件持有者是猶太人，這比完全沒有證件還要更糟。

獲取假證件的最佳管道是透過朋友（一般來說女性比較願意幫忙）或黑市。不過黑市的證件品質較不可靠，此外，雖然黑市的假證件價格昂貴，但有些假造者並不可信。舉例來說，受過良好教育的年輕男性可能會在黑市買到一張中年鞋匠的假身分證件，但他要怎麼表現得像是中年鞋匠？而且在黑市買假證件時，你必須向陌生人揭露你的身分，所以可能會創造出勒索的破口。正如利妮亞在一路上逐漸學到的道理，猶太人必須盡一切可能避免揭露自己的身分。

又是新的一天，又是一座新的小村莊。利妮亞對這裡一無所知。有人提供了一份工作給她，要她去一間大房子裡當管家。雖然有那麼一瞬間，她確實想要接下這份工作，但是她怎麼可能做得來呢？她覺得非常疲倦、非常虛弱，非常害怕別人發現她的身分，因為她的文件只適用於非常狹小的管轄範圍，在這裡為了工作而登記身分是死路一條。

她又經歷了一段漫長而艱辛的跋涉，來到了另一個火車站。這天晚上似乎特別黑暗，月亮躲了起來，星星看起來和她一樣疲憊。

利妮亞用流利的波蘭文買了車票，前往卡齊米札威卡鎮（Kazimierza Wielka），她聽說還有猶太人住在那裡。她需要找到一個地方當作根據地，釐清她的家人是不是還活著。

火車猛然啟動，在這瞬間，利妮亞覺得自己全身的血液似乎都結冰了。[23]

車廂裡有一名男人正盯著她的雙眼。她立刻就認出來這個男人來自延傑尤夫鎮。他認出她是誰了。

利妮亞在看到這名男人走出車廂時鬆了一口氣，但沒多久後，她注意到有許多人不斷經過她的座位旁。

「對，就是她。」她聽到有人在黑暗中說道。「逃跑對她來說很簡單。她看起來不像猶太人。」

利妮亞整個人都僵住了，一切都變得模糊不清。她很確定自己馬上就要昏倒了。無論她看向哪個方向，都只看到迫害者。她被包圍了，她要被淹沒了。

利妮亞站起身，走到火車的最尾端，那裡有一塊凸出去的小平臺。冰冷的空氣打在她的雙頰上。煙囪吐出來的火星毫不留情地濺到她的身上。她深吸了一口氣，但也只來得及吸這一口氣，接著車門就打開了，開門的是列車長。「晚安。」

她立刻就知道列車長是想要用她的口音來判斷她是不是猶太人。

「外面很冷，而且火花也很危險。」他說。「你先進來吧？」

「謝謝你的好意，」利妮亞回答，「但是裡面太擠了，空氣也很悶。我比較想待在這裡透透氣。」

他檢查了她的車票，確認了她的目的地，然後便躲回車廂內了。毫無疑問，等到抵達下一站後，列車長就會把她交給德國警察，說不定還能換到微薄的茲羅提作為獎賞。

火車在這時爬上山坡，速度慢了下來。她沒有時間思考，也沒有時間感受了。機會稍縱即逝。

利妮亞把她的小行李箱丟下火車，在下一瞬間跟著跳了下去。

她失去了意識，在接下來的幾分鐘都躺在地上，但她很快就被猛烈的寒氣凍醒了。她仔細檢查自己的身體，確認自己的四肢都完好無缺。她的腿很痛，但誰在乎呢？她活下來了，這才是最重要的。

她用盡一切力氣移動雙腿，走向漆黑又陌生的前方。青草上的露珠拂過她的雙腳，稍稍緩解了疼痛。

她看見不遠處有光，是一棟小房子。有狗在吠叫，房屋的主人走了過來。「你在這裡做什麼？」

「我要去找我的親戚。」利妮亞撒謊道。「我沒有文件能證明我是雅利安人，我知道現在納粹在到處搜索。我需要一個能讓我安全過夜的地方。如果德國人能在天亮的時候看清楚我的長相的話，他們馬上就會知道我不是猶太人。」

男人同情地點點頭，打了個手勢示意她進屋。她鬆了一口氣。男人拿了一杯熱飲給利妮亞，讓她睡在一大捆乾草上。「到了早上你就得離開。」他警告道。「我不該在沒有登記的狀況下讓人住在這裡。」

隔天早上，利妮亞再次徒步出發，但至少她已經充分休息過了，再次充滿力量。她繼續前進，支撐她邁步的是家人可能還活著的希望。只要家人還活著，她就有生存目標。

卡齊米札威卡鎮的猶太人都聽說附近的村莊已經被「滅絕」過一輪了，每個人都坐立不安。然而，很少有人事先擬定了逃跑計畫，也很少有人擁有足夠的錢。到了這個時候，就連最仁慈的基督徒也不再幫助猶太人躲藏了，他們擔心自己會因此丟掉性命。

納粹下令鎮上的猶太人不准收留任何猶太難民，這些猶太人全都遵守這道命令，他們覺得這麼做或許就能避免自己受到遣送。利妮亞很清楚這種想法只是他們的錯覺，但她又能怎麼辦呢？她覺得自己一無所有，既沒有棲身之處，身上也沒有錢。她需要工作，但她要怎麼找到工作呢？你要怎麼做，才能在大屠殺的期間找到一份工作？

她在這個充滿陌生人的小鎮中遊蕩，她感到無助與暈眩，唯有大衛之星的臂章能讓她感到一點安慰，至少這代表還有一些猶太人仍然活著。一天晚上，她看到了一位猶太民兵的成員，[24] 她急切地告訴他，她是「會說意第緒語的同胞」。她是猶太小孩。「我能在哪裡過夜？」她問。

這名猶太民兵警告她不要在街上亂跑，並讓利妮亞在他家的走廊上睡到隔天早上。利妮亞因此結識了這位民兵的家人，他們是利妮亞認識的唯一一戶猶太人。反過來說，唯一知道利妮亞是猶太人的也只有這一家人。他們知道她是誰。

利妮亞的魅力發揮了作用。她在沒多久後遇到了一位波蘭女孩，女孩很喜歡利妮亞，以為利妮亞是波蘭人，因此在一個擁有一半德國血統的家庭中，幫她找了一份管家的工作。[25]利妮亞已經用走私、躲藏、欺騙與逃跑反抗過納粹政權了，接下來她要開啟的新篇章叫做「偽裝」。

利妮亞在霍蘭德（Hollander）家工作時，像是獲得了寧靜的緩刑。她覺得一整天的工作是最好的良藥，能醫治她這一路上遭受的傷害與羞辱。雖然她必須繼續偽裝，假裝自己是個無憂無慮的單純女孩，每天晚上都得把徹夜哭泣與失眠埋藏在枕頭裡，永無止境地用微笑遮掩住心中的焦慮不安。但是，至少她擁有一個暫時的家了。她可以把注意力放在她的目標上：尋找她的家人。

利妮亞的雇主很喜歡她。她偶爾會把利妮亞叫到跟前，源源不絕地誇獎她。「我能請到你這樣的女孩來工作真是太幸運了，」霍蘭德太太說，「你乾淨整潔、認真工作、信仰虔誠、經驗充足、知識豐富又受過良好的教育。」

利妮亞在受到讚美時理所當然地微笑以對。「我來自一個具有文化素養的富有家庭，」她半真半假地說。「但我父母死後，我必須靠著家務工作維生。」

霍蘭德一家人會送禮物給利妮亞，從來不把她當作僕人看待。霍蘭德太太沒有向警察登記利妮亞是他們的新管家，她想必已經猜到利妮亞是猶太人了。為了避免引起懷疑，利妮亞決定要採取積極的策略，她抱怨說自己沒有適合的服裝能上教堂，但她可是一名虔誠的天主教徒，怎麼可以不去禱告和做禮拜呢？於是霍蘭德一家人送了她一套精緻的衣服。接下來，利妮亞又遇到了新問題：她必須去做禮拜。

第一個週日到來了，她一邊發抖一邊迅速穿上衣服。雖然利妮亞從小到大都和波蘭的小孩在學校與操場一起玩，但她從來沒有做過禮拜，對於天主教的傳統一無所知，當然更加不知道聖歌和禱告是怎麼回事了。她在做禮拜時的行為舉止會不會洩露她的身分？她在走進教堂時感到暈眩噁心，她害怕其他人會盯著她看，害怕他們會看穿她的舉止。「無論我去到哪裡，」她寫道，「我都必須扮演好我的角色。」[26]

心臟狂跳不止的她，加入了那些坐在長椅上的群眾，她思考著若她父母看到眼前這個景象，不知道會怎麼想。利妮亞緊盯著旁邊的人，模仿他們的每一個動作。他們在胸前畫十字時，她也在胸前畫十字。他們跪下時，她也跪下。他們用無比虔誠的態度對上天禱告時，利妮亞也跟著做了。「我從來都不知道原來我是這麼出色的演員，」利妮亞後來回憶道，「我非常擅長假扮與模仿。」[27]

等到禮拜終於結束後，人們紛紛走向教堂門口。利妮亞仔細觀察著其他人的每個小動作。他們親吻耶穌的雕像，她也跟著親吻耶穌的雕像。

出了教堂後，冰涼的空氣撲面而來，她大大地鬆了一口氣。霍蘭德一家人與所有鄰居都看到她上教堂，也親眼看到她虔誠地禱告了。這是一場盛大的表演，她通過了演技的考驗。

接著，另一個奇蹟降臨了。這個奇蹟為她帶來了無可比擬的喜悅。

利妮亞先前曾寫了一封信給莎拉，據利妮亞所知，莎拉最後出現的地方是本津鎮的自由青年運動基布茲。儘管波蘭在一九四二年的狀態糟糕透頂，但猶太居民委員會營運的郵政服務仍在可靠地運作，利妮亞之前認識的那名民兵替她寄了信。

過了幾天後，她收到了回信，是莎拉寄來的！回信中包含了全宇宙最棒的消息：利妮亞的父母和手足都還活著。他們在沃濟斯瓦夫鎮西邊的森林找到了避難所，距離梅胡夫鎮（Miechów）很近。亞倫則還在勞動營裡。

利妮亞讀完信的時候，整張信紙都已經被淚水打溼了。

雖然她很慶幸親愛的家人還活著，但她無法忍受如今他們必須在晚秋的寒冷溫度下住在森林裡。他們正受到飢餓與寒冷所苦，而她怎麼可以在擁有德國血統的家庭中享受乾淨溫暖的床鋪呢？利妮亞想像著小小的雅科夫，那麼聰明又注定要成為傑出大人的雅科夫，如今正渾身發抖地挨餓。她想要到他身邊去，這種渴望令她幾乎無法承受。

時間一天又一天過去了，利妮亞每分每秒都在等待，都在擔憂。接著，她接到了父母的來信。她再一次因為收到信而感到無比地振奮，再一次因為他們受的苦而感到無盡的傷痛。摩希和莉亞如今的生活貧困，沒有屋子能遮風避雨，每時每刻都在挨餓。他們寫道，雅科夫一直努力在逗他們開心，努力讓他們覺得有活下去的理由。然而，逃到華沙的姊姊貝拉和妹妹伊絲特都毫無音訊。無助的感受使利妮亞憂心如焚。

她立刻寫了信給莎拉和亞倫，要他們幫幫父親和母親。他們兩人花了非常大的一筆錢，說服附近的農夫送了一些物資過去。

莎拉又寄來了更多封信。莉亞和摩希很高興利妮亞還活著並過得很好，但他們覺得對利妮亞來說，在沒有適當文件的狀況下逗留在一個地方太久很危險，因為她在火車站找到的護照無法在這裡使用。利妮亞知道，她的家人很可能說得沒錯：如果霍蘭德太太最後決定要向警察登記她的身分的話，她的偽裝就會被揭穿。

於是利妮亞決定，是時候該去找莎拉了。是時候該前往本津鎮的自由青年運動基布茲了。

Chapter

8 變成石頭

利妮亞

1942年10月[1]

莎拉把一切都安排好了。[2]

那是一個天氣晴朗的秋日，利妮亞和其他普通的天主教女孩一樣，剛從教堂回到住處。她抵達霍蘭德家時，發現先前曾收留她的那位民兵的妹妹在家裡等她。「本津鎮的人口偷運者來了。」她悄聲說。

「這麼快？」利妮亞緊張得心都快跳出來了。時機到了。

莎拉雇用了一名女人幫利妮亞跨越邊界，從總督政府的統治區前往第三帝國的統治區。她將會途經梅胡夫鎮，有許多猶太人都暫時被拘留在那裡，他們的父母也在前陣子被抓到之後，送到了那裡去。利妮亞覺得很心痛，她非常掛念他們。她下定決心要在經過梅胡夫鎮時去找他們。今天，她終於能見到她的父母與她親愛的、可愛的雅科夫了。

利妮亞興高采烈地為霍蘭德家人準備晚餐，她的動作輕快、臉頰泛紅、心旌搖曳。霍蘭德太太注意到她看起來異常開心——她很少會表現出這種情緒。

利妮亞和民兵一家人討論過後，在當天晚上去找了她的雇主。「我的姑姑生病了。」她說。「他們叫我盡快回去照顧她幾天。」

霍蘭德太太當然能理解，她有什麼理由不相信這名傑出的員工嗎？

晴朗的日光轉變成綿綿陰雨，接著夜色降臨了。萬籟俱寂。利妮亞假裝成身分證明文件上的「汪達」，在火車站等車，她的心臟瘋狂地跳動著。雖然她和其他乘客一起上了車，火車載著他們飛速前進，但她還是覺得每一秒都像是一個小時一樣漫長。她反覆在心中排演接下來的美好場景：她的父母一定會在看到她時感到歡天喜地。

但是，為什麼她的胃部一直在不祥地抽痛呢？

他們抵達了一個小車站。「這裡是梅胡夫鎮嗎？」利妮亞小聲地詢問那位非猶太人的偷運者。

「還沒到。快了、快了。」

他們的確快到了。「是下一站嗎？」

「我們不能在梅胡夫鎮下車。」

「什麼？為什麼？」利妮亞愣住了。

「在這裡下車之後，你就沒辦法去本津鎮了。」偷運者悄聲說。就在利妮亞打算出聲反對時，偷運者又補充道：「我沒時間帶你去梅胡夫鎮。」

利妮亞再三請求。她不能接受就這樣離開。

「我向你保證，」偷運者安慰她道，「等我把你送到本津鎮之後，我馬上就會回來梅胡夫鎮。我會來接你爸媽和你弟弟。我會把他們帶去本津鎮見你。」

「不行。」利妮亞反對道。「我現在就要去見他們。」

「聽我說，」偷運者靠向利妮亞道，「莎拉說過，你絕對不可以去梅胡夫鎮。我不能帶你去那裡。」

火車緩緩駛過田野與森林，利妮亞絞盡腦汁地思考。她必須馬上做出決定。她應該要拋下這名偷運者、下車、留在這裡，之後再想辦法跨越邊界嗎？但莎拉年紀比較大、比較聰明也比較堅強。而且盡快跨越邊界也確實很合理，如此一來，利妮亞才能迅速結束這段旅途中最危險的部分。

火車抵達梅胡夫鎮時，利妮亞定定地坐在位置上，腦子裡一片空白。

她在偷運者位於琴斯托霍瓦市的家裡住了幾天，在那裡吃了少許食物、睡覺、思考、因為瘋狂的想法從夢中驚醒。她最後一次看到姊姊是好幾年前的事了，簡直就像是上輩子的事。莎拉現在變成什麼樣子了？她們還能認出對方嗎？她能順利通過邊界嗎？波蘭的這個區域對利妮亞來說非常陌生，她從沒來過這裡，但她卻感到一種奇異的自在感。來自異域反而對她有利，因為沒有任何人能認出她是誰。她已經把自己的猶太特質埋藏到很深的地方了。

⁂

她們順利跨越邊界，利妮亞在抵達本津鎮後，立刻沿著陡峭的街道向上，往城堡的方向走，她穿越了繽紛華麗的建築、裝飾藝術風格的圓形陽台、學院派風格的石雕滴水嘴獸和欄杆扶手，這些建築在在展現出了這個城市在戰前的榮景。[3]接著，她終於抵達自由青年運動的基布茲了！利妮亞覺得心中充滿希望，她躍上階梯，猛力推開大門。她看到在陽光下閃閃發光的門廳，還有一間房間，裡面的年輕男女都穿著乾淨的衣物，他們圍坐在幾張桌子周圍，正在看書。一切看起來都再正常不過了。

但是莎拉在哪裡呢？為什麼她沒見到她的姊姊？

一名年輕男子走上前來自我介紹，他叫巴魯克（Baruch）。他和這裡的每個人都知道她是誰。利妮亞停頓片刻，深吸了一口氣。這種感覺真是太美好了，她終於能做自己了。

利妮亞覺得巴魯克看起來親切、聰慧又充滿生命力。他帶著利妮亞往上走了兩段階梯，來到宿舍區。房間裡靜悄悄的，一片漆黑。她輕手輕腳地走進去。接著，她發出了模糊的驚呼。

莎拉躺在其中一張床上。是莎拉！

巴魯克拉著利妮亞的手臂，把她帶到床前。「莎拉，」他溫柔地說，「利妮亞來看你了，好嗎？」

莎拉立刻從床上跳了起來。「利妮亞！」她高聲叫道。「我在這個世界上什麼都沒有，只剩下你了。我好擔心你。」

利妮亞能感覺到莎拉的親吻與擁抱帶來的溫暖，她們的眼淚沾溼了床墊。雖然莎拉顯得很虛弱，但她還是帶著利妮亞往廚房走去，替她準備食物。利妮亞在廚房的燈光下發現她姊姊瘦了，臉龐變得瘦骨嶙峋。她努力不去回想在許多年以前，莎拉是如何取得了移民到巴勒斯坦的文件。當時莎拉在鞋店工作，鞋店老闆甚至願意提供經濟上的幫助，但是他們的父親太過驕傲，不願意開口向親戚要莎拉需要的額外資金，所以她留下來了。她看起來老了好多，利妮亞憂心地想著。莎拉的面孔不像是二十七歲的女人，但利妮亞看著姊姊精力充沛地為她準備餐點，一個轉念，又在心中暗忖道，她的心靈依然很年輕。

這對姊妹必須擬訂拯救父母的計畫，她們花了好幾天的時間反覆思考各種方法，但卻想不出好計畫。事實證明了，偷運者說要把利妮亞的家人帶到這裡其實是在說謊，但利妮亞拒絕太過深入思考這名偷運者的背信之舉，她害怕自己會被心中的怒火吞噬。莎拉和利妮亞必須同時處理許多個問題。首先，基布茲沒有空間能讓庫基烏卡一家人住進來。此外，想要把他們偷運進來的費用非常昂貴，她們不可能付得起。

接著她們收到了父母寄來的信，內容把她們兩人嚇壞了。

摩希和莉亞在過去幾天一直住在梅胡夫鎮東邊的桑多梅茲鎮（Sandomierz），那裡窄小骯髒，他們的狀況和牲畜沒兩樣。這裡的猶太人全都擠在長滿霉菌的小房間中，只能睡在地上或薄薄的稻草席上。他們沒有食物，也沒有能夠取暖的燃料。每一天都充滿了恐懼：遣送、屠殺、處決，納粹有可能會把整個隔離區都放火燒了，他們隨時都有可能會遭受這些暴行。

雅科夫也寫了一封信，懇求姊姊們提供幫助，把他帶回本津鎮，就算只是暫時的也好。他只希望能和姊姊在一起，他只剩下姊姊們能夠依靠了。雖然他親眼見證了許多慘無人道的暴行，但他仍想要活下去。「我們的父母或許會做出不可挽回的事，他們可能會自殺。」他寫道。「但只要我還和他們在一起，我就能幫他們保持理智。」他每天都會逃離隔離區，想辦法賺一點錢。他把自己賺到的每一格羅希＊都拿去支付一百二十茲羅提的過夜費，這筆費用能讓他們睡在一塊光禿的木板上，像是裝在木桶裡的魚一樣擠在一起。在母親、父親和兒子努力溫暖彼此的同時，「會有蟲子咬我們」，雅科夫描述道。他們已經好幾個月沒有更換衣服和內衣了。他們沒有清潔用品，也沒有自來水。

利妮亞用飛快的速度閱讀這封信，覺得心急如焚。她該怎麼辦？接下來的好幾天她都夜不成寐，害怕他們將要面臨的結果。

接著她們收到了最後一封信，最後的訣別：「如果我們沒有活下來的話，」她的母親和父親寫道，「請為你們自己的生命戰鬥。如此一來，你們才能親眼見證一切。你們才能描述這種純粹的邪惡是如何殺死了你們摯愛的親友、你們的族人。願神拯救你們。我們就要死了，但我們知道你們將會活下去。我們最大的痛苦就是我們的小兒子雅科夫必須面對的命運，但我們對你們沒有一絲一毫的怨氣。我們知道，你們已經盡了所有努力設法拯救我們。這就是我們的命運。若神的旨意就是如此，我們就必須全心接納。」[4]

接著，好像她們承受的痛苦還不夠多似的，信裡又接著交代了利妮亞的妹妹伊絲特和姊姊貝拉的命運。她們在沃濟斯瓦夫鎮落腳，注意到接下來可能會有納粹圍捕猶太人，因此躲進了一間庫房裡。庫房的女主人有一名十七歲的兒子，他在使用庫房中的設備時發現了她們，並把這件事告訴了蓋世太保。

她們被送去了特雷布林卡集中營。

＊譯者註：grosz，波蘭貨幣，每一百格羅希等於一茲羅提。

沒有了。什麼都沒有了。

但利妮亞沒有流淚。「我的心，」她後來寫道，「變成了石頭。」

接下來的幾天對利妮亞來說可怕極了。「我現在是孤兒了。」她反覆告訴自己這句話，慢慢理解了這個可怕的現實。利妮亞迷失了方向，她覺得自己好像失去了記憶、失去了空間感、失去了自己。她必須重新釐清自己存在的意義，提醒自己她現在要為了姊姊與同志而活。這裡就是她的新家庭，若沒有這個家庭支撐她、帶給她真實的感受與主體性，她大概早就瘋了。

接著，她們兩人和亞倫失去了聯絡。有謠言說他被送去了斯卡日斯科－卡緬納鎮（Skarżysko-Kamienna）的武器工廠，那裡的猶太人被迫光著腳、穿著破舊的衣服進行艱苦的勞動，只為了能吃一片麵包和喝一些冷水。超過兩萬五千名猶太男女被送進了這個勞動營裡，[5] 這裡的環境不衛生，還充滿了會把頭髮變綠、把皮膚變紅的有毒物質，多數人都因此死亡。利妮亞聽說亞倫感染了斑疹傷寒。他的上司很喜歡他，所以沒有讓他立刻被處決，但他的健康狀況很糟。此外，他因為生病而成為「不生產勞工」之後，幾乎沒有東西吃。

儘管如此。

利妮亞和莎拉還活著。她們活得像是兩道空洞的影子，但仍舊活著。她們和許許多多失去了父母的猶太年輕人一樣，不但因為這份全新的自由而感到悲傷與罪惡感，同時也獲得了力量。[6] 她們與正常生活之間的連結已經被切斷了，她們再也不需要為其他人負責了。若她們想要活下去，想要保持任何一絲人性，她們就得積極行動，投入那些能抑制內省的艱困工作，用這種方法來模糊她們無法承受的強烈痛苦。

「如果我注定要倒下，」利妮亞引用了艾巴．科夫納在討論反抗行動時說的格言，「我不會死得像是屠夫面前的無能羔羊。」

她的熱忱像是一陣風，把在本津鎮的年輕人之間本就在燃燒的火焰吹得更加猛烈。

Chapter

9 黑色渡鴉

海柯和利妮亞

1942 年 10 月

海柯・克林格在本津鎮的街道與巷弄間迅速穿梭。這是她的第一個任務，她的袋子裡藏著許多傳單。她把捲曲的棕色短髮梳在耳後，[1] 不斷察看四周，心跳像擂鼓一樣。她踏出的每一步都無比危險，但同時也充滿了謹慎的喜悅。她的任務是傳播有關游擊戰、大量遣送與政治的消息。她的任務是傳播真相。她用顫抖的雙手在一扇門上張貼了公告，再把另一份公告發給了路人。她甚至還冒險離開了猶太人的居住區。

至少她終於能做點什麼了！

利妮亞抵達本津鎮時，鎮上的反抗精神正處於沸騰狀態。其中一位最直言不諱的鼓吹者正是二十五歲的海柯・克林格。[2]

海柯在一九一七年出生於本津鎮的一戶貧困人家，他們家是哈西迪派（Hassidic）的猶太教徒。海柯聰明又暴躁，心中充滿智慧與熱情。她的家人靠著她母親經營的雜貨店勉強維生，因為她的父親整天都在研究《妥拉》*和《塔木德》。**她獲得了名額稀少的獎學金，就讀世俗猶太學校福斯坦伯格中學（Furstenberg

Gymnazium），這是一所排名頂尖的預科學校，她在學校裡把好幾種語言學得非常流利，希望能成為知識分子。本津鎮有大量中產階級猶太人，是許多猶太復國主義運動的早期發源地。[3] 一九三〇年代，本津鎮上的反猶主義相對沒那麼嚴重，成為了十二個青年團體投入熱情的軸心。海柯就讀的學校很支持社會主義傾向的猶太復國主義，在本津鎮上比較富有也比較開明的社群中，這所學校就像是標竿一樣。在學校以外的地方，海柯徹底沉迷於青年衛隊的嚴謹知識與哲學，這在她的同儕中是很少見的選擇，一般人只會因為青年衛隊的嚴格規範而卻步。

青年衛隊創造出了「親密團體」的模型，將猶太人對祖國的追求混合了馬克思主義與大量的浪漫主義，他們相信生命在年輕時的狀態比較優秀，也相信在大自然中生活更能打造出健全的身體與心靈。他們大量閱讀歐洲革命家的文本，推行對話與自我實現的文化，目標是創造出全新的猶太人。青年衛隊致力於追求真相，他們條列出了屬於他們自己的十誡，包括純潔的律法：禁止抽煙、喝酒與性行為。他們鼓勵成員以精神分析的角度研究性行為，但認為實際執行性行為會擾亂成員對集體使命的追求。

海柯總是穿著有領的襯衫、戴著金屬細框眼鏡，她熱切地接納了這些激進的觀點，認為青年衛隊是先驅運動組織，將會領導猶太民族完成社會與國族革命。她大力反抗自己的成長背景，對於青年衛隊有關跨世代衝突的格言深有共鳴。此外，她的第一任男友也是青年衛隊的熱衷成員。海柯個性外向、情緒敏銳，總是在墜入愛河。

她全心投入青年衛隊的活動，不但對他人很嚴格，也會在自己沒有達到青年衛隊的高標準時做嚴厲的自我檢討。她很快就成為了輔導員，接著成為編輯，然後成為區域行動領導人。

她的男友被徵召進入波蘭軍隊了。在他服役的期間，海柯注意到了身材高挑修長的同志大衛・科茲洛斯基（David Kozlowski），大衛的口袋裡總是塞著報紙，有很嚴重的口吃。他們兩人是在圖書館認識的，當時圖書館員拒絕把一本書借給海柯，理由是借閱第一名的大衛想要借這本書。當時大衛對她露出微笑，她卻生氣地假裝不認識大衛。（他後來一直沒有原諒她。）而後，大衛投稿了一首詩到海柯負責編輯的報紙上，詩中蘊含的抒情與嚮往把海柯淹沒了。她突然注意到大衛那雙深邃的棕色雙眼是如此的柔軟，乘載了如此多的痛苦，「那是夢想家的眼睛」。[4]

一九三〇年代後期，這對情侶加入了基布茲，為「阿利亞」做準備。這對大衛和海柯來說都是非常重要的決定，大衛的父母是精英，很反對他這麼做，海柯則知道自己到巴勒斯坦後必須過上節儉的生活，放棄成為知識分子的野心。大衛情感細膩，時常穿著破舊的衣服，他是狂熱的理論派左翼分子，正在經歷艱難的無產階級化（proletarianization），他可以為中國的陳（China's Chen）、蘇聯和西班牙革命寫詩，卻無法忍受坐在縫紉機後面的單調工作。海柯則是無可救藥的浪漫主義者，她覺得自己的義務就是幫助這名「脆弱的救星」、這株「年輕的樹木」大放異彩，[5] 她將會不斷提供支持，直到他成為團體中的精神領袖為止。他們原本應該要在一九三九年九月五日移民到巴勒斯坦。

在移民的四天前，納粹對波蘭發動了攻擊，海柯打算要逃離波蘭，和她同行的不是家人，而是大衛。他們走的那條路水洩不通，後來又在遇到轟炸時從火車上跳下來，不斷閃躲子彈、炸彈和倒塌的樹木。但他們沒有成功離開波蘭。於是他們準備要往東邊逃跑，就在這個時候，他們收到了青年衛隊總部傳來的訊息，命令他們留在本津鎮，推動青年衛隊再生。只要猶太社群還留在波蘭，青年衛隊就會留在波蘭，「和猶太人一起生存、成長和死亡」。[6] 身為當地領導人的海柯和大衛服從了這道命令。不過，納粹的殘忍暴行令他們感到非常震驚，海柯一直認為德國擁有進步的文化，她原本甚至預期德國人會執行一套進步的統治。

由於札倫比地區被第三帝國直接併吞，而不是併入總督政府，所以這裡的環境比較適合學習。住在這個

＊譯者註：Torah，《舊約》的首五經。

＊＊譯者註：Talmud，規範猶太人的宗教與世俗生活的法典。

區域的猶太人被迫進入德國工廠工作。「札倫比」這個名字的意思是「來自深處」，指的是當地的礦產，這裡曾是富有的工業區，有數十座紡織工廠在生產衣物、制服和鞋子。在這些工廠裡工作並不容易。「窗戶外的蘋果樹和丁香正百花齊放，」一名青少女如此描寫她那時的生活，「但你卻必須坐在空氣壅塞又惡臭難聞的房間裡縫紉。」[7] 雖然猶太人做這些工作只能換來微薄的薪水和少量的食物，但這裡的環境條件比勞動營還要好太多了，有些工廠老闆甚至會保護他們的廉價勞工不被遣送出隔離區。

其中一個值得注意的案例是阿弗雷德・羅斯納（Alfred Rossner），[8] 他是一位從來沒有加入過納粹黨的德國企業家。在德國占領波蘭後，羅斯納搬到了本津鎮，接手了其中一座猶太工廠，雇用了數千名猶太人。羅斯納的工廠生產的是納粹的制服，當時德國人認為這種工廠不可或缺。這裡的每一名勞工都擁有黃色的藏德（Zonder）通行證，能保護他們自己與兩名親戚不被遣送出隔離區。羅斯納就像如今非常著名的奧斯卡・辛德勒（Oskar Schindler）一樣，會保護猶太工人，也對他們十分和善。在戰爭後期，他會在納粹開始遣送之前事先警告猶太人，也曾直接把他們從火車中救出來。

海柯、大衛與其他數位女性一起重建與領導當地的青年衛隊，領導人中有一對姊妹名叫莉亞・帕薩克森（Leah Pejsachson）和伊琪雅・帕薩克森（Idzia Pejsachson），她們的父親是聯盟黨人，曾參與一九一七年的俄國革命。這群親密的朋友常在私人住家暗中聚會。由於他們如今已經不可能「阿利亞」了，所以他們的目標變成了教導年輕人語言、文字識讀、文化、倫理與歷史。雖然海柯心中很失望，但她還是直接開始工作，聚焦在托兒所、孤兒院和十到十六歲的年輕人身上，她擔心這些沒有監護人的孩子會因為忽視與窮困而受苦。他們的生活環境髒亂，無人監督，時常走私椒鹽餅、捲餅、糖果、鞋帶和緊身衣，並在街上販賣這些東西。雖然海柯沒有任何計畫（通常她會因此大加批評自己），但她有滿腔熱血，她首先從最窮困的孩子開始幫助，為他們找來了鞋子和衣物、協助他們梳洗清潔，又提供午餐。她向猶太居民委員會提議，應該要設立日間托育中心來幫助工作中的父母。雖然相關計畫都是青年衛隊提出的，但最後卻被猶太居民委員會接手了。儘管如此，她還是很開心能看到這些孩子受到適當照顧。她希望這些年輕的孤兒和難民能在未來把青年衛隊的理念傳承下去。

波蘭被占領的頭一個冬天，本津鎮的青年衛隊舉辦了普珥節（Purim）。傳統上來說，普珥節是個很歡樂的節日，他們會穿上傳統服飾、表演諷刺戲劇（施皮爾〔shpiel〕）、閱讀節慶捲軸，並甩動名叫格拉格（gragger）的發聲器，用這種聲響蓋過任何人呼喚哈曼（Haman）的聲音——哈曼是猶太歷史中一名邪惡的波斯大臣，計畫想要殺掉這片土地上的所有猶太人。猶太人用這個節日慶祝他們的救星以斯帖皇后（Queen Esther），以斯帖是一名猶太女性，她偽裝成非猶太人並成為皇后，運用智慧與巧計說服亞哈隨魯王（King Ahasuerus）撤銷了哈曼的計畫。

本津鎮的猶太孤兒院裡面摩肩擦踵，數十名小孩穿上了他們最好的衣服在笑鬧玩樂。海柯站在房間後方，一下子覺得極為開心，一下子又像是監獄守衛一樣仔細觀察。她深色的雙眼閃爍著驕傲的光芒，看著帕薩克森家排行第三、年紀最小的妹妹伊爾卡（Irka）在這場節慶典禮上指揮所有人。孩子們一邊大聲唱著歌，一邊走進房間裡。他們寫了一些有關以色列的戲劇，又寫了一些有關艱困的街頭生活的戲劇，並上臺表演，他們就是普珥節的奇蹟。接著，房間迅速轉變成了會議空間，一百二十名青年衛隊的成員開始進行會議，他們全都穿著灰色或白色的衣服。這些同志異口同聲地誦讀他們的格言：「我們不應盲目地允許命運引領我們前進。我們要走上自己的道路。」[9] 海柯簡直不敢相信竟然有這麼多人願意在戰爭期間出席這場會議。

本津鎮的自由青年運動基布茲在戰爭之前有六十名成員，戰爭期間則變成了各種反抗行動的社交中心。自由青年運動舉辦了跟唱會、希伯來語班和各種孩童活動，還建立了一座圖書館。利妮亞的姊姊莎拉在這些活動中貢獻許多心力，展現出她從母親那裡繼承來的對家庭的熱忱。她熱情地照顧孩童，幫忙管理基布茲的亞提德孤兒院——亞提德（Atid）是希伯來語，意思是「未來」。由於本津鎮的隔離區尚未完全封閉，邊界相對容易穿越，郵政服務能遠達瑞士和其他國家，所以這裡變成了教育與訓練的中心。法蘭卡時常從三百二十公里外的華沙來到這裡舉辦訓練班，青年衛隊也會在這裡舉辦會議。

在最顛峰的時期，有超過兩千名年輕猶太人參加這些地下活動，許多活動的舉辦地點都是附近的一座農場。猶太居民委員會提供三十塊田地與花園地給猶太復國主義者犁田、播種與照顧，也提供了一些馬和羊。我們可以從當時的照片中看見，來自不同團體的年輕人戴著帽子和農民頭巾（他們手臂上沒有黃色星星），微笑著收割穀物和跳霍拉舞（hora）。[10] 在其中幾張拍到了莎拉．庫基烏卡的照片中，[11] 她和數十名同志一起坐在戶外一張鋪了白色桌巾的長桌前，慶祝已逝的希伯來詩人海姆．比亞利克（Chaim Nachman Bialik）的誕辰。

年輕人舉辦各種紀念晚會，他們坐在田野中，唱著有關自由的歌，分享彼此的回憶，直言批判法西斯主義。「有數百人加入我們的安息日活動，」海柯寫道，「他們來這裡是為了喘一口氣，為了一小片綠地。」[12] 在農場中，「掛在牆上的鍋子閃爍著歡慶的光芒」，[13] 對這些猶太人而言，這座農場是他們復活、反思與重生的地點。

一九四一年的秋天，本津鎮的青年衛隊正處於最顛峰的時期，而海柯則是青年衛隊的母親。

⸻

接著，他們在一天晚上迎來了圍捕。[14] 所有人都在前幾晚嚇壞了，沒有人睡得著，包括海柯。他們一直在等待軍人踏著沉重的步伐、吹著哨子闖進來，把他們帶去令人畏懼、工作艱辛、疾病猖獗的勞動營。到了圍捕的那天晚上，他們設想的狀況確實發生了。海柯希望軍人能忽略她住的這棟建築，但天不從人願。軍人用力敲打樓下大門，已經準備好要把太慢來開門的管理人撕成碎片了。她希望軍人能忽略她的這間公寓，但他們很快就闖了進來，開始搜查每一個角落。

「穿衣服。」他們命令海柯。她的母親在一旁哭著哀求納粹不要把海柯帶走。

「別說了！」海柯高聲制止。「不准懇求這些人，不要在他們面前自取其辱！我要走了。你務必保重。」

外面一片漆黑，海柯幾乎看不清楚被納粹趕出來的是誰，但她知道這些人全都是女孩。她只能聽見開關大門的聲音。德國人讓這些女孩排好隊，把她們押送到占地廣大的市立學校裡。他們抓了非常多女孩，總共有兩千人。

海柯立刻開始四處尋找她的朋友。莉亞．帕薩克森、娜西雅（Nacia）、朵拉（Dora）、赫拉（Hela）——這些同志全都被抓進學校裡了。海柯注意到她們被關在二樓，她想要從窗戶跳出去，但她從窗戶向外看時發現庭院裡到處都是守衛。

納粹將在早上篩選與遣送。海柯和其他同志決定目前要先處理好當下的混亂情勢。到處都喧鬧嘈雜，簡直就像市場一樣。本津鎮的女孩們被迫擠在一起，幾乎都要臉貼著臉了。放眼望去簡直就像頭顱構成的海洋，到處都充斥著哭聲、尖叫聲、歇斯底里的笑聲、驚恐的抽噎聲。

莉亞．帕薩克森立刻採取行動。她是海柯在青年衛隊的共同領導人，她身材強壯勻稱，總是第一個起床，每天早上五點她就已經準備好要去過篩、犁田和駕駛牽引機了，她會推醒其他人道：「懶惰蟲，起床了！」現在她不斷從這個房間跑到下一個房間、四處尋找認識的人，一路上也順便打開窗戶，讓房間裡的女人不至於窒息。她聽見小孩子在放聲大哭。她和娜西雅一起把所有小孩都帶到角落，[15]替她們梳頭髮，給她們麵包吃。「別哭。」莉亞安慰這些女孩。「這些人不值得你們掉眼淚。他們就是想羞辱我們！他們不會把你們送走的，你們還太小了。」娜西雅要求納粹一一確認這些小孩的年齡，把她們全都放走。

到了早上，納粹開始篩選了。每個女人都必須把自己的工作證拿給德國長官看。在武器工廠工作的女孩都被放走了。

雖然莉亞．帕薩克森是第一批被釋放的，但她沒有直接跑掉。她在附近等著其他女孩出來，把所有人的工作文件蒐集起來。接著，她把這些文件再送回建築物裡面，給那些沒有文件的人使用。海柯說莉亞從頭到尾都在學校外「來回奔波」，很多女孩在她的幫助下成功離開。

德國人篩選完後，發現剩下的人數沒有達到他們應該抓回去的數量，於是便在街上徘徊，把逗留在附近的女人都抓走了。莉亞也是其中之一。現在她沒有工作文件能幫自己脫困了，甚至被直接押進了貨運車廂裡！

莉亞被送進了勞動營，她是青年衛隊中第一個進入勞動營的人。「我們非常想念她。」海柯寫道。「我們和她之間的連結非常緊密。」

莉亞從勞動營中寫信回來，描述那裡的人全都在挨餓和挨打，連女人都一樣。「我很想念你們，不過我在這裡過得還好。」她向他們保證。她每天都先在廚房工作半天，接著到病房工作半天。雖然納粹的監督非常嚴厲，但她仍然設法把一些麵包偷拿給了關在監獄中、臉色灰敗、性命垂危的猶太人。她知道，那些身體健壯、肩膀寬闊的人，不會因為食物太少而受到太大的傷害，但有些來自猶太神學院的蒼白男人會拒吃不符合猶太規範（unkosher）的肉類，這些人更需要幫助。她是從哪裡獲得食物的？海柯思考著。她是如何避開德國人的監視，把這些食物分出去的？「就連田野和風都不知道她是怎麼做到的。」海柯寫道。雖然護士的工作很艱難，但莉亞知道她必須留下來，雖然她覺得自己最終可能會被關進牢裡，但至少她能幫助許多人。

廚房的工作也沒有比較輕鬆。有些女廚師會收下賄賂與禮物，把最好的食物偷拿給自己的朋友。莉亞試著要她們傾聽良心的聲音，對她們講道理：「你們不能一直這樣下去。」

「莉亞，」海柯寫信給她，「你並不是在獨自戰鬥。古坦布理克（Gutan-Bricke）的瑞秋（Rachel）、馬克許達特（Markshdadt）的莎拉（Sarah）和卡拉坦多夫（Klatandorf）的古特（Guteh）也在同樣的戰場中戰鬥。」[16]本津鎮的猶太女性無所不在，她們致力於走私、偷竊、拯救性命。

雖然札倫比區的地位特殊，但狀況卻嚴重惡化，工作再也不是猶太人的終極救星了。[17]納粹在一九四二年五月執行了小規模的「行動」之後，在八月派了大批納粹到這裡來，與此同時，華沙也執行了多次「行動」。這天，納粹召集本津鎮的猶太人在隔日到足球場做文件檢查。多個青年運動組織警覺地提醒猶太人不要參與這個活動，納粹知道這件事後，便到附近的另一個鎮上表演了一次假的文件檢查，藉此說服眾人這個活動很安全。ŻOB因此開始爭論去足球場到底安不安全。到了最後，ŻOB的成員決定要參加活動。海柯也同意這個決定。[18]

數千名猶太人在清晨五點半走進了足球場。他們坐在露天看臺上，有些人在猶太居民委員會的鼓勵下穿上了適合節日的衣服，有些人甚至覺得很開心，直到他們注意到拿著機槍的士兵包圍了足球場。許多人昏倒了，孩子們嚎啕大哭。納粹沒有提供半滴水來緩解人們極度的口渴，他們只能靠著後來持續許久的一場雨來解渴。到了三點，篩選開始了：回家、送去強制勞動、進一步觀察，或者遣送與死亡。[19]猶太居民委員會因為不想要激怒納粹，所以欺騙了其他猶太同胞。

隨著人們漸漸意識到眼前這三排隊伍代表的意義，加上越來越多家人被迫分離，群眾陷入了混亂。許多人試圖想要交換位置。海柯寫道，德國人在這時開始「玩樂」，他們殘忍地把父母和孩子分開（其中一方活下來，另一方受死）、用槍托打人、一把抓住發狂母親的頭髮把她們拖走。

這天總共有兩萬名猶太人聚集在足球場上。其中大約有八千到一萬人被關進了公共廚房、孤兒院和猶太居民委員會的另一棟建築物裡，等著被遣送到不知名的目的地。納粹親衛隊不准任何人把食物和醫療物資送進這些地方。人們開始自殺。

本津鎮的年輕領導人一如往常地拒絕接受他們的命運。他們知道猶太人比猶太警察和納粹親衛隊還要多上好幾萬人。那天晚上，這些青年運動的成員決定要採取行動。他們沒有計畫，只能隨機應變。自由青年運動的成員找了許多將要被遣送的孩子，要這些孩子在看到訊號時，馬上飛快地跑開。其他人則趁機搶走猶太警察的帽子，再混入人群中，用手推或腳踢的方式把人們擠進「安全」的隊伍中。在猶太居民委員會說服了納粹親衛隊允許他們送食物進去之後，自由青年運動的多位同志戴上了假造的警察帽子，進入其中一棟建築裡，用運送麵包的容器和巨大的湯鍋把人送出去。還有一些人則試著挖出一條能逃出去的地道。

青年衛隊的女人知道，她們必須不惜一切代價進入那些被封鎖起來的建築裡。她們迅速說服了猶太居民委員會必須在孤兒院裡設立診療所。穿著白色圍裙的猶太女孩進入了孤兒院裡，分散到各個角落。雖然這些「護士」會安慰病人，也會幫他們包紮，但她們的主要目標是盡可能地幫助女性逃跑。這些女孩脫下她們的白色制服，交給被抓住的女孩，告訴她們：「快點穿好，這個證件給你，等一下你直接從主要入口出去，絕不要表現出半點恐懼的樣子。沒有人會阻攔你。接著你再把制服送進來。」

每一位「護士」走出建築物時，都必須小心注意看守出入口的是誰。女孩們答應要給其中一名守衛金手錶，但如果看守出入口的是少尉的話，她們就必須露出美麗又無辜的微笑。[20]

在這段期間，伊爾卡·帕薩克森發現了一條路線，可以從閣樓爬出去，穿越一區沒有守衛看守的民房，逃到孤兒院外。這些女孩派了一個人看守閣樓的門，其他人一起在牆上打出一個洞。她們一邊恐懼地發抖，一邊一個接著一個把猶太人送出去。根據其中一人的描述，總共有兩千人因此順利逃離。[21]

突然之間，德國軍官衝進了孤兒院裡，要求所有人提供文件。其中一位進來幫忙的女孩沒有制服，另一名女孩則沒有文件。她們兩人都被帶走了。正如海柯早已清楚知道的事實：「總是有人必須犧牲。」

本津鎮的多個青年運動開始合作，包括了青年衛隊和自由青年運動，推動他們合作的是殘酷的遣送行動；是維爾納市和海烏姆諾村的大量處決謠言；是托西雅來訪時帶來的能量，[22] 她特別鼓勵青年運動中的女孩執行任務與採取行動；是令人充滿勇氣的華沙反抗行動與游擊隊活動。他們親眼見證了，只要簡單的組織活動就能拯救許多性命。

一九四二年的夏天，海柯接待了來自華沙的其中一位青年衛隊領導人莫迪凱·阿尼列維茲（Mordechai

Anilevitz）。她非常尊敬莫迪凱，稱呼他為「青年衛隊的驕傲」，又說他具有「非同尋常的罕見能力」可以身兼理論家與政治領導人。「莫迪凱很勇敢。」她繼續描述道。「原因不在於他想要變得勇敢，而是因為他真的是個勇敢的人。」[23]

到了夏季後期，納粹開始清空華沙隔離區，來自各個猶太復國主義團體的領導人集結到了本津鎮的青年農場，聚在廚房裡聽莫迪凱進行兩小時的演說，主題是「向人生道別」（A Farewell to Life）。他昂首挺立，身穿開領襯衫，把自己所知的事物告訴所有人。海柯、她的男友大衛以及帕薩克森姊妹一起出席了這場演說，她聽到特雷布林卡集中營的毒氣室與大量窒息而死的人時，覺得寒毛直豎。但他也告訴大家，猶太人在維爾納市、比亞維斯托克市和華沙市為反抗而付出了多少努力。莫迪凱要他們為榮譽的死亡而採取行動，海柯深受這個浪漫主義的願景所吸引。

札倫比區的ŻOB正式成立了，他們是華沙反抗組織的分部，包含了兩百名來自不同青年運動的同志。[24]本津鎮先前就已經和華沙建立了相當穩定的聯絡系統，派出了許多信使收集資訊、計畫與武器。本津鎮也和日內瓦有郵務聯繫，先驅者聯盟的協調委員會就位於日內瓦，他們也會從本津鎮寄送寫有密碼的明信片到瑞士去，描述ŻOB在華沙的活動。

法蘭卡、托西雅和奇薇亞寫了許多明信片寄給國外的猶太人，留存至今的明信片中充滿了密碼。[25]她們常會把事件轉變成人名。舉例來說，托西雅在暗示他們即將舉辦訓練班時寫道：「賽米納斯基＊要來辦訪我們……會在這裡停留一個月。」法蘭卡寫道：「我正在等待訪客的到來：馬查納特（Machanot）和亞佛達（Avodah）即將來訪。」馬查納特和亞佛達是希伯來語，分別代表營地和工作，法蘭卡用這兩個名字代表納

＊譯者註：Seminarsky，「seminar」是訓練班的意思。

粹勞動營。「E·C在利沃夫的醫院」指的是他被逮捕了。「普特尼斯基（Pruetnitsky）和希塔（Schitah）現在住在我家」，則是希伯來語的集體屠殺與毀滅。在一封令人心碎的信件中，奇薇亞懇求美國猶太人寄錢來「讓我們找醫師醫治V·K的病」——意思是購買武器拯救猶太人。

海柯在聽了莫迪凱對自我防衛的呼籲後，有了很大的轉變。她變得比莫迪凱更加激進，成為ŻOB最狂熱的倡導者之一。「沒有任何革命運動或任何年輕人曾遇過我們如今面臨的問題——也就是大屠殺和死亡，這就是赤裸裸的現實。我們在面對這個現實時找到了一個解答。我們找到了一條道路……那就是哈格那（hagana，意為「抵禦」）。」[26] 她很清楚，青年衛隊再也沒辦法維持激進樂觀的哲學觀點了，他們必須開始支持暴力。唯一一條得以前進的路徑是武裝抵禦，他們要以猶太人的身分和其他猶太人並肩反抗，留下猶太人的傳承。她拒絕所有逃跑與援救的計畫。她後來寫道：「先驅者必須與同胞死在一起。」[27]

海柯和奇薇亞一樣，非常執著於傳播真相，她對於想要隱藏真相的領導人感到怒火中燒。「我們必須打開【猶太民族的】眼睛，避免他們用鴉片麻醉自己，在他們面前展現赤裸的真相。」她堅持道。「這都是因為我們希望能觸發他們的反應。」她在日記中寫道：「我們是黑色渡鴉，*只有我們會告訴你，一旦有人採取行動，他們就不會再如此禮貌地應付我們。他們會一口氣把我們全部解決掉。」

但想要在華沙建立武裝部隊並不容易。本津鎮也同樣缺乏武器與訓練，他們無法聯絡上波蘭的地下組織，也無法獲得猶太居民委員會和猶太社群的支持。這些年輕人囊空如洗，對於不願意幫忙的外國猶太人感到無比怨恨。在華沙的青年衛隊領導人被殺死又失去大量武器後，莫迪凱不得不拋下本津鎮的ŻOB分部，回到華沙去，導致本津鎮的ŻOB分部極為不穩定，沒有領導人能處理高層事物，只能空等現金與命令。本津鎮的同志只能引頸翹望華沙或波蘭地下抵抗組織能捎來隻字片語，他們覺得自己正在虛度光陰，因此十分焦躁不安。許多人都期望能加入游擊隊，他們寧可死在樹林裡，也不要死在滅絕營中。最後他們終於在九月底等到了另一名領導人茲維·布蘭德斯（Zvi Brandes）抵達本津鎮，協助他們進行地下活動，此外他也會在需要人力時幫忙採收馬鈴薯。海柯先前就在哈奇瑟拉（訓練營）認識了茲維，她很尊敬他「粗壯、強健、充滿肌肉的手臂」[28]、堅若磐石的體格和自信滿滿的昂首闊步之姿。

茲維．布蘭德斯把焦點從無法聯絡上的游擊隊，轉移到防禦與宣傳上。他們立刻採取了行動。茲維把眾人分成了五人小組：[29] 在他們過去長久以來的教育模式中，一直都有五人組成的祕密戰鬥小隊，每個小隊都有一個指揮官。這些戰士會計畫要如何用各種方式挑戰與攻擊猶太居民委員會。他們出版地下刊物、信件和每日新聞；在制服工廠工作的同志會列印德文的傳單，懇求士兵們拋下他們的武器，他們會把這些傳單塞進未來要被送到前線的新鞋子裡。

海柯正是在這個時候首次走上街頭執行任務，她快速地穿越大街小巷，分發地下傳單，把真相告訴所有人，要他們起身反抗。

人類可以用極快的速度適應新的日常。除了強制勞動和遣送去被殺死之外，本津鎮的生活對利妮亞來說宛如「天堂」。[30] 集體居住讓她感到非常平靜。他們用蔬菜的碎屑和烤麵包來煮湯。共有三十七名同志在這裡工作，許多人都擁有藏德通行證，他們可以外出，無需擔心會被送去強迫勞動或處決。由於缺乏勞動力，這些同志會在白天外出工作，晚上回到基布茲洗衣服和務農。利妮亞是他們之中年紀最小的同志，她抵達後立刻就被指派到洗衣間工作，洗衣間是猶太居民委員會的財產，這裡的同志靠著為納粹清洗制服賺進小額收入。[31] 利妮亞在總督政府管理的波蘭地區見證過的可怕折磨，尚未出現在札倫比區。

＊編按：Black raren，在西方文學中，通常意味著預言和洞察力。

「我看著生活在這裡的同志，有時依然覺得無法相信自己的眼睛。」她後來寫道。「真的有猶太人能像人類一樣生活嗎？這裡的猶太人真的能看見未來的願景嗎？」她很訝異這些人還能把注意力放在「以色列之地」上，他們說話與唱歌時就像生活在一場夢裡，好像他們沒有注意到周遭正在發生各種超越語言所能形容的可怕暴行。

接著，韓希．普洛尼卡來了，[32]帶來更加樂觀的氣氛。韓希一直都住在華沙外圍的格羅庫夫區。那裡的農場一直都是反抗中心，也是信使的休息站：他們可以在那裡先住一晚，隔天再進入隔離區，也可以把地下行動的各種材料藏在那裡。農場關閉後，他們把韓希派到了本津鎮。雖然她的旅途危險重重，但利妮亞能感覺到，在她抵達的瞬間，整個團隊宛如重獲新生。利妮亞很欽佩韓希能一直保持好心情。她認識基布茲中的每一位成員，也知道每個人獨一無二的優點。她拒絕停止文化活動，在經過了一整天的艱辛勞動後，她會召集許多成員進行哲學上的希吉（siche，意為「對話」），總是會在談論到巴勒斯坦的基布茲時容光煥發。她幫助同志們做好反抗的準備。她和華沙內部與外圍的成員都維持聯繫，尤其是和她的姊姊法蘭卡。

韓希很喜歡和她們說格羅庫夫區的狀況有多恐怖，那裡充滿了飢餓與迫害，每餐吃的都是煮過的肥油、腐爛的菜葉和馬鈴薯皮。她大笑著描述她當初如何假裝成非猶太人騙過納粹，繞遠路走到華沙。利妮亞寫道，住在本津鎮的人常會抱怨他們的生活有多艱難，這時韓希就會打趣他們。「格羅庫夫區的狀況比這裡糟糕多了，」她會微笑著說，「就連他們都能活下來了……」

⸺

這天，本津鎮的同志們和一位波蘭的火車列車長見面了，利妮亞說，那位列車長把他知道的事情都告訴他們了，他描述的種種細節證實了他們先前聽說的模糊傳言。他工作的其中一輛火車，曾開往華沙東北部的特雷布林卡村，歐洲各地有許多火車都開到了那裡。在特雷布林卡村的前幾站，納粹突然要他下車，說要讓一位德國列車長取代他的位置——目的是不要洩露大屠殺的祕密地點。在特雷布林卡村，納粹會抽打猶太人，迫使他們走得快一點，以避免他們注意到周遭狀況。德國人會毫不遲疑地把生病的猶太人帶到帳棚裡射殺。

剛抵達特雷布林卡村的猶太人以為他們接下來會被派去工作。男人與女人被分成兩邊，孩子們則會拿到麵包和牛奶。每個人都必須脫掉衣服：這些衣服變成了一座不斷增大的小山。德國人拿出肥皂與毛巾給猶太人，要他們動作快，不然水就要涼了。戴著防毒面罩的納粹跟在他們身後。接著，人們開始哭喊與禱告。德國警察按下了毒氣按鈕。猶太人閉上眼睛，他們的肌肉像是被拉開的弦一樣緊繃，倒在彼此身上，形成了又一個巨大的、不會移動的屍堆。列車長說，德國人把這座屍堆分解，用起重機放在火車車廂中，再傾倒在一個個坑洞裡。

「土地會把一切都帶走，」利妮亞後來寫道，她的內心變得更加強壯了，「唯一的例外就是曾經發生過的祕密。」[34]她知道這些故事將會自行找到出路。

⸻

絕大多數的故事都跟著法蘭卡一起抵達，她和妹妹一樣，從華沙被派到了本津鎮，一開始是為了尋找一條從波蘭南部的邊界穿過斯洛伐克前往巴勒斯坦的路線。她本應從那裡逃離，成為猶太民族的信使。法蘭卡偽裝成基督徒，在過去幾個月經過了比亞維斯托克市、維爾納市、利維夫市和華沙市，就像「下地獄走了一遭」。她抵達本津鎮時疲憊又沮喪——不過在利妮亞的回憶中，那是她們兩姊妹最快樂的一天：「我還記得她們兩人如何花了一整個小時坐在一起討論她們經歷的每件事。」[35]她們是彼此的一切。

法蘭卡花了好幾個晚上的時間，向基布茲裡的人描述納粹在波蘭各地所做的邪惡暴行，由數百名烏克蘭人與蓋世太保組成的滅絕隊執行——猶太民兵也協助了滅絕隊的工作，但他們最後也被處決了。在維爾納市的猶太社區，街道上到處都是一灘又一灘的血跡。那些殺人兇手欣喜若狂、趾高氣揚地四處走動。無論是大街小巷還是大樓裡面，滿地都是死屍。到處都是像野生動物一樣不斷嚎叫和呻吟的猶太人。「沒有任何國家伸出援手！」法蘭卡大喊道。「這個世界已經拋棄我們了。」[36]她描述的事件既駭人又生動，連續好幾天都縈繞在利妮亞心中揮之不去。她參加了之後的每一次定期聚會，每一次法蘭卡都會要求所有成員做同一件事：抵禦！

利妮亞看著法蘭卡以「母親」的身分一肩扛起了整個基布茲的重擔，同時一邊著手推動更宏大的社群使命，讓利妮亞深受感動。就像在華沙一樣，本津鎮的每個人都認識法蘭卡，也非常欽佩她。她用撫慰人心的話語和誠摯的建言安撫了他們的苦痛。她沒有放任猶太居民委員會有喘息的機會，迫使猶太居民委員會廢除許多命令，並從「死神的手中」救回不只一人的性命。她很少說起她做了哪些行動，但每個人都知道法蘭卡在幫助被囚禁者，也在嘗試聯絡海外的猶太人。每一次她成功達到目標，都會開心得不得了，她的熱情感染了每個人。

法蘭卡的敘述、韓希的活力、火車列車長的經歷，以及莫迪凱的演說激勵了札倫比區剛成立的ŻOB。海柯驕傲地看著成員們把來自海外的手錶、衣物與食物包裹帶進ŻOB——只要是能夠變賣的有價之物都好，他們可以用這些錢購買對游擊隊來說更有吸引力的物資，就連鞋子也包括在內。他們的夢想是買槍，雖然他們會要求有錢的猶太人捐助物資，但海柯堅持他們只會拿需要的額度，一枚格羅森＊都不會多拿，就算捐贈者是百萬富翁也一樣。他們最後收到了大約兩千五百德國馬克（reichsmark），足夠讓十多個人「組成」游擊分隊。[37] ŻOB的同志一起設立了第一個工作坊，在這裡製作刀子，並實驗自製炸藥，希望能精通手榴彈和炸彈的製作方法。

海柯・克林格等不及要使用炸彈了。

空氣中瀰漫著反叛的氛圍。一九四二年的秋天，不遠處的盧布林尼克鎮（Lubliniec）發生了一場臨時起義行動。這天下午，納粹下令要所有猶太人到市集集合，脫下衣服。男人、女人、長者與孩童都被迫把衣服脫掉，就連內衣也要脫下來，納粹的藉口是德國軍方需要這些衣物。在他們脫衣服時，納粹就站在一旁監視，揮舞著鞭子和棍棒，伸手把女人身上的衣服撕扯下來。

突然之間，十多個赤身裸體的猶太婦女動手攻擊了德國軍官，用指甲抓花了他們的臉。他們在非猶太旁觀者的鼓勵下，用牙齒撕咬納粹，用顫抖的手抓起石頭用力丟到納粹身上。

納粹大為震驚。他們全都嚇得逃跑了，連原本要沒收的衣服都沒拿。

猶太電訊社（Jewish Telegraphic Agency）在報導這個事件時使用的標題是：[38]「波蘭的猶太反抗軍：女人踐踏納粹士兵」，這份報導最終從俄羅斯交稿，在紐約市出刊。

在那之後，許多來自盧布林尼克鎮的人都決定要加入游擊隊，其中也包括女人。大概就是在這個時間點，第一波武裝猶太反抗行動爆發了——地點就在總督政府的首都。

＊譯者註：groshen，奧地利單位最小的貨幣。

Chapter 10 歷史中的三條線——克拉科夫市的聖誕節驚喜

葛斯塔

1942年10月[1]

阿基瓦的誓言[2]

我承諾在先驅青年運動的猶太戰鬥組織架構下參與主動抵禦。

我以我最珍視的一切，尤其是以逝去的波蘭猶太人的記憶和榮譽發誓，我將用盡所有可用的武器戰鬥直到生命的最後一刻，抵抗德國納粹黨與他們的同盟者，他們是猶太人民與全人類的最大敵人。

我承諾要為數百萬無辜死亡的孩童、母親、父親與年長猶太人復仇，我要維護猶太精神，驕傲地舉起自由的旗幟。我承諾要浴血奮戰，推動猶太民族獲得光明而獨立的未來。

我承諾要為了公義與自由而戰，為人類有尊嚴地活著的權利而戰。我將會與同樣渴望自由與平等社會秩序的人並肩戰鬥。我將會忠誠地為人類服務，毫不猶豫地為了全人類的權利貢獻一己之力，為了崇高的使命放下個人的慾望與野心。

我承諾會接納所有願意和我一起奮力對抗敵方的人，把他們當作我的兄弟。我承諾會處死所有背叛我們共同理想的人。我承諾會貫徹始終，絕不在面對巨大的逆境時退縮，就算是面對死亡也一樣。

葛斯塔・戴維森精疲力竭地抵達了總督政府的首都，克拉科夫市。[3] 她已經跋涉好幾天了，每天都在清晨醒來，徒步行走好幾公里，不斷繃緊神經，隨時有可能會遇上危險。她首先幫助了她的家人，他們被困在一個警察看守的城鎮裡。接著，她日夜兼程地趕回了克拉科夫市，途中遇到了多不勝數的交通問題：接駁、輕便馬車、四輪馬車、機車以及在火車站等待的數個小時。

葛斯塔拖著腫脹的雙腿走進了她的城市，來到了猶太區域：位於河流南岸的一小區低矮建築，距離紅色屋頂的宏偉城堡與色彩繽紛又道路蜿蜒的中世紀風格市中心非常遙遠。在戰爭爆發之前，有六萬名猶太人住在克拉科夫市，占了全市的四分之一人口。[4] 在古老的卡齊米札區（Kazimierz）中，共有七個歷史悠久的猶太會堂，這些富麗堂皇的建築可以往回追溯到一四〇七年。

在走進隔離區時，她通常十分潤澤的嘴唇與突出的顴骨都顯得異常蒼白，雙眼下浮現了青黑的眼袋，身心靈都疲憊不堪。不過，葛斯塔在逐漸靠近鐵絲網時聽見了繁忙街道的聲音，聽見熙來攘往的人群「發出的嘈雜聲飄進了周遭的建築物」，[5] 她認出了許多熟識的面孔，也看見了一些陌生人，這一切都使她感到充滿活力，想要擁抱每一個人。這個隔離區是在一年前建成的，但在這段期間改變了許多。有些猶太人逃跑了，接著有些難民來到了這裡，就好像這裡是他們的避風港一樣。許多人都像葛斯塔一樣，經歷過逃亡，他們從納粹包圍的城市逃到下一個城市，在逃亡過程中不斷繞圈，直到他們花光了錢或用盡了力氣，又或者直到他們遇到意料之外的「行動」。如今她無家可歸，但卻感到安全，甚至有種歸屬感。她想要詢問每一位和她擦肩而過的猶太人：「你是從哪裡逃過來的？」

在這個溫暖的週日午後，她能感覺到有許多人都已經失去了活下去的意志，他們知道自己已經快要走到盡頭了。但是，他們仍希望死亡能來得出其不意，他們拒絕投降。讓他們追捕我們直到最後一刻。葛斯塔在這個時候理解了為什麼「年老的人缺乏反抗精神」——她理解了經年累月的衰退與迫害是如何影響了他們「遍布青紫的絕望靈魂」。[6] 年輕人渴望生命，諷刺的是，這樣的渴望往往推動他們在反抗的過程中迎來必然的死亡。

德國人刻意把這個隔離區的狹窄入口建造成類似墓碑的樣子，葛斯塔在入口和數位同志重逢，正是這些同志幫助她克服了這一路上的艱難。他們的聲音和面孔，他們因她遲遲未抵達而產生的擔憂，全都融合成一種溫暖模糊的感受。克拉科夫市是碩果僅存的猶太社群，雖然這裡充斥著官階最高的納粹軍官，但如今這裡已經成為了反抗行動的中心。葛斯塔從小在一個信仰極為虔誠的家庭長大，她是當地猶太復國主義組織阿基瓦的領導人。一位朋友向她介紹了阿基瓦之後，她立刻深受這個組織的理想主義與自我犧牲所吸引。她在阿基瓦的中央委員會擔任出版品的作家與編輯，同時也是整個組織的見證者。阿基瓦和其他世俗的左派猶太復國主義組織不太一樣，阿基瓦重視猶太傳統，每週五都會舉辦安息日的典禮「安息日的喜樂」。

在去年夏天，阿基瓦的基地是附近的卡帕林尼村（Kopaliny），那裡是野蠻與暴力之中的寧靜綠洲。「蓊鬱的樹林散發出的寧靜氣息從上方飄散下來，被土壤吸收，」[7] 葛斯塔描述道，「連葉子都紋絲不動。」他們一起住在梨子樹、蘋果樹、山脊與峽谷之間，太陽「在湛藍的天空上緩緩挪動」。[8] 但葛斯塔的丈夫辛姆遜．卓恩格（Shimshon Draenger）知道，這個運動終將會走到盡頭——絕大多數成員將會死亡。他以阿基瓦領導人的身分召開了會議，因為這場戰爭並不是短暫的微小變動，兇殘的行為超乎他們的想像，如今也已經發生了邪惡的大規模屠殺。雖然葛斯塔和其他同志都相信辛姆遜的論點，但他們同時也堅定不移地相信阿基瓦的理念：「讓年輕人成為先鋒……抵抗已經散布開來的犬儒主義」、維持得體的舉止與人性，並「盡一切可能活下去」。[9]

戰爭剛爆發時，辛姆遜就因為撰寫反法西斯的文章而被逮捕過。辛姆遜和葛斯塔在一九四〇年結婚，兩人曾約定好如果有一方被逮捕的話，另一方也要自首，因此葛斯塔也進了監獄。他們靠著高額賄賂出獄，繼續工作。他們相信：「為戰士提供庇護的屋簷只會使他們不再是戰士」。[10] 不過，就像華沙與本津鎮的同志一樣，他們在一九四二年的夏天意識到這場運動必須改變。

「我們想要作為復仇的世代存活下去，」辛姆遜在會議上宣告。「如果我們想要活下來的話，我們就必須組織一個團隊，我們必須握有武器。」他們來回辯論：納粹的反擊會不會太過激烈？他們是不是應該只拯救自己？但是，無論如何，他們都必須奮戰到底。就連總是沉浸在書本中、完全不熟悉暴力的葛斯塔也亟欲復仇，她想要殺掉那些殺死了父親與妹妹的敵人。「這雙原本沾滿肥沃土壤的雙手，」她寫道，「很快就要浸滿鮮血。」[11] 阿基瓦的計畫是破壞。到了八月，他們和青年衛隊、自由青年運動以及其他團體組成了克拉科夫市的「奮鬥先驅者」（Fighting Pioneers）。

在克拉科夫市，葛斯塔才剛踏進大門，就聽見許多同志在小聲討論辛姆遜有多焦慮，他一直很擔心葛斯塔推遲了抵達時間。她漲紅了臉，用大笑掩飾自己成為八卦話題的尷尬感。她的丈夫甚至暫時離開工作崗位來迎接她。她能感覺到他窄而堅實的手掌放在背上的觸感，並面對面凝視著他那雙灰藍色的眼睛。葛斯塔突然懂了：他現在是正式的戰鬥人員了，他的戰鬥就是他的「蛇蠍美人」，[12] 而葛斯塔則必須靠自己處理好一切其他事務。他眼中看見的不再是她、不再是葛斯塔那雙銳利的深色雙眼，以及像是電影明星的短髮——而是未來。

「我只能抽出一點時間。」[13] 他低聲說道。她知道以後他永遠都只能抽出一點時間，他必須去開會。葛斯塔曾參與過許多次至關重要的領導人會議，但這裡的人不會邀請她參加。她能感覺得到他們在計畫屬於他們自己的行動。

對納粹來說，克拉科夫市戰略意義非常高，因此他們把這裡稱做具有普魯士根源的撒克森城鎮，當作總都政府的首都，和華沙擁有同等地位並嚴加守衛。[14] 住在這裡的除了猶太人，還有許多高階的納粹親衛隊軍官，兩方的住所距離很近。這些年輕的反抗軍必須在這種氣氛格外緊張的環境中行動。

因此，當數個星期後，辛姆遜連續好幾天沒有回家，葛斯塔立刻陷入了極度的焦慮中。他有可能會在任何一個瞬間遇上滅頂之災，只要有人認出了辛姆遜，他就完蛋了。她安慰自己，她的丈夫聰明絕頂，如果他們的反抗組織在實際戰鬥中付出的努力和他們所言相符的話，他們想必已經打了許多場勝仗了！等到辛姆遜終於回來之後，他也只逗留了片刻，就再次回到行動中了。她感到悲痛欲絕。比起在靠他這麼近的地方感覺到情緒上的疏離，會不會在距離遙遠的地方想像他們的團聚反而比較好？

自從辛姆遜回來後，每個人都聽說了隔離區與森林裡的人正在計畫一次重大的戰鬥行動。儘管秋天的天氣寒冷刺骨，但每個人都想要參與這次行動。根據地下行動計畫所示，克拉科夫市的反抗團體分成了五組，每組都有充分的條件能獨自行動，他們擁有自己的領導人、通訊專家、行政管理者與補給官。每一個小組都有自己的武器、糧食、行動區域和獨立的行動策劃。只有小組成員會知道自己這個小組裡還有哪些人，也只有他們會知道自己小組的計畫，就算是同一個小組裡的人，也不會知道彼此的行蹤。

這種軍事保密性和這個青年團體原本的開放文化與非暴力思想背道而馳。但是，這些失去了家園與家人的小組成員表現出來的奉獻精神令人敬畏。「這些小組變成了成員們在這趟死亡旅程中的最後一個避難所，」葛斯塔解釋道，「這是他們能夠抒發內心深處感受的最後一個港灣。」[15]雖然小組中的同志不該聚集在一起，因為他們的笑聲與友情在其他人眼中會顯得極為可疑，但他們總是很難抗拒這種渴望。「這些情緒豐沛的行為，能為這些過早受傷的心靈提供迫切需要的出口。」葛斯塔憑藉直覺理解道。「如果有人想詢問，他們會不會因為不夠成熟而無法成為具有戰鬥力的戰士的話，請先理解他們過去從來沒有任何機會能體會年輕的滋味，未來也永遠不會有這種機會，所以你覺得他們能給出什麼答案呢？」[16]來自不同組織的領導人忘記了彼此之間的差異，聚集在隔離區中心，儘管這些聚會活動缺乏掩護又充滿風險，他們仍勇往直前。

辛姆遜是一名蝕刻與雕刻經驗豐富的業餘鑄字排版員，他負責的是「技術部門」。葛斯塔注意到，在這個時代最重要的是「文件、排版、印章、通行證、證明書」，而辛姆遜能偽造文件，確保反抗行動中的戰士能自由移動。一開始，辛姆遜把整個技術部門都「放在他的大衣口袋」，每次他需要製作文件時，就會氣勢洶洶地找到一個適合的房間，把他的設備擺放在一張桌巾上。但後來他需要的空間越來越大了，他開始在工作時帶上公事包，提著這個「移動辦公室」在隔離區中四處遊走，從這個空房間移動到下一個空房間。[17]等到一個公事包不夠的時候，他就帶上兩個公事包。兩個不夠，就帶上更多個。此外，還會有好幾個助理跟在他的身後，幫他搬運許多旅行袋、數個紙箱、一臺打字機、好幾個包裹——這種景象已經變成了整個工作坊的嚴重安全問題，技術部門需要一個安身之所。

在克拉科夫市的郊外，有一個名叫拉布卡（Rabka）的小鎮，葛斯塔在鎮上的一個美麗住宅區買下了一間公寓。除了一個大房間和兩個窗戶之外，公寓裡還有廚房和一個陽台，裡面的「家具樸素雅致，散發著家庭的寧靜氛圍」。她把花朵放在桌上，在窗戶上懸吊窗簾，把照片掛在牆上，她寫道，這些布置能讓這個空間有家的感覺，像一個「舒適的小窩」。

葛斯塔在這裡「扮演一名生了病的妻子」，來到這個度假區是為了「打發金黃色的秋日時光」。她六歲的姪子維特克（Witek）也住在這裡，他們會在白天到花園玩耍、在附近散步或租一艘船在寧靜的河流中划船。辛姆遜每天早上都會從這裡搭公車前往克拉科夫市，他對待其他通勤者很友善。葛斯塔寫道，他表現得有些神祕，總是表情嚴肅，「打造出一種令人敬畏的表象」。[18] 許多人以為他在為政府工作，因此在通勤時讓位給他。當地人都覺得這是個富有的家庭，他們覺得辛姆遜是為了陪伴年輕的妻子與小孩，所以才會帶著公事包回到家裡工作。沒有人懷疑他們的度假小屋其實是猶太反抗軍的偽造文件工廠。

葛斯塔在遠離窗戶的角落設置了設備齊全的辦公室：辦公桌、打字機和各種設備。白天時，她在這個寧靜的居家空間放鬆，等到辛姆遜在傍晚抵達後，她就會工作整晚。葛斯塔會在小鎮上的燈光一一熄滅後，把窗戶遮掩起來，鎖上門。她會假造文件、撰寫並出版地下報紙直到凌晨三點。每週五出刊的《奮鬥先驅者》（*Fighting Pioneer*）共有十頁印刷頁，其中包含了猶太協助者的名單。葛斯塔和辛姆遜會複印兩百五十份刊物，給兩人一組的戰士拿去克拉科夫市附近發放。[19] 接著，他們會抓緊時間稍微睡幾個小時，然後辛姆遜就必須搭上七點的公車回到城市，而且他必須表現得精神飽滿。

亨卡·布萊斯（Hanka Blas）是阿基瓦的同志，也是辛姆遜的信使，她住在距離他們二十分鐘車程的地方。根據葛斯塔的描述，她和亨卡「情同姊妹」，[20] 雖然最安全的做法應該是完全不要聯絡，但她們無法離開彼此，她們需要有知道自己真正身分、能理解自己有多絕望的朋友，這種朋友的陪伴能帶給她們安慰。他們的鄰居以為亨卡是維特克的保母。亨卡會走私地下刊物，有些時候會一大早把雞蛋、蘑菇、蘋果與前一晚準備好的物資裝進籃子裡，戴上農民頭巾，搭上公車，好像她準備要去市場一樣。有時候，亨卡會在搭公車時坐在辛姆遜身邊，假裝她根本不認識他。

根據葛斯塔的描述，赫拉．薛波（Hela Schüpper）在一個天氣晴朗的日子從華沙回到了克拉科夫隔離區。[21]赫拉是一名「性感美人」，[22]她皮膚白晰、臉頰紅潤豐盈，運用她的魅力、口才與絕佳的機智成為了阿基瓦的主要信使。赫拉從小生長在哈西迪派猶太教的家庭，而後進入波蘭公立學校就讀。當時有女性波蘭民族主義組織的成員到學校來招募學生，但沒有任何人自願，於是赫拉加入了該組織，她十分不齒其他猶太同儕如此缺乏愛國情操。赫拉在組織的會議中接觸到文化、運動、步槍練習與手槍練習，但她最後離開了組織，原因是她很排斥其中一位附屬領導人提出的一項反猶行動。辛姆遜向她保證阿基瓦不是無神論團體，說服她加入團隊。赫拉的家人對於這件事感到非常生氣，遠比她加入波蘭組織還要更憤怒，於是赫拉離家出走——阿基瓦成了她的家。

她向來充滿自信又擁有完美無瑕的自制力，還曾取得商業學位，在今年夏天，她代表阿基瓦前往華沙參與會議，各個青年運動組織在會議中決定要組成反抗勢力。在那之後，她一直都在各個城市之間往來，傳遞資訊與文件，但在一九四二年的那天早上，赫拉帶來的東西令人耳目一新：大量的武器。她將兩把白朗寧步槍掛在寬鬆的輕便大衣裡，又把三個手持武器和好幾個彈匣放在外型時尚的手提袋中。

「從來沒有任何人像赫拉一樣受到如此熱烈的歡迎。」葛斯塔後來寫道。「那些武器使我們欣喜若狂，我無法用語言描述那種感受。」[23]她還記得，當時所有人都跑到了赫拉休息的房間去，只為了看一眼掛在牆上的袋子，而辛姆遜則「開心得像個孩子一樣」。[24]這些領導人開始幻想：有了這些武器之後，他們就能讓武器的數量指數成長。這是新時代的開端。

不過，他們沒有受過任何軍事訓練，半點軍事概念都沒有。他們光是想到要領導團隊成員步入死亡，就感到非常不自在。他們知道他們得和地下波蘭共產黨（Polish Communist Party，PPR）合作。他們與共產黨的主要聯絡人是爭強好勝的猶太詩人古拉．邁爾（Gola Mire），[25]她在數年前因為激進的左派觀點而被逐出了青年衛隊。古拉是一名活躍的共產主義者，她曾因為組織罷工而被判處十二年的有期徒刑（她在審判中的抗辯極為動人，以致於連檢察官都買了玫瑰花送她）。在納粹入侵時，古拉趁著情勢混亂，帶領許多人從女子監獄逃跑，接著開始在波蘭四處尋找男友。兩人在蘇聯占領區結婚後，她的丈夫便加入了蘇聯紅軍。最後，古拉為了避開納粹的搜捕躲了起來，獨自生下了她的第一個孩子，親手割斷臍帶。

不過，古拉在幾個月後就因為需要幫助而來到了隔離區，小嬰兒在隔離區死在她的懷抱中。她進入德國工廠工作，偷偷在食物罐頭上打洞，直到這些破壞行動變得太過危險才停止。古拉一直和波蘭共產黨保持聯絡，雖然他們不願意和猶太人合作，但她說服了波蘭共產黨的成員幫助他們找到幾位森林嚮導和一些躲藏點。阿基瓦認為她是「擁有真誠的女性之心的凶猛戰士」。[26]不過，波蘭共產黨有時不太靠得住。有一次，波蘭共產黨的成員本應要把猶太五人小組帶去找森林中的反抗組織，但他們卻把五人小組帶到了別的地方，背叛了他們。還有另一次他們承諾要提供武器和錢，但卻沒有遵守約定。

猶太人決定接下來要靠自己。雖然這些年輕人只能吃乾硬的麵包皮、穿破洞的靴子、睡在地下室，不過他們以此為榮。他們要為武器籌錢，技術部門便利用販賣假證件和其他管道（很可能是賄賂）賺錢。其中一組戰士負責搜刮茲羅提，另一組則負責在森林裡尋找可以當作基地的地點。赫拉和另外兩名女人在森林附近偵察適合的安全屋，其他女人則分散到附近的城鎮，在納粹要「行動」前警告當地人。葛斯塔找到了許多躲藏點，她陪同團隊前往樹林，並和各個領導人商量，把不同的社群連結起來。她一直和凱爾采區保持聯絡，而當地的同志不斷爭論，應該要專心拯救年輕的猶太藝術家，還是要專心拯救他們自己的家人。雖然他們的團隊提出了許多計畫也籌措了一些錢，但葛斯塔覺得他們是在自欺欺人。她不適合負責說服這些領導人接受這些構想。

組織不但禁止女人參加高層的反抗行動會議，還會警告女人不要干擾男人，這讓葛斯塔很沮喪。表面上看來，女人似乎受到了平等的對待，[27] 因為組織中有許多活躍的領導人是女性，但事實上女人卻被阻絕在主要決策者的圈子之外。雖然她擔心組織的四名男性領導人會太過魯莽固執，但她安慰自己，至少應該有其中一位男性領導人會記得：每一條性命都至關重要。

這是一個溫和的十月天，秋日的陽光依然炙熱，沒有任何不尋常的徵兆。但這天早上，納粹在克拉科夫市發動了大規模的「行動」。這次的「行動」比猶太組織預料的還要早了一天，使他們猝不及防。葛斯塔和其他同志都沒能成功救下他們的父母，連自己都差點無法活著離開隔離區。他們先是躲進了一間倉庫，接著輾轉在數個地下室之間移動。葛斯塔覺得最糟糕的部分是徹底的寂靜。在其他城鎮中，「行動」帶來的總是可怕的血腥事件，納粹會用機關槍消滅一整個家庭，但在這裡發生的是「首都層級」的事件：一切都顯得安靜有序。多數猶太人都因為飢餓而太過虛弱，連尖叫都做不到。寂靜、恐懼、失去家人——年輕人受到嚴重的震懾。他們為了分散注意力與復仇，展開了行動。

這年秋天異乎尋常的美麗。「已經進入秋天許久，葉子依然保持翠綠。」葛斯塔寫道。「太陽把大地轉變成了金黃色，用和藹的日光溫暖著這片土地。」[28] 但阿基瓦的成員很清楚，這樣的每一天都是天賜的禮物。溼冷的秋天抵達後，在森林裡行動變得太過困難，因此，他們改變策略。戰士決定要馬上在這裡展開行動，選擇高階納粹為目標，如此一來，「就算是小型的攻擊也能直搗當權者核心，傷害系統中的關鍵人物」，[29] 葛斯塔寫道，他們亟欲引發大規模的混亂，使當權者感到焦慮不安。雖然「理智的聲音」告訴這些年輕人要繼續等待，不要用小規模的行動提高納粹的警覺，但是，這些戰士卻覺得他們活不了多久了。

在這段時期，阿基瓦的所有同志都無比忙碌，從早到晚都在工作。他們悄悄地在隔離區內外建立基地，也在附近的市鎮設立聯絡地點和安全屋。他們以二到三人為一組，進行調查、擔任信使、監視祕密警察、繼續技術部門的工作、在熱鬧的街上發傳單並勇敢地對抗敵人。這些戰士從陰暗的巷子裡冒出來，在奮力一擊後取走武器，然後就消失不見了。他們最優先要殺的是叛徒與納粹協助者。由於阿基瓦同志的外表很明顯就是猶太人，所以他們必須要靠著偽裝才能在雅利安區行動。其中一位領導人甚至穿上了波蘭警察的制服，[30]向納粹「毛遂自薦」。[31]

緊密的新連結串起了團隊成員，創造出一種新的家庭生活，幫助彼此療癒原生家庭被毀掉所造成的創傷。對於波蘭各地的同志來說，反抗行動就是他們的全世界，他們做的決定攸關生死，相互依賴的情感關係至高無上。這些年輕人都是大學生的年紀，在這段時期，同儕關係是自我概念與身分認同形成的核心。有些人成為了情侶，感情發展迅速，改變了彼此的未來。這些性關係往往都充滿熱情、迫切，令人對生命燃起希望。[32]還有一些人成為了彼此的代理父母、代理手足和代理表親。

克拉科夫市隔離區的反叛行動基地位於喬瑟菲斯卡街（Jozefinska Street）十三號一樓的公寓，裡面有兩個房間，要從一個又長又窄的走廊進入，這個基地變成了他們的家——他們都知道，這裡很可能會是他們的最後一個家。由於多數年輕人都是家中唯一存活下來的成員，所以他們把所有「遺產」（內衣、外衣、靴子）帶到藏身處，再「安排清倉」：[33]把這些個人物品重新分配給那些有需要的人；又或者他們會把東西賣掉，投入共同基金。他們亟欲愛人與被愛，在這裡創造出了能夠分享一切事物的公社，也分享了現金和廚房。其中一位情緒強烈但脾氣良好的同志艾莎（Elsa）接下了掌廚的責任，她「把自己的生命與靈魂都奉獻在廚房管理上」，[34]廚房的空間窄小，鍋碗瓢盆都必須堆疊在地板上，必須把這些器具移開才能打開門。這間公寓成為了他們的活動基地，他們會先在這裡報到，再出發前往各自該去的地方。他們會踩在宵禁的前一分鐘紛紛回到這裡，回報自己是成功還是失敗，講述自己逃離死劫的經歷。

他們會一起在喬瑟菲斯卡街吃飯，每天晚上這裡都充滿了美好的歡聲笑語。安卡（Anka）非常強壯，她被逮捕時的情景簡直就像是她在帶領警察前進一樣；[35]米爾卡（Mirka）個性迷人，總是容光煥發；除此之外還有托斯柯（Tosca）、瑪塔（Marta）、吉薩（Giza）、托瓦（Tova）。他們七個人睡在各自的床上，其他人則睡在椅子或地板上，雖然這裡的布置一點也不豪華，更算不上特別乾淨，但這裡是他們珍愛的居所，也是最後一個能讓他們用真實身分生活的地方。

在這段期間，他們一直維持著阿基瓦舉行安息日的喜樂的傳統。在十一月二十日禮拜五，他們同樣為了這個傳統活動從黃昏聚會到清晨。他們花了兩天的時間準備餐點，穿著白色襯衫一起坐在鋪了白色桌巾的桌子前。在片刻寧靜後，他們異口同聲地高唱起過去多年來唱過許多次的那些歌曲。但這天晚上是他們最後一次聚在一起迎接安息日儀式了。有人大喊道：「這是最後的晚餐！」[36]他們都知道他說得一點也沒錯。坐在桌首的領導人詳盡地描述死亡距離他們有多近。是時候「為了歷史中的三條線而戰」了。[37]

他們執行的行動越來越多。隔離區的狀況已經惡化到阿基瓦的成員必須離開隔離區了。這天晚上，幾位領導人躲在公園裡，趁著一位納粹軍士經過時射殺他。接著他們從樹叢中溜出來，混入驚恐的人群中，東折西繞地回到喬瑟菲斯卡街，過程中竟然沒有半個人跟在他們後面。然而，這個大膽的舉動已經超出了掌權者能忍受的範圍，納粹決定要擊垮這些羞辱了他們的反抗軍，對大眾謊報那天晚上發生的事，並加強防禦、增長宵禁時間、逮捕人質、列出一份名單。納粹想抓的是反抗活動的領導人，與此同時，這些領導人也在為他們的行動高潮做準備：他們要在戶外展開攻擊。

在市區成功殺死了幾個納粹後，阿基瓦決定要把行動升級，他們為了強化實力和波蘭共產黨的猶太成員聯軍。一九四二年十二月二十二日，許多納粹都在市區購買聖誕節禮物與參加節慶派對，四十名猶太戰士來到了克拉科夫市的各個街道上。女性戰士在各處分發反納粹傳單，男性戰士則拿著波蘭游擊隊的旗幟，在一名波蘭詩人的雕像下擺了一個花圈——這麼做是為了避免納粹把接下來發生的事歸咎在猶太人的身上。接著，這些戰士攻擊了軍隊的車庫，在克拉科夫市各處觸動火災警報，引發騷動。到了晚上七點，他們闖入了德國人聚會的三間咖啡廳，轟炸了一個納粹派對。這些戰士把手榴彈丟進了塞格納瑞亞咖啡廳（Cyganeria），這間咖啡廳位於美麗的老城區，僅限重要的德國軍人進出。他們總共殺死了至少七名納粹，導致多位德國軍人受傷。[38]

雖然德國人在這之後逮捕並殺死了數名反抗行動的領導人，但猶太人仍繼續在克拉科夫市外用炸彈攻擊納粹，受到攻擊的包括克拉科夫市的主要車站、凱爾采區的多家咖啡廳與拉當市（Radom）的一間電影院——這些行動都在古拉．邁爾的幫助下完成。

在十二月攻擊的數週後，赫拉搭上了火車，[39]就在她擔憂著哪裡能睡覺、有什麼食物能吃時，一位年輕的波蘭學者和她聊了起來。他向她保證：「戰爭很快就會結束了。」

「你怎麼知道？」她問。

學者解釋說，波蘭軍隊已經開始行動了。他對波蘭的地下行動很驕傲——他們炸毀了一間咖啡廳！

赫拉控制不了自己。如果她是最後一名猶太人的話，該怎麼辦？

她必須讓他知道真相，她已經沒有可以背叛的對象了。「好心的先生，我希望你能知道，」她說，「你剛剛說的那場針對克拉科夫市咖啡廳的攻擊，其實是年輕的猶太戰士的功勞。如果你能活到戰爭結束的那天，請你把這件事告訴世界上的所有人。還有，我也是個猶太人。」

那名男人呆若木雞。火車抵達了克拉科夫市。

「請你跟我來。」男人在下火車時堅定地告訴赫拉。她的人生是否會就此結束？但就算結束了，又怎麼樣呢？

男人帶著赫拉來到一間溫暖的公寓，她在這裡度過了安全的一夜。

Chapter 11

一九四三年，新的一年：華沙的小規模叛亂

奇薇亞和利妮亞

1943 年 1 月

在克拉科夫市振奮人心的反抗事件過後幾週，奇薇亞在這天的清晨六點起床時接到了新消息：[1] 納粹要入侵華沙隔離區了。這是一次預料之外的「行動」。

由於納粹近來在雅利安區逮捕了數千名波蘭人，所以ŻOB原本以為他們已經把一些心神分散到雅利安區的大規模搜捕上了。事實上，ŻOB因為覺得隔離區比較安全，便要求所有信使回到隔離區。就連波蘭地下抵抗行動的成員也都躲進了隔離區。

但是，海因里希・希姆萊（Heinrich Himmler）[2] 要求新的逮捕數量。

雖然他們前一晚開會與計畫行動到深夜，但接到消息後，奇薇亞馬上穿好了衣服，下樓觀察狀況。外面的街道被包圍了，每一棟建築前都有一名德國哨兵站崗。他們沒有方法能離開這棟建築，也沒有辦法聯絡其他小組。前一天的所有計謀都失去意義，他們不可能在這種狀況下執行那些計畫。德國人會摧毀整個隔離區嗎？

奇薇亞心中十分恐慌。他們怎麼會陷入如此毫無防備的境地？

雖然納粹在夏天的「行動」帶來了大量死亡，但ŻOB在過去幾個月來的計畫激發了希望。克拉科夫市的青年團體成員充分信任彼此，已經可以組成祕密對抗小隊了。ŻOB為隔離區中仍活著的數百名同志招募了新成員，小心翼翼地蒐集資訊。他們再次嘗試和其他反抗行動團體結盟。這一次他們仍舊無法和武器較充足的修正猶太復國主義團體貝塔爾達成共識，[3]貝塔爾自己組成了一支民兵團：猶太軍事聯盟（Jewish Military Union，ZZW）。不過，聯盟黨終於答應合作了，聯盟黨和其他「成人」猶太復國主義黨派加入了ŻOB的計畫，形成了新同盟。[4]

新同盟提高了ŻOB的可靠程度，他們總算可以聯絡上由兩個敵對團體組成的波蘭地下抵抗行動組織了。[5]第一個團體是「救國軍」（Home Army，波蘭文是Armia Krajowa，AK），此團體附屬於流亡倫敦的右翼波蘭政府，當時地位較為優勢。雖然救國軍有許多成員是幫助猶太人的自由派，但救國軍的領導方針是反猶的。（如今十分著名的華沙動物園園長揚．札賓斯基〔Jan Żabiński〕就是救國軍的成員。）第二個團體是「人民軍」（People's Army，波蘭文是Armia Ludowa，AL），此團體附屬於波蘭共產黨，當時較為弱勢。人民軍的領導方針是和蘇聯合作，他們也比救國軍更願意和猶太隔離區與森林中的反抗軍合作——老實說，他們願意和任何想顛覆納粹的人合作，但是，他們缺乏資源。

波蘭救國軍不太願意幫助ŻOB有許多原因。救國軍的領導人覺得猶太人不會反抗。更關鍵的是，他們擔心隔離區起義太過分散，他們沒有足夠的武器能支援擴散到整個城市的反抗行動。他們也擔憂不夠成熟的叛亂會對整個組織有害，希望能先放任德國人和俄國人魚蚌相爭，之後再加入戰局。波蘭救國軍拒絕和這些微不足道的青年團體認真討論，不過，他們確實願意和這個新同盟見面。

這次的會面很成功。波蘭救國軍提供了十支堪用的霰彈槍以及製作炸藥的指南。一位猶太女性發現了製作燃燒彈的方法：從廢棄房屋裡蒐集電燈泡，在裡面裝滿硫酸。[6]

ŻOB群情激奮，開始執行大範圍行動。正如法蘭卡被派到本津鎮一樣，ŻOB的多位成員分散到了波蘭各處，領導反抗團隊並保持和國外的聯絡。（奇薇亞後來嘲笑自己太過天真，竟以為他們沒有收到外界援助是因為其他國家還不知道波蘭的狀況。）利百加・葛蘭茲前往琴斯托霍瓦市；莉亞・波爾斯坦和托西雅在華沙的雅利安區搜羅武器。

聯盟黨人加強了他們的戰鬥小組。[7] 聯盟黨領導人阿布拉薩・布朗姆（Abrasha Blum）聯絡了薇拉德卡，邀請她參加一場反抗行動會議。由於薇拉德卡擁有一頭淺棕色的直髮、小巧的鼻子和灰綠色的眼睛，所以他們找了薇拉德卡搬去雅利安區。在隔離區中，多數猶太人都必須在糟糕透頂的環境中做苦役，[8] 薇拉德卡一想到要離開隔離區就滿心雀躍。

一九四二年十二月初，一天晚上薇拉德卡收到消息，要她在隔天早上找一隊工作小組，和她們一起離開隔離區，並要她帶著聯盟黨最新出爐的地下傳單，上面繪有詳細的特雷布林卡村地圖。她把傳單藏在一隻鞋子裡，找到了一名願意接受賄賂的工作小組領導人，用五百茲羅提的費用加入了他們的工作小組，在寒冷刺骨的天氣中站在隔離區的圍牆前等待檢查。一切都很順利，直到一位檢查薇拉德卡的納粹覺得他不喜歡薇拉德卡的長相——又或許這名納粹是太過喜歡她的長相了。納粹把她從隊伍中拖出來，帶到一個小房間，裡面血跡四濺，到處都是半裸女性的照片。納粹守衛對她搜身之後，要求她把衣服脫掉。她只希望能把鞋子留在腳上……

「把鞋子脫掉！」他大吼道。但就在這個時候，另一名納粹衝進房間說有一名猶太人逃跑了，他們兩人立刻跑了出去。薇拉德卡迅速穿上衣服溜出去，她告訴門口的守衛，她已經通過檢查了。她順利抵達雅利安區，和這裡的同志見面，接著就開始工作。她和非猶太人建立穩定的聯絡、替猶太人尋找居住與躲藏的地點，同時到處搜集武器。

最重要的是，ŻOB下定決心要消滅納粹協助者，他們覺得這些協助者讓納粹的工作變得簡單許多。他們在隔離區到處張貼海報，宣稱ŻOB將會為所有針對猶太人的罪行復仇——接著他們迅速實踐了海報上的威脅，殺掉了猶太民兵與猶太居民委員會的兩名領導人。令奇薇亞大為驚奇的是，這一次的刺殺行動竟然影響了隔離區的猶太人，他們開始敬佩ŻOB的力量。

他們變成了隔離區新一代的統治權威。

戰鬥小組決定要在數週後發動大規模起義。聯盟黨的領袖馬雷克．艾德曼（Marek Edelman）說，他們已經決定好起義日期了：一月二十二日。[9]

⁂

納粹在一月十八日執行「行動」時，奇薇亞非常震驚。ŻOB的同志根本沒有時間召集會議並決定如何回應。有好幾個成員都不確定他們應該要到哪裡集合。多數小組都無法取得他們的武器，手邊只有木棍、刀子和鐵條可以使用。每個小隊都聯絡不上彼此，只能靠自己。

情勢刻不容緩。有兩個戰鬥小組隨機應變，直接開始行動。沒有時間開會討論反而推動他們發動攻擊。[10]

奇薇亞當時並不知道這件事，但莫迪凱．阿尼列維茲很快就下令一組有男有女的青年衛隊戰士走到街上，故意被納粹抓走，混進那些要被帶去轉運點的猶太人隊伍中。莫迪凱在接近尼斯卡街（Niska）與札曼霍法街（Zamenhofa）的街角時發號施令。戰士立刻抽出他們藏在身上的武器，對著附近的德國人開火。他們一邊向納粹丟出手榴彈，一邊對著猶太同胞大喊著快跑。少數幾個人跑掉了，根據薇拉德卡的描述：「一大堆即將被遣送的猶太人撲向德國軍人，用手、腳、牙齒和手肘竭盡所能地攻擊他們。」[11] 德國人嚇壞了。「猶太人對我們開火了！」猶太年輕人在一片混亂中持續射擊。

但是，納粹很快就恢復了冷靜並開始反擊。反抗軍只有屈指可數的手槍，當然打不過具有火力優勢的德國人。少數幾名ŻOB的戰士逃跑了，第三帝國的士兵緊追在後。莫迪凱的彈藥用罄後，從德國人那裡搶了一把槍，撤退到一棟建築物裡，繼續開火。一名猶太人把他拉進了附近的地堡中。存活下來的只有莫迪凱和一位女戰士。雖然這場行動的結局慘烈，但影響甚鉅：猶太人殺死德國人了。

另一個行動的反抗小組是奇薇亞的小組。他們在安提克和另外兩個男人的指揮下，採取了不同的策略。多數猶太人都還躲在建築物裡，這也就代表了德國人必須走進建築物中抓他們。奇薇亞的小組沒有在空曠處開戰，他們知道這個方法必定贏不了德國人，所以他們決定要等納粹主動接近，在建築物內部對他們開槍。奇薇亞認為埋伏德國人能造成最大的傷亡。

她當時位在自由青年運動的其中一個基地，柴門霍夫街（Zamenhofa Street）五十六與五十八號。她負責守衛，這裡共有四十人，全都各自就位。他們有四個手榴彈和四支霰彈槍。多數人手上都只有鐵管、木棍和臨時做出來的硫酸燈泡燃燒彈。

雖然奇薇亞和這裡的同志都知道，他們將要奮戰到死為止，但他們仍舊無比熱切地等待著納粹走進來，他們將要傷害納粹並帶著榮耀死去。在過去的六個月間，德國人一直都在系統性地謀殺華沙的猶太人，但這些猶太人卻沒有向德國人發射過半發子彈。

除了被迫前往轉運點的猶太人發出的幾聲尖銳哭喊之外，周遭一片寂靜。奇薇亞站在屋內等著和納粹短兵相接，她不安地緊握住武器，因為腎上腺素而覺得情緒極為高亢——同時也感覺到深切的悲哀。她後來回想起這個瞬間時，把自己的內在衝突描述成「我在生命的最後一刻進行的情緒盤點」。[12] 她想起了永遠不會再見面的朋友，她永遠也做不到的「阿利亞」。

詩人伊扎克．卡澤內爾森以簡短的演說打破了沉默：「我們的武裝反抗將會啟發未來的世世代代……後人將會永遠記住我們。」[13]

接著，他們聽見了靴子踏在階梯上的俐落聲響。前門被猛力推開。一群德國軍人湧了進來。

一名同志假裝他正在閱讀沙勒姆．阿里奇姆（Sholem Aleichem）的書。德國人直接從他身邊衝向裡面的房間，奇薇亞和其他人都坐在裡面的房間中。這些悲慘的猶太人顯然打算引頸就戮了。就在這個時候，假裝在閱讀的男人突然一躍而起，開槍擊中了兩名德國人的背。另一名德國人撤退到樓梯上。戰士紛紛從衣櫃和各個藏匿處衝了出來，用他們能找到的武器開始猛烈攻擊。還有少數幾人負責從死掉的士兵身上拿走步槍、手槍和手榴彈。

倖存下來的德國人急忙撤退。

裝備不足的猶太人殺死了納粹！

而且，現在他們擁有更多武器了。

在瞬間的亢奮消退後，他們感到非常震驚。與此同時，他們心中也十分混亂，有些不知所措。奇薇亞簡直不敢相信他們在擊倒德國人後竟然活下來了。雖然這些戰士都心情激動，但他們知道自己應該要保持專注。納粹很快就要回來了。接下來會發生什麼事？「我們只覺得措手不及。」奇薇亞後來寫道。「我們根本沒想過自己能活下來。」[14]

他們必須逃走。他們幫助其中一位受傷的同志躲好，接著從天窗攀出去，沿著一個又一個五層樓高並覆滿了雪和冰的屋頂往前爬，最後爬進了一棟陌生建築的閣樓裡，他們渾身發抖，希望有時間能休息並重新安排部署。

但是德國人也闖進了這棟建築，他們穿著靴子，重重踏著樓梯走上來。自由青年運動的同志開火了。兩名成員把一名德國人丟下了樓梯井。另一名成員則往入口丟了一枚手榴彈，擋住了納粹的逃跑路線。德國人把死傷的士兵拖出了建築。那天晚上沒有德國人回到這裡。

隔天，納粹襲擊了自由青年運動已經空空如也的公寓和這個新「基地」。這一次奇薇亞等人再次生還，只有一人受傷，無人死亡。

天色轉暗後，奇薇亞一行人立刻出發前往自由青年運動位於米瓦街三十四號的分部，卻發現「空氣中一片死寂」。[15]家具都被砸碎了，滿地都是枕頭裡的羽毛。奇薇亞後來才得知，這裡的同志被帶去特雷布林卡村了。其中有幾個人（包括數個勇敢的女人）從火車上跳車了。

自由青年運動團體在這棟建築物中戰略位置最重要的房間安頓下來。每個小隊都簡單敘述了自己的狀況，並接受新的職責。他們分派數名成員站崗，預防納粹突襲，並在討論過程中首次擬定了撤退計畫與替代會面點。最後，他們終於入睡了。

黎明時分，整個隔離區悄然無聲。奇薇亞認為納粹現在應該正偷偷溜進各個建築裡面。德國人會先派出猶太警察評估一個區域是否安全。他們搜索房子時沒有以前那麼徹底了，因為這些納粹害怕自己會遇到「猶太子彈」。

奇薇亞覺得自己重新充滿了活力，獲得了活下去的新理由。

「數千名猶太人蜷伏在他們的躲藏處，聽到落葉聲就瑟瑟發抖，」奇薇亞寫道，「與此同時，我們經歷了烈焰與鮮血的戰鬥洗禮，充滿自信地倚坐在椅子上，過去曾感受到的恐懼幾乎全都消失無蹤。」[16]其中一位同志跑到庭院裡找了火柴和樹枝，燃起了爐火。他甚至帶回了伏特加。他們坐在火邊飲酒，回憶著先前的戰鬥、說笑話，並取笑先前陷入極度沮喪的一名同志，他差點就用一枚手榴彈把所有人都殺了，幸好指揮官制止了他。

負責放哨的人走進來時，他們還在說笑。「庭院裡有一大堆納粹親衛隊的人。」他警告道。

奇薇亞從窗戶往外看，看到那些親衛隊正在大喊著要猶太人離開這棟建築，但他們沒有讓步。

德國人再次進入建築物中，被一名假裝投降的戰士欺騙了片刻。其他戰士立刻開槍，用「來自四面八方的槍林彈雨問候他們」。[17]納粹撤退了，但卻又被埋伏在外面的猶太人襲擊。奇薇亞看到好幾個受傷與死亡的德國人倒落在階梯上。

她再次對於自己與其他同志能活下來感到萬分驚異。這一次他們甚至沒有任何傷亡。戰士蒐集了死去的德國軍人的武器，從閣樓離開，途中意外發現了一個隱蔽的躲藏點。躲在那裡的猶太人非常歡迎他們，還有一位拉比為他們的奮戰唱了讚美歌。「只要還有你們這些猶太青年在奮鬥與復仇，」他說，「那麼從現在開始，我們將能用更輕鬆的態度接受死亡。」

奇薇亞努力忍住淚水。

德國人再次回到先前那棟建築裡，但是沒能找到任何猶太人可以殺害。

納粹在一月的「行動」只持續了四天。ŻOB最後用盡了彈藥，納粹四處搜查躲藏點，許多同志就此殞命。納粹在街上抓走了數千名猶太人。就連托西雅都被抓走並送去轉運點，但一位在民兵中幫助青年衛隊的雙面間諜把她救了出來。

不過整體來說，對猶太人來說這次的行動是重大的勝利。納粹原本想要把整個隔離區清空，卻受到奇薇亞的戰鬥小組與其他反抗團體的阻撓。納粹在舒茲工廠（Schultz）篩選猶太人時，一名聯盟黨人對著一位納粹親衛隊指揮官開槍，把他殺死了。多名帶著面具的ŻOB戰士在霍曼工廠（Hallman）的家具店對納粹投擲硫酸，[18]他們拿槍指著守衛，把納粹的紀錄銷毀掉。[19]一名同志撲到納粹身上，用布袋套住他的頭，把他從窗戶扔出去。另一名同志從上方把滾燙的液體倒在德國人頭上。[20]原本只應該花兩個小時的行動卻耗費了納粹數天的時間，[21]而且抓到的猶太人只有要求人數的一半。雖然猶太人幾乎沒有食物了，但他們充滿了新希望。這一次的小型起義推動了團結、尊嚴、道德——和地位。德國人撤退後，猶太群眾與波蘭人都認為這是ŻOB的勝利。

戰士對於這次的成功感到非常激動，但同時也十分後悔。他們怎麼會等待這麼久才開始反抗呢？這件事根本沒有他們想像的那麼困難。無論如何，他們都已經別無選擇，他們必須為了光榮的死亡繼續奮鬥下去。猶太群眾則開始相信躲起來或許能讓他們繼續活下去。隔離區變成了聯防反抗哨站，這是華沙隔離區的「黃金年代」。

雖然這場起義使華沙的人民越來越振奮，心中漸漸充滿希望，也影響了其他城鎮，但根據利妮亞的紀錄，這時的本津鎮卻變成了「一座真正的廢墟」。雖然利妮亞一開始對本津鎮的印象是「天堂」，但隨後抵達的冬天卻是對肉體、生存、情感的「一種折磨」。「飢餓是這裡的常客。生病的人數加倍了，但我們沒有藥，死亡正在雕刻墓碑。」[22]每天都有超過四十歲的猶太人因為老到無法工作，而被納粹一車又一車地送走。再小的錯誤都會成為處決的理由：過街時走斜線、走在人行道上錯誤的那一邊、違反宵禁、抽雪茄、賣東西，甚至連擁有雞蛋、洋蔥、大蒜、肉、乳製品、麵包或豬油都會被處決。警察會走進猶太人的家裡，檢查他們在煮什麼。猶太居民委員會和猶太民兵則會幫助納粹，遵從德國人的每一個指令。利妮亞寫道，這些帶著白色帽子的猶太人舉止殘忍，他們只要聽說有猶太人躲在某個地方，就會要求對方付封口費。他們會因為猶太人犯下了最微小的錯誤而罰他們錢，藉此中飽私囊。

韓希生病了，日日夜夜都受到噩夢的折磨。她在格羅庫夫區以及從華沙到本津鎮的路上親眼見證了可怕的暴行，因此心神不寧，發起了高燒。但她沒有選擇的餘地，只能撐起顫抖的雙腿，到洗衣間工作。基布茲幾乎沒有任何配給的食物。利妮亞也開始受到飢餓影響了：疲倦、混亂、無法自制地想著食物。

除此之外，納粹也開始追捕猶太人，利妮亞也是他們的目標。由於她是「不符合規範者」（nonkosher），[23]所以她必須加倍小心。到了晚上，警察和猶太民兵會四處尋找她和其他來自總督政府轄區的難民。光是收留不符合規範的猶太人，就會使同住的其他同志立刻被遣送。利妮亞、韓希、法蘭卡、茲維·布蘭德斯和另一個男孩每天晚上都必須睡在躲藏處，深受夜晚的恐懼所折磨。他們夜不能寐，早上起床後又必須到洗衣間工作，好讓那些符合規範的成員能夠做更多需要出現在大眾面前的工作。「但我們承擔起這些責任時，心中充滿了愛。」利妮亞後來寫道。「對活下去的渴望遠勝過了這些苦難。」

接著，利妮亞在某天早上坐在最大的房間裡時，碰巧聽到一位成員在討論他們的烤箱需要一塊金屬片。十七歲的男孩平夏斯（Pinchas）決定要在工作時尋找適合的材料。「小平夏」確實找到了一塊金屬片，他把這片金屬拿起來看了看——這個動作就足以構成理由了。他的德國雇主注意到他的動作，把他遣送出去。他被殺死了。

這個死亡事件比其他事情更強烈地動搖了所有同志的決心，生存的意義逐漸消失了。何必閱讀、學習、工作？何必活著？何必自找麻煩呢？

情勢越來越糟了。他們開始聽到一些謠言。納粹要把猶太人「重新分配」到另一個封閉的隔離區中，位置就在火車站另一側不遠處的卡米翁卡鎮（Kamionka）。總共有兩萬五千名猶太人住在這個本該只有一萬人居住的地方。有些猶太人像利妮亞一樣，曾經在隔離區住過，他們都很清楚接下來等著他們的是怎樣的噩夢。就連從沒在隔離區住過的人也驚慌失措。「到了夏天，狀況將會變得難以忍受，」一位住在本津鎮的青少女在聽說了這個消息後寫道，「我們只能坐在灰暗又上了鎖的牢籠裡，再也看不到原野和鮮花。」[24] 法蘭卡和自由青年運動的領導人赫謝爾在街上徘徊，他們像是中毒一樣臉色蒼白，感覺不適。該怎麼辦？他們要搬進隔離區還是逃離這裡？要戰鬥還是逃跑？

激烈的討論隨之而來。到了最後，他們認定了掙扎只是徒勞無功，甚至可能會導致沒有必要的後果。戰鬥的時機還沒到。

法蘭卡和赫謝爾開始把整天的時間都花在猶太居民委員會上，想要替住在自由青年運動基布茲的同志與來自亞提德孤兒院的人安排住所，現在共有十九名青少年在孤兒院關閉後搬到基布茲和他們一起住。猶太居民委員會的辦公室摩肩擦踵，許多人在大吼大叫。利妮亞寫道，有錢人能夠靠著賄賂過上比較好的生活，「沒有錢的人就像是沒有槍的士兵一樣。」

猶太人被塞進了隔離區裡。雖然如今的卡米翁卡鎮是一個丘陵起伏、植被茂密的郊區，但在戰爭時期，卡米翁卡鎮是一個擁擠的難民營：窮困、疏於管理、髒亂不堪。[25] 到處都是小型鐵製火爐，不斷冒出有毒的煙霧。人們坐在地上，吃著任何能找到的東西。每棟房子前面都擺著堆積如山的家具和包裹，而在這些小山旁邊卻躺著嬰兒。沒有錢能住在房子裡的人則在廣場搭建避雨的小屋子，看起來就像雞舍一樣。馬廄、閣樓和庫房全都變成了猶太人的家。某個改建的牛棚裡住了十個人，但他們已經算很幸運了，因為許多人只能露宿街頭。每一棟房子裡面都沒有空間能擺放多餘的家具，只能擺必要的桌子和床。利妮亞每天都會看到猶太人把床墊拖到屋外去，如此一來才能讓更多人搬進屋內，這使她回想起了過去和家人一起住在隔離區的恐怖回憶。利妮亞寫道，這裡的猶太人四處遊蕩時看起來像是影子，也像是衣衫襤褸的活屍。她覺得在這段時期，許多波蘭人都十分心滿意足，他們搜刮了猶太人家中的財物，冷冷地批判道：「希特勒沒有早點來真是太可惜了。」有些猶太人把隨身物品燒掉或把家具劈砍成木柴，只為了避免這些東西被波蘭人搶走。

自由青年運動的成員出發前往隔離區，他們把基本必需品打包放進一輛車裡。法蘭卡和赫謝爾成功取得了一整棟兩層樓的房子，一半給同志用，一半給亞提德孤兒院的孩子用。雖然這裡遠比多數住宅還要好得多（利妮亞把這裡稱做「宮殿」，她很開心這裡如此整潔），但仍舊非常窄小。床和床之間沒有空間能走動。他們的衣櫃和桌子全都矗立在庭院裡，之後要拿來當作火柴使用。

隔離區被封鎖起來了，負責看守的是猶太民兵。[26]有些猶太人在德國工廠擔任裁縫、鞋匠和金屬製造工人，警察會隨同他們上下班。接著，這些工人拒絕工作，要求猶太居民委員會提供孩童照顧（利妮亞很驕傲地描述這是猶太人的一種反抗）。猶太居民委員會因此建立了公共日間托育，能在父母勞動時提供食物給他們的小孩。後來，他們在工廠前面建了幾棟小屋讓嬰兒在晚上睡在那裡，每一間工廠都有自己的小屋，許多猶太人在屋子還沒建好前就急切地住進去了。利妮亞認為卡米翁卡鎮是一個「可恥的地點」。[27]

任何一種錯誤都會帶來死亡。這裡在入夜後毫無聲息，晚上八點後出門非常危險。德國人要求所有屋子裡都必須保持黑暗。每個轉角都有猶太民兵站崗，執行宵禁，他們手上拿著手電筒，光線在污濁的空氣中顫動。街道上突然傳來一聲槍響。隔天早上，猶太人迎來了一場葬禮：前一晚有一名男人想走到另一棟建築去。

每一週，利妮亞都會看著納粹把一群又一群的猶太人送去奧斯維辛集中營殺死：年長者、把孩子藏起來的父母、從母親胸前搶來的幼兒、被指控涉入政治活動的年輕人、連續曠工數天的工人。他們被帶到車站、挨打，再被丟進家畜運輸車廂。一名男人因為碰巧撿起物品就被納粹鞭打、勒頸、踩踏，有必要的話，納粹甚至不惜開槍。不過這次他們不需要開槍——男人已經被打死了。

這時，旁邊突然傳來一陣令人膽顫心驚的尖叫。一名德國人伸手從一名母親的臂彎裡抓住了嬰兒的雙腳，把嬰兒整個提起來，再把他的頭往一面磚牆上砸，嬰兒的頭骨被砸成了兩半，牆壁和人行道上濺滿了鮮血。他把嬰兒的屍體扔到地上。利妮亞這輩子都無法擺脫這個景象。[28]

看著這些慘無人道的行為，利妮亞心中充滿了極度的恐懼。看見這些暴行的孩子全都無法控制地大聲哭嚎起來。隔離區漸漸變得沒那麼擁擠了，納粹每天都會抓走一些人，每個家庭都有人被帶走。「所有人都傷心欲絕。」她寫道。「大家還沒有發瘋簡直就是奇蹟。」

在這樣的狀況下，基布茲的所有文化活動都取消了。正是在這個時候，自由青年運動拿到了幾個假護照，舉行了會議，赫謝爾站在桌子的一端，法蘭卡則站在另一端。正是在這個時候，這些青年團體必須決定：要戰鬥還是逃跑。就是在這個時候，法蘭卡說不，她不會離開。就是在這時候，他們一致同意要加入克拉科夫市與華沙市的行列，開始進行武裝戰鬥。就是在這個時候，他們決定要抵禦、復仇、維護自尊。

就是在這個時候，利妮亞站起身。她已經準備好要行動了。

Part 2

惡魔或女神

她們不是人類，或許是惡魔或女神。她們態度冷靜，像馬戲團表演者一樣敏捷。她們常會雙手握著手槍同時開火。她們勇猛地戰鬥直到最後一刻。接近她們是無比危險的一件事。我們抓到了一個看起來膽小怯懦的先驅者聯盟成員。她無比順從。接著，就在我們這個小隊的男人走到她前方時，她突然從裙子或短褲裡拿出了一枚手榴彈，不但屠殺了納粹親衛隊，還一邊滔滔不絕地詛咒他們未來十代的子子孫孫——簡直令人毛骨悚然！我們數次因為類似的狀況遭受損失，所以我下令不要把女孩帶回牢裡，也不要讓她們靠得太近，我下令要士兵在遠處用衝鋒槍解決她們。

——納粹指揮官尤爾根・史特魯普（Jürgen Stroop）[1]

Chapter

12 準備階段

利妮亞與海柯

1943 年 2 月

本津鎮熙熙攘攘。[1] 從天亮到晚上八點宵禁之間，基布茲和庭院中總是擠滿了同志。許多鄰居都注意到了這件事。「人們開始知道我們是一群採取行動的人，」利妮亞寫道，她很自豪他們能獲得新的尊敬之情，「我們能掌控自己的未來，我們知道在時機到來時該怎麼做。」[2]

茲維．布蘭德斯和唯一具有軍事經驗的同志巴魯克．賈夫特克（Baruch Gaftek）一起指導五人小組內的領導人，每天都會和他們見面與籌備計畫。他們教導每一個人使用槍枝，教導他們用斧頭、鎚子、鐮刀、手榴彈和易燃液體，也教導他們在沒有武器時如何使用拳頭。他們教導每一個人如何抵死奮戰，絕不要被活捉。利妮亞和其他成員蒐集各種尖利的工具、手電筒、刀子，蒐集任何可以用在戰鬥中的東西。

第一批來自華沙的武器抵達時，他們幾乎把這些東西視作聖物。海柯慎重地拿起一把槍，覺得既充滿動力又有些猶豫。她和多數從小到大鮮少接觸槍械的年輕人一樣，擔心這些東西會燙手，或者會意外走火。不過，隨著時間流逝，她慢慢建立了信心。她緊抓著手槍，漸漸將自己視為真正的革命者，她要履行人類的使命，名留青史。

波蘭共產黨把武器走私到隔離區中，並設法安排了一些猶太人住在卡米翁卡鎮外面，以便未來可以從外面發動攻擊。ŻOB訓練組織成員從雅利安區走私物品到隔離區中，有些人甚至每週走私三趟。他們發展出自己的工廠，開始製造手指虎和匕首；他們研讀化學，用鐵管、煤粉和糖製作炸彈、手榴彈和裝滿炸藥的瓶子。隨著技巧逐漸純熟，他們的手做炸彈甚至勝過了買來的炸彈。

ŻOB的同志結束為納粹做了一整天強制勞動的艱辛工作後，又把晚上用來打造地堡。猶太居民委員會對此毫無所覺，認為這些飢餓的猶太青年沒有任何外界幫助，已經筋疲力竭了。「這些日漸消瘦、疲憊不堪的臉孔令人哀痛欲絕。」利妮亞悲嘆道，她說他們也會到私人住宅去為猶太人建造地堡，不收取任何費用。青年衛隊的成員（包括大衛・科茲洛斯基在內）為地堡草擬了一些計畫，並討論了許多天，「他們就像擁有學位的工程師一樣聰明」。[3] 最適合建地堡的位置是哪裡？他們要如何偽裝出入口？

多名信使從華沙帶來了建造計畫，華沙的地堡是偉大的工程壯舉：地下走廊綿延數公里遠，橫越了隔離區的邊界，一路延伸到雅利安區。這些主線隧道旁還有支線隧道，裡面有燈光、水源、無線電、食物和許多藏起來的彈藥與炸藥，每個人都知道進入自己的戰鬥小隊地堡所需的暗語。「真是機智過人。」利妮亞寫道。在本津鎮，他們把地堡入口藏在烤爐裡、牆壁後、衣櫥中、沙發下、煙囪內和閣樓上。他們為了掩飾地堡的入口而在重新建立了房間內的四面牆。他們赤手空拳地挖出地道，[4] 他們在樓梯下、馬廄、儲存柴火的庫房打造藏匿處。他們仔細考慮要如何布置房間，才會看起來像是居民已經倉促逃離了，[5] 電燈、水源、無線電、長椅、小烤箱、給腸胃炎的人吃的麵包——他們把一切都安排妥當了。

時機到來時，他們只要進入物資充足的地堡裡就可以了。他們準備好了。

這些狂熱的舉動推動了一波抵抗行動——這次的抵抗行動發生在猶太社群內部。[6] 一九四三年二月，猶太民兵需要更多男人加入。利妮亞知道，這代表遣送已經迫在眉睫。猶太民兵要負責把同胞趕到火車上，他們想要六位自由青年運動的男人加入他們。自由青年運動一直在卡米翁卡鎮做的洗衣工作如今暫停了。猶太居民委員會要求基布茲被點名的那六個人前往猶太居民委員會領取他們的白色帽子。若他們不照做的話，猶太居民委員會將會沒收他們的藏德通行證，而且他們會被逐出隔離區，送到德國的營地去。

猶太居民委員會已經從隔離區送了幾個男孩到德國去了，沒有任何人回來。儘管如此，這六人堅決不願意成為他們稱作「猶太蓋世太保」的一分子。他們寧願失去工作文件，也絕不會幫助納粹把猶太人抓去滅絕營。這六名男孩沒有按時出現在猶太居民委員會，於是民兵來到了基布茲，依照猶太居民委員會主席的命令沒收他們的藏德通行證。他們很清楚，若沒有這些文件的話，只要走在街上被抓到就會被送去強制勞動或處死，但他們仍舊把工作文件交出去了。儘管這些文件已經被收走了，第二天手持棍棒的猶太警察還是包圍了基布茲，他們奉命要把那些被點名的男孩送到德國去。這些警察擋住了門口，每個經過的人都必須提供身分證件。

這個時候，兩名自由青年運動的男孩從窗戶跳了下來。民兵立刻追了過去，但兩名男孩揍了他們幾下後逃跑了。餘下的同志大聲嚷著：「去他的民兵！」他們絕不會放任警察把他們的成員抓走！副指揮官下令要民兵毆打所有人，並把剩下的男孩抓回去當作人質，直到逃跑的人回來自首為止。利妮亞目瞪口呆地看著這場混亂。[7]

法蘭卡擔心繼續衝突下去會使民兵殺死這裡的同志，或者更糟的是，使德國人來到這裡，把所有人都殺掉。她指出：「沒有人會被抓去當人質。」她命令那些名單上的人跟著警察去猶太居民委員會的辦公室。這些年輕人順從了命令，整個基布茲的人都跟在他們後面，走到了擁擠的街上，來到公車旁。接著，其中一個「像公牛一樣健壯」的男孩掙脫了警察的箝制，拔腿就跑。隨後民兵和基布茲的人用木棍與拳頭打了起來，其中一位女性成員齊寶拉．伯茲安（Tzipora Bozian）狠狠傷了好幾位民兵。指揮官在被痛打了一頓後，命令他的手下都回到公車上。「我們要把車開去德國警察的辦公室。」他說道。「他們會來這裡毀掉這些人。」許多隔離區的居民都在旁觀，他們發現並不是所有猶太人都害怕警察後，全都開始鼓掌。利妮亞驕傲地臉頰通紅。

不過，法蘭卡很擔心德國警察會發現這件事，到時候他們就完蛋了。她安撫民兵的指揮官與士兵，讓他們冷靜下來，和他們協商，要他們別上報這件事。這些人都很尊敬法蘭卡，終究同意了她的要求，但他們的條件是要用人質來取代逃跑的人。最後登上巴士的是名單上的三名男人和三名人質：赫謝爾．施普林格、他的弟弟尤爾（Yoel）以及法蘭卡——她自願要擔任人質。利妮亞看著公車駛離，心中既感動又害怕。

階級更高的指揮官聽說了這場小型衝突，在那天晚上下令把基布茲鎖起來，把所有成員都關在庭院裡。值得慶幸的是，法蘭卡和赫謝爾回來了，但他們告訴基布茲的人，由於他們侮辱了民兵與指揮官，所以所有男人都必須被送去德國。那天晚上，利妮亞和同志們坐在戶外的星空之下。有些鄰居很同情他們，邀請他們回自己家住，但都被法蘭卡阻止了。她想要讓民兵知道，就算宵禁使得整晚待在戶外很危險、就算納粹守衛四處巡邏，他們也有能力可以在戶外過一晚。到了半夜，有民兵來到基布茲，但只是來確認各扇門上面的鉛製鎖頭是否完好無缺。

他們沒有被納粹抓走，整晚待在外面直到隔天，每個人都又冷又餓。法蘭卡和赫謝爾回到猶太居民委員會去為男人們求情。那天晚上，利妮亞和其他同志在亞提德孤兒院吃了一頓粗劣的晚餐。接著民兵來了，他們把鎖打開。懲罰結束了。但是，法蘭卡和赫謝爾在哪裡呢？利妮亞光是想到這件事就擔心得不得了。

他們在那天半夜回來了。沒有人會被送走、進入民兵或去強制勞動。整個隔離區都在討論自由青年運動的勇敢之舉。

他們發現原來拒絕也是一個可行的選項。

華沙傳來了零星的消息：「行動」已經逼近了。[8] 奇薇亞和安提克通知本津鎮的居民，他們已經做好抵禦的準備了，猶太人已經不在乎黨派政治或意識形態了，他們已經做好了迎戰的準備。許多原本可以逃到雅利安區的同志都拒絕逃離，他們更希望能在和敵人面對面作戰時死亡。

到了二月，奇薇亞寫了一封信給本津鎮的地下組織，再次要求法蘭卡到華沙去——她必須繼續活下去，把「猶太人經歷的野蠻屠殺」告訴海外國家。三月又來了一封信：韓希必須去華沙，讓組織的人把她偷渡到國外去。「不接受藉口，沒有討論空間。」這是上級的命令。

韓希和法蘭卡一樣拒絕了。她對於如何拯救自己的性命沒有興趣，何況她怎麼可能會把姊姊獨自留在這種充滿不確定因素的地方呢？「這對姊妹就算到地獄走了一遭也必定能一起回來。」利妮亞寫道。雖然法蘭卡也覺得分離令她難以想像，但她還是懇求韓希出發。韓希無法拒絕姊姊的要求，她不希望讓姊姊擔心。他們找了一位人口偷運者盡快過來。

韓希沮喪地為這趟旅程做準備，她在提袋裡裝了一些雅利安風格的流行服飾。她以後還有機會再見到這些同志嗎？她懇求法蘭卡跟她一起走，但法蘭卡拒絕了。「韓希長得就像猶太人，讓她打扮成非猶太人的農民女孩，看起來應該會很荒謬。」利妮亞寫道，她擔心韓希無法順利抵達華沙。

兩天後，琴斯托霍瓦市接到了一封電報。利妮亞一邊讀一邊緊張得發抖：韓希已經跨越邊界，抵達了總督政府的轄區，她馬上就要繼續前進了。接著又是一封電報。她抵達華沙了！幾天後，她就要出發離開波蘭了。一切都安排好了。利妮亞鬆了一口氣。

在利妮亞的紀錄中，有一名波蘭女人為了ŻOB冒了無數次生命危險，幾乎所有人都曾在通訊時提到這個人。雖然利妮亞在寫道她時總是用「A.I.R.」代稱，但她指的其實是伊雷娜．亞達莫維奇（Irena Adamowicz），[9] 到了這時，她已經成為奇薇亞、法蘭卡和托西雅的好友了。伊雷娜從小在貴族家庭中長大，是非常虔誠的天主教徒，也曾加入過童軍，當時她三十多歲，是ŻOB和波蘭地下抵抗行動的主要聯絡人之一。她在華沙大學取得了教育學位後，開始和青年衛隊合作，常造訪青年衛隊的基布茲，十分贊同猶太人的民族主義使命。在戰爭期間，她越來越親近自由青年運動與青年衛隊的成員——她甚至學會了意第緒語。

伊雷娜在華沙為德國工作，負責視察兒童之家，她有一份許可文件，可以用「執行公務」為由造訪各個隔離區。一九四二年，她來到了維爾納市，把華沙隔離區的清空事件告知青年衛隊的領導人。她偽裝成德國修女前往無數隔離區，和當地的猶太人交換資訊並鼓勵他們。波蘭救國軍的多位領導人都是她的朋友，她請求他們幫助華沙的猶太人。她為猶太地下行動與波蘭地下抵抗行動傳遞信件與刊物。她在家裡收容猶太人，幫助反抗組織跨越邊界。雖然伊雷娜總是對她的其他同居者隱瞞自己的行動，但她在猶太年輕人眼中已經成為了傳奇一般的存在，就連在本津鎮也是如此。「雖然我們連她長什麼樣子都不知道，」利妮亞寫道，「但我們都非常敬佩她的人格。」

與此同時，華沙捎來的信件卻充滿了慘痛的失敗經歷，其中還提到了有些信使最後被送去了帕維克監獄和奧斯維辛集中營。海柯在日記裡也記錄了本津鎮的信使被抓到並殺死的謠言。海柯的共同領導人伊琪雅・帕薩克森是個性格剛毅、[10]態度無禮又冷漠的人，海柯願意盲目的跟隨這種人赴湯蹈火。「你現在不能任由愛情占據你的心神。」伊琪雅後來這麼說。「能夠重視多愁善感的時代已經結束了。」

伊琪雅堅持本津鎮的青年組織應該像華沙一樣團結起來。她不惜一切代價，希望能前往波蘭的前首都。「我必須親眼看見他們的行動。」她說。「接著我就會回來，在這裡種下起義的種子。我還會帶回一份禮物：我會運回第一批武器。」[11]本津鎮的同志想要說服她打消這個念頭：她的外表並不適合這麼做，而且又有近視。海柯認為她正是因為近視所以才會時時刻刻感到緊張。但是他們阻止不了她。伊琪雅想要鼓勵其他女孩追隨她的腳步，她在一九四三年二月啟程——之後卻再也沒有回到本津鎮。她成功把本津鎮對戰鬥的渴望轉達給華沙的反抗軍，也拿到了三把手槍和數枚手榴彈，但最後卻在琴斯托霍瓦市落入了納粹的手中。

人們對伊琪雅是如何死亡的有許多種假設。[12]根據其中一個說法，伊琪雅引起了一位祕密探員的注意，被跟蹤了。她發現了探員的存在，在數條街道之間左彎右拐，想要甩掉他，但是由於她並不熟習雅利安區，所以走向了隔離區的方向。探員注意到後追了上來。她拔腿就跑，一把左輪手槍從她懷中的麵包裡掉了出來。探員當場開槍把她殺死了；在另一個版本的謠言中，她發現有祕密探員跟蹤她之後，決定和探員調情。探員邀請她回家——她別無選擇，只能跟著走。她在琴斯托霍瓦市的聯絡人看到了她和探員走在一起，便離開了會面地點。祕密探員試圖攻擊她，她拿出左輪手槍對探員開槍，但探員逃走了，之後帶了警察來抓她。無論伊琪雅是如何死亡的，ŻOB的成員都感到痛徹心扉，他們很後悔，認為當初不該讓組織裡最優秀的成員做這個任務。

愛絲麗德（Astrid）頂替了伊琪雅的位置。[13] 愛絲麗德有許多別名，包括A、伊希麗特（Estherit）、愛絲卓特（Astrit）和柔夏·米勒（Zosia Miller），雖然她不是「典型的聰明人」，但她認識許多接頭的聯絡人，也知道華沙對外的所有火車路線、道路和公路。她每一次外出都會設定一個新身分——例如農場的男孩，或者帶著大帽子、從城市來到這裡的老師。她身上會帶著武器、錢、信件、資訊、偽造文件和縫在衣服裡面的撤退計畫。她曾把手槍藏在巨大的泰迪熊裡面（她緊抱著絨毛玩具的樣子看起來甜美極了）、罐裝橘子的祕密夾層裡、一條條的麵包中或直接放在大衣口袋內。她曾抱怨過把武器交出去之後會有一種空虛感。儘管如此，每當愛絲麗德抵達本津鎮時，他們都會為她準備伏特加並舉辦派對，畢竟他們「當然必須招待來自華沙的客人」。[14] 她也曾偷運人口。

在海柯的紀錄中，愛絲麗德身材姣好，非常具有吸引力，但同時她也是個反覆無常又愛慕虛榮的女人，她每次出發之前都要買新衣服，表面上的原因是她必須要在前往雅利安區時打扮得乾淨又時尚。她同時擁有漂亮的雅利安外貌與非凡的勇氣。海柯認為她是貨真價實的「不怕死」，她會肆無忌憚地直視祕密探員的雙眼，露出淘氣的微笑，詢問他們要不要檢查她的證件。她在之後很長一段時間都一直很幸運，但最後她就像絕大多數的信使女孩一樣，被關進了監牢、受到刑求、遭遇不幸、迎來死亡。

接著，他們收到了一連串的訊息。一封有關韓希的信：她離開波蘭的行程延後了，現在她暫時留在華沙。另一封信指出，情況越來越嚴峻了，納粹隨時都有可能會全面遣送猶太人。「若之後你們沒有收到我們的消息的話，那就代表『行動』已經開始了。」一名華沙的ŻOB成員寫道。「但是這一次納粹不會再那麼容易得逞了。這些德國人不知道我們有什麼能耐。」一名信使來到本津鎮告訴他們，雖然華沙隔離區的人非常恐懼，但那裡的同志已經做好準備了。接著信使趕回華沙，確保她能從位於雅利安區的基地聯絡上隔離區裡的人。

數週後，那名信使回來了。[15]她只知道華沙發生了一場可怕的大屠殺。戰鬥仍如火如荼，但許多人都已經陣亡了。來自雅利安區的一封電報寫著：「奇薇亞和托西雅死了。」

接著，華沙再也沒有傳遞任何消息過來，什麼都沒有。沒有電報、沒有信件、沒有信使、沒有資訊。沒有新消息。難道所有人都死了嗎？他們全都被殺掉了嗎？

他們必須派一個人帶著錢去華沙打探消息。但是，已經有太多女人在前往華沙的路上被殺死了。他們需要的信使必須長得不像猶太人，還必須在這段格外黑暗的時期順利找出真相。法蘭卡與其他領導人決定了人選：利妮亞。

小利妮亞，來自延傑尤夫鎮的青少女。

她不再想著那些失蹤的青少女，那些消失的人，那些數不盡的死者。到了這個時候，她已經成為了行動派的女人，她的目標明確、做事果決。她能感覺到心中的氣憤、怒火以及對公義的渴求。

「沒問題。」利妮亞說。「我會前往華沙。」

Chapter

13 信使女孩

利妮亞

1943年5月

利妮亞進入了一個嶄新的世界——信使的世界，在這個世界裡，人類的價值取決於外表，她必須偽裝自己。[1] 住在雅利安區的猶太人每時每刻都是演員，這是一份攸關生死的表演工作，需要持續運用高階算計與評估能力，還必須用動物本能感知危險，並對於自己能信任誰具有基本意識。正如利妮亞之前就已經知道的，翻越隔離區的高牆是很危險的一件事，但想要在高牆的另一側生存、工作與通勤則更加危險，更不用說在牆外密謀和走私了。

在下決定的這天，[2] 本津鎮的ŻOB領導人聯絡上了琴斯托霍瓦市的人口偷運者，他已經找出偷溜出隔離區的最佳方法了。過了幾個小時後，他來到了基布茲，直接找到利妮亞，隨時可以帶她去執行她的第一個正式任務。

利妮亞出發了，一切都與她過去在隔離區做的事並無二致——唯一的差別在於錢。她縫了數百茲羅提在吊襪帶裡，ŻOB認為這些現金能幫上華沙戰士的忙。她曾在數個月前宛如遇上奇蹟一般在街上撿到一個證件，她靠著這個證件搭火車一路抵達了史卓賓村（Strzebin）。現在，他們在總督政府邊界的前一站下了火車。

接下來，他們要穿越原野和森林，跋涉十二公里，才能抵達一個特定的小型邊界哨站，這名人口偷運者認識那裡的守衛。他們必須徒步穿越邊界，而且還要動作迅速地避開所有警察。他們才走沒多久就被一名士兵攔下來調查，利妮亞緊張得心臟都快停了。人口偷運者塞了一瓶威士忌給他。「他就這樣放過我們了，一句話都沒有多說。」利妮亞後來寫道。「他甚至還替我們指明方向。」

她回憶道：「我們的動作安靜又謹慎，悄悄地在樹木與土丘之間前進。」樹葉、輕輕搖晃的樹枝，任何聲響都會讓她驚恐萬分。

突然之間，他們聽到了一陣沙沙聲。有某個東西、某個人，他們看到了人影——而且那個人離他們很近。利妮亞和偷運者立刻趴在地上，爬到一旁的小樹底下，擠進了樹叢中。他們聽見小心翼翼的腳步聲逐漸靠近。她心如擂鼓，冒著冷汗從躲藏處往外看。

那是一個害怕得不斷發抖的人。他來自邊界的另一邊，他原本以為利妮亞和偷運者一定是德國警察，躲在那裡是為了要衝出來逮捕他。

波蘭的森林像是另一個世界。

這名陌生人在恢復了呼吸之後向利妮亞保證：「後面的路程都很寧靜。」

數分鐘後，她走出了樹林，抵達了一個截然不同的國度。

華沙。利妮亞前進時滿懷適當的決心。火車將她送到了城市中央，她停頓片刻，將嶄新的環境盡收眼底——灰色與米色相間的建築，拱型的圓屋頂，傾側的斜屋頂。在她過去的想像中，初次來到這座大城市的旅程不該是這樣，如今的華沙就像她一樣，隱藏了原本的樣貌，甚至比她更加不像真正的自己。早春的陽光、綿延數公里的低矮建築、巨大的廣場和嘈雜的街上小販，如今全都被瀰漫在空氣中的煙霧和灰燼遮掩得模糊不清。在爆炸聲與哭喊聲中，幾乎沒人能聽見日常交通往來的聲響，利妮亞覺得這些哭喊聲聽起來「像是狐狼的哭聲」。每一條大街上都充滿了死亡，瀰漫著燃燒建築與燃燒頭髮的濃重味道。喝醉的德國人開車七歪八扭地穿越城鎮。幾乎每一個路口都有警察檢查哨，他們會檢查所有包裹。

利妮亞幾乎每走幾步就會遇到一名警衛要求搜查她的提包。她已經把新證件上的所有資訊都背起來了，這個證件是前一天她從人口偷運者那裡拿到的，她在心中不斷排練自己的新身分，如往常一樣努力變成證件上的人，使用這個新身分的模糊特質。這份證件不是客製而成，上面沒有用她的意第緒語名字改成的波蘭語名字，也沒有根據她的口音捏造的出生地。這份證件上的內容是隨機取得的，原本屬於那位人口偷運者的妹妹。這些文件比利妮亞在街上找到的證件還要更適合這裡，但上面沒有照片，也沒有指紋。

利妮亞看向前方的街道，前面有更多納粹檢查哨。雖然這些假文件在郊區能過關，但她擔心文件品質不足以在城市裡通過檢查。她的手掌側緣輕輕刷過身體，她能感覺到微微突起的一大疊現金。錢還在。

「證件拿出來！」另一位警察喊道。利妮亞把她的證件交出去，直視警察的雙眼。他搜索過她的提包後，就讓她通過檢查哨，上了電車。

利妮亞在到站後下車，又走了一段路。警察會攔下每一名路人，就連最窄小的街道也有德國警察與打扮成平民的祕密探員來回走動，尋找逃出隔離區的猶太人。他們只要看到可疑的人就會直接開槍。「看著這些可怕的景象，」利妮亞後來寫道，「我覺得頭昏眼花。」

利妮亞控制好自己的情緒，迅速地往目標走去。

她終於來到了目的地。一名矮胖的女房東把門打開了一條縫，盯著她看，利妮亞說：「我要找柔夏。」柔夏是天主教徒伊雷娜．亞達莫維奇的化名。

「她不在。」

「那我在這裡等她。」

「你不能在這裡等。德國人不允許我們招待客人。讓陌生人進家門會害死我們。」

利妮亞覺得自己的心跳都快停了。那她該去哪裡？她在華沙沒有任何認識的人。

雖然她順利通過了目前為止的所有檢查哨，但這並不代表她下一次不會被抓到。

「而且，」那名女人悄聲說道。「我覺得柔夏可能是猶太人。」她停頓片刻，又低語道：「鄰居都在懷疑她。」

「喔，不，我覺得她不是猶太人。」利妮亞回答。雖然她的聲音冷靜，語氣帶著一點天真，但她其實已經在冒冷汗了。「我是在火車上認識她的，她邀請我有空時順路來拜訪她。她看起來像是天主教徒，不像信仰猶太教的。」女房東會不會看穿她的裙子，看見她縫在布料之間的祕密呢？利妮亞之所以會負責執行這項尋找真相的任務，是因為她長得像波蘭人，但光靠長相真的足以讓她完成任務嗎？她幾乎沒有任何偽裝，就算有也並不精細。

「如果她是猶太人的話，」利妮亞不太確定這名女房東的想法，但她還是主動出擊，「我們一定馬上就能感覺出來。」

女人看向利妮亞，很滿意她的答案。接著，她用力地咳嗽一聲，回到屋裡。利妮亞轉過身。

柔夏就站在她面前。

利妮亞現在才突然意識到一件事。她不只是一個偽裝城波蘭人的猶太人，她還是地下行動的執行者，她必須了解各種祕密與代號，試驗與轉折。在這場戰爭中，她是信使家族中的一員，在希伯來語中，信使是卡沙利特（kasharit，複數形式為kashariyot）——但這個字的意思和信使有一點微妙的差別，卻更適合描述這個職位：連接者。[3] 卡沙利特通常都是未婚女性，年齡落在十五到二十多歲之間，他們都曾在青年運動中擔任過領導人或貢獻大量心力。她們充滿活力、技巧純熟又勇敢無畏，願意一而再、再而三地冒生命危險。

信使在反抗行動中扮演許多不同的角色，且隨著戰爭推進而變動。利妮亞成為信使時已經是戰爭後期了。在戰爭剛開打時，率先擔任信使的是法蘭卡、托西雅和漢娜，她們在不同隔離區之間往返，替不同區域的同志建立連結並帶領他們進行訓練班、傳遞刊物、教育當地領導人並維持同志的心靈成長。這些女人為了走私食物和醫藥用品建立了各種網絡。德國占領者為了避免猶太人獲得資訊與幫助，特別把隔離區完全隔絕起來，讓隔離區成為奇薇亞所謂的「孤立王國」。[4] 他們禁止猶太人擁有收音機和報紙，時常沒收郵件。交通來往變得很不容易，因為火車沒有時間表，這些女性必須在火車站等待好幾個小時，而且在剛抵達的城市裡迷路會引起納粹的懷疑。「你不能找人問隔離區在哪裡。」[5] 海希雅．比利卡寫道。對隔離區的人來說，卡沙利特帶著有關家人與政治狀況的消息抵達，就代表了他們沒有被遺忘，在這個充滿折磨的限制區域之外，人們仍在繼續生活，並不是所有人都陷入了絕望。這些女人是猶太人的救生索、「人體無線電」、[6] 可信任的聯絡人、物資配送者與勇氣的來源。多虧有她們，新消息「像是流星一樣轟炸了」全國各地。[7] 她們就像托西雅一樣，在抵達隔離區時常會獲得擁抱與親吻。

但隨著時間流逝，卡沙利特除了散播希望之外，還必須傳達大屠殺與最終解決方案的可怕消息。她們親眼見證了遣送與謀殺，必須在轉述自己的故事與他人的經歷時格外謹慎，才能勸告猶太人接受事實，並說服他們起身反抗。

隨著德國人擴大殺戮範圍，各個青年運動逐漸轉變成反抗軍，信使也開始依據新職責調整她們的路線、技術、截至目前為止所獲得的知識（例如守衛的路線、容易偷溜出去的地點、最有用的服裝與偽造經歷），以及她們對於能否智取納粹的信心。她們開始走私假證件、錢、資訊、地下刊物和猶太人進出隔離區。她們找到了能夠舉辦會議的安全空間，在反抗行動的男性領導人偽裝成非猶太人時提供協助，利用她們的街頭智慧在城市中生存、幫助領導人籌劃任務並取得工作文件。她們在任務中擔任男性「護送者」，跟在男性身旁，表現得好像是一對外出散步的佳偶，甚至會為了等待天亮後進入隔離區，而整晚在火車站親吻擁抱。[8]

由於卡沙利特的波蘭文說得比男同志更好，所以她們要負責取得火車票與租借公寓。信使必須隨時留意男同志的下落，確認他有沒有被德國人抓走。擔任信使需要超乎常人的沉著冷靜。利妮亞擁有這種特質嗎？

多數信使都是女性，[9]因為猶太女人不像猶太男人一樣具有割包皮這種明顯的身體特徵，也不會因為害怕「脫褲子檢查」而失去信心。此外，女人在白天行動也比較不會啟人疑竇。警察通常認為波蘭男人應該要在白天工作，女人則不然，因此白天走在路上的女人比較不會立刻被攔下來或抓去強制勞動，她們有可能是要去吃午餐或購物。納粹文化具有典型的性別歧視，他們不認為女人會參與違法活動。那些漂亮又年輕的農民女孩怎麼可能會把地下刊物縫在裙子裡或把手槍藏在泰迪熊中呢？此外，露出充滿調情意味的笑容也不會有什麼壞處。納粹常會因為信使女孩的優雅女性氣質、「小女生」的外表與偽裝出來的天真而受到吸引，這些信使女孩甚至會請納粹幫他們拿提包——這些提包裡裝滿了違禁品。對當時的女人來說，拿著手提包、肩背包和籃子走在街上是很常見的事，於是這些時尚配件變成了武器儲存袋。在那段時期，也有一些波蘭女人是走私偷運者和流動商人，她們的手提袋裡裝滿了各種非法輸入的物品。有些信使（例如托西雅和薇拉德卡）會在進入隔離區與集中營時假裝自己是非猶太走私偷運者。托西雅曾在某次進入隔離區時打扮得非常時尚，假裝成想要購買便宜猶太物品的波蘭人。[10]

通常只有長得不像猶太人的女性才會獲選執行這些任務。她們就像利妮亞一樣，擁有淺色的頭髮與藍色、綠色或灰色的眼睛，[11]看起來很「優良」。紅潤的臉頰也很重要，代表你很健康。有些女人會為了「過關」染髮，再把頭髮包在紙片裡，製造出波蘭式的髮型。[12]女人（與男人）會刻意穿上波蘭式的衣服，尤其是那些華美又比較偏向中產階級與上流社會的服飾。（當時他們常開一個玩笑：[13]如果你在街上看到一個衣著時尚的波蘭紳士，那麼他很可能其實是猶太人。）法蘭卡和韓希都會為了遮掩頭髮戴頭巾，法蘭卡在經過了其他同志的勸說後，才終於同意花時間用化妝把自己變得比較像是雅利安人。

這些女孩也必須習慣波蘭人的手勢與行為舉止。光是毛皮暖手筒這一類的小東西就能幫助她們在說話時，不去做出猶太人習慣做的手勢。[14]利妮亞的外表與行為舉止都像是波蘭人，她能充滿自信地行走，毫不猶豫地行動——而且她的波蘭語毫無瑕疵。波蘭的猶太女人通常比男人更精通波蘭語，這是因為猶太家庭通常會出於經濟考量把兒子送到猶太學校，把女兒送到公立學校。像奇薇亞和利妮亞這樣的女孩會在學校裡學會沒有猶太口音的波蘭語，她們說起話來就像波蘭人一樣。她們學習波蘭文學，時常和波蘭人相處，因此很了解波蘭人的言行舉止與習性。

出乎一般人預料的是，有些波蘭猶太女人是因為貧困而在這方面具有優勢。戰爭爆發之前，這些女人必須外出工作，她們在工作中了解非猶太人，與非猶太人來往並建立友誼。有些女人則認識住在附近的波蘭鄰居，她們聞過波蘭人煮飯、看過波蘭人養小孩，很熟悉波蘭人的宗教與生活習慣。舉例來說，她們會知道猶太人每天刷牙，多數人需要戴眼鏡，但波蘭人不會每天刷牙，戴眼鏡的人也不多。[15]

華沙有一些專家會幫助猶太人偽裝，例如美容院的員工。[16]他們提供鼻子（與陰莖）的手術、化妝顧問諮詢、染髮與編髮的服務。瀏海和捲髮都是可疑的髮型，他們會確保猶太人把額頭的每一絲頭髮都藏進雅利安頭巾中。同時他們也提供行為指導，教導猶太女人煮豬肉、點酒、少做點手勢、多說點主禱文。托西雅在本津鎮時，[17]時常鼓勵女同志們學習如何唸誦天主教的禱文，以免被納粹攔下來測試。

猶太人學會了教義問答，也學會了要慶祝自己與朋友的主保日。[18]他們必須停止使用猶太的表達方法（例如「你從哪條街上來的？」），改用波蘭的對應說法（「你從哪一區來的？」）。這兩者之間的細微差異永無止境。

或許是因為女人比較能適應波蘭的環境，也或許是因為女人從小被教導要有同理心、懂得變通並配合他人的非口語表達，所以這些猶太女性通常擁有非常強烈的直覺。[19]她們靠著這些女性技巧與優秀的記憶力理解其他人的動機。他是真正的聯絡人還是納粹協助者？這個波蘭人會不會告發我？是不是馬上就有人要來搜查？我需要賄賂這個守衛嗎？她看我的眼神是不是不太對？

幸好有青年運動提供的訓練，讓這些女人有能力可以擔任信使。她們學習了關於自我覺知、獨立、集體意識與忍受誘惑的知識。[20]她們知道要如何保持正直，不要敗給二十歲左右常會出現的衝動。托西雅曾在某次偽裝成鄉下女孩搭火車時，[21]注意到一名迷人的男子，突然非常渴望能獲得他的注意。她和那名男人調情，男人邀請她回去他家，那是一棟很漂亮的大房子。托西雅無比想要冒著失去一切的風險享受一天的正常生活與樂趣，她費盡了九牛二虎之力才拒絕了男人的邀請。

卡沙利特擁有假的證件、假的人生經歷、假的目的地、假的頭髮和假的名字。同樣重要的是，她們擁有假的微笑。你絕不能在行動時讓眼睛流露出悲傷的情緒——其他人馬上就會看出來了。信使女孩要在訓練中學會笑，而且必須時常開懷大笑。她們必須張大眼睛，將一切盡收眼底，假裝自己什麼都不在乎，假裝自己的父母與手足沒有在數天前受盡折磨並被殺死，假裝自己一點也不餓，假裝自己沒有在果醬罐裡塞一袋子彈。她們甚至必須在搭火車時，和旁邊的乘客開開心心地討論反猶話題。這不是件容易的事，葛斯塔清楚地描述道：「在陷入如此深的憂思時還得假裝無憂無慮的樣子……使她無比疲憊，她已經忍耐到極限了。」[22]海希雅則描寫了長時間的抑鬱：「我們不能真正哭泣、真正痛苦或真正體驗我們的感受。我們都是戲劇中的演員，沒有片刻的休息時間，我們的表演不分臺上臺下，永不停歇。」[23]

由於卡沙利特必須不斷進出隔離區，所以成為了施馬佐夫尼的主要目標。他們會特別為了這些敲詐勒索的人在身上帶著現金。有一次，海克為了把文件和錢藏起來而離開華沙時，一名勒索者一直跟在她身後，她吼叫咒罵，威脅要向蓋世太保告發他。薇拉德卡也曾多次使用非常具有攻擊性的策略：[24]她要勒索者跟著她走（她想避免引人注意），威脅說要舉發他們，然後冷靜地往納粹守衛走去，直到勒索者緊張地逃跑。

對葛斯塔來說，在隔離區外活動的每一刻都令人恐懼：「在鐵絲網之外所踏出的每一步，都像是在穿越槍林彈雨……每一條街都是濃密的叢林，我們必須用砍刀清出一條路。」[25]

然而，在她之前仍有無數信使女孩踏上了旅程。

現在輪到利妮亞踏上旅程。

Chapter

14 蓋世太保之中

貝拉

1943年5月

利妮亞聽說過許多成功又勇敢的信使，其中之一是自由青年運動的同志貝拉．哈札，[1] 她主要在東部活動。貝拉與其他冰雪聰明又擁有雅利安人漂亮外貌的「同事」是反抗行動中的傳奇，她們接下了許多極端危險的任務。

貝拉人如其名，是個金髮美人。＊貝拉一家人住在波蘭東南方小鎮上一個猶太會堂的陰暗地下室裡，這個小鎮裡的居民幾乎全是猶太人，貝拉的爸爸則符合他們家的姓氏，是一名哈札（hazzan，教會領唱）。他在貝拉六歲時過世，貝拉的母親一手把六名孩子拉拔長大，教導他們不要接受施捨與憐憫，要保持自尊並自立更生。猶太社群的人都很敬重貝拉的母親，雖然她沒有受過正規教育，但她擁有非常敏銳的街頭智慧。她堅持要讓孩子接受她從沒接受過的教育，把他們送去希伯來學校，拒絕經濟援助，從來不曾錯過學校的任何活動，就算要為此關閉她開的商店也在所不惜。她每天晚上都會替孩子洗好衣服，讓他們看起來和有錢人家的孩子一樣整潔。貝拉畢業後，她母親把她送去當希伯來語的私人家教，常寄送一些充滿了「母性溫暖與愛」的食物包裹和信件給她。

貝拉的母親是一名信仰虔誠的猶太復國主義者，她允許貝拉參加青年運動舉辦的活動——只有安息日時不能參加。一九三九年，當地領導人邀請貝拉去參加特殊自衛課程，為未來前去巴勒斯坦生活做好準備。貝拉學會了使用武器，也學會了使用樹枝與石頭，她參加講座時深受法蘭卡和奇薇亞的演說所感動。她在考試中的表現極為傑出，決定要去本津鎮的自由青年運動基布茲擔任防衛講師。她擔心若先回家的話，她母親不會讓她走，所以她直接去了札倫比區。她的母親確實很生氣，連續三個月都不回覆貝拉的信，最後才終於寫信請求貝拉的原諒。這時已經是夏末了，她正在努力湊齊文件，希望全家人都能順利「阿利亞」。

希特勒入侵時，貝拉正在進行防禦訓練。基布茲的同志全都坐在廚房聽收音機，再過幾分鐘，納粹就要抵達邊界的市鎮了。當地的領導人決定要把部分成員分派到波蘭的偏遠地區——留下來照顧本津鎮基布茲的只有貝拉和寥寥幾位男人。不過，德國的轟炸太過猛烈，貝拉和其他同志為了保命只能逃走。路上擠滿了不斷彼此推擠的恐慌群眾，貨運火車月臺上的狀況也一樣。炸彈在四面八方爆開，他們瘋狂逃跑了好幾天之後，貝拉回到了本津鎮，至少她在這裡還有屋頂能遮風避雨。心中的歸屬感讓她哭了出來——這裡是她的家啊。

不過，沒多久後她就在自由青年運動的鼓勵下前往維爾納市，當時他們認為在維爾納市或許還有機會能「阿利亞」。這段旅程混亂無比，她曾在大半夜划船橫越一條河，也曾被關進蘇聯監獄三週，在獄中被迫一直站著。經過了好幾天的懇求之後，她前往監獄警衛長家，哭著堅持要他們把其他同志放出來——她也成功達到了這個目標。貝拉在回去維爾納市的路上，去見了她母親一面，她原本以為貝拉已經被殺死了。不過這場歡樂的團圓只維持了兩個小時：貝拉必須搭車離開，接著徒步往東前進，希望能前往巴勒斯坦。她答應家

＊譯者註：在義大利語、西班牙文語、希臘語、葡萄牙語和拉丁文中，「貝拉」（bella）有美麗的意思。

人一定會把他們帶過去，但這是她最後一次見到自己的家人。

抵達維爾納市後，貝拉參加了蓬勃發展但陷入飢餓的青年運動，他們仍在持續進行農業與文化活動，就算是在蘇聯統治之下也一樣（只不過比較低調）。德國人在一九四一年的入侵帶來了一陣恐慌。她印象最深刻的記憶是，在德軍占領的頭幾天，她就看到一名猶太男人被綁在樹上，陰莖被切掉了。沒多久後，各地紛紛開始實施普遍的反猶法──大衛之星、掃射、建立隔離區。

但是，貝拉沒有屈服。打從一開始，她就會用各種方法離開隔離區，譬如混入工作隊、穿越窄小的通道或通過隔離區邊界的房屋，接著她會拆下猶太臂章（她沒有把臂章縫起來，而是用別針別著，但這也違法），前往市場，為朋友購買食物和藥品。她在維爾納市是外地人──而且是金髮的外地人。雖然她並不擔心別人會在看到她的時候認出她是猶太人，但她說起波蘭語時有明顯的猶太口音，所以她會儘可能避免開口。她在隔離區和十三個家庭一起住在三房的公寓裡，這些人向來非常歡迎猶太難民。她睡在一張乒乓球桌上。雖然貝拉沒有醫療背景，但還是找到了一個在醫院的手術室當「護士」的工作，負責用拖把清理地上的血跡，也曾經在醫師靠著燭光開刀時遞過一次手術工具。

在聽說了維爾納市外圍的森林發生的波納里大屠殺之後，維爾納市的同志開始計畫反抗行動。青年衛隊的艾巴建立了抗戰團隊。自由青年運動的領導人尋找看起來不像猶太人的女孩擔任信使，在各個隔離區之間往返。貝拉已經有假扮雅利安人離開隔離區的經驗了，她自願擔任信使，但她依然需要文件才能在出了隔離區之後自由行動。她在醫院找了一位非猶太人的熟人，說她想要去見家人。這位同事年紀只比貝拉大一點，她沒有多問，就把自己的護照交給貝拉，不過她警告貝拉絕對不要到她家去，因為她丈夫痛恨猶太人。十九歲的貝拉．哈札就這樣變成了布朗斯拉娃．林曼諾斯卡（Bronislawa Limanowska），小名布朗妮亞（Bronia）。自由青年運動的領導人替她更換了照片和印章，雖然這個護照一看就知道是假造的，但還是撐了好幾年的時間。

貝拉的任務是聯繫維爾納市、格羅德諾市和比亞維斯托克市，以及走私地下刊物、錢與武器。此外，自由青年運動還指示她為格羅德諾市的信使找到安全屋，並設立基地。她在早上混入工作隊中，離開了隔離區，用十枚金幣買下了一個可以戴在脖子上的十字架項鍊和一本基督教祈禱書。狂風在她的耳邊尖嘯，她在旅程中搭過軍用車、貨車和馬車，睡在毀壞的房子裡，直到她抵達了色彩繽紛、充滿傾斜屋頂和礫石街道的中世紀城市格羅德諾市。她敲響了一位年長波蘭女人家的門，在這位女人靠著廚房的油燈洗衣服時，貝拉告訴她，她家被轟炸了，家人被殺掉了，她需要一個暫居之地——貝拉從頭到尾都很害怕自己會不小心說出希伯來語或意第緒語，或者會在該說「聖母瑪利亞」的時候說成「上帝」。這名波蘭女人安慰她，並答應暫時收留她。然而，那天晚上，貝拉一直沒有闔眼，她擔心自己會在睡夢中用希伯來語大喊。

貝拉需要在格羅德諾市找到一份工作，所以她去了就業中心。

「你會說德文嗎？」辦事員問她。

「當然。」畢竟意第緒語和德語很接近。

辦事員考了她一些德文。她把「vus」轉變成「vas」（意為「什麼」）。

「你的德文說得很好。」他讚美道。她改編過後的糟糕意第緒語變成了非常得體的德語。「我這邊有一份工作能給你。」他提議道。「你可以當翻譯——在蓋世太保的辦公室工作。」

和蓋世太保一起工作？貝拉知道，雖然這份工作的風險極高，但同時也能在各方面帶來極大的助益。

她在隔天開始在格羅德諾市為蓋世太保工作，大部分時間都待在行政辦公室。她的上司立刻就喜歡上她了，多數德國員工也都對她有好感。貝拉負責把波蘭文、俄文與烏克蘭文翻譯成德文。「突然之間，」她回憶道，「我變成了一名精通多國語言的人才！」她也同樣負責打掃和泡茶。

貝拉為了尋找租屋處而進入知識分子的社區，那裡的人很可能會認出她的口音。她在城鎮邊陲向一名白俄羅斯寡婦租了一間房子，貝拉希望她不會發現她在言語上犯的錯誤。她盡力想在這個窄小的房間裡住得舒適一點，但牆上掛了一整排耶穌的肖像，每當她工作十個小時回家後，那些耶穌肖像都會使她心中充滿恐懼。週日的禮拜也同樣讓她害怕——遠比和納粹相處還要更令她擔憂。貝拉會謹慎地找一位同事結伴上教堂，她總是會站在同事身後，如此一來才能模仿對方的每一個動作。

貝拉開始工作一週後，向上司要了一份文件證明她在為蓋世太保工作。上司當場就幫她簽好了文件。貝拉拿著這份文件前往格羅德諾市的市政廳，向對方解釋自己的身分證明文件都被銷毀了，需要一整套新的。辦事員擔心會惹得蓋世太保的手下不高興，立刻幫她插隊。他們用貝拉提供的假資訊製作了一份假的身分文件。貝拉贏得了最大頭彩：她可以自由行動了。

有了這些證件，她就可以在外逗留超過宵禁時間，甚至也可以到隔離區附近，趁機幫助這裡的猶太人。她必須向維爾納市匯報，把新的文件拿去給同志，當作偽造的範本。但是，想要獲得搭火車旅行的准許證幾乎不可能，因為只有軍人可以拿到這種證件。所以，貝拉在一天早上哭著進辦公室上班。她解釋說，她的哥哥在維爾納市過世了，她需要回去埋葬他。依據波蘭傳統，她必須在三天內把他下葬。接著，她還必須處理其他雜事，大約要花一週。她的蓋世太保上司安慰了她一番，親自陪同她去取得火車通行證。

貝拉喜出望外，她抵達維爾納市時穿得像是基督教的女人，把大衛之星藏在錢包裡，已經計畫好要如何在正確的時刻進入隔離區並別上大衛之星。在隔離區的柵欄門旁，一名綁著金色長辮子的女人靠了過來。

「我們應該認識吧？」

貝拉的心跳在瞬間加速。這個人是誰？「你叫什麼名字？」

「克莉絲汀娜．科索夫斯卡（Christina Kosovska）。」

女人從錢包裡拿出一張照片。照片上有一群反抗運動的同志。貝拉也在其中！「我的真名，」女人悄聲說，「叫做朗卡．科茲伯斯卡。」

朗卡！貝拉聽過許多她的事蹟。朗卡是非常傑出的信使，波蘭文無懈可擊，長相美麗又像是基督徒，她的智慧與魅力「就像猶太教中的祭司長，常會把金色的長辮子盤在頭上，看起來宛如光環。」[2] 常會有反抗行動的同志擔心她是不是蓋世太保派來的內線。朗卡的家庭具有優良的文化素養，住在華沙市外圍，她曾進大學唸過書，精通八種語言，接近三十歲時身材依然修長纖細。貝拉大約比朗卡年輕十歲，是個具有街頭智慧的勞工階級女孩，她的身體結實、反應迅速，是聰明靈巧的平民，而朗卡則表現出受過良好教育又善於世故的自信心。朗卡並沒有用她的外貌來嚇唬反抗行動的同志，而是利用這種外表來博取納粹的好印象。一名同志寫道：「曾有蓋世太保以為她是個信奉基督教的女孩，所以替她搬運裝滿了違禁品的旅行袋，而且這種事發生過不只一次。」朗卡很快就憑藉著討人喜歡又勤奮的個性在自由青年運動中不斷晉級，她往返波蘭各地運送文件與武器，甚至曾運送過一整個檔案庫的文件。現在她來到這裡，是因為華沙派給她的任務。她們兩人一起混進了一個工作小隊中，進入了隔離區——開啟了她們接下來多次的合作經歷。

貝拉和她認識的同志們歡喜地團聚了（這些同志很擔心她的高風險職位），她把自己的證件交給他們，他們則花上一整個晚上的時間在「仿造文件辦公室」中複製這些證件。過了幾天後，貝拉回到了格羅德諾市，她這一次的任務是把波納里屠殺事件告知猶太居民委員會，並要求委員會提供財務幫助，把猶太人偷運出維爾納市。此外，她還要和自由青年運動的成員見面，分享下一次地下起義的計畫。

貝拉在離開維爾納市之前，用哀悼的黑色布條取代了猶太人臂章。她在火車上為了猶太人遭受的殺害而淚流滿面。車上的乘客紛紛為了她哥哥的死亡安慰她，而這些乘客原本正在討論整個國家的問題都出在猶太人的身上。貝拉回到住所後，房東太太和鄰居一起幫助她冷靜下來。她回到工作崗位時，看到了其他納粹同僚留下的一張慰問卡，上面寫著他們有多難過貝拉失去了她的哥哥——至少這張卡片讓她笑了出來。

貝拉向納粹申請進入隔離區的特別許可證。她解釋說，她很需要找一位特別厲害的猶太牙醫看牙齒——她拿到了兩週的通行證。她到猶太居民委員會轉告先前得知的資訊並提出要求。他們能不能撥一些錢給維爾納市的窮人呢？他們能不能收留一些難民？但是委員會的人都不相信她。他們說，就算他們想答應，又要把難民安置在哪裡呢？而且他們不可以隨隨便便把錢交出去。貝拉回到大廳後啜泣了起來。一名猶太居民委員會成員走到她身邊，小聲地說他想要幫助難民，拿了一些錢和幾份假證件給她。接著她前往地下室圖書館和自由青年運動的人見面。這裡共有八十名成員，其中有許多貝拉認識的人，一同聚集到這裡來參加講座與希伯來語課。她告訴他們波納里大屠殺的經過，以及現在有多需要年輕人挺身而出。

在一九四一年的聖誕節前夕，貝拉裝飾了她的第一棵聖誕樹，並告訴房東太太假期會有一位朋友來訪。塔瑪．施奈德曼來到了格羅德諾市，[3] 她的衣著優雅而隨性，腳下踩著一雙時尚的黑色冬靴，這是她最喜歡的穿衣風格。她最廣為人知的特色就是總是會帶禮物（就算是在進入隔離區時也不例外），例如她在路上摘的野花、走私的檸檬或一件她自己的衣服。

從小在華沙長大的塔瑪（又名汪達．馬耶夫斯卡〔Wanda Majewska〕）是個身材高挑、個性拘謹又長得像是基督徒的信使，她臉上總是掛著溫柔的微笑，把紅棕色的頭髮綁成兩根辮子。塔瑪年少時就失去了母親，因此做事獨立、想法實際，她念的是公立學校，也會在家說波蘭語，之後成為了護士。她透過未婚夫莫迪凱．特南波姆（Mordechai Tenenbaum）的介紹加入了自由青年運動，學習意第緒語。在戰爭剛爆發時，他們兩人假造了移民文件，把許多同志送到巴勒斯坦去。特南波姆用塔瑪的名字製作自己的假證件，他十分欽佩塔瑪，常派她去做最危險的任務。他們會把塔瑪的報告刊登在地下刊物上，塔瑪也曾為專門供德國人閱讀的波蘭地下刊物寫過一篇文章，描述戰爭的恐怖之處——她一直都在這個區域擔任信使與人口偷運者。

貝拉把塔瑪帶到辦公室去。那張慰問卡還掛在布告欄上，塔瑪看到卡片時立刻捧腹大笑。

先前曾有一位迷戀貝拉的納粹邀請她一起參加辦公室的聖誕派對。她不能拒絕。那天晚上，塔瑪和朗卡都住在她家，所以她把兩人一起帶去參加派對。她們三人盛裝打扮，一起參與蓋世太保的佳節活動，還一起擺姿勢合照，[4] 後來這張照片變成了信使女孩的標誌象徵。她們各自拿到了一張照片複本。

沒多久後，地下行動再次要求貝拉前往維爾納市。她告訴上司，她需要到維爾納市的醫院停留兩週，並搭火車前往。乘客車廂中坐滿了納粹士兵，她在旅程中和他們閒聊——與此同時，她的內衣裡塞了一疊現金，大衣外套中則放著猶太人的大衛之星。她跟著一個女性工作小隊進入維爾納市隔離區，幫助她們搬運好幾袋馬鈴薯。她只走了短短幾個街區的距離，感覺起來卻像是好幾公里。

貝拉很快就來到了比亞維斯托克市隔離區。她和朗卡合作走私了一個包裹，裡面藏著一名在格羅德諾市出生的嬰兒。貝拉很高興能回到朋友身邊，用猶太人的身分坦然生活，她決定要留在這裡。此時，法蘭卡也來到比亞維斯托克市帶領同志進行為期三週的訓練班，希望能推動他們繼續學習與思考。朗卡和貝拉花了好幾天的時間在這個區域到處搜尋，找到許多想參加訓練班的猶太人，替他們做偽裝，並透過車子、火車或步行的方式把他們偷運到訓練班上。這場訓練班使許多猶太人覺得他們似乎回到了過去的正常生活。

維爾納市、比亞維斯托克市、沃利尼亞區（Volhynia）、科威爾鎮——貝拉花了接下來數個月的時間不停在這些地方往返，躲避清空行動（她曾躲進水泥桶裡），最後終於回到她家，卻發現烏克蘭人住進了她家的房子裡，她母親的客廳中擺滿了裝飾用的耶穌肖像。貝拉把其中少數幾個反猶標誌丟掉，接著找了當地猶太人詢問之前發生了什麼事。

「都過世了。」

貝拉跑了起來，一直跑到沒人能聽見的地方才開始放聲哭嚎。她知道，如果她還想要繼續活下去的話，她唯一的選項就是為了復仇而活。

到了春天，自由青年運動派朗卡帶著四把左輪手槍去華沙執行任務。

但朗卡在出發後沒多久就消失了。

比亞維斯托克市的領導人決定要派人去找她。貝拉自願執行這項任務。他們告訴她：「把你的骨肉帶回來。」每個人都很緊張。

貝拉的男友漢諾奇（Hanoch）陪她走到車站。漢諾奇身材壯碩，充滿肌肉，曾從納粹那裡偷走武器，貝拉因為他而充滿勇氣。他們計畫要在戰後結婚，搬到巴勒斯坦。

他給了貝拉兩把槍，貝拉把它們藏在特大的口袋裡。她帶著一些用薄紙張印了希伯來語的地下刊物，並把它們編在髮辮裡。她在前往華沙的一路上都充滿信心，用假證件通過了每一次檢查。

直到她抵達了馬基尼葛納村（Malkinia Gorna）。

一位警察登上了火車，走到她面前。

「請問有什麼事？」

「跟我走。」他說。「我們在這裡等你很久了。」

貝拉二話不說地站起身，跟著他下了火車。

火車離站了。

警察帶著她進了車站的一間小房間，搜了她的身體和行李箱，找到了武器。她別無他法。貝拉看著他們拿起那兩把槍，她知道自己就要被處決了。她決定要表現得好像一切都很正常。這些男人押著她走進森林裡，一邊高聲叫她快逃跑，一邊打她的背部。她不想讓這些人有機會在她逃跑時射殺她。她哼起了音樂，讓自己冷靜下來。

他們來到了一個荒蕪人煙的地方，那裡有一個小型監獄。貝拉陷入了恐慌：她身上的希伯來語刊物該怎麼辦？他們已經知道她是武器走私者了，但她不能讓他們知道她是猶太人——絕對不行。她要求使用廁所。他們把她帶到了一個戶外的小屋，裡面有一個坑式廁所。她把刊物從辮子裡抽出來，丟進坑裡。

他們把她帶進了一個小房間，拿走她身上的所有東西。這就是她的結局了，沒有人會知道她遇上了什麼事。貝拉開始大叫。警察吼道：「別再叫了，否則我就宰了你！」審問開始了。她不斷說謊，但只說波蘭文，絕望地繼續維持完美的口音。

「對，我的家人是著名的波蘭政治家利曼諾斯基（Limanowski）的表親。」

「我的旅行文件是我在火車上用二十馬克和一個男人買來的。」

「武器是我的。」

他們毫不留情地打她。接著，他們詢問她有關波蘭警察的事，這時貝拉意識到，他們以為她是波蘭救國軍的成員。

其中一人突然問她：「你認識克莉絲汀娜．科索夫斯卡嗎？」他說的是朗卡。

「不認識。」

「你最好老實交代，否則我就弄死你。」男人拿出了一張照片，甩到貝拉臉上——那是朗卡、塔瑪和貝拉在蓋世太保的聖誕派對上拍的照片。朗卡太過自信了，在任務期間一直都把這張照片帶在身上。現在他們找到了照片。

「照片上的人是不是你？」

她說她是在派對上第一次遇到朗卡。他們不相信她的話，又開始打她，打斷了她的一根牙齒。

經過六小時的審問後，他們把筋疲力竭的貝拉丟在冰冷骯髒的地板上。整個晚上都一直有守衛想要進來這個房間裡，她靠著大聲尖叫把這些人嚇跑。到了早上五點，他們將她上銬，由一名男人押著坐上火車。許多乘客都流露出同情的目光，但貝拉卻抬頭挺胸。

她被帶到了華沙的舒察街（Szucha Street），這裡是蓋世太保總部。這個納粹總部被稱做「舒察」，納粹在占領了這棟波蘭政府的宏偉大樓後，便把這裡當作了總部。這棟大樓位於豪華的街區，前方是綿延的林蔭大道，一旁則是高級的藝術裝飾公寓（第一棟裝設電梯的波蘭民宅就在這裡），難以想像在這棟大量使用白色圓柱的大樓的地下室中，有一個刑求地牢。被捕者必須在漆黑的「電車」（tramway）牢房中等待審問，牢房中的所有座位都像電車座位一樣緊密相連，面向同一個方向。納粹用極大的音量播放音樂，掩蓋揮鞭與尖叫的聲音、遮掩木棍鐵棒與哭喊的聲音。被捕者用指甲在每一面水泥牆上都刻上了絕望的訊息。[5]

貝拉被關進其中一個小房間裡，她注意到牆上有一句德國標語：「你只能向前看，永不回頭。」接下來的三個小時，她一直聽見不太清楚的尖聲大叫與哭喊。接著，納粹把她帶到了三樓。一名賊頭賊腦的警察再次開始審問。貝拉給出了更多假的回答。「你最好馬上告訴我們這些武器是哪裡來的，否則我們有的是辦法能撬開你的嘴。」

她被帶回地下室，在這一路上，納粹一邊推著她前進一邊殘暴地打她。一名蓋世太保強迫她把衣服脫掉，躺在地面中央的一根木板上。他拿出一支木棍，每次都只打貝拉身上的一個部位。他用手堵住貝拉的嘴巴，直到她昏迷。她醒來時渾身是血，身上滿是青黑和浮腫的瘀傷，動也不能動，在房間裡躺了三天。接著那名蓋世太保又回來了，他叫貝拉穿上衣服，把她帶到帕維克監獄。這是一個位於隔離區內的政治犯監獄，位置就在吉爾納街的對面。每天都會有一輛特殊的車輛載著多位囚犯，在兩個刑求地點之間來回數次、遊街示眾，人們每次看到這輛車都很害怕。

帕維克監獄最著名的特色就是宛如煉獄，但貝拉抵達這裡後卻很開心。

她發現朗卡也在這裡。

❦

「朗卡被逮捕時，從帕維克監獄丟了一張紙條出去。」[6] 伊雷娜．亞達莫維奇一邊對利妮亞解釋道，一邊和她快步穿越華沙，朝目的地走去。「反抗行動的同志找到了那張紙條後，才知道她的下落。」

雖然伊雷娜和利妮亞踏出的每一步都危險萬分，但她們成功走出了隔離區，進入城市。伊雷娜向來和女性戰士打成一片，她敞開雙臂接納利妮亞的到來。伊雷娜高挑纖瘦、五官精緻，留著一頭淺色的頭髮，其中參雜著一點銀灰的髮絲，她常把頭髮盤在脖子後方。她身穿黑色長裙、白色襯衫和厚重的鞋子。[7] 利妮亞一邊向前走，一邊請求伊雷娜回答本津鎮的同志急需解答的問題。

「奇薇亞真的被殺死了嗎？」

伊雷娜個性謹慎又充滿自信，過去數年來一直都在協助其他人交換信件、保持聯絡並組織橫跨了華沙雅利安區的青年活動，但近來的狀況越來越艱辛了。她上一次和隔離區聯絡已經是好幾天前的事了。不過就她所知，本津鎮收到的其實是假消息。

「奇薇亞還活著。」她說。「此時此刻，她正在隔離區裡戰鬥。」

利妮亞大大地鬆了一口氣。她決定要進入隔離區，親眼見到奇薇亞。

Chapter

15 華沙隔離區起義

奇薇亞

1943 年 4 月

數週前，一九四三年四月十八日，也就是逾越節的前一晚，奇薇亞和其他同志坐在一起享受卡姆席茲（kumsitz，意第緒語，意思是「來，坐下」，反抗行動用這個字代表聚會）。[1] 雖然這時已經是凌晨兩點，但他們還在持續討論未來的各種計畫。就在這個時候，一位同志急忙忙走了進來。「我們剛剛接到了一通雅利安區打來的電話。」[2] 他宣布，所有人都在瞬間停止了動作。「隔離區被包圍了。德國人會在六點開始攻擊。」[3] 他們當時並不知道四月二十日是希特勒的生日，希姆萊想要毀掉這個隔離區，把這個行動當作一個小禮物送給希特勒。[4]

奇薇亞先是感覺到一陣喜悅的顫抖，接著又感到恐懼的戰慄。他們已經為此準備了數個月，不斷祈禱這一刻的到來，然而要面對終結的開端依然是很困難的事。她抑制了自己的情緒，伸手拿起她的槍。時候到了。

自從一月的「小型起義」過後，華沙隔離區就一直在計畫一場大規模的起義。猶太人親眼見證了自己有能力殺死德國人、制止「行動」並活下來，奇薇亞能感覺到整個隔離區的心態都改變了。[5] 再也沒有人會誤以為找到工作就很安全，每個人都知道遣送與死亡近在眼前。有錢的猶太人都買了雅利安人的證件，設法逃跑。

其他人則在瓦礫堆中找到建築材料，建造仔細偽裝過的複雜藏身點，在裡面堆滿食物。他們製作急救用品、連接電力網、建設換氣系統、打通到城市的下水道，並挖掘通往雅利安區的地道。[6] 薇拉德卡也注意到了隔離區的氣氛出現轉變：她在春天造訪華沙隔離區，注意到ŻOB在牆上掛了海報，告訴猶太人不要聽德國人的命令，要猶太人反抗，她還看到一些猶太人正小心翼翼地閱讀海報；她的一名熟人問她哪裡能買到槍，猶太人開始購買自己的武器。[7] 他們不再把ŻOB視為一群拿著自製炸彈的小孩子，而是值得尊敬的民族戰士。[8]

一月的起義也使波蘭救國軍印象深刻，他們終於決定要提供更有意義的幫助。他們送了五十把手槍、五十個手榴彈和好幾公斤的炸藥到隔離區。[9] 安提克穿上一套略微小號的西裝，[10] 偽裝成波蘭人，搬到雅利安區帶領各種活動與建立聯繫。ŻOB收購武器的對象包括波蘭人、隔離區猶太人和德國軍人，他們也會從波蘭警察和德國警察那裡偷武器。不過這一次獲得的新武器簡直就像是大雜燴一樣，各個勞動營製造的子彈規格不同，不一定能用在他們的武器上。

他們擴大了反抗行動的總部，增加了許多作坊與一間炸彈製造所。薇拉德卡把這個擺了一張長桌和數張椅子、散發刺鼻氣味的黑暗「軍火工廠」，[11] 形容成一個安靜的神聖空間。這裡之所以會安靜是有理由的：只要計算出了一點錯誤，就會炸毀整棟建築。ŻOB從空房子裡拆走大型水管，做成原始的炸彈。他們會鋸出一支大約三十公分長的水管，把其中一端焊死，再把裝了炸藥的窄小金屬管放進去，並加上一些金屬片與釘子。風吹、過短的引信，都是製作武器時得擔負的許多操作風險。

一位聯盟黨的工程師從波蘭共產黨的朋友那裡學到了如何製作汽油彈（Molotov cocktails，直譯為莫洛托夫雞尾酒）。年輕人四處蒐集較薄的玻璃瓶（太厚的玻璃罐沒有用）。他們找了一位家裡經營燃油儲存作坊的猶太人，從他那裡拿了一些汽油和煤油，也從猶太居民委員會每天派過來的一臺大卡車中取得燃油——他們安排好讓駕駛每天都在過來之前把油加滿，再用虹吸抽出燃油。他們從雅利安區走私氰化鉀和糖。他們用棕色的厚紙包裹住汽油彈，在點燃的瞬間丟出去。他們學會在投擲時瞄準油箱和士兵的頭盔。他們也學會了製作用電力啟動的地雷，利用鋼筋與橫樑把地雷放在隔離區入口。[12]

奇薇亞寫道，ŻOB在隔離區取代了猶太居民委員會，獲得了實際的控制權，變成了實質「政府」。她開玩笑說甚至曾有一位猶太人向他們提出要求，想在隔離區開設賭場。[13] 麵包師傅也幫了他們；[14] 鞋匠幫他們製作槍套，取代了戰士一直用來固定槍枝的繩子。[15] ŻOB也清理了隔離區的納粹協助者和線人並徵收錢財。奇薇亞記錄道，他們要花好幾百萬的茲羅提才能武裝數百位戰士。雖然美國聯合救濟委員會先前曾警告他們要謹慎行事，但如今還是捐贈了大量資金。[16] 奇薇亞除了要負責尋找新成員之外，還被指派成為財務委員會的共同領導人，[17] 該委員會的設立目的是募款。而後他們發現募款不足以達到目的，便開始收稅，一開始的收稅對象是猶太居民委員會，接著收稅對象又多了由波蘭警察保護的隔離區銀行。「在狀況比較好的時候，」她寫道，「我們會帶著手槍去收稅，拿走銀行裡所有的錢。」[18] ŻOB也會對有錢的猶太人收稅，尤其是那些和德國人密切聯絡的人。他們寫信要求付款、談判協商、綁架家庭成員並派出偽裝成波蘭人的武裝戰士，搜查這些有錢人的家裡（猶太人一般認為波蘭人比猶太同胞更具威脅性），[19] 但是這些方法都沒有比設立一座監獄有效。他們把靠著貪污受賄賺錢的富有猶太人扣押在監獄裡，直到他們或家人同意付款為止（通常同意付款的都是家人）。

不過，ŻOB從來不會為了錢殺死其他猶太人。對奇薇亞來說，很重要的一件事是在這個眾人都非常貪食，而且「道德極端墮落」的環境中維持高道德感。雖然他們累積了數百萬元，[20] 但戰士仍然只吃適量的乾麵包。奇薇亞強調，他們絕不能把錢花在自己的身上。

奇薇亞是ŻOB領導階層的核心指揮官之一，同為核心指揮官的還有來自華沙、個性積極主動的青年衛隊領導人米麗安．海因斯多夫（Miriam Heinsdorf）。[21] 米麗安的戀人是約瑟夫．卡普蘭，也就是那個在武器儲存點被抓住的領導人。但在聯盟黨和成人黨派等更廣泛的傘形組織中，這兩名女性顯然都被正式降職了。[22] 在這些組織中，沒有任何女性正式擔任最高職位，但奇薇亞仍然每天參加ŻOB會議，她的建議具有一定的影響力。[23] 托西雅也屢次參加高層討論。

根據奇薇亞的紀錄，[24] 他們明智地運用時間幫助那些毫無從軍經驗的教育人員，為正面作戰、夜間游擊戰和地堡抗戰制訂軍事策略和作戰方法。ŻOB仔細研究了錯綜複雜的隔離區道路，考慮一月反抗的成果，並隨時謹慎留意意外發生的可能。ŻOB的成員堅持使用奇薇亞的戰鬥小組在一月使用的策略，也就是比較低調也比較有條理的作戰方法：從躲藏點攻擊納粹，並安排好經由閣樓和屋頂撤退的路線。突襲納粹是他們的最佳選擇。[25]他們一絲不苟地選擇了能夠看到街角的策略性站崗位置。青年運動組成了二十二個戰鬥小組，共有五百名戰士，[26]年紀落在二十至二十五歲，[27]其中有三分之一是女人。[28]每個小組都有一名指揮官和一個明確的抗戰地點，他們必須了解該地點的相關資訊，還要制訂與中央指揮失聯時的備案。戰士都去上了急救準備課程。[29]每天晚上他們都會在有人幫忙巡邏的巷子裡訓練到半夜，在不使用子彈的狀況下破壞紙板目標。[30]他們學會了如何在一瞬間從槍套中拿出槍並準備發射。[31]

奇薇亞很確定華沙隔離區的戰士最後都不會生還，她開始聚焦在找人幫他們把猶太人的反抗事蹟告訴全世界。雖然她一點也不想離開波蘭，但她選擇法蘭卡和韓希擔任信使，並寫信到本津鎮給她們，堅持要她們離開。華沙沒有人籌備救援計畫，也沒有人準備逃跑路線或地堡。ŻOB只準備了一個「醫療地堡」要給戰鬥中的傷亡人員使用——他們很清楚戰鬥已經不遠了。

不過，他們仍然在幻想成真時吃了一驚。

奇薇亞手上拿著武器，她很清楚，「這天早上就是終結的開端」。[32]ŻOB派了數位信使在隔離區四處廣傳消息，猶太人紛紛拿起武器或躲起來。恐慌蔓延。奇薇亞站在頂樓的崗位，她看見一位母親一手抱著尖聲哭泣的嬰兒，一手拖著一袋個人財物，從這個地堡跑到下一個地堡，想要找到一個收留他們的地方。他們都知道未來會有很長一段時間見不到太陽了，有些人努力試著在短時間內把麵包風乾——這真是名符其實的逾越節故事。＊地堡裡的人擠在臨時搭建的木架上，安撫哭得太大聲的孩童。奇薇亞看著隔離區變得宛如鬼城般空蕩寂靜，只有遠處的一名女人冒著危險跑回去拿忘記的東西，並在半途停下腳步，用關愛的眼神看向守在崗位上的戰士。

在納萊斯基街（Nalewski Street）和根西亞街（Gensia Street）交叉口的最高樓層，共有三十名戰士站崗，奇薇亞是其中之一——他們是第一個遇到德軍的戰鬥小組。緊張與焦慮的感覺已經快要把他們壓垮了。雖然他們不是軍隊，但已經比一月時有組織多了，共有數百人守在策略位置上，拿著手槍、步槍、自動武器、手榴彈、炸彈和數千個汽油彈，德國人後來把這些汽油彈稱作「猶太人的祕密武器」。許多女人手上都緊握著炸彈和炸藥。每一名戰士都有一個由女同志收拾的個人隨身包，裡面裝了一套可替換的內衣、食物、繃帶和一件武器。[33]

太陽升起時，奇薇亞看到了朝著隔離區前進的德國軍隊，看起來就好像是真正的作戰前線一樣。總共有兩千名納粹、裝甲車、機槍。這些衣著整齊的士兵漫不經心地行進，他們嘴裡哼著歌，已經準備好要不費吹灰之力地給出最後一擊了。

ŻOB戰士耐心地等到德國人走進了主要入口後，再按下開關。

一陣轟然巨響。他們裝設在主要街道的地雷爆炸了。斷肢殘臂飛到了空中。

又一組納粹走了進來。奇薇亞和其他同志開始投擲手榴彈和炸彈，炸藥像雨點一樣紛紛墜落。德國人四散開來，猶太戰士拿著槍追在他們身後。街道上到處都是一攤又一攤的納粹鮮血，還有「鮮血淋漓的屍體碎塊」。[34]其中一位戰士泰瑪爾（Tamar）激動得和其他人一起開心地大吼：「輪到他們付出代價了！」[35]連她

＊譯者註：逾越節紀念的是聖經中以色列人出埃及的事蹟，根據《出埃及記》記載，以色列人在逃離時來不及發酵麵包，所以帶了許多無酵餅在身上。

自己都快要認不得自己的聲音了。

奇薇亞的戰鬥小組在接下來的數小時持續抵抗德國人，他們的指揮官不斷來回奔走、加固建築、鼓勵眾人。這時納粹突然找到了一個突破點，衝進了這棟大樓。戰士丟出了更多汽油彈。德國人「在自己的血泊中打滾」。[36]

沒有任何猶太戰士受傷。

復仇的喜悅使人迷醉。猶太人對於自己還活著感到震驚、喘不過氣、不可置信。戰士彼此擁抱親吻。

他們進入建築物找麵包來吃，找地方休息，但他們馬上又聽到了一聲哨音，接著是引擎聲。他們跑回崗位，對著納粹的坦克車投擲汽油彈。直接命中！他們擋下了這次的進攻。「這一次我們非常迷惑。」奇薇亞後來回憶道。「我們搞不清楚到底發生了什麼事。」[37]

那天晚上，[38] 猶太人在沒有任何德國人的隔離區吃了臨時準備的逾越節晚餐。他們開始吟唱自由與拯救之歌，在歌曲中提問為什麼這一晚和其他晚上有所不同，並高聲唱出「達因之歌」（Dayenu）——達因的意思是就算只有如此也已經足夠了。他們敞開了猶太居民委員會食物商店的大門，人們紛紛搬走裡面的食物。

不過，接下來幾天的抗戰變得非常艱難。多數地堡的電網、水源和瓦斯都被切斷了——幾乎所有反抗軍組織之間都斷了聯絡。德國砲兵持續不斷地從雅利安區轟炸隔離區，猶太人連想要移動都很困難。奇薇亞仍是小組的領導人，她一如往常地主動採取行動、執行偵察任務，並在晚上巡邏，[39] 她前往各個戰士的崗位與地堡、安慰他們、籌謀各種計畫、試著找出德國人的確切據點。這些夜晚的探索行動極度危險。有一次一名德國軍人看到她並朝她開火。她曾數次爬到傾頹建築的頂端，在夜晚的寧靜中放鬆。「我會在那裡休息好幾個小時，」她回憶道，「周遭是令人心神不寧的寂靜，但早春的天空迅速變換，有時候光是躺在那裡就能讓我覺得很開心，光是用手輕撫手槍就令我感到滿足。」[40]

一天晚上，她和兩名同志一起前往隔離區的主街米瓦街，希望能和自由青年運動位於那裡的戰鬥小組取得聯絡，他們「躡手躡腳地穿越斷垣殘壁」和大街小巷，沿著建築物迂迴前進。他們抵達米瓦街時，她的心如鼓擂——這裡沒有任何活人活動的跡象。她在絕望之中勉強說出了暗號。

接著，一扇經過偽裝的門打開了。許許多多同志與老朋友在突然之間冒了出來，擁抱她、親吻她。這裡的戰鬥小組從後方攻擊進入隔離區的德國人，只失去了一名同志。這座地堡裡有一個收音機，正在大聲播放歡樂的音樂。接著音樂停了。收音機裡傳出了祕密波蘭廣播電臺的聲音：「隔離區的猶太人正用無可比擬的勇氣奮戰。」

奇薇亞累壞了，她必須繼續前往其他地點，但這裡的同志不讓她走。這個地堡裡有醫療團隊，包括一名醫師、多位護士、許多設備、急救用品、藥物和熱水。他們堅持要奇薇亞洗一個熱水澡，接著他們為奇薇亞烤了一隻雞又開了一瓶紅酒。他們不能自抑地不斷說話、不斷感受、不斷描述自己做了什麼事，情緒泉湧。稍早有一位同志丟了一個汽油彈，正中一名納粹的頭頂，把他變成了一隻火棍，另一名同志丟中了一輛坦克，製造出沖天的煙柱，其他人則從德國人的屍體上搜刮了槍枝。

其他戰鬥小組也講述了類似的成功經歷：入口的地雷、數小時的戰鬥、被圍困在閣樓後靠著炸彈轟出了一條生路。他們用電力啟動地雷把三百名德國人組成的分隊「炸成碎片」，當時「制服與人類血肉的碎塊往四面八方噴飛」。[41]另一名戰士則描述他的戰鬥小組啟動炸彈後，「零碎的身軀與四肢四處飛散，礫石和欄杆倒在地上，徹頭徹尾的混亂。」[42]在其中一個戰鬥小組作戰時，多名納粹士兵舉著白旗再次進入建築中，但ŻOB沒有被騙。琪波拉．利爾（Zippora Lerer）探出窗戶，[43]丟了好幾罐硫酸瓶到下方的德國人身上。她聽見他們不可置信地尖叫道：「*Eine frau kampft!*」（「作戰的是個女人！」）他們開始朝著她開火回擊，但她沒有撤退。

聯盟黨人瑪莎．富特米契（Masha Futermilch）爬上了一棟建築的屋頂。[44]她激動得渾身顫抖，因此多花了一些時間才用火柴點燃了炸藥的引信。最後她的夥伴把手榴彈丟向了德國人。一陣爆炸巨響，納粹紛紛倒下，接著她聽見了一聲尖叫。「快看！是女人！打我們的是女人！」瑪莎感到無比驚奇。她大大地鬆了一口氣：她已經完成她的戰鬥了。[45]

她拿起一把手槍開始射擊，直到把所有子彈都用完了為止。

❦

韓希按照計畫，準備好要離開華沙了。46 但女人擬定計畫後，上帝哈哈大笑。＊在她出發的數天前，華沙隔離區就起義了。韓希已經來不及出國了，她決定要回到本津鎮，幫助札倫比區抵禦納粹。如果她注定要死在戰場上的話，她希望能和她的姊姊與同志死在一起。起義的第二天，韓希趁著停火的空檔沿著曲折小巷穿越隔離區，往火車站前進，與她同行的還有兩名帶著武器的同志。每一秒都很珍貴。他們來到了隔離區和雅利安區之間的空地。韓希的背後是起義的戰場，難以返回。她又往前踏了一步。

他們突然聽到了一陣兇殘的吼叫聲：「站住！」

帶著武器的同志立刻拿出手槍射擊。一群警察前來支援。韓希用盡全力向前跑，但是納粹把她追趕進巷子裡，後來利妮亞在描寫她親愛的、無比閃耀的朋友時，寫道那些納粹「抓住了我們的女孩」。「他們抓著她的頭髮，把她拖到牆邊，用機槍指著她。她動也不動地站在那裡，筆直地凝視死亡。子彈穿透了她的心臟。」

❦

經過了頭五天的抗戰、街頭衝突與閣樓攻擊後，ŻOB 對於結果感到非常震驚：幾乎所有人都活了下來。這當然是個好消息，但也帶來了新的挑戰。由於他們原本已經準備好要死亡了，所以他們沒有計畫任何逃跑路線或短期生存策略，如今他們沒有躲藏地點，食物也快吃完了。他們越來越疲憊、飢餓、虛弱。現在奇薇亞必須開始一場完全出乎眾人預料的嶄新討論：他們要如何繼續下去？

利妮亞住進了雅利安區的一間飯店裡。利妮亞描述道，隔天早上有一名「友善的女士」[47]帶她到隔離區附近觀戰，這名女士可能是伊雷娜的聯絡人。每一條通往隔離區的路上都滿是德國軍人、[48]坦克、公車和機車。納粹頭戴頭盔，手持武器，隨時準備好要出擊。房子燃燒的火光印照到天上，把雲朵也染成了紅色。在距離隔離區還有一段路程時，利妮亞就聽見了一陣陣尖叫聲，壅塞了整個空氣。隨著她逐漸靠近猶太隔離區，那些尖叫聲變得越來越駭人。納粹士兵和警察趴在路障之下。納粹親衛隊擺出了作戰隊形，站在圍牆的另一側。與隔離區接壤的雅利安住宅的陽台、窗戶與屋頂上都伸出了機槍的槍口。隔離區被包圍得滴水不漏，坦克車從四面八方發射砲彈。

不過，利妮亞親眼見證了這一幕：納粹的坦克被毀掉了——是被猶太人毀掉的！是被她的民族毀掉的，是被反抗戰士毀掉的，他們骨瘦如柴、衣衫凌亂、忍饑受餓，但他們丟出手榴彈，手握機槍。

空中的德國飛機在陽光下閃閃發光，這些飛機向下俯衝，在隔離區上空盤旋，射出燃燒彈，點燃了一條條街道。建築物紛紛傾倒成瓦礫堆，地面塌陷，煙柱升起。這場衝突的規模大到簡直就像是內戰一樣。「場面看起來不像是幾個猶太人在對抗德國人，」利妮亞寫道，「比較像是兩個國家在打仗。」[49]

利妮亞站在隔離區圍牆旁，以非常近的距離觀察。她的任務與責任是見證這一切與記錄。她看著起火的隔離區，悄悄地沿著圍牆走，希望能盡可能地從多個不同的位置觀察內部的戰鬥狀況。她看見年輕的猶太母

＊譯者註：改編自意第緒語諺語：「我們計畫後，上帝哈哈大笑。」

親站在熊熊燃燒的建築物頂樓，把孩子往下丟。男人把自己的家人丟下樓，或者自己跳下去自殺，希望他們的妻子或父母跳下來時能有比較軟的下墜點。

並不是每個人都敢自殺。利妮亞看見許多隔離區的居民被困在一棟建築的較高樓層，火勢正逐漸往上延燒。突然之間，建築的一面牆被火焰帶來的爆炸給轟裂了。每個人都掉了下去，落入了瓦礫堆中。下方的建築殘骸裡傳出了恐怖的嚎叫，少數幾個母親抱著孩子從火場中奇蹟似的生還下來，他們哭著求助，乞求德軍救救這些嬰兒。

一名納粹士兵把一個個嬰兒從母親的懷抱中扯出來。他把這些嬰兒猛力丟在地上，狠狠踩踏他們瘦弱的軀體，再用刺刀戳了他們好幾下。利妮亞嚇得愣住了，她看著士兵把那些還在抽動的殘破軀體扔進火中。接著，士兵用棍子抽打其中一名母親，又派了一輛坦克開了過來，碾過這名垂死的母親。利妮亞見證了眼睛被剜出來的成年男子在極度的痛苦中哀求德國人開槍殺死他們。納粹哈哈大笑，放任火焰蔓延燒死這些人。

利妮亞靠著意志力面對這些墮落的邪惡行為、令人膽顫心驚的混亂，她見證這場戰鬥是為了未來的希望，她要把這裡的所見所聞傳達給本津鎮的戰士。她能從煙硝中朦朧看見許多年輕的猶太男人拿著機槍，站在尚未著火的房屋屋頂上。她看見猶太女孩（猶太女孩！）用手槍射擊並扔出汽油彈。年紀還小的猶太男孩與女孩用石頭和鐵棍伏擊德國人。不屬於任何組織的猶太人見到戰況越來越激烈後，雖然對於反抗行動毫無頭緒，但還是抓起了手邊的物品充當武器，加入了戰士。若他們不這麼做的話，只有一個方法能逃離這裡：死亡。隔離區中堆滿了屍體。雖然大部分都是猶太人的屍體，但利妮亞能看到也有許多德國人的屍體。[50]

利妮亞站在隔離區的牆邊，見證了一整天的戰鬥，她的身邊圍繞著許多同樣在觀看這場戰鬥的非猶太人。在當時拍攝的一張照片中，[51]有一大群波蘭人站在牆外交談，有大人也有小孩，有些人戴著帽子，有些人穿著大衣並把手插在口袋裡，他們都看著面前正盤旋升起的陣陣黑煙。薇拉德卡也同樣位於雅利安區，她看到上千名波蘭人從華沙各處聚集到這裡來觀看這場戰鬥。利妮亞注意到這些旁觀者對於這些可怕場景的反應截然不同，這種差異反應出了他們的真實想法。有些德國人會當場痛罵幾句，然後便走到一旁去，不再見證這些恐怖的景象。利妮亞看到一名波蘭女人站在附近一棟建築物的窗戶後，她撕扯著胸前的衣服，哭喊道：「如果真有上帝的話，祂怎能在天上看見這種場景後繼續保持沉默？」[52]

利妮亞覺得雙腳幾乎已經無法支撐她站立了。她看見的事物、那些景象，全都讓她覺得地板正猛力拉著她下墜。然而，與此同時，她也感覺到心中一輕，「這裡仍有猶太人，仍有活人在反抗德國人，如此幸福。」[53]

利妮亞渾身發抖，但依然努力扮演波蘭女孩。戰鬥沒有停歇的跡象，最後她還是回到了飯店。她試著休息，但卻因為稍早的那些景象以及她得到的資訊而痛苦不堪。「我無法相信我用眼睛看見的事物。我的感官是不是騙了我？」她不斷問著自己。那些飽受折磨的猶太人，那些因為飢餓而病弱與死亡的猶太人，真的有能力執行如此英勇的戰鬥嗎？但是這是真的，她真的看見了：「猶太人重新振作了起來，想要死得像個人。」[54]

隔離區的消息在那天傳遍了華沙：被殺死的德國人數量、猶太人從德國人身上拿走的武器數量、毀壞的坦克數量。傳言說，猶太人會抗戰到生命的最後一刻。利妮亞花了一整個晚上試著入睡，但她的床鋪不時因為炸彈爆炸而震動。

她在一大早出發穿越華沙，前往火車站，她的情緒已經比前一天平靜許多。利妮亞，這名來自凱爾采區外圍小鎮的年輕猶太女性，已經學會了如何在混亂又飽受戰火蹂躪的華沙街道上避開死亡陷阱，她成為了這方面的專家。她花了一整天搭火車，車廂裡有許多非猶太人不斷討論著他們有多麼敬畏猶太人的英勇精神與膽量。

利妮亞就像過去的許許多多女信使一樣，因為他人的低估與誤判而受益，在她溜出華沙的過程中，沒有任何人猜想過她是反抗行動的成員。利妮亞看起來像是一名無害的年輕波蘭女孩，只是剛好經過小鎮或正在搭火車前往鄉下，她坐在最前排的座位觀察這場戰爭中規模最大的反抗行動，甚至還有乘客跟她討論這場起義會帶來的影響。「一定有波蘭人在和猶太人一起反抗德國人。」她聽到許多人猜測道。「猶太人絕對不可能獨自進行這麼英勇的戰鬥。」[55] 對利妮亞來說，這就是最高的讚美。

火車高速前進，逐漸靠近邊界。利妮亞激動得幾乎不能自己。這是天大的好消息，波蘭各地都該起義了。下一站，本津鎮！

Chapter

16 編著辮子的匪徒

奇薇亞

1943 年 5 月

刺眼的強光讓奇薇亞幾乎什麼都看不見。[1] 深夜的華沙看起來像是正中午，四面八方都是熊熊燃燒的烈焰。

經過了頭幾天的反抗行動後，納粹重新擬定了策略。他們不再直接走進建築物的庭院（這裡已經沒有猶太人出沒了），改以小隊的形式悄悄溜進隔離區，把目標放在他們認為猶太人可能藏身的地點，但ŻOB仍從建築內部發動攻擊。德國人意識到這種小型衝突可能會拖延很久，因此他們再次改變策略。五月初，德國指揮官下令用火攻系統性地毀掉隔離區裡面那些主要結構是木頭的房子。

奇薇亞寫道，整個隔離區在短短數小時內變成了一片火海。納粹一次毀掉一棟建築，只要有猶太人從濃煙密布的躲藏點逃出來，就會被納粹射殺。就算猶太人躲在金屬搭建的地堡中，也會因為高溫與吸入煙霧而死亡。家人、戰鬥小組與孩童全都在分崩離析的街道上瘋狂逃竄，尋找不會被火燒到的躲避處。這一幕讓奇薇亞毛骨悚然。「華沙隔離區遭受的嚴厲懲罰是火燒。」她描述道。「火焰撲天蓋地，空氣中漂浮著爆裂的火花。天空映照出可怕的紅光……全歐洲最大的猶太社區如今只剩下這些可憐的廢墟在垂死掙扎。」[2] 她寫道，在這種恐怖景象上演的同時，一牆之隔的隔離區外，波蘭人正在搭旋轉木馬，享受春日。

ŻOB的戰士再也不能從建築內部攻擊納粹了，也沒辦法橫越建築的屋頂。所有閣樓和通道都已經毀了。他們用溼衣服蓋住臉，用破布裹住腳，藉此抵抗高熱，他們沒有準備專門的地堡，因此改使用一般民眾的地堡繼續攻擊納粹。多數猶太人都很樂意和戰士分享空間，他們聽從ŻOB的命令停止外出，避免引起德國人的警覺。但到了最後，火焰還是打敗了頑強的反抗行動。濃煙、高溫四散，好幾條街都被火焰吞噬了。奇薇亞仍舊每晚在隔離區巡邏，周遭都是「狂爆的火舌、倒塌的混亂廢墟、碎裂的玻璃殘渣、直達天頂的煙柱。」她寫道：「我們正被活活燒死。」[3]

好幾群人逃出火焰，跑到隔離區的空地上，火舌侵蝕了他們的臉和雙眼。數百名戰士和數千名平民聚在米瓦街一個尚未被破壞的庭院中，請求ŻOB指引他們方向：「*Tayerinke, wohin?*」（「親愛的領導人，我們該往哪裡去？」）奇薇亞覺得自己有責任回答，但她卻沒有答案——現在該怎麼辦？ŻOB的計畫終究還是四分五裂了，他們期望能在最後進行正面對決，但如今看來已不可能。他們原本準備要耐心等待，安排許多小規模的偷襲，讓納粹血濺四處。他們從沒想過自己竟然會以這種方式被摧毀，而兇手遠遠站在安全距離之外。正如奇薇亞最後強調的：「我們對抗的不再是德國人，而是火。」[4]

奇薇亞轉移陣地，來到了米瓦街十八號。在數週以前，莫迪凱・阿尼列維茲把ŻOB的總部轉移到了這個巨大的地下碉堡中，打造這個碉堡的是猶太黑社會中十分惡名昭彰的一群竊賊。他們在三棟倒塌的建築物底下挖出了一條長長的走廊、幾間臥室、一個廚房、一個客廳——這個地堡裡甚至還有一個「髮廊」，房間中央是一把理髮椅，還有一名理髮師會在猶太人前往雅利安區之前幫助他們做好準備。[5]他們用各地集中營的名字為每一間房間都取一個小名。（以色列的莫迪凱博物館〔Yad Mordechai Museum，名字來自莫迪凱・阿尼列維茲〕仿製了這個地堡讓遊客參觀。博物館用磚牆圍出了地堡的空間，裡面擺滿了上下舖的木床、掛在長繩子上的衣服、簡陋的炊具、一臺收音機、桌椅、毛毯、一個電話、一間廁所和一些盆子。）

一開始，地堡裡面有一座井和好幾個水龍頭、新鮮麵包和竊賊的密友走私進來的伏特加。這些竊賊的領導人十分尊敬莫迪凱，體格魁梧的領導人會負責進行各種物資上的安排與配給——而且他總是很公平。他派出自己的手下幫助ŻOB戰士，告訴他們德國人的位置是在後巷還是側街，甚至在多數區域都已經毀掉了之後仍繼續幫助ŻOB。「我們很懂開鎖。」[6] 他告訴奇薇亞。竊賊集團的中央指揮官住在這裡，此外還有一百二十位戰士不得不離開已經起火的躲藏點來到這裡，這裡除了戰士之外，也有許多平民。奇薇亞抵達時，住在米瓦街十八號的已經不只數十個罪犯了，而是有三百多人，擠滿了每一個角落。偷渡進來的人開始因為過度擁擠、氧氣不足與食物減少而受苦。莫迪凱在寫給安提克的一封信中提到，這個地堡裡的空氣稀薄到連蠟燭都點不起來。[7]

白天時，米瓦街十八號裡的人擠成一團，戰士翻來覆去，滿懷渴求、肚腹飢餓。（白天不能烹煮任何東西，因為這時候升起的煙很顯眼。）奇薇亞躺在赫拉旁邊抽著捲煙。不過等到晚上納粹都下班了之後呢？一切都變得生機蓬勃。信使外出聯絡其他地堡，負責偵察的成員四處尋找武器、聯絡人與任何仍能使用的電話。（在納粹放火之前，托西雅每天晚上都會和隔離區外的同志講電話，過去數個月來，戰士都會用工作坊的電話告訴雅利安區的同志目前的最新進展。）其他人則徹底搜查無人的地堡，尋找各種有用的東西，連煙屁股也不放過。超過一百多名戰士全都非常希望能獲得武器，雖然他們知道，德國人很清楚他們仍在隔離區裡，但仍會花一整個晚上的時間討論移民巴勒斯坦的夢想。奇薇亞寫道，「就算在隔離區黑暗的空氣中，劈啪作響與嘶嘶燃燒的餘燼仍在閃爍」，[8] 他們仍舊冒險離開地堡，伸展酸痛的肌肉、自由走動、深呼吸。有些猶太人一整天都躲在隔離區的下水道，他們也會在天黑之後回到地面上。雖然他們「處於熊熊燃燒的廢墟中」，[9] 但隔離區仍會在晚上活過來。

奇薇亞繼續描述道：「接著太陽升起，德國守衛像是在搜尋獵物的餓狗一樣四處探查。那些該死的猶太人在哪裡？最後一批猶太人在哪裡？」[10] 這段放鬆時間極為短暫。

大約在抗戰的第十天，ŻOB決定要離開隔離區，從數量有限的地道與下水道前往雅利安區。許多戰士都試過這個方法，但毫無所獲：他們不是被射殺身亡，就是在地底下迷路並在絕望之中渴死。但如今他們別無選擇。隔離區幾乎全毀，納粹用巨大的水泥塊堵住街道，熊熊燃燒帶來的濃煙使他們幾乎無法呼吸，更不用說焦屍的味道了。奇薇亞每次出任務時，都很擔心自己會被一整家人的屍體絆倒。

納粹為了找出每一個地堡而四處搜尋，他們躲起來偷聽猶太人的對話，甚至把受盡折磨又飢餓的猶太人抓起來當作人質。每天晚上，出來呼吸新鮮空氣的人都越來越少。ŻOB開始討論他們應該要拯救平民還是拯救自己。他們派出信使穿越猶太軍事聯盟的地道，其中也包括了名叫卡齊克（Kazik）的十七歲男孩，[11]希望能確認雅利安區有沒有能讓他們藏身的安全地點。（同時，猶太軍事聯盟揮舞著他們的旗幟、發動了一場大規模的隔離區戰鬥，並用他們超前部署好的逃離路線抵達了雅利安區，打算要加入雅利安區的游擊隊，但絕大多數戰士都被殺死了。）[12]儘管安提克在雅利安區進行多次密會以尋求協助，但這些付出沒有得到太多回報——戰士沒有任何地點能藏身。

隔離區內的莫迪凱已經實踐復仇的夢想了，但他還是很沮喪。接下來要怎麼辦？他找了奇薇亞、托西雅、他的女友蜜拉．傅奇爾（Mira Fuchrer，她是一位勇敢的領導人，原本應該要和韓希一起逃離）與其他同志一起討論現況。外界沒有提供任何援助，他們與波蘭共產黨的聯繫又很薄弱。他們的反抗行動已經結束了。

「我們幾乎沒有彈藥武器，也沒有任何人可以對戰了。」[13]奇薇亞寫道。雖然他們感到滿足而平靜，但他們同時也感到飢餓，只能等待緩慢的死亡。他們從來沒想過自己會活下來，緊抓著武器等待未知的未來。隔離區裡的同志全都向奇薇亞尋求鼓勵、安慰與引導。雖然奇薇亞是個悲觀的人，但她總是能在一瞬間驅散自己的情緒，立刻展開行動。她唯一能得出的答案，就是運用範圍極廣的華沙下水道系統。[14]

奇薇亞陪同第一個執行下水道逃生任務的小組離開他們的地堡（這個小組的戰士看起來都像是雅利安

人，赫拉也是其中之一），打算前往與下水道連通的「垃圾蒐集者」（garbage collectors）地堡，從那裡逃離。她想要說服那座地堡的領導人與一位領路人和他們一起執行這個計畫，送猶太人出去。

首先，他們要橫越隔離區。雖然整個小組的人表面上都很平靜，甚至還彼此開玩笑，但其實這些同志都緊抓著自己的手槍，與其他人道別——這或許是他們的最後一次道別了。他們像蛇一樣趴在地上匍匐離開米瓦街十八號，在一片漆黑之中渴望著能見到一絲日光——他們真的能夠再次見到太陽嗎？他們呼吸著空氣中的污黑煙霧，照著守衛的話避開正在開火的區域，他們用破布包著腳掩蓋腳步聲，沿著小巷前進，每個人的手指都放在扳機上，周遭矗立著「燒焦的房屋骨架」，[15] 一切都悄然無聲，只有風吹動窗戶時的撞擊聲。他們不可避免地踩到了破碎的玻璃與焦黑的屍體、踏入因高溫而融化的焦油中。奇薇亞總算帶著他們來到了那座地堡，她成功說服了領導人與領路人，這名領路人知道的下水道路線共有十四條。

逃離小組獲得了一小點食物、一塊糖和一套指令。他們當晚就離開了。奇薇亞用盡全力才控制住自己的情緒，她聽著每一名同志跳下去時的水花聲，接著是逐漸走遠的腳步聲。兩小時後，領路人回到地堡，他說逃離小組成功抵達了雅利安區，從街道中間的人孔蓋爬出去了。他們按照指令，由赫拉與另一位「外貌好看」的同志去找一位信使女孩，其他人則躲在附近的瓦礫堆中。（到了後來奇薇亞才知道，他們被德國人攻擊。領路人把他們帶到了錯誤的出口。赫拉在離開下水道前已經把自己打理乾淨、換上乾淨的長襪並用水清理了臉龐，讓她得以拔腿就跑。這一個小組中，只有赫拉生還下來。）[16]

奇薇亞已經精疲力竭，等到她準備好要出發回去米瓦街十八號向莫迪凱報告這個好消息時，天已經快亮了。但其他同志，尤其是莫迪凱派來保護奇薇亞安危的戰士，全都拒絕讓奇薇亞在天亮時離開地堡。奇薇亞向來行事積極，不想被當作懦夫，不過，她和聯盟黨領袖馬雷克．艾德曼爭吵許久後，還是讓步了。

那天晚上，奇薇亞協同她的護衛與艾德曼一起出發前往米瓦街。艾德曼違反規定，點亮了一支蠟燭，但蠟燭馬上就熄了。他們撞上許多建築與屍體。半路上，奇薇亞突然掉進了一個洞裡，這個洞是因為屋頂塌陷所形成，夾在兩棟建築物的中間。她不能製造出任何聲響，當然也不能大聲求援。她立刻確認自己的槍還在不在，以免弄丟武器。但現在該怎麼辦。幸好護衛與艾德曼發現了她，把她拉了出來。「我滿身瘀傷，一瘸一拐地繼續行動。」[17]她回憶道。她迅速前進，一心想著她的逃離計畫，十分期待能和米瓦街十八號的其他同志見面。她甚至想出了幾個有趣的方式要戲弄他們。她抵達十八號，只見偽裝的入口大大敞開，視線範圍內沒有任何守衛，一開始她以為他們走錯地方了。接著她又突然意識到，這一定是另一個計畫中更上一層的偽裝手段。她檢查了六個出入口。她說出了暗號。心跳不斷加速。

那一刻四周一片寂靜。

什麼都沒有。

⸎

「為了保護猶太人的尊嚴，波蘭先驅者聯盟的地下行動領導人托西雅和奇薇亞在華沙殞命。」《話報》（*Davar*）寫道。[18]

這則新聞傳到了雅利安區。位在本津鎮的法蘭卡接到了電報。她寄了一封密碼信到巴勒斯坦。「奇薇亞一直待在馬維斯基（Mavetsky，意為死亡）附近，托西雅則和她在一起。」[19]她們的死成為希伯來媒體的頭版新聞。

各個青年運動與整個國家都悲痛欲絕。奇薇亞和托西雅是猶太女性戰士的神性象徵——她們是「地下行動的聖女貞德」。[20]人們把反抗行動的同志稱做「托西雅的朋友」，把反抗行動的指揮者稱做「奇薇亞A」和「奇薇亞B」。波蘭、巴勒斯坦、美國和伊拉克的猶太人全都知道奇薇亞的名字。[21]「奇薇亞」就是波蘭，她的死亡使得整個國家都崩潰了。「她們的名字將會形塑一整個新的世代……」訃告寫道，「她們的戰鬥與同志情誼在犧牲的火焰中冉冉升起，她們有潛力能拔樹撼山。」

不過這些訃告其實大錯特錯。

那天晚上，雖然奇薇亞沒有獲得任何回應，但她發現旁邊的庭院裡有幾名同志。她鬆了一口氣，往他們跑去，她覺得這大概是普通的夜間巡邏。但這並不是夜間巡邏。她瞬間停下腳步，那些戰士滿身是血和各種殘渣，他們痛苦地扭動與顫抖，有些人已經昏過去了，有些人則氣喘吁吁——他們是地堡經過了屠殺之後「殘存下來的人」。托西雅也在那裡，她的頭和腳都受了很嚴重的傷。

奇薇亞在恐懼的暈眩中得知了這天發生的事。納粹抵達米瓦街十八號時，戰士無法決定他們應該要從後面的出口逃跑並攻擊，還是要留在地堡中，他們認為德國人會因為太過害怕而不敢進來。雖然他們知道德國人會使用毒氣，但根據他們之前得知的資訊，只要用溼布掩住口鼻就能抵擋毒氣了。然而，事實並非如此。納粹慢慢地把毒氣放進地堡中，他們逐漸感到窒息。其中一位戰士提議自殺，有數位戰士跟著做了。還有一些人窒息而死。共有一百二十人死亡，只有屈指可數的戰士從隱藏出口逃離。奇薇亞受到了巨大的打擊，悲不自勝。「我們像是瘋了一樣四處狂奔，」她回憶道，「想要徒手砸破封住了地堡的岩石，連指甲都用上了，我們想要挖出同志的屍體，把他們的武器拿回來。」[22]

但他們沒有時間陷入這種瘋狂，也沒有時間哀悼他們最親近的朋友或哀悼這一切。他們必須為剩下的ŻOB成員治療傷口、找到躲藏點並決定下一步。奇薇亞、托西雅和艾德曼接下了指揮權。他們走在「暗影中，像是一支失去了生命的行軍或鬼魂」，[23]前往一個他們認為仍有猶太人活動的地堡，奇薇亞宣布他們要把總部的位置改到那裡。她是行動派，總是在前進，從來不會表現出消極的態度，因為消極就代表她對絕望妥協了。「你要對其他人負起責任，這樣的責任會推動你重新振作，」奇薇亞寫道，「無論如何，你都要重新振作。」[24]

他們扶持傷患抵達新的總部，卻發現德國人也同樣知道這個地點。雖然這裡很危險，但奇薇亞決定他們要先留在這裡——成員的傷勢不適合繼續移動。所有戰士都已經力竭難支，他們已經準備好要倒在地上一起迎接死亡了。但奇薇亞堅持他們要繼續走下去。她派了另一組人執行下水道逃生任務。她盡量讓其他人保持忙碌，要他們照顧傷患，藉此避免他們陷入歇斯底里——其實這一整個晚上她也有同樣的焦慮感，但她把這種感覺深深藏起來了。我當時應該要在那裡才對……雖然她身處陷入火海的隔離區中，仍然命懸一線，但卻已經被倖存的罪惡感吞沒了。

但這一次，她也同樣沒有太多時間能擔心。出發前往下水道的戰士小組找到了出去的路，而且還在地道中遇到了卡齊克與一位波蘭領路人，他們立刻回來告訴奇薇亞這個好消息。

卡齊克是他們先前派去猶太軍事聯盟地道的男孩，他成功抵達了雅利安區，四處尋求幫助。波蘭救國軍拒絕提供下水道系統的地圖或領路人給ŻOB，不過他們獲得了波蘭共產黨的幫助，此外，一名施馬佐夫尼老大（想當然，他們索取了昂貴的費用）以及其他幾個盟友也幫了忙。於是卡齊克帶著一位領路人走回地道中，他謊稱這一趟的目的是拯救波蘭人和取回黃金。但是，領路人在路上不斷停下腳步，卡齊克必須一直哄騙他，拿酒誘惑他，最後不得不拿槍恐嚇他。他們匍匐穿越了好幾個窄小的洞口，變得像被臭鼬攻擊一樣惡臭，終於在凌晨兩點抵達了隔離區。但在抵達米瓦街十八號時，卡齊克卻驚恐地發現那裡只剩下屍體與瀕死者的哭嚎。他勉強維持著最後一絲理智，一無所獲地轉身離開隔離區。進入下水道後，他在絕望之中發出了最後的祈求，喊出了ŻOB的暗號「楊」（Yan）。[25]

突然之間，他聽到了女性的聲音回答：「楊！」

「是誰？」槍上膛的聲音。

「我們是猶太人。」一行人從轉角走出來：是倖存的戰士。他們彼此擁抱親吻。卡齊克告訴他們，外界能提供的幫助遠比他們想像得還要多。他跟著戰士一起回去找奇薇亞和其他人。

五月九日，共有六十名戰士和平民聚集在新的總部地堡，準備出發。奇薇亞仍舊哀痛那一百二十名被殺死的戰士無法和他們一起離開，她也擔心隔離區裡還有其他沒有找到的戰士。除外，有些同志傷勢嚴重到無法移動，有些同志則因為吸入了毒氣和煙霧而呼吸困難；有些人拒絕離開，有些人陷入了混亂。

到了最後，身為「長姊」的奇薇亞不得不倉促決定她要挽救所有她能救的人。她向下跳進了下水道。「我現在理解『縱身一躍』（plunge）的真諦了。」奇薇亞後來寫道。「縱身一躍彷彿是跳入了深深的黑暗之中，身上濺滿了污穢的髒水。你會被可怕的噁心感淹沒，你的腿深深埋在下水道惡臭冰冷的淤泥中。但你得繼續往前走！」[26]

卡齊克和領路人在下水道中帶著眾人前進，奇薇亞則跟在數十名戰士後面擔任護衛，他們排成一排，弓著背在泥濘中往前走，連彼此的臉都看不見。奇薇亞一手拿著不斷被風吹熄的蠟燭，另一手則拿著她寶貴的槍。下水道裡伸手不見五指，她的頭壓得很低。某些交叉口的水與糞便會淹到他們的脖子，他們必須把槍舉到頭頂上；有些下水道窄到幾乎擠不過去。他們全都飢餓難耐，背著受傷的同志不斷往前走，好幾個小時都沒有水能喝，下水道彷彿沒有盡頭。奇薇亞進入下水道之後，心中一直想著她丟在身後的那些朋友，而托西雅則在進入下水道後變得意志消沉。她受了傷，每隔一陣子就會懇求其他同志拋下她，但最終她還是撐到了目的地。[27]

六十多名猶太人宛如奇蹟似的，在天亮之前來到了雅利安區的普羅斯塔街（Prosta Street），這裡是華沙的中心。卡齊克向他們解釋說，本來應該載著他們離開城市的卡車不在這裡，現在上去地面並不安全。他爬出去尋求幫助。奇薇亞位在整支隊伍的最後面，不知道前面發生什麼事了。她對於這項救援計畫的細節一無所知，也無法和外界取得聯繫，因此感到十分焦慮。不過，她沒有沉浸在自己岌岌可危的未來之中，她滿心都在擔憂還留在隔離區的同志們，這種憂慮「劇烈地折磨著我的心」。[28]

接下來的一整天，這六十人都坐在普羅斯塔街的人孔蓋下，聽著上方街道的聲音——馬車、電車、波蘭小孩的遊戲聲。最後，奇薇亞再也忍不住了。馬雷克．艾德曼也和她一樣在隊伍的後方，兩人推推搡搡地擠到擠滿了人的隊伍前方。沒有人知道任何資訊。到了下午，人孔蓋突然被打開了，一張紙條丟了進來。上面說這天晚上會進行救援行動。[29] 雖然多數人都發出了絕望的嘆息，但奇薇亞卻活力充沛地說：「我們可以回去把其他人帶過來！」[30]

兩名戰士自願回去把ŻOB的其餘成員帶到下水道的入口。接著，留在這裡的人只能等待。

午夜時分，人孔蓋被打開了，地面上的人送了一些湯和麵包下來給戰士，至少讓有分到的人稍微充飢，不過奇薇亞指出，當時他們已經太渴了，幾乎沒辦法進食。地面上的人說這附近的街道都有德國人在巡邏，他們必須繼續等待。一部分戰士動身前往距離這裡三十分鐘路程的第二個地點，[31]避免所有人都過度擁擠地泡在這灘充滿糞便的水中。空氣中的甲烷濃度正逐漸升高，這是很危險的一件事。其中一位成員在絕望中趴到地面上，喝起了下水道的水。

奇薇亞一直在等待，她很擔心那兩名自願回去接其他ŻOB成員的人。她占據了靠近人孔蓋的位置，確保沒有人會促行動。她能從人孔蓋的縫細中看見一絲清晨的陽光，讓她想起了新鮮的空氣。她的正上方傳來了熙熙攘攘的人聲，但那些聲音卻宛如來自另一個世界。

五月十日清晨。前往隔離區的兩名信使安全回來了，但他們沒有帶人過來。他們向奇薇亞回報，德國人已經把所有下水道的開口都封住了，也把整個下水道系統的水位都調高了，他們不得不折返。奇薇亞原本希望能拯救更多成員，如今這個希望破滅了，她變得極為沮喪。（她並不知道頭頂上正在發生的戲劇化事件，地面上的同志努力想找到一輛卡車來接走這些戰士，但他們卻一無所獲。）

接著，傳來了德國人的聲音。

一切都要結束了嗎？奇薇亞陷入絕望，卻又暗自希望一切能就此終結。

早上十點，人孔蓋再次打開。日光流洩進來，底下的人都因為陽光而向後退縮並陷入恐慌——他們被發現了嗎？「快點！快點！」不，打開人孔蓋的是卡齊克，他不斷催促他們立刻離開地下道。他們吃力地攀上金屬孔洞，上面的人幫忙拉，下面的人幫忙推。現在他們全都四肢僵硬，衣服又溼又髒，動作實在快不起來。他們好像花了一輩子的時間才爬出了人孔蓋（其中一份紀錄說時間超過半小時），[32]總共有四十人從地底下爬出來，坐進卡車裡。他們沒有任何安全措施，只有兩名帶了武器的協助者。有幾名波蘭人站在一旁的人行道上看著他們。

上了卡車後，奇薇亞終於看清了他們現在的樣子：「我們全都髒透了，身上穿著沾滿了血跡的破碎髒布，神情憔悴絕望，身體虛弱到膝蓋都疲軟無力……我們幾乎失去了所有屬於人類的特徵。唯一能證明我們還活著的只有我們眼中的火光。」[33]他們伸展四肢，緊抓住自己的槍。卡車司機以為自己要載的是鞋子，而不是猶太人。ŻOB的同志用槍指著他，要他依照指示行動。

接著，他們突然收到消息說附近有德國人。前往第二個地點的二十名戰士與前往那裡叫他們回來的一位同志，都還沒回到這個人孔蓋。接下來發生的就是奇薇亞與卡齊克之間的「著名爭辯」，不過奇薇亞從來沒有記錄下這件事。[34]根據卡齊克的說法，奇薇亞堅持他們必須等到剩餘的戰士抵達後再走。卡齊克則堅持他先前已經下過指令，要所有人都待在人孔蓋附近，而現在在這裡逗留下去就太危險了，所以他們應該立刻離開。卡齊克保證他會再派一輛卡車，並下令司機開車。奇薇亞在盛怒之下威脅要對他開槍。（多年後，替卡齊克翻譯回憶錄的譯者質疑他道：「對抗納粹對我來說很合理，但你竟然想對抗奇薇亞？！」）[35]

接著，他們在早晨來往的人車之間開始前進。奇薇亞描述道：「卡車上載著四十名帶著武器的猶太戰士，在納粹占領的華沙市中心開往目的地。」[36]

又是嶄新的一天。

為了接回餘下的二十名戰士，他們展開了第二次救援行動，但卻失敗了。德國人聽說了他們那天早上在大庭廣眾之下於街道正中央執行的行動，於是埋伏在附近等著戰士出現。泡在排泄物中的ŻOB成員再也等不下去了。他們沒有注意到附近到處都是德國人，從下水道爬了出來——接著就被德國人伏擊了。他們和納粹近身肉搏，一旁的波蘭旁觀者看得目瞪口呆。卡齊克回到人孔蓋時，只見街上散落著被槍殺身亡的戰士屍體。

有少數幾個猶太人跑回了隔離區。奇薇亞後來才知道，那些回去隔離區的猶太人又抗戰了一整週。奇薇亞和卡齊克都因為拋棄了朋友而心神不寧。奇薇亞曾承諾她會等他們回來，但她沒有做到。她每一分每一秒都因為罪惡感飽受折磨，直至死亡。

隔離區的起義行動中，總共有一百多名猶太女性跟著各個反抗組織一起作戰。[37] 納粹在內部的核心會議上指出，這場戰爭出乎預料地艱難，尤其是那些宛如魔鬼一般的猶太女孩，她們會握著武器抗戰至死。[38] 在米瓦街與其他地點都有數個女人自殺身亡，許多人死時「手上還拿著武器」。[39] 戈登尼亞青年運動（Gordonia）的莉亞．克倫（Lea Koren）成功從下水道爬出，但她後來回到隔離區，在照顧受傷的ŻOB戰士時被殺死。芮吉娜．佛登（Regina Fuden）在起義期間負責聯絡各個抗戰小組，曾數次通過下水道回去拯救戰士。「水已經淹到了她的頸脖，」她的訃文寫道，「但她沒有放棄，她拖著其他成員通過下水道。」[40] 她在其中一次回去拯救戰士時被殺死了，時年二十一歲。信使菲拉尼亞．畢特斯（Frania Beatus）在起義時堅守崗位，而後在十七歲時於雅利安區自殺身亡。[41] 狄沃拉．巴朗（Dvora Baran）是一名「夢想著森林與花香」[42] 的女孩，在隔離區的中央抗戰。納粹發現她所在的地堡時，她的指揮官命令她率先走出地堡，她成功用驚人的美貌分散了納粹的注意力，阻止他們前進。接著，她丟出了好幾個手榴彈，「使手榴彈在風中四散開來」，與此同時，其他同志則占據了新的據點。她在隔天被殺死，時年二十三歲。阿基瓦的利百加．帕沙莫尼克（Rivka Passamonic）對著她其中一名朋友的額頭開了一槍，接著舉槍自盡。瑞秋．克利施波伊（Rachel Kirshnboym）和自由青年運動的戰鬥小組共同奮戰，加入了游擊隊，最終於二十二歲戰死。聯盟黨人瑪莎用顫抖的手指向納粹投出了許多炸藥，而後從下水道逃離。

來自共產主義組織「斯巴達克斯」（Spartacus）的紐塔・泰特鮑姆（Niuta Teitelbaum）[43]在華沙隔離區名聲遠揚。雖然當時她大約二十五歲左右，但把金棕色的頭髮編成辮子後，她看起來就像天真的十六歲女孩。她用無辜的外表掩蓋她真正的身分：暗殺者。她曾直接走進高階蓋世太保的辦公室裡，走向坐在桌前的蓋世太保，無情地射殺他。她在另一名蓋世太保的家中對他扣動扳機，當時這名蓋世太保躺在床上。在另一次的行動中，她殺死了兩名蓋世太保的探員，另一名受傷的蓋世太保被送去了醫院，接著，紐塔偽裝成醫師，進入那位蓋世太保的病房，把他和守衛都殺死了。

還有一次，她打扮成波蘭農家女孩，綁著農民頭巾，走進一個德國指揮哨站。一名納粹親衛隊深深為她的淺藍色雙眼與金髮著迷，他問紐塔，還有沒有其他猶太人像她一樣美得像是海妖。嬌小的紐塔對他微笑，然後抽出了她的手槍。在另一次行動中，她走向「舒察」外的守衛，假裝羞愧並悄悄地告訴他們，她需要和某位特定的長官談論一件「私事」。守衛認為這個「農民女孩」懷孕了，便告訴她怎麼走。她走進了「男友的辦公室」，掏出藏在身上、裝了消音器的手槍，開槍擊中他的頭部。她在離開的時候對著那些放她進來的守衛露出溫順的微笑。

一位戰士將她稱做「自封的行刑人」，她曾在華沙大學就讀歷史系，而後為ŻOB和人民軍做事，幫忙偷運炸藥與人。紐塔在華沙隔離區中建立了一個女性小組，教導她們使用武器。在起義期間，她曾幫助其他同志襲擊隔離區圍牆上的納粹機槍據點。

蓋世太保將她稱做「編著辮子的小汪達」（Little Wanda with the Braids），並把這個名字列在每一份頭號通緝名單中。雖然她在華沙隔離區起義中活了下來，但最後還是被納粹抓住與刑求，並在數個月後被處決，時年二十五歲。

納粹計畫的盛大結局，是炸毀提洛馬克街的大猶太會堂——這棟建築修建而成時，是猶太啟蒙運動在華沙的高潮，它是波蘭猶太人成功的象徵，也代表他們屬於這裡。然而，整棟宏偉的建築都熊熊燃燒了起來，好像在高呼著猶太人已經步入了終結。

大火在一棟鄰近建築的地面留下了焦痕，薇拉德卡和奇薇亞時常逗留的猶太自救組織就位於這棟建築中。現今，這棟以白磚建成的小型建築變成了第一座大屠殺博物館，座落其中的是「伊曼紐爾．林格布倫猶太歷史研究所」（Emanuel Ringelblum Jewish Historical Institute），它變成了全世界歷史意義最豐富的一棟猶太建築之一，儘管大屠殺在它身上留下了傷疤，但至今它仍在欣欣向榮地成長著。

他們坐在卡車上，駛離華沙的路程並不容易。奇薇亞躺在擁擠的地板上，沉默、震驚、疲憊、骯髒，又為她拋棄在身後的同志感到害怕。車上的每個人都臭氣沖天。他們的武器都溼了，毫無用處。就連奇薇亞都不知道車子要開去哪裡。整整一個小時都沒有任何人發出一絲聲音。他們離開華沙市，進入羅米安基森林（Lomianki Forest），這是一個林木稀疏的區域，處處都是低矮濃密的松樹幼木，附近有許多村莊與德國軍隊，只能暫居一陣子。他們遇到了稍早逃離隔離區的同志，這些同志很震驚他們還活著，也很震驚他們「臉色蒼白又忍饑受餓。他們的頭髮因為行經下水道而變得黏膩，衣服髒汙……反抗的戰鬥與隨後兩天在下水道受到的折磨已經永遠改變了他們的外表。」[44]

先前就已經在這裡安頓好的那些同志拿了一些熱牛奶給新來的人，奇薇亞喝下牛奶，覺得暈頭轉向，「心中的感情快要滿溢出來」。這是一個美好的五月天，周遭充滿茂密的枝葉、香氣與花朵，宛如田園畫作。奇薇亞已經好久沒有聞到春天的味道了。她在這一瞬間哭了起來，這是她這幾年來第一次流淚。在抵達這裡之前，哭泣都是被禁止的、羞恥的事，但這次她放任淚水奔馳。

這些戰士還沒有從震驚中回過神來，他們紛紛坐到樹下，脫下破爛的衣服，刮下臉上的髒汙，直到流血。他們吃了一些東西，也喝了水，經過了數小時的寧靜後，一起坐在營火前面。他們很確定他們就是這個世界上最後一批猶太人了。奇薇亞無法入睡，她頭腦發暈，思緒奔騰不止。「我們還有哪些事情還沒做？」[45]

八十名戰士在森林裡再次團聚，建立了暫時的指揮中心。奇薇亞、托西雅和其他領導人一起用樹枝搭建了「蘇克棚」（sukkah），仔細討論下一步該怎麼做。他們建立了一個表單，列出他們擁有的武器、錢和其中一名戰士從隔離區帶出來的珠寶。他們分成了數個小組，四處撿拾樹枝來搭建避難所。隨著時間逐漸流逝，他們意識到再也不會有隔離區的其他生還者加入了。兩天後，安提克抵達了，他來到這裡是因為聽說奇薇亞還活著，可能在這裡。[46]

安提克參加了多到數不清的會議，[47]但仍舊無法在華沙的雅利安區建立安全屋，波蘭救國軍沒有提供他們承諾過的幫助，薇拉德卡付出的努力也沒有帶來任何成果。[48] ŻOB接受了人民軍的提議，把多數人轉移到維斯科夫森林（Wyszków Forest）的數個游擊隊營地，少數幾個生病受傷的戰士則安置在華沙的躲藏點。安提克把其他領導人都接到自己的住處，讓他們躲進一面雙重牆壁後方的藏身處。雖然奇薇亞不是正式的領導人，但他也把奇薇亞接到了自己的住處。「如果有人想因為我照顧自己的妻子而責怪我的話，那就隨便他們。」[49]他後來說道。他希望他們能全都住在一起。

安提克付了一大筆錢給華沙一間賽璐珞工廠的老闆，要他停止生產線，再安排從下水道逃出來的幾位同志住進工廠裡的閣樓，這個閣樓只能用梯子上下，他們平時會把梯子收起來。閣樓只有一個小天窗能透進微弱的天光，戰士都睡在裝滿了賽璐珞的大袋子上。他們派了一名波蘭人看守這裡，並替這些同志帶食物回來。工廠是個很適合開會的地點，他們安排要在離開下水道的兩週後，意即五月二十四日，舉辦一場全體領導人都要出席的會議。

五月二十四日，住在另一間安全屋的托西雅來到了閣樓等待開會。其中一位同志為了抽雪茄而點燃了一根火柴，接著閣樓裡的賽璐珞全都著火了，火勢猛烈延燒。在另一個版本的描述中，[50]托西雅就住在這個閣樓，她受了傷又行動不便，在加熱治療傷口用的油膏時，閣樓起火了。

火焰迅速蔓延開來，由於他們已經把梯子收起來了，天窗又太高了，所以幾乎無法逃離。少數幾個戰士砸破了已經起火的地板跳了下去，逃過一劫。托西雅的衣服也著火了，但她也成功逃離了火焰，卻被嚴重燒傷，從屋頂滾落到地面。波蘭人在找到她之後，把她交給了納粹。他們將她刑求至死。在另一個版本的描述中，她為了避免納粹活抓她，從屋頂跳了下去，自殺身亡。

Chapter 17 武器、武器、武器

利妮亞

1943年5月

武器——給那些從來沒有想過這些破壞性工具的人。
武器——給那些受過訓練要花一輩子工作與和平交易的人。
武器——給那些認為槍枝最可恨的人……
對這些人來說，武器變成了一種神聖之物……
我們在聖戰中使用武器，是為了解放我們的人民。

——蘿希卡．科扎克[1]

「法蘭卡，這不是你的錯。」利妮亞已經不知道是第幾次重複這句話了，[2]她看著她的好友、她的領導人在驚慌失措中不斷高聲尖叫。利妮亞成功完成了她的任務，帶著新消息回到其他同志身邊——但並非所有消息都是好消息。「法蘭卡，拜託你冷靜一下。」

法蘭卡內心的激烈情緒、她的熱忱與自我分析，全都混亂到失去了控制。她得知奇薇亞還活著時，激動得臉色通紅，心中充滿了新一波的幹勁。但聽到韓希死在華沙隔離區後，她立刻崩潰了。

「這是我造成的。」法蘭卡尖聲喊道。她用拳頭狠狠擊打自己的胸膛，動作兇狠到利妮亞嚇了一跳。「是我把她送到華沙去的。」法蘭卡開始過度換氣，利妮亞

不知道自己該抱住她還是逃離。其他同志之前盡可能地瞞著法蘭卡她妹妹的死訊，他們擔心法蘭卡會像現在這樣崩潰。海柯在日記中說，法蘭卡其實並不真的適合在令人無法承受的現實戰爭時期擔任領導人。[3]

其他同志也開口安慰。「這不是你的錯。」

「這是我造成的！」法蘭卡不斷尖聲喊著這句話。「我的妹妹死了，我應該要對她負責！」接著她哭了，把眼淚與痛苦都宣洩了出來。

「但人都擁有鋼鐵般的一面，」利妮亞後來寫道，「受苦使我們變得麻木。就算遭受了這麼可怕的打擊，法蘭卡終究還是恢復了。」若要說法蘭卡有了什麼改變的話，那大概就是她因為一個新的念頭而變得更加專注、更加憤怒。那個念頭就是復仇！

利妮亞看著法蘭卡把悲傷表現在行動上，表現在救援任務與自殺任務中的激憤吼叫上。利妮亞在剛得知自己的父母過世時也有一樣的感覺。這種感覺就像是火上加油。法蘭卡變得非常執著：任何有能力戰鬥的人都不該等待救援！自衛是唯一能救贖自己的方法！要死，就要死得像個英雄！

這麼想的不只法蘭卡，利妮亞心中的哈格那之火也熊熊燃燒了起來——事實上，位在本津鎮的所有團體都開始支持抵禦行動了。他們在華沙戰鬥了六週，這是第一次有波蘭的地下組織在城市內反抗納粹。每一個隔離區的戰士都想要追隨ŻOB在波蘭首都立下的典範。海柯希望他們在札倫比區不但要效法華沙般地努力付出，更要超越華沙。本津鎮的反抗團體擬定了計畫要燒掉整個隔離區，並開課教導戰士如何使用逐漸偷運進來的各種武器。經過了伊琪雅・帕薩克森在琴斯托霍瓦市被捕卻沒人知道狀況的事件之後，地下組織改變了政策：所有運送武器的信使都必須兩人一組行動。

利妮亞現在也變成了卡沙利特。[4]

和她一組的信使，是來自青年衛隊的二十二歲女孩伊娜・蓋爾巴特（Ina Gelbart）。[5] 在利妮亞的描述中，她是個「充滿活力的女孩。個子很高，動作靈巧，態度甜美。她就像其他來自賽利西亞區（Silesia）的女孩一樣，從來沒有畏懼過死亡。」

利妮亞和伊娜都持有假證件，能讓她們越過邊界，進入總督政府統治的波蘭。這些證件是她們從華沙的一位偽造專家那裡買來的，雖然所費不貲，但利妮亞後來回想起來，他們當時也幾乎沒有時間能討價還價了。兩名女孩抵達邊界後，用十分自信的態度把她們的偽造文件交了出去：一份政府開立的過境准許，上面有照片與身分資訊，以及一張身分證，上面也同樣貼了照片。當時納粹對通往華沙的道路管制比較馬虎，所以只要她們的文件順利通過檢查，這趟任務就有很高的機率成功。

警衛點點頭。

利妮亞現在對於在華沙行動更有信心了，她覺得自己已經是個老手了，就好像已經認識了這座城市一樣。兩名女孩找到了他們的聯絡人塔爾羅（Tarlow），他是一名住在雅利安區的猶太人，[6]知道要如何聯絡上偽造專家和武器販子。「他負責照顧我們，」利妮亞寫道，「並因此獲得高額報酬。」[7]

利妮亞走私的左輪手槍和手榴彈大多來自德國人的武器儲藏庫。「有些士兵會把武器偷出來賣掉，」利妮亞解釋到，「買下這些武器的人會再次轉賣。武器到我們這裡時大概已經轉賣了五手。」在其他猶太女人的描述中，[8]武器的來源包括德國軍事基地、武器修理工廠、猶太人強制勞動的工廠、農夫、黑市、打瞌睡的守衛、波蘭地下抵抗組織，甚至還有些武器是德國人從俄國人那裡偷來賣的——尤其是在一九四三年的史達林格勒（Stalingrad）之戰大敗後，德軍士氣低落，開始販賣他們自己的槍枝。雖然步槍最容易買到，但卻難以運送與貯藏，手槍則比較方便處理，但也比較貴。[9]

利妮亞解釋道，有時候他們費了許多力氣把武器走私進隔離區之後，會發現武器因為生鏽太嚴重而無法開火，或者發現他們沒有合適的子彈。但他們不可能在購買之前先試用武器，「我們在華沙的時候根本沒有時間或空間能試用。我們必須把那些有問題的武器包好，收在不容易被發現的地方，再回到開往華沙的火車上，用這些武器交換好的武器。這同樣也必須冒著生命危險。」

兩名女孩順利找到了塔爾羅，他為利妮亞和伊娜指明了墓園的方向。[10]那裡將有她們渴望購買的珍貴商品：炸藥、手榴彈，還有槍枝、槍枝、槍枝。

對利妮亞來說，每一個走私回去的武器都是「無價之寶」。

在較大的隔離區中，每一個猶太反抗軍成立時都沒有多少武器。[11] 比亞維斯托克市的地下組織一開始只有一把步槍，戰士在不同小組之間往返時必須帶著這把步槍，如此一來才能讓所有成員都用真正的武器做訓練；維爾納市的戰士只有一把左輪手槍，他們訓練時用手槍射擊泥巴建成的牆，為的是回收子彈重複利用；[12] 克拉科夫市的地下組織建立時連一把槍都沒有；華沙地下組織一開始只有兩把手槍。

雖然波蘭地下組織承諾會提供武器，但他們時常取消運輸行動，又或者武器有時會在路上遭竊，有時他們甚至還會無限期地延後提供武器的時間。猶太地下組織派出信使外出尋找武器和彈藥，走私回隔離區和集中營，但信使通常不會獲得太多引導，而且每一次都必須冒著巨大的風險。

在走私武器這種最危險的任務中，信使女孩的心理技巧格外重要。躲藏、賄賂與轉移質疑對她們來說尤其重要，她們必須精通並結合這些技能。法蘭卡是第一個走私武器進華沙隔離區的信使：她把武器放在一袋馬鈴薯的底部。安迪納．史瓦傑（Adina Blady Szwajger）也用同樣的方法走私了彈藥，有一次，一名巡邏士兵命令她打開袋子，她靠著微笑與打開袋子時的自信態度救了自己一命。比亞維斯托克市的自由青年運動信使布隆卡．克利班斯基（Bronka Klibanski）在走私時，將一把左輪手槍和兩顆手榴彈藏在一條農村麵包中，再把麵包放在行李箱裡。她在火車站被一名德國警察攔下來，問她帶了什麼。布隆卡「承認」自己走私食物後，警察不再要求她打開袋子檢查。這名警察甚至因為她「誠實的自白」而決定提供保護，他下令要火車列車長特別照顧布隆卡，別讓其他人打擾她或要求她打開行李箱。

利妮亞知道她並不是第一個為反抗行動帶回戰利品的信使：在克拉科夫市與華沙市的起義中，都有信使前往隔離區外獲取武器並運回隔離區內。反抗組織阿基瓦在克拉科夫市的著名信使赫拉曾被派去華沙買槍，[13]她知道自己要偽裝成非猶太人，搭二十小時的火車，因此她把特殊的肥皂抹在臉上掩蓋凍瘡、把頭髮染成淺黃色（她用的是藍色的漂白水錠）、用類似頭巾的圍巾把頭髮綁好、向非猶太人的朋友借了她母親的新潮服裝，還買了一個上面有花朵圖案的昂貴黃麻草編包，這種草編包在戰時非常流行。她看起來就像是一名要去戲院看電影的女孩。不過，她真正要做的事是去診所的大門口見人民軍的聯絡人，X先生。她知道X先生會在診所門口看報紙。她依照指示，詢問X先生現在幾點，並請X先生把報紙給她看。X先生轉頭就走，赫拉隔著一小段距離跟在他後面，登上了火車的另一節車廂，抵達了一名鞋匠的家。

赫拉花了幾天的時間等待物資：五件武器、四磅炸藥和許多彈匣。她把數把手槍貼在自己的身上，把子彈藏在時髦的提包裡。她沒有進戲院看電影，她自己就在演戲了。她在華沙雅利安區拍的一張照片中，[14]身穿訂製的及膝西裝裙套裝、面露微笑、腳踩一雙樂福鞋、頭髮挽在腦後，還在胸前別了一個別針，而她的手上則緊握著一個時尚的小手提袋。葛斯塔在提到赫拉時描述道：「只要你注意到她在火車上是如何無恥地調情……如何流露出撩人的微笑，你一定會認為她是要去拜訪未婚夫或是去度假。」[15]（但就連赫拉也偶爾會被抓到。她曾有一次從監獄的廁所逃離並拔足狂奔。她從來不會在出任務時穿長大衣，以免妨礙她拔腿就跑。）

位於華沙雅利安區的ŻOB成員花了好幾個月的時間收集武器。他們偽裝成波蘭人，利用地下室或修道院的餐廳舉辦輕聲細語的會面，只要服務生一靠近，他們就馬上轉變話題。薇拉德卡一開始走私進隔離區的是金屬銼刀，她打扮成波蘭農民，前往非猶太人走私區，直接翻越圍牆，她帶來的銼刀成為猶太人隨身攜帶的工具，[16]如果他們被塞進了前往特雷布林卡集中營的火車，就可以用銼刀把窗戶的金屬條磨斷，跳車逃離。有些信使會賄賂波蘭守衛、在圍牆邊小聲說出暗語，接著等在牆內的ŻOB成員就會爬到牆上，把包裹拿走。[17]薇拉德卡從房東的姪子那裡用兩千茲羅提取得了她的第一把槍。她付了七十五茲羅提給房東，請他到守衛比較容易被賄賂的區域，把盒子放進牆上的一個梅塔（meta，意思是「洞」）裡。這些攜帶「禮物」的人也會混入勞工中，跟著他們一起進出雅利安區，他們甚至會在火車穿越隔離區時從車上一躍而下。他們用垃圾車和救護車走私物品，也會把物品藏在尿布中。華沙市的法院在猶太隔離區和雅利安區都有出入口，有許多信使會利用這棟建築進出。[18]

薇拉德卡曾把三盒炸藥重新包裝成更小的包裹，並在隔離區邊界的一棟建築中，從地下二樓的工廠窗戶鐵條之間把炸藥拿給隔離區的人。她用三百茲羅提和一瓶伏特加賄賂了一名非猶太人守衛，和他一起在一片漆黑中傳遞包裹，她記得當時「那名守衛像葉子一樣簌簌發抖」。在他們把包裹都遞過去之後，守衛渾身冷汗地喃喃自語道：「我再也不會冒這種險了。」薇拉德卡要離開時，守衛問她那些包裹裡面是什麼東西。「粉末狀的顏料。」她一邊回答，一邊小心翼翼地把一些灑出來的炸藥粉蒐集起來。

哈薇卡．傅爾曼（Havka Folman）[19]和塔瑪．施奈德曼把手榴彈放在衛生棉和內衣中，[20]走私進了華沙隔離區。她們在城市裡搭上了一班非常擁擠的電車，一位波蘭人在看到空位時彬彬有禮地堅持要塔瑪入座。但是，如果她坐下的話，整輛電車都會因此爆炸。兩名女孩靠著機智的對話擺脫了困境，用高聲大笑掩蓋心中的巨大恐懼。

比亞維斯托克市的信使海希雅並非單打獨鬥。[21]共有十八名猶太女孩同心協力地為當地反抗組織提供武器，與此同時，她們也向波蘭農民租房，並在納粹家、飯店和餐廳裡取得正職工作。海希雅是一名納粹親衛隊成員的女傭，這名隊員家中有一個大櫃子，裡面裝滿了獵鳥用的手槍。海希雅每隔一陣子就會從櫃子裡拿一些子彈，放進大衣的口袋中。有一次，那名隊員怒火沖天地把海希雅叫到櫃子前，海希雅很確定她被抓到偷拿彈藥了，但隊員只是很生氣櫃子裡的武器沒有排列整齊。這些信使女孩先把彈藥藏在她們房間的木地板下，之後再帶去隔離區牆邊的廁所，從窗戶把機槍子彈傳遞到隔離區內。

在比亞維斯托克市的隔離區經歷清空與青年起義事件後，當地的信使集團仍繼續提供情資與武器給各個游擊隊，使游擊隊得以闖入一座蓋世太保的軍火庫內。為了把大型槍枝送進森林裡，信使女孩會把槍拆成多個金屬零件，每一趟帶一個零件過去。海希雅曾把長步槍放在一個長得像是煙囪的金屬管中，在光天化日之下帶著金屬管行動。突然之間，兩名警察擋在她的面前。海希雅知道，如果她不先開口的話，開口的就會是他們，所以她問他們現在幾點了。

「什麼，已經這麼晚了？」她驚呼道。「謝謝你們，他們在家裡一定很擔心。」正如海希雅所說的，她的偽裝風格是「假裝出極為自信的樣子」。如果納粹太久沒有把她的（假）證件還給她的話，她會在辦公室中向蓋世太保抱怨這件事。有一次，一名納粹看到她想要走進隔離區，她便想也不想地脫下褲子開始小便，把那名納粹嚇跑了。同樣的道理，如果一名猶太男人發現有波蘭女人懷疑他的身分的話，其中一個很聰明的做法是立刻向女人提議，他可以把褲子脫下來證明他沒有割包皮——這句話通常就足以把女人嚇跑了。

海希雅找到了一份新的正職工作，她的新上司是一位德國平民，在德軍裡擔任建築主管。她知道這位上司曾提供食物給他的猶太工人，於是海希雅在某天晚上告訴這名上司，她其實是猶太人。她的室友海克曾領導比亞維斯托克市的起義，[22] 並逃過了遣送，如今海克也在為反納粹的德國人工作。當時有五名還活著的信使女孩一起建立了一個反納粹德國人的團體，蘇聯人抵達這個區域後，他們向蘇聯人介紹了這個團體，並成為了比亞維斯托克市反法西斯委員會（Bialystok Anti-Fascist Committee）的委員，這個委員會是由當地的各個反抗組織一起組成。這些女孩把槍枝從友善的德軍手上送到蘇聯人手上，把所有情資都提供給占領了比亞維斯托克市的蘇聯紅軍，又從逃跑的軸心國士兵那裡蒐集武器交給蘇聯。

在華沙隔離區起義開始後，戰士需要武器才能對抗納粹，其他集中營和隔離區的起義行動也同樣需要武器（例如利妮亞的隔離區就是如此）。莉亞·漢默斯坦（Leah Hammerstein）[23] 在雅利安區的一間復健醫院裡擔任廚房助手。她在青年衛隊認識的一位同志曾問她願不願意從醫院偷一把槍，她大吃一驚。雖然他後來再也沒有提起這件事，但莉亞卻一直無法忘記這個想法。有一天，她經過了一間德國軍人的房間，裡面空無一人。她想都沒想就走到衣櫃前，那裡放著一把手槍，正等著她拿取。她悄悄地把槍藏進裙子底下，接著走到廁所，鎖上門。現在該怎麼辦呢？她站在馬桶上，注意到有一扇通往屋頂的小窗戶。她用內衣把槍包起來，再推到窗戶外。當天稍晚，輪到她出去丟馬鈴薯皮了，她趁機爬上屋頂，把槍拿回來，丟到醫院的花園中。醫院進行了一次全院搜索，但她一點也不擔心——絕不會有人懷疑她。她在快要下班時從草叢中撿起包在內衣裡的槍，放進皮包裡，下班回家。

在華沙的墓園中，利妮亞掏出了她藏在鞋子裡的現金。[24]她和伊娜買下了武器，用結實的針織腰帶把槍綁在她嬌小的身軀上。接著她打開一個有雙層底部的袋子，把其他違禁品（手榴彈和汽油彈）收進祕密夾層裡。

不過，從華沙回到本津鎮的路程遠比來到華沙還要困難。她們搭上了駛向南方的火車，窗外的樹木嗖嗖飛過，車內的她們則遇到了多次突襲搜查，次數越來越頻繁，也檢查得越來越仔細。利妮亞看著一名警察細細翻找每一個小旅行袋，她在絕望之中努力克制自己不要發抖。另一名警察則一一拿起食物包裹。第三名警察負責查找武器。「為了信使與那些等待信使歸來的人，我們付出了無法計算的金錢、力氣與精神。」利妮亞回憶道。「如果信使沒有在預定的時間回來的話，其他同志都會緊張到快瘋掉。誰知道在這段延遲的時間裡會發生什麼事？」[25]

警察走到利妮亞面前時，她使用了布隆卡曾使用過的戰術，假裝自己走私的是食物。「先生，我只是帶了幾個馬鈴薯。」

他替自己拿了幾個馬鈴薯，就放過利妮亞了。[26]

在回程中，利妮亞和伊娜必須隨時準備好面對任何突發狀況。她們準備好被槍擊，也準備好在必要時從移動中的火車跳下去。她們必須清楚知道在遇到徹底搜查時該作何反應、清楚知道被抓到時又該如何是好；她們必須清楚知道絕不能以猶太人的身分被抓起來，絕不能表現出鬱鬱寡歡的神情，也絕不能在納粹看過來時露出微笑之外的表情；她們必須清楚知道，就算遭受刑求，也絕不可以說出任何事，絕不能洩漏半點資訊。有些信使會隨身攜帶氰化物粉末，以免自己被抓去拷問。他們把粉末包在紙袋裡，縫在大衣內襯的其中一個口袋中，只要拉開一條線，粉末就會掉進他們手中。27

不過利妮亞沒有使用這種解脫的手段。「你的行為舉止必須顯得穩定堅強。」她解釋道。「你必須擁有鋼鐵般的意志。」28 她不斷對自己重複這句話，火車飛速穿越森林，她通過了一次次的搜查，身上貼著槍枝，臉上掛著微笑。她很清楚自己該怎麼做。

這遠遠不是她以為的速記員人生。

Chapter

18 絞刑架

利妮亞

1943年6月[1]

利妮亞回到了本津鎮。[2]這天清晨，她聽見遠處傳來了槍聲。她從窗戶看出去，發現天空明亮得像是正中午。搜索的燈光照亮了隔離區內的一片狼藉。警察、蓋世太保和士兵包圍了隔離區。許多只穿著上衣甚至全身赤裸的人在街上四處亂竄，「就像被趕出了蜂巢的蜜蜂」。

利妮亞跳下床，納粹要把猶太人趕出隔離區了！她在數天前才剛從華沙回來，當時其他同志都笑容滿面地看著她藏在身上帶回來的武器，莎拉看到她回來時鬆了一口氣，差點昏倒。不過幾天的時間，如今又要再次面對遣送。

但，至少他們終於做好準備了。

時間是凌晨四點。法蘭卡和赫謝爾下令要所有人都躲到地板下面，只有少部分人除外。為了避免德軍起疑，必須有少數人留在房間裡——他們都是有藏德通行證的人。若納粹發現這棟建築物裡一個人也沒有，就會仔細搜查。若他們因此發現地堡的話，所有人都只有死路一條。比較好的方法是讓少數幾個人表現出正常生活的樣子。

沒有時間思考了。沒有時間執行任何充滿雄心壯志的計畫了。[3]共有九人必須留在房裡。他們把火爐頂部撤開，讓包括利妮亞在內的其他人爬進去。他們一個接著一個進入了先前準備好的安全屋。留下來的其中一名同志幫他們重新蓋上爐蓋。

利妮亞坐了下來。

一小時後，靴子的沉重踏步聲。接著，德國人的說話聲與咒罵聲，翻箱倒櫃與家具翻倒的聲音，搗毀房間的聲音。他們在四處搜索——他們想要找到躲在這裡的人。

利妮亞和其他同志沒有移動、沒有顫抖，幾乎不敢呼吸。

紋絲不動。

最後，納粹離開了。

但是他們定定地坐在裡面，又過了好幾個小時。這三十個人幾乎快把這個小型地堡塞滿了。只有牆上的一條細縫能流通空氣。四周悄無聲息，只有蒼蠅嗡嗡飛舞的微弱聲響。小型地堡的溫度逐漸升高，接著是臭氣。他們不斷用手替彼此搧風，希望能避免對方昏倒。突然間，奇普拉・馬爾德（Tziporah Marder）攤倒在地，還好他們先前藏了一些水和嗅鹽＊在這裡，他們試著用水和嗅鹽把奇普拉叫醒，但汗流浹背的她仍然動也不動——他們該怎麼辦？其他人也幾乎無法呼吸了。他們不斷掐她，最後她終於虛弱地動了動。缺氧使人感到反胃噁心，「我們的嘴巴很乾，非常乾。」利妮亞回憶道。

上午十一點，沒有任何人回到這裡。他們已經在地堡裡關了好幾個小時了，他們還能撐多久？他們坐在地堡裡又等了三十分鐘。接著，從遠處傳來了一陣聲音。聽起來像是從墳墓裡傳出來的，是可怕的哭喊聲與尖叫聲組成的共鳴。利妮亞能聽見地板上方有人體扭動與抽搐的聲音。

＊編按：化學填充的含氨化合物，通常用於提高警覺與保持清醒之用。

他們繼續等待外面的同志替他們打開火爐的上蓋。「誰知道他們還在不在呢？」法蘭卡說，她已經越來越絕望了。沒有人來找他們。

接著，終於出現了一陣腳步聲。門打開了。

回來的是負責照顧亞提德孤兒院孩童的馬克斯・費雪（Max Fischer）[4]和年輕的伊爾札・漢斯德夫（Ilza Hansdorf）。[5]多虧了一場意外，只有他們倆沒有被抓走。利妮亞的喉嚨中升起了一股嚎叫的渴望：他們之中最傑出的七個人，全都被抓走了。

利妮亞必須竭盡全力才能定神傾聽其他同志在說什麼。每個人都被趕進了一塊空地，猶太民兵用繩子把他們圍了起來。他們要所有猶太人排成一列長長的隊伍。德國人根本不看工作證明文件，也不區分老少。一名蓋世太保拿著棍子來回走動，把猶太人分開來：他把一些人分到左邊，一些人分到右邊。他要把哪些人送去謀殺者的手上？又要讓哪些人留在這裡繼續存活？最後，納粹把右邊的人帶去火車站送走，把其他人送回家。蓋世太保只要揮舞著一支小棍子把猶太人分成左邊與右邊，就能決定他們的生死。

許多人拔腿就跑，在逃跑途中被開槍擊中。

利妮亞和其他同志走到外面，站在他們的小房子前。一切都是白費。他們不可能把那些注定要被送上火車的人救出來。他們周遭有許多人正一邊哭喊、一邊在警局與住家之間往返。其中一個人的母親不見了，其他人則是父親、丈夫、兒子、女兒或兄弟姐妹不見了。納粹從每一個留下來的人身邊都「至少搶走了一個親人」。有些人因此暈倒在街上，一名已經陷入半瘋狂的母親，想要加入前往火車站的那群猶太人——她有兩名成年的兒子都被納粹帶走了。五名孩童哭著回到街上，因為納粹帶走了他們的父母，他們無處可去，其中年齡最大的孩子只有十五歲。猶太居民委員會副主席的女兒倒在地上，撕壞了自己的衣服，因為他們把她的父親、母親和弟弟都送走了，只剩下她一個人。她為什麼要繼續活下去？哭嚎、絕望，一切都毫無意義。被帶走的人永遠都不會再回來了。

其中也包括赫謝爾。赫謝爾不捨晝夜地幫助與拯救他人，所有猶太人都愛戴他，整個社群都敬佩他。人們為他哭泣，就像為自己的父親哭泣，利妮亞也不例外。

街道上躺著許多被有毒的達姆彈＊擊中的人，他們失去了意識，卻仍在極度的痛苦中扭動著殘破的身軀。這些人的親人把他們從屋內抬到屋外，卻無法減輕他們的痛苦，只能眼睜睜地看著他們受盡折磨。路人直接踩著他們的身體走過。沒有人幫忙把這些傷者喚醒，沒有人能提供支援，每個人都在承受痛苦，每個人都覺得自己遇到的折磨最可怕。貨車上載著布滿彈孔的屍體。躲進玉米田裡的人踩壞了種在田地裡的穀物，到處都是逐漸腐敗的死人。利妮亞能聽見死亡的嘆息從四面八方傳來。

親眼看見這種景象，對利妮亞來說、對任何人來說，都太過難以忍受了。利妮亞和同伴一起回到房子裡。床被掀開了，每個角落都有人臥倒在地上哀嚎。來自亞提德孤兒院的孩子們傷心欲絕，利妮亞怎麼安慰都沒辦法讓他們停止嚎哭。

法蘭卡不斷拉扯自己的頭髮，接著用頭撞牆。「都是我害的！」她尖叫道。「我為什麼要叫他們留在房間裡？是我殺了他們，我把他們派去送死。」利妮亞再次試著讓法蘭卡冷靜下來。

過了幾分鐘後，幾位同志看到法蘭卡在隔壁房間拿著刀對準了自己。[6] 他們把她手中的刀搶下來，她尖聲嚎叫：「我是殺死他們的兇手！」

槍聲沒有停止。即將被送走的人站在火車站等待，多位武裝士兵守在他們身邊。有幾個人試著逃跑，躍過了火車站與道路之間的金屬欄杆，而在欄杆的另一邊，有幾個波蘭人與德國人在旁觀看，他們顯得很滿意。「雖然很可惜還有些剩下的人，不過這些人很快就要被解決了。」利妮亞聽見其中一人說。「畢竟他們不可能一次把所有人都送去。」另一個人回答道：「就算希特勒現在漏殺了一些人，我們也會在戰後把他們全

＊譯者註：dumdum bullet，一種特製子彈，彈頭進入目標體內後會爆炸，造成嚴重創傷。

都殺死。」

火車到站了。納粹把人推進過度擁擠的家畜運輸車廂裡。火車的空間不夠，於是剩下的猶太人被推進了一棟大型建築裡，這裡曾是孤兒與年長者的住所。

利妮亞看著火車駛離車站，往奧斯維辛集中營開去。

車上的所有人都會在今晚死亡。

剩下的猶太人被關在那棟建築的四樓，他們從窗戶往外看，瘋狂地尋找救世主。蓋世太保把整棟建築包圍起來，猶太民兵焦慮地想著有沒有什麼辦法能救出他們的家人或朋友。最後，納粹把羅斯納手下的專業工人放了出來。羅斯納說，只要他還活著，他就絕不會讓德國人把他的工人帶走，但是蓋世太保知道，就算把這些人放出來也無所謂——所有猶太人都會被殺死，只不過是早晚的差別罷了。

納粹在隔天早上把剩下的猶太人押出來。他們還需要數百名猶太人，才能湊齊滿千的整數——如此一來才能塞滿整個車廂。「我們無法理解整數到底有什麼吸引力。」利妮亞寫道。「我們常會開玩笑說，整數是他們能殺掉的最少人數。」即使在遭受如此野蠻的對待時，這種絞刑架下的幽默也能幫助猶太人驅散恐懼、否認死亡的重要性，並讓他們覺得能夠稍微控制自己的人生。[7]

數小時後，蓋世太保闖入了一間工廠抓人，湊齊了人數。納粹在這兩天內總共從本津鎮抓了八千人送去殺死，[8] 這個數字還不包含那些被射殺身亡或因為悲傷與恐懼而死的人。

赫謝爾被抓走後，法蘭卡再也無法管理基布茲了。她無法忍受心中的憂慮與未來的計畫。自由青年運動逐漸崩解，沒有人想要外出。「在隨時都有可能會被納粹逐出隔離區的狀況下，工作又有什麼意義呢？」利妮亞問道。所有同志都知道，如今只是時間早晚的問題罷了，到了最後，他們每個人都會被殺死——而且剩下的時間不多了。他們開始考慮離開隔離區並分散開來，各自逃往他們自己想去的目的地。

猶太居民委員會的領導人對猶太社群發表了「積極正面的演說」：只有工作能拯救餘下猶太人的性命。有些想要回歸日常生活的人回到了工作崗位上。他們跨出的每一步都無比沉重。

在本津鎮經歷了大規模遣送的數天後，一個小型奇蹟發生了：一位猶太民兵送了一封信來。利妮亞簡直不敢相信自己的雙眼：是赫謝爾的筆跡。這是真的嗎？

利妮亞、阿莉莎和馬克斯跟著這位民兵回到工廠，一路上到處都是蓋世太保，每個經過的人都會被他們攔下來檢查。他們在路上看到一位血流如注的猶太民兵，他的一隻耳朵被扯掉了，臉頰遭到抽打。他的白色外衣變成了紅色，臉色無比蒼白。一名蓋世太保為了取樂對這位民兵開槍。

送信的那位民兵帶著他們來到工廠頂樓，走進一個亂糟糟的小走廊。他把一大堆商品挪到一邊。赫謝爾就在這些商品之中，好像這裡是個巢穴一樣。

利妮亞跑到了他身邊。他被打得渾身是傷，幾乎讓人無法辨認長相。他的臉上布滿劃傷，腳也受傷了。但他笑了起來，像是父親一樣擁抱了所有人，眼淚沿著他凹陷的臉頰流了下來。他安慰其他人，並告訴他們他沒有遇上什麼危險的事。他的腿或許斷了，但「最重要的是我還活著，還能見到你們。我沒有失去任何事物。」他把口袋裡的東西拿出來給他們看，接著描述了自己的經歷：

他們把我們推進火車車廂裡……我們全都被毒打了一頓……我開始尋找逃脫的方法。我身上帶著折疊刀和鑿子。雖然過程很艱辛，但我還是設法把窗戶撬開了。車廂裡很擠，所以沒有人注意到我的舉動，但就在我要跳出去時，其他人拉住了我的手腳，大喊道：「你在做什麼？你這麼做的話他們會把我們全都像是牲畜一樣殺掉！」

火車繼續前進。尤爾和葛特克（Gutek）拿出刮鬍刀要自殺。但我不准他們那麼做。我告訴他們，等到其他人分心的時候，我們再跳出去。接著，機會突然降臨了。我想也沒想就跳出火車。另一個人也跟在我後面跳下車……我寧願因為跳車而死，也不想要在奧斯維辛集中營結束我的一生。我聽到背後有槍響，是看守這條路的德國人在開槍。我跳進了坑洞裡。火車繼續前進。我看到遠處有人躺在地上——很可能是被射殺身亡的跳車者。不遠處有一名波蘭女人在田地裡工作。她把我拉進田裡，遠離鐵軌。

我的腳上都是瘀傷，無法走路。她告訴我奧斯維辛集中營就在附近，跳車是明智的選擇，所有去到那裡的猶太人都是死路一條。她從家裡帶食物給我，把我的外套撕成條狀，當作繃帶包紮我的腳。接著，她叫我離開，她說如果村裡的農民看到我的話，會把我交給德國人。那時已經是晚上了。我四肢著地，往她指的方向爬行。白天我躺在田地裡，吃紅蘿蔔、甜菜和各種植物。我爬了一週之後，抵達了這裡。

那天晚上，在一位好心猶太民兵的幫助下（利妮亞承認，確實有些民兵是好心人），利妮亞把赫謝爾帶回了基布茲。為了避開蓋世太保，他必須永遠住在地堡裡面。所有人都不敢置信，他們的父親逃過一劫了。一切終究會好轉。

不過，他們都知道這種喜悅只是一時的。猶太居民委員會注意到了基布茲的活動，開始起疑心了。卡米翁卡鎮隔離區中到處都是空無一人的公寓，原本的居民都被殺死了，因此自由青年運動分散到三間公寓。他們分成十人一組，每組人都在隔離區的不同區域找到地方居住。不過，他們仍然生活在一起。「我們是一家人」——這句格言總是會引導他們前進。

Chapter 19 森林裡的自由——游擊隊

利妮亞、菲伊、薇特卡、利妮亞和薩爾達

1943年6月

一九四三年晚春，金髮藍眼的馬雷克．傅爾曼（Marek Folman）從華沙回到了本津鎮，[1] 他因為近來的起義和自己的成功而顯得精力充沛。馬雷克和他哥哥在數個月前偽裝成波蘭人，加入了波蘭中心區域的一支游擊隊。他們攻擊德國兵營、在軍隊的火車下安裝地雷，並放火焚燒政府建築。令人遺憾的是，馬雷克的哥哥在一場戰鬥中被殺死了，但至少他是以戰士的身分死去。利妮亞聽著他描述這些經歷，每字每句都宛如魔法。

馬雷克有一個計畫。雖然他隸屬的游擊隊拒絕接受任何猶太人，但他聯絡上了一位名叫索察（Socha）的波蘭警察，索察願意幫助札倫比區的猶太人聯絡其他願意接納他們的當地游擊隊，而索察和他的家人住在本津鎮。

整個基布茲都很興奮。他們一開始的理念是在隔離區中用猶太人的身分戰鬥。但是，隨著清空的狀況逐漸加劇、成功起義的機會逐漸下降，他們的選擇也越來越少。加入游擊隊也是反抗行動的一種，是絕佳的好機會。他們過去曾試著聯絡一些游擊隊，但從來沒有成功過。

這名願意幫助猶太人的波蘭人是誰？馬雷克和茲維

必須先評估狀況。他們前往索察居住的儉樸公寓。嬰兒哭著要食物，典型的出身農民背景的妻子，勞工階級的家庭。他們對索察留下了不錯的印象。

「好的，」他們說。「我們會跟你去找游擊隊。」

ŻOB決定要每一次只送少量成員過去。送去的全是男孩，其中只有少數人有槍。他們要逃離隔離區，拿掉猶太之星的臂章，在先前商定的地點和索察碰頭，再跟著他進入森林。ŻOB要求他們抵達之後寫信回來。

漫長的一週過去了，ŻOB的同志聽說索察已經回到了鎮上。基布茲不想要提供地址給他，所以馬雷克·傅爾曼不安地出發前往他的住所。

索察帶回了好消息：ŻOB的同志已經安全抵達森林，游擊隊敞開雙臂接納了他們。他們在當天就出發去對抗德國人了。索察又道歉說——他們太過興奮，所以忘記寫信了。

他們終於能復仇了！ŻOB激動萬分地準備要送第二組人馬出去。由於納粹的全面遣送迫在眉睫，所以每個人都在懇求ŻOB派自己出去。利妮亞也苦苦哀求，她非常想做點什麼、想採取行動、想戰鬥。

他們宣布了名單。[2] 青年衛隊派出的是海柯的男友兼領導人大衛，還有赫拉·卡琴戈德（Hela Kacengold），在海柯的描述中，她是新一代戰時女孩的象徵：「她穿著高統靴和馬褲，還帶著一把槍，你很難看出她是個女人。」[3] 自由青年運動派出的是奇普拉、五名男人和一名亞提德孤兒院的男孩。這一次他們也同樣要求這些離開的人寫信回家，告訴他們下一組應該要做哪些準備。剩下的同志雖然羨慕，但也滿懷希望，他們看著新的小組把子彈裝進火柴盒中，一起喝伏特加慶祝。[4]

利妮亞得知了自己的名字不在名單上後，受到很大的打擊。法蘭卡和赫謝爾解釋說，ŻOB需要她多去華沙幾趟帶槍回來，特別是因為如今他們的槍全都被前往森林的戰士帶走了。等到利妮亞完成接下來的幾次任務後，她就能加入游擊隊了。

利妮亞嘆了一口氣。道理她都懂。但是啊，她多麼期待、多麼希望自己能夠加入戰鬥的行列啊！

想要加入游擊隊是極度困難的一件事，對猶太女性來說尤其艱難。[5] 雖然當時有很多不同類型的游擊隊，[6] 每一個游擊隊都各有自己效忠的對象和奉行的哲學，不過他們通常都在兩件事情上有共識。第一，他們不接受猶太人，原因有可能是民族主義或反猶主義，也可能只是因為他們不相信猶太人能戰鬥。另外，多數猶太人抵達森林時都沒有武器或沒有受過軍事訓練，他們的生理與心理往往都受到嚴重創傷——因此，游擊隊將他們視為負擔。第二，他們不把女人視為戰鬥人員，認為女人只在烹飪、清潔和照顧方面有用。

儘管如此，當時仍有大約三萬名猶太人加入了不同的游擊隊團體，他們通常會隱藏自己的身分，或者必須先證明自己的能力並比別人付出加倍的努力。在這些猶太人中，百分之十是女人。[7] 多數猶太女人加入的都是在東方行動的游擊隊，她們往往是預先擬定好計畫才逃跑的，加入游擊隊通常是她們唯一能活下來的機會，所以她們只能冒這個風險。

光是接近游擊隊的營地就是一項危及生命的行動。游擊隊可能會看出她是猶太人並通報警察，或是在路上遇到非猶太平民時，因為納粹政策導致的嚴重反猶情節而被平民殺死。游擊隊常會開槍殺死不屬於任何部隊的落單者，猶太難民也包括在內。有些游擊隊會懷疑女人是納粹的間諜，曾有一名游擊隊的指揮官因為聽說蓋世太保派了一群女人在他們的食物中下毒，所以下令手下把一整組接近他們游擊隊的猶太女人全都開槍射死。森林裡充滿了搶匪、間諜、納粹協助者和害怕德國人又充滿敵意的農民。游擊隊有時候也很暴力，森林裡有許多女人被強暴。[8]

在戰前，波蘭絕大多數的猶太人都住在都市。[9] 因此，森林中的動物與昆蟲、河流與沼澤、冰寒的冬天與酷熱的夏天，對他們來說這裡是另一個宇宙，每時每刻都充滿了生理與心理上的不適。女人必須面對孤獨，又缺乏保護，游擊隊時常把女人稱做「婊子」，若女人在醫療或烹飪方面沒有特定技能，又或者不具有吸引力的話，通常會被游擊隊拒絕。多數猶太女性都必須依賴男性，用性來交換衣服、鞋子和庇護所。有些女人覺得自己必須和帶她進入游擊隊的人做「致謝的性行為」。另外，營地有時會在晚上被襲擊，因此女人需要睡在保護者附近。一名游擊隊員曾抱怨：「為了在白天獲得一些相對的安寧，我必須同意在晚上『缺乏和平』。」[10] 游擊隊中發展出了一種性與保護的經濟：只要接受了男人的保護，她就是屬於男人的女孩。一名猶太女人記得，當時立刻有人告訴她要「選一位長官」。[11] 一名女性游擊隊員則描述一個共產黨游擊隊「收留女人就是為了性行為」。她補充道：「雖然我不能說這是強暴，但這種行為確實很接近強暴。」曾有一名共產黨游擊隊的指揮官在她和其他女孩洗澡時闖進去，其中一名女孩往指揮官身上潑了一整桶水，指揮官便拿出槍開始射擊。[12] 有超過一名以上的女人之所以和男人成為伴侶，只是為了讓其他男人停止騷擾的行為。[13]

從許多層面上來說，游擊隊中的親密關係都十分複雜。第一，這些受了嚴重創傷又傷心欲絕的女人和女孩才剛失去了全部的家人，並不特別想要開始一段戀情。第二，社會階層上的差異非常明顯。在戰前的生活中，都市的猶太女性都受過教育，懷抱中產階級式的志向；而非猶太人的游擊隊則通常是不認識字、住在郊區的農民。過去住在城市的男性菁英分子在森林裡變成了「沒用的人」，只有拿著槍的強壯男人才能獲得真正的地位。[14] 相對的，女人不但必須隱瞞自己猶太人的身分，還必須轉變她們原本比較偏向都會女性的思考方式、說話態度與生存方法。

無論如何，許多女人都變成了指揮官的「戰時妻子」。有時他們會發展出真正的戀愛關係，但通常並非如此。游擊隊中常會有女人在壕溝接受無麻醉的墮胎。猶太物理治療師芬妮·盧茲上尉（Fanny Solomian Lutz）變成了平斯克市附近一個游擊隊的主治醫師，她的專長是用森林中採集來的植物製作草藥。她用奎寧成功替數位女人墮胎，不過也有許多女人在墮胎過程中死在手術桌上。[15]

多數時候，游擊隊中的猶太女人都必須隱瞞身分並依賴男人。她們擁有的槍都被沒收了，她們被迫為男性戰士製作皮靴、洗衣煮飯，勞動使得她們的皮膚隨著洗衣服的水一同剝落。[16] 順帶一提，在森林裡煮飯並不是個簡單的任務：女人必須撿木柴、運水，並發揮高度創意烹飪有限的食材。在游擊隊的總部裡，女人是辦事員、速記員和翻譯，還有少數女人是醫師和護士。

不過還是有些猶太女人是例外，她們成為了游擊隊的情報人員、偵察兵、蒐集物資者、武器轉運員、破壞行動執行者、逃跑戰俘的追蹤者以及經過全面訓練的森林戰鬥員。當地的農民看到這些武裝的女人出現時總是很震驚，她們背上總是背著槍，有時還會背著孩子。

菲伊・舒曼來自東部邊境的列寧鎮（Lenin），[17]她信奉現代正統猶太教，是一名攝影師。她曾因為自己的「技能有價值」，在納粹大量槍殺一千八百五十名猶太人時逃過一劫，當時她的家人也被殺死了，但她逃過一劫的方式，卻是被迫拍攝納粹折磨猶太人的照片。菲伊在感覺納粹即將殺死自己時逃進了樹林裡，她渾身顫抖地懇求游擊隊的指揮官讓她加入。指揮官知道她是一位醫師的親戚，命令她在游擊隊裡擔任護士。雖然她對醫療一竅不通，但她很快就克服了噁心感，控制了她的心理壓力。病人的血變成了她母親的血，這讓她開始想像家庭中的每個人被謀殺的場景。她經過了游擊隊中一名獸醫的訓練，在長椅組成的手術桌上進行了戶外手術，她用伏特加麻醉一名游擊隊員後，再用自己的牙齒切斷了隊員的手指骨；她還曾切掉自己身上的感染傷口，以免其他人因為注意到她發燒，將她視為負擔並殺掉她。菲伊在這個世界上只剩下自己一人，她在十九歲的年紀就必須不斷做出攸關生死的抉擇。

菲伊堅持要加入戰鬥，她為了復仇而襲擊了自己的城鎮。「雖然納粹已經用沙子和土壤把墳墓埋起來了，但過了好幾天後，地面的形狀仍舊隨著屍體分解而不斷改變，最上層的土壤裂開來，血液不斷滲出……就像一個正在流血的巨大傷口。」她後來寫道。「我的家人的血液仍不斷從這些溝渠中流出，在這種狀況下，我絕不可能留在後方。」[18]在游擊隊常出任務的期間，她把相機埋在森林裡，而後她又把相機拿了回來。她最好的朋友是鏡頭和槍，晚上她擁著睡覺的不是愛人，而是這兩個摯友，她很清楚戰爭是如何阻撓了她的性發展。「我以非常痛苦的方式失去了我的青少年時光。」她反思道。她曾經熱愛舞蹈，但能夠跳舞的日子已經結束了。「我的家人被殺死了，死前她們受盡折磨與殘暴的對待，我不能允許我自己玩樂或感到開心。」[19]雖然在她某次拒絕了一名男人的求歡後，那名男人在她睡著時拿槍指著她的頭並把她叫醒（一名朋友幫忙卸了槍裡的子彈），但總的來說，她覺得自己是「男孩中的一分子」，她和他們一起從公共的飯鍋裡打飯吃（每個人都從自己的靴子裡拿出湯匙）、飯後和他們一起享受用報紙捲成的捲煙、艱辛地在布滿地雷的森林裡跋涉，並以一名頂尖戰士的身分榮獲邀請，可以和其他人一起用刀刺死游擊隊俘虜來的一群間諜。（菲伊故意遲到，藉此避免謀殺之舉。雖然她像鋼鐵一樣勇敢，但她的心從來沒有變硬過。）

在加入游擊隊的這段期間，她一直對多數人隱藏自己的猶太人身分，在逾越節獨自吃飯時捏造一些故事當作藉口。一直到四十年後她才發現，當時她想結交的一名男性之所以不理會她，是因為他也隱瞞了自己的猶太人身分，他擔心其他人看到他和菲伊在一起會對他起疑。就算是在反抗組織中，他們仍必須隱瞞自己的身分。

除非，你加入的是成員全都是猶太人的游擊隊，事情才會有所不同。這種特殊游擊隊通常都是猶太領導人在東部的茂密森林中組建，大多都是收留猶太難民的家庭營地（著名的畢爾斯基游擊隊〔Bielskis〕收留了多達一千兩百多名猶太人，他們歡迎所有猶太人加入他們），此外他們也會執行破壞行動。許多女人加入了這些游擊隊，有些人會外出執行任務，還有些人則會擔任武裝守衛。[20] 其中一個猶太人游擊隊來到了魯德尼基森林（Rudniki Forest），準備要進行游擊行動，這些游擊隊員是來自維爾納市的同志。[21]

艾巴．科夫納在最初的地下會議中說出了「我們不會成為屠夫面前的羔羊」之後，維爾納市的數個猶太團體熱切地迅速聚集在一起。他們組成了ＦＰＯ——這是意第緒語的縮寫，意思是聯合游擊組織（Fareynikte Partizaner Organizatsye）。許多女人都成為了聯合游擊組織的信使、成員和破壞行動執行者，包括青年衛隊的同志蘿希卡和薇特卡。

希特勒在一九三九年入侵波蘭，當時嬌小的蘿希卡靠著猶太人建立的地下祕密網絡，獨自經歷了四百八十公里的旅程，抵達了維爾納市。她住進了一棟過去的濟貧院，如今已經變成了數千名青少年的住所，住在這裡的人仍有機會能「阿利亞」，許多猶太復國主義的難民正是為了「阿利亞」而在這裡等待（當時維爾納市突然變成了立陶宛管轄的城市）。家庭、學校、掙扎、夢想，這些事物全都和蘿希卡過去的生活毫無關連。她因為聽力與解決衝突的能力都非常傑出，很快就成為了組織內的領導人。

一天早上，[22] 蘿希卡正專注地閱讀一本有關社會主義猶太復國主義的大部頭書籍，這時，一名活潑的女孩走到了她身邊，這名女孩有著纖長的睫毛，波蘭語的發音非常完美。

「為什麼要看這麼嚴肅的書呢？」女孩抱怨道。

「因為這個世界是一個嚴肅的地方。」蘿希卡告訴她。蘿希卡的家鄉只有寥寥數個猶太人，她在聽到公立學校的老師做出反猶主義的發言後，立刻把桌子移到了走廊去，再也沒有把桌子移回去過。她是個害羞的局外人，把所有空閒時間都用在圖書館裡。

「我覺得這個世界沒有那麼嚴肅。」那名年輕的女孩回答，她是薇特卡。接著她解釋道，如果這個世界真的那麼嚴肅的話，「那就更不應該讀這麼嚴肅的書了。」她最喜歡的書是《基督山恩仇記》（*The Count of Monte Cristo*）。

在薇特卡過去居住的小鎮上，納粹把所有人都鎖在猶太會堂裡，薇特卡從廁所的窗戶爬出來，逃到了維爾納市。她是猶太學校的頂尖學生，也是第一個加入青年團體貝塔爾並接受了「半軍事化」訓練的女人。她認為自己是個波蘭愛國主義者，去過許多個青年團體，最後決定要加入青年衛隊，但她一直都不是核心成員。

蘿希卡和薇特卡變成了密友。蘿希卡個性正直、為人謙虛，薇特卡則在失去了許多事物後仍舊保持堅定的天真。有一天，她們注意到一位奇怪的青年衛隊領導人正在觀察其他年輕人。他帶著一頂帽子，把帽沿下壓到眼睛的高度。每個人都覺得他很有魅力，薇特卡卻覺得他很奇怪。沒有人敢靠近他。「我在心中疑惑地想著，為什麼沒有人要跟他說話。」薇特卡後來說。「怎麼回事？他有那麼嚇人嗎？」她走過去和那個領導人打招呼。[23]那個人就是艾巴・科夫納。

雖然薇特卡在蘇聯占領維爾納市時逃跑了，但在這座城市又被納粹占領後，薇特卡又回到了這裡。她覺得，如果整個波蘭都是德國人的話，那麼她還不如回來和蘿希卡作伴。她搭了一名納粹的便車，但納粹一聽她說自己是猶太人後，就驚恐地逃跑了。接著她搭上了貨運火車，抵達維爾納市後，她連大衛之星都沒有戴上就毫不畏懼地走在人行道上。蘿希卡看到她時大吃一驚。「你瘋了嗎？你是想被納粹殺掉嗎？」[24]

她們兩人一起搬回隔離區，同睡一張床，成功避開了納粹的所有暴行，甚至曾扮演過警察的妻子。[25]接著，青年衛隊把薇特卡派到了雅利安區，蘿希卡因此替她染了頭髮，最後頭髮卻變成了紅色，她們只好付錢給一名猶太理髮師用雙氧水幫薇特卡染髮。[26]蘿希卡指出：「她的髮色不可能藏得住她偏長的猶太鼻子，也不可能藏得住她擁有豐沛猶太情緒的雙眼。」[27]儘管如此，薇特卡還是懷抱著無盡的信心，準備好要騙過波蘭人了。她發現騙過德國人很簡單：「無論你說什麼，德國人都買單。」[28]有一次她出門時忘記戴上大衛之星，便直接用一片黃色的葉子卡在手臂上取代。[29]

一九四一年十二月，薇特卡負責的任務是救回艾巴，當時艾巴躲在一間修道院裡，打扮成一名修女。她把艾巴帶回隔離區和波納里大屠殺的倖存者莎拉見面。艾巴聽完莎拉的故事後，意識到他們唯一的出路只有武裝革命，於是他召集了著名的新年會議，建立了聯合游擊組織，並搬去和兩名女孩一起住。他和兩名女孩同睡一張床，「我睡在她們兩人中間。」[30]他告訴其中一位戰士。他們三個人手挽著手一起走在隔離區的街上，助長了有關三角家庭的傳言。（傳說曾有一名學生問薇特卡為什麼要加入反抗軍，薇特卡立刻回答：「為了性！」）[31]

在薇特卡和蘿希卡的積極參與下，聯合游擊組織的槍枝、石頭與硫酸瓶不斷增加。聯合游擊組織用一本又一本「防彈」的塔木德聖經在總部的周圍建立了一圈很厚的牆，印刷了呼籲反抗的傳單，並計畫了反抗行動。

接著，艾巴派薇特卡執行一項破天荒的任務，這是他愛的表現。[32]她的任務是要炸掉一列載著士兵與物資的德國火車。[33]她花了兩週的時間，每晚都從隔離區跑出來調查鐵軌，確認最適合放炸彈的地點——必須足夠遠離猶太人，才不會誤傷猶太人或使他們受到責怪與懲罰；但同時又要足夠靠近森林，執行破壞的人才能躲起來；而且這個地點還不能距離隔離區太遠，如此一來她才能在正確的時間點進出隔離區。她近距離研究鐵軌，由於到時候他們必須在晚上摸黑行動，所以她把所有細節都寫了下來。火車沿線都有德國人巡察，位置也很靠近一般平民的活動區域。薇特卡曾被攔下來過好幾次。「我只是在找回家的路。」她謊稱。「我不知道這裡是禁止行動的區域。」她漫步遠離那名好騙的納粹，繼續沿著鐵軌走了好一段距離。

有一次，薇特卡在進入宵禁後遇到了不斷吠叫的狗，只能在回去隔離區時遠離她常走的路線，並因此踏入了一名德國人的開火範圍。她差點就被一槍擊斃了，但她假裝自己迷路了，淚汪汪地走向那名納粹。[34]納粹士兵很同情她，派了另外兩名納粹陪她走回去。她後來表示，無論她在何時遇到危險的狀況，她都是靠著保持「絕對的冷靜」度過難關，在進入這種冷靜的狀態時，她感覺就像從遠處看著自己一樣，因此她可以評估風險，選擇能夠安全脫身的應對方法。[35]

在一個溫暖的七月夜晚，她和兩名男孩與一名女孩一起離開了隔離區。體型纖瘦的薇特卡通常會從隔離區的圍牆裂縫進出，但這一次她帶著三名同志走的路線是煙囪與屋頂。他們三人在外套下藏著手槍、手榴彈和一個引爆器。薇特卡的外套下藏的則是艾巴用鐵管製作的炸彈。[36]（蘿希卡是文件兵團〔Paper Brigade〕的成員，[37]這個組織會走私猶太書並保存起來。她在維爾納市的意第緒科學院〔Yiddish Scientific Institute，YIVO〕的圖書館中找到了一本芬蘭語的小冊子，這是北歐國家在準備應對俄國入侵時所寫的，裡面介紹了游擊戰與製造炸彈的知識，還包括了圖解。這本小冊子變成了他們的教學手冊。）

薇特卡帶著三名同志抵達了她找到的完美地點，在一片漆黑中把他們的土製炸彈安裝在鐵軌上，期間一直抬頭張望，確認火車的距離。接著，她和三名戰士一起躲進了森林裡。下一瞬間，火車疾駛而過，接著，一朵狂野的橘紅色火花衝上了天空。薇特卡跑在仍在前進的火車旁邊，把手榴彈丟了出去。接著，火車脫軌了，車廂傾倒後冒出黑煙，火車頭緩緩滑落峽谷中。德國人瘋狂地朝著森林掃射，殺死了薇特卡帶來的那名女孩。薇特卡把她埋在森林裡，在天亮之前跑回隔離區。雖然在不遠後的將來，毀壞火車將會變成游擊隊常執行的破壞任務，但薇特卡是在納粹占領的歐洲炸毀火車的第一人。

過了幾天後，一份地下報紙刊登了報導，說波蘭游擊隊用炸彈攻擊一列火車，殺死了兩百多名德國軍人。作為報復，納粹親衛隊殺死了最近一個城鎮中的六十位農民。「我不會對此感到內疚。」薇特卡後來說道。「我知道殺死那些人的不是我——是德國人。在戰爭時期，你很容易會忘記誰才是影響力最大的人。」[38]

在那之後，薇特卡繼續偷偷進出隔離區，幫助兩百名同志逃進森林裡。她花了好幾天在維爾納市四處遊蕩，走上好幾公里，尋找有哪些地方能讓一整群猶太人經過又不被注意到。薇特卡通常會看著他們離開，不過，首先她要帶著他們到墓園去，她會事先把槍和手榴彈都埋在新的墓中。「德國人不允許活人離開隔離區，」蘿希卡曾寫道，「但死人可以從大門離開。」[39]薇特卡把武器分發給其他同志，詳細描述她為他們偵察出來的路線，並親吻每個人道別。聯合游擊組織共有一百名成員留在隔離區抗戰，薇特卡也是其中之一。納粹很快就突擊了她的部隊，而薇特卡是為數不多的其中一名生還者。「她直接走出來，步伐閒適自信，就好像她有事要去別的地方一樣。」記錄這件事的人後來描述道。「沒有任何人攔住她。」[40]

然而，聯合游擊組織缺乏猶太大眾的支持，他們對於隔離區大型反抗戰鬥的夢想成了動搖信心的失望，隔離區裡開槍擊出的子彈屈指可數。戰士在薇特卡的事前計畫與帶領下，從維爾納市的下水道逃出了隔離區、進入森林，他們滿心渴望戰鬥，精力充沛地從防禦轉變成攻擊。艾巴變成了猶太軍團的指揮官，整個軍團分成了四個小隊。他領導的是「復仇小隊」（Avenger），薇特卡則負責指揮她自己的偵察小組。[41]

在森林裡，與這支猶太游擊隊有聯繫的蘇聯軍官，叫艾巴建立一個家庭營地，可以專門收容女孩，讓她們負責煮飯和縫紉。艾巴認為男人與女人之間沒有差別，因此拒絕了。他說，每個能戰鬥的人都要戰鬥、每個人都必須從共同武器庫裡借一種武器、每個人都有機會奪回自己的尊嚴。此外，他曾親眼見過這些女人表現出驚人的勇氣。根據薇特卡所述，艾巴堅持每個任務至少都要有一名女孩參與，就算男孩們不滿意也沒有用——雖然男孩們的不滿源自於有些炸藥的重量高達十公斤，有時他們必須長途跋涉四十八公里，而多數女孩都不用幫忙負重。[42]

在第一個由猶太人主導的破壞行動中，他們派出了蘿希卡和四名男人，他們要跋涉六十四公里，炸掉一輛載著軍需品的火車。在隔離區內，蘿希卡因為冷靜又值得信賴的舉止而獲得了「小妹妹」（Little Sister）的綽號，她不但曾走私書籍，也招募過戰士，並協助眾人保持熱忱，她是隔離區戰鬥組織中的第二把交椅。艾巴知道蘿希卡能用她的堅強證明猶太女人有能力作戰。

蘿希卡和四名男人在冰寒刺骨的傍晚出發，每個人都要帶著一把槍和兩個手榴彈。嬌小的蘿希卡堅持她也要輪流背負重達二十二公斤的地雷。他們走過了許多結凍的道路，來到了一條河流前，川流不息的河水漲至河岸的高度。他們必須背著所有彈藥，踩在一根橫越河流的木頭上，慢慢前進。蘿希卡不小心掉進了河裡，但她抓住了那根木頭，儘管她的腿既麻木又沉重，但她還是把自己撐了起來。指揮官看到她全身都溼透了，便命令她回去營地，以免失溫至死。但她堅持要留下來：「除非你往我的頭開一槍，否則我絕不可能退出這個任務。」[43]因此，他們在又走了數公里之後闖進農民的家中，為蘿希卡偷了一套乾衣服——一套男人的衣服，所以她必須把褲管捲起來再塞進襪子裡。接著，他們用槍威脅一名農民，逼迫他指明方向。他們在這個任務中殺死了五十名納粹士兵，毀掉了一個德國人的武器倉庫。

「我還記得第一次突擊德軍的感覺，就好像是今天發生的事一樣。」蘿希卡後來寫道。「自從戰爭爆發之後，我最快樂的一刻就是看著眼前那輛毀掉的車子與八名支離破碎的德國人。我們完成任務了，我原本以為我再也不可能感到快樂了，但我開心地慶祝了起來。」[44]蘿希卡因此變成了巡邏小隊的指揮官。[45]

除了毫不畏懼地執行作戰任務之外，蘿希卡還擔任軍需官。[46]在森林中的生活出乎預料的完善，各個游擊隊的營地設置會因為地點和紮營日期而有所不同，有些營地甚至包含了一整個村莊那麼大的地下屋，營地裡有聚集會所、印刷機、診療所、無線電發射器、墓地，以及把石頭加熱後放進水裡的「施維茲浴」（shvitz bath）。大部分的食物、靴子、衣服、大衣和日用品都是從農民那裡偷來的，他們往往必須在過程中拿槍指著對方。[47]為了避免煮飯的煙暴露營地位置，他們只能在晚上煮飯。他們從農民那裡偷來一些容器，在裡面裝滿溪水，有時那些溪流甚至距離營地數小時的路程。[48]到了春天，他們會融化冰和雪當作飲用水，會數十人一起睡在地下屋中，還會幫齊姆蘭卡（ziemlanka）做偽裝——齊姆蘭卡是他們用樹枝與樹幹製成的獨木舟，他們會在上面蓋滿草葉，並為了避免積雪而傾斜擺放。從側面與正上方看來，這些齊姆蘭卡看起來就像是灌木叢生的小小山丘。這些堅固的藏身處裡面都擠滿了人，空氣裡瀰漫著「令人作嘔的腐臭味」。[49]

蘿希卡在「復仇小隊」負責管理營地健康，包括流感、壞血病、體蝨、肺炎、疥癬、軟骨病、牙齦疾病和缺乏維生素導致皮膚增生的疼痛。薇特卡曾把她的外套借出去，拿回來時上面爬滿了蝨子。她把外套丟到一匹馬上，讓所有蝨子都爬到馬的身上。[50]這次之後，蘿希卡建立了一套洗衣服的系統：每週游擊隊員都要在其中兩天把衣服丟進一個池子裡，用水和灰燼煮過。她會幫忙評估隊員的凍傷、負責決定麵包的配給，把麵包分給病患——對於每天只能吃肉和馬鈴薯的游擊隊來說，麵包就是珍饈佳餚。

醫藥就像武器一樣難以取得，必須依靠信使長途跋涉到維爾納市才能帶回來。身材嬌小、金髮碧眼的薩爾達·崔格是當時很重要的信使。[51]她用安靜但堅決的態度在森林與城市之間往返，獨自沿著沒有鋪路的路線穿越沼澤和湖泊，完成了十八次任務。薩爾達是由母親帶大的，她的母親是一名牙醫，在薩爾達十四歲時過世。她過去唸書時的目標是成為幼稚園老師。戰爭爆發時，她逃離了隔離區，在波蘭農場裡找到工作，農場裡的農夫將她登記成家人，給了她正式的基督徒身分。過了幾個月後，薩爾達手部的傷口感染了，她回到隔離區，找到青年衛隊的同志並加入聯合游擊組織。

薩爾達因為長相的關係，立刻變成了信使，她把武器裝進棺材或包裝成漂亮的包裹，運送回去。她替戰士找到許多路線，讓他們逃到兩座森林裡（其中一座森林位於兩百公里之外），並護送許多猶太人離開隔離區。她在一個小型反抗行動中戰鬥，接著幫助薇特卡執行下水道逃脫計畫。她幫忙從勞動營與隔離區拯救了數百名猶太人，把他們帶到森林裡。雖然她曾被抓到好幾次，但她總是能順利逃脫，她常會假扮成天真的鄉下女人，表現得像是要拜訪生病祖母的虔誠基督徒農民，或者結結巴巴地假裝自己有精神疾病，又或者直接拿了文件就逃跑。

在冬天的一個寒冷週六，薩爾達穿上了舒適的毛皮大衣，並把頭巾向下拉低到眼睛的位置，她今天的任務是要帶武器回游擊隊。她的籃子裡裝著密碼信，要帶去給城市裡的地下組織。她直接沿著道路走進城裡，抬頭挺胸地經過守衛面前。她抵達目的地時，時間已經很晚了，她必須去找她認識的一位基督徒女人過夜。那名女人的其中一位鄰居想要勒索她，但薩爾達把她推開了。就在薩爾達和那位基督徒朋友談話時，有人敲響了大門。她的心跳瞬間加速。

一名立陶宛警察與一名德國軍人走了進來。他們要薩爾達出示身分證明，她拿出了假文件給他們，但他們仍覺得薩爾達很可疑，開始搜查她的衣服。他們發現了來自隔離區的信。「你是猶太人！」納粹大吼著打了她一巴掌。「我們要把你帶去給蓋世太保！」

薩爾達立刻衝進了另一個房間，從窗戶跳出去，跌跌撞撞地滾下山丘，然後在黑暗中開始狂奔。她撞上了籬笆，一旁的狗開始吠叫，她聽見後方的追兵對著她開火了。那名納粹抓住了她的手臂，把她壓倒在地。「你為什麼要跑？」

「請你直接殺了我吧。」薩爾達堅決地說。「不要把我帶去接受刑求。」

立陶宛警察悄悄地說：「你可以用金子來換自己的命。」

薩爾達立刻抓住機會。她邀請兩人回到那位基督徒朋友的家中喝點酒。「我現在能給你們的東西不多，但之後我會從其他猶太人那裡補足剩下的財物給你們。」她保證道，接著，兩名警察抓著她的手臂押她回去剛剛的房子，她的朋友與孩子都陷入了歇斯底里的狀態。「這就是你給我們的回報嗎？」那名朋友生氣地質問薩爾達。「你看看這些孩子，他們馬上就要變成孤兒了。」

薩爾達隱藏自己的恐懼，安慰她的朋友，並要她在桌子上擺好杯子，招待這兩名長官喝酒。納粹一邊喝酒一邊安撫屋內的孩子，他告訴薩爾達，他其實深愛一位猶太女人。「我不希望猶太人死掉。」他已經喝醉了，口齒不清地說道。「但是命令就是命令，我必須把你帶回去。」快要到他值班的時間了，他的脾氣越來越暴躁。他叫薩爾達去屋外。「把你的錢給我，然後你就可以逃跑了。」

「我一塊錢都沒有。」薩爾達懇求道。「我明天拿錢給你，我保證我一定會拿到錢。」

立陶宛警察似乎相信她了——他告訴納粹明天會把錢拿給他。納粹離開了，接著立陶宛警察抓住薩爾達的手臂，要把她帶回家。除了順從之外，薩爾達沒有別的選擇。

不過，就在他們兩人走進他家裡時，房東開始大吼大叫，說他不准把女孩子帶回家。房東拿起斧頭指著警察的頭。一片兵荒馬亂。所有人都亂成了一團。於是薩爾達偷偷溜走了，她躲在黑沉沉的花園裡，聽著那名警察四處搜索她，一直等到他放棄。

接著，她繼續執行自己的任務。

❦

蘇聯人的游擊隊的目的是摧毀德國人的城市根據地，雖然他們有武器，但他們卻沒有情報。他們去找艾巴．科夫納，要跟他「借幾個猶太女孩來用」。[52]艾巴扭轉了局面，他說這應該是猶太人的任務，俄國人應該要提供武器給他們才對。在贖罪日前夕，兩名男孩與兩名女孩打扮成農民的樣子離開了營地。其中一名女孩薇特卡手上提著一個破舊的農人行李箱。箱子裡面裝的是磁力地雷和磁力計時炸彈，可以黏在任何金屬表面上。

這個四人小隊走向維爾納市旁的山丘，抵達了位於凱利斯（Kailis）強制勞動營的毛皮工廠，當時還有一些猶太人在那裡工作，他們打算和那些猶太人一起過夜。他們和維爾納市地下組織只剩下一個聯絡人，就是住在這個工廠裡的猶太共產主義者索妮雅．馬德斯克（Sonia Madejsker）。索妮雅說，德國人很快就要關閉這間工廠了，這裡的猶太人都會被送去處決，因此他們希望能和薇特卡一起逃進森林裡。

游擊隊的指揮官已經因為目前營地裡的猶太難民數量感到非常挫折了，他要求出任務的人減少帶回去的人數，因為多數猶太人都沒有戰鬥經驗、不會使用武器，也不怎麼想要學習——他們只想要等待戰爭結束，但他們仍需要食物和衣服。薇特卡對索妮雅解釋了這件事，並說她是以士兵的身分來到城裡的，不是人道主義者。索妮雅則反駁，如果薇特卡不把他們帶回去的話，他們都會死。

不過，薇特卡必須先完成他們的任務。那天早上，她站在眾多工人之間，看著他們好像一切正常似的開始工作，她強壓住沸騰的憤恨，找到目標。兩名男孩的任務是炸掉水利系統（城市的下水道與供水），兩名女孩的任務則是炸掉變壓器（城市的照明）。日出時，兩名男孩爬下人孔蓋，安裝了炸彈。兩名女孩則進入了河流旁的維爾納市工廠區。變電網發出嗡嗡聲，是完全打開的狀態，但薇特卡的地雷（上面塗滿了漆）卻沒辦法黏上去。地雷不斷滑落、時間不斷流逝，薇特卡用指甲瘋狂地刮下地雷上面的漆，刮得手指都流血了。兩名女孩躲在陰影裡，每次有德國巡邏隊經過，她們都必須屏住呼吸。她們花了二十分鐘，終於順利把地雷貼上去了。四人小組一起設定了四小時的計時器。

兩名男孩都累了，想要在這天晚上睡在毛皮工廠，但薇特卡堅持離開，等到炸彈爆炸之後這附近的安檢會變得更嚴格，移動將會變成一件很危險的事。兩名男孩留在這裡會危及工廠裡每個人的生命，但他們對此嗤之以鼻，德國人在遇到這麼大規模的攻擊時絕不會懷疑猶太人！他們來回爭論許久。到了最後，薇特卡知道自己沒有時間了。她告訴索妮雅，把所有準備好離開的人都帶上——她要立刻把他們帶回森林裡。兩名男孩則留下來了。

薇特卡帶著六十名猶太人，在一小時之內沿著伸手不見五指的道路離開了城市。他們聽見爆炸聲，接著維爾納市陷入一片漆黑。

隔天，那兩名男孩被抓住了。「我們成功回到營地，但那些男孩卻沒能回來，」薇特卡說，「那時候他們累了，我們也累了，但女人比男人更堅強。」[53] 薇特卡覺得女人受到道德準則的引導，她們不但和男人一樣有能力成為戰士，而且她們從不退讓、願意冒險，並且鮮少找藉口逃避。她認為，「女人更有毅力。」[54]

很多年後，薇特卡在解釋自己當時為什麼要違抗指揮官的指令，把工廠的那些猶太人走私回森林裡時，顯得有些訝異。「他還能怎麼樣？」她當時這麼問自己。「六十名猶太人進入營地後……他們一定可以留下來。而我則違反了指揮官的一項命令。這樣也不算太糟糕吧！」[55]

「她不知道何謂恐懼，她的心靈不懂得害怕。」蘿希卡曾這麼描述薇特卡。「她總是態度甜美、充滿活力又積極主動。」[56]

蘿希卡、薇特卡、薩爾達和其他猶太游擊隊繼續在一九四三年至一九四四年的嚴酷冬天努力生存。他們學會了在雪地裡不留痕跡地行動，有時候他們會倒著走路，讓足跡看起來像是他們正往反方向前進。他們炸毀車輛與建築，更為此發明了更安全的炸彈。一九四四年，光是猶太人組成的游擊隊就炸毀了五十一輛火車、數百輛卡車和數十座橋。他們徒手扯下電話線、電報線和火車鐵軌。艾巴甚至闖進一間化學工廠，放火燒掉好幾桶化學物質，還燒掉了一座橋，使得德國人沒辦法跨越結冰的湖，納粹和猶太人站在湖的兩岸看著彼此，湖上的冰層反射出熊熊燃燒的烈火。[57]

四月的一個早晨，太陽剛剛升起，一群女孩正談天說笑，這時艾巴走了過來，面露悲傷的微笑。薇特卡感覺到他的情緒，便問道：「我要去哪？」[58]

她出發前往維爾納市，身上帶著要給維爾納市共產黨反抗軍的一份宣言，要推動他們起義，此外還帶了一張必需藥品清單。半路上，一名老人叫住薇特卡，要薇特卡跟她結伴同行。在她們一起跨越一座橋時，老人突然對著旁邊的立陶宛士兵悄悄講了幾句，士兵身邊還站了一名納粹。薇特卡既是游擊隊也是猶太人，抓住她的獎金豐厚。

他們叫薇特卡提供身分證明。立陶宛人認定這些證明文件是假造的，德國人則說她的頭髮是金色的，但立陶宛人說：「她的髮根是黑色。」他爭辯說，她的衣服被營火燻黑了，但她的眼睫毛尖端是白色的。

薇特卡把那份宣言撕碎，丟到空中，但老人抓住了一些碎片，拿給了旁邊那兩名士兵。他們搜查一番後找到了藥物清單。「這是要幫我鎮上的人買的。」她試圖說服他們，但他們仍決定要把她送去給蓋世太保。

薇特卡坐在士兵的馬車後方，不斷描述她身為天主教徒的少女時期，她不相信她就要在此時此地迎來生命的終結。她將要被刑求，然後被謀殺。她是不是該跳下車，讓士兵在森林裡開槍將她射死呢？她看著士兵的一舉一動，數算著道路上的每一個顛簸，等待生命的最後一刻到來。

接著，薇特卡突然決定要改變戰術。「你們說得沒錯。我是猶太人，也是游擊隊。所以，你們更應該把我放走。」她解釋說現在納粹正節節敗退，無論是誰殺了她，那個人也會在沒多久後被殺掉。此外，現在有很多警察在為游擊隊工作。到了蓋世太保的總部，其中一名警察把她帶到了側門，他把薇特卡的文件塞回她手上，要她再也不要跨越那座橋，並補充說他希望未來有一天能見到她的指揮官。

薇特卡前往黑市購買藥物，而後在回去的路上不得不躲進乾草堆中，搜索的人用乾草叉戳進乾草堆裡，距離她的頭只有數公分的間隔，等回到營地後，薇特卡宣布她已經完成這輩子的最後一個任務了。「我能活著回來簡直就是奇蹟。」她說。「我們不能總是依賴奇蹟，不是嗎？」[59]

沒錯，人不能總是依賴奇蹟。有些奇蹟比海市蜃樓還要更渺茫。

在本津市的第二組人出發加入游擊隊後，又過了幾天，第二組的其中一個人回來了。那個人是來自青年衛隊的伊薩克（Isaac），[60] 他的臉傷到難以辨認容貌，衣衫襤褸，因為恐懼而瑟瑟發抖，連走路都有困難。利妮亞嚇壞了。

伊薩克描述了他們在那個炎熱的六月天遇到了什麼事：

> 我們離開了隔離區，拿掉猶太臂章，一看到森林就興奮得掏出了武器，我們覺得殺死德國人的夢想就要成真了……走了六小時後，天色一片漆黑，索察說我們已經脫離可能會被德國人抓走的危險區域了，這裡是可以安全地坐下來吃晚餐的地方。他拿出一些水給我們，我們都因為逃離了可怕的隔離區而欣喜若狂。他要我們休息一下再繼續前進，他說他要再往前走一段路，確認我們現在的位置。

突然之間，我們全都被包圍了。四周都是軍人和馬，他們開始瘋狂掃射。我當時坐在一個灌木叢下，所以我整個人倒在地上，但我沒有受傷。我設法活了下來。但納粹把所有人都殺死了。一個都不剩。接著他們拿出了手電筒搜索屍體，把能放進自己口袋裡的東西全都拿走。我躺在那個灌木叢下，一動也不動。其中一名德國人抬起了我的腿，很滿意我被殺死了。之後他們離開了，我爬著離開那裡後，便開始奔跑。[61]

本津鎮的戰士都不敢相信他的話。

這一切都是德國人的詭計。他們相信了索察的話，卻被索察出賣了。那男人的公寓和裡面嚎啕大哭的嬰兒都是假的，ŻOB付出了許多努力偽裝自己，但卻沒有認出敵人的偽裝。

最傑出的成員都死了。有些人已經在清空期間死去，如今又有兩組共二十五人死亡。他們幾乎沒有剩下多少人能抗戰了。

「這個消息讓我們全都大受打擊。」利妮亞後來寫道。「我們做的每件事都失敗了。」

馬雷克．傅爾曼想要自殺。他在悔恨中陷入了瘋狂，溜出了隔離區。沒有人看到他是何時離開的。

除了被背叛帶來的痛苦之外，更雪上加霜的是海柯也失去了重要的人。隔離區的同志並不知道，海柯和大衛在不久前找了一位拉比，祕密結婚了。大衛原本已經拿到能夠離開波蘭的文件了，但他不願離開。升上指揮官後，他堅持要和他訓練的那些男孩並肩作戰，帶著其中幾個人和他一起跟著索察前往森林。「他不睡覺，總是在鍛造與創造。」海柯描述道。「他每時每刻都在想著要行動。」她自我安慰，至少他死前沒有受苦，也沒有時間多作思考。

如今海柯變成了寡婦，她感到絕望，感到怒火中燒。她前所未有地渴望復仇。

Chapter 20 梅利納、金錢與救援

利妮亞與薇拉德卡

1943 年 7 月

在游擊隊遇到致命慘敗的幾週後，納粹逮捕了本津鎮猶太居民委員會的會長。利妮亞知道這件事代表的意義：[1] 最終的遣送快要到來了。隔離區的終結、他們的終結。

基布茲必須做好準備。

但他們之中卻出現了分歧。團隊中的多數人不再夢想著宏大的戰鬥。有太多充滿潛力的戰士已經死去了，是時候該逃跑了。不過，海柯和利百加．莫斯柯維奇（Rivka Moscovitch）同志拒絕離開，堅持要繼續反抗。

要戰鬥還是逃跑？

法蘭卡和赫謝爾決定要把孩子送出去，最強壯的人則最後離開。亞提德孤兒院的老師阿莉莎把孤兒偽裝成雅利安人，希望能把他們送去德國人的農場。利妮亞和其他同志則負責假造文件，用偽造的資訊和指紋蓋過舊資料。接著，伊爾札在清晨悄悄把孩子帶出去，陪著他們前往一個偏遠村莊的村議會。這些孩子解釋說，他們失去了父母，希望能找到一份工作。許多農人都同意了——他們向來歡迎廉價的勞動力。伊爾札在短短數天內為八名孩子找到容身之所。這些孤兒按照計畫寫信寄到一個波蘭地址，向伊爾札報告一切都很好。接著，有兩名女孩不再寫信回來。利妮亞推測她們是被認出來了，

「沒人知道她們之後遇上了什麼事。」

其他看起來比較像猶太人的孩子則留在隔離區裡。

奇薇亞從她在華沙的藏身處寫信給本津鎮的團體。其中一封信強烈要求本津鎮的同志放棄反抗的夢想。她親眼見證了華沙起義帶來的後果，再也不崇尚戰鬥了——戰鬥帶來的死亡代價高到不值得。她告訴他們，如果他們想要活下去的話，就到華沙來。

海柯勃然大怒，把這封信稱做「打在我們臉上的一巴掌，我們都愣住了」。[2]她猜測華沙戰士的「心靈已經枯竭了」，他們「害怕自己親手推動的事物，他們肩上背負的責任太沉重了。」[3]但憑什麼本津鎮的人就應該要活在他們那些光榮事蹟的陰影之下，戴著他們的桂冠安詳地迎接死亡呢？

奇薇亞認為那些外表長得像雅利安人的同志可以用假文件進入大城市生活，那些外表明顯是猶太人的同志則可以住在地堡。「波蘭人會允許這些猶太人躲在藏匿處，」利妮亞解釋道，「當然了，前提是要支付一大筆錢。」這就是藏匿猶太人背後的隱藏經濟。

到了戰爭後期，尤其是在許多隔離區都被摧毀之後，信使女孩的主要任務變成了拯救與支援隱藏起來的猶太人——假裝成雅利安人或躲在暗處的猶太人都包括在內。[4]信使把隔離區的猶太人（包括許多小孩）重新安置到鎮上的雅利安區、為他們找到公寓，也為他們在各個家庭、穀倉和商店裡找到梅利納（melina，意為躲藏點）；[5]提供假證件給他們；付錢給波蘭人藏匿他們並照顧他們的食宿。東方的信使把許多猶太人帶到了游擊隊的營地；在華沙和西方城鎮，信使則必須定時造訪那些收錢照顧猶太人的人，提供新消息和士氣上的支持，不過她們當然不能太頻繁地出現。[6]她們必須不斷避開那些威脅要「燒掉」躲藏點的施馬佐夫尼，還必須頻繁地重新安置猶太人，原因有可能是房東放棄他們了，也可能是因為他們快要被發現了。在進行這些任務的同時，信使還必須維持自己偽裝出來的生活。

薇拉德卡從隔離區還沒有出現重大損傷之前就開始拯救小孩了。納粹對孩童的態度特別殘酷，[7]畢竟孩童代表的是猶太人的未來。沒有辦法奴役勞動的小孩是最先被殺掉的一批猶太人。除了薇拉德卡外，還有兩名聯盟黨的信使也在拯救孩童——馬莉席雅（Marysia，本名布隆卡．費梅瑟〔Bronka Feinmesser〕）和茵卡（Inka，本名安迪納．史瓦傑〔Adina bady Szwajger〕）。馬莉席雅是猶太兒童醫院的接線生，茵卡則是小兒科醫師，她把華沙僅存的少數幾名猶太兒童安置到波蘭家庭中。這些幫助孩子的女人從泣不成聲的母親手上接過孩子，而這些母親已經一次又一次地拯救了兒女的性命，她們知道這一次可能就是永別了，但她們也知道孩子在雅利安區的存活機率很可能比較大。

猶太孩童必須越過圍牆、守住身分的祕密、接受新名字，而且不能說錯任何話或提到隔離區。他們不能問問題，也不能像一般孩童一樣隨意說話。他們必須講正統的波蘭語，就算被抓到了，他們也不能洩露任何資訊。此外，他們也需要寄養家庭下定決心，不能在最後一分鐘後悔。有一個寄養家庭的女主人很沮喪送到門前的一對十歲雙胞胎是棕眼黑髮的孩子。雖然最後她還是答應讓孩子住進來，但兩名孩子卻因為和母親分開而停止進食，過得無比悲慘。薇拉德卡常去拜訪這一家人，替他們捎信。後來寄養家庭搬到了面對隔離區的公寓裡，這兩名女孩發現，現在她們可以從窗戶看到母親了。女主人的丈夫在隔離區工作，這對雙胞胎懇求他帶一些食物給她們的母親，並告訴她有關窗戶的事。在這之後，那名母親每天都會經過這扇窗戶外許多次，兩名女孩每次看到她都歡欣若狂，不過她們只能偷偷看幾眼，因為每次守衛看到她們，都會舉起卡賓槍指向窗戶。薇拉德卡必須硬下心腸警告她們，這麼做有可能會使所有人都遇上生命危險。

在另一個家庭中，薇拉德卡為寄養在那裡的猶太學步兒童帶了洋裝、玩具和食物，但那家人卻把這些東西都給了他們自己的孩子；薇拉德卡不斷幫一名六歲的男孩轉移家庭，這是因為他的寄養家庭若非無法處理他的沮喪情緒，就是變得太過害怕德國人的抄查——就算每個月付這些家庭兩千五百茲羅提也沒有用。（戰時的貨幣價值波動極大，但根據一九四〇年至一九四一年的匯率來看，兩千五百茲羅提大約等於現今的八千美元。）伍蘿德卡・羅伯森（Wlodka Robertson）就是當時「被藏起來的孩子」，她在二〇〇八年於倫敦的大屠殺倖存者中心（Holocaust Survivors' Centre）作證時表示，[8] 她還記得當時不斷從一個家庭被轉移到另一個家庭。她每個月都很擔心之後再也沒有人來支付自己的「租金」，但薇拉德卡每個月都會來到她家，態度充滿自信又愛調情，到哪裡去都暢通無阻。

在納粹摧毀了隔離區後，雅利安區的反抗行動成員全都不知該如何是好——他們存在的理由一直以來都是起義。空氣中仍有火燒帶來的臭味，德國人到處搜查與逮捕波蘭人，把那些幫過猶太人的波蘭人都殺死了。[9] 當地建立了一支波蘭抵抗組織：他們保護鄰里的安全，但只要看到外來者就會通報，這使薇拉德卡的工作變得更難了。當時ŻOB正致力於幫助倖存的戰士與猶太人。各地建立了數個猶太人救濟組織，大多都具有黨派傾向。[10] 熱戈塔（Żegota，也就是猶太救助委員會〔Council for Aid to the Jews〕）[11] 是在一九四二年成立的天主教波蘭組織，他們也同樣付出了許多努力。熱戈塔的領導人在戰前是一名總是直言不諱的反猶主義者，[12] 他在開戰後表示他們會為了救助猶太人盡一切努力，就算要冒著生命危險也在所不惜（不過他們顯然希望猶太人能在戰後永遠離開波蘭）。[13]

這些組織會找到猶太人的藏身點，支援他們、幫助孩童，並和波蘭地下組織、勞動營和游擊隊保持聯絡，這些組織做的事有許多重疊之處，他們全都能收到來自國外的錢，有些款項來自位於倫敦的波蘭流亡政府，有些資金來自支持聯盟黨的美國猶太勞工委員會（Jewish Labor Committee），有些來自美國聯合救濟委員會，[14] 美國聯合救濟委員會也資助了隔離區的施膳處與起義。在一九四一年之前，美國聯合救濟委員會還能直接把錢寄到波蘭——這些錢主要是由美國猶太人捐贈。一九四一年之後，波蘭國界關閉了，他們開始向波蘭國內的富有猶太人借資金（雖然這些猶太人持有的資產不能超過兩千茲羅提）；另一個借資金的對象則是即將逃離波蘭但無法把財產帶走的人。這些資本大多來自戰前的財富，不過有些猶太人在隔離區內仍能繼續賺錢，有些人成為走私販，有些人從隔離區的倉庫中拿商品出來低價轉賣，還有些人為德國軍隊與不公開的波蘭黑市製造商品，[15] 其他錢則是違法走私進波蘭。有些回憶錄提到，從倫敦運送到波蘭的現金必須拿到黑市，從美元兌換成英鎊，再兌換成茲羅提——這些回憶錄也提到各個團體如何指責對方靠著匯率獲利。[16] 整體來說，美國聯合救濟委員會在戰爭時期提供給歐洲的資金超過七千八百萬美元，[17] 大約等於如今的十一億美元，其中有三十萬美元在一九四三年至一九四四年捐助給了波蘭的猶太地下組織。[18]

救援團體用這些資金走私耶穌受難像與新約聖經到營地裡給想要逃離的猶太人，並資助陰莖手術、鼻子手術與墮胎。[19] 熱戈塔有一個「工廠」，能偽造各種假文件，[20] 包括出生證明、受洗證明、婚姻證明與工作證明；熱戈塔同時也是醫藥部門，他們派出值得信任又願意前往梅利納的猶太醫師與波蘭醫師，治療生病的猶太人。薇拉德卡找到了一名值得信任的攝影師，讓攝影師去猶太人的藏身處照相，藉此獲得偽造文件需要的照片。薇拉德卡變成了救援行動的主要信使，她的組織在華沙地區幫助了一萬兩千名猶太人。[21] 年輕的薇拉德卡在執行這些任務時，不曾在紙本紀錄中留下任何波蘭名字或地址，[22] 因為這麼做太危險了。有些信使會把這些資訊寫在偽造的收據中，藏在錶帶下，有些人會使用代號。薇拉德卡則把所有資訊都背下來。

薇拉德卡發現，倖存到一九四三年晚期的多數猶太人，大多都來自具有專業技能的階層，也都是成年人。他們有能力付錢給走私者、認識非猶太人的聯絡者，而且他們講的波蘭語比較標準。其中有些人把高價物品存放在非猶太朋友那裡，但多數人到了最後什麼都不剩。粗估當時還有兩萬至三萬名猶太人還躲在華沙，[23] 而薇拉德卡的事蹟靠著口耳相傳傳播了出去：猶太人透過共同朋友找到她並在街上攔下她；希望獲得幫助的猶太人必須寫一份申請文件交給她，在文件裡詳述自己的位置和「預算」。薇拉德卡會一一閱讀這些筆跡潦草的申請書。[24]

許多申請者都是整個家庭中唯一倖存下來的人，他們可能是從集中營逃出來的，或從火車上跳下來的。一名口腔外科醫師希望能取得牙醫設備，如此一來他才能工作，另一名男人則希望能有錢幫助他已經成了孤兒的姪子與姪女；一名送報男孩的全家人都死了，他找到一個波蘭家庭願意庇護他，前提是他必須把薪水交給他們，然而，這名男孩拒絕進入躲藏點，渴望能繼續享有如今的自由，但他極為需要一件冬天的大衣，如此一來他才能在寒冷的季節繼續工作。薇拉德卡的組織每個月只能提供每個人五百至一千茲羅提的援助，而當時的每月生活支出是兩千茲羅提——[25]但他們已經盡力了。長得像雅利安人的年輕猶太女人外出運送每個月的資金、拜訪那些收錢照顧猶太人的人，並在計畫出問題時提供幫助，但計畫通常都會出問題。

有些租屋廣告其實是陷阱、有些鄰居愛多管閒事，還有些房東會在猶太人抵達時提高價格。信使時常必須暗示他們在和波蘭反抗組織合作，這麼做才能讓房東感到驕傲。在另一個猶太人的梅利納中，有一名女人在出現幻覺後會開始用意第緒語胡言亂語，協助藏匿這個猶太女人的波蘭家庭中有一名兒子，他因為太過害怕而毒死了這名女人，並把她的屍體藏在木地板下，而這個家裡的其他猶太人，也包括這名女人的女兒，全都受到了嚴重的創傷。薇拉德卡只能替這家猶太人與女房東安排了新的住處。

在另一個類似的狀況中，薇拉德卡替名叫瑪麗（Marie）的年輕猶太女人找到了管家的工作——這是最適合猶太人的工作，不但有雇主提供食宿，而且管家也不太需要出門。有一天，這一家人的小女兒問瑪麗，隔離區裡的生活是什麼樣子。瑪麗又驚又恐，原來這名小女孩的母親其實是猶太人，她的父親把自己的妻子趕去了隔離區。不久後，蓋世太保來到她們家搜查失蹤的母親。瑪麗覺得這裡不再安全，因此薇拉德卡替她找了一個新的避難處。

還有另一個例子：有一對猶太夫婦住在他們曾雇用過的女傭居住的小臥室裡，但這間臥室位於納粹親衛隊的住宅中——薇拉德卡必須將他們轉移到新的藏匿處。另一名女人和兒子住在一堆瓦礫堆之下，他們蜷縮在這個一片漆黑的地方好幾個月，在這段期間從沒洗過澡，而且房東把他們的衣服全都賣掉了。薇拉德卡這次也一樣必須小心翼翼地將他們轉移到新的藏身點，並提供藥物治療。

隨著德國在東方戰線節節敗退，華沙的恐怖統治也越來越嚴重。納粹把波蘭人綁架去奴役勞動，或把他們送進帕維克監獄。這個情況使得躲藏點變得比以前更有創意了。有一家人在公寓的馬桶旁建了一面牆，讓猶太人能藏在廁所的祕密空間裡。他們粉刷了這面牆，在上面掛了一些裝飾用的刷子。另一名猶太人則藏在一個中空的貼磚火爐裡。

有些人藏身在比較「適合生活」的梅利納中，雖然他們會因為封閉的環境而感到緊張與抑鬱，但他們至少還能過生活。薇拉德卡曾為一名躲藏期間用音叉演奏的音樂家運送樂譜、她曾帶書給兩名女人讓她們為收容家庭的小孩上課。班傑明（Benjamin）和薇拉德卡一樣是地下行動執行者，他把家人藏在城鎮外圍一間天主教堂內的小屋廚房裡。雖然他們的食物很少，但至少能在安息日點蠟燭。

另有三十名猶太人住在一個非常安全的郊外藏身點，就在一間房子外的花園下方，其中也包括歷史學家林格布倫，[26]住在那裡的費用是每人兩萬茲羅提。[27]這些猶太人蒐集各種研究，撰寫文章與報告。房屋主人為了隱藏大量運送食物的需求而開了一間雜貨店。令人遺憾的是，後來房屋主人和他的情婦大吵一架，情婦是除了他的家人之外唯一一個知道花園裡有地堡的人。她告發了這個地堡，因此所有人都被殺死了。

薇拉德卡也會聯絡匈牙利走私販、游擊隊和華沙外的猶太人。她在沒有身分文件的狀況下，幫助了一群逃離了琴斯托霍瓦市隔離區後躲在郊區農民家的猶太戰士。她在火車上假裝自己是走私販，帶著假的商品，而她要帶給猶太人的錢則藏在皮帶下面。在某一次大型搜查時，一名「走私販同儕」帶著她躲進了一節貨物車廂中，所有走私販都藏在那裡。她因此發現波蘭走私販躲避納粹的技術很好，因而常跟著他們走。她在抵達村莊後找到了安提克說的那棟房子，但無論她說什麼，女房東都一概否認。薇拉德卡非常堅持，最後女房東終於帶著她來到那間小屋。躲在那裡的同志全都欣喜若狂，他們已經欠了女房東許多債務了。從那時開始，薇拉德卡會定時帶現金、衣服與藥物去給他們。有一次，來自美國與倫敦的資金遲來了，她比平常還要慢了一陣子過去，結果卻在抵達後發現女房東已經把他們趕出去，其中有好幾個人被殺死了，其他人則加入了游擊隊，只剩少數幾個躲進了森林裡，骨瘦如柴。薇拉德卡只能安排新的波蘭家庭讓他們寄住。

薇拉德卡也幫助強迫勞動營中的猶太人，他們的生理狀況與心理狀況大多都非常糟糕。拉當市有一個非常殘暴的勞動營，薇拉德卡在接觸那裡的猶太人時遇上很大的困難。她詢問當地人她要怎麼樣才能跟猶太人買到便宜的商品，他們解釋說，猶太人沒有什麼好東西能賣了，接著又透露她可以在猶太人的洗澡時間到圍欄旁邊。薇拉德卡到了圍欄後，發現那裡擠滿了正在賣食物殘渣的走私販。他們不希望這裡出現新的競爭者、想把她趕走，但她說服他們她其實是買家。後來她終於成功和一名猶太人說到話了，但對方不相信她

——就算她用意第緒語也沒有用；她接觸的另一名猶太男人則在拿到錢之後自己把錢用掉了。

到了最後，她找到了一名有責任感的猶太女人。女人對於外界還沒有遺忘他們感到喜出望外，她問薇拉德卡最近外面有什麼新消息，她最想知道的是那些躲起來的孩子現在怎麼樣了。在她們對話時，當地的小孩開始朝著薇拉德卡丟石頭，大喊著：「猶太人！」薇拉德卡拔腿就跑，她找到了一匹馬和馬車，迅速趕到火車站，在那裡等待了一整晚。她很快就帶著五千茲羅提回到了勞動營，找了一位烏克蘭守衛放她進去裡面跟猶太人買鞋子，成功把現金交給了猶太女人。那名守衛本來想要在晚上帶她去約會的，但到了晚餐時間時，她早就已經離開了。

除了進行這些令人傷神的工作之外，每個信使還必須要維持她們自己的虛假生活，處理勒索者與各種資訊。馬莉席雅曾在街上被她兒童時期的波蘭人鄰居認出來，鄰居只給了她兩個選擇：[28]跟我去找蓋世太保，或者跟我去飯店開房間。她跑進一間糖果店，請店老闆陪著她走了一小段路，回到她「家」。接著，為了避免再次被認出來，她整個晚上都躲在森林裡。

薇拉德卡搬了好幾次家。她把聯盟黨青年運動的領導人窩藏在家裡，但一名告密者「燒掉了」（也就是出賣了）她的家。波蘭人把他們反鎖在家裡。情急之下，薇拉德卡把所有文件都燒了，接著和那名聯盟黨人試著逃跑，她們把床單掛在窗邊爬下去，但聯盟黨人受傷非常嚴重。結果，他們兩人都被逮捕了，不過反抗團體的同志賄賂了監獄的守衛，用一萬茲羅提把薇拉德卡換了出來，而聯盟黨的領導人卻死了。反抗團體把薇拉德卡送去鄉下住了好一陣子，希望當局會因此忘記她的存在。雖然她覺得森林裡很自由，不需要在一堆樹木中偽裝自己的身分，但她也發現持續的偽裝使她感到非常壓抑——尤其是在每週日去村裡的教堂的時候。

回到華沙後，薇拉德卡繼續尋找適合她自己的高品質身分證明文件，同時她也必須不斷搬家，假裝自己是個走私販，藉此解釋她為什麼整晚都不在家。她租了一間陰沉的小公寓，前一個房客是另一名猶太信使。住在墓園小屋的戰士班傑明幫她製作了許多具有藏匿夾層的物品，例如有雙重底部的花瓶以及手把中空的湯杓。鄰居發現前一個房客是猶太人後，開始對薇拉德卡起疑了，但如果她因此搬走，只會加強對方的疑心，也會損及她花了這麼長時間經營的基督教徒身分。她留下來，表現出各種無比符合波蘭人的舉動：她找了一位波蘭朋友扮演她母親，經常來訪；她設法取得一臺留聲機並播放愉悅的音樂；她邀請鄰居來喝茶。有些偽裝的猶太人為了證明假身分，會到附近城鎮寄信給自己，假裝自己在當地有許多親友。海希雅便安排了一位「追求者」時常來訪，[29]薇拉德卡則安排了「母親」替她主持了主保日派對，並邀請了許多倖存下來的聯盟黨友人。在派對上，他們唱歌時只能用波蘭語，只有竊竊私語時會用意第緒語。對猶太青年來說，參加這種派對十分痛苦——他們假裝的越開心，心理就覺得越難過。

大約有三萬名猶太人像薇拉德卡一樣靠著「轉變身分」存活下來，[30]他們的生活就是一齣不能中斷的戲劇。[31]他們大多是年輕單身、來自中產階級或中上階級的女性，擁有「優良」的波蘭口音、文件和外表。其中有一半自己是（或者其父親是）商人、律師、醫師和教授。由於女人偽裝起來比男人容易，所以嘗試轉變身分的女人比較多，而女人也比較容易尋求幫助，通常也會受到比較禮貌的對待。許多猶太人在自己的父母（尤其是母親）被殺死之後，才終於感覺到孤單與自由，他們會因此受到刺激，開始拯救自己——男性猶太人通常會自發性地獨自做出這個決定，而猶太女人則往往是在親友的鼓勵下決定的。其中，有些父母會鼓勵孩子逃到雅利安區，要求並准許他們「為了全家人活下去」。多數轉變身分的猶太人過去都曾被誤認為非猶太人，因此他們相信自己能好好扮演這個角色。一般來說，他們會和其他人同住一房，沒有任何隱私或喘息的空間。

雖然在生活中有猶太社交圈的人可能會因為雙重身分而被「抓包」，但從根本上來說，這些人會因為擁有「後臺」而保有比較好的心理狀態——他們可以在表演之餘到後臺休息，也有時間能恢復精力。這些朋友會稱讚彼此的能力，使對方更有信心在「舞臺上」扮演假的角色。雖然多數轉變身分的猶太人通常都不隸屬任何組織，不過其中有些人會在波蘭地下組織的招募下加入，而這些地下組織往往以為他們不是猶太人。執行拯救行動的領導人貝莎．柏曼寫道，這些女人住在「城市中的城市裡」，是所有祕密社群中最祕密的一群人。「她們的每個名字都是假的，說出的每個字都具有雙重意涵，每一次講電話時需要加密的內容，比大使館的祕密外交文件還要更多。」32

在這場曠日持久的偽裝盛會中，薇拉德卡和猶太救援委員會變成了一家人。許多波蘭人幫助猶太人不是為了錢，而是出於基督徒的道德、反納粹的立場與同情心，他們為猶太人提供工作、躲藏處、會面地點、銀行帳戶、食物與證詞來證明他們不是猶太人。反抗行動的成員會避開那些開始懷疑訪客的房東，他們想找的公寓要能在木地板下藏匿文件，並安裝藏錢的保險箱。在其中一個符合標準的公寓中，他們在前門旁釘了兩根突出的釘子當作祕密門鈴——只要來訪的同志把一枚硬幣放在兩根釘子上，就能讓電流通過，啟動門鈴。茵卡和馬莉席雅租了一個公寓，用來當作主要的會面地點，她們用唱片播放模糊的聲響並喝下伏特加，於是鄰居都以為她們兩人是娼妓，源源不絕的男人則是顧客。33而事實上，裡頭每一片木地板和每一個角落都藏有文件和現金。

另一個能舉辦活動的地點則是奇薇亞的梅利納。由於奇薇亞看起來太像猶太人，因此她不能上街。奇薇亞在過去數年來一直在執行攸關生死的任務，如今她擁有大把的空餘時間。躲起來，就代表你必須和你不一定想要一起住的人、甚至不喜歡的人關在一起。你必須取得的外界資訊都「已經被其他人過濾過了」，每一次有人敲響大門都會使你驚慌失措地躲進藏身處。34雖然安提克帶了一些偵探小說回來給她打發時間，35但她的罪惡感與抑鬱情緒仍舊不斷加深。奇薇亞靠著強迫性的打掃與寫信保持忙碌，她在無比渴望把自己的建議分享給他人時尤其熱愛寫信。奇薇亞親眼見證了華沙付出的死亡代價，她懇求本津鎮的反抗團體不要起義、盡快逃離，她也懇求利百加．葛蘭茲去投靠游擊隊，但奇微亞仍然拒絕離開她的同胞，選擇留在華沙。

奇薇亞開始為熱戈塔工作，成為負責分配資金與假文件的主要管理者。她負責通訊與管理預算，再次派出「奇薇亞的女孩」不分晝夜地執行任務，四處聯絡、獲取資訊並保護猶太人。她也指派女孩去尋找遇到麻煩的戰士，每隔一陣子也得派她們去尋找那些神祕失蹤的信使。

Chapter

21 血之花

利妮亞

1943 年 7 月

本津鎮的ŻOB收到了奇薇亞的懇求，擬訂了一個計畫。長得像雅利安人的猶太人會搭火車前往華沙，其他人則靠坐巴士偷渡去華沙，而這輛巴士要靠安提克來安排。華沙來的信使帶來了一些假造的文件給這些即將出逃的猶太人——但文件的數量很少。華沙組織指出他們很快就會準備好剩下的簽證，利妮亞和伊娜必須去華沙把那些文件帶回來。如今利妮亞和伊娜已經一起出過好幾次任務了，[1] 她們把錢、武器和文件放在胸罩、背包和皮帶裡。

伊娜在晚上出發，身上帶著地址、錢和一些要交給文件假造者的資料。利妮亞則在隔天早上出發，她帶的物品和伊娜相同，此外她還帶上了利百加．莫斯柯維奇。[2] 二十二歲的利百加．莫斯柯維奇是本津鎮人，她來自勞工階級家庭，是家中唯一的倖存者，也是獻身於自由青年運動的戰士，她在前陣子生病了，需要一個安身之所養病。莫斯柯維奇長得像基督徒，也有簽證和通行文件能越過邊界，但她一直都很想要留下來一起抗戰。然而，反抗團體堅持她必須先養好病，然後在華沙替他們找到更多躲藏點。他們最後終於說服莫斯柯維奇，因為她已經病得太嚴重了，無法應付接下來的狀況，於是她把個人用品打包裝進小旅行袋中。

利妮亞已經事先和伊娜約好要在華沙市的哪個地點碰面了。她和莫斯柯維奇搭上火車，偽裝成要前往大城市旅行的波蘭女孩汪達和柔夏。在這樣的表象之下，是兩名隨時都有可能會被殺死的猶太人，她們冒著生命危險，只為了幫助其他猶太人。這一路上利妮亞一直在腦海裡、在心中唸誦禱詞，懇求神讓她們順利越過邊界。

她們抵達了邊界。「查驗文件！」

利妮亞必須抱住自己才能止住渾身上下的哆嗦與顫抖。利百加．莫斯柯維奇能撐過去嗎？她能跟得上謊話、跟得上她們說好的故事，並且一刻都不顫抖嗎？

「Gut！」（「好的！」）

深呼吸。

不過，她們甚至連深呼吸的機會都沒有，片刻都無法喘息。火車裡擠滿了人，她們沒有半點空間，空氣都很稀薄。利百加．莫斯柯維奇已經抱病了，和其他乘客擠在一起使她感到更加不適。她看起來就快要昏倒了，若她真的昏倒，必定會製造騷動。利妮亞悄悄環顧周圍，發現在另一個車廂中間有一個空位，那節車廂裡都是軍人。利百加．莫斯柯維奇在軍人的車廂裡坐下後感覺好多了，但利妮亞心裡卻焦慮到了極點。她必須保持微笑，抬頭挺胸，撫平心中每一絲緊張的情緒，控制自己鋼鐵般的決心，假裝出所有與真正感覺背道而馳的情緒，同時耳朵裡聽著一旁的士兵用令人作嘔的「野蠻的欣喜態度」[3]討論著殺死猶太人的故事。

「我當時人就在現場，」一名士兵說。「我親眼看到他們把札倫比區的猶太人帶去殺掉。」[4]

另一名士兵笑了起來。「少胡說八道！他們才沒有真的在屠殺猶太人。」

利妮亞從她聽到的對話推斷出來，這些士兵是從前線來的，那裡的德國人並不知道波蘭境內的納粹是一臺正在運作的謀殺機器。

「那個景象真是令人心曠神怡！」她聽到第一名士兵繼續道。「能看到猶太人像真正的綿羊一樣乖乖領死，簡直就是一場視覺饗宴。」

利妮亞不去想她被殺死的家人、不去想她死去的朋友、她親愛的弟弟。她什麼都不想。

利妮亞微笑。看向利百加。繼續微笑。

她們的旅程花了整整一天，看遍了樹木、城鎮、停靠站，聽見了火車鳴笛的聲響。她們終於抵達了華沙，兩名女孩已經因為旅程與不間斷的表演而精疲力竭。她們走在傍晚的寧靜街道上，決心要準時抵達約好的地點，和伊娜見面。她們沒有任何犯錯的空間，再小的錯都不行。利妮亞注意到在前方兩個街區之外，有警察在檢查路人的身分文件。她迅速地在心中權衡了起來，她們的假證件足以讓她們安然度過旅程，但華沙的憲兵必定會認出那些印章是假造的。利妮亞對利百加．莫斯柯維奇打了個手勢，加快腳步，沿著街角轉進另一條路上，混進群眾中。兩名女孩沒有回頭——一次也沒有——她們不斷前進、前進，融入了人群裡。

最後，她們終於抵達了會面地點。終於可以深呼吸。

但是她們沒看到伊娜。

她們可以在這邊站多久？她們應該在這裡等多久？

等人容易引起懷疑。有些會面地點就在店面附近，這種時候他們可以假裝自己在看櫥窗商品或翻閱檯面上的書籍，科幻小說、愛情小說、間諜小說。但這裡什麼都沒有。

伊娜是不是在路上被抓了？

她在哪裡？在附近嗎？她們會不會被其他人發現？

利妮亞沒有別的聯絡地址了。所有反抗活動的任務執行者都不會一次獲得太多資訊，以免被納粹抓到與刑求。

她有足夠的錢能再等一天。

但她沒有備案。[5]

一分鐘對她們來說就像一輩子。利妮亞思考著下一步該怎麼辦，她的腦海中閃過了無數念頭。她必須把利百加．莫斯柯維奇帶走，必須找到地下行動的人，她認識的人。但她該去哪裡呢？如果她們無法聯絡上任何人的話，該怎麼辦？把利百加帶回本津鎮嗎？她病得太重了。

利妮亞決定要把利百加・莫斯柯維奇帶到她原本就計畫要入住的旅館。她自己則要冒險外出，想辦法找出答案。

接著，她想到了一個主意。[6] 她在本津鎮認識的一位朋友說過，她的妹妹就住在華沙的雅利安區。接著，利妮亞想到了馬雷克・傅爾曼——在經歷了游擊隊的慘敗之後，他會不會回到這裡呢？

「你知道馬雷克的地址嗎？」利妮亞一找到那名朋友的妹妹後立刻詢問她。

她拿出了小筆記本，翻閱了很長一段時間，利妮亞在一旁等待，緊張地五臟六腑都糾結在一起，最後對方終於找到了馬雷克的媽媽的地址。

任何一點資訊都價值連城。

伊娜仍然不見蹤影。

利妮亞回到了旅館，把大部分的錢都花在住宿費上。[7]

隔天早上，她帶著抱病的利百加・莫斯柯維奇來到了那個地址。她們在那裡找到了馬雷克的母親羅莎莉（Rosalie）和嫂嫂——她因為馬雷克的哥哥在游擊隊中戰死而成了寡婦。馬雷克的妹妹哈薇卡一直都是自由青年運動的信使，她曾把炸彈放在內衣裡，利妮亞先前曾聽說她被送進了奧斯維辛集中營。馬雷克的母親也幫助了ŻOB，他們一家人是真正的戰士家庭。[8] 不過，令利妮亞失望的是，馬雷克的母親並不知道馬雷克在哪裡，她最後一次聽到馬雷克的消息時，是他和利妮亞都還在本津鎮的時候。「我對你們的狀況感到很遺憾，」羅莎莉搖頭說道，「但我不能把利百加留在我家。」每天都會有軍士和納粹協助者來敲她家的大門。事實上，她正在計畫要盡快搬到別的公寓去。

但她想到了一個主意。她們把利百加・莫斯柯維奇帶到一位波蘭鄰居的家裡。

利妮亞向她道別，希望她躲在這裡足夠安全。波蘭市內部又多了一名藏匿起來的猶太人。

如今利妮亞獨自走在華沙的街頭，儘管先前的隔離區已經被毀掉了，儘管發生了這麼多事情，但周遭事物一如往常，廣場中人們熙來攘往，商店照常營業。她的現金只夠她在旅館裡再住一晚。隔天早上，馬雷克的母親為利妮亞聯絡上了領導下水道逃跑計畫的ZOB戰士卡齊克。

利妮亞約好要在街角和他見面，但她一句話都來不及說，他們就聽到了一聲槍響。有一名警察跟蹤了卡齊克，他立刻逃走了，消失在車水馬龍之中。利妮亞迅速調頭往反方向走去，從頭到尾都沒有跑，也沒有回頭看。

值得慶幸的是，卡齊克替利妮亞安排了和安提克見面的機會——是利妮亞從信件和故事中聽說的那個安提克，他是華沙雅利安區的猶太人指揮官，非常忙碌，他要負責與波蘭地下組織聯絡、處理財務、把人送到游擊隊、走私武器還要聯絡假造文件的人。她聽說安提克有一整個團隊在替他做事。

利妮亞和安提克約好了在另一個街角見面，這一次的見面地點在一間職業學校的前面。利妮亞穿上了他們為她準備的洋裝和新鞋。她在辮子上紮了一朵鮮豔的紅花，安提克能藉此認出她。利妮亞走到了約定地點，祈禱著一切順利，祈禱她能在這裡找到安提克，祈禱她能獲得她需要的文件並趕回本津鎮，見她的眾多朋友和她的姊姊莎拉。利妮亞遠遠地就看到了一名男人，他把一份報紙夾在手臂下——這是安提克的暗號。

她簡直不敢相信。「他真的是安提克。」她在後來描述見面狀況時，用波蘭代號稱呼他。她盡量避免太過明顯地盯著這名高大年輕的金髮男子看，「他留著精緻的鬍子，就像有錢的勳爵一樣。」[9]他穿著一套從頭到腳都是綠色的套裝。

她從安提克身邊經過，刻意慢下腳步，讓對方看見她的花。

但他動都沒有動。

現在該怎麼辦呢？

她冒險轉過身，再次漫步走過那條街。

他仍然毫無反應。

他為什麼沒有過來找她？難道那個人不是安提克嗎？難道他是間諜？又或者他知道有人在監視他們？又

或者她被陷害了？

她直覺認為自己應該要採取行動。「嗨。」利妮亞用波蘭文說。「你是安提克嗎？」

「你是汪達？」他問。

「對。」

「你說你是猶太人？」他一臉驚異地悄聲說道。

接著他屈膝行了一個禮。利妮亞演得太傑出了。

「你說你是猶太人？」利妮亞幽默地回答，她鬆了一口氣。

安提克用自信的步伐走在利妮亞身邊，兩人穩健地向前走，雅利安區的混凝土地面同時支撐著他們。她簡直不能相信這個「步態自信滿滿而且看起來像是貴族」的人，[10] 是個貨真價實的猶太人。她在描述安提克時，說他像松鼠一樣動作敏捷確實，像兔子一樣警覺，對周遭的所有事物都瞭若指掌。她覺得只要他用那雙眼睛看向你，就能知道你是誰。

不過，利妮亞在他們開始對話時注意到了他低啞的波蘭口音。她能聽得出來：這是一名來自維爾納市的猶太人。

安提克和利妮亞悲傷地談起了伊娜的突然失蹤。「她一定是在邊界的文件檢查那裡遇到問題了。」利妮亞說。

「我們還無法確定這一點。」安提克回答，他試著想安慰利妮亞。「說不定她是遇到了一點小意外，所以先回家了。」利妮亞後來回想起來，發現安提克對她非常照顧也很溫柔，就像對待自己的小女兒一樣。安提克比利妮亞大九歲，在這個孤兒必須迅速長大成熟的世界中，九年的差距就像是九十年。

安提克答應利妮亞，他會用最快的速度為反抗團體餘下的那些人準備好簽證，也會為看起來像猶太人的同志準備一輛巴士。這兩件事都不容易，他要花好幾天才能安排好。他們結束了這次的會面。

一直到反抗組織的同志為利百加．莫斯柯維奇找到了可以永久居住的地點後，他們才決定好要讓利妮亞住進躲藏點。安提克把地址給了利妮亞，也給了她每晚兩百茲羅提的費用與額外的食物開支。

利妮亞在華沙等了好幾天，期間一直睡在一個地下室的入口。一名長得像波蘭人的猶太男孩住在這個地下室的走廊，利妮亞偽裝成他的姊姊。他們告訴房東，利妮亞是為了見弟弟而從德國人那裡非法逃出來的，所以她希望房東不要向德國人登記她住在這裡的事。利妮亞保證她只住幾天就會走了。她花了很多時間努力避開女房東，絕不能意外遇到她或其他鄰居。多數「轉變身分」的猶太人會編造出一套故事描述他們白天在做什麼（工作或家庭），接著他們會離開八小時，在城鎮裡遊蕩，表現得好像他們有事要辦，任何事都好。

這段期間利妮亞能做的只有等待簽證、等待有關巴士的確定資訊，她不耐煩的心情呈指數成長。她每天都會和安提克見面，不斷催促他快一點。她不能再延遲返回本津鎮的時間了，納粹隨時都可能會開始全面遣送猶太人。她是不是應該拿著已經準備好的文件直接離開，別再繼續等待呢？她反覆思索。在利妮亞心中，她能感覺到——她知道——每一天都是關鍵，時間不斷流逝，那雙謀殺猶太人的手箝制得越來越緊了。

等待的時間持續延長，一次又一次推遲。又過了幾天後，巴士終於準備好了，利妮亞安排了人發一封電報給自己，她可以從電報中得知巴士何時抵達卡米翁卡鎮。安提克準備了多份簽證給她。她沒能取得任何武器，但她已經盡力獲取所有資源了。利妮亞告訴安提克，她連一天也無法繼續在華沙待下去了。

她把二十二份假簽證以及這些簽證所需的照片與通行文件貼在身上或縫進裙子裡，就這麼往本津鎮出發了。她從踏上街道的那一刻起，心跳就像擂鼓一樣。她每時每刻都在擔心自己會絆倒。伊娜到底遇到什麼事了？

如今搭火車時不但要接受規律的文件查驗，還要多加上搜查私人物品。警察向她走來。

她後來寫道，光是看到他們就讓她心中一片混亂。但是她不敢失去理智。

她露出甜美的微笑，直視他們的雙眼。她勇敢地打開手提袋。「他們搜查袋子時就像雞在沙子裡啄蟲子一樣。」她回憶道。利妮亞確實地控制住了自己，露出自信的微笑，不斷和他們閒聊，並保持眼神接觸，如此一來，他們才不會想要搜她的身。她沒有表露出任何一絲恐懼。

他們毫不懷疑地離開了。

不過，戲還是要繼續演下去。

利妮亞決定要在琴斯托霍瓦市短暫逗留，去見另一名同志利百加．葛蘭茲，並和她分享最新近況。

葛蘭茲喜怒無常，感覺敏銳，總是充滿活力，是地下活動中非常著名的一位領導人、走私者與組織者。納粹剛入侵時，她在鄰近海港的格丁尼亞市（Gdynia）執行任務，她親眼看到許多同志逃跑，有些人直接搭船從海路離開，但她留下來了——直到納粹把她趕走為止。隨後，葛蘭茲迅速地打包好一小包行李，接著突然看到了基布茲的口琴。她突然因為自己對這個小小的口琴的強烈依賴感而感到無法承受，他們過去曾用這個口琴為所有人帶來那麼多幸福。她丟下了行李，拿起了樂器，但她在抵達渥茲市時覺得十分丟臉：她沒有帶衣服，也沒有帶任何實用的東西。她把口琴藏在基布茲的門邊，雙手空空地走進去。「我什麼東西都沒有帶。」她說道。後來她才知道，這裡的同志早就發現她放在門邊的樂器了。他們能理解她有多想要拯救這個帶來喜悅的物品。[11] 這個口琴變成了反抗運動中的傳說。

利妮亞想起了口琴，她非常希望能見葛蘭茲一面，她希望能再次感受到她的親切與勇氣。但是——她再也見不到葛蘭茲了。利妮亞抵達這座位於邊界的市鎮後，無比驚恐地發現整個隔離區都被毀掉了，全都被燒成了一片廢墟。她到處都找不到猶太同胞的蹤跡。他們被一口氣消滅了。

「發生什麼事了？」她努力組織出問句。當地的波蘭人描述說，這裡的隔離區在幾個禮拜前開戰了。[12] 那些猶太青年的武器很少，只有幾枝槍和數百個汽油彈，他們的反抗行動是躲藏與開槍。有些人想辦法從納粹那裡偷了一些武器，還有些人從隔離區裡的廚房裡拿出大鍋子，帶去彈藥工廠偷運鋁、鉛、碳、水銀、炸藥和製作炸彈的化學材料；他們挖了很多條地道；他們的人數與武器都遠不及納粹，然而他們仍舊想方設法地抵抗了整整五天。最後，許多猶太人都跑進了森林裡，現在他們只能像野獸一樣在裡面生活。德國人擔心猶太人會在森林裡建立游擊隊，因此派出當地警察去搜查躲起來的猶太人。他們陸續找到逃亡者——不過並不是每個人都被抓到了。

利妮亞在尋找利百加．葛蘭茲時，唯一能找到的訊息就是她在戰鬥中被殺死了，當時她手上還握著武器，正在指揮一個戰鬥小組。[13]「我為了她而心碎！」利妮亞寫道。「她就像是琴斯托霍瓦市每個猶太人的母親一樣。」[14]她回想起在葛蘭茲想要離開時，鎮上剩下的猶太人有多麼反對這件事。他們說，只要葛蘭茲還在他們身邊，他們就會覺得自己是安全的。

利妮亞匆匆回到火車站，把所有感情都壓在心底。她必須回家，立刻就要回去。火車花了一整個晚上轆轆駛過布滿森林的郊區。她好想要闔上刺痛的雙眼，但不行、不行、不行，她絕不能睡。利妮亞每時每刻都必須保持清晰的思緒、保持清醒與警覺。誰能知道納粹何時會再來審查文件或確認身分呢？隨時都有可能會發生任何事。誰能知道接下來會發生什麼事呢？

後來利妮亞才知道，伊娜在靠近邊界的一個檢查點被一名女性納粹警衛抓到了。[15]伊娜在蓋世太保開車載她前往奧斯維辛集中營時跳下車子，拔腿就跑。接著，她拖著被毒打一頓的身體，又累又沮喪地前往當地的隔離區，住進朋友家避難。但是納粹提出了高額獎賞（把伊娜交出來，否則就殺死二十名猶太人），於是猶太民兵把她交了出去。這一次蓋世太保的上級長官親自把她載去奧斯維辛集中營，他在車上命令一隻狗攻擊她、咬她。她吐了一口口水到那名長官臉上，在路途中就死去了。

Chapter 22 烈火吞噬 札倫比的耶路撒冷

利妮亞

1943 年 8 月

一九四三年八月一日。[1]

利妮亞終於抵達了本津鎮，一路奔波使她滿身塵土、心力交瘁、無比疲憊。但她才剛下火車，她眼前的一切事物，月台、那座她很熟悉的大廣場裝飾鐘，全都在瞬間變得一片漆黑。納粹正在把乘客都趕出火車站。

利妮亞能聽到遠處傳來了尖銳的喊叫聲、騷亂聲。

「這是怎麼回事？」利妮亞找了聚集在附近的幾位波蘭人詢問狀況，想弄清楚納粹在做什麼。

「他們從週五就開始從隔離區裡抓猶太人了。每次都一群一群地抓。」

這天是週一，也就是第四天。但遣送還沒有結束。

「他們會把所有猶太人都趕出去嗎？」利妮亞詢問時的聲音一點也不像她自己，她假裝自己不但一點也不在意，甚至還有些開心，她假裝自己只不過是這個世界上的另一個旁觀者，假裝這並不是她過去好幾個月來已經預料到卻又無比恐懼的瞬間。

她後來寫道，在假裝這一切的同時，「我的心碎裂成了痛苦的碎片。」他們正在消滅的是利妮亞的所有朋友、她的姊姊以及她在這個世界上熟識的每一個人。她不知道他們會發生什麼事，也不知道以後能不能再見到他們。

隔離區已經被納粹親衛隊的部隊包圍得水洩不通。沒有任何一條路能進去。利妮亞不斷偷聽，聽見了許多謠言，她盡可能地試著偷看隔離區內部，裡面的德國人正一個一個找出地堡，把猶太人當場殺死。這四天來，他們不停把猶太人推上牛車，從各個方向往隔離區裡開火。猶太民兵用擔架抬出傷者與死者，他們身上只裹著破布。在街道上，德國人領著一排又一排的年輕人走向火車，他們全都像罪犯一樣戴著腳鐐，德國人仍不斷踢這些猶太人的腳。這些男孩與女孩先前試圖逃跑，但被波蘭人抓了回來，交給德國人。打扮成平民的蓋世太保像野狗一樣在城市裡四處衝刺，到處確認文件，盯著每個人的臉看，尋找受害者。

接著，利妮亞注意到火車站旁邊有一塊空地，就在圍欄的另一邊。有一大堆人站在那裡，她的朋友也在那群人之中。波蘭人看著他們，看著這群「犯了錯的罪犯」，就好像他們是動物園裡的動物一樣。她的同志與她愛的人全都被手持步槍、鞭子和手槍的流氓包圍住了。

她到處都沒有看到莎拉。

利妮亞幾乎快要站不住腳。她快要昏倒了。她知道自己必須盡快逃走。如果有人要求檢查她的文件的話，她就完蛋了。

「但是，」利妮亞後來寫道，「我在那瞬間發現我的心已經變成石頭了，我怎麼可以在還不知道我最親近的人之後要面臨的命運之前，就離開這裡呢？」她正看著納粹把她在這世上僅存的家人送進死神手中。她回頭，但一切都是徒勞，因為她進不去隔離區。「我在心中想著：我的生命已經失去所有意義了。我何必活著呢？他們已經把我的一切都奪走了——我的家庭、我的親人，如今又要奪走我親愛的朋友。」她已經重新建立過一次人生了，她願意為這些同志、為了她姊姊冒任何風險。

「我心中的惡魔告訴我，我應該要結束我的生命。」利妮亞回憶道。「接著，我立刻對這種脆弱的想法感到羞愧。不！我絕不會用自己的雙手減輕德國人的工作量！」她心中的念頭變成了復仇。

利妮亞漫無目的地走著。她已經無家可歸了，什麼都沒了。

她只剩下一條路能走：回去華沙。但她要怎麼回去？下一班火車要到明天早上五點才會發車。

利妮亞・庫基烏卡成為了自由青年運動僅存的最後一名信使。[2]

到了下午三點，利妮亞已經奔波整整一天一夜了。她疲憊不堪，身心交瘁，已經不記得自己有多久沒有吃東西了。她心裡想的只有麵包，但是只有拿著配給卡的人才能取得麵包，她沒有配給卡，就這樣進入商店的話，店主會懷疑她是猶太人。這時她突然想起了她認識的一個人：一名非猶太裔的俄羅斯女人，魏斯醫師（Dr. Weiss），她是一名牙醫，住在本津鎮西方大約六點五公里之外的索斯諾維茲鎮。

利妮亞搭上了電車。在車廂的另一邊有人在檢查文件。她盡可能地搭到最遠的一站，然後跳下車，再搭下一班電車。她從這一個車廂走到下一個車廂，不斷換車，直到抵達目的地為止。

索斯諾維茲鎮的隔離區也被包圍了。

這裡的德國人也同樣在遣送猶太人。到處都是納粹，她聽見尖叫聲、槍響。

利妮亞飛也似地向牙醫家跑去。只要再幾條街就到了，她不斷告訴自己，穿越一條條窄小的街道。

魏斯醫師打開門，震驚地看著利妮亞。「你是怎麼到這裡來的？」

她拉出椅子讓利妮亞坐，擔心她會倒在地上。接著，她進廚房泡茶。

一直到這個時候，一直到坐了下來，利妮亞才意識到自己已經快要失去理智了。她努力振作起來。她想要把每件事都告訴魏斯醫師。

但她做不到。

她覺得喉嚨好緊。

她突然哭了起來。她發出了瘋狂的、痙攣的啜泣。

利妮亞覺得很羞愧，但她的苦痛已經滿溢出來了，她無法克制自己。她擔心如果她不哭出來的話，她的心臟將會因為劇痛而爆炸。

魏斯醫師拍拍她的頭。「別哭了。」她說。「你一直都很勇敢。你是我心中的英雄。我以你的勇氣為楷模。孩子，你要堅強。你的同胞或許還有一些人活著。」

利妮亞感覺到劇烈的飢餓，但她吃不下東西。她已經到極限了。她再也受不了了。「我的心想要死去。」她寫道。

但她還是慢慢地放鬆了下來。她渴望能花幾個小時休息一下，重振旗鼓。她想要活下去。

「我真的很想留你下來過夜。」魏斯醫師說，這讓利妮亞鬆了一口氣。「但是，」魏斯醫師繼續道，「德國人常會突然闖進民宅裡尋找躲在裡面的猶太人。如果這附近有德國人的話，他們一定會進來我家。因為我是俄羅斯人，他們早就懷疑我和猶太人有聯絡了。」她嘆了一口氣。「請原諒我，我不能拿自己的生命冒險。」

利妮亞幾乎不敢相信自己剛剛聽見的話。她感到灰心喪志，又感到無比害怕。在這種時候，她還能去哪裡度過這一夜呢？火車站會有人檢查她的文件。街上充滿了無盡的危險。她在這個鎮上沒有其他認識的人。

魏斯醫師給了她一些食物讓她在路上吃。她眼眶含淚地祝福了利妮亞，再一次拜託利妮亞原諒她。「我真的很抱歉。」

利妮亞離開了這個避難所，不知道該怎麼辦。「我漫無目的地不斷向前走。」她後來回憶道。她離開了這個宛如地獄的城鎮，走到了一座林木稀疏的森林旁。日光越來越黯淡，黃昏再次降臨。這是個明亮的夏日夜晚，月亮將光芒直直地照耀在她身上，星星也為她閃爍。利妮亞看見了她的父母、她的兄弟、反抗行動的同志。她看得好清楚，就像他們都坐在她身邊一樣，這些親友的表情顯得悲傷、扭曲、變形，他們的身上布滿了受盡折磨的痕跡。她是那麼想要擁抱他們、想要把他們放在心中深處永遠珍愛、想要緊緊抓住這種愛，但人影逐漸模糊，這些幽魂就像電影院螢幕上的畫面一樣逐漸消散。她什麼也抓不住。

利妮亞細細反思她的人生。「我把這麼多負擔都放在誰身上？我的罪有多深重？我殺了多少人？我為什麼必須承受如此沉重的痛苦？」

她突然在樹林之間看到一名男人的身影。現在已經是深夜了，那個人會是誰？人影逐漸靠近利妮亞。她感到一陣刺骨的寒意。那名男人喝醉了。他在距離利妮亞很近的地方坐了下來。她往旁邊移動，他又挪得更近一點。他睜大了那雙亮晶晶的小眼睛，像是一隻掠食動物。他開始對著利妮亞大吼大叫，那些話語中混雜著大量的怒氣、敵意和狂躁。利妮亞不能尖叫，也不能跑。她身處荒郊野外，沒有人會聽到她求救。就算她跑了，男人也只會跟在她身後，他會跟在她身後然後為所欲為。

在大屠殺期間有許多針對猶太女性的性暴力，從羞辱到強暴皆有之，發生的範圍非常廣泛。[3] 雖然有部分的早期戰後回憶錄提起過性侵害與性暴力，但在戰爭過後，想要訴說這些歷史的人大多都被噤聲了。研究大屠殺的面談幾乎不會提出相關問題，也很少會有人自願提供相關資訊。多數被害人根本不知道施暴者的名字。許多女人都在遭到強暴後被殺死，有些女人因為太過羞恥而不願談論，她們擔心說出來之後，其他人就不想跟她們結婚了。有些女人確實提起了這個議題，但她們往往會被大力制止，甚至有許多人根本不相信她們的經歷。她們不但沒有獲得安慰，反而會被其他人迴避。

納粹在集中營與勞動營中設置官方妓院。當時的法律禁止納粹親衛隊和關押者發生性關係，尤其是猶太人，但是納粹至少設立了五百間妓院，把猶太女人當作「性奴」。有些納粹會在身邊養私人性奴，這種現象在波蘭東部尤其常見。德國軍營的指揮官和波蘭長官會猥褻猶太女人，並使她們懷孕。在其中一個案例裡，他們選了許多漂亮的猶太女人到納粹的私人晚宴上充當裸體服務生，讓客人強暴她們，最後絕大多數的女人都被殺死了。華沙有一名納粹曾開著靈車去漂亮猶太女孩的家中——他會在強暴這些女孩後當場殺掉她們。（甚至有一名漂亮的青少女為了降低自己的吸引力，把麵糊塗在臉上。）[4] 納粹會在屠殺的現場先強暴女人再殺死她們。艾希斯基村（Ejszyszki）的當地波蘭人會提供列有所有漂亮又未婚的猶太女人的名單給納粹，他們把這些女人帶到附近的樹叢，納粹會先輪暴她們，再屠殺她們。[5] 在盧布林市（Lublin），各個年齡層的猶太女人都會挨餓、遭受毆打與折磨，還會被迫不分日夜地工作。只要納粹發現工作上出現錯誤，就會叫同一個小隊的所有女人都脫掉內衣，用木棍抽打她們雙腿之間二十五下。[6]

在猶太人之中也有性階級的存在。在斯卡希斯科卡緬納勞動營（Skarzysko-Kamienna），來自馬伊達內克集中營（Majdanek）的光腳女孩成為了「交易的商品」，也有些女人變成了勞動營中有辦法的男性的「表親」，必須搬進營房和他們住在一起。至於在游擊隊中，中產階級猶太女孩與來自猶太群居城鎮的猶太「工匠」談戀愛後，能保證女孩得到保護，這些尋求保護的戀情有些甚至持續到戰後。而在隔離區，性變成了一種用來交易麵包的商品。[7]

海希雅指出，在格羅德諾市附近的一個集中營，指揮官會把晚禮服送去給他覺得漂亮的猶太女孩與女人，再把這些女性送到德國人的派對上。每個女人都會受德國男性的邀請，在所有賓客面前跳舞。接著，指揮官會出其不意地靠過來，拿出手槍，開槍射擊女人的頭。「我無法想像這些女人穿上了晚禮服之後，這些禮服會如何在她們身上緊緊纏繞著多麼可怕的恐懼與充滿死亡意涵的寒冷。」海希雅在數十年後思索道。「我試著想理解，在納粹把這些女人帶進舞池時，她們是如何維持雙腳不顫抖、如何不跌坐在地。她們如何能不把恐懼轉變成一連串的尖叫，滲入圍觀他們兩人跳舞的群眾之中。」[8]

進入勞動營的流程本身就是一種性侵犯：女人會被推進洗澡間，被迫在陌生男性與納粹守衛面前脫掉衣服。她們在混亂與喧囂之中離開了她們的孩子與家庭，鼻子裡聞到的是燒焦的肉味，納粹親衛隊會對新來的女囚犯發表下流的感想，評論她們的身形、用馬鞭戳她們的乳房，再叫狗攻擊她們。集中營會把女人的頭髮剃光並檢查體腔，包括強制性的婦科檢查，德國人尤其會搜查裸體的猶太女人，確保她們沒有在陰道藏珠寶。[9] 女人是所謂的「醫學實驗」的受害者，這些實驗通常和受精與懷孕有關。有些女性納粹親衛隊會當著猶太女人的面和她們的男友性交，強迫猶太女人觀看可怕的毆打，用酷刑折磨那些已經失去親友的猶太人

——納粹把殘忍的暴行與放蕩徹底結合再一起。

除外，許多猶太隔離區的領導人都是性暴力的同謀，他們為了延後遣送，把猶太女人提供給納粹，當時有數位女性指控隔離區的領導人性侵害她們。在其中一份文件紀錄中，利百加．葛蘭茲之所以會離開渥茲市的猶太居民委員會，是因為委員會中的領導人性騷擾她，還有其他人也說她們同樣被那位自大狂領導人騷擾過。[10]

許多保護與窩藏猶太人的非猶太人會性侵害躲起來的女性，或要求她們用性當作報酬。有些施馬佐夫尼也會同時要求錢財與性，或者以性取代錢。克拉科夫市反抗團體的安卡．費雪（Anka Fischer）在雅利安區找到了公寓與工作後，遇到了勒索，勒索者威脅若她不同意性行為的話，就要檢舉她是猶太人，而她在拒絕後沒多久就被逮捕。[11] 許多躲起來的青少女為了保護妹妹而同意他人要求的性行為，性行為成為了她們擁有的唯一一種貨幣，她們只能用性來暫時避開謀殺。

最後，還有一種逃亡中的猶太女人會經歷的性暴力。十五歲的米娜．費雪（Mina Fischer）[12] 在某一天決定她已經受夠隔離區了。她逃離了強制勞動營的工作，跑進了森林裡，漫無目的地前進。在逃離了兩名設下陷阱想要揭發她身分的農夫後，她跑進了森林深處。到了晚上，她無處藏身。三名男人突然攔住她，輪暴了她。「由於當時我不太清楚什麼是性，所以我根本不知道他們在對我做什麼，」她回憶道，「但他們在進行這些可怕的侵犯行為時，開始像野生動物一樣用力咬我，他們咬我的手臂，咬掉了我的一個乳頭。」米娜昏過去了，他們一定以為她死了，但她還是醒了過來，受到了極大的驚嚇，全身都在疼痛與流血，連站也站不起來。過了許多年，在她因為懷孕而差一點死亡後，米娜才意識到這些人對她的身體造成了多大的損害。

雖然利妮亞心如死灰、疲憊不堪，雖然森林裡一片漆黑，但她仍然必須保持清楚的思緒。男人一點一點地靠過來，開始用各種問題攻擊她。利妮亞憑著直覺給出了一些愚蠢的答案，表現得像個傻瓜。

在這段過程中，她不斷想著她不能再繼續等下去了。時間已經是凌晨一點，每一分鐘都是關鍵。她慢慢地遠離那名男人，接著突然拔腿衝刺。

男人追著她跑。

她用盡了殘存的所有力量向前飛奔，直到她看到了一棟房子。她找到了一扇敞開的門，手腳並用地爬進房子裡，隱身在漆黑的走廊中。她屏住呼吸，蜷縮在樓梯井下方，等待，「像一隻被追補的狗一樣」。

到了早上，受盡折磨的利妮亞精疲力竭地離開了華沙。

Part 3

「沒有國界能擋住她們的去路」

她們做了萬全的準備，沒有國界能擋住她們的去路。

——海克・格羅曼，[1]

在《隔離區裡的女人》一書中描述參與反抗運動的女人

Chapter

23 地堡與地堡之外

利妮亞和海柯

1943 年 8 月

沒有家。沒有物理上的住所，沒有心靈上的港灣。沒有暫時的容身之處，更不用說食物了。沒有家人。沒有朋友。沒有工作，沒有錢，沒有記錄在案的身分。儘管你的家族有數千年的傳承，但你沒有了家園。你身上沒有背負任何期望，沒有親友想找出你在哪裡。沒有親友想知道你是不是還活著。

但倖存者必須繼續前進，繼續活下去。

利妮亞終於抵達了安提克在華沙的聯絡人提供的躲藏點，這個時候她已經心痛得快要發狂了。她描述道：「任何人只要看我一眼，就能知道發生了什麼事，就能知道我從本津鎮帶回了什麼消息。」[1] 沒有人能安撫她冷靜下來。利妮亞覺得自己隨時都可能會失去理智。

她日日夜夜苦等著來自本津鎮的消息和信件。

她的朋友、她所愛的人、她的姊姊到底遇到什麼事了？

如今札倫比區再也不會有起義行動了，接下來她該怎麼辦？利妮亞需要知道目前的狀況才能計畫下一步。

又過了三週，她終於等到了伊爾札・漢斯德夫寄來的明信片。「立刻過來本津鎮。」利妮亞迅速地閱讀每一個字。「等你到了我再跟你解釋所有的事。」

利妮亞在數小時內聯絡上安提克，開始為她的這趟行動打包行李。地下組織提供了貴到不可思議的假通行證給她用，還多提供了兩份通行證，給本津鎮可能還活著的人。他們還給了利妮亞好幾千馬克，以免有預料之外的開支：施馬佐夫尼、警察賄賂費、藏身處、食物、設備，誰知道她會需要什麼呢？

她搭火車回到本津鎮，來到了伊爾札的明信片上面的地址：這裡是一位波蘭技師的家，他曾在基布茲的洗衣間工作。從戰爭開始直到現在，他一直都和自由青年運動的成員保持聯絡，一直努力幫助他們。他們全都知道這名技師的地址。

利妮亞能聽見房子的主人諾瓦克女士（Novak）在屋內用鑰匙開門。她幾乎快控制不住情緒了。門打開了，但裡面靜悄悄的。兩道長長的人影坐在桌前，他們骨瘦如柴，面容枯槁。但他們很高興能見到利妮亞。

坐在桌前的兩人是梅爾・舒曼（Meir Schulman）和他的妻子娜查（Nacha）。[2] 梅爾不是反抗行動的成員，但他是自由青年運動非常忠誠的朋友。他住在基布茲附近，非常能幹，利妮亞認為他是個完美主義者。他擁有技術方面的知識，幫助他們建造地堡並安裝祕密無線電。他替他們清潔與修理那些壞掉或老舊的武器。在華沙下了指令要他們製作炸彈時，是梅爾替他們帶來了必需物品。他還製作假橡皮章，試圖印製假鈔。

如今他坐在這裡，利妮亞無比希望他能解答這些令她心焦的問題：其他人在哪裡？遣送時發生了什麼事？他們的戰士怎麼了？莎拉怎麼了？

接下來是海柯的敘述。[3]

在數週前的週日凌晨三點，槍響。

就連海柯也因此感到訝異。她無法相信納粹竟然會毀掉他們的假日。每個人都醒了。茲維．布蘭德斯打開地堡的門栓，拿出了屈指可數的武器。「怎麼這麼少？」海柯問。

原來他們根本沒有做好準備。多數武器都放在另一個地點。赫謝爾家的自由青年運動避難所裡面沒有武器。海柯勃然大怒。「我們一直以來都在培育哈格那的想法，難道是為了要一無所獲嗎？……我們絕不會允許他們把我們送走。我們要做蠢事——或許我們只會發射一枚子彈，但至少我們會有所行動，我們一定要有所行動。」其中一名來自華沙隔離區的戰士抓起了武器，對武器這麼骯髒感到很生氣，並隨即開始清理槍枝。

他們一起走到樓下，一共帶了兩條麵包和一壺水。接著，他們這二十人從火爐的入口，走進了青年衛隊的地堡。

地堡很小，尚未完工。擁擠的程度令人無法忍受。

進入地堡後，他們鎖上火爐的門。火爐上有一個洞能讓一點點空氣從那裡流通。地堡裡沒有桶子，海柯對於這樣的屈辱感到憤憤不平，認為被迫在她們睡覺的地方排尿比最殘酷的酷刑還要更糟。

他們的躲藏點位於兩條街的交叉口，納粹多次進入這棟建築四處搜索，他們用斧頭劈砍牆壁、試著打開火爐。納粹開始把地堡上方的木地板拆毀。茲維握住他的槍，下令華沙的戰士做好準備。「逃跑。」他告訴眾人。「如果你成功逃跑了，那很好。如果你沒有成功逃跑，那就沒辦法了。」

所有人都喘不過氣。他們的所在地隨時都有可能會遭到轟炸，槍聲不絕於耳。

他們就這樣維持了整整三天，每天都有十次搜查。

外界沒有任何音訊傳來。他們也沒有能力聯絡上其他的ŻOB躲藏點。他們開始擔心自己是最後一批猶太人。茲維決定要去自由青年運動的基布茲看看，海柯和其他同志都為此憂心匆匆，他是他們所愛、所尊敬的領導人、兄弟與父親。

他離開了。又是新的一天，一樣充滿了可怕的敲擊聲、斧頭、「屏著氣的呼吸、極度的恐懼和緊綳的焦慮感」。納粹在他們的地堡附近找了三個小時，拆掉了一半的地面，不斷叫他們快點出來。恐慌蔓延。海柯用盡了所有意志力才終於安撫每個人冷靜下來。她用極低的氣音說：「趴在地上。」他們全都照做了。「我憑著直覺接下了指揮權。」她後來寫道。「我希望德國人能懶惰一點，他們沒有讓我失望。」德國人離開了。

茲維回來時，所有人都大大地鬆了一口氣，但他們的資源用盡了、水已經喝完了。他們打開了爐口，外面仍有槍聲，且走廊上有人。他們現在不能移動，但如果沒有水的話，他們遲早都會渴死。因此，他們抬起了火爐的門，發出了「驚人的巨大噪音」。每個人都嚇壞了。茲維總是衝第一個，他和另一名男人一起爬了出去。他們帶著水回來了。感謝上帝。

但接下來該怎麼辦？「我們還能在這個地牢裡忍耐多久？」裡面的通風實在太差了。他們每天都變得更虛弱。海柯說，「無論你有沒有聽過地獄或在圖畫上看過地獄」，不管從哪個層面來看，這裡都是地獄。

他們全都口渴極了，在一片黑暗中，每個人的臉都變得難以辨認。「你能看見年輕人的身體，脫光了衣服或半裸著躺在破布上。你能看見許多腿，並列在一起……那麼多又溼又黏的手掌壓迫著你。」海柯寫道。「噁心極了。而且還有人會在這裡做愛。[4]因為這可能是他們死前的最後一段相處時間了。至少要讓他們彼此道別。」海柯忍不住責備起茲維和他的女友朵拉（Dora）缺乏奉獻精神，責備他們過去浪費了那麼多時間。

隔天，他們又沒有水了，但這一次外面什麼都沒有，納粹把水源切斷了。茲維的妹妹佩莎（Pesa）陷入了歇斯底里，聲嘶力竭地放聲尖叫說她希望納粹快點殺了她。每個人都在努力安撫她，但怎麼做都沒用。

茲維決定他們必須轉移到自由青年運動基布茲的地堡。朵拉和一位名叫卡希雅（Kasia）的女人一起出發、茲維和他妹妹一起，海柯則和一位名叫蘇魯列克（Srulek）的同志一起離開，他們躡手躡腳地爬出火爐，踏入外面的世界。一開始，一路上都很寧靜。接著，轉眼間，好幾枚火箭彈一起點亮了一整條街。四面八方都是開火的槍聲、刺目的閃光、砲彈的碎片和石塊。他們倒在泥土地上。海柯的心猛烈地跳動起來。為什麼她非得死在這裡？她什麼都還沒有做到，如今獨自倒在田野中，甚至不是在戰鬥，而是在逃跑。她心中的痛苦與孤獨全都變得極其難以忍受，但她的人生裡也有過許多美好的事物——她倒在地上安慰著自己。她有過同伴、有過深切的羈絆、有過和大衛一起度過的精彩時光，現在她也要被射殺了，她註定要和大衛用相同的方式死去。「真倒楣。」她對自己說。

海柯不知怎麼地設法爬到了附近的建築物中，進入了一間公寓裡。她能感覺得到自己的身體：難道她還活著嗎？她和蘇魯列克歡心鼓舞地互相親吻，喝了一些水。抵達自由青年運動的基布茲時，時間是三點。每個人都到了，總共二十個人。

他們把茲維的妹妹安置在地面上的一間公寓裡，希望開放的空間能讓她冷靜下來，但她仍舊處於歇斯底里的狀態，她因此被一名納粹找到了。

茲維從後面射殺了那名納粹。

「那是第一槍。」海柯寫道。「我好驕傲、好快樂。」

她的快樂時光很短暫。雖然他們殺死了一名德國人，但海柯還來不急喘口氣，就發現已經有好多同志被殺死了。「我們應該要所有人一起行動，而不是像這樣，像是生命的碎片，像是一名健康的人被撕扯成了一片又一片的碎片。天啊，我們原本應該要有一番大成就的。」她後來寫道。「【這件事】使我感到怒不可遏，我的內心在尖嚎，我已經肝腸寸斷。」

這個新的躲藏點是梅爾和娜查之前住的避難所，這裡比海柯剛離開的地堡還要更糟。這裡沒有槍，他們擁有的兩把槍是從上一個地堡帶來的。[5] 躲藏點的空氣又悶又溼，每個人都汗流浹背。他們移動時都是半裸的狀態，只穿著寬褲或上衣。多數時候他們只會躺在地上，像屍體一樣。海柯幾乎無法呼吸，她很感恩電風扇的存在，風扇不停轉動，唰、唰、唰，對她來說是一個小小的安慰。此外，這裡還有一個真正的廚房，裡面有一個電力爐。每個人都無精打采，不過自由青年運動的醫務員哈夫卡・林茲納（Chawka Lenczner）[6] 會為阿莉莎煮一些小麥粉。他們會聚在一起吃溫熱的午餐，而不是切片麵包，利妮亞的姊姊莎拉也包括在內。

[7] 海柯很喜歡哈夫卡，她會站在熱騰騰的爐子旁照顧其他同志、包紮傷口、分發能抹在皮膚上的滑石粉、命令其他人洗澡以避免受到蝨子感染。「看著她的感覺很棒，」海柯愉悅地回想著，「她看起來那麼乾淨、那麼親切。」一開始，海柯很生氣赫謝爾把看起來那麼像是雅利安人的哈夫卡留在地堡裡，但赫謝爾告訴她，如果沒有哈夫卡的話，他們早就全都完蛋了。

海柯環顧四周：行屍走肉。她再也忍受不下去了。

「我想要在地面上呼吸最後一口空氣，抬頭再次望向星空，想喝多少水就喝多少水，想呼吸多少空氣就呼吸多少空氣。」她沉思著。這種窒息、口渴與無止境的黑暗令人無法承受。我絕不要活著踏入火車的貨運車箱裡。

到了晚上，他們打開了爐口。海柯和其他男孩一起爬出了地堡，興高采烈地享受空氣，「流動的、健康的、新鮮的空氣。」她大口深呼吸，希望能吸進越多空氣越好，為晚點回去地堡做好儲備。

槍聲突然響起。

火箭彈照亮了他們的那棟建築，她立刻躲了回去。接著她又對於自己受到驚嚇感到非常憤怒，強迫自己走到建築物外。她能看見兵營的明亮光線，也能看見遣送中心所發出的亮光，德國人會在遣送中心把猶太人趕上火車。探照燈加上監視哨站，他們不可能逃得出去。接著，更多火箭彈。海柯大聲笑了出來：這裡是戰爭前線！納粹為了對抗地堡中那些沒有武器又極度口渴的猶太人而發動了全面攻擊，發動了一場他們絕對會贏的戰爭。

那些男孩帶著水回來了。他們冒著生命危險取回這些水，海柯決定下一次她要跟著他們一起去。他們全都回到了地底下。她原本以為呼吸過新鮮空氣後會感覺比較好，但新鮮空氣卻使一切變得更糟了，她的肺必須重新習慣什麼空氣都呼吸不到的日子。此外，地堡裡的人正在吵架：幾個女人因為破布而吵了起來，連爐口都沒有關。多麼荒謬！海柯氣得眼淚直流，她為什麼要和這些人坐在這裡？她如此珍愛的那些親友到哪裡去了？大衛呢？帕薩克森姊妹呢？她說服自己，或許這樣比較好，別讓他們看見夢想支離破碎的樣子。但是接著她又想到，如果他們還在的話，情勢會有多大的不同？她相信情勢絕對會截然不同，她能感覺到自己心中的哀傷超越了她原以為的極限。

他們坐在地底下，但這麼做有何意義？他們總有一天會窒息而死。外面想必已經變成一個毫無猶太人的世界了——所有猶太人都被「清除」了。這裡的水源不穩定，又缺乏空氣，他們一定會被找到的。他們將會死在這裡。每一天，他們都會抽籤決定要派哪兩個人試著前往雅利安區。沒有人想去，沒有人想和地堡裡的人分開，更何況他們沒有可以去的地點，沒有安全的目的地。他們抱怨說他們還沒準備好要逃往未知的方向。「我們應該要一起出發才對吧。」他們全都這麼說。海柯被悲傷淹沒了，同時也被憤怒滅頂了。他們全都是一群膽小鬼，他們什麼都不願意做，他們誰的話都不聽。還有其他人活著嗎？

一名同志外出蒐集資訊。數小時後，他氣喘吁吁地回來了，他回報說派出去的猶太人中，有少數幾個還活著，有些在清空滯留營（liquidation camp）工作，他們要負責進隔離區搜刮猶太人留下來的財物。

這天輪到海柯離開了。地堡裡的人越來越少。她不願意繼續耽擱，她想要和茲維或赫謝爾一起離開，但阿莉莎不斷要他們再等等，而海柯可以和茲維的弟弟和妹妹一起先走。她該離開嗎？現在就走嗎？

外面突然傳來一聲喊叫。附近有德國人，他們正在刮除煤炭，接著打開了爐口。

地堡被發現了。

一名逃出去的同志找到了管理清空滯留營的沃爾夫・波姆（Wolf Bohm），安排了一個計畫。波姆派了一名猶太人把他們從地堡裡帶出來，再帶回營地，不過和這名猶太人同行的是兩名納粹。

海柯對於他們的計畫一無所知，[8] 她不懂納粹怎麼會找到他們。

地堡裡一片騷亂，人們紛紛抓起自己的行李箱與提包。他們決定讓女孩與孩童優先出去。海柯把一件洋裝套在赤裸的身體上，她沒有鞋，她什麼都沒有。梅爾和娜查打開了第二個出口，海柯正想跟著他們一起逃出去——碰！——他們又重重關上了門。外面的守衛太多了。

最後，哈夫卡爬了出去。她很快就回到地堡裡，緊張得說話都結巴了。納粹問她赫謝爾在不在這裡，並告訴哈夫卡，只要地堡裡的人快點全部出來，他們就會被送到羅斯納工廠附近的一條街。海柯立刻猜到了這是波姆的計畫。他們終於迎來一絲希望的曙光，她想著，但這些槍該怎麼辦？茲維大吼著要梅爾拿著他的槍走，但他自己則拒絕離開，躲到了床下。地堡裡的人迅速撤離。赫謝爾和茲維都手忙腳亂。赫謝爾急著拿出一大疊錢分發給眾人。「我從來沒有看過那麼多錢。」[9] 海柯後來寫道。

她走了出去。三名納粹站在地堡入口。他們對每個猶太人搜身，把錢全都拿走。阿莉莎臉色蒼白，平靜地詢問納粹是不是要把他們送到羅斯納的工廠附近的街上。海柯從煤炭儲存間裡觀察那些納粹，考慮著她該怎麼處理自己拿到的那份錢，她擔心德國人會把他們存下來的錢全都拿走。她該把錢藏在哪裡——藏在內褲裡嗎？

佩莎站在她身邊輕聲細語道：「我該怎麼處理我的槍？他們覺得納粹不會搜女孩子，所以把槍拿給我了。」海柯宛如墜入冰窖。這是誰想出來的蠢主意？那把槍應該要拿來使用，不用的話就應該要好好藏在地底下。

海柯要她把槍放在煤炭堆裡。她一心只想著槍，錯失了藏錢的機會，納粹立刻把她身上的所有錢都拿走了。

接著，那些德國人走向煤炭堆，翻找一番後，取出了一個沾了血的袋子。

是那把槍。

一名納粹喊道：「你們有武器可以攻擊我們！」

女孩們哭著懇求道：「那把槍不是我們的，是別人放在那裡的。」

「令人作嘔。」另一名納粹低語道。「我們本來想要幫你們的，你們卻想要殺了我們。」[10]

他們全都完了。海柯偷偷溜回地堡觀察情勢。茲維非常驚慌，他不小心把另一把槍弄丟了，他以為槍放在公事包裡。每個人都在發狂似的尋找那把槍。

來自華沙的戰士又下到地堡來。「他們已經制住地面上的每個人了，他們威脅說如果你不出來的話，就要把所有人都殺掉。」

地堡裡一片沉默。

「我願意犧牲。」茲維說。「我上去。」他離開了地堡。

梅爾和娜查拒絕離開。海柯決定：「好，那我走。」

共有十二人趴在地上，雙臂張開。海柯加入了他們的行列。

「下面還有人嗎？」

他們派赫謝爾下去檢查。「沒人了。」他不會把梅爾和娜查交出去的。

其中一名納粹往下走了一個臺階，拿起了一個公事包，打開來搜查，發現了一把槍。他拿出那把槍，哈哈大笑起來。「這是你的槍，對吧？！」他在公事包裡面翻找了一陣，抽出了阿莉莎．齊坦菲爾的照片。「怎麼會有人笨到把照片留在裡面！」他們狂笑不止。

阿莉莎開始求饒。「那把槍不是我的。」

海柯氣得怒髮衝冠，阿莉莎至少可以試著表現得勇敢一點！

接著那名納粹指向海柯。「這把槍是你的。」

命運之神已經宣告了判決，海柯想著。木已成舟。「喔？是我的嗎？」

納粹沒有回答，但他踢了海柯兩腳，接著又用木棍抽打她。她一直到最後才發出了一聲尖叫，她能看出這名納粹有多生氣。

她躺在地面向上看，把一切收入眼底，她知道這是她最後一次看到天空了。

德國人命令他們站起來。他們禁止海柯穿鞋和拿行李。她的洋裝因為躺在地上而變得骯髒不已。他們命令海柯走在最後面，從後方用步槍槍托打她。「我現在就要把她殺了。」其中一名納粹說。另一名納粹道：「隨她去吧。不要擅自行動。」

他們排成一列縱隊，抵達了軍營對面的廣場。到處都是士兵和軍官。每個人都在對他們指指點點。阿莉莎一邊哭一邊求饒。

「你這個蠢貨，冷靜一點。」海柯嘶聲道。「不要這麼沒尊嚴。」

隔離區杳無人煙。納粹的「行動」已經持續一週了。他們派出了特別受過清空猶太人訓練的士兵，把猶太人從地堡裡抓出來。納粹把所有人都驅趕進有頂蓋的牛車中，只有猶太居民委員會除外，他們坐的是雙輪馬車。有些猶太人試圖逃跑。羅斯納窩藏的五百人全都被抓到了。少數幾位猶太人被送去了勞動營，還有一小部分留在卡米翁卡鎮，負責搜刮隔離區公寓中剩下的財物。納粹把即將遭受遣送的猶太人暫時關在一個營房裡，他們可以在裡面自由移動，但反抗團體則被迫坐在外面的地上，有守衛負責監視他們，就好像他們是「供人觀賞的野獸」一樣。

海柯看著這些人「像動物一樣衝到水桶旁」。他們已經口渴到難以忍受，因為他們已經好幾個禮拜沒有乾淨的水了，只能喝雨水，甚至喝尿液。海柯很同情老人和孩童，他們看起來多麼害怕、多麼骯髒。

有些猶太人想要靠著賄賂德國人獲得工作，但他們身上什麼都不剩，沒有東西能拿來賄賂。海柯的反抗團體自願要工作，納粹卻直接忽略他們。海柯想要活下去，但她該怎麼做？她不相信奇蹟。

納粹叫了她和阿莉莎的名字。

這就是她的結局。她要被處決了。

「再會了。」她說完後，勇敢地昂首走了出去。

他們押著她進入了民兵先前使用的建築——這是一棟封閉的建築，沒有任何人會看到她。阿莉莎走進了建築物裡，然後，他們叫海柯在外面等。一名猶太居民委員會的辦事員經過，看到她時嚇了一跳。「你在這裡做什麼？」

「沒什麼。」海柯說。「他們想要處決我。」

「怎麼會？為什麼要處決你？」

「他們在我們的地堡裡找到了一些東西。」

辦事員手上拿著一個托盤，上面擺著蘋果。海柯不慌不忙地伸出手，拿了一顆蘋果，一口咬下。辦事員看著她的表情就好像她已經瘋了一樣。她瘋了嗎？在咀嚼蘋果時，納粹把她叫了進去。她把蘋果核拋在地上，在心中演練她要在死前說的最後一句話：「你們這些殺人犯終究會遭到報應的。我們的民族將會復仇。你們馬上就要完蛋了。」

海柯在踏入她的處決地點時想要尖叫——但這裡這麼荒涼，不會有人聽到她的聲音。為了避免牽連他人，她控制住自己的衝動。她保持安靜不是因為誰下了什麼命令，而是因為她嚴以律己。

阿莉莎倒在房間的角落。她渾身是血，遍體鱗傷，看起來被狠狠打了一頓。

海柯意識到，接下來她要面對的是刑求。

他們命令她躺下來。接著他們收到了上級的指示：把她打到死為止。抽打開始了。她的全身上下都被折磨，無休無止的、殘酷的抽打。接著，他們開始打她的頭。她想要忍住喊叫，想要讓他們知道「一個爛猶太人能做到什麼程度」。但她必須否認他們的指控，她尖聲大喊自己是無辜的。

「這是誰的槍？你交代清楚我們就會放你走了！」他們大吼道。

「我不知道。」海柯回答。「我是無辜的。媽媽！媽媽！」

最後，他們停下了動作，走回阿莉莎身邊。「當時我毫無反應，」海柯後來寫道，「我一定已經變成一隻卑劣的禽獸了。」她怎麼可以蓋住自己的臉？怎麼沒有跑過去打那些正在毆打她朋友的人？但她實在太痛了，而且她心中充滿了一股怪異又強烈的喜悅感——她很確定自己可以撐過這些刑求。

他們又回過頭來刑求她。一名納粹站到她身邊。「彷彿一隻高大消瘦的灰狗。」她寫道。「我很熟悉那種窺探的眼神。」海柯對他露出了嘲弄的表情，她覺得這名納粹是因為她的表情而動手打她的。

雙頰、臉、眼睛，鮮血噴湧而出。「只差一公分，我的眼睛就要瞎了。」他用強壯的手臂圈住她細瘦的頸脖，勒住了她。她漸漸喘不過氣，但那名納粹隨即放鬆了手臂。「我當時已經快要弄清楚人要被勒到什麼程度才會死了。」她回憶道。「我一直都很好奇死亡的痛苦會在何時開始。」但他不再勒她的脖子了，納粹把她們兩人押出這棟建築。她聽見他們提到了奧斯維辛。

海柯勉強拖著身體回到了反抗團體之中。她和阿莉莎回來時，所有人一看到她們就都哭了出來。有毛巾和上衣的人紛紛把這些布料拿出來當海柯的坐墊。她的身體「像石頭一樣硬，像橡膠一樣硬。而且全都是黑色的，不是青色的，是黑色的。」她描述道。「我沒有坐下，我像貓一樣蜷縮起來，躺在佩莎身上。」沒有大衣、鞋子、襪子。附近一片漆黑，天寒地凍。士兵們甚至正在劈砍老家具當作營火。

茲維在這時突然拔腿就跑。

他的速度快到海柯的眼睛都跟不上。

他逃跑了！

士兵之間爆發了一陣騷動，有些人開了槍，有些人跑了起來。指揮官氣急敗壞。「快去追，不論死活都要把他帶回來。」

好幾分鐘過去了。海柯的心臟劇烈跳動。好幾位士兵一起回來了，天色太暗了，她看不見他們的臉，但她能聽見其中一人說：「沒問題！我解決他了！」

海柯告訴自己，這不是真的，他只是在吹牛而已。不過她心底其實知道，茲維已經死了。他們失去了最傑出的成員：一名同伴、一名真正的領導人。她親愛的、親愛的朋友。

茲維的弟弟和妹妹站在她身邊。「他們在說什麼？」

「我不知道。」海柯撒謊道。她坐下來，覺得內心一片空洞。「如果你在這個時候敲敲我的胸口，」她寫道，「你必定會聽到一陣回音。」

海柯在一片黑暗中開始思考這些士兵的人生、思考可能的逃生方法、思考奧斯維辛集中營發生了什麼事。她對自己承諾，她絕對不會去奧斯維辛集中營，她要在抵達之前逃跑、跳車、舉槍自殺。後來她在廁所時考慮過，要不要爬進洗衣間再偷偷逃跑，但守衛站得太近了，她沒有勇氣那麼做。頓時，她想起了茲維，

到了明天就太遲了。

到了早上，折磨還在繼續。他們沒有食物，只能乞求納粹給他們一些水，雖然那些從旁經過的猶太人有機會能偷拿一點水來，但他們全都躲得遠遠的，移開了視線。這就是她願意為之犧牲生命的民族嗎？但她馬上又理解了，是納粹把他們變成這樣的。

最後，一名德國警衛可憐他們，命令他們站起來。他拿了水給他們，又拿了一點食物給亞提德孤兒院的孩子。

到了下午，納粹來了。他們帶走了四名男人。海柯推斷納粹是要一次處決這四個人。

但她猜錯了。四名男人搬著東西回來了。

茲維的屍體。

納粹這麼做是為了展現他們的能耐。

茲維的妹妹嗚咽了起來。海柯想叫她別再哭了，想叫她露出驕傲的表情看向納粹的臉。

但她能感覺到自己的內心在咆哮。「我頭上的皮膚全都麻掉了，我以為我的頭髮馬上就要變成灰色了。」

把茲維搬回來的四名男孩看起來好像快要跪倒在地了。茲維的臉看起來可怕極了，「他的身體殘缺不

全，像篩子一樣全都是洞。」這是他們親愛的、正直的朋友。赫謝爾啜泣了起來。

納粹派了一些男孩去挖洞，他們以為他們挖的是自己的墳墓。這些男孩每天都以為德國人要把他們殺了，這種感覺有時一天多達十次。「等待的感覺比死亡還要更糟。」海柯寫道。到了晚上，他們收到了指令。海柯必須進去營房裡。她要和反抗團體之外的其他猶太人待在一起。然後，她明天會被轉移到奧斯維辛集中營。

她心中充滿了恐懼。她要背棄對自己的承諾，前往奧斯維辛集中營嗎？她一直以來的等待有何意義？在營房外至少還有機會能逃跑。她可以混入人群中逃跑嗎？赫謝爾安慰她：納粹不會那麼快把他們送去集中營。

天亮時，猶太人紛紛拿起自己的毛巾洗臉，好像這只是平凡無奇的一天。海柯氣壞了，看在老天的份上，反抗啊！從窗戶跳出去呀……為什麼每個人都這麼冷靜？聽說火車會在十點抵達。

又或者她其實是在批評自己呢？她早就應該要試著逃跑了。

在即將被送走的猶太人中，海柯認出了貝瑞克（Berek），他是一名足智多謀的男孩，海柯很信任他，因為他的眼神很誠實。他常會離開營房，是出外工作小隊的一員，這天也不例外。他想要幫上他們的忙，提議說他可以護送幾位女孩去廚房，但海柯臉上的傷太容易被認出來了，所以她不能直接過去。此時，有其他男孩離開營房去工作，海柯叫赫謝爾也跟著去，但赫謝爾堅持留下來了。

已經快到十點了。貝瑞克站在營房旁，身邊有幾匹馬。

她必須過去貝瑞克那裡。

等待、等待、等待正確的時機。突然之間，一群人湧了過來。貝瑞克朝她眨眨眼。

逃跑。

她做到了，她走到了貝瑞克的身邊。

「進去廚房那棟房子。」他用氣音說道。

「跟我一起去。」

「不行。」他堅持道。「你要自己去。」

海柯出發了。

一名士兵守在廚房的門口。

他放她進了門內。

❢✧❢

阿莉莎、佩莎、哈夫卡、華沙的戰士和莎拉（利妮亞的姊姊）都在廚房和海柯相聚了。她們叫猶太民兵去接赫謝爾。接著納粹指揮官來了。海柯知道她會因為自己的臉而被送回去。阿莉莎躲了起來，但海柯沒有躲，因為她再也忍不下去了。

指揮官盯著海柯看了很久，接著搖搖頭。「新人。」他說。「但沒關係，她們可以留下。」

到了十點，火車駛向了奧斯維辛集中營，赫謝爾跟著他們一起離開了。「真是奇妙。」海柯後來反覆思索這件事。「從營房到廚房這段路程只有兩分鐘，我卻因此而獲救，沒有被送去奧斯維辛集中營，沒有死。我們的人生真是太怪異了！」

❢✧❢

梅爾告訴利妮亞，他和娜查在其他人離開地堡後，又在床鋪底下躲了好幾天，接著逃到了這位波蘭技師的家中。「我們還有一點點錢。」他說。「但等到錢用完之後，該怎麼辦？」11 他們知道青年衛隊有幾位女孩偽裝成非猶太人，還住在本津鎮。除此之外，他們什麼都不知道，也不知道有一些同志成功抵達了廚房。

利妮亞在一九四〇年代寫下的文件並沒有提及她的姊姊莎拉，或許是為了安全，或許是因為利妮亞太過憂心而無法提筆寫下來，也或許是因為她非常尊重反抗運動——在反抗運動中，他們對手足的關愛不能超過他們對其他同志的關愛。但是，莎拉到底遇上什麼事了？她死了嗎？庫基烏卡家還有其他人活著嗎？還是說利妮亞只剩下孤身一人了？

她當時真的已經快要失去理智了。

值得慶幸的是，伊爾札剛好也在那時來到了技師家。她哭著抓住利妮亞，緊緊抱住她，無法控制自己的情緒，滔滔不絕地說了起來。「法蘭卡死了，我們的同志死了。」

伊爾札和利妮亞一起坐了下來，開始描述另一個地堡的狀況，[12]那是「戰士的地堡」，位於斜坡上一棟樸素又醜陋的建築裡面，四周草木環繞。法蘭卡和自由青年運動的六名同志躲在這棟房子底下，一個偽裝得非常好的地下室裡。這是自由青年運動最好的一個地堡，入口藏得非常隱蔽，位於一面牆裡，裡面有電力、水與暖氣。

從納粹開始「行動」以來，他們七人一直都能聽見來自外界的每一種聲音。自由青年運動的領導人巴魯克・賈夫特克站在一條裂縫旁，負責看守地堡。這時，外面突然傳來德國人的聲音——他們就站在地堡的正上方，聲音轟轟作響。他們是不是已經看到裂縫透出去的光了？巴魯克・賈夫特克想都沒想就憤怒地大喊：「我們要在戰死之前報仇！」接著，他拿起了槍，直接從裂縫的開口向外射擊。兩名德國人倒在地上，結實的身體撼動了地面。

她的女友從後面緊緊地抱住他，緊到其他人都聽見了他們的骨頭吱嘎作響。

槍聲引起了其他德國人的注意。一群德國人氣喘吁吁地包圍住了這棟房子，但他們沒有靠近。他們帶走了那兩名納粹的屍體，氣得都快要發瘋了，他們很震驚竟然還有猶太人想要反抗。

法蘭卡站得比其他人都高，儘管地堡禁煙，她仍然一根接著一跟地抽。她舉起堅硬冰冷的武器，抑鬱許久的雙眼中閃爍著異常的光芒。「謹慎行動，」她下令道，「但至少要殺掉幾個德國人，我們要光榮地死去！」[13]其他同志舉起了槍，扣下扳機。

數十名納粹用手榴彈和煙霧彈伏擊這棟房子。地堡裡變得一片漆黑。戰士因為炸彈的煙霧與上方熊熊燃燒的房子而感到雙眼刺痛。他們逐漸感到窒息，開始抓住自己的喉嚨，因為無法使用自己的武器而大聲尖叫。「野蠻人！」他們高聲喊道，接著熟練地丟出了一顆手榴彈，但納粹躲開了。德國人拿出了他們從奧斯維辛集中營帶來的特殊幫浦，往地堡裡灌水，要把他們都淹死。

「整個房子都燒起來了。」伊爾札描述道。「黑煙直衝雲霄，隨之而來的是身體與頭髮起火的刺鼻惡臭。你能聽見槍聲、嘆息、尖叫、呻吟、詛咒、德語，一切都震耳欲聾。靠枕裡的羽毛在空氣中飄盪。四周一片火海。」[14]

蓋世太保下令要猶太民兵滅火，一名德國人用手槍指著民兵中隸屬收屍小隊的一員，阿布蘭·波塔茲（Abram Potasz），要他把屍體搬出來。德國人花了三十分鐘，用大量機槍子彈在地堡上方打出了一個洞，阿布蘭從這個洞爬下地堡。地上躺滿了焦黑的人體，有些人半死不活地扭動抽搐著，看起來簡直不像人類。阿布蘭看到許多碎裂的頭骨和四散的腦漿。「這些倒在地上的查魯齊姆（chalutzim，意為先驅者）的口中傳出了非人的呻吟，[15]聽起來像是一整個中隊的飛機發出的嗡嗚聲。」他後來描寫道。地堡的枕頭和羽毛棉被因為德國人的大量射擊而著火，冒出了大量濃煙。阿布蘭咬緊牙關，拖出了一個又一個畸形的人體，放在花園裡。法蘭卡半個身體都燒焦了，手中仍緊握著六發式手槍。

七個長滿了水泡的骷髏，頭顱破碎、腦漿外溢，只剩下睜大的雙眼。納粹下令要阿布蘭把屍體擺成面朝上，把女人的衣服脫光。

法蘭卡在垂死中撐起上半身，因為她的下半身已經完全燒焦了。她仍舊驕傲地想要說話，但她的表情恐怖極了，她似乎已經瞎了。她模糊地說著什麼，環顧四周，接著她的頭垂了下來。其中一名蓋世太保彎下腰，想聽她說話，以免錯過了什麼有用的資訊。但第二個蓋世太保立刻打斷了他們，他哈哈大笑著用沉重的靴子踢向法蘭卡的臉。他用「完美的、堅忍的、施虐狂式的冷靜態度」，[16]踩踏她的身體。他們開槍射擊她的臉和心臟，一次又一次地攻擊她的屍體。

蓋世太保用七把機槍射擊了那七具屍體。但是，光是讓這些屍體「像是篩子一樣全都是洞」還不夠。海柯描述了他們是如何踐踏這些半死不活的人。他們用腳踢屍體、用槍掃射屍體、「像是鬣狗在吃腐肉一樣踩在屍體上」，直到屍體的臉變成「由鮮血和肉塊構成的黏稠紅色殘渣」，身體變成「沾滿鮮血的藍黑色人類碎塊」。[17]

隔天，他們把法蘭卡殘餘的屍體送到奧斯維辛集中營燒掉了。

大約在利妮亞回到本津鎮，走進技師的家裡坐下來的那段期間，海柯進入了營地的廚房工作，[18]她活了下來，負責為那些進入空無一人的猶太公寓搜刮財物的人準備食物。她是青年衛隊的最後一名領導人，也是本津鎮反抗團體的最後一名領導人。其他猶太人覺得海柯的傷很可憐，不過他們還是會辱罵她，並希望她離開——因為他們害怕蓋世太保回憶起海柯是誰之後，會把他們全部殺掉。海柯只要看到先前打她的男人走到附近，她就會立刻躲到浴缸下。

她親眼目睹德國人先殺死猶太人，再把他們的財物拿到這些營房裡。她對於「德國人的速度與組織性」感到「無言以對」。她見過各式各樣的箱子，每個箱子裡面都只專門放一種物品，納粹像經營藝廊一樣精挑細選這些東西。海柯後來描述這種一絲不苟的整理方式：「其中一個營房裡小心地擺放了許多藍色的廚房器具。納粹依據品質完美的排列了這些器具。」還有營房是專門用來擺放鍋子、眼鏡、絲製品、銀器的，什麼都有。每當德國人下令要她來做這些整理排序的工作時，她都想要把這些瓷器砸成千萬個脆片。德國女人會穿上她們從猶太人那裡偷來的兩件式套裝和狐裘，來到軍營裡替她們的家人挑選物品，她們會彼此炫耀，想要證明自己的品味比對方更好。

海柯也不喜歡那些「被選中」的猶太女孩了：那些在廚房工作的漂亮女孩會得到鵝肉、蛋糕、洋裝、自己的房間和三顆枕頭，但她們從不把任何資源分享給其他人。「啊，你們這些猶太婊子！」她後來寫道。「我要勒死你們。」

在德國人持續篩選猶太人的這種環境中，每一名猶太人都如履薄冰，只要一失去平衡，就有可能直接死亡。軍營裡的生活尤其充滿野蠻與道德敗壞的行為：毆打、偷竊、搶劫猶太人的家、黑市買賣。更不用說那些貪求食物與性的猶太人了，這些享樂主義者覺得死期將近，只想把握當下，暢飲伏特加與紅酒。海柯不斷遇到男人對她性騷擾，「不，我不想和你在一起！」她想要對所有男人尖叫，「我不想要在死前放縱享樂。這種行為讓我想吐。」

原本駐紮在本津鎮的士兵被派到了前線，或許是為了抵禦蘇聯的進攻。於是，年紀比較大的新德國軍人抵達了這裡。海柯和他們變成了朋友，因為他們也同樣受盡折磨。他們不相信大屠殺的故事，而海柯則遵照反抗運動的要求，負擔起傳播知識的責任，她啟蒙了這些德國人，告訴他們實際上德國人做了哪些事。

Chapter

24 蓋世太保的網羅

利妮亞

1943年8月

但是，她要怎麼把他們救出來呢？

利妮亞陷入了絕望，[1]她身心俱疲，什麼都無法思考，一心想著她要怎麼幫助清空滯留營裡的同志。除了海柯之外，她還聽說阿莉莎也在那裡，還有哈夫卡・林茲納以及來自亞提德孤兒院的孩子——甚至連她的姊姊莎拉都在那裡。納粹每天都把更多猶太人送去殺死。但利妮亞不認識任何警衛，也不知道入口的布局，她無法單靠自己進入清空滯留營。

她發狂似的四處詢問，找到了猶太復國主義青年團（Hanoar Hatzioni，英文為Zionist Youth）[2]的成員柏克・寇雅克（Bolk Kojak）。猶太復國主義青年團是一個政治傾向沒那麼強烈的團體，聚焦在猶太多元性與拯救猶太人。柏克認識不少警衛，他每天都會進出清空滯留營。他偽裝成天主教徒，住在本津鎮的雅利安區。他和許多自由青年運動的成員都是朋友，因此利妮亞不斷祈禱柏克會願意幫她——或者至少給她一些意見。利妮亞帶著伊爾札，為了見他「像狗一樣站在街上」等了兩天後，柏克突然從遠方出現了。利妮亞跳了起來，滿懷希望地向他跑去。

他們並肩而行，就像在濱海大道散步一樣，接著他們在市場的一張長椅上坐了下來。兩人雖然維持著自然的行為舉止，但其實正竊竊私語。他們注意到有兩名年紀較大的波蘭女人坐在附近。利妮亞懇求道：「拜託你幫幫我。」

「對我來說，最先要做的事是拯救猶太復國主義青年團的成員。」柏克告訴她。利妮亞覺得自己心都碎了。她距離成功那麼、那麼近。

但利妮亞沒有放棄。她像過去一樣，盡一切努力設法獲得自己想要的事物。[3] 她用極小的聲音不斷懇求與協商。最後她告訴柏克，只要他能救出任何一名自由青年運動基布茲的居民，她就會給他數千馬克。

「後天再來跟我見面。」他說。「我們約早上六點。」

他們彼此道別，柏克走往一個方向，利妮亞和伊爾札走向另一個方向。她們匆匆趕路，想要搭上前往卡托維治（Katowice）的電車，在鎮上過夜。這時，先前一直坐在她們附近長椅上的那兩名女人出現了。「你們是猶太人，對不對？」

她們追趕在女孩身後，後方還有一群小孩追在後面喊著：「猶太人！猶太人！」

「我們快跑吧。」伊爾札悄悄地說。

「不行。」利妮亞不想要引起其他人的疑心。她們大步往前走，來到了一座曾被猶太人占據的空屋前。不過，到了這時候，已經有一大群人跟在她們後面了，帶領他們的正是剛剛那兩名年紀較大的女性，她們大吼：「你們是假的波蘭人！你們剛剛在和猶太男人說話！」附近的群眾越來越多。「我們會殺掉你們這些希伯來人，把你們殺光！」其中一名女士喊道：「如果希特勒沒把你們殺完的話，我們會接手這項任務！」

利妮亞想都沒想，毫不猶豫地打了那女人一巴掌。接著又打了她第二巴掌。然後又打了第三下。「如果我真的是個猶太人的話，」她在打出這三巴掌時說道，「你早就已經見識到猶太人能做出什麼事了。」

「你敢再說我是猶太人，」她威脅道，「就等著繼續挨巴掌吧。」

兩名便衣蓋世太保抵達了現場，這讓利妮亞鬆了一口氣。「怎麼回事？」他們問。

利妮亞用波蘭文描述了事發經過，街上的一名男孩替他們翻譯給蓋世太保聽。「她會懷疑我是個猶太人，就代表她腦袋不太正常。」利妮亞冷靜地說完後，抽出了她們的指紋身分證件。「你可以檢查我們的文件。」

蓋世太保詢問了她的全名、年齡與出生地。想當然爾，她早就已經把這些資訊全都背起來了，伊爾札也一樣。她們就像其他偽造身分的猶太人一樣，花了好幾個小時的時間排練每一個假造人生中的細節，就算你在大半夜把她們叫醒，她們也會說出正確的假造資料。[4]另一名警察走了過來。「如果她們不會說德文的話，」他說，「那就一定是波蘭人。猶太人全都會說德文。」

群眾點頭稱是，紛紛指出這兩名女孩看起來不像猶太人。

那名年紀較大的女士覺得非常丟臉。利妮亞當著蓋世太保和警察的面，又打了她一巴掌。「請你幫我查她的名字和地址。」利妮亞告訴蓋世太保。「說不定我哪天可以去找她報仇呢。」

蓋世太保哈哈大笑。「你們全都是波蘭豬。」其中一人說道。「你還能對她怎麼樣？」

女孩們轉身離開了，她們身後的幾個孩子慫恿她們：「她懷疑你們是猶太人耶，你們應該要打斷她的牙齒！」

「她的頭髮都灰了，已經是老人了。」利妮亞回答。「我不想要對她太沒禮貌。」

❖

那天晚上，女孩們住在一名德國女人家，這名女人是莎拉的熟人，她很同情猶太人的遭遇。她告訴她們，如果可以的話，她願意協助她們拯救其他同志。她努力安撫利妮亞，讓她從白天的意外中冷靜下來。利妮亞做好了明天要去見柏克的準備，她決定要告訴柏克，他為她們惹來多大的麻煩。

清晨五點，城鎮還在睡夢之中，利妮亞拿著她從華沙帶來的錢，搭上電車，前往見面地點。她等了一個小時，柏克沒有來。

一開始，利妮亞很驚訝。接著，她越來越生氣，滿腔怒火。[5] 柏克應該很清楚，讓她站在同一個地方等待是多危險的一件事。經過了整整兩個小時後，利妮亞覺得繼續等下去太過危險，所以她離開了。接下來該怎麼辦？她必須找到其他能夠偷溜進清空滯留營並了解裡面狀況的人。

又過了幾天，利妮亞仍在想辦法。她曾遇過各種悲劇，所以她非常清楚，在這個病態的世界中，每一分鐘都是關鍵。

接著，德國女人的家中突然出現了一名宛如來自夢中的人物。

莎拉。

利妮亞又驚又喜。

她姊姊立刻描述了她是如何逃出來的：她打扮成非猶太人的樣子，找一位民兵賄賂了警衛，偷溜到了雅利安區。現在她已經有一套逃脫清空滯留營的方法了，接下來她必須找到一個能夠窩藏多名猶太人的地方。莎拉承諾她會盡一切努力幫助其他同志逃離。[6]

莎拉在當天返回清空滯留營。他們一秒都不能浪費。

與此同時，利妮亞則必須帶著伊爾札回到華沙，讓她住進雅利安區。在那之後，她還必須為自己找到能住的地方。

⸙

她們從卡托維治前往華沙市，票已經買好了。伊爾札和利妮亞拿著能夠通過邊界的護照與通行證，要搭兩小時的車才會到達邊界。由於她們兩人的假證件是從同一名華沙偽造者那裡買來的，所以她們分別坐在不同車廂。利妮亞不斷提醒自己，她先前已經成功帶著利百加·莫斯柯維奇通過邊界了，同時不斷祈禱這一次的狀況也會一樣順利。

她們在午夜十二點十五分抵達邊界。她能看到守衛在外面來回走動，準備要進入車廂。伊爾札在靠前的車廂——守衛會先檢查她的證件。利妮亞懷抱著謹慎的樂觀心情等待。她告訴自己，這些證件已經讓許多人成功通過邊界好幾次了。

但是，她等了又等。為什麼這麼久？沉重的腳步聲怎麼還沒來？檢查火車票和護照通常不需要這麼久的時間。又或者她只是想像力過剩了？最後，車廂的門終於打開了。利妮亞交出了護照和文件，就像過去每一次一樣。

他們檢查了她的文件。

「這個跟前面那車的一樣。」其中一人說道。

利妮亞感覺到心跳先漏跳了一拍，然後開始加速。她一語不發，像往常一樣假裝自己不會說德文。

他們把證件還給她。

接著，他們態度強硬地用德文告訴利妮亞，把所有東西拿好，跟他們走。

她假裝聽不懂。

一位彬彬有禮的男士為她做了翻譯。

她勇敢地看向守衛的眼睛，但在那瞬間，她的腦海中滑過了一個新想法：這就是終點了。

利妮亞努力保持專注。現在已經入夜了，到處都是警察。利妮亞用最不著痕跡的動作打開袋子，摸索出地址，再把紙片塞進嘴裡，全都吞下去。她把一大疊現金丟掉。她在第三帝國使用的指紋身分文件和其他的華沙地址都縫在襪帶裡——但她不可能在大庭廣眾之下拿出這些東西。

他們把利妮亞帶到邊境大樓，她看到了伊爾札，她身邊都是警察。

警察問利妮亞認不認識這名女人。

「不認識。」

伊爾札的臉色脹紅。利妮亞能從她的眼神看出她想說的話：「我們已經落入劊子手的手中了。」

他們把利妮亞帶到了一間小型檢查室。在那裡負責調查的是「一名肥胖的德國女警，她呼吸時像女巫一樣用鼻子發出哮鳴聲。」她開始搜查利妮亞的衣服──外套、上衣、裙子──用刀子把所有衣料拆開。女警的刀子距離利妮亞的皮膚很近，太近了，利妮亞努力保持靜止不動。

接著，她在利妮亞的襪帶中找到了她要找的東西：指紋身分文件和地址。

利妮亞立刻試著喚起這名女警的良知。「求求你。」

毫無回應。

利妮亞脫下手錶，拿給女警，希望她能把這些文件毀掉。

「不。」

守衛把利妮亞押到了另一個比較大的大廳。女警不但把所有文件和地址都交了出去，還交代了利妮亞試圖賄賂她。

這些警察聚在一起，紛紛笑了出來。這兩名女孩是什麼人啊？現在要怎麼處理她們呢？

利妮亞沒有穿鞋。她的鞋已經被拆開了，外套也變成了碎布，包包被剪成了好幾塊。她看著這些德國人刺穿她的牙膏管，確認她有沒有在裡面藏東西。他們摔碎了她的小鏡子，拆解了她的錶。他們檢查了每一個物品。

他們先審問了伊爾札，接著開始審問利妮亞。她是從哪裡拿到那些文件的？她為這些文件付了多少錢？她怎麼把自己的照片弄進護照裡的？她是從哪一個隔離區逃出來的？她是猶太人嗎？她要去哪裡？去做什麼？

「我是天主教徒，我的文件都是真的。我的工作是辦事員，這些文件是公司給我的。」利妮亞繼續堅持這個故事。「我想要去找在德國工作的親戚，但我認識的一名女人說我的親戚已經搬家了，所以我要回去華沙。我當時一直和不認識的人一起住。我付了住宿費給他們。」

「那我們就回去那裡看看。」一名警察說。「把你之前住的地址給我們。」

利妮亞毫不遲疑地回答：「我是第一次住在那附近，我不認識那些人。我的記憶力沒有好到能夠記住鎮名和房子的確切位置。如果我記得的話，我一定會馬上把地址寫給你。」[7]

利妮亞的回答激怒了德國警察，其中一人對著她拳打腳踢。他抓住利妮亞的頭髮，拖著她從房間的這一頭到另一頭，命令她別再說謊了，老實交代。但他們越是喊叫與毆打，利妮亞就覺得自己越堅強。

「光是這個禮拜，就已經有十個猶太人因為持有這種文件，像狗一樣被開槍射死了。」一名警察說。

利妮亞笑了起來。「這樣啊，雖然你說的話證明了那些華沙發行的護照是假的，所有持有那些假護照的都是猶太人，但這句話不能用在我身上啊，我是天主教徒，而且我的證件是真的。」

他們告訴利妮亞，只要說實話，他們就會讓她好過一點，並威脅道：「只要我們想要聽實話，我們就必定會聽到實話，從沒有例外。」

利妮亞繼續堅持她的謊言。

於是，他們按照流程檢查了一遍。他們比對了她的臉和文件上的照片，他們要利妮亞一遍又一遍地簽名，把這些簽名拿去和護照上的做比對。她的所有文件都符合標準，唯一不合格的是印章看起來和真的有一點點差異。

利妮亞的頭陣陣抽痛。地上有一團頭髮，是德國人從她的頭皮上直接拔下來的。他們審問了利妮亞三個小時，結束時已經是清晨四點了。

他們命令利妮亞刷洗地板。利妮亞環顧四周，想要找到逃跑的路線或機會，但門和窗戶上全都加裝了鐵網，還有一名武裝警察在看守她。

到了七點，警察紛紛開始進行一天的工作。利妮亞被丟入了一個窄小的牢房裡，在這之前她從來沒有被送進監獄過。納粹會開槍殺死她嗎？她會經歷慘無人道的刑求嗎？她的思想陷入了惡性循環。她開始嫉妒那些已經失敗的人，她希望德國人最好現在就開槍把她殺死，結束這種苦難。

利妮亞疲憊不堪地坐在地板上，昏睡過去。接著，她因為鑰匙轉動的聲音驚醒了。一老一少的兩名守衛走進了牢房，他們把利妮亞帶到主廳進行進一步調查。年輕的守衛對她微笑。等一下，她認識這名守衛！他常在邊界檢查她的護照。每次她帶著走私品從華沙到本津鎮時，都會在遇到檢查時請他幫忙提袋子，她總是告訴守衛袋子裡裝的是食物，她不希望邊界警察沒收這些食物。

現在輪到他在監獄值班了。真是太幸運了！他拍拍利妮亞的頭，要她別擔心。「你不會受到任何傷害。抬頭挺胸，我們馬上就會放你出去。」他把利妮亞帶回牢房，鎖上門。

如果他知道我是猶太人的話，利妮亞想著，就不會對我那麼好了。

她能聽見兩名守衛在主廳爭論的聲音。年輕的守衛遵守了他剛剛對利妮亞的承諾。「不對，我們不該認定她是猶太人。」他說。「她和我一起跨越邊界好幾次了。我上個禮拜才檢查過她的文件，她那時正在從華沙前往本津鎮的路上。我們應該馬上把她放走。」

但年紀比較大的守衛個性比較嚴厲（他前一晚曾打過利妮亞），他不接受年輕守衛的論點。「那是因為你當時不知道她的證件是假的。」他說。「我們現在已經知道有那些印章的華沙文件都是假的了。」他大笑起來。「這是她的最後一趟旅程了，不用多久，她就會像金絲雀一樣唱起歌來，把一切都交代清楚。我們已經遇過很多像她這樣的小鳥兒了。」

每隔幾分鐘就會有警察打開利妮亞的牢房門，看她在做什麼。他們嘲諷地對她哈哈大笑。利妮亞想要報復他們，想要譏諷他們的自以為是，她沒有保持沉默。「你們這麼快樂嗎？」她回擊道。「傷害無辜的女人這麼開心嗎？」他們閉上嘴巴，關上了門。

到了十點，他們再次打開門，伊爾札也在門外。警察把她們兩人帶到主廳，為她們戴上手銬，並叫她們拿好隨身物品。利妮亞的錶、珠寶和其他財物都被放進了一名蓋世太保的袋子裡，這名蓋世太保陪同她們走回了火車站。

她們離開時，那名年輕的警衛用同情的表情看著利妮亞，好像希望她能知道，他已經盡力了，但利妮亞的罪行嚴重到他也幫不上忙。

火車到站了，周圍的乘客盯著蓋世太保把兩名女孩推進特殊車廂裡並上鎖。這是囚犯車廂，只有一縷陽光灑進了小窗戶試著安撫她們，讓她們暫時遺忘數小時後將要到來的無望未來。

蓋世太保不斷警告她們接下來要面對多麼可怕的後果。「我們會在卡托維治的蓋世太保辦公室挖出所有真相。」他說。他打了兩名女孩好幾巴掌，整段路程都不准她們坐下。

她們下火車時，有一大群乘客跟在他們後面，他們都想知道這兩名年輕的女孩為什麼被逮捕。

蓋世太保把她們兩人綁在一起。手銬緊緊咬著利妮亞的皮膚。伊爾札臉色喪白，瑟瑟發抖。利妮亞替她感到遺憾。她還那麼年輕，才十七歲。利妮亞悄悄對她說：「永遠不要承認你是猶太人。絕對不要提到我。」[8]

蓋世太保踢了她一腳。「走快點。」

兩人綁在一起走了三十分鐘後，來到了一條狹窄的街道，街道旁矗立著一棟四層樓高的大型建築，上面裝飾著德國國旗和納粹卐字標誌。這整棟樓都是蓋世太保的辦公室。

利妮亞和伊爾札沿著鋪了綠色地毯的樓梯上樓，蓋世太保在後面不斷地推著她們前進。一排排的房間裡不斷傳出哭嚎聲與呻吟聲。他們正在刑求犯人。

蓋世太保打開了其中一扇門。利妮亞看到了一名年紀大約三十五歲的高壯男人。他寬大的鷹勾鼻上駕著一副眼鏡，瞪著一雙邪惡的鼓漲雙眼。

男人把她們帶進房間，要她們面向牆壁站好。他向長官報告了這兩名女孩的狀況。每說幾個字，他就會用力抽打利妮亞一下，利妮亞被打到眼前只能看見一條條白色的閃光。接著，男人拿出了假文件。一名年輕的蓋世太保走進房裡，解開她們的手銬。她們又被打了好幾下。

「這裡可是卡托維治監獄！」把她們帶進來的男人吼道。卡托維治監獄是納粹用來關押政治犯的監獄與拘留中心，以殘暴聞名。[9]「他們會把你們這些不說實話的人千刀萬剮。」

她們的私人物品放在樓上的房間裡，人被帶到了潮溼的地下室，鎖進了不同的牢房中。

當時正值炎夏，但利妮亞卻渾身發抖。她的眼睛慢慢適應了伸手不見五指的黑暗。她看到兩張床，便坐在其中一張上，卻在坐下後發現上面沾滿了凝固的血跡，她厭惡地跳了起來。窗戶上加裝了兩層鐵網。她成功拔下了第一層鐵網——但窗戶太小了，連她的頭都過不去。她把鐵網放回去，以免被人注意到。

為什麼她在等待刑求的時候會同時覺得自己強壯、健康又無助呢？她覺得自己的身體每一秒都在逐漸變得更冰冷。「水沿著牆壁留下來，」她後來寫道，「好像在哭。」她坐在床墊邊緣，把自己捲成球狀，想讓自己溫暖起來。該來的總是會來，她不斷用這句話安慰自己。

教堂的音樂從小窗戶飄盪進來。這天是週日：對波蘭人來說，這是屬於主的日子。

利妮亞回想起這幾天的經歷，腦袋一片混亂。如此折磨的生活真的值得她繼續活下去嗎？她覺得很愧疚，如今還有人在等著她的幫助，等著她從華沙帶更多錢過去。至少她把盟友伊雷娜的地址留給了梅爾和莎拉，他們可以在有需要的時候去找她。接著，利妮亞強迫自己停止思考，尤其是不要再思考其他同志了。誰知道呢，說不定現在有人正透過牆上的孔洞讀她的心。沒有什麼事是不可能的。

⁂

時間接近傍晚了。蓋世太保把她們從牢房裡押了出來，命令她們把私人物品帶上——這代表她們至少還不會被槍決。蓋世太保押著她們走上街，抓著一條扣在她們手銬上的鐵鍊，「就像牽著兩隻狗一樣」。利妮亞還記得她以前曾見過一名殺掉了一整家人的男性罪犯，警察就是像這樣用鐵鍊牽著他走的。路人都盯著他們看。德國小孩對她們丟石頭，蓋世太保露齒微笑。

他們走到了一棟高樓前。這是納粹的主要監獄，建築的小窗戶上都有粗壯的金屬條。鐵門打開時發出了刺耳的巨大聲響，警衛對蓋世太保行禮。他們走進去後，大門便關上了。蓋世太保取下她們的手銬，把她們交給了他的上級長官，並在長官耳邊悄聲說了幾句話就離開了。利妮亞覺得好多了。那名蓋世太保的存在使她每時每刻都感到無比恐懼。

一名辦事員為她們記錄下正式的詳細資料：外表、年齡、出生地點、逮捕地點。她們被一起鎖進了另一間牢房裡。

到了八點，監獄管理人打開了牢房的門。兩名面容憔悴的年輕女孩拿了幾片小片的黑麥麵包和裝在軍用水壺中的咖啡給她們。利妮亞和伊爾札接下食物後，門再次鎖了起來。雖然她們已經整天沒有吃東西了，但她們沒辦法吃下這一餐。水壺看起來非常噁心，麵包根本不能入口。

她們根本跑不掉。兩名女孩抱在一起，討論著自殺的方法。伊爾札很確定自己會在刑求的過程中崩潰，她認為自己會在納粹的毆打之下把一切都供出來：她是誰、她和誰住在一起。「接著他們會對我開槍，結束這一切。」

利妮亞對此並不意外，因為伊爾札很年輕，缺乏經驗。她有足夠的意志力能保持沉默嗎？她對伊爾札解釋，如果她把這些事情都說出來的話，只會帶來更多傷亡。「沒錯，我們失敗了。」她堅定地說。「但是我們沒有必要使其他人也一起受苦。」

她們疲憊地躺在骯髒的草蓆上，但她們沒有躺太久，因為她們被惱人的跳蚤咬了，無法自制地不斷抓癢。她們在黑暗中尋找跳蚤，把皮膚上的跳蚤打死。房間裡的惡臭令人窒息。她們最後改躺在冰冷的地上。

到了午夜，德國人把十多名女人關進了這間牢房裡。她們都是「正在服刑」的犯人，即將要被送去德國，只是在這裡過夜而已。其中有年輕人也有老人，每個人都有屬於自己的故事：其中一名德國女人因為未婚夫是法國人而被判處五年有期徒刑，她已經服了三年刑期，現在要被送去做苦役；兩名年輕女孩哭個不停，她們以前在德國為農民工作，那些農民要求的工作時間過長，又讓她們挨餓，所以她們逃跑了。她們在華沙住了九個月，直到一位鄰居告發了她們，她們接下來也要被送去勞動營。兩名年老的女人在火車上被抓到走私酒和豬油，她們甚至連自己的刑期都不知道，但她們已經被關一年半了，這是她們進過的第六個監獄；另一名身體虛弱的年老女人則是因為她兒子逃避德軍兵役而被關進牢裡，已經關好幾個月了，她溫柔又痛苦的姿態觸動了利妮亞的心。

雖然這些女人也一樣受盡折磨，但利妮亞很羨慕她們。相較於她即將要面對的刑求，勞役簡直就是天堂。

「你們為什麼會被關在這裡？」她們問利妮亞和伊爾札。「你們都好年輕。」

「我們想要偷偷越過邊界，結果被抓到了。」

「喔，那你只要坐六個月的牢。」她們安慰道。「之後他們會把你們帶去德國做苦役。」

她們全都躺在地板上，像沙丁魚罐頭一樣擠在一起，用沾滿了陌生人汗水的潮溼毯子蓋在身上。有些女人因為過去幾週來都在監獄之間轉移而滿身髒汙。利妮亞開始抓癢——她已經染上體蝨了。她們知道跳蚤在黑暗中比較活躍，所以沒有關燈，希望能藉此避免跳蚤，但顯然沒有用處，跳蚤還是咬個不停。利妮亞睡不著。

天才剛亮，那些女人就離開了。利妮亞和伊爾札全身上下都是蟲子留下的紅點，她們的衣服上全都是蟲子。「至少我們在抓跳蚤的時候可以轉移注意力。」利妮亞後來用黑暗的樂觀心態寫道。

八點到了，接著是麵包、咖啡以及廁所。利妮亞遇到了一位年輕的女性，她的丈夫是疑似參與反德行動的波蘭軍官。這名女性看起來形銷骨立，連走路都快走不動了。她將會在之後的幾週內被吊死，她唯一的希望就是戰爭在行刑之前結束。她丈夫已經死了，她那三名年幼的孩子要怎麼辦呢？

廁所裡的另一名波蘭女人告訴利妮亞，前幾天她的姊姊因為非法屠宰了一隻豬，在這座監獄被斬首了。她身後還有七個孩子，而她被斬首時懷著第八個。

在她們說話的時候，邪惡的鑰匙管理人像死神一樣逐漸走近，她向來喜歡用一大串鑰匙砸犯人的頭，因此她們兩人立刻閉上嘴巴。

關在這裡的女人可以透過窗戶上的鐵網看見不遠處的男子監獄和那些男囚犯的憔悴面容。每當監獄管理人經過時，她們都必須彎下腰，假裝自己剛剛並不是在好奇又急切地偷看。她們都知道監獄旁邊就是行刑者執行死刑的地點——通常都是斬首，每一天都有好幾人被處決。德國人不准親友到監獄裡和受刑人道別，也不准受刑人告解。整座監獄裡的官員都很自豪自己使用了中世紀的處決方法。

吃過午餐後，利妮亞和其他囚犯一起洗澡，穿上監獄的制服。伊爾札看起來似乎很開心，她希望蓋世太保已經把她們給忘了。或許她們可以在這座監獄裡關幾個月，直到戰爭結束為止。兩名女孩整天都坐在牢房裡，不可置信地看著對方。她們現在是真正的囚犯了，身上穿著粗麻布連衣裙、內衣和縫補了許多布片的上衣。每一件衣物上都有卡托維治監獄的標記。

到了晚上，白天的緊張感逐漸消散，因為蓋世太保不會在下班時間工作，但她們還是必須應付跳蚤。利妮亞打了個瞌睡，接著她突然醒了過來，幾乎不敢相信自己的眼睛。伊爾札正試圖自殺，她想用洋裝上的綁帶上吊。但綁帶承受不住她的體重，斷掉了。她跌落到地板上。

利妮亞像是瘋了一樣，發出了無法控制的大笑。接著，她努力控制住自己。她走到伊爾札身邊，但伊爾札把她推開了，自殺失敗使伊爾札怒火中燒。這就是為什麼反抗行動的執行者會隨身攜帶氰化物膠囊，也是為什麼游擊隊會多留一顆手榴彈用來自我毀滅。

天亮時，監獄管理人把她們抓出牢房，她們兩人又是尖叫又是咒罵。她們被關進了不同的牢房中。利妮亞的新牢房裡住了八個女人，環境比先前的牢房好一些。這裡的床上擺了床墊，碗和湯匙都收在櫃子裡，還有一個乾淨的長椅可以坐。

「你為什麼被關進來？」一名容貌精緻的女人問。

「我因為想要跨越邊界而被逮捕了。」

「我是因為卡牌算命被抓來的。」女人一邊說，一邊哭了起來。她是一名產婆，家裡有兩名已經成年的兒子，一個是工程師，另一個是辦事員。她的一名鄰居因為怨恨她而向蓋世太保告發她，說她是算命師。她已經在卡托維治監獄關七個月了，至今還沒有判決下來。「和其他女人說話時要小心。」她悄聲告訴利妮亞。「這裡面有人是臥底。」

利妮亞點點頭。女人露出了滿意的表情，像是一名慈母一樣。

不要回想你的家人，她告訴自己。不要感覺任何事物。

吃過早餐後，她們被帶到了一條大走廊上。鑰匙管理人無緣無故地狠狠打了利妮亞一下。「你們大概很想要無所事事地坐著發呆吧。這對我們德國人來說簡直超乎想像。開始工作了！我可不會容忍你們這種被寵壞的小姐！」

走廊上有一群群女人正在「拔羽毛」，更確切的說，她們是在把羽毛管從羽毛上拔下來。[10]利妮亞加入了她們的行列。她一邊工作一邊謹慎地環顧四周，尋找伊爾札。伊爾札就在不遠處，但她不能找她說話。拿著鞭子的管理人就站在她們旁邊——這裡禁止聊天。先前那名容貌精緻的女人坐在利妮亞的對面。利妮亞看著她那雙既悲傷又美麗的雙眼，發現那雙眼睛閃閃發光，散發著同情之意。她的臉龐訴說了她遭受的折磨，也訴說了她有多憐憫利妮亞，她眼中泛起了淚水。這讓利妮亞感到痛苦不堪，不得不撇過頭。利妮亞專心地想著未來：納粹要把她關在這裡多久？她會被處決嗎？處決也比挨打好。時間迅速流逝。

她們回到牢房吃午餐：漂浮著菜葉的燒焦肉汁。利妮亞覺得這種食物很噁心，拒絕進食，其他受刑人立刻搶走了她的碗，囫圇吞下裡面的食物。「再過一陣子，」她們說，「你就會懇求他們多給你一些這種湯。」

「她可是淑女呢。」另一名女農民憤恨地咕噥。「她覺得這種湯配不上她，但她遲早會想要喝的。」

午餐過後，她們回到了工作崗位：繼續花好幾個小時拔羽毛。一開始，利妮亞感到坐立不安。但接著，她注意到納粹每隔十五分鐘就會把一名受刑人叫走，帶到外面審問。

每次門一打開，她的身體就會不由自主地顫抖一下，在聽到一個又一個不同的名字時冷汗直流。直到她聽見……

「汪達．維杜科斯卡！」

利妮亞僵住了。接著，鞭子打在她的背上。

「跟我來。」

Chapter 25 杜鵑

貝拉和利妮亞

1943年8月

利妮亞不是第一個以基督教波蘭人身分被監禁、審問與刑求的信使。貝拉偽裝成非猶太人的時間遠超過了她自己的想像。[1] 雖然這種祕密是無比沉重的負擔，但也能帶來明顯的優勢。

貝拉從「舒察」來到帕維克監獄後，一直希望能找到全世界唯一能理解她的人，朗卡·科茲伯斯卡。但貝拉卻被關進了隔離室裡：一間伸手不見五指的地下牢房。她摸索著感覺到一張窄小的床，卻因為身上的痛苦而無法躺下，所以她多數時間都在這個漆黑窄小的空間裡來回走動，啃食著麵包皮，啜飲水和假咖啡，傾聽其他受刑人的尖叫。她很害怕自己在這裡死去後，不會有任何人知道她的遭遇，而且朗卡如今距離她這麼近。

貝拉在牢房裡度過六週，慢慢從挨打的傷勢中復原，接著被轉移到了病房區。她在黑暗中生活了太久，視力接近全盲，德國人提供太陽眼鏡給她，讓她能慢慢習慣日光。接著，她被轉移到一間牢房裡。

朗卡也在那裡。她骨瘦如柴，身上半點肉都沒有，面無血色。想當然爾，她們絕不能馬上跑到彼此面前相認，於是在接下來的幾分鐘，她們只能尷尬地盯著彼此，眼淚在眼眶中打轉。貝拉再也忍不住了。她走了過去。「我以前好像在哪裡看過你。」她用波蘭語說。

朗卡點點頭。

沒多久後，周遭的人不再把注意力放在她們身上，她們終於有時間能相處。「你是以猶太人的身分被抓的，還是波蘭人的身分？」朗卡竊竊私語道。

「波蘭人。」

朗卡鬆了一口氣。「你怎麼會被送到這裡來？」

「我來這裡找你。」

「難道我受苦還不夠嗎？為什麼你也要一起受苦呢？」朗卡要貝拉別再說了，她躺到床墊上，哭了起來。

「你怎麼哭了？」其他波蘭受刑人問道。

「我牙痛。」朗卡回答。

貝拉注意到，其他獄友都因為她在隔離室被關過的經驗而欽佩她。她和其他波蘭人一起跪下來禱告，和她們交朋友，其中也包括年紀比較大的女性波蘭知識分子。她和一名畫家變得很親近，納粹常會叫這名畫家幫德國人畫畫，畫家替貝拉畫了一張肖像，畫中的貝拉站在窗前俯視猶太隔離區。這名畫家信仰虔誠，貝拉很信任她熱切的眼神。一天晚上，炸彈像雪片一樣降落在華沙，其中一枚炸彈炸毀了旁邊的男子監獄，貝拉在這個時候向畫家坦白說她其實是猶太人。畫家抱住她，並承諾她會幫忙。畫家在出獄後透過紅十字會寄送許多食物包裹給貝拉。雖然每次包裹裡的肉類都會被守衛沒收，但貝拉非常感激她寄來的信件。這些信件讓貝拉知道，監獄之外還有人在想著她，這使她覺得自己的生命是真實存在的。

另一方面，貝拉則幾乎沒有機會和朗卡對話。她知道獄友中一直都有納粹協助者來來去去。這兩名信使在院子裡工作時會設法站到彼此旁邊，幾乎每次都只在來回廁所的途中談話，交換有關親友的資訊。受刑人都很喜愛朗卡開朗的舉止。不過，貝拉還是很不情願地注意到，過去在富裕家庭備受寵愛的朗卡幾乎沒有辦法承擔起監獄中的艱辛工作，腹瀉、一陣一陣的腹痛——她的身體狀況正在不斷惡化。

貝拉的牢房窗戶外就是隔離區，對街就是自由青年運動的建築。「我覺得他們正在看著我們。」[2]朗卡常會這麼說，她們會一起想像奇薇亞和安提克能看到她們。朗卡丟了許多紙條到窗外，她曾見到有人把其中一張紙條撿起來，她不斷祈禱其他人能知道她在這裡。貝拉能從窗戶看到在孤兒院裡玩的猶太小孩，但她同時也能看到恐嚇猶太人的警察。貝拉必須假裝自己對此感到很愉快。有一次，她聽到了可怕的尖叫聲，便拉了一張椅子過去，希望站在椅子上可以看得更清楚。她親眼見證了幾名納粹把多名猶太孩子活活打死，接著又用棍子毆打另一名懇求他們別再打了的老人。他們開槍把老人打死後，老人的孩子說：「你們乾脆也殺了我吧，我沒有繼續活下去的理由了。」蓋世太保愉快地同意了，他下令要那名兒子先把他的父親埋了。那名兒子嚎啕大哭，親吻了死去的父親的額頭。接著，納粹開槍射殺他，再命令附近的其他猶太人清理血跡。貝拉僵住了，她心中充滿了復仇的渴望，無法把剛剛看到的景象告訴其他獄友，她害怕自己會說到一半就崩潰大哭。

在附近專門關押猶太政治犯的牢房中，狀況更糟。猶太人必須半裸地躺在地上，幾乎沒有食物，還被迫清理廁所。他們每天會被帶到外面兩次，一邊做健身操一邊挨打。朗卡認出了其中一名囚犯是十六歲的修沙娜．吉德納（Shoshana Gjedna），[3]她出生在一個華沙的中產階級家庭，是家中的獨生女。她年紀輕輕便加入了自由青年運動，更參與了隔離區的地下活動。修沙娜被抓到時，身上帶著反抗行動的報紙。她常會從庭院裡努力對上貝拉和朗卡的眼神，每次在廁所遇到她們都興高采烈，她總是告訴她們，在她被殺死之後，她們兩人要成為這一切的證人。

一天晚上，貝拉聽見了一陣陣直達天際的尖叫聲。她睡不著叫，心中很擔心修沙娜。隔天早上她做的第一件事，就是要求守衛准許她去廁所。修沙娜面色蒼白地哭著告訴貝拉，昨天晚上，納粹把穿著睡袍的猶太人帶出來，放狗咬他們。她拉起洋裝：她的右腿上有一整塊肉都被咬掉了。她因為疼痛而感到體力不支，但她還是必須來掃廁所。貝拉直接去找了一位女醫師，帶她偷偷到廁所幫修沙娜纏上繃帶，接著，貝拉用一條圍巾把繃帶遮了起來。

納粹不斷把女性受刑人（也包括波蘭女性）抓去處決。每次只要出現任何抵抗德國人的事件，就會有好幾個人被吊死在市政廣場上，當作對波蘭人的警告。有一天晚上，納粹強迫女孩們起床，跑到另一棟建築中，每十個人排成一排。貝拉排在她那一排的第七個，朗卡則是第九個。納粹叫每一排的第十個人站到另一邊去。貝拉後來才知道，納粹把那些站到另一邊去的女人全都吊死在華沙各處的路燈上。[4]

雖然受刑人幾乎不太會收到外界的消息，但有時候，波蘭秘書會帶一些報紙進來。每次聽到蘇聯的飛機經過，他們都會很興奮。

每週日都會有一整個小隊過來監督他們。有一次，貝拉懇求波蘭指揮官提供工作給她，她說她如果沒有工作的話會無聊到瘋掉。隔天，她得到了洗衣間的工作。她告訴指揮官，她的朋友「克莉紗」也想要工作，於是朗卡被送到廚房去削馬鈴薯皮。工作能把她們的注意力從飢餓與虛弱上轉離，加速時間流逝。朗卡偷了一些馬鈴薯，用廚房的壁爐煮熟，再拿給修沙娜分給其他猶太女人吃。

納粹持續審問貝拉長達四個月。有一次，他們告訴貝拉，如果她不供出是誰給她武器的話，他們就要立刻殺死她。她一如往常的堅持那些全都是她的武器。納粹對她又踢又打，接著拖著她經過幾條街，來到一座樹林裡，說她只剩下一個小時好活。但在經過一陣子後，那些守衛又大發慈悲地把她帶回牢房裡。朗卡站在窗邊等她。「我一看到她的臉，」貝拉後來寫道，「就忘記了所有疼痛。」

一九四二年十一月，五十個名字被大聲唸了出來，這些人將被遣送。貝拉和朗卡的名字都在其中。貝拉對此感到很興奮：她們終於有機會逃跑了。納粹提供這些女孩麵包和果醬，把她們推進一輛輛坐滿了守衛的篷車裡，命令她們閉上嘴，之後又把她們推進沒有半個開口、一片漆黑、專門運載囚犯的火車車廂中。貝拉和朗卡穿著夏季的洋裝坐在角落，她們擁抱著彼此、溫暖著彼此，每時每刻都保持警覺。

過了好幾個小時後，火車到站了，她們走下火車。外面有樂團在演奏德國的進行曲。她們看到了車站的名字：奧斯維辛。大門上的鑄鐵文字寫道：「*Arbeit macht frei.*」（勞動帶來自由。）雖然貝拉不知道這句話是什麼意思，不過她立刻注意到，儘管這個入口非常大，但這裡一個出口都沒有。

奧斯維辛－比克瑙（Auschwitz-Birkenau）原本是專門為波蘭領導人與知識分子建立的監獄與奴役勞動營。[5] 納粹把貝拉和朗卡從猶太人之中區分開來，命令她們繼續前進，經過鐵絲網、經過數百名穿著條紋衣的女人，有些女人看著她們，有些喊叫著，有些生了病，有些在挨打。在洗澡間工作的斯洛伐克猶太女人看到波蘭人被帶進來時，顯得幸災樂禍。貝拉必須對猶太同胞隱瞞身分，這讓她痛苦難耐。

他們拿走了貝拉的靴子和皮外套。貝拉赤裸地站著，任由男性受刑人檢查她有沒有生病。她羞愧得簡直想要去死，她試著賄賂負責剃頭髮的人，希望留下多一點頭髮，而不是一層一層的「階梯狀」髮型。「如果我沒有頭髮的話，」剃頭髮的人說，「你也休想有頭髮。」貝拉提醒自己，只要我的頭還在脖子上，我的頭髮就會再長出來。接著，她拿到了衣服：橫條紋連身裙、串了鞋帶的外套和一個水壺。沒有胸罩，沒有內衣，只有一雙不合腳的木鞋。站了數個小時後，她的右手臂刺上了一串數字。他們是用通電的筆刺的，整個過程痛得不得了，但她周遭沒有半個人在變成號碼的時候哭出來。那天，下了傾盆大雨，在泥濘地面的一張床墊上，朗卡和貝拉摟在一起，窩在角落睡著了。

凌晨三點，點名了。數萬名女人光著腳踩在泥巴中，半睡半醒地拍著彼此的背，藉此保持溫暖。她們站了好幾個小時，旁邊都是武裝守衛和鍊起來的狗，但一滴水都沒有。接著她們不斷行進、行進，納粹用橡膠棍強迫她們跟上節奏。比較虛弱的女人只要倒地就會挨打。守衛對於這些女人聽不懂德文感到很不滿。那天，雨勢滂沱，貝拉全身都溼透了。納粹把她們帶去照相，一張照片戴著頭巾，一張照片沒戴頭巾，如此一來，若她們逃跑了才能抓回來。貝拉在拍攝「犯人照」時露出微笑，看起來甚至算是健康。

她們花了一整天的時間等待、行進、挨餓。貝拉睡在上鋪（這裡是距離老鼠最遠的位置），旁邊是其他六名女人的腳，她能聞到遠處的火葬場傳來一陣陣燃燒屍體的氣味。她穿著溼透的衣服躺著，沒有毯子，床上擠到她整個晚上連動都不能動。但是，至少和其他女人擠在一起能保持溫暖。這天晚上，她能感覺到床墊裡有尖銳的東西戳在她的皮膚上。後來她才知道，那些尖銳的東西是先前的受刑人留下的骨頭。這是她在奧斯維辛集中營度過的第一夜。

貝拉和朗卡被派到野外工作。她們原本希望進入野外比較有機會能逃出集中營，但就連外頭也同樣守備森嚴。她發現女性守衛比男性更加暴力，因為她們刑求犯人時越嚴厲，就能越快升官，她們可以靠著謀殺人提升地位。貝拉的守衛是博爾曼（Burman），一名五十歲的女守衛，手上總是握著她的狗多利（Trolli）的繩子，而多利會攻擊那些在行進時沒有跟上節拍的人。貝拉拿到了一把十字鎬，要從早上七點工作到下午四點，工作時間過短會招來二十五下的鞭刑。她的手臂酸痛，但她仍在繼續工作——至少工作能幫助她保暖。

到了晚上，女囚犯會幫助比較虛弱的人站在隊伍裡比較中間的位置，以免博爾曼動手打她們。這些科曼多（kommando，工作小隊）一起回到集中營，在納粹的命令下唱歌。在集中營的入口迎接他們的是一個行進樂隊，[6] 還有徹底的全身檢查。（這個樂隊的成員都是犯人，納粹強迫犯人演奏歌曲給他們聽，也藉此欺騙新來的囚犯。）貝拉有一次被抓到身上藏了四顆馬鈴薯，納粹便強迫她跪著一整個晚上，不准把臉轉向左邊或右邊，否則他們會開槍殺死她。「我當時想必非常強壯。」她後來回憶道。「我的母親給我的身體使我得以撐過這種酷刑。」

貝拉和朗卡花了一整個晚上腦力激盪，希望能換個地方工作。一天早上，在點名後，兩名女孩躲進了廁所裡（女受刑人常嘲諷地把廁所稱做「社區中心」和「咖啡廳」）。[7] 共有數十名女人聚在這裡逃避工作，他們的語言與國籍都大不相同。在科曼多離開後，兩名女孩找到了她們的指揮官，用德文和她說話，把她嚇了一跳。朗卡說她會講多國語言，可以在辦公室工作，貝拉則解釋說她是個受過訓練的護士。這個方法奏效了。朗卡被派到辦公室擔任翻譯，貝拉則被派到了瑞維爾（revier），也就是病房區。

女性病房區切分成波蘭區、德國區和猶太區，貝拉被派到了德國區。雖然她對於幫助德國人不太滿意，但她很開心能在有屋頂的地方工作。不過，這裡的每張病床上都擠了三名病人，多數人罹患的病症都是斑疹傷寒、痢疾和腹瀉。他們全都大小便失禁，不斷發出痛苦的嚎叫，這裡卻沒有藥物。

貝拉是這裡唯一的波蘭人，這些德國病患都用極差的態度對待她，他們會把沾了排泄物的床單丟到她頭上。她被指派的工作往往最困難，例如推著手推車去廚房運十三加侖的水回來。有一次，德國人還命令她為所有人拿午餐，雖然她拿起了托盤，但因為她身體太過虛弱了，最後把整盤都掉在地上。他們因此踢了她的肚子好幾下，又在她倒在地上時毆打她。貝拉悲痛欲絕地哭了出來，她要求要回到野外工作，至少樹木和風不會用那麼殘暴的態度對待她。

貝拉回到了野外後，正好聽見波蘭人在討論反猶主義，他們把一切折磨都怪在骯髒的猶太人身上。她非常害怕自己的身分會被揭發，也很擔心自己會在睡著時用意第緒語說夢話。她在野外中想起了自己的朋友，想起了希伯來語的歌，她想要尋找逃離集中營的路線，但根本不可能找得到。她回到牢房時，朗卡正拿著一些麵包碎塊等著她。朗卡這幾天都在設法幫助在納粹親衛隊辦公室的猶太女人。

營房變得更擁擠了。經由體蝨傳播的斑疹傷寒在她們之中流行起來，貝拉在野外工作一個月後也染上了斑疹傷寒，因而在營房裡躺了四天。她詢問管理者可不可以在點名時留在床上，得到的回答是被管理者一棍打下床。後來她的發燒溫度超過了攝氏四十度，因此獲准前往病房區。如今病房區已經因為過度擁擠而把所有族群混合在一起了，每張床上都有六名女孩，她們彼此交疊，每個人都因為過去數週的汗而幾乎黏在一起。這裡沒有水能洗澡、沒有醫療用的敷布，也沒有空間能躺下。貝拉只能坐著，她甚至看不出來自己的腿在哪裡。冷風從四面八方吹來，每個人都在把床單往自己的方向拉。德國病人打了貝拉，偷走了她的食物。病房裡每時每刻都充滿噪音、嚎叫聲與懇求他人幫忙的聲音。貝拉很確定自己一定會因為口渴而死，但她連雨水也沒得啜飲。她只能緊緊依附著身旁的病人，就連她們死了也沒有留意到。

她的波蘭朋友為她禱告。有些人以為她已經死了，有些人則想帶一點食物給她，但奇蹟發生了：她痊癒了。貝拉在某天睜開自己的眼睛，發現完全不記得這幾天發生了什麼事，她很擔心自己在發燒導致的幻覺中說出了自己的祕密。她開始在所有對話中加入更多「耶穌與聖母瑪麗亞」（用以取代「上帝」）。

朗卡來探病時，貝拉能看出她也同樣生病了，而且她正變得越來越虛弱。朗卡在生理上與心理上都已經失去了繼續活下去的意志力。貝拉能看出她的朋友正費盡力氣想要鼓勵她。隨著貝拉的健康狀況逐漸好轉，朗卡的狀況卻每況愈下，她住進了同一個病房區，病到快要讓人認不出她是誰了。貝拉懇求醫師把她們安排到同一張床上。她們牽著對方的手度過每一個日夜。

六週後，貝拉覺得自己好多了。她用破布包住自己腫脹的雙腳，能夠走路了。她吃了一些食物，甚至開始喜歡湯的味道了。她知道自己必須離開病房區，開始工作，否則納粹會把她送進毒氣室，但她也必須待在朗卡身邊，照顧她康復。貝拉決定再次回到病房區工作。她現在在這裡是「非法」勞工，所以她負責的往往是最困難的工作，例如在病床之間用刀子把石頭上的污泥移除，或者負責倒裝了便溺的桶子。

朗卡則在這時候因為斑疹傷寒開始發高燒。接著，她又罹患了腮腺炎。然後，又染上了痢疾。貝拉一直陪在她身邊，盡一切所能地幫助她的朋友，她用雪替她梳洗，冒著生命危險偷飲用水給她，又透過下水道清潔工（其中一名清潔工是她朋友的哥哥）從男性集中營那裡走私了一些藥。

接著，貝拉聽說納粹親衛隊的醫師約瑟夫・門格勒（Josef Mengele）[8]要來做篩選。門格勒會用受刑人進行不人道的藥物實驗，人人都知道他就是死神。貝拉知道朗卡現在病得那麼重，到時候一定會被送去毒氣室。於是貝拉帶著朗卡離開病房區，回到她住的營房，她告訴其他人，這位朋友只是因為工作太疲憊而累壞了，但是想要隱瞞朗卡的斑疹傷寒實在太困難了，她幾乎無法為了點名而站立那麼久，所以貝拉把朗卡帶回了病房區。她的狀況惡化了，雙眼失去了神采，臉頰的皮膚凹陷，瘦骨嶙峋。

朗卡把貝拉叫到床前。「我擔心我就要拋下你一個人了，我擔心你沒辦法守住你的祕密。」她悄聲說道。「你絕不能承認你是猶太人。」朗卡把貝拉留在床前四個多小時，不斷說話、哭泣、回憶自由青年運動的同志、回憶她的弟弟。她痛恨自己過去太冷漠、太孤單。她抓住貝拉的手，「我人生的路已經走到了盡頭，但你必須繼續走下去，把我們的故事告訴其他人。你要堅持到底。保持你甜美的個性。直視每個人的眼睛。只要你別失去自己，就能活下去。」[9]

朗卡低聲說了再見，吐出了最後一口氣。

貝拉無法動彈。她拒絕放下朗卡的手，如今她最親愛的朋友走了，她要如何在這個地獄中繼續活下去？她要倚靠誰？她要和誰說話？

這個世界上唯一知道她在哪裡、知道她是誰的人——離開了。

數名波蘭女人圍了過來，她們為朗卡禱告，把聖卡與耶穌像放在朗卡的手中。貝拉痛恨自己必須眼睜睜地看著自己的朋友死得像個基督徒。她用盡所有力氣才忍住不去說話。

負責收屍的工作小隊來了，她們通常會粗暴地抓住屍體，丟到木板上，讓屍體面朝下，頭和腳都懸掛在木板外。貝拉絕不會讓她們用這種方式把朗卡帶走。她告訴醫師，朗卡是她的親戚，請醫師准許她借一個擔架，她想要把朗卡帶去「墓園」——也就是屍體在焚燒之前暫時堆放的地點。一開始醫師拒絕「對死人差別待遇」，但最後他還是心軟了。

帕維克監獄中所有認識朗卡的波蘭人都聚在一起。貝拉一邊發抖，一邊把朗卡的屍體從床上搬下來，她偷偷地提起毯子，把聖卡與耶穌像拿走。四名女人一起抬起擔架，其他人則唱起了哀傷的旋律。到了屍體區，貝拉再一次拉下了掩蓋住朗卡面容的那塊布。她沒辦法收回視線，她沒辦法動。她在心中默唸著猶太人在哀悼時該唸的聖禱詞（Kaddish）。[10]

接著，她想起了朗卡叫她要繼續走下去。「在往後的年歲裡，」貝拉後來寫道，「無論我去了哪裡，朗卡的話語都陪伴著我。」

但從此以後，貝拉就是獨自一人了。

在卡托維治監獄拔羽毛的女受刑人之中，利妮亞看了伊爾札最後一眼。[11]「跟我走。」聲音在眾人耳邊嗡嗡作響，他們叫了她的名字。伊爾札也看向利妮亞，表情侷促不安，又十分同情。

利妮亞向上走了好幾層臺階，來到了建築物的頂樓，走進監獄管理人的辦公室。她覺得視線模糊，身體虛弱無力。一名雙眼鼓脹、眼神嚴厲的蓋世太保在那裡等著她。他就是利妮亞和伊爾札第一次進入這座監獄時，坐在桌前的那個人。「換衣服。」他命令道。他們要把她帶去哪裡？

利妮亞穿上裙子和毛衣，她什麼都沒有帶走。監獄管理人和蓋世太保開始討論逮捕她那時的事。蓋世太保先是竊竊私語，接著又大聲道：「她現在的名字是維杜科斯卡，但等到審問的時候，她就會開始唱歌了，我們到時候會知道她的真名。」（諷刺的是，利妮亞的姓氏「庫基烏卡」的另一個意思是「杜鵑」——一種獨來獨往、行動隱密又會唱歌的鳥。）

監獄管理人詢問蓋世太保，利妮亞會不會再回來監獄。蓋世太保說他不知道。

利妮亞再次被拴上鐵鍊，跟著蓋世太保走上街頭。「好好欣賞一下你現在穿的這件洋裝吧。」他用德文告訴她，利妮亞則假裝自己聽不懂。「等到你挨了打之後，這件洋裝就要變成破布了。」

利妮亞對自己感到很驚奇，她竟然一點也不害怕。蓋世太保的話語無法動搖她，就好像他在描述的是另一個人一樣。利妮亞把自己和身體的感知阻絕開來，準備好要忍受酷刑。

他們回到了蓋世太保的建築裡。他們問利妮亞聽不聽得懂德語。她說聽不懂，他們因此重重打了她兩巴掌。利妮亞靜靜地站著，好像剛才什麼事都沒發生一樣。

又有四名蓋世太保走了進來，跟著進來的還有一名女翻譯。這次審問的主要負責人是蓋世太保在卡托維治的副首領葛林格（Gehringer），以及把利妮亞帶來這裡的那名蓋世太保。

他們開始交叉詢問，利妮亞被問題淹沒了。這些男人表現得一個比一個聰明，想要使利妮亞陷入混亂。

但她用強硬的態度回應，堅持原本的故事：這些文件是真的。她的父親是波蘭警察，已經被俄國人抓去關了，她的母親死了。她一邊在公司裡工作，一邊賣家裡的貴重物品，維持著捉襟見肘的生活，直到家裡的東西都賣光了。其中一名蓋世太保從抽屜裡拿出了一大疊文件，他說他們在邊界把持有這些文件的人全都抓起來了。這些文件和利妮亞的一模一樣，都使用了同一個假造的印章。

利妮亞覺得自己的血液在瞬間凍結了。幸運的是，她因為挨了巴掌而雙頰脹紅，否則他們一定會發現她的臉色在瞬間變得蒼白。

他們在等她回答。她當然知道只要願意付錢，任何人都可以和那名偽造證件的人購買這些文件，但她眼睛都沒眨就回答道：「這些人的文件或許是假的，但那並不能證明我的文件也是假的。我工作的公司是真的，我在那裡工作了三年。我的通行證是公司的職員幫我寫的。那枚印章是華沙市市長的印章。我的文件不是偽造的。」

蓋世太保氣急敗壞地繼續道：「每個被抓起來的人說的都是同一套，但我們每一次都證明了他們是猶太人。他們全都在隔天被槍斃了。如果你承認你的罪行，我們一定會讓你活下去。」

利妮亞露出了諷刺的微笑。「我是個多才多藝的人，但我不會說謊。我的文件是真的，所以我無法謊稱它們是假的。我是天主教徒，所以我無法謊稱自己是猶太人。」

她的話激怒了這些德國人，他們狠狠打了她一頓。那名翻譯按照自己的判斷向這些德國人保證利妮亞不是猶太人——她說利妮亞的長相是雅利安人，又強調說利妮亞的波蘭文說得非常完美。

「那麼你就是間諜。」蓋世太保的領頭人說。其他人都贊同他的判斷。

一連串新問題。她在哪個組織當信使？她在幫社會主義者做事嗎？還是在幫波蘭流亡政府的前首相瓦迪斯瓦夫．西科爾斯基（Władysław Sikorski）做事？他們付多少錢要她做這份工作？她負責運輸什麼東西？游擊隊的前哨基地在哪裡？

其中一名德國人開始扮演好警察。「別天真了。」他告訴利妮亞。「別再保護你的上級了。他們只要聽說你失敗了，就再也不會幫你了。把真相告訴我們，我們就放你走。」

利妮亞非常理解這些「親切」的話語代表什麼意思。「好，」她緩緩地說，「我會把真相告訴你們。」

他們全都專心傾聽。

「我不知道信使是什麼。」她說。「是負責送報紙的人嗎？」她擺出了最天真的表情。「我不認識波蘭共產黨和西科爾斯基的人，我只有在和別人聊天時聽說過這些人。我不了解游擊隊，只知道他們住在樹林裡，會攻擊沒有武器的人。如果我知道他們在哪裡的話，我一定會告訴你們。如果我想說謊的話，我早就可以捏造出一堆名字了。」

蓋世太保全都勃然大怒。他們已經審問利妮亞三個小時了，卻依然一無所獲。

他們問到利妮亞的教育時，她回答說她上過小學，一直上到七年級為止。

「難怪她不願意說實話。」他們哈哈大笑。「她笨到無法理解自己的生命比別人的更寶貴。」

其中一人插嘴道：「她剛剛全都在說謊，現在談到教育也一定是在說謊。沒有上過高中的單純女孩不可能這麼會騙人。」其他人紛紛表示同意。

審問的負責人意識到再怎麼努力都沒用了，於是下令把利妮亞送到另一個又大又空曠的房間裡。跟著她進入房間的是好幾個拿著粗鞭子的蓋世太保。「上完這一課之後，你就會像小鳥一樣乖乖唱歌了。你會把所有事都交代清楚。」

他們把利妮亞踢倒在地。其中一人抓住她的腳，另一個抓住她的頭，其他人開始鞭打她。利妮亞覺得全身都痛極了。打了十鞭之後，她大喊道：「媽媽！」雖然有兩名蓋世太保按住她，但她仍然像是用網子捕捉到的魚一樣開始不斷抽搐。其中一名兇手用利妮亞的頭髮裹住自己的手，拖著她到房間的另一頭。現在鞭子不只打在她的背上，而是打在全身上下——臉、脖子、雙腿。利妮亞越來越虛弱，但她仍沒有開口，她沒有示弱，她絕不會屈服。接著一切都陷入一片漆黑，痛苦也消散了。利妮亞昏倒了。

她醒來時覺得自己像是在游泳池裡游泳一樣，身上除了一件裙子之外什麼都沒穿。四周擺了幾個水桶，德國人用這些水桶把水倒在她身上，叫醒她。

兩名蓋世太保扶著她站起來。她笨拙地拿起自己的毛衣穿上，覺得很困窘。

他們繼續審問。

他們反覆確認她的證詞是否始終如一。她怎麼還不認罪呢？

一名蓋世太保拿起手槍說：「如果你不想說話的話，就跟我來吧。我會把你當成狗一樣開槍殺死你。」

利妮亞跟著他走下樓梯。那把槍閃閃發光，利妮亞覺得很開心，這場折磨終於要結束了。

她往夕陽看了最後一眼。她把景色盡收眼底，欣賞每一種顏色的每一種深淺變化。大自然如此完美，總是用最精準、最優雅的方式區分各種轉換與形變。

他們走在外面的街上時，蓋世太保出於純粹的疑惑問她：「你不覺得這麼年輕就死掉太浪費生命了嗎？你怎麼會這麼蠢？你為什麼不說實話？」

利妮亞想也沒想地回答道：「只要這個世界上還有你們這種人存在，我就不想活下去。我已經告訴你的實話了，你們卻想逼我說謊。我絕不會說謊！就算被槍殺我也甘願。」

他又重重踢了她幾下，接著便把她帶回屋內，交給了其他人。「他可能已經厭倦於應付我了吧。」利妮亞後來回憶道。

其中一名蓋世太保拉了一張椅子給她坐。利妮亞猜測他應該是想要用和善的態度說服她。這名蓋世太保向她保證，只要她說實話，他們就會把她送到華沙，成為蓋世太保的間諜。她同意了這個提議，但沒有改變她的證詞。

指揮官要其他人別再和她玩下去了。「再打她二十五鞭，打到她求饒要說實話為止。」

兩名蓋世太保開始了殘忍又暴力的抽打，血從她的頭和鼻子傾洩而下。翻譯看不下去這種刑求的場面，走出了房間。利妮亞因為疼痛不斷從房間的這一側跳到另一側。指揮官要蓋世太保繼續打，接著他也加入了他們的行列，踢了利妮亞幾腳。

利妮亞昏倒了，失去了記憶，失去了感覺。又過了一段時間後，她感覺到有人打開她的嘴，灌水進去。她一直閉著眼睛，感覺有人在她的臉旁邊說話。「她已經死了。她的皮膚是冷的，嘴角在冒泡。」他們往利妮亞身上倒了更多桶水。她的身體半裸，冷到快凍僵了，但她繼續假裝自己還沒醒來。兩名蓋世太保確認了她的脈搏，打了她幾巴掌。「她還沒死——還有心跳。」他們靠得更近了一點，想聽聽她在說什麼？他們看著她那雙狂亂的鼓脹雙眼。「她已經瘋了。」他們把她放到長椅上。血和水從她身上緩緩流下。在這一刻，她很後悔自己竟然活了下來，她又要繼續挨打了，她不知道下一次能不能撐過去。她的心臟幾乎快停止了。她覺得這些蓋世太保應該已經知道，他們不可能從她這裡獲得任何資訊了，所以他們應該要槍殺她了，這樣的想法讓她獲得了慰藉。

利妮亞無法靠著自己的力量站起來。其中一名蓋世太保用骯髒的破布包紮了她的頭，為她穿上毛衣，再扶著她的手臂，把她帶到桌前。他把報告交給利妮亞道：「來，在這些厚顏無恥的謊言下面簽你的名字。」蓋世太保的妻子在這時走了進來。她一看到利妮亞的臉就顫抖了一下，立刻轉過身。接著，她注意到利妮亞的手錶放在桌上，便告訴她丈夫說，反正利妮亞馬上就要死了，她想要把這支錶拿走。他解釋說，她一定可以拿到這支錶，但要稍微再等一下。蓋世太保的妻子對此感到很生氣，怒氣衝衝地離開了。

這名蓋世太保幫利妮亞握住筆，讓她簽了名。

接著，他們叫了一輛計程車。

駕駛邀請這名蓋世太保守衛到前座和他一起坐，原因是坐在後座的利妮亞看起來「令人不愉快」。但守衛拒絕了。「雖然她看起來像是一具屍體，」他說，「但她還是有能力把門整個拆下來，逃之夭夭。」

到了晚上。四周一片漆黑。利妮亞從他們的對話中發現，她現在前進的方向並不是回到卡托維治，他們要把她帶到梅斯沃維采市（Mysłowice）。

計程車司機笑了起來。「送到梅斯沃維采市想必能治好她的粗魯無禮。」

Chapter

26 姊妹們，復仇！

利妮亞和安娜

1943年9月[1]

到了梅斯沃維采市。他們走進了一個黑黝黝的大庭院裡，[2]好幾隻大型犬從四面八方向他們撲過來。院子裡到處都有武裝守衛徘徊，隨時準備好行動。蓋世太保走進去，把利妮亞的證詞交給裡面的長官，接著坐回車上，離開了。一名大約二十二歲的蓋世太保看著利妮亞。「他們可真是在你身上費了一番功夫呢，對不對？」

利妮亞沒有回答。

他舉起拳頭，示意利妮亞跟他走。

他把利妮亞關進了牢房裡。她在一片黑暗中瞇起眼睛觀察。裡面有一張床，但她太痛了，沒辦法坐，也沒辦法躺，那是一種難以忍受的疼痛。最後，她終於找到一個比較好的姿勢，趴著伸展四肢。她覺得自己的骨頭、肋骨和脊椎好像都已經斷成碎片了，整個身體都是腫的，她甚至無法移動自己的手腳。

她真是羨慕那些已經死去的人。「我從來沒有想過人類竟然能挨這麼多打。」她後來寫道。「如果把我遭受的毆打轉移到樹木上的話，那棵樹一定會像火柴一樣攔腰折斷。但我還活著，還在呼吸和思考。」

不過，利妮亞的記憶開始變得模糊，思想逐漸混雜在一起。她意識到她的思緒已經不再清晰了。想當然爾，這種狀況對她來說不太妙。

她的狀況惡化了，裹著繃帶在床上躺了好幾天。德國人會給她一碗稀釋的湯和一杯水當午餐，她會用水來漱口和洗臉。她沒有洗澡，這裡也沒有地方可以排泄。惡臭令她感到窒息，黑暗也同樣令她感到窒息。她覺得自己就像是被活埋了。她後來描述自己當時的想法：「我等待著死亡降臨，但這一切都是徒勞，因為人沒有能力號令死亡。」

⁂

一週後，一名年輕女人走進了她的牢房，她把利妮亞帶去見一位長官。這名蓋世太保問了一些問題，把細節記錄下來。利妮亞很驚訝。她怎麼還沒被處決呢？他們會把她關進另一間牢房裡嗎？女人帶她去洗澡，她注意到利妮亞全身都在痛，於是幫助她脫下衣服。

現在利妮亞終於看到挨打留下的後果了。她身上沒有任何地方是原本的膚色，只有黃色、藍色和紅色的皮膚，還有像煤炭那麼黑的瘀傷。那名帶她來洗澡的女人哭了起來，她說起了波蘭語，憐憫地拍撫她、親吻她。她的擔憂之情讓利妮亞流下眼淚。*真的還有人會關心我嗎？真的還有德國人擁有同情心嗎？這女人是誰？*

「我被關了兩年半。」女人告訴她。「我已經在這裡待十二個月了。這裡是審問營，他們把人關在這裡，直到審問結束為止。現在梅斯沃維采集中營共有兩千名囚犯。」

她繼續道：「我在戰前的工作是老師，住在切森鎮（Cieszyn）。戰爭爆發時，鎮上所有可能涉入政治活動的人都被逮捕了，我的朋友全都被關進了監獄。我躲了一陣子，但後來還是被抓到了。我也受過這些苦。」她揭起衣服，給利妮亞看她身上的傷痕，有納粹用鐵鍊打她後留下的疤，也有他們用燒紅的針刺進指甲下的痕跡。「我的兩個弟弟也都在這，現在都性命垂危了。他們已經被鍊在床上六個月了，一直都有人在看守他們，只要稍微動一下就會被打。德國人懷疑他們參加了祕密組織。這裡發生了許多可怕的事，超乎人類的想像。每一天至少都會有十個人被鞭打至死。對這裡的人來說，男人與女人沒有任何區別。這個審問營是專門為政治犯設立的，大部分的犯人最後都會被處決。」

利妮亞泡進洗澡水中，消化這些新消息。

女人說她想成為利妮亞的朋友。無論利妮亞需要什麼，她都會想辦法替她拿來。「在這之前，我一直被關在牢房裡，但現在他們讓我負責跟洗澡有關的事。」她告訴利妮亞。「雖然他們仍把我當作犯人，但至少我能自由地四處走動了。」

利妮亞被帶進了一個長形的房間，裡面有兩扇裝了鐵網的窗戶。其中一面牆邊擺了一整排的上下鋪。門的旁邊有一張桌子，是給房間管理者用的，管理者也是犯人，她個性比較好，要負責打掃這個房間。房間的角落有一疊廚餘盆，以前他們會拿這種盆子來餵豬。

房間裡的囚犯有許多老師與知識分子，[3]她們紛紛圍到利妮亞身邊上下打量她，丟出了一大堆問題。她是從哪裡來的？她為什麼會被逮捕？她入獄多久了？她們一聽說利妮亞是在兩週前才入獄的，立刻詢問外面的狀況如何。利妮亞覺得自己在這群龍蛇混雜的女人中格格不入，這些女人有好有壞，有老有少，有些犯下重罪，有些犯下輕罪。其中一名女人開始為利妮亞一邊跳舞，一邊唱著毫無邏輯的歌詞，她大概已經瘋了。

還有些刻薄的女人嘲笑她。「你才剛失去自由沒多久，看起來就已經糟透了。你之後要怎麼辦？飢餓的感覺會讓你的肚子咕咕響。你有麵包嗎？把麵包給我。」

利妮亞注意到了一名大約十到十五歲的年輕女孩，長相很討人喜歡。利妮亞甚至在她們還沒說過話時，就已經很喜歡她了。女孩站在旁邊盯著利妮亞看。她過了好一陣子才鼓起勇氣，走到利妮亞身邊提問題。「本津鎮和索斯諾維茲鎮還有猶太人活下來嗎？」她叫米爾卡（Mirka），是一名猶太人。[4]她原本住在索斯諾維茲鎮，和姊姊一起被遣送，她們在途中跳下了火車。她的姊姊受了很重的傷，但活了下來。米爾卡不知道該怎麼辦，便去了附近的警察局。警察把米爾卡交給了蓋世太保，她的姊姊則被送到了醫院去，但之後她就再也沒有聽到姊姊的消息了，她很可能在進了醫院後直接被德國人開槍殺死了。米爾卡則被帶到了梅斯沃維采集中營，已經在這裡關三週了。

雖然米爾卡看起來宛如行屍走肉，但她告訴利妮亞：「我熱愛生命。說不定戰爭很快就要結束了。我每個晚上都會夢想著監獄的大門敞開，我們重獲自由。」

利妮亞安慰她：「戰爭當然很快就要結束了。你會等到那一天的，到時候你就自由了。」

「女士，你被放出去之後，請你寄一點東西到這裡給我，任何東西都好，就算只是一小包食物也可以。」

利妮亞在米爾卡的陪伴下比較輕鬆地習慣了監獄的生活，她教導利妮亞該怎麼做，確保利妮亞總是能拿到食物，晚上總是有稻草枕頭可以睡。

接著，利妮亞開始把湯留在桌上，偷偷叫米爾卡把湯喝掉。「那你怎麼辦？」米爾卡對此感到很緊張，但利妮亞要她別擔心。她多麼希望能把真相告訴米爾卡，證明自己的身分。

這間房間裡住了六十五名女人。每一天都會有幾名女人被叫出去——接受審問與毒打、送去另一座監獄，或步入死亡。每一天，都會有新的女人走進來取代那些消失的女人。這裡是刑求的生產線。

利妮亞的監獄管理人個性殘暴，是個貨真價實的虐待狂，她總是在尋找各種理由用她的那捆鑰匙或鞭子打人。她隨時都有可能會突然攻擊受刑人，毒打她們一頓。她每天都會無緣無故地挑起事端。等到戰爭結束後，我們會把她撕成碎片，丟去餵狗，犯人一起幻想著，她們必須嚥下怒氣，忍住喉頭的哽咽，她們必須把一切都延後到戰爭之後。一名犯人告訴利妮亞，在戰爭開打前，這名殘忍的管理人和她丈夫開了一間小店，會在市場和活動市集上賣梳子、鏡子和玩具。德軍占領這裡沒多久後，她的丈夫就餓死了，這名管理人逃出了自己家，改變自己的身分，變成了德意志裔人。她的身分從窮困的寡婦變成了管理五百名受刑人的「德國小姐」。「你們這些波蘭豬！」她會一邊叫罵一邊打她們。蓋世太保很喜歡她的行事風格。

利妮亞的每日例行公事既無聊又可怕。她每天早上六點起床，受刑人每十人一組輪流去廁所，用洗手臺的冷水洗澡，由於還有其他人在等，所以她們總是洗得很倉促。施虐狂管理人會在七點抵達，沒有人膽敢在這個時候出現在走廊上。她們排好隊，每三人排成一排。食堂管理人會計算人數，把數量上報給上頭的兩名蓋世太保。在這之後，她會分發五十公克的麵包和一小杯苦澀的黑咖啡，有時會配上一點點果醬。在這之後，受刑人必須餓著肚子坐在房間裡打發時間，因為那些食物只會使她們覺得更餓而已，無法充飢。她們急不可耐地等著時間來到十一點，這時她們可以到外面的庭院散步半小時。庭院裡可以聽見鞭子的聲音和野獸般的嘶嚎。她們常會看到納粹押著即將接受審問或已經審問完的男人走在路上，這些男人就像是活屍，雙眼充血突出，頭上纏著繃帶，手指和牙齒都斷了，四肢的關節扭曲錯位，蠟黃的臉上滿是疤痕和皺紋，破損的衣服下面裸露出潰爛的皮膚。有時候，利妮亞會看到納粹把屍體堆進一輛輛負責載囚犯去奧斯維辛集中營的巴士裡。她寧願留在房間裡不要出來。

回到牢房後，所有人都會保持安靜，沒人敢發出任何聲音。守衛在走廊巡邏。利妮亞的肚子因為飢餓而疼痛。每個女人都拿著碗，只要聽到鍋子發出的噹啷聲，她們就知道時間來到中午了。犯了輕罪的兩名囚犯負責幫其他犯人盛食物，還有一名武裝守衛會在旁監督。其他人則必須排成一直線，等待食物。管理人站在門口，因此儘管她們全都餓到發抖了，但沒有人會推擠。利妮亞在論及納粹的監獄系統時面無表情地描述說，他們「最重視的就是秩序」。

她的碗裡裝滿了稀釋的清湯、煮過的甘藍和一些花椰菜葉，湯上面飄著一些昆蟲。她們盡量把看得見的昆蟲挑起來，接著把碗裡的所有東西吃掉，葉菜也包括在內。「就連狗都不會想喝這種湯。」利妮亞後來寫道。她們都沒有湯匙，要吃湯水以外的東西時，只能使用自己的手指。每當有犯人發現自己碗裡的葉菜比平常還多，她們都會認為自己很幸運，多一點菜葉表示她可以少餓一點時間。有些女人的碗裡只有湯水，利妮亞諷刺地寫道，不幸的是，這裡沒有餐廳經理可以接受她們對食物的抱怨。她常會在進食的數小時後，想要把蟲子和腐壞的蔬菜吐出來。她覺得自己的胃像是一個塞滿東西的東口袋，但是她同時又覺得自己根本沒有吃飽。她能感覺到自己的內臟在收縮，還記得自己一開始曾拒喝這種湯，但現在，她卻希望要是有更多湯就好了……

接著，受刑人無所事事地坐在牆邊的長椅上。等待晚餐的時間簡直就像一輩子那麼長。她們想像著，等到自由了之後，她們要做的第一件事就是吃到噁心想吐為止。她們幻想的不是蛋糕或精緻的食物，而是麵包、香腸和沒有蟲子的湯。「但是，我們之中有誰能活著離開這裡嗎？」利妮亞思考著，但她從來不會過度思考這件事。

到了七點，她們再次排隊等待晚餐：一百克的麵包、人造奶油和黑咖啡。她們狼吞虎嚥地吃掉麵包，喝下咖啡，讓自己有吃飽的感覺。九點是上床時間。飢餓帶來的痛苦折磨穿透了利妮亞的身體，使她難以入睡。

梅斯沃維采集中營比卡托維治集中營還要乾淨。一九四二年，這裡曾因為犯人營養不良與環境不衛生而爆發過致命的傷寒，從那時開始，牢裡的規定就變嚴格了，每個犯人都有床墊——不過納粹沒有足夠的草桿能填充這些床墊，所以犯人睡覺時仍會磕到堅硬的床板。利妮亞蓋上乾淨但破洞的毛毯，受刑人在睡覺時會穿著連身裙，以免游擊隊來攻擊時她們需要立刻逃跑。整個晚上都有武裝警察在走廊巡邏，任何聲音都會驚動他們。過了睡覺時間後，受刑人就不能離開牢房了。利妮亞若要上廁所就必須使用尿壺。

她們偶爾會因為槍聲而驚醒。利妮亞認為這些槍聲響起時，可能就代表男性監獄那邊有人想要逃獄，但逃獄是不可能的事：窗戶上有鐵網，門上了鎖，監獄的外牆上有許多監視哨站。守衛包圍了整棟建築，每兩個小時換一次班，他們一看到任何可疑的事物就會開三槍。

利妮亞有時會在早上聽說有男人在前一晚上吊自殺了，或者有女人試圖從廁所逃跑，結果被打了一頓，鎖進漆黑的牢房裡。

利妮亞輾轉難眠地想著要逃跑。但要怎麼逃呢？

這天，納粹把五名來自索斯諾維茲鎮的猶太女性關進了她們的牢房裡。她們漂白了頭髮作為偽裝，但卻在卡托維治火車站被抓到了。當時一名波蘭小孩對她們起了疑心，去提醒了蓋世太保。她們的所有私人物品都被沒收了。利妮亞在那天晚上和她們談話，但她仍然小心翼翼地隱藏著自己猶太人的身分。她們來自利妮亞出沒過的地區，會不會認出她是誰？但與此同時，利妮亞又極為渴望有人能認出她的身分。這個世界上沒有任何人知道她在哪裡，她必須要把這件事告訴別人，如此一來，就算她死了，至少他們會知道她死在哪裡，就算只有一個人知道也好。[5]

每隔幾天，納粹就會把更多猶太女人關進牢房裡。有一名猶太女人是在例行文件檢查時被抓到的。另一名猶太女人則躲在一位警察朋友的家中，她不知道檢舉她的人是誰，而她的那位德國朋友全家都被逮捕了。一名年老的母親和她的兩名女兒是在火車上被逮捕的，她們的假文件品質太差了——其中一人哭著承認了自己是猶太人。利妮亞寫道，絕大多數猶太女人都是因為波蘭人向蓋世太保舉報，所以被逮捕的。

納粹點名了二十位猶太女人，要把她們送到奧斯維辛集中營。利妮亞目送她們離開時覺得心如刀絞，那些人都是她的同胞，就算他們不知道也不會改變這個事實，她們全都要被送走了，我卻能繼續留在這裡。一直到最後一刻，她們都在自我欺騙，說不定戰爭就要結束了！——但她們仍在離開時流下眼淚，她們很清楚自己很快就要死了。所有人都跟著她們一起哭了起來。

納粹總是在毫無預警的時候宣布下一批受審者的名字。有些女人在聽見自己的名字時直接暈倒，她們會被搬到擔架上，帶去檢查室。她們會被打得遍體鱗傷，直到隔天才被送回來——有些人被送回來時已經死了。

這裡大部分的犯人會被逮捕都是因為德國人懷疑她們涉入政治活動，也有一整個家庭全都被逮捕的狀況。這些家庭的母親和女兒就像利妮亞一樣被關在女性牢房，丈夫則被關在男性牢房。納粹有時會在審問這些女人的時候告訴她們，她們的丈夫已經被殺死或送到奧斯維辛集中營去了。時常會有母親收到自己的兒子或女兒已經死掉的通知。她們會失去求生意志，其餘的每個人都會受到她們的影響。

利妮亞發現許多波蘭人都因為幫助猶太人而被處決。納粹曾把一名有可能藏匿過去猶太雇主的波蘭女人絞死。那名女人才二十五歲，身後還有兩個年幼的孩子、丈夫和雙親。有些受刑人是和猶太男人結婚的女人，納粹會因為她們的丈夫躲過了警察的追捕，把這些女人抓來當作人質。有些女人根本不知道自己為什麼會被逮捕。有些人被關了三年後，仍然沒有遭到任何正式的指控，也沒有人審理她們的案子。納粹常在當事人缺席的狀況下進行審判：被關在監獄裡的人不會知道自己為什麼會被處決、什麼時候會被處決。有一次，有一整個村子的人都一起被關進監獄裡——總共有數百人。表面上的理由是這些村民和一支游擊隊有聯絡。

一天，利妮亞在休息時間走進了庭院，她看到四輛載滿小孩的車子開了進來。德國人發現那些小孩居住的區域有游擊隊在活動，作為報復，德國人處罰了其他無辜的人，把他們的孩子全都抓走。這些小孩住進了由年長犯人照顧的特殊牢房裡，像成人一樣，吃得很糟又必須接受審問。這些小孩一看到鞭子就什麼都承認了，而這些強迫來的自白對納粹來說就足夠了。納粹把這些小孩送進德國的學校，在那裡「接受教育」，變成「值得尊敬的德國人」。

一名波蘭女人把她的雙手伸出來給利妮亞看，她的指甲沒了。納粹把燒紅的針插進了她的指甲下面之後，指甲就脫落了；她的腳跟被納粹用高熱的金屬棍打過後，現在已經潰爛了；她的腋下有鐵鍊留下的傷痕，因為她被吊起來毒打了半個小時，接著他們又把她倒吊著繼續打她；她的頭頂是禿的，因為頭髮被納粹直接拔掉了。她是因為犯了什麼罪而被如此對待的呢？她的兒子在一九四〇年消失了，有謠言說他成了游擊隊的領導人，納粹便懷疑他和親人有聯絡，但他家裡的其他親人都死了，母親是最後一個。

利妮亞的獄友還包括了犯下輕罪的犯人：有些女人因為在黑市販賣商品被捕，有些是因為在燈火管制期間開燈，利妮亞認為這些原因根本是「胡說八道」。這些犯下輕罪的受刑人過得比其他人輕鬆一點。她們可以拿到一些外面寄來的食物包裹與衣物包裹，但德國人會先搜查這些包裹，把好東西扣留下來自己用。

利妮亞不斷思考著，她為什麼直到現在還在梅斯沃維采集中營呢？她為什麼還沒被帶走？她為什麼還活著？有那麼多女人死去，又有那麼多女人被帶進來取代她們。

接著，這天下午，輪到利妮亞了。一名男性監獄管理人走進牢房裡。他看向利妮亞，問她為什麼被關在這裡。她說她是在跨越邊界時被逮捕的。

「跟我走。」

接下來呢？一顆子彈？絞刑？中世紀的刑求？還是奧斯維辛集中營？

她不知道過程會是什麼。但她很清楚她將迎來結局：她的人生就此結束。

這就是結局。

⋄

奧斯維辛集中營是所有集中營中最野蠻、最殘暴的一個，它距離梅斯沃維采集中營不遠，只要搭巴士就能到。雖然奧斯維辛集中營聲名狼籍，但反抗行動仍在夾縫中逐漸醞釀成形。該集中營的地下組織包括許多來自不同城市、理念相異、時常無法達成共識的團體，其中有部分成員是沒有馬上被送去毒氣室的年輕猶太人，他們在篩選過後成為奴工。（基於這個理由，許多集中營的猶太女人會設法讓自己看起來比較年輕——其中一名用鞋子上的流蘇沾紅色染料，當作腮紅刷和口紅，其他人則用人造奶油把自己的頭髮往後梳，藏起灰色的頭髮。）[6] 從本津鎮送過來的猶太人與各個組織的同志紛紛加入集中營的地下行動，為這裡的地下組織注入了一股新活力。[7]

安娜．海爾曼最初是從同一個營房的獄友那裡聽說反抗運動的，[8] 那位獄友是一名猶太女孩，納粹把她當成波蘭人抓了進來，因為她過去一直和波蘭救國軍有聯絡。安娜當時只有十四歲，她在一年前和她的姊姊伊絲特（Esther）一起進入奧斯維辛集中營。這兩名女孩來自一個已經和高度波蘭化的上層中產階級家庭，從小由保母帶大，常去吃高級的冰淇淋店。如今她們住進了奧斯維辛－比克瑙集中營，在聯合工廠「工作」。納粹將這間工廠稱作「腳踏車工廠」，但事實上這是一座大型的單層樓軍需品製造廠，由一片玻璃屋頂罩著，[9] 裡面製造的是德軍砲彈的引信。奧斯維辛集中營大約有五十個附屬集中營，這些附屬集中營就像勞動營一樣，許多都租給了私人企業。

安娜對於反抗行動的消息感到非常激動。她過去在華沙隔離區就已經加入了青年衛隊，青年衛隊一直都是她的精神救贖。（由於她不懂希伯來語，甚至也不懂意第緒語，所以青年衛隊替她取了夏甲〔Hagar〕這個名字——因為她是來自不同部族的人。）每天晚上，她都會和姊姊以及其他猶太朋友一起唱歌、說故事並仔細思考反抗行動。她曾見過隔離區起義，渴望能參與更多行動。現在她聽說波蘭救國軍正在規劃一場華沙起義，且已經和奧斯維辛集中營的地下組織聯絡上了。他們計畫要從外部攻擊集中營，而內部的受刑人也要在聽到暗語時展開攻擊。集中營裡的男男女女紛紛開始做準備，安娜與她的團隊負責蒐集各種材料——火柴、汽油、重物——放到事先說好的地點。他們取得了農場工具間的鑰匙，從裡面偷了一些耙子和鋤頭。每一個營房大約有五名女人參與反抗活動，並由一名領導者負責進行協調。在這一次的祕密組織行動中，只有領導者能和其他人取得聯絡。

安娜每天都會在走去工作的路上遇到一名鎖匠，他總是會對安娜微笑。一天早上，她鼓起勇氣問這名鎖匠能不能給她一把絕緣的鐵線剪（她要用來剪斷帶電鐵刺網）。鎖匠一臉震驚地看著她，什麼都沒說。接下來幾天，她一直很擔心自己太粗心了，會被納粹抓到。接著，鎖匠在一天下午把一個盒子放在她的工作桌上。工廠裡的其他女孩小聲揶揄：「他是你的愛人！」——她們總是這麼稱呼男性保護者。[10] 安娜把盒子放到桌子下偷看了一眼。是一整條麵包！她很激動，但同時也很失望。值得慶幸的是那天納粹沒有到工廠來檢查，所以她把麵包藏在小皮包裡，再把小皮包藏在衣服底下，偷偷帶回勞動營。

勞動營裡的愛人常會帶禮物給女孩。由於納粹不允許他們擁有任何財產，所以這些女孩被抓到時會說這些禮物「是撿到的」。安娜和伊絲特一起擠在床上，她拿出了麵包給伊絲特看。這時她們注意到麵包是中空的，裡面有一把鐵線剪，一把美麗的鐵線剪，而且它的紅色把手可以絕緣。她們把這件寶物藏在床墊裡（以免納粹喊口令時她們兩人必須同時離開），接著把這件事告訴其他朋友，包括她們的獄友愛拉・葛特納（Ala Gertner）。愛拉來自本津鎮，在戰前的一幅肖像畫中，她戴著時尚的女用紳士帽，穿著有領的上衣，擺出賣弄風情的姿勢。

數天後，愛拉從她的朋友那裡得知一個訊息。這位朋友是二十歲的青年衛隊同志羅莎・羅伯塔（Roza Robota），[11]她在衣物工作小隊工作，負責分類被殺死的猶太人留下的個人物品、衣服與內衣。羅莎的愛人隸屬於一個名叫桑德科曼多（sonderkommando，意為特殊小隊）的工作小隊，這個小隊是由猶太人組成，負責管理火葬場與搬運屍體。他告訴羅莎，他的團隊裡的人很快就要被殺掉了。（桑德科曼多的人會定期「被退休」——也就是被殺死。）他說，起義的時間快到了。

他們沒有武器，但安娜在這時突然發現：他們工作的工廠裡有火藥。伊絲特是少數幾個納粹派去火藥室工作的女人，安娜因此要伊絲特偷一些火藥出來。而根據其他人的描述，[12]是其他男人懇求羅莎要求在火藥室工作的女人帶火藥出來的，羅莎立刻就答應了。

從火藥室偷東西？這整個工廠都是開放空間，一眼就能看見所有事物，他們從一開始就把這裡打造成不能隱藏祕密的樣子，每張桌子的四周都是監視者會經過的路徑。負責管理工廠的人會坐在可以綜觀全局的小房間裡，而工作期間禁止上廁所、吃東西和休息。任何小動作都會被視為蓄意破壞。整個火藥室長三公尺，寬兩公尺。「這是不可能的事，太荒謬了，想都別想。」伊絲特說。但她還是開始考慮這件事。

雖然集中營裡每時每刻都有人監視，每個人都極端口渴，隨時會遭受可怕的折磨，還必須遭受連坐懲罰的威脅，但集中營還是有許多女人起身反抗。華沙旋律皇宮夜總會（Melody Palace）的著名猶太芭蕾舞者法蘭西斯卡・曼恩（Franceska Mann）[13]進入奧斯維辛集中營時，納粹要她脫下衣服，她直接把鞋子丟向一名對她擠眉弄眼的納粹，搶走了他的槍，對著兩名守衛開槍，殺死了其中一名守衛。還有五百名女人在納粹提供木棍，[14]並命令她們抽打兩名偷了馬鈴薯皮的女孩時拒絕服從命令，於是納粹毒打了她們一頓，強迫她們整晚站在寒冷刺骨的室外挨餓。在以農業為主的布迪附屬營（Budy），[15]有一整群女人在詳細計畫後試圖逃跑。在索比堡集中營（Sobibor），[16]為納粹親衛隊工作的多名女人從親衛隊那裡偷了武器，[17]交給地下組織。

在奧斯維辛集中營，來自比利時的瑪拉．齊梅鮑姆（Mala Zimetbaum）[18]因為會說六國語言，所以被派去擔任納粹親衛隊的翻譯員——這份工作帶給她自由移動的特權。她利用這個特權身分幫助猶太人：送藥、聯絡家庭成員、篡改入營猶太人名單、為虛弱者找到比較輕鬆的工作、警告醫院病人何時要篩選、勸阻納粹親衛隊不要進行連坐懲罰，甚至要求親衛隊准許受刑人穿襪子。後來，瑪拉打扮成男受刑人，靠著偽稱有外出的工作任務逃出了集中營，她是第一個逃離的女人，但她在試圖離開波蘭時被抓了。在納粹宣讀她的判決時，她用藏在頭髮裡的刮鬍刀片割開了雙手手腕。納粹親衛隊抓住她時，瑪拉用鮮血淋漓的手打了他一巴掌，怒罵道：「我會死的像個女英雄，你則會死的像條狗！」

瑪拉被處決時，貝拉也在場。貝拉一直維持著她的波蘭人偽裝，繼續在病房擔任護士。朗卡的死對她打擊很大。有一天，她聽見行進樂隊演奏了一首歌，讓她想起了來自本津鎮的同志。貝拉哭了起來，其中一名演奏者因此注意到她。她們兩人聊了起來，這名演奏者名叫欣達（Hinda），她曾加入過青年運動組織。貝拉冒險向她承認，自己是個猶太人——因為唯有在其他人知道你的真實身分後，你才能真正存在。她們一起哭泣，絕望地擁抱彼此，談論起反抗行動。欣達告訴貝拉，和她一起進入集中營的那群女孩想要反抗。其中一個人拿到了可以剪斷鐵絲網的工具。這裡的守衛常會在晚上喝醉，在一個月黑風高的晚上，她們採取了行動，開始挖掘能把猶太女孩安全送出去的地道。由兩名女孩負責挖地道，四名女孩負責把風，貝拉則幫忙她們挖洞。這條地道穿越了鐵絲網的下方，一路延伸到火車停靠站。貝拉還記得，她們曾把兩名來自德國的十五歲女孩偷偷帶進來。[19]雖然她們叫這兩名女孩閉嘴並進入隧道時，女孩們嚇壞了，但貝拉很高興她成功把這兩名女孩帶進了勞動營。她教導她們身為非法進入者該怎麼行動，拿死掉的病人留下的衣服給她們穿。其中一名在廁所工作的猶太女孩會在點名時把這兩名女孩藏在廁所裡，而貝拉會偷馬鈴薯和紅蘿蔔給她們吃。這兩名少女無法理解為什麼這名波蘭人要幫助她們。

貝拉繼續利用護士的職位幫助生病的猶太人，給他們喝甘藍菜葉稍微多一點點的湯，一邊餵他們喝水、一邊溫柔地拍撫他們的額頭，她還自願到猶太人的疥瘡治療區工作。（每個人都以為她願意到疥瘡治療區是出於「共產主義的理由」，或者是因為她所說的，想要避免疥瘡傳染到波蘭人和德國人。）她會在門格勒醫師來治療區篩選之前對病人提出警告，把重病者藏起來。

貝拉知道猶太受刑人會覺得她的親切行為不但很奇怪，而且還很可疑。她當然也聽得懂她們常用意第緒語小聲討論她會不會是臥底。儘管如此，當貝拉允許在治療區工作的猶太女人舉行光明節宴會時，她們還是非常開心。貝拉心裡其實很難過她不能參與光明節宴會，她必須表現得「比教宗更像波蘭人」。＊她只能用聖誕老人的小雕像裝飾聖誕樹。

貝拉的其中一位上級阿爾娜・庫克（Arna Cook）是一名矮小、憤怒又殘暴的人。她要求貝拉幫她打掃房間、送咖啡與擦鞋。一天早上，貝拉來到阿爾娜的房間進行例行打掃，但阿爾娜沒有聽到她走進來，貝拉因此看到阿爾娜大張雙腿躺在床上，和她的德國上司性交。貝拉關上門逃跑了，她擔心若有人發現她看到了這一幕，會惹來殺身之禍。

後來阿爾娜因為貝拉沒有準時來工作而毒打了她一頓。阿爾娜押著她回到比克瑙做苦役，強迫她加入挖壕溝的工作小組——這份工作的要求非常苛刻。她們不准休息、一直挨打，累到倒地的女孩會被槍殺。這時其他人得在行進樂隊的伴奏之下，把屍體搬走。

曾有一群納粹親衛隊在她們工作時，把一名女孩拖到附近的森林裡。隨後，貝拉聽見她的尖叫，她再也

＊譯者註：more Polish than the Pope。原本的俚語是「比教宗更虔誠」（more Catholic than the Pope），意思是嚴謹程度遠超過原本的需要。

沒有回來工作。後來她們才知道，親衛隊強迫她和狗性交，她因而乞求親衛隊殺了她。親衛隊的人哄堂大笑。「現在這隻狗也有消遣對象了。」貝拉聽見他們說。這種事發生了不只一次，奧斯維辛集中營的另一名倖存者描述道，[20]納粹強迫她為她的小女兒脫下衣服，並眼睜睜地看著她被許多隻狗強暴。

貝拉和獄友開始害怕外出工作。她們決定若遇到意外的話，整個工作小隊都要一起挺身反抗。納粹把女孩抓去給狗強暴的事件發生了三次之後，他們第四次想把另一名女孩拖走時，整個工作小隊的二十名女孩都一起放聲尖叫。納粹親衛隊把她們關進了地下室，強迫她們不分日夜地站著很長一段時間，在九十六小時內只吃了一餐。雖然她們的身體遭受了折磨，但卻因為知道自己反抗了納粹而獲得了精神上的安慰。她們團結一心，保護彼此。

在包括奧斯維辛集中營的許多勞動營中，女人會在納粹強迫她們工作時破壞工作產品，降低生產率或品質。她們在紡紗工廠把麻線做得比較容易斷裂、製作尺寸不合的炸彈零件、把鐵絲丟進球軸承裡，並整晚開著窗戶讓管線結冰。[21]德軍的武器會因為遭到蓄意破壞的彈藥而逆火爆炸。生長在聯盟主義家庭的比亞維斯托克市民法妮雅・費納（Fania Fainer）[22]在聯合工廠工作時，有時會在應該填充火藥時把沙子放進去。

法妮雅滿二十歲時，她的朋友札拉塔・皮特魯克（Zlatka Pitluk）[23]決定要為她慶祝生日。札拉塔熱愛雕刻，冒著生命危險蒐集她在集中營能找到的材料，把水和麵包混合在一起，將這些材料黏起來，製作出一張心型的立體聖誕卡——看起來就像當時很流行的紀念冊。這個小小的紀念冊有紫色的布封面（從札拉塔藏起來的內衣上撕下來的），封面上用橘色的線繡了一個「F」。接著，札拉塔把紀念冊傳給其他十八名獄友，讓她們寫下生日祝福，其中也包括安娜。[24]這本細心製成的紀念冊共有八頁，像是摺紙作品一樣，打開來時會變成一枚幸運草，上面寫了許多獄友的祝福，混雜了各國語言：波蘭文、希伯來文、德文、法文。

「自由、自由、自由，祝你生日快樂。」名叫瑪妮雅（Mania）的女人冒著生命危險寫道。

「不死就是我們的勝利。」另一人寫道。

一名女人引述了波蘭詩：「在人群中要歡笑……在舞蹈時要輕盈……等你年老，戴上眼鏡，要記得我們的經歷。」[25]這種同志情誼是一種親密的、甚至違法的反抗，這些情誼給了她們希望，幫助她們繼續堅持下去。

最後，伊絲特還是同意幫忙偷火藥粉了。

安娜的姊姊每次輪班都要在機器前工作十二小時，這臺機器會把外觀像粗鹽的青灰色火藥壓成像棋盤一樣的片狀火藥，而這種火藥可用來點燃炸彈。

安娜走在充滿了灰塵與刺鼻氣味的走廊，經過好幾個管理人身邊，直直朝著火藥室走去，她假裝自己的工作是負責收垃圾。伊絲特的工作地點就在門邊，她把一個用來裝廢料的金屬小盒子遞給安娜。伊絲特先前已經把火藥裹在打結的布裡，藏進垃圾中了。（這些布料可能是從衣服上撕下來的，也可能是用麵包換來的頭巾。）安娜把盒子帶到自己的桌前，拿出那些小布袋，藏進裙子底下。接著，她在廁所和愛拉見面，平分布袋，並藏在衣服中。伊絲特也會在工作結束時自己帶一點火藥走，她必須穿著木鞋，冒著雨、雪或酷熱的陽光走上一點六公里的路，回到勞動營。每當遇到檢查時，她們就會把小布袋解開，把火藥倒在地上，用腳碾一碾。愛拉把蒐集來的這些火藥都交給了羅莎。

蒐集火藥的不只她們而已。大約有三十名十八到二十二歲的猶太女人組成了網絡，[26]把火藥粉偷回去，把廢棄的粉末裝進她們組裝的產品中。她們把炸藥放在火柴盒中、衣襟裡面、乳房之間，走私回勞動營。她們把兩百五十克的少量火藥放進紙張裡折起來，藏進藍色粗布洋裝的口袋中，三名女孩可以在一天之內蒐集到兩茶匙的火藥。安娜的好友瑪塔·賓迪格（Marta Bindiger）也是蒐集火藥的成員之一，她必須把這些火藥藏起來好幾天，等到有人來「收貨」再交出去。在蒐集火藥的行動中，共有四個層級的女孩，她們全都不知道彼此也有參與行動。承擔最多責任的是羅莎，她負責聯絡各個反抗陣營。

羅莎把這些火藥交給男人。桑德科曼多可以進入女性勞動營搬運屍體，他們會利用有夾層的湯碗、圍裙的夾層，[27]以及一輛用來載運夜晚死掉的猶太人的貨車來運送火藥。他們把火藥包裹藏在屍體下，接著再藏到火葬場。一名蘇聯犯人會用空的沙丁魚罐頭和鞋油罐子當作外殼，把這些火藥做成炸彈。納粹強迫在附近的女孩凱蒂・菲利克斯（Kitty Felix）負責整理被殺死的男囚犯留下的外套，[28]檢查裡面有沒有貴重物品，她從外套裡偷走鑽石和黃金，藏在馬桶後面，並用這些東西購買炸藥。

這些女孩的生活中充滿了恐懼與興奮。接著，這天勞動營裡突然出現了暴動。沒有任何警告，也沒有任何暗語。由於桑德科曼多發現他們馬上就要被送進毒氣室殺死了，所以他們無法按照計畫執行已經精心策劃了好幾個月的起義。錯過這一次，就再也沒有機會了。

一九四四年十月七日，猶太地下組織用鐵鎚、斧頭和石頭攻擊一名納粹親衛隊隊員，在一座火葬場中放了許多浸過油和酒精的破布，把火葬場炸掉了。[29]他們挖出藏起來的武器，殺掉了好幾個納粹親衛隊守衛，使多名德國人受傷。他們把一名特別殘暴的納粹活活丟進烤箱裡。他們剪掉了鐵絲網，逃跑了。

但他們的動作不夠快。納粹開槍把三百人全都殺死了，接著他們把這些屍體像點名一樣排列整齊。好幾百名受刑人趁著點名的混亂場面逃跑，但他們也全都被射殺身亡。

在那之後，納粹找到了許多自製手榴彈：裝滿了火藥的錫罐，而這些火藥可以追溯到火藥室。[30]納粹展開了緊鑼密鼓的調查。他們把人抓去刑求，後來人們對於當時的告密與背叛出現了各種互相衝突的描述。根據安娜的回憶錄所述，納粹抓到了和她們住同一個營房的獄友克拉拉（Klara）走私麵包，克拉拉為了免除懲罰而告發了愛拉。愛拉在遭受刑求後，洩露了羅莎與伊絲特也參與了行動。在另一個版本的描述中，[31]納粹安插了一名擁有一半猶太血統的捷克人當作臥底，她用巧克力、香菸和情感引誘愛拉說出了其他人的名字。

伊絲特被帶進了懲罰室。安娜感到既害怕又沮喪，她後來也被帶進懲罰室審問，並被毒打了一頓當作警告。他們把她臉上的血擦掉。扮演「白臉」的納粹用慈父般的語調問她：「火藥是誰偷的？為什麼要偷？從哪裡偷？你姊姊跟你說過什麼？」

安娜一語不發地看著他，不願回答。

「伊絲特已經把來龍去脈都交代清楚了，」他說，「所以你最好也實話實說。」

「伊絲特怎麼可能交代來龍去脈？」安娜問。「她是無辜的，而且她絕不會說謊。」他們把她放了，也把伊絲特送回營房。她身上滿是青紫色的瘀傷，背部的皮膚都撕裂成條狀。她不能移動，也不能說話，但她在瑪塔和安娜的照料下慢慢好轉。

不過，納粹在數天後又回來找愛拉、伊絲特、羅莎和來自本津鎮的芮吉娜（Regina），芮吉娜是火藥室的管理人。

這些女孩被判處絞刑。[32] 安娜瘋了，瑪塔必須把安娜送到病房區才能制止她自殺。安娜試著想聯絡上她的姊姊伊絲特，想方設法地要見她，但沒有成功。

一名來自羅莎家鄉的男性地下組織成員用伏特加說服了刑求地牢的警衛，放他進去見羅莎。「我走進了羅莎的牢房。」諾亞．札布多維奇（Noah Zabludowicz）回憶道。「冰冷的水泥地板上躺著一個像是一團破布一樣的人。在開門聲響起時，她轉頭看向我……接著她說出了最終的臨別之詞。她告訴我，她沒有背叛【任何人】。她希望我能告訴其他同志，他們無需恐懼。我們必須繼續走下去。」她沒有後悔、沒有遺憾，但她希望在死的時候知道他們的地下行動會繼續下去。她把一張紙條交給他，要他交給其他同志。紙條上寫著一句訓詞：「Chazak V'Amatz」——成為一個堅強勇敢的人。

伊絲特寫了最後的一封信給安娜，也寫了一封信給瑪塔，要她「照顧好我的妹妹，我才能死得比較安心。」

「集中營的姊妹」是彼此的一家人。

在處決的那天，共有四名女人被吊死，納粹舉辦了少見的公開處行儀式，希望能藉此恐嚇其他女性受刑人，遏止她們進行進一步的破壞與反抗。納粹在日班處決了兩人，在夜班處決另外兩人。他們強迫所有女性猶太受刑人觀看處決，只要視線挪開一秒就會挨打。安娜的幾位朋友把她藏了起來，按住她，不讓她看見絞刑的景象，但她依然能聽得見。「像是沉重的擊鼓聲，」她後來描述當時的場景，「像是一千人同時從喉嚨發出呻吟，其他的一切都模糊不清。」貝拉也在那裡，納粹指派這位波蘭護士把屍體搬出去。

羅莎用最後一口氣，在繩子絞緊之前用波蘭語大喊道：「姊妹們，復仇！」

Chapter

27 天之光

利妮亞

1943 年 10 月

在梅斯沃維采市的牢房外，一名警察正等著利妮亞。[1]

「你，過來。」他說。

利妮亞已經苟延殘喘好久了，她一直緊抓著最後一絲希望。她已經準備好了，準備好面對死亡。

「時間就在這幾天。」他刻意放慢語速。「這幾天會有人帶你去做新的工作。你之後要在警察局的廚房做事。」

什麼？

利妮亞沒有回話，她因為鬆了一口氣而渾身顫抖。這簡直就像奇蹟，納粹不是要送她去奧斯維辛。甚至也不是要審問她，而是要幫她升職。

在進入監獄一個月後，利妮亞第一次有機會能離開梅斯沃維采集中營。她走在街道上，往警察局前進，這條街道看起來再平凡不過了，她瘋狂地尋找街上有沒有她認識的人、有沒有她熟悉的人，她要告訴對方她被關進監獄了——但街上全都是陌生人。

利妮亞的值班時間是早上四點到下午四點。她在離開牢房時天空還是一片漆黑，接著天色逐漸轉亮成微曦，陽光瀰漫開來，進入白日。她還記得警局的廚師是一名暴飲暴食的德國女人，她給利妮亞吃很好的伙食，讓利妮亞的體力逐漸恢復。由於每天都要接受檢查，所以她沒辦法把食物帶回牢房，但她可以在工作中吃飽喝足，所以總是把獄中的食物留給那些比她更餓的女人，通常都是猶太女人。其他人往往會氣憤地瞪著她。

每天都會有一名警察陪著利妮亞走去工作，其中一名警察對她很親切，[2]會送她香菸、蘋果和抹了奶油的麵包。他告訴利妮亞，雖然他在波蘭住了好幾年，不過他原本住在柏林，因為搬到波蘭成了德意志裔人。他的妻子是波蘭人，因此他不得不和妻子離婚，之後他妻子帶著他們兩人的嬰兒逃到了她父母那裡。

「我說不出來原因，但我很相信他，很信任他。」利妮亞後來寫道。「我發自內心地覺得他是一名正直的人，覺得這段友誼對我有益。」

一天晚上，利妮亞趁著其他受刑人在睡覺時寫了一封信。她必須把握這個機會。她請這位友善的警察幫忙把信寄去華沙，「寄給我父母。」利妮亞解釋說，在她被逮捕之後，就沒有人知道她的下落了。警察保證他會幫忙蓋章並寄出這封信。接著，他對利妮亞搖搖手指，警告她不能把這件事告訴任何人。

但從那一天開始，利妮亞晚上就再也睡不著了。她為什麼要這麼做？要是那名警察把信交給蓋世太保怎麼辦？到時候她的處境會比現在更糟。她在寫信時用了密碼，傳達了一些資訊和幾個地址：反抗組織必須把這些地點的某些東西移動到別的地方去。最重要的是，她希望其他同志能藉由這封信知道她在這裡，但每過一天，她都在這座納粹監獄的漩渦中下沉得更深，她越來越相信再也不會有任何人找到她了。

那天晚上，納粹把四名女人和一名嬰孩帶進了她們的牢房中。這五人中只有一人不是猶太人，她叫塔蒂安娜・庫普立安科（Tatiana Kuprienko），是在波蘭出生的俄國人。利妮亞和塔蒂安娜變成了朋友。塔蒂安娜講話時交雜了波蘭語和俄語，她向利妮亞解釋說，她過去一直把這些在戰前幫助過她的猶太女人藏在家裡。她家的閣樓裡住了六名成人和一名嬰兒，她會帶食物給他們吃，而且她一直認為沒有任何人知道這件事。她雇用了一名文件偽造者，打算要為這些猶太人取得所費不貲的波蘭文件，希望他們能在德國找到工作。雖然多數女人一想到要離開丈夫就有些猶豫（這些男人的外表很明顯是猶太人），但其中一名女人離開波蘭，前往德國，並寫信回來說她找到了工作。

「兩個半月之後，警察帶著一名十七歲的波蘭男孩來到了我家。」塔蒂安娜繼續道。「我一句話都還沒說，那個男孩就告訴警察我窩藏了猶太人。我們全都被逮捕了。我的兩個哥哥和文件偽造者也都被抓起來了。我至今依然搞不清楚他們怎麼會知道我在閣樓藏人、買了假證件、送了一名猶太女人去德國，他們甚至連那名文件偽造者收取多少費用都知道。他們在要我作證之前，大聲唸出了他們知道的事情。他們說的每件事都是正確的。」塔蒂安娜在警察局被打了一頓。蓋世太保告訴她，她很幸運是個俄國人，否則他們早就把她吊死了。他們繼續威脅要殺了她或把她關在監獄裡一輩子。

兩天後，那些猶太女人和她們的丈夫都被送去了奧斯維辛集中營。又過了兩天後，之前成功抵達德國的猶太女人被帶了進來，她顯得非常絕望。她原本很確定自己可以在柏林附近以農民的身分工作，順利活到戰爭結束，但她卻突然被逮捕了。納粹把她帶去審問後，用擔架把她抬回牢房，把她打得利妮亞幾乎認不出來她是誰。她身上的許多皮肉都整片脫落了，納粹塞住了她的嘴，然後用金屬棍棒狠狠抽打她的腳，又用高熱的鐵棒刺進她的皮膚。儘管遭受了這種刑求，但這名猶太女人仍舊沒有說出證件偽造者的名字，也沒有透露她認識塔蒂安娜。納粹也用同樣的方法凌虐塔蒂安娜。

這天塔蒂安娜的精神比較好，她告訴利妮亞：「經歷了這麼多事情後，我總覺得我之後會重獲自由。我必須活下來照顧我的母親。我在華沙有一個有錢的姊夫，他可能會把我保釋出去。」

利妮亞回以微笑，她覺得塔蒂安娜可能是被納粹打到發瘋了。

過了幾天後，警衛叫了塔蒂安娜的名字。她立刻失去血色——又要接受審問了。這一次她可能撐不過去了。她離開了牢房，一名蓋世太保把她帶走了。

但過了幾分鐘後，利妮亞聽到了一陣瘋狂的笑聲。塔蒂安娜回到牢房裡，親吻每位獄友，並告訴她們她自由了。她要回家了！

她在親吻利妮亞時，悄聲在她耳邊說，她的姊夫為她支付了半公斤的黃金。

利妮亞的眼睛一亮。如果連梅斯沃維采集中營的蓋世太保都願意接受賄賂的話，或許她還有希望。

一天下午，一輛計程車抵達了集中營門口。兩名身穿平民服裝的男人下了車，他們拿出證件證明他們是便衣的蓋世太保，接著前往男性受刑人的監獄，走進狀況最恐怖的牢房。住在這間牢房裡的人宛如活生生的幽魂，都被納粹用鐵鍊拴在床上。便衣的蓋世太保指明要帶走兩名年輕男人，這兩人的罪名是領導游擊隊。他們解開這兩人的鐵鍊，把他們帶進一輛在外面等待的車子裡，絕塵而去。警衛看著蓋世太保扛著這兩名受刑人坐上車，由於過去從沒有蓋世太保這麼做過，所以警衛起了疑心，計程車一離開，警衛立刻通報了卡托維治的蓋世太保。他們這才發現這兩名「便衣蓋世太保」其實是拿著假文件的游擊隊成員。到了這個時候，這四人早就消失無蹤了。他們自由了。

利妮亞歡欣鼓舞。「這個事件喚醒了我對生命的熱忱，也喚醒了我對自由的信念。」她回憶道。「誰知道呢，說不定哪天我也會遇到這種奇蹟。」

不過監獄管理人全都氣得怒髮衝冠，當時的警衛鋃鐺入獄。他們執行了更嚴格的規定，開始重新審理案件。這天早上，警衛突然告訴利妮亞她不用去工作了。她被打了一頓，關進了漆黑的牢房裡，他們說這是因為她謊稱僅僅是偷偷越過邊界而已所受的懲罰，現在他們開始懷疑利妮亞是間諜。這一次的毆打在她的額頭上留下了一道永遠的疤痕。

納粹把利妮亞換到了專門關押女性政治犯的牢房，這裡的人全都不能出去工作。每隔幾天，就會有蓋世太保小隊的人來這裡檢查，好像她們是市場上的家畜一樣。關在這裡是不可能逃離的。

利妮亞意外從一位來自卡托維治的女人那裡得知，伊爾札已經在承認自己是猶太人後被納粹吊死了。她的心碎成了千萬片，不過她臉上連一根肌肉都沒有動。「就算有人用刀子刺我，我也能保持表面上的平靜。」[3]

利妮亞日日夜夜都在思考其他同志的命運。她覺得自己的記憶正在逐漸消失，就好像她正邁向瘋狂。她沒辦法集中注意力、她沒辦法記得自己的證詞，她無法確定等到納粹下一次審問她時，她能不能信任自己。她的頭痛沒有停過，她身體虛弱，幾乎站不起來。按照規定，這裡的受刑人不能在白天時躺在床上，但鑰匙管理人可憐利妮亞，准許她窩在床上休息。每次只要聽到監獄管理人的聲音，她都會立刻跳起來，避免其他人看到她在床上躺著。她只能無所事事地坐著，年輕的伊爾札的臉孔在她心中縈繞不去。

她曾那麼靠近自由。

Chapter

28 大逃亡

利妮亞和葛斯塔

1943 年 11 月

「這是給你的。」女人悄聲說著把一封信遞給利妮亞。「我在戶外工作的時候拿到這封信。」利妮亞嚇了一跳，她在走去廁所的路上被這名女人攔住。「送信的女人明天會來拿回信，還會帶一個食物包裹來。」

利妮亞接過信時雙手都在顫抖。這是真的嗎？她一整天都緊緊抓著這封信。

到了晚上，利妮亞等到身邊的人終於全都睡著，才打開了她視若珍寶的信，貪婪地讀著上面的內容。她真的沒有看錯嗎？這封信看起來像是莎拉的字跡。

她姊姊告訴她，每個人都還活著。反抗行動的同志在許多波蘭人的家裡找到了躲藏的地點。莎拉是因為奇薇亞在華沙收到了一封信，才得知了利妮亞的命運。那名警察真的幫她把信寄出去了！莎拉想知道他們該怎麼幫助利妮亞。為了把她救出來，他們什麼都願意做。

「不要氣餒。」她勸告道。

利妮亞把這封信重複閱讀了好幾十遍。

她不斷思考、計畫、謀算。

利妮亞仔細確認每個人都已經睡著了。時間已超過午夜。

她偷偷溜下床，躡手躡腳地走到管理者的桌前，用最安靜的動作在黑暗中翻找鉛筆。找到了！

莎拉總是做好萬全準備，她附上了一張紙給利妮亞回信。

利妮亞踮著腳走回床位，寫道：「首先，你要大方回報送信的人，她是冒著生命危險在送信。第二，你能不能和她交易，讓她跟我交換身分。這樣我才能到野外去，屆時我們就可以見面討論該怎麼做。」

到了早上，利妮亞在浴室偷偷把信拿給先前拿信來的女人貝麗科瓦（Belitkova），並和她約好晚上見面。

接下來的一整天，只要有機會，利妮亞就會不斷重讀莎拉寫的信：「只要能把你救出來，我們什麼事都願意做。奇薇亞已經派人拿錢來了。」她的朋友都很安全。

那天晚上，她又收到了一封信：「一切都沒問題。我們費盡唇舌終於說服貝麗科瓦讓你到野外頂替她的工作。她會拿到很多高價物品和錢。我今天就會把東西寄到她家去。她家境貧困，很開心能拿到現金。」

隔天，利妮亞迅速地換上了貝麗科瓦的連身裙，回到貝麗科瓦的牢房。貝麗科瓦則會在利妮亞的牢房幫她點名。這是一個寒冷的十一月早晨，利妮亞用她能找到的所有破布包住了自己的臉。幸運的是，沒有任何警衛認得她。

她跟著貝麗科瓦的工作小隊走到院子裡，那裡有來自蘇聯、法國和義大利的受刑人——非常多人。他們紛紛開始工作，把磚塊搬到火車車廂裡。雖然這項工作相較於其他勞務已經算輕鬆了，但利妮亞還是太過虛弱，每次搬起磚塊都會把磚塊摔回地上，惹得其他人一直盯著她看。她很焦急，莎拉什麼時候才會到？每一秒都像是永恆那麼漫長。

接著，利妮亞遠遠地就看到了兩名衣著時尚的優雅女人——其中一人的走路姿勢一看就是莎拉。她看到她姊姊正環顧四周。她可能根本認不出我，利妮亞往她們那裡走去。其他女受刑人都疑惑地看著她：這名來自華沙的女孩在當地根本沒有認識的人，那兩名來找她談話的人是誰？

「是我在牢房認識的獄友的熟人。」利妮亞努力用漠不關心的態度撒了謊，接著就往大門走去。

警衛長跟在利妮亞身後。值得慶幸的是，警衛長不知道利妮亞是誰，也不知道她是政治犯。利妮亞走到了牆邊，儘管警衛就站在她身後，但這對姊妹再也忍不住淚水了。真的是她。莎拉把一些糕點遞給那名警衛，利妮亞則和另一名女孩哈莉娜（Halina）說話。哈莉娜是奇薇亞從華沙派過來的女孩，利妮亞很清楚她派哈莉娜來的原因。「你的行動成功與否並不重要。」哈莉娜說，她用綠色的眼睛定定地看著利妮亞。「你一定要試著逃離這裡。無論你逃不逃，你都同樣命在旦夕。」

她們約好下週在同一個地點見面。到時候她們會帶一套衣服來給利妮亞換上。她必須做好逃跑的準備。

利妮亞不能在牆邊逗留太久，否則會顯得很可疑。她看著姊姊和哈莉娜逐漸走遠並消失在視野中，強烈的情緒使她不斷發抖，她能感覺到心中出現了一股消失許久的決心。她在心中不斷重複哈莉娜的話：你一定要試著逃離這裡。

但利妮亞在工作完回到牢房後，立刻就病倒了。她的頭部抽痛、站不起來。她後來寫道，和莎拉見面觸發了她心中的某些東西，藥物也幫不上忙。她發燒的溫度超過了攝氏四十度，就這樣持續了三天。她在昏沉的狀態下開始囈語，她知道這是很危險的事。如果她說出意第緒語怎麼辦？如果她洩露了真實身分怎麼辦？有幾名獄友很同情利妮亞，把她們的早餐麵包讓給她，但她一口麵包都嚥不下去。再這樣下去，她會錯過這次的機會，她會死。

利妮亞的發燒終於奇蹟似的消退後，她的獄友為她做了特殊的週日禱告，感謝上帝讓她康復。利妮亞很感激她們，她下床加入她們的行列，跪下來，用她先前學到的方式認真祈禱。

但在她們齊聲禱告的過程中，利妮亞突然感覺到一股燥熱，接著就暈倒了。此時，門已經上了鎖，她們沒辦法去外面取水，只能拿她們先前用來洗碗的髒水灑在利妮亞臉上。

利妮亞醒了過來，但又在床上躺了兩天。她為什麼會遇到這種事？她一定要起床，她一定要好轉。一定要。你一定要試著逃離這裡。

❦

「一九四三年十一月十二日。這個日期深深刻在我的回憶中。」利妮亞在回憶錄中寫道。她一整個晚上都沒有睡覺，是整個牢房裡第一個跳下床的人。就是今天了。

「不行。」牢房的管理者突然告訴她。「你今天不能去外面。」

什麼？「為什麼不行？你上個禮拜就讓我去了。」她們已經用非常高的價格再次說服貝麗科瓦同意和利妮亞交換。

「太危險了。如果集中營的領導人發現你是從政治犯牢房來的，那該怎麼辦？我們全都會惹上麻煩。」

「拜託你。」利妮亞懇求道。她只剩下這一次的機會了。「拜託，我求你了。」

牢房管理者咕噥了幾句後，還是讓她出去了。微小的奇蹟永無止盡。

利妮亞穿上貝麗科瓦的衣服，帶上頭巾，離開了牢房。監獄管理人沒有認出她是誰。她左右的女人攙扶著她，以免她癱軟倒地。她靠著這麼多女人的幫助才保住了性命。最後，她們抵達了庭院。這裡有十五名女人和五名警衛。利妮亞一邊排列磚塊一邊左顧右盼，尋找莎拉和哈莉娜，但卻不見人影。

到了早上十點，她們出現了！利妮亞環顧四周：每個人都在專心搬運磚頭，專注在自己的重擔上。沒有問題。她悄悄離開了工作地點。

但她還沒走到女孩身前，警衛長就走過來大吼道：「你好大的膽子，沒經過我的允許就擅自離開工作崗位！」

莎拉努力安撫他，和他調情，並懇求他網開一面。

「兩點再帶著香菸和酒過來。」[1] 利妮亞悄悄告訴哈莉娜。

其他工人都很生氣利妮亞違反了警衛長的命令，因為其他人必須為了她的行為承擔風險。

利妮亞回到磚頭堆旁，暫時冷靜下來。接著，一名警衛在午餐前把她叫到了旁邊。「你是政治犯。」他的話讓利妮亞嚇壞了。「你還很年輕，我覺得你很可憐。若非如此的話，我早就已經把這件事告訴集中營的指揮官了。」

他對著利妮亞搖了搖手指，要她別再幻想逃跑了，他們會把利妮亞撕成碎片。

「我根本不可能逃跑。」利妮亞回答。「我沒那麼笨，至少我知道逃跑一定會被抓到。當時我是因為偷偷越過邊界被逮捕的，說不定我很快就會被放走了。我怎麼可能用逃跑來毀掉重獲自由的機會呢？」

利妮亞猜測是其他女人把她是政治犯的事情告訴警衛長的。這也難怪。如果利妮亞逃跑的話，她們全都會遭殃。自從游擊隊逃獄後，每個人都變得格外謹慎。

這些條件使得逃跑變得更加困難。每個人都在看著她：警衛和其他獄友都一樣。但利妮亞也知道自己的偽裝起了作用。他們都知道她是「政治犯」。要是他們知道了真正的實情，她就在劫難逃了。

莎拉和哈莉娜在哪裡？利妮亞沒有戴錶——想當然爾，納粹早就把錶收走了——但她覺得她們應該已經離開好幾個小時了。她們會不會遇到了什麼意外？她們會不會再也不回來了？她是不是應該要靠自己逃跑？

接著，她終於看到兩道人影出現在遠處。

這一次，利妮亞主動出擊。「請跟我來。」她對警衛長說。他跟在利妮亞身後。

三名猶太女孩和一名納粹站在一棟遭到轟炸的建築後方。

哈莉娜拿了好幾罐威士忌給警衛。他直接喝掉一整瓶，與此同時，三名女孩不斷往他的口袋裡塞香菸。利妮亞拿了幾罐比較小瓶的酒和幾包香煙，用頭巾包起來。她把這些東西分發給其他警衛，要他們別讓其他女人走到建築後面來。她告訴這些警衛，她的熟人帶了熱湯來給她喝，她不想要分給其他人。這些警衛都知道警衛長正盯著利妮亞，所以他們不太在意地答應了。

警衛長已經完全醉倒了，利妮亞必須想個辦法把他支開。「請你看一下有沒有女人在往我們這邊看，好嗎？」她提議道。警衛長搖搖晃晃地走開了。

就是現在。錯過這一次，就再也沒有機會了。

利妮亞不是唯一一個試圖逃獄的女性猶太反抗組織成員。

在克拉科夫市的炸彈攻擊後，辛姆遜失蹤了。葛斯塔跑遍了每一個警察局，最後終於找到辛姆遜，她拒絕離開辛姆遜身邊。這是辛姆遜的妻子第二次堅守結婚誓言，向警方自首。

葛斯塔被關進了赫茲洛夫（Helzlów）蒙特魯皮赫監獄（Montelupich Prison）中的女子牢房。[2] 蒙特魯皮赫監獄座落在這座美麗老城鎮的中心點，是一座可怕的蓋世太保監獄，以使用中世紀刑求而自豪。納粹在毒打了葛斯塔一頓後，把她帶到了她的丈夫面前，希望能利用她的傷口讓辛姆遜認罪，但葛斯塔卻告訴他們：「我們做到了。我們成功組織了反抗團體。要是我們能成功逃離這裡，我們還會組織更多更強大的反抗團體。」[3]

葛斯塔和五十名女人一起被關進了沒有任何光線、空間寬敞的「十五號牢房」，其中有好幾人都是猶太地下組織的行動執行者。葛斯塔為這些獄友安排了每日例行公事：只要納粹提供的水夠多，她就會要求她們盥洗、梳頭並清潔桌子，為的是保持衛生與人性。她定期帶頭討論哲學、歷史、文學和聖經。她們會一起慶祝安息日的喜樂。她們背誦詩歌，也撰寫新的詩歌。每當有一群人被納粹帶去射殺，餘下的人就會用歌聲一起表達悲傷。

古拉·邁爾也被送到了這間牢房裡，她是在波蘭地下抵抗組織的印刷室被納粹抓到的，她在牢房中建立了「靈性提升」和「姊妹情誼」時間。[4] 古拉一直在撰寫意第緒語和希伯來語的詩，她常把這些作品獻給丈夫與死去的孩子。她時常被納粹帶去拷問，在過程中遭到毒打，身體被打成青灰色、指甲剝落、頭髮被扯掉、眼睛暫時失明，但每一次回到牢房後，她都會拾起鉛筆，對著其他獄友朗讀自己的詩。

葛斯塔也時常挨打，她在這裡寫下了回憶錄。她會坐到角落，讓一小群猶太女人圍坐在她身邊，藉此避免其他受刑人看到她在做什麼，因為有些受刑人是不值得信任的罪犯。葛斯塔從女孩的裙子上取線，把三角形的廁所衛生紙縫在一起當作紙，她用的鉛筆則是波蘭女人收到的食物包裹中祕密藏起來的鉛筆，有了紙筆後，葛斯塔用她在刑求中斷掉的手指寫下了克拉科夫市的反抗行動。為了安全起見，她替每個人都取了假名，並用第三人視角描寫自己——她用的是她的地下行動代號「尤斯蒂娜」（Justyna）。

她撰寫的許多內容都來自他人的觀點，尤其是辛姆遜和其他獄友的貢獻。出於安全考量，葛斯塔只描述蓋世太保已經知道的事件。她會一直寫到太累、太痛苦，再把鉛筆傳給其他人，讓她們輪流把她說的話抄下來，在這段過程中，她一直維持著獨特的文學性與內省的風格，從心理層面描繪了戰士和躲藏者，甚至也描繪了他們的敵人。其他女人會為了掩蓋過她的聲音而唱歌，還有一些人則負責注意警衛的動向。葛斯塔會確認每一頁的內容，修訂至少十次，堅持要保持準確。她們深信未來終有人會傳頌這些經歷，因此同時為這份日誌製作了四份副本。他們把三份副本藏在監獄——火爐裡、門的裝飾片中、木地板下——另一份則交給為蓋世太保工作的猶太汽車修理工，藉此走私到外面（這些修理工會替葛斯塔帶一些鉛筆和廁所衛生紙進來）。戰爭結束後，人們找到了藏在地板下的文件。

葛斯塔和其他同志一直在計畫逃跑，[5] 但她們在一九四三年四月二十九日發現納粹馬上就要把她們送去處死了，因此她們像利妮亞一樣，決定若錯過這一次，就再也沒有機會了。納粹帶著多名受刑人前往轉運卡車，途中經過了一條擁擠的城市大街，這時葛斯塔、古拉、她們的同志葛妮亞·梅爾策（Genia Meltzer）和另外幾名受刑人突然停下來，拒絕繼續移動。蓋世太保非常困惑。其中一名蓋世太保拿出了槍。葛妮亞立刻衝到他身後，把他的手往上推。

這些女孩在那瞬間逃跑了，她們繞到了馬和推車的後方。蓋世太保在擁擠的街上對著她們開槍，她們紛紛尋找掩護。

然而，只有葛斯塔和葛妮亞活下來。葛妮亞躲到了一扇門後並逃過一劫，而葛斯塔的腿部則受了傷。

她們不知道的是，辛姆遜也在同一天逃獄了。他和葛斯塔在克拉科夫市外的一個小鎮上碰頭，那裡躲了幾名阿基瓦的成員。他們再次展開森林游擊戰，組織了戰鬥小組，撰寫與散布地下刊物。過了幾個月後，大概在利妮亞被關進監獄的那段期間，辛姆遜在安排人口偷運者把他們帶去匈牙利的時候，再一次被納粹抓到了。他叫蓋世太保去把他妻子也抓來。納粹拿著辛姆遜寫的一封信來到了葛斯塔的躲藏點，她立刻束手就擒。第三次他們就沒這麼幸運了——兩人都被納粹殺死了。

❢

兩名女孩用快如閃電的動作幫利妮亞換上新洋裝、披肩和鞋子。6

莎拉和利妮亞朝一個方向走，哈莉娜則朝反方向前進。

如果她們注定要失敗的話，利妮亞希望哈莉娜不要跟她們一起失敗。

接著，她們用這輩子最快的速度跑了起來，跑得幾乎喘不過氣。

這對姊妹跑到了一個土堆前，利妮亞爬不上去，但這裡沒有別條路可以走了。

這時又發生了一個奇蹟：一名義大利受刑人經過她們身邊。「來。」他伸出手，幫助利妮亞往土堆上爬。

她勉強爬過了圍繞著庭院的鐵絲網籬笆，兩人成功抵達了開闊的街道上。這是逃獄過程中最危險的一段，也是利妮亞這輩子最關鍵的時刻。她們不知道路，選擇了直直往前走。利妮亞的洋裝因為剛剛爬過了土堆而沾滿了泥巴，但她繼續跑，使用著不知從何而來的力量。再快一點、再快一點。利妮亞回過頭，確保沒有人跟在她們身後。微風冷卻了她汗溼的身體與臉龐，她能感覺到母親與父親的存在，好像他們就在她身邊保護著她。
一輛車駛了過來。
莎拉舉起雙手摀住臉。「他們趕上了！我們完了。」
但那輛車只是經過而已。
莎拉大喊道：「利妮亞，快點！就是現在。只要成功逃跑，我們就能活下去。」
每過一分鐘，利妮亞就變得更虛弱一點。她嘗試了一次又一次，但她的雙腳已經撐不住了，她倒在路上。莎拉把她扶了起來，但莎拉已經淚流滿面。「利妮亞。」莎拉懇求道。「求求你繼續走下去。若你走不動了，我們兩人就都完了。再努力一點。我只剩下你了。我不能失去你，求求你。」
莎拉的眼淚落在妹妹的臉頰上，給予她力氣。利妮亞站起來，停頓了片刻。她們繼續往前走。
利妮亞已經快喘不過氣了，她的嘴唇發乾，她感覺不到自己的手臂，好像中風了一樣。她的腿軟弱無力，搖搖欲墜。
她們每次聽到有公車經過，心跳就會瞬間加速。有些路人在看到她們時會慢下腳步，可能覺得這兩個女孩瘋了。
又有一輛巴士停在她們附近的街道上。利妮亞很確定這就是她們的結局了。她們怎麼可能會成功呢？蓋世太保隨時都可以用陷阱把她們抓回去。她們兩人穿著沾滿了泥巴的髒衣服，鞋子上滿是塵土，看起來實在太可疑了。
但，巴士開走了。
莎拉走在三十公尺前，利妮亞緩慢地走在後頭。這裡沒有警衛會看著她，獨自行走的感覺好陌生。兩人用極慢的速度來到了卡托維治。她們共走了六點四公里。
莎拉用口水和頭巾把利妮亞的臉擦乾淨，又把她外套上的泥土與碎屑拍掉。她露出了開心的笑容。莎拉認識一名住在附近的德國女人。梅爾的妻子娜查·舒曼偽裝成天主教徒，現在是那名德國女人的裁縫師。她們不能搭電車，因為有可能會被警察認出來，不過德國女人的家也不算太遠。只要再走六點四公里就到了。

利妮亞走得很慢，她沿著路緣一步、一步向前走。接著，遠方出現了一群警察。

利妮亞一看到那些整齊的制服就開始發抖，她們已經來不及轉往別的方向了。

那些男人逐漸走近，他們看了看兩名女孩……接著繼續往前走。

利妮亞強迫自己邁步向前，每走兩、三步就必須停下來休息，她的呼吸沉重滾燙。

「只剩一小段路了。」莎拉鼓勵道。要是她有力氣的話，就能抱著利妮亞走了。

利妮亞像是酒醉一樣走得搖搖晃晃。莎拉拖著她往前走，汗水浸溼了她們的衣服。

利妮亞非常努力——這都是為了她姊姊。

她們終於走到了西米諾維治鎮（Siemianowice）外的第一批建築群之間。利妮亞每走兩步就必須停下來，靠著牆壁休息。她無視了所有路人，她的視線已經模糊到幾乎看不清那些人了。

利妮亞在某個院子裡的井前停下腳步，用井水洗臉。清醒一點。

她們兩人走進了小鎮中，利妮亞用盡了所有力氣打直身體，使自己變得不那麼顯眼。她們穿越大街小巷，走進了一條窄小的街道。莎拉指著一棟兩層樓的建築。「我們到了。」

莎拉彎下腰抱起嬌小的妹妹，像是抱新娘一樣抱著利妮亞走上樓。「我不知道她的力氣怎麼會突然變得這麼大。」利妮亞後來寫道。門打開了，但利妮亞還沒看清裡面的狀況就昏倒了。

利妮亞再次醒來時吞了一片藥，但她的燒一直沒有退下去。她脫下了又髒又破的衣服，爬上了一張乾淨的床——她曾以為自己再也沒有機會享受這種愉悅感了。她蓋上了好幾張毛毯，但仍舊唇齒打顫，一陣又一陣的徹骨寒意使她渾身發抖。

莎拉和娜查坐在她身邊哭泣。娜查完全認不出利妮亞了，但莎拉安慰她們兩人道：「把一切忘了吧。最重要的是你自由了。」

但哈莉娜在哪裡？

莎拉告訴這棟房子的德國女屋主，利妮亞是她的朋友，現在病了，需要休息。但利妮亞不能住在這裡。每一次的原因都一樣。

那天晚上，利妮亞又上路了。她們徒步走了四公里到米寇科維治村（Michalkowice）去。至少漆黑的夜晚能掩蓋她們跛著腳卻又大步前進的樣子。

她們在十一點抵達米寇科維治村，來到了一戶波蘭農民的家。科比萊茲夫婦（Kobiletz）熱忱地迎接她們進家門。他們夫婦倆以前就聽說過利妮亞，而且也對莎拉的能力讚不絕口。他們拿了一些食物給利妮亞，但利妮亞不能在客廳逗留太久——她來這裡的目的是進入地堡。她從樓梯下的一扇窗戶爬進地下室。這扇窗戶非常狹小，連利妮亞這麼瘦弱的人都快要過不去了。接著，她沿著梯子往下爬。地下室有二十名同志歡心鼓舞地迎接她的到來，「好像我是新生兒一樣」。

他們想知道每件事，現在就想知道。

雖然利妮亞太過虛弱，必須躺下休息，不過莎拉把利妮亞的逃獄過程告訴了其他人。利妮亞覺得暈頭轉向，心裡也亂成一團。她抵達這裡了，她可以和其他同志與她姊姊待在一起，這裡是安全的，至少目前是。

利妮亞在地堡裡的人傾聽莎拉說話時，仔細觀察每個人。她仍然發著高燒，仍然覺得自己好像還被關在牢裡，仍然覺得有人在追捕她。這種感覺會有消失的一天嗎？

過了數小時後，哈莉娜也到了，她和眾人分享了她的經歷：

我往反方向走，把外套反過來穿好，又把農民頭巾解下來。我看到前面有一名鐵路工人。我問他要不要和我一起走。他看了看我，回答：「我很樂意。」我挽著他的手臂，一邊漫步前進，一邊天南地北的閒聊。

他可能以為我是娼妓。我們走了不到十分鐘，就遇到了兩名警衛，他們正發狂似的往集中營跑去。他們問我們有沒有看到三名正在逃跑的女人，並描述了我們的衣著。他們倉皇的態度讓我開心極了。後來我繼續和鐵路工人聊天，好像什麼事都沒發生一樣。工人陪著我走到電車旁。我們約好隔天要再見面！

隔天早上，哈莉娜精神奕奕地出發前往華沙。一週後，他們收到了哈莉娜的信。她的旅程平靜無波，她徒步跨越了邊界。她很開心能幫助利妮亞逃獄。他們還收到了一封馬雷克・傅爾曼的母親撰寫的感人信件，還有一封信來自奇薇亞、安提克和利百加・莫斯柯維奇，提到莫斯柯維奇已經痊癒了，現在的任務是擔任信使，她走私武器，並幫助那些躲起來的猶太人——他們三人很高興利妮亞成功逃獄了。

但馬雷克的結局則沒那麼幸運。[7] 他在離開本津鎮前往華沙的路上，心中因為索察的陷阱而充滿了罪惡感，太過心煩意亂，以致於在琴斯托霍瓦市換火車時引起了納粹的注意。他當場被射殺身亡。

日子一天天過去，利妮亞一直枯坐在梅爾在科比萊茲家打造的地牢裡。[8] 梅爾和科比萊茲家的長子麥泰克（Mitek）是朋友，他們在戰前就認識了。雖然麥泰克在克拉科夫市為蓋世太保工作，但他一直和隔離區的猶太人保持聯絡。後來麥泰克的一位朋友在喝醉時暴露了這個祕密，麥泰克立刻跳上機車逃走了。梅爾發現麥泰克一直以來都在付錢安排他在比爾斯科鎮（Bielsko）的朋友藏匿猶太人，因此想到了一個主意。他問麥泰克能不能在他父母家下方打造一座地堡。一開始，科比萊茲先生拒絕了，但後來他還是被兒子提出的理由說服了，其中最重要的一個理由是麥泰克也可以利用這個地堡躲過蓋世太保的追查。

有好幾名猶太人都躲在他們家窄小的閣樓中，一直到地堡建成為止。為了避免引起鄰居注意，梅爾只能在晚上建造地堡。利妮亞在她的回憶錄中寫道，科比萊茲家因為藏匿他們而賺了很多錢。「他說他是出於好心，但事實上他是為了利益才這麼做的。」其他人的描述則指出，[9]雖然科比萊茲家確實拿了錢，但他們藏匿猶太人的動機也包括反德國政治傾向與同情心。收錢幫助猶太人的波蘭人是否該被視為「正直的人」？人們至今仍在激烈爭論這個問題。[10]

利妮亞覺得自己獲得了相對的安全與自由，但住在科比萊茲家的地堡裡並不能一勞永逸地解決問題。當初建造這座地堡時預設的收容人數是兩到三人，但如今有越來越多從隔離區逃離的人住進來。他們一起睡在兩、三張床上。每隔幾天，就會由其中一名女孩拿著偽造的配給卡去買食物，這些女孩必須冒著生命危險前往賈布隆卡村（Jablonka）。科比萊茲太太會為他們準備午餐。一開始，這些同志會用自己從隔離區帶出來的錢支付這些費用，後來哈莉娜會從奇薇亞那裡拿額外的資金來付錢。

除了擁擠之外，地堡裡的人也時時刻刻活在被鄰居發現的恐懼之中。科比萊茲夫婦也同樣對此感到恐懼，若他們被抓到的話，也同樣會被處決。

在利妮亞抵達地堡的數天後，她在午夜時分再次爬上梯子，轉移到科比萊茲的女兒巴娜席科瓦（Banasikova）家的躲藏點。這個改變讓利妮亞心情振奮不少，現在和她住在一起的是自由青年運動的同志哈夫卡和照顧孤兒的阿莉莎。他們的門一直都是上鎖的，所以不會被鄰居發現，只要有任何人敲門，他們就會立刻躲進衣櫥裡。巴娜席科瓦會滿足他們的所有需求。她的丈夫是軍人，薪水幾乎入不敷出，因此巴娜席科瓦非常樂意靠著藏匿猶太人換取錢和商品。

本津鎮的清空滯留營和當地的隔離區裡仍有好幾百名猶太人分散其中，但人數正隨著納粹一次又一次的遣送而逐漸減少。莎拉、哈夫卡、卡希雅、朵卡（Dorka）——每一名看起來不像猶太人的女孩仍不斷偷溜進隔離區和集中營裡，儘管她們幾乎不可能再找到躲藏點了，但依然盡了一切努力，希望能救越多人出來越好。而利妮亞仍舊太過虛弱，無法外出。

所有猶太人都很清楚，想要結束這種令人窒息的生活只有一個方法，那就是前往當時猶太人還擁有相對自由的斯洛伐克。但是，他們必須要找到聯絡人才能把同志送到那裡去。經過多方嘗試後，他們收到了來自海牙的一個地址。但是，他們要怎麼到那裡去呢？經歷過索察的背叛後，反抗組織現在變得特別謹慎。利妮亞寫道，猶太復國主義青年團不願意透露他們的人口偷運者是誰。麥泰克一直試著想安排人口偷運者，但這從來都不是一個簡單的任務。科比萊茲一家人越來越擔心他們自己的性命了，就算拿到了費用，他們仍不斷要求反抗團體離開——他們變成了一顆正在倒數的定時炸彈。

利妮亞和反抗團體的其他人仍和華沙保持聯絡。奇薇亞與安提克同樣要求他們出發前往斯洛伐克，不過他們兩人也願意把利妮亞帶回華沙，那裡應該會稍微安全一點。但利妮亞不想要和其他同志分開。「他們的命運就是我的命運。」

麥泰克終於找到了可靠的人口偷運者。他們會先派一組人馬過去，如果他們成功了，剩下的人才會跟著過去。

第一組人在十二月初出發。他們打扮成波蘭人的樣子，帶著假造的通行證和工作文件。人口偷運者會帶他們從卡托維治坐火車到比爾斯科鎮，接著前往位處邊界的耶萊希尼亞鎮（Jelesnia）。其他人則坐在地堡裡，著魔似的不斷思考與討論他們會遇到哪些生命危險。

一週後，人口偷運者回來了。

任務成功了！他們的朋友已經抵達斯洛伐克了。這一次他們寫了信回來，他們說這趟旅程沒有他們預期的那麼艱難。他們警告：「不要再等了。」

一九四三年十二月二十日：阿莉莎和利妮亞一整天都在等待哈夫卡或莎拉抵達，告訴她們第二批離開的名單。到了午夜，有人敲響了大門。每個人都從睡夢中驚醒。是警察嗎？

他們提心吊膽了片刻後，看到哈夫卡走了進來。

她對利妮亞說：「準備好要出發了。」共有八個人要在早上出發。利妮亞也是其中之一。戰鬥還是逃跑？

利妮亞拒絕了。

不是因為意識形態，而是因為愛。莎拉一直在執行任務，幫助那些已經偷渡到德國家庭的亞提德孤兒院孩童，利妮亞已經兩週沒有見到她了。[11]她不想要在沒有告知姊姊的狀況下離開——她不想沒有道別就走。「她是我姊姊。」她告訴哈夫卡。「她冒著生命危險幫助我逃獄。我不能在她還沒同意時就離開。」

但哈夫卡和阿莉莎努力想說服她。蓋世太保正在追捕利妮亞：貼在街道上的「通緝」海報上面有她的臉，描述說她是間諜，還提供了賞金。[12]她必須盡快離開。她們告訴利妮亞，莎拉會理解她為何先走，而且很快就會跟著過去了。莎拉和阿莉莎必須把那些送進德國農民家庭的亞提德孤兒院孩童帶回來。阿莉莎向利妮亞保證，她、莎拉和其他孩子一定會跟著下一批人前往斯洛伐克。

利妮亞在猶豫了一整個晚上後終於答應了。

火車在早上六點駛離卡托維治。為了不被蓋世太保或警察認出來，利妮亞把頭髮整理成全新的造型，穿上新衣服。「唯一相同的只有我的臉。」她的背包裡除了衣服之外什麼都沒帶。

巴娜席科瓦以非常同情的態度和她道別，她只希望利妮亞能在戰後想起她。離開阿莉莎是非常痛苦的決定，誰知道到了最後有誰能成功抵達目的地呢？

寒冷的十二月清晨五點半，利妮亞和哈夫卡在天昏地暗中摸黑前進。她們小聲地用德語交談，藉此避免那些匆匆趕往礦坑工作的路人注意到她們。她們在米寇科維治火車站和麥泰克碰頭，麥泰克將會陪著她們和其他六人一起前往比爾斯科鎮——其中也包括了海柯．克林格。

海柯在這之前逃出了清空滯留營，那裡的出入口並沒有受到嚴格管理，可以輕易賄賂警衛。一開始，她和梅爾一起躲在諾瓦克家，但據她所說，諾瓦克女士後來變得太過緊張也太過貪心。接著她在科比萊茲家族的多個住所輾轉躲藏，在這段期間寫下了大部分的日記。許多躲在本津鎮的反抗同志都躲在穀倉和鴿舍，但由於海柯的任務是見證他們的故事，所以她通常能住進比較寬敞舒適的梅利納。

雖然海柯一開始很反抗擔任見證者的角色，但在這麼多同志死去後，她終於接受了這個使命。對她來說，不斷重新回憶那些痛苦的記憶並寫下來極其困難，而在她這麼做的同時，其他同志都已經專心去過他們的日常生活了。她已經好幾年沒有聽過音樂了，如今從收音機裡流洩而出的德國歌曲讓她想起了每一個被殺死的人——回想起德國人從她身邊奪走的所有人。自從茲維死後，海柯就再也沒有哭過了，就算遭到德國人毆打，她也從沒有哭喊過。大衛。她想起了丈夫的名字，她付出得夠多嗎？她沒有拯救家人所帶來的罪惡感太過深重，以致於她不敢在寫作時提及他們。[13]

抑鬱已深深侵蝕至她的骨髓之中。

利妮亞、海柯、哈夫卡等人從米寇科維治村搭火車抵達了卡托維治，儘管時間還很早，但這裡卻車水馬龍。利妮亞自信滿滿地和麥泰克一起沿著月台往前走。每次看到警察或蓋世太保，他們就會往旁邊移動，混入人群中。麥泰克開玩笑說：「要是我們一起被抓住的話，一定會是一齣精彩大戲——我是曾擔任蓋世太保政治指導員的在逃嫌犯，你則是逃離監獄的間諜嫌疑人！」

這時，三名蓋世太保突然向他們走來。利妮亞曾在梅斯沃維采市見過他們，當時她站在隊伍中，他們見過她。快點動腦。利妮亞壓低自己的帽簷，用頭巾掩住臉，假裝牙痛。

蓋世太保和他們擦肩而過。

利妮亞一行人在數分鐘內全都登上了火車，從卡托維治出發前往比爾斯科鎮。這一段路程對利妮亞來說是整趟旅程中最危險的一段，這附近的人有可能會認出她是誰。但一路上都平靜無波，沒有人要查驗文件，甚至也沒有人檢查他們的行李。

人口偷運者在比爾斯科鎮等著他們抵達。他們買了前往耶萊希尼亞鎮的車票，那裡的火車站很靠近斯洛伐克的邊境。他們在晚上抵達了耶萊希尼亞鎮，麥泰克和他們分別時就像是與親人分別一樣。他懇求道：「請別忘了我曾為你們做過的事。」麥泰克保證他會在幫助剩餘的同志離開後，前往斯洛伐克找他們。他叫人口偷運者好好照顧這些猶太人。他們匆匆寫下要交給其餘同志的訊息。利妮亞寫了一封信給姊姊和阿莉莎：「快來找我」。麥泰克接過這些信紙，把它們折好，便回到了火車上。

利妮亞與其他逃亡者在其中一位人口偷運者的家裡休息了數小時，為接下來穿越塔特拉山（Tatra Mountains）的長途跋涉做準備。餘下的路途只能步行前進了。

接著，出發的時間到了。他們悄悄地離開這個小村莊：共有八名同志、兩名人口偷運者、兩名嚮導。他們能看到遠處矗立著覆滿皚皚白雪的一座座高山。那裡就是國界，就是他們的目標。

頭幾公里的路程很平坦。雖然眼前的世界一片純白，但積雪不深。「夜晚明亮到像是早晨一樣。」利妮亞寫道。

儘管她身上只穿著一件洋裝——沒有外套——但她卻不覺得冷。

接著，他們來到了山腳下，前進變得困難。他們排成一路縱隊往前走，用最快的速度舉步向前。有些地方雪深及膝，沒有積雪的地方則特別容易在滑倒後一路滑落。任何一點風吹草動都能嚇他們一跳——會不會是警察？

嚮導很清楚他們要怎麼走。其中一名嚮導領路，另一名嚮導則和人口偷運者一起幫忙同志前進。周遭狂風呼嘯，這樣的天氣其實對他們有利，因為風聲能掩蓋他們吱嘎作響的腳步聲。但前進變得越來越困難、越來越困難，他們在沒有外套和靴子的狀況下爬到了海拔一千九百公尺的山峰。每隔一陣子，他們就必須停下來喘口氣，躺在宛如羽絨床鋪般的雪地中。雖然溫度寒冷，但汗溼的衣服全都緊貼在他們的皮膚上。

他們走進森林裡，像是剛學會走路的小孩一樣不斷跌倒在地。來自亞提德基布茲的小孩穆尼歐希（Muniosh）使所有人都大吃一驚：他擁有一頭棕髮、蒼白的皮膚和一雙尖耳朵，[14] 一直全力以赴地走在隊伍的最前面，取笑其他人的登山技巧全都不合格。

這時，他們突然在雪白的地景中看到幾個黑點：邊界巡警。

他們立刻趴到地上，用雪把自己埋起來，直到巡警離開。

利妮亞全身都溼透了，她穿的衣服很少，身體還沒有從牢獄之災造成的損傷中痊癒。在海拔這麼高的地方，她幾乎無法呼吸。**我撐不到目的地了。**

兩名人口偷運者像是幫忙小孩子走路一樣扶著利妮亞前進。她回想起她從梅斯沃維采集中營逃出來的時候。如果她當時能從那裡活著逃出來，她現在就能堅持到目的地。**堅持下去。**

利妮亞一行人安靜、緩慢且謹慎地從邊界巡警的駐紮哨站旁經過，抵達了山頂。儘管已經筋疲力竭，但他們必須加快速度。他們每一步都走得跌跌撞撞，深深踏入雪中，但這是最後一段路了，他們奇蹟似的重振了精力。**逃跑。**

經過了六個小時的艱難徒步行走，他們終於抵達了斯洛伐克。

這是他們至今經歷過最不可思議的一次穿越邊界之行。

利妮亞成功離開波蘭了。

接下來，她要面對的是波蘭之外的全世界。

Chapter 29 “Zag nit keyn mol az du geyst dem letstn veg”「永遠別說這是最後一趟旅程」

利妮亞

1943年12月

永遠別說這是最後一趟旅程
永遠別說我們到不了應許之地，
我們渴望的時刻就要到來，喔，永遠別恐懼。
我們的腳步聲傳遞了音訊——我們在這裡！
——出自赫許．格里克（Hirsh Glick）的《游擊隊之歌》（*The Partisan Song*）[1]，在維爾納隔離區以意第緒語寫成。

斯洛伐克是一個在二戰之始新建立的國家，這裡並不是猶太人的天堂，這個國家的統治者公開承認自己的反猶傾向，和軸心國結盟，成為了希特勒的衛星國。斯洛伐克的絕大多數猶太人都在一九四二年被遣送至波蘭的滅絕營。在那之後，他們暫停遣送直到一九四四年的八月為止。在這兩年間，斯洛伐克的猶太人生活在相對安全的環境中，有些猶太人受到文件的保護，有些則假裝自己是基督徒，還有些人則靠著政治壓力與賄賂生存。

之所以能有這段平靜的時期，有部分要歸功於反抗行動的領導人吉希．弗萊施曼（Gisi Fleischmann）。[2] 吉希出生於資產階級的正統猶太教家庭，她就像大部分的斯洛伐克猶太人一樣，不會說斯洛伐克語，也無法適應這個國家的新國族意識。吉希很早就加入了猶太復國主義者的行列。她在首都布拉提斯拉瓦市（Bratislava）擔任女性國際猶太復國主義組織（Women's International Zionist Organization，WIZO）主席，之後又擔任過多個高階、面對公眾的領導職位。（在國家疆域遼闊得多的波蘭，就連左派團體也從沒有讓任何女人擔任過這種職位，吉希是非常獨特的例子。）一九三八年，她負責管理一個援助德國猶太難民的機構，後來她成為了斯洛伐克聯合救濟委員會的主導人，透過一個瑞士帳戶取得來自世界各國的款項。

戰爭爆發時，吉希將近四十歲，正在倫敦為猶太人安排大規模巴勒斯坦移民。她付出許多努力但卻沒有獲得成果，雖然當時有一些同事鼓勵她繼續留在英國，但她堅持要回家，她覺得自己有義務要照顧久病的母親、丈夫和她的社群。為了安全起見，她把兩名十幾歲的女兒送到了巴勒斯坦。

戰爭期間，吉希成為了猶太社群的領袖，為了幫助她的人民，她堅持要加入猶太居民委員會的領導階層（當時少有女人這麼做）。她一直和許多外國的領導人保持聯絡，把當下的狀況告訴他們。雖然斯洛伐克答應要把國民送到德國的勞動營，但斯洛伐克政府卻和納粹談了條件，要納粹不要把一般國民帶走，而是把猶太人帶過去德國。斯洛伐克便成了歐洲唯一一個正式要求納粹把猶太國民帶走的國家。

一開始，納粹只想要帶兩萬名猶太人去建造奧斯維辛集中營，但斯洛伐克懇求他們帶多一點人走。事實上，斯洛伐克政府答應納粹每多帶走一個人，就支付他們五百馬克[3]——納粹因此又多了一個賺錢的管道可以執行他們的最終解決方案。吉希希望能透過錢進一步改變納粹的做法，她努力不懈地找了德國人與斯洛伐克的政府協商，最後終於蒐集到足夠的資金賄賂納粹，讓納粹減少帶走的猶太人人數。她在斯洛伐克為猶太人建立勞動營，避免他們被送去波蘭。她在數次干預行動都奏效後（雖然遣送人數下降也可能出於其他政治因素），推動了歐洲計畫（Europa Plan），希望能賄賂德國人停止遣送猶太人，也停止在歐洲各國屠殺猶太人的行動。

吉希向來行動積極，她付錢找了信使送藥物跟錢去給波蘭猶太人。她也推動了各國的集資活動，幫忙波蘭猶太人透過地下祕密網絡離開波蘭，這些人被稱做「徒步者」（hiker）——利妮亞離開波蘭時靠的就是這種祕密網絡。

❦

利妮亞和其他徒步者同志抵達了陌生的國度，他們爬下了山，抵達一個山谷。他們能看到遠處的營火，是商品走私販在休息。利妮亞一行人抵達了他們約好要和當地嚮導碰頭的地方，生起了他們自己的營火。

現在他們開始感覺到冷了。

每個人的雙腳都溼透了，有可能會凍傷。他們用火把鞋襪烘乾。接著，他們聽見了雪地中傳來沉重的腳步聲，但那只是斯洛伐克走私販帶著酒來讓眾人暖暖身子罷了。他們在這裡休息了一個小時，他們的好心嚮導再次啟程，要回去比爾斯科鎮帶其他同志過來。利妮亞後來寫道，這些嚮導也一樣，每帶一個人過來就能獲得非常豐厚的費用。住在山上的人很窮困，這就是他們維持生計的方法。

利妮亞一行人的鞋子都縮水了，很難穿回腳上，但他們必須繼續前進。

他們跟著斯洛伐克人走，試著和他們對話。他們穿越了山脈、丘陵、低谷和森林，來到了一座冷清的村莊。只有一隻狗的叫聲迎接他們的到來。斯洛伐克人帶著他們進入一間養了馬、牛、豬和雞的棚屋。屋內唯一的光源是一小盞煤油燈，糞便的惡臭令人難以忍受，但他們因為擔心會被鄰居看見，所以不能進入人住的屋子裡。

❦

雖然天氣寒冷，但棚屋裡卻很熱。疲憊感逐漸浮現，他們紛紛倒在一捆捆稻草上。利妮亞的雙腳虛弱無力，連想要伸直雙腿都做不到。她蜷縮起來，陷入了深沉的夢鄉。

了。到了中午，穿著傳統山區服飾（頭巾、顏色鮮豔的洋裝、用白色鞋帶和束襪帶連起來的毛氈鞋）的女房東帶著午餐來叫醒了他們。這天是週日，她說其他村民全都在前往教堂的路上，要他們留在棚屋裡。他們必須格外謹慎，她說這陣子每個人都在監視鄰居，每個人都很可疑，這對利妮亞他們來說已經不是什麼新鮮事了。

吃過飯後，利妮亞又睡了一陣子，[4]她和其他同志一起躺在稻草捆上，像是沙丁魚罐頭一樣擠在一起。一縷縷陽光穿過一扇小窗戶照射進來。這些猶太人開始聊天，這是他們第一次回憶起過去數個月與數年來發生的事件。如今獲得了最低限度的安全保障後，他們開始真正意識到他們失去了哪些事物。

對於未來的恐懼抵銷了越過國界帶來的喜悅。他們的旅程尚未結束，戰爭也同樣尚未結束。到了晚上，一輛雪橇抵達了棚屋外。他們躍上雪橇，避開警察，穿越偏僻的小路和空曠的田野，抵達下一座村莊。數小時過後，他們來到一座小鎮上，住進一位農民家中的一間單人房裡，嚮導要他們待在房裡，在接送的車子抵達前都不要外出。小鎮上有很多食物，但前提是他們要有錢能買，幸好他們每個人都帶了一點現金。這個家的主人在說起德國人時顯得滿心憤恨，利妮亞認為他是個誠實又富有同情心的人，他出去為他們買了一些食物。原來第一組來到斯洛伐克的人在幾天前也住過這裡。吃飽之後，他們又睡了一會兒。

那天晚上，一輛車子在村莊外圍等著他們。駕駛是海關雇員——他收了賄賂。他向利妮亞等人問起了波蘭猶太人的狀況。

車子開到一半，他突然停下了車。

他為什麼要停車？附近一片漆黑，周遭什麼都沒有。他們沒有任何抵禦的能力。

駕駛下了車，走到後座。每個人都咬緊了牙關。

「別擔心，我不會傷害你們的。」他說。

利妮亞驚訝地看著他抱住了穆尼歐希。

接著，他問起了他們每個人的家人。他無法置信他們竟然都是家裡僅存的生還者，他們描述的德國人暴行使他怒不可遏。

駕駛帶著他們穿越了好幾座斯洛伐克的小鎮和村莊。雖然車外烏天黑地，但還是有一些沒有依照法律熄滅所有燈光的住家，會從窗戶透出幾絲亮光。駕駛告訴他們，這一趟的目的地是米庫拉許鎮（Mikuláš），鎮上的猶太社群將會好好照顧他們。利妮亞很驚訝這整趟行程竟然規劃得這麼完善，就連最微小的細節都安排好了。

到了米庫拉許鎮後，車子開到了社區中心。駕駛找了一位猶太人來，這名猶太人把他們帶去了旅館。他們和一頭黑髮、穿著光鮮亮麗的馬克斯・費雪見了面。[5] 馬克斯告訴他們，第一組前來斯洛伐克的人現在已經抵達匈牙利了，希望他們能從那裡以合法方式進行「阿利亞」，前往巴勒斯坦。利妮亞突然覺得自己就像一隻離開了籠子的小鳥，終於能展開翅膀飛翔了。

雖然米庫拉許鎮的猶太人都很高興他們成功逃離了波蘭，但他們全都因為害怕警察的襲擊而不敢讓他們住進家裡。他們只能住進專門提供給難民住的學校禮堂，對警方來說，這個避難所應該只能收容被邊界巡警抓到的人和正在等待政府調查的人，不過有些警察會在發現多出來的人時，藉機勒索財物。利妮亞很快就發現，只要提供適當的金額，這裡的警察什麼事都願意做。大房間裡有許多張床、一張桌子、一張長凳和一個加熱器。他們可以從難民自己設立的特殊廚房裡購買食物。利妮亞一行人要在這裡等待幾天，等下一組人抵達後，和他們一起前往匈牙利。莎拉會不會在下一組人之中呢？

隔天，青年衛隊的當地同志貝尼托（Benito）來到了禮堂，詢問倖存同志的狀況。貝尼托一直忙著為他們這些成功逃脫的人安排各種事宜。他警告利妮亞不要太過放鬆——已經有非常大量的斯洛伐克猶太人被遣送到波蘭去了，這裡的猶太人同樣也必須藉由戴上臂章來表明身分。誰知道他們還能安全多久呢？

利妮亞每天都會在避難所遇到從克拉科夫市、華沙市、拉當市、塔爾努夫市、盧比亞納市（Ljubljana）、利維夫市來到這裡的猶太人——命運把這些飽受折磨、尋求庇護的人全都帶到了這裡，形成了一鍋大雜燴。猶太年輕人在沒有遇到持續的生命危險時，便變成了一種完全不同的生物，他們全都顯得健談又生氣蓬勃。但出於習慣，他們交談時仍是輕聲細語。有些人被邊界守衛抓到，多數人都曾在雅利安區藏匿過一段時間。雖然幾乎每個人都失去了所有親人，但沒有人不想活下去——對許多人來說，復仇才是他們活下去的動力。利妮亞認識了波蘭各地的社群，知道了還有哪些隔離區和勞動營仍舊存在，也意識到如今還有數千名猶太人躲藏在各大城市中。她的家人會不會也在其中呢？她努力避免燃起任何一絲希望。

與此同時，海柯則經歷了一場與利妮亞截然不同的新生。[6] 她和貝尼托立刻墜入愛河。貝尼托從小生長在已經徹底斯洛伐克化的中產階級斯洛伐克家庭，他與海柯同年，在青年衛隊擔任領導人很長一段時間。他靠著逃到匈牙利躲過了斯洛伐克的遣送行動——在這之前，他已經為六十名同志安排好了逃跑計畫。他在匈牙利被逮捕了數次後，回到了斯洛伐克幫忙照顧陸續抵達的猶太難民。他和歐洲與巴勒斯坦的反抗行動領導人一直保持聯絡。海柯親身經歷過的那些恐怖經歷全都是他只從別人口中聽說過的事件。她熬夜把自己的故事告訴貝尼托，彼此依偎靠著禮堂的大烤爐取暖。「她在這名斯洛伐克反抗人士的身上找到了自己失去的所有事物。」他們的兒子在許多年後解釋道。「貝尼托就像她一樣，願意冒著生命危險拯救自己的朋友，而且他也同樣對未來抱有理想。」貝尼托馬上就覺得自己必須保護海柯，他回憶道：「一整個世代的猶太人都在透過她說出的話高聲疾呼。她連續講了好幾個小時，好像害怕自己再也沒有時間能傳達這些資訊似的……我聽著她說話，偶爾會握住她的手，我能感覺到這個人用心與靈魂背負起了這一切的經歷。」

馬克斯與哈夫卡從房間的另一端看著這兩個正竊竊私語的人。馬克斯對著哈夫卡眨眨眼。「這下可麻煩囉……」

利妮亞入住學校禮堂的數天後，下一組同志抵達了，他們共有八人。

莎拉不在其中。

這群猶太人全都計畫要在一位收賄警察的陪同下，一起前往匈牙利邊境。他們也想好了假身分：他們是匈牙利的國民，警察要把他們帶到邊境遣送他們回國。這一群人離開了小鎮，但利妮亞和海柯仍留在斯洛伐克，等待下一組人——等待莎拉、等待貝尼托。

下一組人在一週後抵達。莎拉仍然不在其中。

這組人全都嚇壞了。

他們在波蘭的科比萊茲家遇到了一場意外。巴娜席科瓦的丈夫帕維爾（Pavel）因為軍中放假而回到家中，決定要到妻子的娘家拜訪。梅爾沒有預料到他的出現，在地堡外意外遇上他。帕維爾當時已經喝醉了，他把梅爾叫過去，告訴梅爾說，他知道麥泰克的一位朋友曾幫助猶太人逃離隔離區，他從那位朋友那裡聽說這裡窩藏了猶太人。「別擔心啦，」他堅持道，「我不會傷害猶太人的。」

帕維爾很好奇地堡是怎麼建成的，便打開了地堡的暗門。他已經醉到幾乎無法站穩了。地堡裡的五個人全都嚇得呆若木雞。梅爾跟在他後面進了地堡，手上拿著一把自製手槍。帕維爾說他想拿拿看那把手槍。梅爾便把手槍遞給他。

「告訴我們這個故事的人至今仍然無法理解梅爾為什麼會那麼做。」利妮亞寫道。

帕維爾開始觀察手槍，仔細檢視每一個部件。接著，他扣下扳機……對著自己開槍。

他們一起把帕維爾拖出地堡時，他還有意識，但科比萊茲一家人必須向警察通報這件意外。梅爾乞求帕維爾不要說出地堡的事，帕瓦爾向他保證他絕對不會說出去，但他當時的狀況很糟。警察抵達後，他拿出了梅爾的自製手槍，說這把手槍是他在軍中工作時從游擊隊那裡偷來的，他在清槍時意外觸動了扳機。救護車來到現場，把他帶到卡托維治的醫院。兩天後，他死了。

雖然科比萊茲一家人沒有要求反抗同志離開，但他們害怕到不敢繼續留下來，一抓到機會就逃到了斯洛伐克。

接著，利妮亞收到了新消息。她和海柯必須立刻離開：她們已經獲得移民到巴勒斯坦的文件了。她們先前已經把照片寄去了匈牙利，必須先到匈牙利的首都布達佩斯市領取所有文件。

這是她們的夢想。

利妮亞寫了一封信給莎拉和阿莉莎，告訴她們到這裡後真的有機會能「阿利亞」，要她們快點帶著孩子到斯洛伐克來。

就在利妮亞要出發前往匈牙利的那天，他們收到了一封來自人口偷運者的信。波蘭和斯洛伐克邊境的山上積雪已經深到不可能通過了。他們不會再帶人從那裡進入斯洛伐克。[7] 之後不會再有人過來了。

利妮亞感到天昏地暗。她知道莎拉不會來了。她能感覺到自己以後再也不可能見到姊姊了，她是庫基烏卡家僅存的最後一個人。[8]

一九四四年一月初，他們動身了，利妮亞絕不能在任何一個環節出錯。

她跟著海柯、貝尼托和青年衛隊的摩希（Moshe）一起出發，其中只有摩希會說流利的匈牙利語。他們搭火車前往斯洛伐克的最後一站，計畫要躲在貨運列車的火車頭中跨越邊界。

時間很晚了，四周一片漆黑。一位火車駕駛從火車頭爬下來，示意他們跟著他走。利妮亞、海柯和摩希一起爬上火車頭，貝尼托則留下來幫助更多猶太難民。他們蹲踞在火車頭裡——這裡還有好幾個別的地方來的逃脫者。駕駛按人頭收費，他一一把猶太人藏進各個角落，接著火車開動了，所有人都同時開始禱告，希望他們不會在邊界遇到搜查。鍋爐散發的熱氣令人難以忍受，利妮亞幾乎連呼吸都有困難。每一次火車停下來，他們都必須縮起身子躲進地板下方。幸好這趟旅程很短。利妮亞努力不去想起阿莉莎、孩子們、莎拉。

抵達匈牙利境內的第一站後，駕駛一次釋放了大量的蒸汽，製造出濃密的白色氣體。「快走！」他對利妮亞說。這陣蒸汽掩蓋了這些逃脫者匆忙從火車頭爬下來並衝進車站裡的身影。駕駛幫他們買好票拿給他們，告訴他們要怎麼搭上前往布達佩斯的客運列車。

他們搭了整整一天半的車，一路上氣候逐漸轉暖，不過他們從頭到尾都一語不發，以免啟人疑竇。「匈牙利語聽起來既陌生又怪異。」利妮亞寫道。「匈牙利人的外表和猶太人很像。你很難看出誰是猶太人、誰是雅利安人。」[9] 在匈牙利，大部分猶太人說的都是匈牙利語，而不是意第緒語或希伯來語。利妮亞在納粹統治區培養出來的雷達系統在這裡毫無用處。這裡的猶太人不需要在手臂上綁臂章或配戴大衛之星，火車上也沒有人檢查文件或搜查行李，或許根本不會有人想像得到，他們其實是從波蘭逃到這裡的猶太難民。

他們終於抵達了布達佩斯。巨大的火車站擁擠喧囂。有警察在檢查旅客的行李。利妮亞迅速通過了檢查，匆匆趕往他們先前拿到的地址。摩希的匈牙利語為他們帶來了不可或缺的幫助。

他們搭電車來到了巴勒斯坦辦事處，那裡的人潮熙來攘往，處處都迴盪著德語、波蘭語、意第緒語和匈牙利語的懇求聲。每個人都想要拿到文件，每個人都在描述自己為什麼需要馬上離開。他們全都應該要能「阿利亞」！利妮亞想著。不過英國人維持著一定的移入人口配額，限制了猶太人的移民數量。其中最優先能獲得簽證的是遭受過可怕刑求的波蘭難民。利妮亞完全符合這個資格。

利妮亞焦急地等待出發日期的到來，但巴勒斯坦辦事處卻不斷把日期往後延。一開始是因為他們沒有收到利妮亞的照片。護照辦好後，又因為簽證在土耳其耽擱了，所以必須延後日期。距離出發日期越近，利妮亞在等待時就越緊張。不確定感一直不曾消失。「我們一直覺得一定會遇上某些事件導致『阿利亞』必須延期。」利妮亞後來回憶道。「我們克服的這些困難會不會其實毫無意義？匈牙利的狀況在當下很好，但隨時都可能會惡化。」她從過去的經歷了解到生活永遠都不會穩定下來，每一個片刻都轉瞬即逝，每一個機會都岌岌可危，時間會毀掉一切。她很清楚這些事實。

利妮亞不但需要正確的文件才能「阿利亞」，也需要這些文件才能離開匈牙利。她觀察到街上的人時常被攔下來盤問，在警局沒有登記證明的人全都被逮捕了。雖然希特勒還沒有入侵匈牙利，但猶太人的權利正在不斷縮減，這裡的猶太人曾以為他們很安全，不會遇到發生在波蘭的暴行，但如今他們的生活危如累卵。

利妮亞前往波蘭領事館通報自己是來自波蘭的難民。波蘭官員丟出了無窮無盡的問題：她是波蘭共產黨的成員嗎？（共產主義是違法的。）不，她當然不是。此外，每一名波蘭人都有義務要支持西科爾斯基的行動。是，她當然支持。

其中一位辦事員問道：「女士，你真的是天主教徒嗎？」

利妮亞堅定不移地回答，她當然是天主教徒。

「感謝老天。」他回答。「至今為止來找我們的全都是假扮成波蘭人的猶太人。」

利妮亞假裝出義憤填膺的樣子。「什麼？假扮成波蘭人的猶太人？」

「沒錯，真是遺憾。」他回答。表演永遠沒有結束的一天。利妮亞在一九四四年的布達佩斯街上拍的一張照片中，[10]穿著一件口袋有毛皮鑲邊的訂製大衣，戴著頭巾，手上提著皮製手提包，顯得十分時髦。她嘴角含笑，完全不像是在過去幾個月曾經歷過生理與心理殘酷折磨的樣子。

她拿到了二十四帕戈（pengő，匈牙利貨幣）。能支付接下來幾天的食宿，還拿到了一份證明文件能在城市裡自由行動。

她和其他同志碰面後才得知，雖然他們都是以基督教波蘭人的身分進行登記，但辦事員懷疑他們是猶太人，所以沒有給他們錢，只給了他們在遇到檢查時能用的文件。利妮亞後來解釋說，當時聯合救濟委員會付錢給波蘭辦事處，要他們睜一隻眼、閉一隻眼。[11]

利妮亞後來再也沒有回去那間辦公室，她以為再過幾天就能出發了。但過了一個月後，她仍留在布達佩斯，仍在等待巴勒斯坦的簽證。

在這一個月中，雖然利妮亞仍然很削瘦，但她漸漸強壯起來，開始撰寫回憶錄。[12]她很清楚自己一定要告訴全世界的人，她的人民、她的家人、她的同志遭遇了什麼事，但她要怎麼描述才好？她要使用什麼話語？她用潦草的筆跡寫下了波蘭文，過程中使用都是代稱而非本名（很可能是為了安全起見），她寫下了她的經歷，寫下了五年的時間如何變得像是好幾輩子那麼漫長，寫下了她是誰、她原本能成為誰、她未來會成為誰。

在反抗同志於匈牙利拍攝的一張合照中，[13]利妮亞枯瘦的手腕上戴著一隻新手錶。她的時間重新開始前進了。

匈牙利的所有反抗同志都沒有去過他們心靈上的故鄉，只有在想像中造訪過那裡，但他們知道，那裡一定是一個溫暖又讓他們感到熟悉的所在。「他們會敞開雙臂迎接我們，」利妮亞如此相信，「就像接納孩子的母親一樣。」他們渴望能前往那片土地，他們將會在那裡找到治癒所有痛苦經歷的解藥——他們必須仰賴這種希望才能繼續活下去。他們將會在抵達那裡之後擺脫一直以來的威脅。

但利妮亞仍有些擔憂。「我們在以色列的朋友能理解我們的遭遇嗎？」她帶著先見之明提出疑問，「我們能像其他人一樣過上普通的平凡生活嗎？」

終於，利妮亞來到了火車站，海柯也來了。月台上擠滿了許多才剛認識幾天、但已經建立了同志情誼的人，這是一種在心靈上不可磨滅的親密感。利妮亞要出發了。

每個人都很羨慕她，她很清楚這一點，然而，儘管她非常渴望前往巴勒斯坦，但卻無法因此感到快樂。「我忘不掉數百萬人被謀殺的記憶，忘不掉那些為了以色列之地付出生命但最後卻無法抵達目的地的同志。」她腦海中突然出現了猶太人被推進火車車廂裡的畫面，這令她渾身發抖。她的家人、她的姊姊——一想到這件事就讓她心神俱碎。

利妮亞看著一輛載著德國軍人的火車從另一條鐵軌經過這個車站。她覺得他們一定知道聚在這裡的是一群猶太人。那些德國人用邪惡的眼睛看向她，看向這些猶太人。其中幾人露出了微笑。若可以的話，他們一定會過來這裡打她一頓。但接著利妮亞又想到，如果可以的話，我要打回去。她非常想要激怒他們，讓他們知道她從蓋世太保的手中逃脫了，即將要前往巴勒斯坦。她成功了。

此時此地，抑鬱和喜悅充斥，溫暖的擁抱、傷感的道別此起彼落。這些擁抱說的是：記得我們這些被留下來的人。無論你去了哪裡，都要盡你所能地幫助所剩不多的倖存者。

火車緩緩開動了。人們跟著火車跑了起來，不想要放手讓心愛的人離開。利妮亞也無法放手——但她無法放下的是心中的感受。她好想要感到喜悅，好想要能因為燦爛的陽光與蔥鬱的地景而感到心醉神迷，但她的心太過沉重，只能感覺到悲痛欲絕，她無法自拔地想起莎拉、阿莉莎、還在波蘭的那些孤兒、她的弟弟雅科夫、所有孩童。

利妮亞和另外十個人一起出發。多數人的護照上都有照片，少數人使用的是假名。根據利妮亞的巴勒斯坦移民文件，她「又名為伊雷娜．格里克（Irena Glick），有時則名為伊雷娜．紐曼（Irene Neuman）」。她的檔案裡有一份簽了名的聲明，指出她和伊扎克．費茲曼（Yitzhak Fiszman，又名維爾莫斯．紐曼〔Vilmos Neuman〕）的婚姻並不屬實——他們當時很可能是為了比較容易移民而假裝訂婚。（在自由青年運動的同志於布達佩斯拍攝的一張照片中，身穿時尚西裝的伊扎克站在利妮亞身邊，但伊扎克的真正結婚對象其實是華沙的自由青年運動信使漢娜．蓋爾巴德。）每一對假夫婦都會帶上失去父母的孩子，或者爸媽無法離開的孩子。這些孩子全都欣喜若狂，對於接下來的新冒險感到很興奮。

利妮亞在隔天晚上抵達邊境。這些檢查會有結束的一天嗎？警衛檢查了他們的行李，沒有發生任何意外。他們在羅馬尼亞聽說巴勒斯坦辦事處的員工被逮捕了，雖然每個人都很緊張，但他們還是順利通過了邊境，抵達保加利亞。接著，一塊大石頭擋住了這裡的火車軌道，利妮亞必須走上將近一公里的路才能搭上下一班火車。保加利亞人——軍人、鐵路工人和平民——都非常熱心地幫助利妮亞和猶太人。他們經歷了曲折的旅程抵達了土耳其邊界，這一路上，保加利亞人的親切態度使利妮亞留下了深刻的印象。

他們就要離開歐洲了。

如今，利妮亞總算覺得未來她真的有可能會生活在一個可以直視其他人，並且無需害怕其他人凝視她的地方了，她終於開始感覺到一絲喜悅。

貝尼托在伊斯坦堡車站等待他們抵達，和他一起等候的另一人被利妮亞稱為V。每個人都非常激動，他們一起住進了同一間旅館中。V對他們提出了一大堆問題，想知道他認識的人怎麼樣了。他笑嘻嘻地幫穆尼歐希洗澡，穆尼歐希是第一批抵達這裡的人。V一直很忙碌，努力想要聯絡上歐洲各地僅存的少數猶太人。他在聽了他們失去親友的故事後「哭得像個孩子」。V亟欲把奇薇亞從波蘭接出來，但奇薇亞卻不願意離開。她在信上解釋說她仍有很多工作要做。她必須留在波蘭。

猶太人可以自由自在地在伊斯坦堡的街上行動。沒有人會跟蹤他們，也沒有人會指責他們。利妮亞花了一整個禮拜的時間對這種奇怪的感覺嘖嘖稱奇，她不再是其他人懷疑和追捕的對象了。接著，他們搭船跨越了博斯普魯斯海峽（Bosporus Strait），搭著火車駛離了敘利亞國境，停靠在阿勒波市（Aleppo）和黎巴嫩的首都貝魯特市（Beirut）。

一九四四年三月六日，[14]來自延傑尤夫鎮的十九歲速記員利妮亞·庫基烏卡抵達了巴勒斯坦的海法市（Haifa）。

Part 4

情緒的傳承

採訪者：你好嗎？

利妮亞：【停頓】通常我都很好。[1]

——以色列猶太大屠殺紀念館證詞，二〇〇二年

我們已經脫離了對死亡的恐懼，但我們沒有脫離對活著的恐懼。[2]

——哈達薩．羅森薩夫特（Hadassah Rosensaft），

奧斯維辛集中營的猶太牙醫，曾為病人竊取食物、衣服與藥物

Chapter

30 對活著的恐懼

1944年3月

倖存者就像是被狂風掃下的一片落葉，這片落葉不屬於任何人，再也找不到已經死去的母樹……這片落葉將會隨風飛舞，不會找到屬於自己的位置，也不會找到它過去熟識的落葉，或它過去熟識的那一角天空。它不可能長回另一株新的樹上。這片可憐的落葉將會四處遊蕩，回憶著古老卻又悲傷的昔日，不斷渴望著回到過去，但它再也不會找到屬於自己的位置了。[1]

——海柯．克林格，《我正為你寫下這些話語》（*I Am Writing These Words to You*）

利妮亞思緒昏沉，但情緒激動地抵達了她心靈上的故鄉。她以蓋世太保通緝逃犯的身分離開波蘭，如今終於抵達了夢想中的國度。為了恢復身體狀況，她進入了吉瓦特布倫納基布茲（Givat Brenner）的療養中心住了一段時間，在這段期間持續撰寫回憶錄，而後和哈夫卡同志一起前往加里利區（Galilee），住進了綠意盎然的達夫納（Dafna）基布茲（里昂．尤瑞斯〔Leon Uris〕在小說《出埃及記》〔*Exodus*〕中描述過這座基布茲）。她和六百名基布茲居民（kibbutznik）一起住在這裡，終於找到了些許慰藉，「就好像回到了我父母的家一樣」。[2]許多參與猶太復國主義運動的倖存者在來到以色列後，都住進了他們早就準備好要加入的基布茲。就連並非猶太復國主義者的倖存者也常會受到基布茲的吸引，[3]主要原因不在於基布茲的意識形態，而在於這裡能提供工作與自豪感，能使他們的生活變得有組織。

但是，他們仍然必須面對許多差異與困難。雖然利妮亞因為終於能停止流浪、能夠自由地唱歌而如釋重負，但刑求與失去了親友的記憶仍使她心情沮喪。「我們覺得自己比其他人還要更渺小也更脆弱。」她在抵達巴勒斯坦不久後寫道。「就好像我們的生活權利低於其他人一樣。」[4]

利妮亞和多數倖存者一樣，有時會覺得自己不被理解。她前往巴勒斯坦各地談論她在戰爭中的經歷，在各種會場發表演說，從海法市的圓形露天劇場到各地基布茲的餐廳，她要告訴全世界，德國人如何屠殺了波蘭猶太人。利妮亞在一九八〇年代於以色列國家圖書館（National Library of Israel）作證時，回憶起她曾受邀到阿洛尼姆基布茲（Alonim）發表演說。她開始用波蘭語和意第緒語訴說自己的故事，接著她的演說卻突然被一陣騷動打斷了。她一停下來，聽眾馬上開始搬桌椅，這是怎麼回事？原來他們正在為跳舞做準備。會場裡響起了響亮刺耳的音樂，利妮亞覺得受到了嚴重的冒犯，於是衝出了會場。她不知道這些人是單純地聽不懂她使用的語言，還是根本不在乎她說的話。

猶太女性的反抗行動經歷之所以會消失無蹤有很多原因。大多數女戰士與信使都被殺死了——托西雅、法蘭卡、韓希、利百加．莫斯柯維奇、莉亞．帕薩克森、朗卡——她們沒有活下來，因此無法講述自己的經歷，但就算是對於生還者來說，女性敘事也同樣會因為政治因素與個人因素而受到箝制，在不同國家與社群中的生還者會受到不同因素影響。

以色列建國初期的政治狀況影響了該國傳播大屠殺歷史的方式。[5]大屠殺倖存者在一九四〇年代中期與晚期抵達依舒夫（Yishuv，猶太人在巴勒斯坦的居住地），當時左派政黨深受隔離區戰士的經歷所吸引。除了反納粹行動遠比恐怖的刑求還要更容易讓人接受之外，[6] 這些戰鬥經歷還能撐起政黨的形象，呼籲眾人為新國家戰鬥。許多隔離區的女戰士都像利妮亞一樣，獲得了演說的平臺，她們也進行了大量演說，但有時卻必須配合政黨的政策和綱領修改說辭。有些倖存者甚至指控依舒夫太過消極，沒有支持波蘭的猶太人。當時眾人把漢娜．西納許視為象徵，雖然她沒有成功完成任務，只提振了士氣，但她離開巴勒斯坦前往匈牙利戰鬥的事蹟證明了依舒夫採取積極作為幫助歐洲的猶太人。

根據學者的說法，在那之後沒多久，早期的以色列政治家便開始試著把歐洲猶太人與以色列猶太人區分開來。以色列猶太人認為歐洲猶太人的體能不佳、個性天真又態度消極。有些薩布拉（sabra，在以色列出生的猶太人）把當時抵達以色列的猶太人稱做「肥皂」，這個名稱來自納粹會用殺死的猶太人屍體製作肥皂的謠言。以色列猶太人認為自己是強大的新浪潮。以色列將會是他們的未來，而過去數千年來都是猶太搖籃的歐洲則已經成為他們的過去了。為了加強這種負面刻板印象，他們抹除了反抗行動戰士（也就是那些跟虛弱根本沾不上邊的歐洲猶太人）的經歷。

人們因此進一步遺忘了反抗行動。在戰爭結束十年後，人們才準備好要傾聽集中營的故事，社會大眾才開始關注倖存者的創傷。一九七〇年代，政治情勢轉變，個人反抗行動的故事全都被「日常反抗」的故事所取代。兩千年代早期，華沙的隔離區戰士普妮娜．佛里默（Pnina Grinshpan Frimer）受邀前往波蘭接受一個獎項。她站在講台上，同時感覺到痛苦與麻木。「我為什麼要到波蘭去接受頒獎？」她在一部紀錄片中，質問為何她必須回到她逃離的國家去。「我們在這裡【以色列】太渺小了。」[7]

這種爭議直至今日仍然存在。以色列猶太大屠殺紀念館（Yad Vashem，以色列規模最大的大屠殺紀念場館）的前任國際義人部門（Righteous Gentiles Department）主任莫迪凱．帕迪爾（Mordechai Paldiel），一直很煩惱猶太救援者獲得的認同比不上非猶太救援者這件事。二〇一七年，他出版了《拯救同胞：大屠殺期間的猶太救援者》（*Saving One's Own: Jewish Rescuers During the Holocaust*），描述在歐洲各地組織大規模救援行動的猶太人。有些猶太人批評說修正猶太復國主義青年團體（貝塔爾的猶太軍事聯盟）的絕大多數地下活動都不受重視。[8] 之所以會有這種現象，有可能是因為參與者幾乎無人生還，還有些人認為原因在於歷史學家通常是左派，只願意紀念同類。此外，也有些人指出以色列右派的早期領導人暨該國第六任總理梅納罕・比金（Menachem Begin）逃到了蘇聯，沒有留在華沙隔離區抗戰，他的作為大幅貶低了起義的重要性。[9] 聯盟黨（根據地大多不在以色列）、猶太復國主義者和修正猶太復國主義者，一直無法針對「一開始推動華沙隔離區起義的人是誰」取得共識。就連左派猶太復國主義者、自由青年運動、青年衛隊和猶太復國主義青年團也都各自在以色列建立了有關大屠殺的檔案、陳列室和出版社。

美國的歷史則有所不同。在較常見的觀念中，美國猶太人在一九四〇年代與一九五〇年代不討論大屠殺——原因很可能是恐懼和罪惡感，也可能是因為他們忙著適應郊區生活，希望能融入中產階級非猶太人鄰居之中，但我們可以在哈西亞・迪納（Hasia Diner）的開創性著作《懷著敬意與愛記下來：大屠殺後的美國猶太人與沉默迷思，一九四五至一九六二年》（*We Remember with Reverence and Love: American Jews and the Myth of Silence After the Holocaust, 1945–1962*）中看到，上述觀念毫無根據。事實上，戰後那幾年間針對大屠殺的寫作與討論反倒增加了。當時有一位猶太領袖擔心眾人太過聚焦在戰爭上，甚至引述了利妮亞的書作為例子。迪納指出，對當時剛成為全球最主要猶太社群的美國猶太人來說，困難的是如何談論種族滅絕，而非該不該談論。[10]

隨著時間流逝，故事也起了變化。《反抗行動：挑戰納粹恐怖統治的猶太人與基督徒》（*Resistance: Jews and Christians Who Defied the Nazi Terror*）與《戰士：畢爾斯基游擊隊》（*Defiance: The Bielski Partisans*，後來改編成電影）的作者尼賀馬・泰克（Nechama Tec）指出，在一九六〇年代早期，美國學術界普遍認為猶太人的態度順從，甚至會責怪被害者。[11] 這種「消極的迷思」的出現，[12] 有部分是受到政治哲學家漢娜・鄂蘭（Hannah Arendt）的影響，這種觀點不但充滿偏見，而且也毫無根據。迪納指出，在一九六〇年代晚期，美國猶太社群已經變得公開而穩定了，這段時期大量湧現了許多有關大屠殺的出版品，淹沒了較早期的著作，這或許也是利妮亞的書會從我們的集體記憶中消失的原因之一。

就算直至今日，在美國發表這些內容仍會製造出道德難題。描寫戰士可能會導致社會大眾覺得大屠殺「也沒那麼糟糕」[13]——在這個種族滅絕逐漸消失在眾人記憶中的時代，[14]這的確是我們必須面對的風險。許多作者都很擔心頌揚戰士會導致眾人把焦點過度聚焦在個人的選擇和行動、暗示倖存者不只是幸運而已、批判那些沒有拿起武器的人，最終導致人們開始責怪被害者。[15]除此之外，這些戰士的故事會使被害者—侵略者清楚二分的形象模糊、揭露兩者之間的微妙複雜之處，還會凸顯猶太社群內部對於納粹占領時該如何回應的激烈分歧。這些故事不可避免地也會描述說協助納粹的猶太人，以及偷錢買武器的猶太反抗軍——處處都有道德上的疑問。在這些猶太女性的回憶錄中，憤怒與暴力的言詞讓人讀來吃力，讓人讀不下去的另一個原因是：許多戰士都是住在都市的中產階級，他們比較時尚、比較有教養，比較像是「我們」，以致於令社會大眾讀起來感到不舒服。這種種因素都壓抑了人們對此的討論。[16]

另一個因素是性別。在女人扮演關鍵角色的歷史中，她們往往會被抹除，人們傾向於消除女人的經歷。大屠殺的歷史也是一樣，女人的故事尤其會被噤聲。[17]根據海柯．克林格的兒子，也就是大屠殺學者亞維胡．羅南（Avihu Ronen）的論述，其中一部分的原因在於女人在青年運動組織中扮演的角色。當時青年運動分派給女人的任務通常會是逃跑並「把故事流傳下去」。她們是組織指定的見證者暨親身經歷歷史的歷史學家，許多針對反抗行動的初期紀錄都出自女人的手筆。羅南認為，這些女人會以作者身分寫下別人的所作所為——通常都是男人的所作所為——而不是她們自己的作為，她們的個人經歷因此淪為次要。[18]

學者蘭諾．魏茲曼（Lenore Weitzman）為女性與大屠殺方面的研究打下了基礎，她解釋說在女性的作品出版後不久，就變成由男人撰寫大部分的歷史，這些男人的焦點都在男人身上，不會去關注那些低估自己任務的信使女孩。她指出這些男人只尊敬肉體上的搏鬥，也就是那些公開並且有組織的行動，把其他暗中進行的任務視為微不足道的瑣事。[19]（就算從這個角度來看，仍有許多猶太女人在起義時確實參與反抗並進行武裝戰鬥，她們的行動也同樣不該被抹除。）

就算女人想要敘述自己的故事，她們也常會被刻意噤聲。有些人會為了政治動機而刪修女人撰寫的作品，有些人會公然無視這些女人，還有些人會不相信這些女人說的話，指控她們憑空捏造故事。在解放之後，一位美國軍方的記者警告畢爾斯基游擊隊的一對夫婦佛瑪．伯格（Fruma Berger）和莫特克．伯格（Motke Berger）不要把他們的故事告訴別人，否則別人會覺得他們是在說謊或瘋了。[20]許多女人遭到奚落——有些親戚指責她們沒有好好照顧父母，反而跑去戰鬥，[21]還有些人責怪她們「靠著上床活下來」；有些女人覺得自己受到批判是因為社會大眾一直相信純潔的人會被殺死，只有狡詐的人能存活。當女人以脆弱的態度揭露自己的經歷時，若他人沒有用同理或理解的態度接受她們的過往，她們往往會停止傾訴，壓抑自己的過去經歷，並因此躲進心裡深處。

除此之外，她們還會配合環境，女人會自己噤聲自己。許多女人認為自己神聖且無比重要的責任便是養育新世代的猶太人。[22]她們極為渴望能為她們的孩子（以及她們自己）打造出「平凡」的生活，因而把自己的過去壓抑在心中。這些女人在戰爭結束時的年齡通常落在二十五歲上下，對她們來說，她們的一切都走在前頭，她們必須找到方法前進。她們不想要成為「專業倖存者」，[23]家庭成員也會要求女人閉上嘴巴，擔心對女人來說面對記憶太過困難，也擔心掀開舊瘡疤會使她們徹底崩潰。

許多女人深受沉重的倖存者罪惡感（survivor's guilt）所苦。[24]在比亞維斯托克市的信使海希雅覺得自己準備好要分享她偷竊武器與執行破壞活動的經歷時，猶太人正開始傾吐他們在集中營的經驗。相較於他們的經歷，海希雅「過得很輕鬆」，她的作為似乎太過「自私自利」了。[25]其他人則提到倖存者社群中依「受難程度」高下產生的階序。佛瑪．伯格的兒子曾在一場猶太人大屠殺二代參加的活動上，覺得其他人因為他父母是游擊隊成員而迴避他。有些戰士與其家庭成員認為那些關係緊密的倖存者社群疏遠他們——有時候覺得被排斥。

除此之外，還有過去幾十年來對女性來說占據主導地位的敘事模型。漢娜．西納許之所以是大屠殺中的優秀女性楷模，可能是因為她曾參與依舒夫的行動。但也有學者指出，漢娜是因為年輕、美麗、單身、有錢又是個詩人，所以才會比同為傘兵的哈維瓦．賴希（Haviva Reich）更有名——哈維瓦說服了一位美國飛行員在無人接應的狀況下讓她在斯洛伐克跳傘，為數千名難民配給食物與避難所、拯救同盟國的軍人並幫助孩子逃離，但哈維瓦是一頭棕髮的三十多歲女性，曾離過婚，過去有過多段情感關係。[26]

雖然對北美猶太人來說，這些都已經是遙遠的過去了，不過談論這些話題的風險仍舊很高。波蘭人民至今仍深受曾被共產黨統治多年的影響，對他們來說，女人和蘇聯紅軍合作具有另一層含意。波蘭參議院在近年通過了一項法案（不過這項法案後來有調整），指出大屠殺期間的任何罪行都和波蘭無關。如今波蘭抵抗組織在波蘭非常受歡迎，有些人會在建築物上塗鴉代表波蘭抵抗組織的船錨符號。只要家中有人曾是參與波蘭救國軍的戰士，這家人就會受到尊敬。相關的論述仍在演進，而反抗運動及其在歷史中的角色仍然模糊不清。戰爭呈現在我們面前與外在世界的方式，持續定義著我們是誰、解釋著我們做出特定作為的原因。

❦

對倖存者與戰士來說，緊接而來的困境不只是他們的生命故事遭到噤聲，另一個困境是自由。這些無家可歸的二十多歲年輕女性失去了她們的童年，從沒有機會為了就業而唸書或受訓，也沒有普通的親人網絡，而且她們的性發展不是被跳過、受到創傷，就是過於強烈。許多女人——尤其是那些缺乏堅定的政治哲學觀的女人——完全不知道自己要去哪裡、要做什麼、要成為誰，以及要如何愛人。

曾擔任游擊隊成員的菲伊．舒曼有好幾年的時間都在森林裡遊蕩、[27]炸火車、進行戶外手術以及替士兵拍照，她描述說獲得自由並沒有為她帶來毫無疑問的喜悅，而是使她「墜入了人生的最低谷……我這輩子從來沒有覺得這麼孤獨、這麼悲傷過，我從來沒有這麼渴望再次擁有父母、家庭和朋友過，但我再也不可能見到他們了。」[28]她的家庭成員全都被殘忍地謀殺了，在經歷了種種創傷後，是游擊隊的嚴格規定、責任與社群凝聚力讓她持續保持理智、維持專注力並活得有目標：她要活下去並復仇。如今這整個世界只剩下她孤單一人，她什麼都沒有，甚至也沒有國籍。她認識的那些游擊隊員圍坐在火堆旁期望著戰爭結束、幻想著屆時能和親友團聚並歡慶一番時，她的感受卻截然相反：

> 等到戰爭結束後，我還能找到歸屬嗎？誰會在火車站等著迎接我？誰會和我一起慶祝自由？不會有任何人列隊歡迎我回到家中，我甚至連哀悼死者的時間都沒有。如果我倖存下來了，我要回到哪裡去？我的家和我的小鎮都已經被夷為平地了，住在那裡的人都被殺死了。我的處境和我身邊的這些游擊隊員不同。我是猶太人，我是女人。[29]

後來，菲伊收到了共產黨政府頒發的一面獎牌，但她必須歸還所有武器。她失去了安全感與身分認同，決定要加入共軍，到南斯拉夫繼續抗戰。在前往軍隊辦公室的路上，她遇到了一位看起來像猶太人的軍官，他說服她別再拿自己的生命冒險了。因此，菲伊成為了在平斯克市工作的政府攝影師。她後來靠著那面勳章獲得搭火車與接觸行政官員的機會，找到了倖存下來的兄弟。她透過其中一位兄弟遇到了游擊隊指揮官莫理斯・舒曼（Morris Schulman），她以前曾在森林裡遇過莫理斯，且他在戰前就已經認識她的家人了。有些倖存下來的女人會將死去的父親理想化，進而難以建立親密關係，[30] 不過菲伊和莫理斯立刻就對彼此建立了深厚的感情，菲伊為了他拒絕了許多追求者。「我們當時覺得我們必須盡快靠著心中殘餘的愛建立情感關係。」[31] 她回憶道。

雖然他們在共產黨統治下算是相對富有又成功的新時代夫妻，但已經沒有猶太人的平斯克市對他們來說太抑鬱了。他們經歷了無數次艱難又危險的旅程，就像其他數百萬對流離失所的伴侶一樣，在歐洲大陸四處遊蕩。他們被迫住進一個環境糟糕到讓菲伊回想起隔離區的難民營。沒多久後，他們加入了違法把猶太人偷運到巴勒斯坦的地下組織「布理查」（Bricha），當時巴勒斯坦的法律仍舊對移民人數有限制。但隨後，菲伊生了孩子，渴望安穩，她和莫理斯改變了目標，後半輩子都住在加拿大多倫多市（Toronto），在那裡建立了事業與家庭。菲伊在接下來的數十年間不斷公開談論她的戰爭經歷。「對我來說，過去的世界有時比當下還要更真實。」[32]她寫道。有一部分的她永遠深陷在已經消失的那個世界裡。

倖存者必須面對的另一個終身問題是罪惡感。

一九四四年夏天，奇薇亞在華沙的躲藏點透過窗戶看見疲憊的馬匹拖著推車，[33]車上坐滿了那些為了活命而逃跑的德國人。以波蘭救國軍為主導的波蘭地下組織決定是時候抗戰了——他們要打退已經變虛弱的納粹，並保護波蘭不受蘇聯入侵。儘管奇薇亞、ŻOB和支持共產主義的波蘭人並不同意波蘭地下組織的所有政治理念，但他們決定加入這項行動——所有致力於摧毀納粹的努力都值得支持。奇薇亞透過波蘭地下媒體呼籲，所有猶太人都應該要抗戰，無論他們支持什麼理念，都應該要為了「自由、獨立、堅強且公義的波蘭」而戰。起義在八月一日開始。所有政治派別的猶太人（包括女人）全都參與了起義。[34]在這場起義行動中，利百加．莫斯柯維奇被一名開車經過的納粹用機槍射殺。[35]

波蘭救國軍不願意跟猶太人並肩作戰，但人民軍很歡迎ŻOB和他們合作。他們擔心猶太人會遇到傷亡，因此提供後援工作給他們，但奇薇亞和她的團隊堅持要積極戰鬥。她負責防守一個重要但位置偏遠的崗位，在行動中幾乎被遺忘。雖然二十二名猶太人在這場行動中只扮演了次要角色，但對奇薇亞來說，ŻOB能生存下來、保持活力並和波蘭人合作是極其重要的一件事。波蘭救國軍做好了要戰鬥數天的準備，但蘇聯不斷延後介入支援。這場慘烈的戰爭持續了兩個月。壯麗的華沙市被夷為平地，到處都是三層樓高的礫石堆，將近百分之九十的建築都被毀掉了。[36]到了最後，波蘭人投降了、德國人把所有人全都趕出來，但猶太人——尤其是那些外表顯然是猶太人的人——該怎麼辦呢？

戰士再次經由下水道逃跑。這一次，奇薇亞耗盡力氣，差一點就淹死了。安提克在奇薇亞昏睡時背著她前進。

就連在蘇聯紅軍逐漸接近的時候，奇薇亞仍保持務實的態度，或者也可以說是悲觀的態度，她警告其他同志不要太過興奮。他們輾轉躲進好幾個梅利納，為生存苦苦掙扎，狀況越來越糟糕。在這六週中，他們經歷了危及生命的蘇聯砲轟、缺乏食物與水、摘下樹葉燒成的煙、差點在他們藏匿的窄小地下室中窒息——他們已經步上絕路了。而且，德國人在這個時候開始在街上挖壕溝，一路挖進了他們躲藏的這棟建築裡。

納粹打碎了一面面牆壁，位置就在奇薇亞等人躲藏的避難所旁邊。[37]這些躲起來的猶太人能聽見每一下鏟子剷土的聲音。但一如往常的，德國人在中午為了規律的午餐休息而停止了工作。五分鐘後，來自波蘭紅十字會的救援小組抵達了。聯盟黨人的信使聯絡了附近醫院的一位左派波蘭醫師，他派了一組人馬過來，用接走傷寒病患的名義把他們救走——這名醫師很清楚德國人不會想要接近罹患這種疾病的病人。其中兩名長相明顯是猶太人的同志用繃帶把臉包起來，躺在擔架上讓別人把他們抬走，其他人則戴上紅十字會的臂章並假裝成救援者。奇薇亞假裝自己是名衰老的農民，在樓房之間匆匆前進。他們穿越已經摧毀殆盡的城市，雖然途中有過幾次爭執，但還是成功逃離了——他們甚至在過程中騙過了一名因為「那些猶太土匪」而失去一隻眼睛的納粹，讓他用馬和拖車拉著他們走了一段路。後來奇薇亞離開了醫院，躲進了郊區。

蘇聯在一九四五年一月解放華沙，當時已三十歲的奇薇亞只覺得無比空虛。她描述了蘇聯坦克車駛進鎮上的狀況。「一大群人歡欣鼓舞地衝到外面去迎接坦克車開進鎮上的市場裡。」她寫道。「他們全都興高采烈地擁抱著這些解放者。我們這些倖存下來的孤獨猶太人則垂頭喪氣地站在旁邊。」[38]這是奇薇亞這輩子最難過的一天：她熟知的世界正式消逝了。[39]就像其他靠著大量工作適應戰後社會的倖存者一樣，奇薇亞開始全心全意地幫助他人。

倖存的波蘭猶太人只剩下戰前人口的百分之十，大約有三十萬人活下來。這些人包括了集中營中的倖存者、轉變身分躲起來的人、森林游擊隊和——占比最多的——戰爭期間一直住在蘇聯領土的二十萬名猶太人，其中有許多人都被關在西伯利亞的古拉格集中營（Siberian Gulag），他們被稱做「亞洲人」。這些猶太人回到波蘭後發現他們什麼都沒有——沒有家人，也沒有家。戰後波蘭就像「蠻荒西部」而且充斥著反猶情節。在一些小鎮上，尤其是在那些人們擔心猶太人會回來取回自己財產的地方，許多猶太人當街就被殺死了。[40]奇薇亞持續為猶太人提供幫助，[41]規劃逃跑路線。她在盧布林市聯繫上艾巴・科夫納，雖然他們原本決定要合作，但最後卻起了爭執。奇薇亞決定要優先打造猶太社群，艾巴則認為該立刻離開了波蘭——然後復仇。

各個社會運動組織付出了前所未有的努力整頓他們的波蘭基地，甚至派出使者去火車站說服那些「亞洲人」加入他們。奇薇亞回到華沙和倖存者一起勞動、建立安全的公社，吸引猶太人加入自由青年運動。她如同往常地成為了組織中每個人都仰慕的母親，但她從不表達自己的感受。

奇薇亞因為太過疲憊，終於在一九四五年要求「阿利亞」，這位來自拜騰鎮的社會主義猶太復國主義者抵達了巴勒斯坦——這是她已經延遲許多年的夢想。她覺得自己好像是奇蹟般地從死亡中復活了一樣，在看到那麼多訃聞後，這種感覺尤其明顯，然而，生活並不容易，她住在一座基布茲的小屋裡，英國人會在這裡進入依舒夫逮補各個領導人——這種活動會使她回想起德國人在隔離區遣送猶太人的「行動」。[42]她覺得這座基布茲在歡迎倖存者的部分做得不夠多。雖然她的姊妹也在這裡，但她因為替自由青年運動工作，根本沒有時間和親友見面，而且她很想念安提克，她顯然擔心他會因為愛調情的天性而捲入與其他女性的情愛中。[43]她的抑鬱和罪惡感與日俱增。她當時應該要在米瓦街十八號的。她本應死在那裡。[44]

自由青年運動立刻派奇薇亞到各地演說——她將之稱作「馬戲團表演」。[45]她收到無數團體的邀請，覺得自己不能拒絕任何人。有太多組織都想要她的支持，渴望她能用英雄氣概照亮他們。

一九四六年六月，六千人聚集到亞谷爾基布茲（Yagur）聽奇薇亞用堅定的態度，滔滔不絕地進行長達八小時的希伯來語見證，過程中她沒有使用任何筆記，把腦中與心理的想法都直接抒發出來。每個人都目不轉睛又呆若木雞。「她站在那裡看起來就像女王。」[46]一位觀眾後來說道，指的是她散發出的聖人氣質。她談論的內容和戰爭有關，和抵抗行動有關，也和ŻOB有關，但永遠都與自己的感覺和私人生活無關。雖然奇薇亞在過程中不斷為隔離區中的大量猶太人抗辯，呼籲眾人同理倖存者，但多數聽眾想聽的都是起義行動。

有些左派政客利用她的隔離區戰鬥經歷來進一步支持自己的政治理念，而且奇薇亞身為戰士的姿態十分符合這個新建國家的攻擊性政策。她顯然是因為他人的要求，所以開始減少批評依舒夫對華沙的支援不夠一事。同時，她對女性發出呼籲，推廣武器與英雄精神的重要性；她廣受喜愛，也幫助政黨獲得更多支持，但這些曝光與政治活動也使她筋疲力竭。每一次演說都要重新揭開傷口，再次喚起她的痛苦與罪惡感。她想要獨處，想要呼吸。

隔年，奇薇亞獲選成為瑞士巴賽爾市（Basel）猶太復國主義大會上的重要角色。她和安提克在瑞士碰面，找了一名拉比祕密結了婚。她回到以色列時已經懷孕了——她身上穿的是她平常在亞谷爾基布茲穿的那套洋裝，只不過變得更加貼身了。[47] 安提克在數個月後跟著她的腳步來到了以色列。雖然這對強大的伴侶擁有英雄聲譽——他們是華沙隔離區起義行動中碩果僅存的猶太復國主義指揮官——但他們後來都沒有在以色列獲得較高的政治地位，有可能是因為支持依舒夫的政治人物將他們神話般的地位視為威脅。安提克投入了下田務農，奇薇亞則在雞舍裡勞動。她避開了大眾的目光，根據與她比較親近的人的描述，她並不認為自己是特別的，她覺得自己只是做了該做的事。

奇薇亞在著作中強調，自己是專門受訓來做這些事的。多數猶太人根本不知道該做什麼，但這些猶太青年受的教育就是要為自己制訂目標並完成它們。當海希雅的女兒被問及她母親為什麼能在戰爭時有那些作為時，她立刻回答道，海希雅是從她父親那裡獲得了耐力，從青年衛隊那裡獲得了力量。[48] 海希雅自己也在六十年後反思時指出：「我們懂得如何分享、合作、尊重彼此、克服障礙、超越自我。我們當時並不知道，我們在未來那些年會有多需要【這些技能】。」青年運動是在猶太人覺得受到威脅的背景下出現的，他們教導參與者如何應對生存方面的難題，如何一起工作與生活，如何在各種層面上協作。

奇薇亞和安提克覺得他們需要一個能夠理解他們、也能紀念過去的社群，於是他們決定要成立自己的基布茲——這並非易事。自由青年運動擔心這個基布茲會太過聚焦在往昔的創傷，但隔離區戰士已經一而再、再而三地證明了他們不會心理崩潰。經過了一番艱困的努力後，他們建立了一座新的基布茲：隔離區戰士之家（Ghetto Fighters' House）。農場裡的多數成員都是大屠殺倖存者。奇薇亞靠著工作與母職（她不斷藉此保持平衡）抹除過去並迅速前進，就像多數倖存者會在日常生活中覺得「災難會毫無預警地襲來」[49]並害怕打雷閃電（他們會因此想起轟炸）一樣，這座基布茲裡的人也同樣受到創傷後的壓力與夜驚所折磨。不過整體來說，他們都很認真地勞動，希望能成為具有生產力的個體。後來安提克在那裡建立了以色列的第一座大屠殺紀念博物館與檔案，那是一座擁有弧形高屋頂、外觀簡潔優美的粗獷主義建築。他們呈現的敘事本身就已經引起了許多爭議，[50]就連基布茲成員也會因此起爭執。雖然他們與青年衛隊和以色列猶太大屠殺紀念館之間的不合，已經隨著時間流逝而逐漸淡去，但你還是能感覺到潛伏在平靜的表面下的緊張。

奇薇亞一直維持著她的原則，行事克制，以自由青年運動的理想為驅動力。她的生活節儉，強烈反對諒解德國與接受賠償金（唯有在她務實的一面插足時她才會同意），在里昂．尤瑞斯的逼迫下，她才終於為重要場合買下了一件新洋裝。[51]她唯一允許孩子們接受的禮物是書，他們因此是基布茲中最後一批獲得腳踏車的孩子。（安提克是個性浪漫的享樂主義者，他的物質享受則比較多一些。）奇薇亞在想要一個新的前陽台時，選擇蒐集石頭與錘子，自己建造了一座陽台。她一向認為日常行為是價值的標竿。雖然她鮮少談論相關議題，但她相信人必須在做出決定後堅持到底。她的座右銘是：「你要打自己的屁股一巴掌！」[52]

奇薇亞工作、旅行、管理基布茲的財務，熱愛閱讀新書、招待客人並養育兩名孩子。[53]她和安提克就像絕大多數的大屠殺倖存者一樣，在教養時會過份保護孩子。許多倖存者的父母都不會把過去告訴孩子，他們非常希望自己的後代能過上平凡的生活，但這種行為反而在不經意間製造了分裂。在以色列各地的各個基布茲中，孩童都要住在與家長分開的公共宿舍中，他們每天只有下午能和父母相處，導致他們創造出更嚴重的距離感，並在發展肢體親密關係時遇到問題。在「隔離區戰士之家」，孩童的噩夢與尿床問題特別嚴重，後來奇薇亞同意他們可以雇用一位心理醫師——她通常並不會允許基布茲額外花這麼多錢在外人提供的服務上。她也同樣因為兒子不斷哭泣而感到憂心忡忡，而且她必須在親子相處時間結束時，把還在尖聲哭喊的兒子留在孩童的居住區中。

奇薇亞並未從社會大眾的目光中消失。一九六一年，她在納粹阿道夫・艾希曼（Adolf Eichmann）受審時出庭作證，也曾有幾次不情願地同意參選以色列國會席位。她支持工黨，之所以會答應參選是因為她很清楚自己一定會輸。[54]工黨指派了政府的職位給她，但她辭退了，她比較想在基布茲工作，想要和家人在一起。相較於有名無實的領袖這種令人疲憊又得裝模作樣的工作，她比較喜歡烹飪和照顧家禽。一九七〇年代，知識分子開始把焦點從戰士個人的英雄事蹟上轉移到日常反抗行動上，由於奇薇亞主動避開眾人的關注，所以她的名字逐漸從以色列人的腦海中消失了。她出版過一本有關戰爭的書，那是安提克以她的演講為基礎編輯而成的。雖然她堅持自己的著作要在逝世後再出版，但這些作品中並沒有揭露任何有關她個人的資訊。她說：「你可以從一個人在句子裡使用多少『我』來判斷一個人的性格。」[55]

就算是在英雄夫婦奇薇亞和安提克的家中，過去也同樣被當作祕密。許多倖存者的孩子在成長過程中會隱隱感覺到刺探這些歷史並不安全，奇薇亞的孩子也同樣鮮少詢問父母的過往。她的女兒雅爾（Yael）是一名心理醫師，她一直都在思考：「為什麼當初我沒有要他們兩人坐下來，詢問這些事？」[56]她在還是個孩子時曾希望自己的父母是比較年輕並說希伯來語的薩布拉。他們的兒子希蒙（Shimon）覺得身為傳奇人物的小孩壓力很大，無法達到其他人的期望：「我該怎麼做？丟汽油彈嗎？去殺德國人嗎？到底該怎麼做？」[57]

許多倖存者的孩子則覺得自己承受了相對的壓力：他們要達成父母無法達成的成就，必須為整個大家庭達到他們的目標，同時還必須一直保持開心，證明自己的父母倖存下來是一件正當的事。[58]有些孩子則因為「平凡」的生活而承受壓力——有些人用不結婚作為反抗手段，還有些孩子因為父母要求他們進入醫療等特定行業而覺得受到逼迫。（「哲學家在森林裡一無是處。」[59]一位游擊隊倖存者這麼告訴他住在加州的兒子。）許多孩子都因此進入了心理健康和社工領域。

在奇薇亞逝世前，她的媳婦生下了孫女愛歐（Eyal），這個單字正好是ŻOB的希伯來語。[60]奇薇亞抱著嬰兒在眾人面前哭了起來，這是她離開波蘭的森林之後第一次當著眾人的面哭泣。愛歐在公開談論家族歷史時，把自己喜歡閒談的個性歸功於她的祖母，她小時後一直和祖母很親近。她很希望自己能更了解祖母的內心世界，如今她把奇薇亞的書當作自己的力量泉源。奇薇亞的書描述的是一名照顧者，也是一名實幹家，她總是先人後己，對每個人（包括她自己）都抱持極高的標準。[61]

愛歐也進行了坦承的自我批判，這是來自自由青年運動的傳承。在一部有關愛歐的家庭的以色列紀錄片中，她質疑自己是否擁有足夠的力量能像奇薇亞一樣戰鬥。其他人批評波蘭人袖手旁觀時，她指出她自己也曾坐在接近戰爭區的餐廳裡享受屬於自己的時光。[62]

愛歐的工作是人力資源管理，她像祖母一樣組織其他人，與此同時，她的妹妹羅妮（Roni）則跟隨著奇薇亞的戰鬥腳步。羅妮是以色列軍隊中的第一位女性戰鬥機飛行員，她常把長長的髮辮垂在背後，與同袍站在一起時十分醒目。羅妮鮮少公開發言——雖然有部分原因在於她的軍人身分，但較大的原因其實是她繼承了祖母的沉默寡言。她秉持著「超道德觀」（hypermorality），[63] 為了祖母而活。[64] 雖然她從沒見過祖母，但她覺得祖母「安靜領導的力量」非常美。這兩姊妹開玩笑說，祖克曼家族的傳統就是要把每件事都藏在心中，遇到任何問題都只能用一個詞語回答。最重要的是：「祖克曼家的人從來不哭。」[65] 愛歐說，她從祖父母那裡學到的最重要的一件事是：「你永遠都不可能徹底控制環境，但你可以控制你的反應。你必須相信自己能活下去。」[66]

奇薇亞常常說：「我只是在試著死去，但我倖存了下來。命運決定了我應該生還，我沒有其他選擇。」[67] 儘管奇薇亞過上了贏家的一生，但她卻一直受到罪惡感所困。[68] 她本可以拯救更多人，可以更早做到更多事。從華沙開始出現的悔恨——錯失了機會的感受，逝去的戰士——從沒有消逝過，而是隨著她的倖存而逐日增長。我為什麼會倖存？是她不能停止思考的問題。

奇薇亞無法停止的另一件事是抽煙的習慣。到了六十多歲時，抽煙與自責腐蝕了她的身體，她罹患了肺癌，但她仍努力如常工作。她在一九七八年逝世，享壽六十三歲。依照安提克的要求，奇薇亞的墓碑上沒有姓，只有名字。「奇薇亞是傳奇。」她的兒子解釋道。因此，墓碑上不需要其他字句。[69]

失去她之後，安提克在戰後重建的脆弱生活碎裂了。他不想要活在一個沒有奇薇亞的世界中，因而違反了不能喝酒的醫囑。「他努力死去。」愛歐說。[70]儘管安提克充滿魅力，天生容易感到快樂，但他仍深受過去所困，放不下昔日的經歷，責備自己沒有救下家人，因為戰時的許多決定而感到煩憂。他從不曾停止思考當時是如何殺死了一個可能是線人的人，如果那個人其實是無辜的呢？隨著時間流逝，安提克的懊悔越來越深刻，他說懊悔「就像是從地底汩汩噴湧而出的岩漿」，[71]不斷反思過去與現在如何交纏在一起。在領導華沙隔離區起義後，住進基布茲摘水果是非常困難的生命旅程。許多戰士都因為在二十多歲經歷了創傷與超戲劇化的事件，所以再也沒有真正找回過自己。[72]安提克在奇薇亞逝世的三年後死亡，當時他正搭著計程車前往奇薇亞的紀念儀式。

「奇薇亞是樹枝，而安提克則是樹幹。」雅爾說。「如果樹枝折斷了，無論樹幹看起來有多強壯，它都會死亡。」[73]

以色列的環境嚴苛，不過對於生活在戰後波蘭的戰士來說，日子也同樣難熬，因為波蘭在戰後由蘇聯控制了數十年之久。在充滿監視與恐懼的環境中，任何在戰爭期間曾對波蘭救國軍表現忠誠的人，都有可能會被視為「波蘭民族主義者」，變成共產黨政府的反叛者——並因此面臨生命危險。[74]許多曾幫助猶太人的波蘭人，都因為擔心別人會指控他們站在國家的對立面，而隱瞞自己曾做出這些英勇舉動。一位波蘭女人曾庇護過一個猶太家庭，在猶太家庭搬到以色列後，她必須要求他們別再寄感謝禮物和以色列國旗給她，因為這些禮物會使鄰居起疑。[75]

就連波蘭的猶太人也會壓抑自己的過去，切斷許多聯繫。當初把利妮亞從牢裡救出來的「哈莉娜」，真名是伊雷娜．格布倫（Irena Gelblum）。[76]她和男友卡齊克在戰後前往巴勒斯坦。但她很快就離開了，轉而攻讀醫學、成為記者，後來前往義大利，改名為伊雷娜．康提（Irena Conti），成為了著名詩人。最後她回到波蘭常居，但時常改變自己的身分資訊與來往的朋友，過去成為了她越藏越深的祕密。

還有些人的生活則比較公開。參加過童軍的天主教徒伊雷娜・亞達莫維奇在波蘭國家圖書館（Polish National Library）工作。[77]她沒有結婚，一直照顧她的母親，常和戰時認識的朋友來往。伊雷娜持續和她合作過的猶太女性通信，在一九五八年造訪以色列——這是她生命中的亮點。她這輩子一直極為擔心自己會孤單地死去，然而隨著年紀漸長，她卻變得越來越離群索居。她在一九七三年走在街上時驟逝，享壽六十三歲。一九八五年，她在以色列猶太大屠殺紀念館獲得了國際義人（Righteous Among the Nations）的稱號。

對部分倖存者來說，活下來的折磨令他們無法承受。海柯成功抵達了巴勒斯坦，[78]她和利妮亞搭同一班火車抵達，不過她的抑鬱症狀卻越來越嚴重。她和貝尼托搬到了青年衛隊的蓋爾昂基布茲（Gal On），試著想融入基布茲的生活。海柯在無數活動與會議上發表演說，但她和青年衛隊卻爆發了衝突。青年衛隊從她的日記中摘錄部分段落放在出版品中——但這些段落都經過了大幅修改和刪減，甚至逆轉了她對依舒夫的批判（她指責依舒夫做得不夠多），並抹除了她對反抗行動是否會成功的疑慮。海柯不是被噤聲，而是被審查了。她的文字與思想（對於像她這樣的知識分子來說，這些是她的身分），已經被她獻出生命的運動所竄改。

她躲避納粹時開始出現的有關死亡的思想雖會盛衰消長，但從不曾完全消失。她和貝尼托搬到了哈奧根基布茲（Ha'Ogen），這裡的老朋友更少了。他們住在一間用柑橘貨箱蓋成的房間裡，海柯開始聚焦在享受家庭生活上。她開始把自己的日記編撰成冊，終於能感到快樂了，不過這種快樂卻讓她產生了罪惡感。由於她沒有工作年資，所以要在基布茲找到永久性的工作很困難——她想要的兒童之家職位尤其難以獲得。在經歷了過去的種種遭遇後，她必須從零開始。「她在戰爭時領導反抗行動，起身反抗蓋世太保，」她的兒子亞維胡寫道，「但現在，她只是海柯．R而已。」（她把自己的姓氏改成了貝尼托的姓氏羅南〔Ronen〕，貝尼托在更之前的姓氏是羅森伯格〔Rosenberg〕。）接著海柯懷孕了。她在懷孕期間會在半夜醒來，看見各種幻覺，貝尼托開始理解到這些狀況是「心理疾病」，他們當時用這個詞彙來指稱包羅萬象的問題，因為當時的人還不太了解創傷後壓力症候群（PTSD）和集體創傷。哈奧根基布茲裡的人在對待倖存者時和對待其他人沒有什麼不同，他們也完全不討論自己的過去。對他們來說，重要的是基布茲的規則、是農場成員在勞動力中的角色，重要的是當下。

她把兒子命名為茲維，以資紀念茲維．布蘭德斯。

海柯沒有能理解她的倖存者社群，沒有人能和他一起緬懷過去或幻想復仇，她沒有交到太多朋友。（這個基布茲中，多數人說的是匈牙利語。）此外，貝尼托的前女友也住在這裡。青年衛隊派海柯去進行雞舍工作的訓練，而不是如她所想要的去攻讀研究學位。重要的工作都被派給男人了，而她的事業目標，也就是成為一名無需偽裝自己的學者，變成了破滅的夢想。

海柯發現她的其中一個姊妹還活著，這讓她有了一些希望與穩定感。但接著青年衛隊的領導人下了決定，要派當時仍在難民救助中心工作的貝尼托回到歐洲。他們要求海柯放棄她為自己建立的舒適環境，回到她險些無法逃脫、浸滿了鮮血的歐洲大陸。

她沒有在歐洲逗留太久，便回到以色列生下她的次子，也就是後來成為學者的亞維胡。她罹患了嚴重的產後憂鬱症，連續好幾週都無法下床，因為擔心自己會被下毒而不敢吃藥。她被強制住院，之後沒有人討論她的病況——這種疾病是禁忌。

回到基布茲後，海柯疏遠了本津鎮的朋友，也找不到地方能一展長才。接著，在她第三次懷孕的期間，有人未經她的許可就引用她的日記來批評青年衛隊的領導人，使她身陷激烈的爭論核心，她再一次被迫面對她經歷的真相與她對青年衛隊的忠誠之間的衝突。她再次遭受產後憂鬱症的折磨，被送進醫院。海柯在療程中被迫談論蓋世太保的刑求。這種介入治療使她產生創傷，因而拒絕進一步的醫療幫助。

雖然亞維胡還記得曾和母親有過快樂的回憶，但他也記得母親曾在發作時用毛巾包住自己的頭，就那樣一聲不吭地坐著。她倖存下來了，她想要達成青年衛隊分派給她的任務：把她見證的事件告訴其他人。但到了最後，她卻覺得自己「被判處了活下去的刑罰」。在多次嚴重的抑鬱症發作後，海柯終於在四十二歲時同意回到醫院裡。一天晚上，她穿著長外套來到兒童之家，她是來道別的。

那是一九五八年四月，隔天就是華沙隔離區起義的十五週年。那天早上，海柯・克林格在一棵樹上上吊自殺了，距離三個兒子玩耍的基布茲幼兒園不算太遠。

並不是所有人都能在倖存之後活下來。[79]

Chapter

31 被遺忘的力量

1945 年

利妮亞或許沒有機會能在基布茲中對想要跳舞的那群人發表演說，但多次的演講經驗卻帶來了另一個出乎預料的轉折。這天，某個難民營的幾位信使提到了利妮亞的名字。接著一名男人當場昏倒了。

他是利妮亞的哥哥。[1]

茲維．庫基烏卡逃到了俄羅斯，加入了紅軍。他們的弟弟亞倫也還活著，他靠著金髮的漂亮外貌、魅力與優美的嗓音在勞動營倖存下來，在教堂唱詩班裡唱歌。如今茲維和其他倖存下來的難民一起被据留在賽普勒斯島上的一個骯髒難民營中。兩兄弟最後成功抵達了巴勒斯坦。[2]

雖然利妮亞早有預感，但仍對莎拉能生還下來抱持著希望——你永遠也沒辦法確知這種事。但在抵達巴勒斯坦後，她得知了姊姊在斯洛伐克邊境的比爾斯科鎮被抓了，跟著她一起被逮捕的還有一群反抗運動的同志和孤兒。[3]她最後一個記錄在案的請求是：「拜託你們照顧我妹妹利妮亞。」[4]

一九四五年，利妮亞的書為她找到了聽眾。她在詩人暨政治家札爾曼．夏札爾（Zalman Shazar）的鼓勵下，[5]用波蘭語完成了回憶錄。哈基布茲漢姆查德（Hakibbutz Hameuchad）是一個出版了許多反抗運動倖存者經歷的組織，他們找了著名的以色列譯者海伊姆・班－亞維朗（Chaim Shalom Ben-Avram）把利妮亞的作品翻譯成希伯來文。[6] 希伯來文的版本收到了很好的迴響。帕拉馬赫（Palmach）＊的早期戰士與依舒夫地下軍隊的菁英軍旅，都會把這本書放在他們的背包裡。[7]

先驅者女性組織（Pioneer Women's Organization，納馬特組織〔Na'amat〕＊＊的前身）摘錄了利妮亞的經歷，將之翻譯成意第緒語，列印在《隔離區裡的女人》一書中。一九四七年，雪倫出版社（Sharon Books）將整本書翻譯成英語出版，書名是《逃離深坑》（*Escape from the Pit*）。雪倫出版社在曼哈頓下城的地址和先驅者女性組織是同一個。為這本書寫序的是路德維希・劉易士（Ludwig Lewisohn），他是布蘭迪斯大學（Brandeis University）的創辦人之一，也是許多重要歐洲著作的譯者。

在一九四〇年代晚期，有許多評論家曾提及《逃離深坑》：其中一位評論家在討論美國大屠殺出版品（過度）增加時提及此書，另一位評論家則建議學生閱讀這本作品。[8] 至少有一位利妮亞之外的倖存者在作證時提及這本書，[9] 並批評書中的描述太過聚焦在自由青年運動。利妮亞曾替倖存者出版的札倫比紀念冊撰文，[10] 也曾替一本描寫法蘭卡和韓希的文集撰稿。寫作是一種治療的過程，她將痛苦注入文字中，經過了這一段淨化後，利妮亞覺得自己得以繼續前進了。[11]

不過譯成英文版的著作卻隨著時間流逝而逐漸從眾人的視線中消失。或許是因為氾濫的美國大屠殺出版潮淹沒了利妮亞的著作；或許是因為其他人所說的，許多猶太人在一九五〇年代出現了「創傷疲勞」，導致利妮亞的故事不再流行；[12] 也或許是因為利妮亞還活著，不像漢娜・西納許和安妮・法蘭克一樣已經逝世了，所以導致她的著作失去了吸引力——活人比較難成名，加上她沒有推廣自己的作品，也沒有成為倖存者的發言人；其實，出版這本書的目的是把波蘭拋在腦後。

重生實在太重要了。[13] 利妮亞的座右銘是：「事情發生了之後，終究會過去。」利妮亞一直和她的兄弟與其他同志保持著緊密的聯繫，尤其是哈夫卡。但她同時也認真投入了基布茲的生活、做體力勞動工作、加入社群活動，並首次開始學習希伯來文。

接著，利妮亞在他人的介紹下認識了阿基瓦．赫斯科維奇（Akiva Herscovitch）。阿基瓦來自延傑尤夫鎮，在一九三九年戰爭爆發前就完成了「阿利亞」。利妮亞還在波蘭的時候，認識阿基瓦的妹妹和他富有的父親，而在阿基瓦的記憶中，利妮亞是個年輕又有魅力的青少女。他們迅速墜入愛河，利妮亞再也不是孤獨一人了，她在一九四九年正式變成了利妮亞．赫斯科維奇。

阿基瓦不想要住在基布茲，因此，儘管利妮亞很傷心自己必須遠離同志情誼與她十分喜愛的達夫納基布茲，她還是選擇了和愛人在一起。他們搬到了以色列風景如畫的重要港口海法市，位於迦密山（Mount Carmel）的山坡上。她在以色列猶太事務局（Jewish Agency）工作，接收坐船來到這裡的移民，一直工作到一九五〇年孩子出生的兩天之前。在經歷了過去的種種遭遇後，她又遇到了另一個需要克服的障礙：她以被殺死的弟弟雅科夫（Yankel）的名字將孩子命名為亞科夫（Yakov），而亞科夫一出生就有部分肢體癱瘓的症狀。利妮亞停止工作，全心全意地治癒他——而她成功了。

五年後，她生下了女兒，以母親的名字將她命名為莉亞，莉亞和她母親長得很像，同樣態度堅定。後來利妮亞開玩笑地替她取了一個綽號叫卡拉夫塔（Klavta），在意第緒語是「賤人」的意思。利妮亞一直都誠心祈求能生一個女兒，她覺得用母親的名字替小孩命名，是她唯一能榮耀回憶的方法。許多倖存者的孩子都覺得自己像是死去親戚的替代品，[14]尤其像是那些他們素未謀面的祖父母的替代品。「消失的親戚」對許多倖存者家庭造成了衝擊，這些家庭的成員往往沒有祖父母、叔伯姨姑和表親，他們必須扮演異常的角色，在接下來的數個世代改變親族關係的結構。[15]

＊編按：為英國託管巴勒斯坦時期猶太地區的地下武裝軍隊，直到以色列建國成軍才解散

＊＊編按：以色列的婦女組織，隸屬於勞工猶太復國主義運動。

利妮亞在孩子還小的時候沒有外出工作。她個性風趣又精力旺盛，[16]說話機智、反應快，具有良好的判斷力。她仍舊充滿魅力，依然注重衣著，她有數十套西裝裙套裝，每一套都有相對應的鞋子、手提包和飾品。儘管她在頭髮轉白時已經七十二歲了，她仍因此感到恐慌。（想當然爾，她從沒有見過自己的母親逐漸變老。）[17]根據亞科夫所述，他在成長過程中最常和母親發生爭執的原因是他的外表，因為母親總是覺得他看起來過於服儀不整。

等到亞科夫和莉亞長大一點之後，利妮亞回到職場，在幼兒園擔任助理，那裡的孩子全都很喜愛她。接著，她又換了一份工作，到醫療保健診所擔任行政主管。她自學成才，在左派的勞工黨仍舊保持活躍。而她的丈夫阿基瓦則先後擔任了大理石公司與電力公司的主管。他不但學識淵博，同時也是一名創作馬賽克鑲嵌畫與木刻版畫的藝術家，作品掛在當地的猶太會堂中。雖然阿基瓦從小出生在宗教虔誠的家庭裡，但他不再信神，因為他的大多數家庭成員都被殺死了。他拒絕說出任何一句波蘭文，每當他不希望孩子聽懂他說什麼時，他會使用意第緒語，而他們一家人在家裡說的是希伯來語。

雖然利妮亞時常為隔離區戰士之家的學生演說、和自由青年運動的同志保持聯繫，[18]並會花好幾個小時與情緒敏感的哥哥茲維分析過去經歷，但她鮮少和她的新家庭談論大屠殺。她想要讓孩子看見的是喜悅，她想要鼓勵他們探索世界，因他們的生命中充滿了書籍、講座、音樂會、古典樂、手做餅乾、自製格菲特魚（她母親的食譜）、旅行和樂觀的態度。她熱愛唇彩和耳環。每週五晚上，他們家都會擠進五十個人。播放唱片、跳著探戈，彷彿身在舞廳。亞科夫在青少年時期加入了青年衛隊，因此不能參加母親舉辦的跳舞派對或和他們一起喝酒。「人生苦短。」她說。「享受一切事物，感謝一切事物。」

雖然亞科夫和莉亞的家充滿歡樂，但他們仍能感知到過去的陰影。儘管他們不太理解利妮亞的過去，但他們能感覺到自己正在吸收那些過去。[19]莉亞在十三歲時讀了母親的回憶錄，但沒辦法理解大部分的內容。亞科夫把自己的姓氏從赫斯科維奇改成以色列的姓氏哈洛（Harel），藉此遠離父母的歐洲過去。他自認為悲觀主義者，在四十歲時才初次閱讀母親的著作。

「我父親對待利妮亞的態度就像對待伊卓格（etrog）一樣。」莉亞說。伊卓格是住棚節期間使用的節慶柑橘，這種柑橘稀有且昂貴，必須裝在小盒子裡，用柔軟的絲狀棉花或馬鬃保護。「她很強大，但同時她也很脆弱。」[20]雖然利妮亞被要求在艾希曼受審時作證，但阿基瓦不讓她去，擔心作證會使她承受太多壓力。利妮亞從來沒有要求德國人提供經濟補償，這是因為她不希望自己因此非得要描述過去的經歷。她沒有欠德國人任何東西，不管是她的時間或是她的故事。利妮亞一家人會在大屠殺紀念日關掉電視。每個人都擔心利妮亞的回憶對她來說太難以面對，擔心她會崩潰——又或者，也許他們是擔心自己會崩潰呢？「我害怕她的經歷會傷害我。」亞科夫後來承認道，他和他母親一樣誠實。

亞科夫在以色列理工學院（Technion-Israel Institute of Technology）獲得學士學位，成為了工程師，在退休後於二〇一八年初次觀看大屠殺紀念日的節目。利妮亞的兩個小孩都很久沒讀她的回憶錄，細節已經逐漸變得模糊了。利妮亞在六十多歲閱讀自己的著作時感到不可置信：她是怎麼做到這些事的？她對那段時期的記憶只剩下自信心與對復仇的極度渴望。她的成年生活則截然不同：充滿了快樂、熱忱與美好。

利妮亞在離開波蘭後翻開了人生中新的一頁，數千頁，成為一本嶄新的生命之書。

⁂

利妮亞每天早上都會和哥哥與弟弟通電話。來自比亞維斯托克市附近的五名倖存者會在每晚十點一起聊天，[21]其中也包括海克．格羅曼，她後來變成了國會中著名的以色列自由派議員。[22]法妮雅一直和其他來自聯合工廠並在手做的心型卡片上簽名的數名女人保持聯繫，她們現在會前往各大洲拜訪彼此的家人。[23]維爾納市的游擊隊中有許多成員在戰後一直都保持緊密的關係，他們的後代仍會為了年度紀念活動相聚。許多在森林裡談戀愛的猶太人為彼此冒了生命危險，這段戀情在戰後維持數十年之久。如今共有兩萬五千人是畢爾斯基游擊隊拯救過的猶太人的後代，[24]他們被稱做「畢爾斯基寶寶」。在集中營、隔離區與森林中認識的

「姊妹」變成了彼此的代理家人，她們是彼此僅存的年輕時代舊識。[25]

但是，並不是所有人都能在戰後延續這種同志情誼。或許是因為在大屠殺期間，貝拉・哈札花了很長的時間獨自過著偽裝的生活，所以她在戰後也是獨自生活，她創造出了一個新世界，把回憶全都保留在心中。「我養育孩子，專心過我的日常生活，努力壓抑我的過去。」她寫道。「我不想要我的孩子在大屠殺的陰影之下成長。」但是，毫無疑問，過去「仍然活在我的心中，具有同樣強大的影響力」。[26]

當年蘇聯紅軍逐漸靠近奧斯維辛集中營時，貝拉在集中營的病房工作，她在一九四五年一月十八日被送進了一支前往德國的死亡行軍。她衣衫襤褸、沒有鞋子，在雪地裡拚命走了三天三夜，沒有食物也沒有水喝。只要前進的腳步沒有跟上節拍、只要在原地停留、只要彎下腰撿雪來消除極度的口渴，就會被當場射殺。數千人在路途中死去。納粹以為貝拉不是猶太人，因此在貝拉病重時把她送到了拉文斯布呂克集中營（Ravensbruck）的一個附屬集中營，接著又被送到萊比錫市（Leipzig）附近的勞動營，她在那裡自願擔任護士，趁著把患病囚犯帶出勞動營時逃離那裡，前往美軍占領區。她在一九四五年不斷地撰寫回憶錄，第一章的篇名便是「從死亡行軍——到存活」。

美國人在看到骨瘦如柴的貝拉時和她一起哭了起來，他們幫助貝拉抵達巴黎的猶太復國主義辦公室，她在那裡終於能卸下「布朗斯拉娃・林曼諾斯卡」這個雅利安身分，長達多年的可怕偽裝終於結束了。她和來自巴勒斯坦猶太軍旅（Jewish Brigade）的軍人見面，他們把她帶到義大利去。來自猶太軍旅的其中一人是記者海姆・札辛基（Haim Zelshinki），他在採訪了貝拉後報導了她的故事。貝拉在義大利任職輔導員的三個月時間，引導了四十三名倖存者並傾聽她們的可怕遭遇，這些倖存者大多來自游擊隊的家庭營地，全都是六到十四歲的女孩。這個團隊被稱做「法蘭卡群組」，[27]是以法蘭卡・普洛尼卡命名的，而法蘭卡在死後獲頒波蘭十字勳章（Order of the Cross）。[28]

比亞維斯托克市的信使海希雅的狀況也類似如此，她在渥茲市建立了兒童之家，並在沒有任何正式訓練的狀況下替七十三名來歷各異、但都同樣受到創傷的猶太孤兒做諮商，[29]這些孤兒過去曾躲在修道院、波蘭人的家中、游擊隊的基地、蘇聯領土、死亡營、櫥櫃中和森林裡。很多年後，一些被猶太人重新找回來的孩子都對兒童之家的早期作為提出質疑：當時這些孩子遭受嚴重創傷、渴望穩定、想要成為家庭的一分子而非猶太民族的一分子，兒童之家的人改變這些孩子的生活方式，真的是對的決定嗎？但根據海希雅所述，當時他們擔心孩子和他們原本的保護者在波蘭的人身安全，而且從道德上來說，允許僅存的少數波蘭猶太人融入基督教家庭是他們無法接受的事。海希雅經歷了為期兩年的旅程，帶著她的孤兒來到巴勒斯坦，後半輩子都一直和他們保持聯繫。

一九四五年，貝拉和那群女孩移民到巴勒斯坦，她在那裡與記者海姆結婚，兩人把姓氏改成更像以色列人的雅利（Yaari），養育兩名孩子。雖然貝拉具有自由青年運動的背景，但她從不覺得自己和其他地下戰士有連結，她意識到隔離區戰士之家是一個對外封閉的社群。她把過去放在心底——但她永遠都不會忘記那段經歷。

一天，珀恩卡·基爾班斯基（Bronka Kilbanski）聯繫了貝拉。珀恩卡是比亞維斯托克市的一位信使，如今在以色列猶太大屠殺紀念館工作。還在隔離區時，珀恩卡曾和莫迪凱·特南波姆談過戀愛，而特南波姆是塔瑪被殺死之前的未婚夫。珀恩卡把特南波姆的許多文件藏在比亞維斯托克隔離區，特南波姆為了保險起見，也把塔瑪在蓋世太保聖誕節派對上的照片交給了珀恩卡，那張照片上有貝拉、朗卡和塔瑪，後來變成了罪證。現在珀恩卡要把這張照片交給下一個人。貝拉把這張珍貴的照片放在床頭，後半輩子再也沒有拿下來過。[30]

一九九〇年，隔離區戰士之家聯絡了貝拉，希望能出版她四十五年前完成的回憶錄，一開始貝拉因為害怕面對過去的恐怖回憶所以拒絕了。但她最後還是決定要出版回憶錄，她要為了那些沒有活下來的無辜的人與勇敢的人說出自己的故事。她這麼做，是因為朗卡臨終前躺在病床上這麼要求過她；她這麼做，是為了她生活安適的孩子們、為了她的孫子以及往後的世世代代。

貝拉的兒子約爾（Yoel）說，[31]貝拉非常謙虛，從不認為自己是個英雄，也從來沒有要求過賠償和表彰。她在一九九〇年代之所以會收到來自游擊隊組織的勳章，是因為約爾用她的名字去做了申請。事實上，貝拉因為沒有拯救家人而受到罪惡感的折磨。對許多戰士來說，最重要的是成為一個正直的人與幫助其他比較不幸的人，對貝拉來說也一樣，她後半輩子都致力於幫助窮困者與患病者：她自願在醫院幫助盲人。（而同樣是戰士的安娜．海爾曼，在加拿大成為兒童援助協會〔Children's Aid Society〕的社工，針對蘇丹的達佛地區〔Darfur〕人道危機對加拿大政府進行遊說。）[32] 貝拉的丈夫是知識分子，貝拉則務實且善於交際，有數十名女性朋友。「每次她搭完公車下車時，」她的兒子開玩笑說，「至少都會拿到一個新的電話號碼。」[33] 她在老年之後寧願住在養老院，也不想獨自一人，在八十多歲時開始熱衷於詩作與劇場。她個性樂觀、樂於助人、總是足智多謀。

在她死後，身為神經生物學家的約爾找到了她在奧斯維辛集中營的犯人照，那是她在第一個淫冷又可怕的日子拍下的照片。照片上的貝拉笑得很美，看起來勇敢又強壯。他就像許多倖存者的孩子一樣，對母親的過去經歷只有片段的了解，覺得自己好像在抓取模糊不清的回憶、抓取不連貫的情緒軼事，但他看到的始終不是完整的故事。[34] 他開始執著於母親的過去，受到他從沒有開口詢問的細節折磨，花了好幾年的時間研究她、書寫她，把她的崇高事蹟傳承下去。

❦

在波蘭解放的數天後，蘿希卡在維爾納市的外圍看到一位母親抱著一名瘦小的男孩。男孩正哭哭啼啼地對母親說話——他說的是意第緒語。蘿希卡在隔離區從沒哭過，在森林裡也從沒哭過，但此時，她卻淚流滿面地啜泣起來，她原本很確定她再也不會聽到任何猶太小孩的聲音。[35]

薇特卡和蘿希卡陪伴彼此度過了戰爭時期，戰後她們也同樣一起度過了大半人生。不過在那之前，她們曾短暫分開過一陣子。在解放之後，艾巴派了薇特卡到格羅德諾市去檢視猶太難民的狀況，尋找猶太復國主義者，再向組織回報。過程中，薇特卡因為擔心越來越嚴格的巡邏而不得不從火車上跳下去。當時，只有來自集中營的人能自由地穿越邊界，許多沒有進過集中營的人都因此在身上刺青。

蘿希卡則被派去了立陶宛的考納斯市（Kovno），接著又被派到羅馬尼亞的布加勒斯特市（Bucharest），擔任游擊隊的「外交大使」，和依舒夫的職員見面，說服他們把所有倖存者帶去（以色列）。艾巴很清楚，蘿希卡的身分與性格非常適合這項工作——人們會信任蘿希卡。然而，這趟旅程很艱辛，戰後的波蘭已經被破壞殆盡了，非常危險，但她卻因為能夠自由地走在路上、不用擔心自己會立刻被殺死，而感到很困惑。蘿希卡的經歷對依舒夫的眾多代表來說具有極高的吸引力——她的經歷是戰士的故事，而不是一齣慘劇——領導人因此下令她直接前往巴勒斯坦分享她的過去。

她在前往巴勒斯坦的路上用假證件偽裝成另一個人的妻子。搭船的過程非常孤獨，令人徹底失去方向感。儘管「阿利亞」一直以來都是她的夢想，但如今她卻開始覺得自己像是無根的浮萍。她進入了非法猶太移民營亞特利特（Atlit），對那裡的可怕環境感到無比震驚。沒有人到這裡來接她，她覺得自己被遺忘了，只能束手無策地被困在這裡，直到她的故事流傳了出去。突然之間，各個領導人與他們的妻子開始川流不息地拜訪她，她覺得自己簡直像是「供人參觀的新奇玩意」。後來，終於有一位領導人替她取得了偽造的醫療文件，宣稱她罹患結核病，她因此獲釋。她被派去進行演說巡迴，敘述自己的經歷，每個人都深受她的性格與過去所吸引：她敘述的雖然是可怕的暴行，但卻是來自戰士的觀點。許多人都記得她就是「第一位信使」。

對蘿希卡來說，這一切並不容易。她覺得許多依舒夫的領導人並不理解她，他們只是對新奇的論述感到著迷而已。大衛・班－古里昂（David Ben-Gurion）是當時勞工猶太復國主義者的領袖之一，他在不久後成為了以色列的第一位總理，他曾在一次令人情緒激動的作證後走上臺，侮辱蘿希卡說的意第緒語聽起來是一種「刺耳的語言」。[36] 蘿希卡住進了一個基布茲，開始撰寫她的回憶錄，但她很寂寞，她寫了一封懇求信給當時「還在作戰」的薇特卡。

薇特卡很生氣蘿希卡離開了——她的一部分生命已經因此終結了。她不知道要如何回覆這些信，便一封信也沒回。她和艾巴在維爾納市正式結為夫妻，但當時俄國人因為艾巴是猶太復國主義者而追捕他，所以他必須離開。薇特卡在某一天決定，是時候該跟隨艾巴的腳步了——她連哄帶騙地搭上了一班前往盧布林市的飛機，她把那裡稱做「充滿醉鬼和殺人犯的城鎮」。[37]那裡的猶太復國主義者從早到晚都待在一間公寓裡談天說地、分享過去經歷、大哭大笑。他們建立了地下組織「布理查」，把猶太人違法偷運到巴勒斯坦，而薇特卡負責打點地下祕密網絡，帶領猶太人步行到邊界。

艾巴仍舊全心全意地想要復仇。他和薇特卡召集了猶太戰士，建立了新的「復仇小隊」（Avengers），由他擔任領袖。他們的基地在義大利，聚焦於報復與破壞，把戰士派到歐洲各地，在關押被逮捕的納粹的營地附近準備行動。薩爾達．崔格先前曾被派去尋找倖存者並把猶太人偷運至國外，她在結束了這些任務後受到招募，加入了復仇的任務，負責轉移資金、幫助參與行動的成員並替他們尋找安全屋。艾巴按照自己的計畫前往巴勒斯坦，取得了毒藥，薇特卡則因為擔心戰士的心理穩定程度，前往各個小隊探視他們。艾巴在回程的路上被逮捕，關進了開羅市的監獄。他把毒藥寄給薇特卡，薇特卡則利用假文件上路，在經過了數次逮捕後抵達了巴黎。艾巴寄信要她執行備案，她便照做了，成為了「復仇的執行長」（the CEO of Vengeance）。[38]在德國紐倫堡市（Nuremberg）附近有一個美國人關押前納粹的營地，他們在營地的麵包裡下毒，使數千名德國人中毒患病。艾巴決定「復仇小隊」應該要在巴勒斯坦繼續他們的戰鬥，這個決定引發了許多衝突，有些人為了復仇任務回到了歐洲，但最後蘿希卡說服了許多人留在巴勒斯坦保衛這片土地。

薇特卡在一九四六年底達巴勒斯坦，她搭的是英國允許靠岸的最後一班船。不久後，她就住進了恩何列斯基布茲（Ein Horesh）的一棟房子裡，距離蘿希卡家只有十八公尺。儘管蘿希卡和薇特卡在戰後短暫分離，不過她們的成年時期大多都彼此糾纏在一起，她們的孩子也一起長大。蘿希卡嫁給了一名戰前「阿利亞」的奧地利人，薇特卡是第一個得知薇特卡懷孕消息的人。她們兩人都在森林裡生活時停經，以為自己再也無法懷孕了，生育對她們兩人來說是意料之外的驚喜。

薩爾達和丈夫辛卡（Sanka）也來到了巴勒斯坦，辛卡是森林裡的戰士。他們決定不要住進基布茲，而是住在內坦雅市（Netanya），後來又搬到了特拉維夫市（Tel Aviv）。薩爾達養育了兩名孩子，儘管辛卡不希望孩子接觸到大屠殺，但薩爾達堅持要把大屠殺的經歷告訴他們。[39]薩爾達做回了戰前的職業，成為幼稚園老師，她還在特拉維夫市中心開了一間熟食店。[40]從納粹戰士變成賣三明治——對這些倖存者來說，這種轉折十分尋常。

蘿希卡和薇特卡則都在基布茲裡工作，一開始她們在田裡耕作，這是非常有療癒效果的團體性活動。後來蘿希卡變成了教育者與基布茲的秘書。隨著時間流逝，她們開展新的工作生涯。由於基布茲希望所有倖存者能優先接受農場的「再教育」，所以不允許蘿希卡回去讀書，但最後她和艾巴一起成立了摩利沙（Moreshet），一間研究大屠殺和反抗行動的青年衛隊研究中心。該研究中心用不同的角度看待戰爭，希望能和自由青年運動的隔離區戰士之家做出區隔，並大量聚焦在女性與波蘭猶太人於一九三九年之前複雜而充滿活力的生活。[41]蘿希卡是摩利沙的領導人，她身任編輯、作家、歷史學家、社運人士，她同理、鼓勵並教導其他人。蘿希卡生病了許多年，但一直把病症當作祕密，連家人都不知道這件事。一九八八年，就在艾巴過世不到一年後，蘿希卡便因為癌症逝世了。蘿希卡的其中一個孩子約奈特（Yonat）是一名高中老師，繼承了這項「家族企業」，開始在摩利沙工作。

薇特卡的丈夫生活在大眾目光之下，薇特卡則變成了安靜的背景，將自己的熱忱轉向別處。她和艾巴與蘿希卡不一樣，她從來不談論自己的過去——尤其是她在波蘭的早年生活。[42]薇特卡在第一個孩子三歲時罹患了肺結核，她的醫師說她剩下四年可以活，她告訴醫師：「我會活下去。」[43]她也確實做到了。在接下來將近兩年的時間，薇特卡都被隔離起來，不能近距離見自己的兒子。在療養期間，她報名了歷史、英語和法語的函授課程。雖然醫師告訴她絕不能生第二個孩子，但她還是在數年後生下了一名女兒。養育女兒的過程也同樣充滿難題：醫師擔心女嬰會被她傳染，所以她被迫與嬰兒保持距離，也不能餵母奶。

薇特卡不安於基布茲的女人只能進出廚房與縫紉的生活，她開始協助建立孩童教育。她在四十五歲時進入大學受訓，[44]成為臨床心理治療師，並取得了學術學位與研究所學位。她是喬治．斯特恩（George Stern）的學生，[45]斯特恩是一位個性激昂又不同尋常的醫師，他的專長是用直覺和他要治療的年幼孩子相處——而這也正是薇特卡的強項。她發明了一個方法，讓有精神疾患的兒童用顏色表達自我，在他們尚無法清楚表達的心靈中找到道路，就像她過去在沒有地圖的狀況下在森林中找到前進的道路一樣。她建立了非常成功繁忙的診所，也訓練了許多對這種技術有興趣的治療師。她在八十五歲退休。

薇特卡和女兒希蘿米特（Shlomit）之間的連結複雜又緊密，[46]在薇特卡死後，摩利沙出版了一本有關她的著作，希蘿米特為這本書寫了幾首有關薇特卡的詩。薇特卡的兒子麥可（Michael）住在耶路撒冷，是一名藝術家，他為父母的經歷創造出圖像小說與文字作品。在問及他母親的性格時，他立刻回答道：「她擁有一種非猶太人的氣質。雖然她的外表明顯是猶太人，但她的個性非常不像猶太人，她是會主動走向危險的那種人。」他解釋說，薇特卡很容易受到其他人敬畏的那種人所吸引，例如艾巴和斯特恩。無論在實質上還是在比喻上，她都對火焰很著迷，會想要觸碰火焰。「她不在乎規則，個性膽大妄為。」[47]

薇拉德卡．米德搭上了第二艘載著倖存者前往美洲大陸的船，抵達了美國，[48]和她的丈夫班傑明定居紐約，班傑明曾幫她在旅行袋中縫製夾層。抵達美國不久後，先前曾把資金送到華沙的猶太勞工委員會就派遣薇拉德卡進行演說，描述自己過去的經歷。薇拉德卡和班傑明後來積極參與打造大屠殺倖存者組織、紀念館與博物館，其中也包括位於華盛頓特區的美國大屠殺紀念博物館（United States Holocaust Memorial Museum）。薇拉德卡變成了相關領域公認的美國領導人之一，她籌備有關華沙隔離區起義的展覽，也發起並主導有關大屠殺教育的國際研討會。薇拉德卡一直和她過去認識的聯盟黨人保持聯繫，她後來成為猶太勞工委員會的副主席，每週都在紐約意第緒語廣播WEVD擔任意第緒語評論員。他們的女兒和兒子都成了醫師。

她在退休後住在亞利桑那州，於二〇一二年逝世，只差短短幾個星期就要過九十一歲生日了。

利妮亞的身材一直嬌小瘦弱，體力一直不太好，不過她總是充滿了力量。「每當她走進房間裡，」她兒子解釋道，「你會覺得好像一團火燒了進來。」[49]她的行為舉止總是顯得快樂又正向，她的家人對此感到不解。「她怎麼有辦法在經歷了那些遭遇之後還這麼快樂呢？」她的長孫女梅拉夫（Merav）疑惑地說。「雖然通常活下來的都是悲觀主義者，但這套理論不適用在她身上。」梅拉夫回想起她的沙芙塔（savta）＊有多愛海邊，時常走在沙灘上，漫步穿越整個小鎮。[50]利妮亞甚至在七十四歲時前往阿拉斯加。[51]

她的丈夫阿基瓦在一九九五年逝世。直到年近九十，她一直都有新的追求者，她總是保持著精心打扮的時尚外表，但她很顯然越來越需要日常生活上的協助了。因此利妮亞說服了她的許多朋友搬進了一間養老院，藉此測試那間養老院並做好準備，等到她的社交圈已經成功進入養老院後，她才跟著住進去。她繼續維持風趣機智又引人矚目的個性。她的外表和充沛精力使其他人著迷。到了八十七歲，她開始經常離開輔助她生活的養老院，一直到午夜才回來，她的孩子每天晚上都因此驚慌失措。

「那裡全都是一群老人，我待在那裡要做什麼？」她惱怒地用一如往常的戲劇化語氣問他們。

「媽，他們的年齡都跟你差不多。」

但他們的身體和靈魂都老了，利妮亞卻仍舊活潑又充滿活力。

＊編按：希伯來語裡的祖母之意。

許多女性戰士都個性果斷、依靠直覺作為動力、以目標為導向且行事積極樂觀，許多倖存者都受到活力與長壽的眷顧。赫拉・薛波搬到了以色列，享耆壽九十六歲，身後留下了三名孩子與十名孫子。薇拉德卡在九十歲逝世，海希雅是九十一歲，薇特卡逝世時是九十二歲。[52]在我撰寫本書時，法妮雅・芬納、菲伊・舒曼和多位維爾納市的游擊隊成員仍活著，他們的年齡落在九十五至九十九歲之間。[53]

利妮亞再也沒有接受過追求者的求愛。在她守寡的二十年間，她從沒有交過任何男友。她對丈夫的專情奉獻成為了孩子與孫子的榜樣。「家庭永遠都是最重要的。」她一再重複告訴他們這件事，這是她從痛苦的失去中習得的教訓。「永遠都要待在一起。」[54]

利妮亞的孫子（與曾孫）是她最珍視的無價之寶，但他們的出生讓利妮亞回想起了每一件消失的事物。她仍舊興致盎然地舉辦週五與假日的晚餐，在參加孫子的婚禮時，她身穿閃閃發光的連身裙，臉上掛著大大的微笑，[55]但她同時也會告訴他們她的故事：她在戰爭中的經歷以及她被殺死的手足，她盡了一切可能把這些歷史資產傳承下去。許多倖存者都比較容易和孫子建立連結，因為這些孫子不是「替代家人」，互動時比較不會充滿緊張的氣氛。他們對孫子的保護慾比較弱，對於建立親密關係的恐懼也隨著時間過去而逐漸消逝了——這種恐懼來自於他們過去曾失去過親友的經歷。利妮亞或許沒有在大屠殺紀念日帶自己的孩子前往隔離區戰士之家，但她確實帶孫子去過，她很清楚把自己的經歷傳承到未來是多麼重要的一件事。她的孫子就像許多倖存者第三代一樣，他們在學校習得了大屠殺，具有足夠的了解能採取回應，也因此向利妮亞提出了許多問題，她則樂於回答。[56]這樣的相處也使她開始和女兒莉亞談論過去的經歷。利妮亞的青少年時期或許已經被藏起來了，但那段時期從未消失。

二〇一四年八月四日禮拜一，從利妮亞在延傑尤夫鎮的安息日前夕出生以來，已經將近九十年了，利妮亞在這天逝世。家人將她下葬在海法市的內維大衛墓園（Neve David Cemetery），周圍草木蓊鬱，臨海極近。她就葬在阿基瓦的旁邊，完全符合她的遺願。雖然她活得比大部分朋友還長，但她的葬禮仍舊擠滿了七十名深愛她的人，這些人來自她住過的養老院和她工作過的健保診所，此外還有她認識數十年的朋友的孩子，利妮亞令他們終生難忘。但在葬禮上最重要的人，是她從無到有打造出來的強健家庭，他們是已經被砍斷的樹木上新長出的枝椏。她的孫子利朗（Liran）念了一段悼詞，緬懷她總是令人耳目一新的話語，並特別追憶了她的幽默感。他做了個手勢示意利妮亞的那個世代，說道：「你們戰鬥時永遠像是真正的英雄。」

後記

一名消失的猶太人

二〇一八年春天。在燈光昏暗的大英圖書館裡找到《隔離區裡的女人》的十多年後，我搭上前往以色列的飛機。這些女人已經在我的腦海中住了那麼久——現在我終於可以和她們的孩子一起喝杯咖啡了。我將要瀏覽裝滿了她們的相片與信件的盒子；我將要親眼看見她們最後生活的地點，看見她們在哪裡進入人生的下一個階段：死亡。我一次把兩片口香糖放進嘴裡咀嚼，焦慮使我感到暈眩。我是個大致上來說已成為害怕搭飛機的人，而且我也對於前往以色列感到緊張，我最後一次去以色列是十年前的事，而且我從沒獨自一人去過那裡。那週發生了許多就算用以色列的標準來看仍令人印象深刻的事件：敘利亞遭到多次轟炸、加薩（Gaza）的浩劫日（Nakba Day）抗議、與伊朗的衝突、美國大使館搬遷至耶路撒冷，以及一波熱浪。我想要逃，卻一頭撲向火焰。

雖然有關這些女戰士的著作不多，但我把所有能找到的書全都帶上了飛機，像是要考試一樣為了我的採訪死背硬記各種內容。我不斷提醒自己，這個計畫中的相關人士不再是一個個抽象的角色了。我將要和這些同志的孩子見面，他們是這些女人養育大的。接著我再次開始擔心我那幾個年幼的孩子，我將要把他們留在紐約十天的時間——我從來沒有離開他們這麼久、這麼遠過。

我一直對於這些女人在反抗行動中的經歷被抹除一事感到非常震驚，但事實上，我也沉默了許久。我花了整整十二年的時間才終於完成這本書，這麼長的時間都足以在生下一個小孩後替他舉辦成猶太成年禮了。

有部分時間是因為這個計畫十分困難。說得含蓄點，我的意第緒語已經因為太久沒用而生疏了，此外，一九四〇年代出版的《隔離區裡的女人》中充滿了德語系的詞彙（這和我在家裡常聽到的波蘭方言不同，也和我在學校學習的加拿大的意第緒表達不一樣），翻譯對我來說是極為艱鉅的任務。《隔離區裡的女人》就像是一本剪貼簿，裡面充滿了不同人撰寫的文章，這些文章的主角也各自不同，許多人的名字極難發音。書裡面沒有任何註釋、註腳和解釋，文章沒有任何前後脈絡，在智慧型手機尚未問世的時代，這本書對讀者來說格外困難。

不過，我花了這麼長時間還有另一個原因，那就是情緒。雖然我能花好幾個小時的時間這裡翻譯一點、那裡翻譯一點，但是我還沒有準備好、或者說我還不願意專心一意地連續花上好幾年的時間，沒日沒夜地一頭栽進大屠殺的時代中——然而，你必須要有如此付出才能完成一本書。我在找到《隔離區裡的女人》時三十歲，單身，渴望在事業上獲得認可，在我當時還很強健的骨子裡，埋藏著不安分的自我。但就算是那時候的我也很清楚這個計畫在情緒、知識、倫理與政治等面向上有多麼困難。我當時覺得把每天的時間用來研究一九四三年很可能會使我脫離現代世界，脫離我的生活。

還有部分原因無疑在於我的家庭背景。我的祖母逃跑了，被關進西伯利亞的古拉格集中營，但她從來沒有在倖存之後真正地活下來。她沒有保持沉默，而是在每天下午把多名姊妹死亡的痛苦大聲哀嚎出來，她最年輕的妹妹只有十一歲。她高聲咒罵我們的德國鄰居（以及她覺得一直在欺騙她的多位水果店員工），她因為電梯是密閉空間而拒絕搭乘，最後因為妄想症而接受藥物治療。我的母親在一九四五年出生，當時我的「亞洲人」祖母正在返回波蘭的路上——我的母親在知道家是什麼之前就已經成了難民，因此她也同樣受嚴重的焦慮症所苦。我母親和祖母都是囤積症患者，她們用廉價出售的低品質洋裝、一疊疊報紙和傳統丹麥糕點填滿自己破裂的核心。我的家庭成員深愛彼此，這是毫無疑問的事，但這種愛非常極端——許多時候這種愛會顯得太過深切、情緒容易爆炸。家裡的生活既緊繃又脆弱，只有在觀看《三人行》（*Three's Company*）、《部長大人》（*Yes Minister*）等喜劇表演時爆發出的笑聲，才能放鬆這種沉重的情緒。

於是，我把前半生的大部分時間都用來築牆、清理與逃離。我藉由各種職業逃到了不同國家與不同大陸，投身盡可能遠離大屠殺的生涯，如喜劇和藝術理論。策展人（Curator）在我看來是和意第緒語最無關的字了，我想要成為策展人。

一直到滿四十歲，有了房貸和回憶錄（探討的議題正是我家裡的創傷如何世代傳承），也理解了何謂身為人母（與中年發福），我才覺得自己足夠穩定，可以一頭栽進大屠殺裡。但，這也代表了我得從全新的觀點面對大屠殺。我甚至已經遠超過那些戰士在戰鬥時的年齡了。我的年齡比較接近那些戰士反抗的對象，而這個年齡的受難者並不會被送去工作，會直接被送去殺死。我更強壯了，但與此同時，我也變成了一名更加貼近凡人的中年母親，我深切地意識到批判其他人對大屠殺暴行的反應是多麼不可行的一件事，也意識到「逃跑」也是一種反抗。現在我用來填滿生活的，除了有關大屠殺可怕暴行的駭人敘述之外，還有強加在父母身上的特定折磨——這些父母無法保護飢餓的孩子。我在資料中讀到，當時有一些和我七歲女兒差不多年齡的女孩，在親眼看著家人被槍殺後，只能獨自在森林裡遊蕩，吃野莓和野草果腹。我在小女兒就讀的猶太會堂幼兒園對面的咖啡廳工作時，很難仔細閱讀納粹把剛學會走路的孩子從母親的臂彎中抓走的描述，更別論在當時，幼兒園才剛因為有白人至上主義者攜帶武器攻擊了美國猶太會堂，而加強了安全措施。我每天都必須敞開自己的內心，獨自一人閱讀這些不加修飾的見證，經過了七十五年後，這些文字仍令我心痛萬分。現在我得為了更加靠近這些歷史飛越大半個地球，把女兒留在家裡。

幸運的是，飛機在特拉維夫市的班古里昂國際機場（Ben Gurion International Airport）平穩著陸——沒錯，就是那個斥責蘿希卡的意第緒語很刺耳的班－古里昂——我轉移了注意力，不再專注於那些陰鬱的想法。我抵達了以色列，這裡充滿了衝突，也充滿了生機。我立刻震驚地注意到這裡的政治變化與地景變化：建築開發案、海報、精品旅館。我在雅法市（Jaffa）充滿鹹味的海岸邊散步許久，希望能幫助我調整時差（但並沒有用），並為隔天早上六點要開始的工作做好準備。

最令我緊張與激動的是先前就已經安排好了的一場會面，對象是利妮亞的兒子，她女兒也可能會到場。

我在《隔離區裡的女人》中讀到的名字是「利妮亞．K」，裡面還提到她住在達夫納基布茲（當時是一九四六年），我找了線上文獻，找到了描述符合摘入文章的利妮亞．庫基烏卡。我在以色列國家檔案館（Israel State Archives）找到了她的移民檔案——還有一些照片！我找到了她用希伯來文出版的回憶錄。我還發現了一份族譜文件，其中提到了她的兒子，還有一個網址能連結到她死後的一份由艾格德公車公司（Egged）致一位亞科夫．哈洛的弔唁信。那會是她的孩子嗎？哈洛是名字還是姓氏？

我在臉書上找到了寥寥幾個亞科夫．哈洛（他們都蓄著文青鬍子，看起來年齡並不符合），後來靠著在以色列的優秀在地協調者聯絡上了那間公車公司。確實是他！他同意在他位於海法市的家中和我見面，且他有一名妹妹可能有興趣加入這場會面。我即將要見到這名作者的孩子了，我在過去數年來一直覺得我和利妮亞已經建立了很緊密的連結，更不用說我的整部作品都必須以她為主要推動角色。

但在我和利妮亞的家人見面之前，還有許多我想見的人。我在以色列從北部到南部進行拖網捕魚般的調查；從時髦高檔的市郊咖啡廳，到特拉維夫市的包浩斯風格客廳；從剛好位於哈維瓦賴希街（Haviva Reich Street）街角的耶路撒冷餐廳，到以色列國家圖書館——任何人都可以在圖書館裡借閱《隔離區裡的女人》的資料來源，包括訃聞和文學作品，我可以在允許交談的房間中瀏覽這些書籍（這裡的氣氛和大英圖書館不太一樣）；從敞開大門、鑲嵌木板牆壁且風格幽雅的隔離區戰士之家，到以色列猶太大屠殺紀念館的大量文獻（士兵在午餐休息時間把許多機槍堆在那裡，擋住了入口）；從摩利沙地下室專門為我解鎖開燈、大量展示女性反抗軍與戰前波蘭猶太女人資料的陳列室，到莫迪凱博物館中由著名建築師亞瑞耶．沙朗（Arieh Sharon）設計的國際風格地下室。我見面的對象有學者、策展人、檔案管理員，還有蘿希卡、薇特卡、海柯、貝拉、海希雅和奇薇亞的孩子與孫子。

我先前就已經造訪過北美洲的幾間大屠殺博物館與檔案庫了，我也採訪過來自紐約、加州、加拿大等地的游擊隊聯盟黨人，和意第緒語使用者的多位孩子。但是以色列家庭給我的感覺不一樣。他們的語言、行為舉止、禮節——他們的世界更加政治化也更加精力充沛，這個世界充滿了強烈的情感和高風險。我見到的常是各個家庭的「大屠殺發言人」，這些人是大屠殺受難者的親戚，對於大屠殺的議題具有極大的熱忱，或者以此為工作。曾有一位發言人因為擔心我的興趣太過膚淺而不斷盤問我，另一個人擔心我會偷走她的團隊編譯出來的成果，還有一個人說除非我答應和他一起寫電影劇本才願意透露更多資訊。甚至有一個人告訴我，他因為學術刊物對家人成員的描述而陷入了法律糾紛。每一份資料——這些資料全都來自勞工猶太復國主義者——都不斷重申自己的專長為何，為什麼自己的觀點遠比其他人的更有道理。

在那個禮拜的所有會面之中，最讓我緊張的是和利妮亞的孩子見面的那一次，我緊張到會面前幾乎吃不下美味的煎小羊排。利妮亞是我這整個計畫的支柱，我對她最有共鳴，也和她建立了作家特有的連結。如果她的家人不喜歡我、拒絕提供任何資訊、態度冷漠、苛刻，或者有他們自己的打算的話，我該怎麼辦？

利妮亞的兒子住在一座山坡上的公寓中，下方是微風徐徐的藍色海法市，我走進她兒子家時遇到的狀況和我擔心的完全相反。這些親切友好的人並沒有在做「專業的倖存者生意」，他們很高興我能和她們分享我對利妮亞的了解。我坐在沙發上，利妮亞的女兒莉亞則坐在扶手椅中——她說這是利妮亞的扶手椅，沒有人會把這張椅子丟掉。我先前曾從檔案網站中找到利妮亞的照片，如今我彷彿看到照片中的臉龐變成了不同的化身，盯著我看：剛強的下顎輪廓，專注的雙眼。這種感覺就像是在童年好友的孩子身上看見好友的身影一樣，遺傳的力量讓我大吃一驚。我們全都對於我們能夠找到彼此感到很驚奇。

接著，我對他們告訴我的事情深深著迷。沒錯，利妮亞當然是個風趣、敏銳、諷刺又戲劇化的人。

但她同時也是一位曾前往世界各地的時尚達人。她是充滿笑聲的一團火焰，是一陣社交旋風、一股喜樂的力量。

他們在談論母親時顯得非常欽慕也非常哀痛，我在傾聽時恍然大悟，原來在我提出的各種疑問中，我其實並不是在尋找親族的靈魂。我看向高山與低谷、看向籠罩了海法市的金黃色日落，我知道利妮亞並不是和我站在同一個陣線的作家同伴，事實正好相反。我的英雄是我希望能擁有的先人，是一個我的替代品：是倖存下來、蓬勃發展並歡度人生的「快樂的親人」。

一個月後，我結束了在倫敦的調查，搭機前往華沙。至少我以為我將會抵達華沙。我壓根沒想到我選的廉價航班會在誤點後，把我丟在位於華沙北方一小時車程的前軍機場。而且時間是大半夜，我則是孤獨一人。歡迎回到華沙。

我在初次發現《隔離區裡的女人》沒多久後，於二〇〇七年初次前往波蘭。伴我同行的是我當時的未婚夫、我哥哥和一位朋友，我參加了一趟秋天「尋根」之旅，這趟為期一週的旅程帶領我在波蘭四處穿梭，造訪我祖父母與外祖父母從小長大的四座猶太市鎮，也造訪了好幾座大城市中的猶太歷史景點。當時有許多熱心地想要告訴我他們的故事的導遊可以選擇。一天晚上，我的電話在半夜響了：是剛得知我造訪這裡的渥茲市副市長。我們要不要隔天見面一起喝個咖啡？能不能為我安排導覽？當時為了保留墓地與提供符合猶太規範的午餐，人們接二連三地成立了新的猶太組織，在我造訪的當下正好有一個猶太社群中心即將在克拉科夫市開幕。我也遇到一些二、三十歲的人，最近才發現自己是猶太裔，他們的祖父母在共產黨政權的統治下，一直隱藏自己的猶太血統。我的其中一位嚮導和我同歲，他的祖父和我的祖父來自同一個小鎮，他是在馬伊達內克集中營對街長大的。他變得非常執著於二戰，跟我談了整晚。我來到波蘭是為了尋找消失的祖先根源，但我找到的卻是一個正在尋找消失的猶太人的波蘭。

在這段期間，我還去了克拉科夫市的一間「猶太主題」餐廳吃了晚餐，裡面的音樂家演奏著《屋頂上的提琴手》（*Fiddler on the Roof*），服務生端上「哈曼的耳朵」（hamantaschen）做為甜點，在我用餐時，餐廳裡坐滿了不斷拍手的德國旅客。我和戰後仍留在波蘭的幾位遠親見了面，他們為了共產主義信仰而留下來，撐過了共產黨的統治與反猶攻擊。其中一位遠親告訴我，在他還小的時候，他父母曾抓住他的手，三人一起從隔離區逃進森林裡，後來他在游擊隊的營地裡生活直到戰爭結束。波蘭的「新猶太文化」使他怒火衝天，也很生氣符合猶太規範的午餐在他看來並沒有為受苦已久的猶太社群解決需求，他深信這只不過是波蘭人利用美國捐款牟利的一種手段。

我不知道我該如何看待這兩種互相衝突的觀點。但，無可否認的是，我因為這些人生活在一個浸滿了猶太鮮血的國家，所以對於他們正在增長的猶太意識與愛猶主義（philosemitism）感到質疑。

如今，我在二〇一八年孤身一人再次前往波蘭，為這本關於女戰士的書做調查。我仍然不確定自己對波蘭新的猶太意識的想法。不過，我在這裡的體驗已經和十年前不一樣了。從一方面來說，華沙變成了一個大都市，我住在飯店的四十一樓，窗外是未來主義式的城市地景，這裡曾是隔離區，在更早之前則是我祖父母居住的地方。這間飯店住滿了以色列觀光客，華沙顯然是一個熱門消費地點，越來越多以色列年輕人因為以色列不動產市場過於昂貴昂無法買房，轉而開始投資這個祖先的老家。我沿著華沙的街道慢步，經過了幾座為了類似法蘭卡．普洛尼卡那樣的人建立的紀念碑，以及奇薇亞曾提到的下水道溝渠，來到了「波林」，這是一座為了波蘭猶太人的歷史而新建的優秀博物館，裡面有多個關於大屠殺的展覽，也有一些展覽描述的是大屠殺之前那數千年的富裕猶太生活，以及大屠殺之後那數十年的狀況。

這個季節的克拉科夫市擠滿了旅遊巴士、義式冰淇淋店和扒手警告標語。我一直覺得自己像是在威尼斯一樣，唯一的差別是那裡的咖啡廳文化似乎比較文青。觀光導遊變得比較難約，多數都已經預約到好幾個月後了。克拉科夫市的猶太社區活動中心已經獲得了穩固的地位，他們為猶太人的後代設立了一間幼兒園。（學校校長是美國人喬納森．奧恩斯坦〔Jonathan Ornstein〕，他把克拉科夫市的老猶太文化餐廳稱做「猶儸紀公園」〔Jew-rassic Park〕。）[1] 許多城市裡都有猶太組織為年紀較大的猶太群體與年輕的「新猶太人」提供餐飲。

我參加了克拉科夫市舉辦的第二十八屆年度猶太文化節（Jewish Culture Festival），創辦與策劃這個活動的人並不是猶太人。這場文化節位於風雅又充滿藝術氣息的老猶太區卡齊米札，那裡有七座至今仍屹立不搖的猶太會堂，最早的建造日期可追溯到一四〇七年。來自世界各地的猶太人與非猶太人都受到這場文化節的吸引。除了猶太人的音樂與文化外，文化節還組織了演講、參訪和研討會，深入探究現代波蘭與猶太人之間的關係，討論為什麼波蘭會需要、想要並想念波蘭猶太人。

我和一群年齡相仿且熱愛文學的波蘭人一起吃午餐，我很訝異他們對於我的計畫抱持著非常高的興趣。他們得知我父親與母親兩邊的祖父母四人全都來自波蘭後，開玩笑說我比他們所有人都還要更貼近波蘭人。我曾在人群熙來攘往的路口駐足凝視，發覺我看起來和周遭的每個人一樣；我會在買觀光票時拿到優惠，因為售票員依據我的外表判定我是當地人。我前往倫敦後一直覺得自己的外表具有明顯的猶太特徵，但如今我來到了這裡，又覺得不太確定了——或許原因在於波蘭現在的猶太人實在太少了。

一方面，我對這裡抱持著詭異的歸屬感。另一方面，波蘭政府才剛通過一條法律，規定把大屠殺期間的任何罪行怪罪到波蘭頭上是犯法的行為，這麼做的人可能會被關進監獄裡。波蘭人經歷了數十年的共產黨政府壓迫與更之前的納粹占領，如今踏入了嶄新的民族主義階段。他們很重視自己在二戰期間的受害者身分。波蘭地下組織變得極受歡迎，華沙的建築物上都會出現地下組織的船錨符號塗鴉。有些人的衣服袖子上會有模仿反抗軍臂章的裝飾，家庭中有人曾參與波蘭救國軍是一件值得受人尊敬的事。在克拉科夫市，一場已經維持許久的隔離區猶太抵抗組織展覽，被撤換成了較廣泛的非猶太人戰爭歷史故事。波蘭人想要感覺到他們對抗強大敵人時的英雄氣概。

我正好在這時出現，撰寫的文章正是以此為主題。我覺得和這裡有所連結，也覺得心中的疏離感與恐懼到達了新的高度。波蘭再一次出現了兩種極端狀況，就像許多女人在回憶錄中描述的一樣。

立法規定歷史不能做出特定論述是非常嚴重的問題——我們可以從這種法律看出來，統治者追求的不是真相，他們關心的是政治宣傳。但我同時也理解這些波蘭人為什麼會覺得遭到誤解。華沙市已經被大規模毀壞了，納粹政權奴役、恐嚇、轟炸與殺死了許多基督徒波蘭人——利妮亞終歸是以波蘭人的身分被關進牢裡與刑求，而不是猶太人的身分。要波蘭對大屠殺負起責任似乎很不公平，尤其因為波蘭政府並沒有和納粹合作，而是試著推動反抗運動——不過這個反抗陣營對猶太人的態度也只是稍微友善一些而已。毫無疑問，對於那些冒著生命危險幫助猶太人的波蘭人來說，這種說法並不公平，這些波蘭人的數量可能遠比我們所知的多很多。雖然那些波蘭人在共產黨的統治下被噤聲了，但歷史學家古納爾．保羅森（Gunnar S. Paulsson）認為，光是在華沙就有七萬至九萬的波蘭人幫助猶太人躲藏，計算起來，躲起來的猶太人與提供幫助的波蘭人的人數比大約是一比三至一比四。[2]有些學者指出，猶太人會特別覺得受到波蘭鄰居的傷害與背叛，因此他們在作證時會格外強調波蘭人的反猶行為。[3]不過話說回來，也有許多波蘭人什麼事都沒做，更糟的是有許多人甚至會表現出敵意並告密、為了幾分錢或一點糖就把猶太人賣給蓋世太保、勒索、不當獲利、興高采烈地偷取財產。還有許多波蘭人是反猶主義者與加害者。我在努力理解波蘭人的受害者情緒時，一直都在試著避免洗白他們的反猶主義，不要陷入「誰比較痛苦」的競賽。[4]

受到這些女戰士的回憶錄的啟發，我開始理解把具有多種面向的猶太人經歷解釋清楚有多重要，我們述說的事件並非黑白分明，這種矛盾本身就會帶來痛苦。歷史需要說明其複雜性，我們全都必須誠實地面對自己的過去，面對我們同時是受害者與侵略者的歷史脈絡。否則的話，就再也不會有人相信歷史敘述者了，我們將會把自己排除在所有真實的對話之外。雖然理解不代表原諒，但理解是自我控制與成長的必須步驟。

「小心！」我盡可能地以不失禮的方式，用不太流暢的波蘭語對司機說道，不過對向卡車仍直直朝我們駛來，速度飛快。

在為這本書做調查的過程中，我踏上了環遊世界的旅程，並像許多作家一樣遇上了無數怪異的狀況。我在加里利區和隔離區戰士的女兒在基布茲的廚房中，一邊和她們一起吃酥皮派（burekas），一邊接受她們的交叉質詢；在紐約市的紀念集會中，看著聯盟黨人站在一起，用唱國歌的態度唱起了《游擊隊之歌》；在加拿大蒙特婁的法式咖啡廳裡細看森林中的齊姆蘭卡（獨木舟）的照片，且絕不能用我拿過可頌的油膩手指弄髒它們；在清晨五點時經歷火災警報，在大聲且不斷的波蘭語疏散指示中，我抱著昏昏欲睡的三歲女兒走下克拉科夫市一間飯店的樓梯。

現在又遇到了這種狀況：在我待在波蘭的最後幾天，我前往利妮亞的出生地朝聖。我坐在一輛滿是煙味、車齡數十年的斯柯達（Skoda）後座，感到暈眩不已。這輛車子沒有電動窗戶、動力轉向裝置和冷氣，我們早上搭這輛車前往卡米翁卡隔離區時遇上了一場雷雨，車子的內部因為雷雨而溼透了，我必須踩著溼淋淋的雜草，才成功抵達了法蘭卡的戰士地堡上方。在那之後，我們到本津鎮的「猶太咖啡館」吃點心，咖啡館裡擺滿了和猶太人相關的物件，並號稱他們提供的是真的猶太甜點：甜起司、柳橙皮、糖漿和葡萄乾——我從沒聽過這種食物。（這間餐廳是著名的在地約會地點。）我們也停下腳步仔細觀察翻新過的戰前私人禱告殿，閃閃發光的金色牆壁上飾有猶太群落的壁畫，那是好幾年前一群玩遊戲的孩子意外發現的，[5]而這棟建築在翻新之前的數十年是儲煤間。現在駕駛把車停在道路的正中央。在一個杳無人煙的地方。那天我們已經開了五小時的車，接下來還要依照利妮亞的經歷前往許多地點探索。我的駕駛正用波蘭語對著電話高聲大叫，我的嚮導來自立陶宛，她坐在副駕駛座，抽完一根香菸之前就點燃了下一根香菸。

幸運的是，卡車用刺耳又憤怒的喇叭聲說服了我的駕駛把車移到旁邊。她在移好車後立刻熄火，下了車，一邊抽煙一邊來回踱步，對著手機怒吼。

「她在處理離婚的事。」嚮導轉過身對後座的我解釋道。「她的女兒現在和前夫在一起，她很生氣。很抱歉我們因此延遲了行程。」

由於我自己也是個母親，也有女兒，所以對此沒有太多抱怨。更何況駕駛和嚮導不但收取的費用極低，還願意配合我緊湊的長途行程——他們都對利妮亞與女性戰士的經歷很感興趣，希望能參與這段旅程。我坐在後座喝著健怡可樂，希望能藉此舒緩我的反胃感，開始思考研究女性的女性研究人員必須面對的議題。我因為母親這個身分而影響工作的次數多不勝數。我曾獲得駐點研究獎金，但卻必須拒絕，因為我不能為了幾個月的研究，把全家搬去一個新城市。我只能參與短期出差，且全都是高超組織能力的展示，同時我必須為女兒安排兒童托育和接送，並買禮物給她們，讓她們可以度過我不在的每一天。我的冰箱門宛如馬賽克拼貼畫一樣貼滿了接送、打包午餐與照片日的行程表，時間精確到以分鐘計算。我甚至必須在其中幾天把孩子帶到波蘭來（所以火災警報時我才會抱著女兒逃難）。我也曾在其中幾天步行好幾公里，以致於我過去因為懷孕導致的坐骨神經痛再次復發，必須花整晚的時間泡在飯店的浴缸裡。

接著當然還有不可避免的安全問題。我在陌生城市研究到很晚才要去吃晚餐時，總是緊張兮兮地跨出每一步，彷彿偵察危險事件一樣左顧右盼。謹慎是我的猶太人歷史傳承給我的性格，也是我身為女性必須面對的現實。我不能一邊聽音樂一邊散步，我必須用耳朵與眼睛感知四周。接著，我來到了這裡，在波蘭的郊區，在卡車會行經的道路上，不會有人追蹤得到我曾來過這裡，也沒有人知道我的確切位置，手機訊號糟透了。我當初怎麼會決定要來這裡？我聽著不斷抽煙的憤怒母親來回踱步，只能安慰自己，至少和我在一起的是女人。我碰巧雇用了女性當地嚮導，她則碰巧雇用了這名女駕駛。

三位職場女性聚在這個荒郊野外。我思考著女性的歷史，那些像我們一樣被困在荒郊野外的歷史經歷，那些迷失方向的故事。駕駛終於掛掉電話，坐上了車，用力踩下油門前進，而我的研究文件則飄落在斯柯達溼透了的車底，它們在那天已經飄落過無數次了。「抱歉，」她轉過身對我說，「我快餓死了。」

雖然我脆弱的內臟尚未做好準備，但我還是同意在看見下一家餐廳時提早吃飯——他們提醒過我，開在這些鄉間道路上的餐館屈指可數，彼此之間距離遙遠。這條路並不是這個區域的主要高速道路，這也正是為什麼我們要花五個小時的時間才能抵達兩百四十公里之外的目的地。我不斷想像著一九四三年的信使要花多少時間才能用假身分完成這段路程。路邊的咖啡廳座落在一片壯麗的空曠田野中，在夏季的太陽之下閃爍著橘金色的光芒。這裡什麼都沒有，只有田園美景，這裡曾有過猶太人，也曾有過運作順暢的隔離區與謀殺系統能殺死那些猶太人。納粹用逐漸滲透的方式進行攻擊。這裡沒有任何活路。

我在咖啡廳裡等待我的團隊抽煙與補妝。接著，我在盤子上擺滿了一大堆蘑菇波蘭餃子（這裡唯一的全素選項），她們則迅速地吃起了燉牛肉與炸豬排。我趁著這個時候問起她們兩人的友誼。這兩名女人的年齡和我相當，她們是最近認識的。她們兩人都自詡為女性主義者，用一種自豪且反抗的態度把這個標籤貼在自己身上。她們是在女性主義集會中認識的。「你們當時是為了什麼主題舉辦那場集會的？」我問。

「為了一切。」

政府想要將墮胎定為違法行為，以「浪費精子」為由禁止人工授精。她們告訴我，營運克拉科夫市的數間頂級飯店的是勢力龐大的天主教會，但他們卻不用繳稅。我的兩位同伴對於厭女憤怒至極，政府用不公正的態度對待女人使她們怒髮衝冠。我完全理解她們的感受。

「這樣看來，雖然我描繪的是一九三〇年代與一九四〇年代的波蘭，但那時好像比現在還要更符合女性主義。」

「從某些層面來說，確實如此！」她們一邊握拳垂打木桌，一邊同意道。

我們終於抵達了這趟旅程的最後一站，延傑尤夫鎮。莉亞提供了利妮亞兒時住家的地址給我——利妮亞在一九二四年的週五出生在這間房子裡，這裡是一切的起點。雖然我們很快就找到了克拉茲托納街，但十六號似乎並不存在。不過我按照描述，用幾株百年老樹來區分，來到了一棟擁有三角形屋頂的灰色石造小型房屋門前。好幾間風格相符的房屋圍繞著一座綠意盎然的庭院，庭院裡有隻狗在叫。嚮導走在我前面，找到了一位當地人。雖然他們說波蘭語的速度像機關槍一樣，快到我無法理解，但我能理解那名女人否認的動作。「她說地址有改過。」嚮導告訴我。「十六號一定是一棟以前燒掉的木房子。她說她從沒聽過這家人。她問說他們是不是猶太人。」

「你有承認嗎？」

「我避開了這個問題。」我的嚮導兼在地協調者回答，她努力想要處理這個狀況。「這裡的人很容易受到驚嚇，」她耳語道，「他們擔心猶太人會回來取回他們的財產。」

她沒有邀請我進去坐坐。

我在外面拍了幾張照片，接著我們回到斯柯達上，一路穿越凱爾采區，沐浴在晚霞中，夕陽如血、田野富饒肥沃，這個位於華沙市與克拉科夫市之間的隱密地帶仍舊很美，一點也不像我想像中的陰暗波蘭。有些事物會倒退，有些事物會前進，但我們現在就在這裡，我們這三個背景截然不同的女人——波蘭人、立陶宛人和猶太人——因為利妮亞與女戰士把我們聚在一起，我們都已經準備好要為爭回我們的權利與認同奮鬥，我們都覺得自己強大、具有自主權，並且在某一個短暫的瞬間覺得自己是安全的。

作者筆記

調查過程

我前往世界各地調查，並使用時間橫跨數十年、地點橫跨各洲且出自不同語言的資料來源，接著不出所料地遇到了許多研究上的挑戰與困境。

這個計畫的主要資料來源是回憶錄和證詞。[1]有些是錄影帶和錄音帶中的口頭敘述，有些是寫下來的文字——包括希伯來語、意第緒語、英語、波蘭語、俄語、德語。有些是經過翻譯的，有些經過多次翻譯，還有一些是我自己翻譯的。有些資料是作者獨自完成的，有些則是在採訪之後完成的。有些曾經過事實查核和編輯，甚至是和學者合作寫成並出版的（出版方往往是小型的學術出版社），還有些則是日記和毫無修飾的證詞，裡面充滿了強烈的情緒，是在怒火的推動下寫成的。有些是在戰後立刻寫下來，甚或在戰爭期間躲起來寫下的，裡面有錯誤、互相矛盾的細節和許多省略之處——他們有可能是不知道某些事件、為了安全而修改內容或者是遇到一些情緒上的問題。（對部分倖存者來說，寫下特定對象的死亡太過困難。）有些人寫得飛快，手指灼痛，想要在尚未遺忘之前記錄下來，同時又因為害怕被抓到而刪減許多內容。[2]利妮亞常用名字的第一個字母代替人名（她的署名是「利妮亞．K」），我認為這是出於安全考量——她在戰爭期間寫下有關祕密地下行動的內容，這是極危險的一件事。此外，她在寫作的時候，完全不知道其他人之後會怎麼樣。她自己也在等待最新消息，想知道自己的親友是否還活著。利妮亞和其他早期的見證者一樣，是因為想用客觀的角度告訴全世界這裡發生了什麼事，希望能避免個人立場。她寫作的方式很典型，常使用「我們」，[3]

有時你很難看出她指的是她自己、她的家庭、她的社群還是猶太人整體。

其他證詞則是在比較晚期才出現，在一九九〇年代尤其多，雖然這些證詞是經過長時間的反思組織出來的深度觀點，但記憶往往會因為當代潮流、證人在這些年間聽說的他人回憶，與倖存者如今的憂慮和目標而出現扭曲。有些人認為受過創傷的人會壓抑自己的記憶，沒有在集中營被刑求過的戰士則擁有比較完整的記憶——安提克說他們擁有的是「過剩的記憶」。[4] 有些人則認為有些創傷者的記憶才是最深刻、最準確也最毫無保留的。我仔細篩選比較了當時寫下的一手文獻（文章、信件、筆記本）和針對數十位家庭成員的訪談——每位家庭成員的敘述都不一樣，不同人的說法往往互相矛盾。

記憶會變形扭曲，回憶錄並不是「冷數據」（cold data）。[5] 伴隨著大量資料而來的是各種差異：在不同的敘述中，許多事件的細節與日期都大相逕庭，可說是一片混亂。有時同一個人在數年間的不同場合上提供的證詞會出現差異，不同時間的敘述簡直天差地遠，我也曾多次發現同一個文本裡面會出現不一致的描述。我發現一手史料與二手史料常會互相矛盾，例如學術傳記作家和歷史學家都同樣描述了這些女人的歷史，但這些描述和女人自己的描述並不一樣。有時候不同一手史料之間的差異令人著迷——這些差異和責任歸屬有關、和誰該接受怪罪有關。在遇到這種狀況時，我會特別註明這件事，通常會記錄在書末的註解中。我想要理解這些差異從何而來，在利用這些敘述時也參照相關歷史學分析。我的目標是寫下看起來最合理也最豐富的版本。有時我會把多篇敘述的細節組合在一起，打造出事件全貌，盡我所能地呈現出具有最真實的情感也最貼近事實的描述。到了最後，我往往會在感到質疑時聽從女性的證詞與真相。

我在描述場景時盡可能地直接使用史料。我在重新描述時，偶爾會加強我在原始文章裡注意到的情緒，並採納針對同一事件的不同視角，但這些描述沒有任何虛構的成分，全都有研究的基礎。

雖然各種描述之間的差異令我感到好奇，但整體來說，更吸引我的其實是大量的雷同敘述。來自不同時間與不同地點的資料來源都轉述了相同的模糊傳言，描述了相似的狀況與人。這種相似性不但能幫助我確認真實性，也使我覺得既感動又興奮。每次我從不同的觀點看見同樣的故事，我都能學到更多、挖得更深，感覺自己真的進入了他們的世界中。這些年輕人和他們懷抱的熱忱是連結在一起的，無論在比喻上還是現實中都是如此。

在這種多語言研究中還有另一個複雜的議題，那就是名字，人與地的名字。許多波蘭城鎮擁有過許多不同的名稱——斯拉夫語、德語、意第緒語——他們往往會因為統治政權的改變而不斷被重新命名。要使用哪個名字與放棄哪個名字往往是涉及政治的選擇，但這並不是我撰寫本書的目的。因此我在本書傾向於使用現代地名，原因在於現代地名通常都是英語。

至於人名的部分，本書中的女性就像大部分的波蘭猶太人一樣，同時擁有波蘭語、希伯來語和意第緒語的名字，還有小名。[6] 此外，有些人擁有戰時的假名，甚至擁有多個假名。她們偶爾會在移民文件中額外附上假的身分證件。（通常假結婚的女人會比較容易離開歐洲。）接著，她們會在抵達久居的國家後，把名字改成適合該國語言的名字。（舉例來說：薇拉德卡．米德一開始的名字是菲格．帕爾特〔Feigele Peltel〕，薇拉德卡是她的波蘭假名。之後，她嫁給了米德茲札卡〔Miedzyrzecka〕，兩人搬到紐約時，他把姓氏改成了米德。）另外，我也以拉丁字母為基礎，把這些斯拉夫語和希伯來語的字詞用在英語搜尋引擎中，我發現利妮亞（Renia）可以是Renia、Renya、Rania、Regina、Rivka、Renata、Renee、Irena和Irene，而庫基烏卡（Kukiełka）在英語中的寫法多到數不清，這個字的意第緒語Kukełkohn也一樣有各種不同拼法。此外，她在偽造的戰時文件中也有許多不同的名字：汪達．維杜科斯卡、葛魯克（Gluck）、紐曼。（我花了至少半天的時間想要弄清楚，名叫愛絲麗德的信使是不是愛絲卓特、伊希麗特、A和柔夏．米勒——我相信答案是肯定的。）除了這些問題之外，還有另一個狀況使得追蹤女人變得更加困難：冠夫姓。「利妮亞．庫基烏卡．赫斯科維奇」（Herscovitch，或者Herskovitch，或者Herzcovitz……）有太多種排列組合了——這些不同的名字太容易被忽略、被錯過、消失在文獻中，再也不見天日。

或許有關名字複雜性的最終極案例是這三人：庫基烏卡家倖存下來後在以色列相會的三位手足，分別是利妮亞．赫斯科維奇、聽起來像以色列姓名的茲維．札米爾（Zvi Zamir，札米爾在希伯來語中是「杜鵑」的意思），以及亞倫・克萊曼（Aaron Kleinman）——他改名是因為他在一九四〇年代在巴勒斯坦作戰，被英國人通緝。光是在這個小家庭裡，差異之處就已經多到數不清了。

最後我要討論的是用字遣詞。

為求簡潔，我模仿利妮亞的用詞，用波蘭人（Pole）來指稱擁有波蘭國籍的非猶太人（基督徒）——不過猶太人其實也擁有波蘭國籍，而且這麼做其實會過分強調兩者差異，這並不是我的本意。波林波蘭猶太人歷史博物館的學者影響了我，讓我決定使用「antisemitism」一詞，而非有連字符的「anti-semitism」，因為後者表示「閃米特族」是真正存在的種族範疇。[7] 本書中的女人會用「德國人」稱呼納粹，我將這點保留了下來，畢竟這些都是和她們有關連的人，此外當然也會有反納粹的德國人存在。

許多學者批評「信使女孩」這個用詞。他們堅稱信使（Courier）這個詞語是在貶低這些人。信使聽起來既渺小又消極，就像送信的郵差一樣。這些女人絕不是送信的郵差，她們是武器的獲取者與走私者、情報偵察兵，也是希伯來語所說的卡沙利特，也就是信使。在大屠殺期間傳遞訊息（courry，這個詞來自法文 *courir*，意為跑步）的行為和進入武裝戰場打仗的風險相當，每次有猶太人在猶太隔離區或集中營之外的地方被發現，他們的懲罰就是死亡。而這些女人花上好幾個月，甚至好幾年的時間在波蘭東奔西走，逃離了一個又一個的隔離區。在我找到的紀錄中，有一名信使每週都離開隔離區兩百四十次。[8] 無論如何，我在撰寫本書時還是繼續使用「信使」和其他詞語來描述她們的任務，目的是符合現有的相關研究使用的詞彙。

女孩這個詞也同樣被認為是一種輕視的稱呼。這些信使都是年輕的女人，大約二十歲左右，有些人已經結婚了。我確實使用這個詞來描寫許多女性，其中也包括利妮亞和與她年齡相當的人。我也使用了男孩指稱反抗行動中的年輕男人。我這麼做的其中一個原因是要強調他們有多年輕。另一個原因是在我撰寫本書時，女孩這個詞已經有了再挪用，人們在討論女性賦權時會廣泛使用這個詞語。

致謝

本書之所以能存在，要感謝無數人提供的慷慨支持。我要深深感謝的人包括：

阿里雅・哈比卜（Alia Hanna Habib），她是第一個看見本書潛力的人，瑞秋・卡韓（Rachel Kahan）用智慧、慷慨、耐心和熱情培養了本書的潛力。這兩位聰慧又充滿熱忱的嚮導超乎了我的想像。

感謝威廉莫羅出版社（William Morrow）的團隊及其熱情、創造力和同情心：安德利亞・莫理托（Andrea Molitor）和潘蜜拉・巴瑞克洛（Pamela Barricklow）、沙林・羅森布盧（Sharyn Rosenblum）和凱莉・魯道夫（Kelly Rudolph）、凱萊・喬治（Kayleigh George）和班傑明・斯坦伯格（Benjamin Steinberg）、普羅伊・希瑞潘（Ploy Siripant）、艾莉維亞・羅培茲（Alivia Lopez）和菲利普・巴席（Philip Bashe）。感謝加拿大哈珀柯林斯（HarperCollins）的賈克琳・霍德森（Jaclyn Hodson）、珊卓拉・利夫（Sandra Leef）和蘿拉・摩洛哥（Lauren Morocco）。

感謝瑞貝卡・加德納（Rebecca Gardner）和安娜・沃拉爾（Anna Worrall），感謝他們提供大量的知識和鼓勵。謝謝威廉・羅伯茲（Will Roberts）、艾倫・考特理（Ellen Goodson Coughtrey）和格納特團隊（Gernert）的其他成員。感謝藍尼・古丁斯（Lennie Goodings）、蜜雪兒・韋納（Michelle Weiner）、荷莉・巴理歐（Holly Barrio）、彼得・山姆波（Peter Sample）、蘇珊・所羅蒙－夏皮羅（Susan Solomon-Shapiro）和妮可・杜威（Nicole Dewey）的慷慨支持和熱情。

感謝哈達薩－布蘭戴斯研究所（Hadassah-Brandeis Institute），包括舒拉米特・萊因哈茲（Shulamit Reinharz）、喬安娜・米區利克（Joanna Michlic）和黛比・歐林斯（Debby Olins），感謝他們從一開始就資助了《隔離區裡的女人》的翻譯，並打從第一天開始就相信這些資料的重要性。感謝安東尼・普隆斯基（Antony Polonsky）把我引見給哈達薩－布蘭戴斯研究所，並在之後為我做了無數次額外引見。

感謝所有慷慨地和我分享回憶和感受的戰士家屬，其中有許多人是相關議題的專家：利百加・奧根菲爾（Rivka Augenfeld）、拉弗・伯格（Ralph Berger）、珊迪・芬納（Sandy Fainer）、約拉姆・克萊曼（Yoram Kleinman）、麥可・科夫納（Michael Kovner）、雅各・哈洛（Jacob Harel）、艾略特・帕拉夫斯基（Elliott Palevsky）、約奈特・羅特賓（Yonat Rotbain）、亞維胡・羅南、莉莉安・羅森塔爾（Lilian Rosenthal）、伊蓮・薛魯布（Elaine Shelub）、荷莉・斯塔爾（Holly Starr）、莉亞・沃德曼（Leah Waldman）、梅拉夫・沃德曼（Merav Waldman）、約爾・雅利（Racheli Yahav）和愛歐・祖克曼。

感謝所有花時間與我會面並分享知識的學者：哈維・德萊弗斯（Havi Dreifuss）、芭芭拉・哈薛夫（Barbara Harshav）、艾米爾・克倫吉（Emil Kerenji）、阿吉・萊古特科（Agi Legutko）、丹妮拉・歐扎基－斯特恩（Daniela Ozaky-Stern）、卡塔奇娜・皮爾森（Katarzyna Person）、羅切爾・薩德爾（Rochelle Saidel）、大衛・西伯克朗（David Silberklang）、安娜・施特恩西斯（Anna Shternshis）和米哈・崔貝茲（Michał Trębacz）。感謝夏倫・吉瓦（Sharon Geva）、貝拉・葛特曼（Bella Gutterman）、山謬・卡索（Samuel Kassow）、尤斯蒂娜・馬耶夫斯卡（Justyna Majewska）、迪娜・波拉特（Dina Porat）、艾迪・波特諾（Eddy Portnoy），以及許多回覆了我的電子郵件、指導我尋找專家和資料來源的學者。

感謝所有圖書館員、檔案管理員和照片檔案管理員，他們提供了不可或缺的幫助。感謝阿茲瑞利基金會（Azrieli）的阿莉爾・伯格（Arielle Berger）；隔離區戰士之家博物館（Ghetto Fighters' House Museum）的雅納特・布萊特曼－艾哈洛（Anat Bratman-Elhalel）和同事；美國聯合救濟委員會檔案的米莎・米契爾（Misha Mitsel）和麥可・蓋勒（Michael Geller）；艾迪・保羅（Eddie Paul）、潘妮・法蘭斯布勞（Penny Fransblow）和他們在蒙特婁猶太公共圖書館（Montreal Jewish Public Library）的同事；艾力克斯德沃金加拿大猶太檔案（Alex Dworkin Canadian Jewish Archive）的珍妮絲・羅森（Janice Rosen）。感謝意第緒科學院

（YIVO）、美國大屠殺紀念博物館、以色列猶太大屠殺紀念館、猶太游擊隊教育基金會（Jewish Partisan Education Foundation）、伊曼紐爾・林格布倫猶太歷史研究所、波林波蘭猶太人歷史博物館、達夫納基布茲、蒙特婁大屠殺博物館（Montreal Holocaust Museum）等眾多機構的圖書館職員和檔案職員。感謝克拉科夫市猶太社區活動中心的喬納森・奧恩斯坦，以及所有在波蘭協助我的嚮導。感謝猶太圖書委員會（Jewish Book Council）的娜歐蜜・費爾史東－提爾（Naomi Firestone-Teeter）。

感謝我的研究助理、譯者和在地協調者。感謝以利沙・巴斯金（Elisha Baskin）的熱情和敏銳，以及她至關重要的聰明才智和慷慨。感謝艾瓦・可恩－傑卓喬斯卡（Ewa Kern-Jedrychowska）和露娜・達杜（Lana Dadu）總是盡心盡力。感謝保琳娜・布萊希奇卡維（Paulina Blaszczykiewicz）、庫巴・維索羅斯基（Kuba Weso owski）、愛歐・所羅門（Eyal Solomon）和伊許亞・查穆達特（Yishai Chamudot）。

感謝莎拉・巴塔利恩（Sara Batalion）、妮可・巴卡特（Nicole Bokat）、艾咪・克萊（Amy Klein）和莉・亞巴拉森（Leigh McMullan Abramson），感謝他們認真且細心地閱讀本書各章。

感謝艾蓮諾・約翰（Eleanor John）、蜜妮安・尼克森（Mignon Nixon）、蘇珊・夏皮羅（Susan Shapiro）和多位導師，他們教導我每個細節都要檢查三遍，也教導我如何構建新的女性歷史以及在寫作時不要心懷歉意。

感謝我在翅膀共同工作空間（The Wing）的「同事」，以及我家小孩的照顧者，他們讓我能夠好好工作，有時甚至使工作變成一種享受。

感謝所有和我分享家庭歷史的人、把反抗行動的相關文章和游擊隊歌曲的連結寄給我的人、聽我喋喋不休地談論猶太女性在過去十多年來如何勝過蓋世太保的人。感謝那些因為我的記憶不可捉摸而忘記在這裡列出姓名的人——我很確定我必定遺漏了許多人。

感謝薩爾達和比莉，她們帶給我啟發和希望。感謝布拉姆（Bram）在最正確的時間抵達這裡。

感謝約翰所做的一切。

最後，感謝二〇一九年在Skype上和我通話的維爾納游擊隊成員查耶利・帕拉夫斯基（Chayele Palevsky），她請我轉達這幾句話：「我們決不能讓事件重演。對我們來說，最兇猛的敵人是仇恨。保持平和，懷抱著愛，努力創造一個幸福的世界。」

電影與影音

Blue Bird. DVD. Directed by Ayelet Heller. Israel, 1998. (Hebrew)

Daring to Resist: Three Women Face the Holocaust. DVD. Directed by Barbara Attieand Martha Goell Lubell. USA, 1999.

The Heart of Auschwitz. DVD. Directed by Carl Leblanc. Canada, 2010.

The Last Fighters. DVD. Directed by Ronen Zaretsky and Yael Kipper Zaretsky. Israel, 2006. (Hebrew)

Partisans of Vilna: The Untold Story of Jewish Resistance During World War II. Directed by Josh Waletsky. USA, 1986.

Pillar of Fire (Hebrew version, probably episode 13). Viewed at Yad Mordechai Museum. Directed by Asher Tlalim. Israel, 1981. (Hebrew)

Uprising. DVD. Directed by Jon Avnet. USA, 2001.

Who Will Write Our History. Cinema screening. Directed by Roberta Grossman. USA, 2019.

Yiddish Glory: The Lost Songs of World War 2. CD. Six Degrees Records, 2018 (Yiddish).

The Zuckerman Code. Accessed online at https://www.mako.co.il/tv-ilana_dayan/2017/Article-bb85dba8ec3b261006.htm. Directed by Ben Shani and NoaShabtai. Israel, 2018. (Hebrew)

Bernard, Mark. "Problems Related to the Study of the Jewish Resistance Movement in the Second World War." *Yad Vashem Studies* 3 (1959): 41–65.

Fox-Bevilacqua, Marisa. "The Lost, Shul of Będzin: Uncovering Poland's Once-vibrant Jewish Community," *Ha'aretz*, September 7, 2014, https://www.haaretz.com/jewish/.premium-the-lost-shul-of-Będzin-1.5263609.

Harran, Ronen. "The Jewish Women at the Union Factory, Auschwitz 1944: Resistance, Courage and Tragedy." *Dapim: Studies in the Holocaust* 31, no. 1 (2017): 45–67.

Kasonata, Adriel. "Poland: Europe's Forgotten Democratic Ancestor." *The National Interest*. May 5, 2016. https://nationalinterest.org/feature/poland-europes-forgotten-democratic-ancestor-16073.

Kol-Inbar, Yehudit. " 'Not Even for Three Lines in History': Jewish Women Underground Members and Partisans During the Holocaust." *A Companion to Women's Military History*. Eds. Barton Hacker and Margaret Vining. Leiden, Netherlands: Brill, 2012.

Ofer, Dalia. "Condemned to Life? A Historical and Personal Biography of Chajka Klinger." Translated by Naftali Greenwood. *Yad Vashem Studies* 42, no. 1 (2014): 175–88.

The Pioneer Woman, no. 97, April 1944.

Porter, Jack. "Jewish Women in the Resistance." *Jewish Combatants of World War 2* 2, no. 3 (1981).

Ringelheim, Joan. "Women and the Holocaust: A Reconsideration of Research." *Signs* 10, no. 4 (Summer 1985): 741–61.

Ronen, Avihu. "The Cable That Vanished: Tabenkin and Ya'ari to the Last
Surviving Ghetto Fighters." *Yad Vashem Studies* 41, no. 2 (2013): 95–138.

——, "The Jews of Będzin." *Before They Perished . . . Photographs Found in Auschwitz*. Edited by Kersten Brandt, Hanno Loewy, et al. Oświęcim, Poland: Auschwitz-Birkenau State Museum, 2001, 16–27.

Szczęsna, Joanna. "Irena Conti." *Wysokie Obcasy*. April 21, 2014 (Polish).

Tzur, Eli. "A Cemetery of Letters and Words." *Ha'aretz*, August 1, 2003, https://www.haaretz.com/1.5354308.

Vershitskaya, Tamara. "Jewish Women Partisans in Belarus." *Journal of Ecumenical Studies* 46, no. 4 (Fall 2011): 567–72.

Yaari, Yoel. "A Brave Connection." *Yedioth Ahronoth*. Passover Supplement, April 5, 2018 (Hebrew).

Zariz, Ruth. "Attempts at Rescue and Revolt; Attitude of Members of the Dror Youth Movement in Będzin to Foreign Passports as Means of Rescue," *Yad Vashem Studies* 20 (1990): 211–36.

Zerofsky, Elisabeth. "Is Poland Retreating from Democracy?" *New Yorker*. July 23, 2018.

New Haven, CT: Yale University Press, 1994.

Rufeisen-Schupper, Hella. *Farewell to Mila 18*. Tel Aviv, Israel: Ghetto Fighters' House and Hakibbutz Hameuchad, 1990 (Hebrew).

Saidel, Rochelle G., and Batya Brudin, eds. *Violated! Women in Holocaust and Genocide*. New York: Remember the Women Institute, 2018. Exhibition catalogue.

Saidel, Rochelle G., and Sonja M. Hedgepeth, eds. *Sexual Violence Against Jewish Women During the Holocaust*. Waltham, MA: Brandeis University Press, 2010.

Schulman, Faye. *A Partisan's Memoir: Woman of the Holocaust*. Toronto, Canada: Second Story Press, 1995.

Shalev, Ziva. *Tossia Altman: Leader of Hashomer Hatzair Movement and of the Warsaw Ghetto Uprising*. Tel Aviv, Israel: Moreshet, 1992 (Hebrew).

Shandler, Jeffrey, ed. *Awakening Lives: Autobiographies of Jewish Youth in Poland Before the Holocaust*. New Haven, CT: Yale University Press, 2002.

Shelub, Mira, and Fred Rosenbaum. *Never the Last Road: A Partisan's Life*. Berkeley, CA: Lehrhaus Judaica, 2015.

Solomian-Lutz, Fanny. *A Girl Facing the Gallows*. Tel Aviv, Israel: Moreshet and Sifryat Hapoalim, 1971 (Hebrew).

Spizman, Leib, ed. *Women in the Ghettos*. New York: Pioneer Women's Organization, 1946 (Yiddish).

Tec, Nechama. *Resistance: Jews and Christians Who Defied the Nazi Terror*. New York: Oxford University Press, 2013.

Thon, Elsa. *If Only It Were Fiction*. Toronto, Canada: Azrieli Foundation, 2013.

Tubin, Yehuda, Levi Deror, et al., eds. *Ruzka Korchak-Marle: The Personality and Philosophy of Life of a Fighter*. Tel Aviv, Israel: Moreshet and Sifriyat Po'alim, 1988 (Hebrew).

Vitis-Shomron, Aliza. *Youth in Flames: A Teenager's Resistance and Her Fight for Survival in the Warsaw Ghetto*. Omaha, NE: Tell the Story, 2015.

Wilfand, Yigal, ed. *Vitka Fights for Life*. Givat Haviva, Israel: Moreshet, 2013 (Hebrew).

Ya'ari-Hazan, Bela. *Bronislawa Was My Name*. Tel Aviv, Israel: Hakibbutz Hameuchad, Ghetto Fighters' House, 1991 (Hebrew).

Yerushalmi, Shimshon Dov. *Jędrzejow Memorial Book*. Tel Aviv, Israel: Jędrzejow Community in Israel, 1965.

Zuckerman, Yitzhak "Antek." *A Surplus of Memory: Chronicle of the Warsaw Ghetto Uprising*. Translated by Barbara Harshav. Berkeley, CA: University of California Press, 1993.

精選文章

包括一些沒有出現在上述書籍或網路資料中的重要文章。

Namyslo, Aleksandra. *Before the Holocaust Came: The Situation of the Jews in Zaglebie during the German Occupation*. Katowice, Poland: Public Education Office of the Institute of National Remembrance, with the Emanuel Ringelblum Jewish Historical Institute in Warsaw and Yad Vashem, 2014. Exhibition catalogue.

Neustadt, Meilech, ed. *Destruction and Rising, The Epic of the Jews in Warsaw: A Collection of Reports and Biographical Sketches of the Fallen*. 2nd ed. Tel Aviv, Israel: Executive Committee of the General Federation of Jewish Labor in Israel, 1947.

Ofer, Dalia, and Lenore J. Weitzman, eds. *Women in the Holocaust*. New Haven, CT: Yale University Press, 1998.

Ostrower, Chaya. *It Kept Us Alive: Humor in the Holocaust*. Translated by Sandy Bloom. Jerusalem, Israel: Yad Vashem, 2014.

Paldiel, Mordechai. *Saving One's Own: Jewish Rescuers During the Holocaust*. Philadelphia, PA: The Jewish Publication Society; Lincoln: University of Nebraska Press, 2017.

Paulsson, Gunnar S. *Secret City: The Hidden Jews of Warsaw 1940–1945*. New Haven, CT: Yale University Press, 2003.

Person, Katarzyna, ed. *Warsaw Ghetto: Everyday Life*. The Ringelblum Archive, vol. 1. Translated by Anna Brzostowska et al. Warsaw, Poland: Jewish Historical Institute, 2017.

Porat, Dina. *The Fall of a Sparrow: The Life and Times of Abba Kovner*. Stanford, CA: Stanford University Press, 2010.

Prince, Robert M. *The Legacy of the Holocaust: Psychohistorical Themes in the Second Generation*. New York: Other Press, 1999. (Original work published in 1985.)

Rakovsky, Puah. *My Life as a Radical Jewish Woman: Memoirs of a Zionist Feminist in Poland*. Translated by Barbara Harshav with Paula E. Hyman. Bloomington, IN: Indiana University Press, 2001.

Rapaport, J. ed. *Memorial Book of Zaglembie*. Tel Aviv, Israel, n.p., 1972 (Yiddish, Hebrew, English).

Reinhartz, Henia. *Bits and Pieces*. Toronto, Canada: Azrieli Foundation, 2007.

Ringelblum, Emanuel. *Notes From the Warsaw Ghetto: The Journal of Emmanuel Ringelblum*. Translated by Jacob Sloan. New York: ibooks, 2006. (Original work published in 1958.)

Rittner, Carol, and John K. Roth, eds. *Different Voices: Women and the Holocaust*. St. Paul, MN: Paragon House, 1993.

Ronen, Avihu. *Condemned to Life: The Diaries and Life of Chajka Klinger*. Haifa and Tel Aviv, Israel: University of Haifa Press, Miskal-Yidioth Ahronoth and Chemed, 2011 (Hebrew).

Rosenberg-Amit, Zila (Cesia). *Not to Lose the Human Face*. Tel Aviv, Israel: Kibbutz Hameuchad, Moreshet, Ghetto Fighters' House, 1990 (Hebrew).

Rotem, Simha "Kazik." *Memoirs of a Ghetto Fighter*. Translated by Barbara Harshav.

Kalchheim, Moshe, ed. *With Proud Bearing 1939–1945: Chapters in the History of Jewish Fighting in the Narotch Forests*. Tel Aviv, Israel: Organisation of Partisans, Underground Fighters and Ghetto Rebels in Israel, 1992 (Yiddish).

Katz, Esther, and Joan Miriam Ringelheim, eds. *Proceedings of the Conference on Women Surviving the Holocaust*. New York: Institute for Research in History, c1983.

Kirshenblatt-Gimblett, Barbara, and Antony Polonsky, eds. *POLIN, 1000 Year History of Polish Jews—Catalogue for the Core Exhibition*. Warsaw, Poland: POLIN Museum of the History of Polish Jews, 2014. Exhibition catalogue.

Klinger, Chajka. *I am Writing These Words to You: The Original Diaries, Będzin 1943*. Translated by Anna Brzostowska and Jerzy Giebułtowski. Jerusalem, Israel: Yad Vashem and Moreshet, 2017. (Original work published in Hebrew in 2016.)

Kloizner, Israel, and Moshe Perger. *Holocaust Commentary: Documents of Jewish Suffering Under Nazi Rule*. Jerusalem, Israel: Jewish Agency of Israel and the Rescue Committee for the Jews of Occupied Europe, 1945–1947.

Korczak, Riezl (Ruz'ka). *Flames in Ash*. Israel: Sifriyat Po'alim, Hakibbutz Ha'artzi Hashomer Hatzair, 1946 (Hebrew).

Korczak, Roszka, Yehuda Tubin, and Yosef Rab, eds. *Zelda the Partisan*. Tel Aviv, Israel: Moreshet and Sifriyat Po'alim, 1989 (Hebrew).

Kukielka, Renia. *Underground Wanderings*. Ein Harod, Israel: Hakibbutz Hameuchad, 1945 (Hebrew).

Kulkielko, Renya. *Escape from the Pit*. New York: Sharon Books, 1947.

Laska, Vera, ed. *Women in the Resistance and in the Holocaust: The Voices of Eyewitnesses*. Westport, CT: Praeger, 1983.

Laskier, Rutka. *Rutka's Notebook: January–April 1943*. Jerusalem, Israel: Yad Vashem, 2007.

Liwer, Dawid. *Town of the Dead: The Extermination of the Jews in the Zaglembie Region*. Tel Aviv, Israel, 1946 (Hebrew).

Lubetkin, Zivia. *In the Days of Destruction and Revolt*. Translated by Ishai Tubbin and Debby Garber. Edited by Yehiel Yanay, biographical index by Yitzhak Zuckerman. Tel Aviv, Israel: Am Oved; Hakibbutz Hameuchad; Ghetto Fighters' House, 1981. (Original work published in Hebrew in 1979.)

Lukowski, Jerzy, and Hubert Zawadzki. *A Concise History of Poland*. Cambridge, UK: Cambridge University Press, 2001.

Meed, Vladka. *On Both Sides of the Wall*. Translated by Steven Meed. Washington, DC: United States Holocaust Memorial Museum, 1993. (Original work published in Yiddish in 1948.)

Michlic, Joanna Beata, ed. *Jewish Families in Europe, 1939–Present: History, Representation and Memory*. Waltham, MA: Brandeis University Press, 2017.

Milgrom, Frida. *Mulheres na resistencia: heroinas esquecidas que se arriscaram para salvar judeus ao longo da historia*. Sao Paolo, Brazil: Ipsis, 2016.

of Labor (Histadrut) and Ghetto Fighters' House, 1983.

Edelman, Marek. *The Ghetto Fights*. New York: American Representation of the General Jewish Workers Union of Poland, 1946.

Engel, David, Yitzchak Mais et al. *Daring to Resist: Jewish Defiance in the Holocaust*. New York: Museum of Jewish Heritage, 2007. Exhibition catalogue.

Engelking, Barbara, and Jacek Leociak. *The Warsaw Ghetto: A Guide to the Perished City*. New Haven, CT: Yale University Press, 2009.

Epstein, Helen. *Children of the Holocaust: Conversations with Sons and Daughters of Survivors*. New York: Penguin, 1979.

Feldhay Brenner, Rachel. *Writing as Resistance: Four Women Confronting the Holocaust*. University Park, Pennsylvania: Penn State University Press, 2003.

Fishman, David E. *The Book Smugglers: Partisans, Poets, and the Race to Save Jewish Treasures from the Nazis*. Lebanon, NH: ForEdge, 2017.

Freeze, ChaeRan, Paula Hyman et al., eds. *Polin: Studies in Polish Jewry*, vol. 18, *Jewish Women in Eastern Europe*. Liverpool, UK: Littman Library of Jewish Civilization, 2005.

Gabis, Rita. *A Guest at the Shooters' Banquet: My Grandfather's SS Past, My Jewish Family, A Search for the Truth*. New York: Bloomsbury, 2015.

Geva, Sharon. *To the Unknown Sister: Holocaust Heroines in Israeli Society*. Tel Aviv, Israel: Hakibbutz Hameuchad, 2010 (Hebrew).

Goldenberg, Myrna, ed. *Before All Memory Is Lost: Women's Voices from the Holocaust*. Toronto, Canada: Azrieli Foundation, 2017.

Goldstein, Bernard. *The Stars Bear Witness*. Translated by Leonard Shatzkin. London, UK: Victor Gollancz, 1950.

Grossman, Chaika. *The Underground Army: Fighters of the Białystok Ghetto*. Translated by Shmuel Beeri. New York: Holocaust Library, 1987.

Grove, Kimberley Sherman, and Judy Geller. *Stories Inked*. Brighton, Canada: Reflections on the Past, 2012.

Grunwald-Spier, Agnes. *Women's Experiences in the Holocaust: In Their Own Words*. Stroud, UK: Amberley, 2018.

Grupińska, Anka. *Reading the List*. Wołowiec, Poland: Czarne, 2014 (Polish).

Gurewitsch, Brana, ed. *Mothers, Sisters, Resisters: Oral Histories of Women Who Survived the Holocaust*. Tuscaloosa, AL: University of Alabama Press, 1998.

Gutterman, Bella. *Fighting for Her People: Zivia Lubetkin, 1914–1978*. Translated by Ora Cummings. Jerusalem, Israel: Yad Vashem, 2014.

Heilman, Anna. *Never Far Away: The Auschwitz Chronicles of Anna Heilman*. Calgary, Canada: University of Calgary Press, 2001.

Izhar, Naomi. *Chasia Bornstein-Bielicka, One of the Few: A Resistance Fighter and Educator, 1939–1947*. Translated by Naftali Greenwood. Jerusalem, Israel: Yad Vashem, 2009.

Voice of the Woman Survivor 9, no. 2. New York: WAGRO Women Auxiliary to the Community of Survivors, Holocaust Resource Centers and Libraries. Spring 1992.

Women of Valor: Partisans and Resistance Fighters. Center for Holocaust Studies Newsletter 3, no. 6. New York: Center for Holocaust Studies, 1990.

Ackerman, Diane. *The Zookeeper's Wife: A War Story*. New York: Norton, 2007.

Baumel-Schwartz, Judith Taylor, and Tova Cohen, eds. *Gender, Place and Memory in the Modern Jewish Experience: Re-Placing Ourselves*. London, UK: Vallentine Mitchell, 2003.

Beres Witold and Krzysztof Burnetko. *Marek Edelman: Being on the Right Side*. Translated by William R. Brand. Krakow, Poland: Beres Media, 2016.

Berger, Ralph S., and Albert S. Berger, eds. *With Courage Shall We Fight: The Memoirs and Poetry of Holocaust Resistance Fighters Frances "Fruma" Gulkowich Berger and Murray "Motke" Berger*. Margate, UK: ComteQ, 2010.

Blady-Szwajger, Adina. *I Remember Nothing More: The Warsaw Children's Hospital and the Jewish Resistance*. New York: Pantheon, 1990.

Brzezinski, Matthew. *Isaac's Army: A Story of Courage and Survival in Nazi-Occupied Poland*. New York: Random House, 2012.

Burstein, Dror. *Without a Single Case of Death: Stories from Kibbutz Lohamei Haghetaot*. Tel Aviv, Israel: Ghetto Fighters' House/Babel, 2007.

Cain, Larissa. *Ghettos in Revolt: Poland, 1943*. Paris, France: Autrement, 2003 (French).

Cohen, Rich. *The Avengers: A Jewish War Story*. New York: Knopf, 2000.

Czocher, Anna, Dobrochna Kałwa, et al. *Is War Men's Business? Fates of Women in Occupied Krakow in Twelve Scenes*. Translated by Tomasz Tesznar and Joanna Bełch-Rucińska.

Krakow, Poland: Historical Museum of the City of Krakow, 2011. Exhibition catalogue.

Diatłowicki, Jerzy, ed. *Jews in Battle, 1939–1945*. 4 vols. Warsaw, Poland: Association of Jewish Combatants and Victims of World War II and Jewish Historical Institute, 2009–2015 (Polish).

Diner, Hasia R. *We Remember with Reverence and Love: American Jews and the Myth of Silence After the Holocaust, 1945–1962*. New York: New York University Press 2009.

Draenger, Gusta Davidson. *Justyna's Narrative*. Translated by Roslyn Hirsch and David H. Hirsch. Amherst, MA: University of Massachusetts Press, 1996.

Draper, Paula J., and Richard Menkis, eds. *New Perspectives on Canada, the Holocaust and Survivors. Canadian Jewish Studies*, Special Issue. Montreal, Canada: Association for Canadian Jewish Studies, 1997.

Dror, Zvi. *The Dream, the Revolt and the Vow: The Biography of Zivia Lubetkin-Zuckerman (1914–1978)*. Translated by Bezalel Ianai. Tel Aviv, Israel: General Federation

Lilian Rosenthal, telephone, November 12, 2018.
Rochelle Saidel, New York, June 8, 2018.
Elaine Shelub, telephone, November 6, 2018.
Anna Shternshis, New York, April 9, 2018.
David Silberklang, Jerusalem, Israel, May 17, 2018.
Holly Starr, telephone, November 13, 2018.
Michał Trębacz, Warsaw, Poland, June 22, 2018.
Merav Waldman, Skype, October 23, 2018.
Yoel Yaari, Jerusalem, Israel, May 17, 2018.
Racheli Yahav, Tzora, Israel, May 17, 2018.
Eyal Zuckerman, Tel Aviv, Israel, May 15, 2018.

其他未發表的資料

Grabowski, Jan. "The Polish Police: Collaboration in the Holocaust." Lecture at USHMM, November 17, 2016. Text accessed online.

Jewish Telegraphic Agency Newswire. January 8, 1943. Vol. 10. Number 6. New York.

Kaslow, Maria Wizmur. "Mania: A Gestapo Love Story" and "Vanished." Family collection.

Kukielka, Renia. Photographs, letter, husband testimony, eulogy. Family collection.

Shchori, Frumi. "Voyage and Burden: Women Members of the Fighting Underground in the Ghettos of Poland as Reflected in their Memoirs (1945–1998)." Thesis, Tel Aviv University, 2006 (Hebrew).

Starr, Holly. Eulogy for Sara Rosnow, 2017.

Unpublished testimony, Azrieli Foundation.

參考書目

我沒有收入個別章節或文章，這份清單中的書，有不同的版本和語言，下列也包含了這些資訊。

Hantze and Frumka: Letters and Reminiscences. Tel Aviv, Israel: Hakibbutz Hameuchad, 1945 (Hebrew).

In Honor of Ala Gertner, Roza Robota, Regina Safirztajn, Ester Wajcblum: Martyred Heroines of the Jewish Resistance in Auschwitz Executed on January 5, 1945. N.p.: n.p., c. 1991 (English, Yiddish, Polish, German, French).

In the Face of Annihilation: Work and Resistance in the Ghettos 1941–1944. Berlin, Germany: Touro College, 2017. Exhibition catalogue.

Portraits of the Fighters: Biographies and Writings of Young Leaders of the Jewish Resistance During the Holocaust. American Friends of the Ghetto Fighters' Museum.

Permanent Exhibition, Yad Vashem, Jerusalem, Israel.

Permanent Exhibition, Zabinski Villa, Warsaw Zoological Garden, Warsaw, Poland.

Violated, Ronald Feldman Gallery, April 12 to May 12, 2018, New York.

精選活動

"Hitler Hanging on a Tree: Soviet Jewish Humor During WW2." Lecture by Anna Shternshis. April 2018. New York. YIVO.

"In Dialogue: Polish Jewish Relations During the Interwar Period." Lectures by Samuel D. Kassow and Paul Brykczynski, November 15, 2018. New York. Fordham University, Columbia, YIVO.

"Krakow Ghetto: A Walking Tour." Agi Legutko. June 2018. Krakow, Poland, Jewish Culture Festival.

"Memorial for Warsaw Ghetto, Warsaw Ghetto Uprising Commemoration, 75th Anniversary." April 19, 2018. New York. The Congress for Jewish Culture with Friends of the Bund, the Jewish Labor Committee, the Workmen's Circle, and YIVO.

Nusakh Vilna Memorial Lecture and Concert. September 16, 2018, and September 22, 2019. New York. YIVO.

Uprising. Screening and Talk. April 22, 2018. New York City. Jewish Partisan Education Foundation, Directors Guild.

個人訪談

Rivka Augenfeld, Montreal, Canada, August 10 and 17, 2018.

Ralph Berger, New York, April 10, 2018.

Havi Dreifuss, Tel Aviv, Israel; May 16, 2018.

Sandy Fainer, telephone, November 27, 2018.

Yoram Kleinman, telephone, February 11, 2019 (interview conducted by Elisha Baskin).

Michael Kovner, Jerusalem, Israel, May 17, 2018.

Jacob Harel and Leah Waldman, Haifa, Israel; May 14, 2018.

Barbara Harshav, New York, March 9 and April 23, 2018.

Emil Kerenji, Washington, DC, April 27, 2018.

Agi Legutko, New York, May 2, 2018.

Jonathan Ornstein, Krakow, Poland, June 25, 2018.

Daniela Ozacky-Stern

and Yonat Rotbain, Givat Haviva, Israel, May 14, 2018.

Chayele Palevsky, Skype, November 20, 2018.

Katarzyna Person, Warsaw, Poland, June 21, 2018.

Avihu Ronen, Tel Aviv, Israel, May 16, 2018.

encyclopedia.ushmm.org.
USC Shoah Foundation: Visual History Archive; https://sfi.usc.edu/vha.
Warsaw Before WW2, YouTube Channel; https://www.youtube.com/channel/UC_7UzhH0KCna70a5ubpoOhg.
The World Society of Częstochowa Jews and Their Descendants; https://www.czestochowajews.org.
Yad Vashem: Articles; https://www.yadvashem.org/articles/general.html.
Yad Vashem: Exhibitions; https://www.yadvashem.org/exhibitions.html.
Yad Vashem: Shoah Resource Center; www.yadvashem.org.
Yiddish Book Center: Oral Histories; http://www.jhi.pl/en.
YIVO Digital Archive on Jewish Life in Poland; http://polishjews.yivoarchives.org.
The YIVO Encyclopedia of Jews in Eastern Europe; https://yivoencyclopedia.org.
Zaglembie World Organization; zaglembie.org.

展覽與紀念碑

Faces of Resistance: Women in the Holocaust, Moreshet, Givat Haviva, Israel.
The Paper Brigade: Smuggling Rare Books and Documents in Nazi-Occupied Vilna, October 11, 2017–December 14, 2018, YIVO, New York.
Memorials, Mila 18, Warsaw, Poland.
Memorial, Prosta Street Sewer, Warsaw, Poland.
Permanent Exhibition, Emanuel Ringelblum Jewish Historical Institute, Warsaw, Poland.
Permanent Exhibition, Galicia Jewish Museum, Krakow, Poland.
Permanent Exhibition, Ghetto Fighters' House Museum, Ghetto Fighters' House, Israel.
Permanent Exhibition, Mizrachi House of Prayer, Museum of Zagłębie, Będzin, Poland.
Permanent Exhibition, Montreal Holocaust Museum, Montreal, Canada.
Permanent Exhibition, Moreshet, Givat Haviva, Israel.
Permanent Exhibition, Mausoleum of Struggle and Martyrdom, Warsaw, Poland.
Permanent Exhibition, Museum of Warsaw, Warsaw, Poland.
Permanent Exhibition, Museum of Pawiak Prison, Warsaw, Poland.
Permanent Exhibition, Oskar Schindler's Enamel Factory, Museum of Krakow, Krakow, Poland.
Permanent Exhibition, POLIN Museum of the History of Polish Jews, Warsaw, Poland.
Permanent Exhibition, United States Holocaust Memorial Museum, Washington, DC.
Permanent Exhibition, Warsaw Rising Museum, Warsaw, Poland.
Permanent Exhibition, Yad Mordechai Museum, Hof Ashkelon, Israel.

QRNJBGMI.

Beit Hatfutsot: My Jewish Story, The Open Databases of the Museum of the Jewish People; https://dbs.bh.org.il.

Brama Cuckermana Foundation; http://www.bramacukermana.com.

Centropa; centropa.org.

Culture.pl; https://culture.pl/en.

Emanuel Ringelblum Jewish Historical Institute; http://www.jhi.pl/en.

Geni; https://www.geni.com/family-tree/html/start.

Historic Films Stock Footage Archive, YouTube channel; https://www.youtube.com/channel/UCPbqb1jQ7cgkUqX2m33d6uw.

The Hebrew University of Jerusalem: Holocaust Oral History Collection; http://multimedia.huji.ac.il/oralhistory/eng/index-en.html.

Holocaust Historical Society; https://www.holocausthistoricalsociety.org.uk.

JewishGen; https://www.jewishgen.org/new.

Jewish Partisan Education Foundation; http://www.jewishpartisans.org.

Jewish Records Indexing—Poland; http://jri-poland.org.

Jewish Virtual Library; https://www.jewishvirtuallibrary.org.

Jewish Women's Archive: The Encyclopedia of Jewish Women; https://jwa.org/encyclopedia.

Michael Kovner; https://www.michaelkovner.com.

Modern Hebrew Literature—a Bio-Bibliographical Lexicon; https://library.osu.edu/projects/hebrew-lexicon/index.htm.

Museum of the History of Polish Jews POLIN: Virtual Shtetl; https://sztetl.org.pl/en.

Museum of the History of Polish Jews POLIN: Polish Righteous; https://sprawiedliwi.org.pl/en.

Narodowe Archiwum Cyfrow (National Digital Archive); https://audiovis.nac.gov.pl.

The New York Public Library: Yizkor Book Collection; https://digitalcollections.nypl.org/collections/yizkor-book-collection#/?tab=navigation.

Organization of Partisans, Underground Fighters and Ghetto Rebels in Israel;

http://eng.thepartisan.org/ and http://archive.c3.ort.org.il/Apps/WW/page.aspx?ws=496fe4b2-4d9a-4c28-a845-510b28b1e44b&page=8bb2c216-624a-41d6-b396-7c7c161e78ce.

Polish Center for Holocaust Research: Warsaw Ghetto Database; http://warszawa.getto.pl.

Sarah and Chaim Neuberger Holocaust Education Center: In Their Own Words; http://www.intheirownwords.net.

Sharon Geva; http://sharon-geva.blogspot.com/p/english.html.

Silesiaheritage YouTube channel; https://www.youtube.com/user/silesiaheritage/featured.

United States Holocaust Memorial Museum: Holocaust Encyclopedia; https://

參考資料

檔案來源

Alex Dworkin Canadian Jewish Archives, Montreal, Canada.

Emanuel Ringelblum Jewish Historical Institute, Warsaw, Poland.

Ghetto Fighters' House Museum, Israel.

- An important source of written and oral testimonies, contemporary and historic news articles, photographs, correspondences, lecture transcripts, eulogies, and other unpublished documents related to most characters in this book including several testimonies by Renia Kukielka.

Israel National Archives, Jerusalem, Israel.

- Renia Kukielka immigration papers.

Israel National Library, Jerusalem, Israel.

- Renia Kukielka written testimony.

JDC Archives, New York, USA.

Kibbutz Dafna, Israel.

Massuah International Institute for Holocaust Studies, Tel Yitzhak, Israel.

Moreshet Mordechai Anielevich Memorial Holocaust Study and Research Center, Givat Haviva, Israel.

Ringelblum Archive. (Accessed in various locations and formats.)

United States Holocaust Memorial Museum, Washington, DC.

- Registries of survivors, rare books, pamphlets, oral history and conference transcripts, digitized archive of the Białystok ghetto, digitized version of the Ringelblum Archive, ephemera, photographs, video and written testimonies.

Yad Vashem, Jerusalem, Israel.

- An important source of written and oral testimonies including Renia Kukielka, Bela Hazan, Chawka Lenczner.

YIVO, New York, USA.

The Wiener Holocaust Library, London, UK.

網路資料來源

以下是我經常使用的網路資料，包括了主頁，但並非每篇文章。

Arolsen Archives—International Center on Nazi Persecution: Online Archive;https://arolsen-archives.org/en/search-explore/search-online-archive.

"Before They Perished" Exhibition; https://artsandculture.google.com/exhibit/

抓到，參見：Ronen, *Condemned to Life*, 52–63。

3. 麗塔・霍瓦斯（Rita Horvath）指出，記錄者使用代表集體的「我們」是因為想要呈現主觀的角度，參見：Rita Horvath, "Memory Imprints: Testimony as Historical Sources," in *Jewish Families in Europe*, 173–195。
4. Zuckerman, *Surplus of Memory*, viii.
5. 安提克指出，ŻOB的文件有時並不準確。他們書寫的目的不是把文章交給歷史檔案。他們書寫的目的往往是為了喚醒他人的同情心，希望能獲得一些幫助，參見：Zuckerman, *Surplus of Memory*, 371。
6. 我在本書中選擇這些女性的名字時，傾向於使用曾出現在出版品中或已經為人所知的名字。我盡量使用對英語讀者來說比較簡單的拼字方法。我通常會把其他名字放在註解。
7. See introduction to Kirshenblatt-Gimblett, Barbara and Antony Polonsky, eds., *POLIN, 1000 Year History of Polish Jews–Catalogue for the Core Exhibition* (Warsaw: POLIN Museum of the History of Polish Jews, 2014). 保羅森討論了這個領域中的術語複雜性，參見：Paulsson, *Secret City*, ix–xv。
8. Cited in Laska, *Different Voices*, 255.

54. 艾波斯坦指出，多數倖存者都極端重視對家人的忠誠，參見：Epstein, *Children of the Holocaust*, 182, 310。
55. Photo from the collection of Merav Waldman.
56. 有關第三代的討論請見：Uta Larkey, "Transcending Memory in Holocaust Survivors'"。正如迪娜・瓦爾迪（Dina Wardi）解釋的，第二代與第三代的女人往往是家族裡的「紀念蠟燭」。伊利特・費爾森（Irit Felsen）在一次針對跨世代創傷的演說中解釋道，第二代對於父母的背景感到憤怒與羞愧，第三代則對於他們的倖存者家族歷史感到驕傲。（第二代和父母之間有「雙重高牆」，雙方都希望能保護對方，所以從來不談論戰爭。）參見：The Wing, New York, 27 January 2020。

後記：一名消失的猶太人

1. Personal interview, Jonathan Ornstein, Kraków, Pol., June 25, 2018.
2. Paulsson, *Secret City*, 5, 129–130. 在保羅森提到的另一個推估數值中，有十六萬波蘭人幫助了躲藏起來的猶太人。他在此資料來源的第兩百四十七頁解釋，幫助和援救是不一樣的，他強調波蘭人用許多方式幫助了猶太人。
3. 保羅森也強調，人們通常會在回憶錄中記錄下意料之外的事件，不會記錄下預料之中的事。他認為多數波蘭人並沒有背叛他們窩藏的猶太人，但是猶太人對那些背叛他們的波蘭人印象較深刻，所以會把他們寫下來，參見：Paulsson, *Secret City*, 21–25。
4. 感謝山謬・卡索（Samuel J. Kassow）的演說「對話之中：波蘭人與猶太人的戰間期關係」（In Dialogue: Polish Jewish Relations During the Interwar Period），這場演說啟發了我在本段撰寫的觀念，尤其是最後一段演說指出不要「洗白」反猶主義，也不要不要陷入「誰比較痛苦」的比賽。
5. A different explanation: Marisa Fox-Bevilacqua, "The Lost Shul of Będzin: Uncovering Poland's Once-vibrant Jewish Community," *Haaretz*, 7 Sept 2014, https://www.haaretz.com/jewish/.premium-the-lost-shul-of-Będzin-1.5263609.

作者筆記：調查過程

1. 有關使用回憶錄和證詞當做資歷來源的討論，請見以下範例：Michlic, ed., *Jewish Families in Europe*；Mervin Butovksy and Kurt Jonassohn, "An Exploratory Study of Unpublished Memoirs by Canadian Holocaust Survivors,'" in Paula J. Draper and Richard Menkis, eds., *New Perspectives on Canada, the Holocaust and Survivors: Canadian Jewish Studies*, Special Issue (Montreal: Association for Canadian Jewish Studies, 1997), 147–61；Frumi Shchori, "Voyage and Burden: Women Members of the Fighting Underground in the Ghettos of Poland as Reflected in Their Memoirs (1945–1998)," thesis, Tel Aviv University, 2006.
2. 羅南解釋了海柯撰寫日記時的情況：急著寫下來、害怕遺忘自己的情緒、害怕被

異，她也很確定自己之後再也不會哭或笑了。This section is based on Neima Barzel, "Rozka Korczak-Marla" and "Vitka Kempner-Kovner," The Encyclopedia of Jewish Women; Cohen, *Avengers*; Michael Kovner, www.michalkovner.com; Korczak, *Flames in Ash*; Korczak, Tubin, and Rab, *Zelda the Partisan*; Ziva Shalev, "Zelda Nisanilevich Treger," The Encyclopedia of Jewish Women; Yehuda Tubin, Levi Deror et al., eds., *Ruzka Korchak-Marle: The Personality and Philosophy of Life of a Fighter*; Wilfand, *Vitka Fights for Life*; and personal interviews with Michael Kovner, Jerusalem, May 17, 2018, and Daniela Ozacky-Stern and Yonat Rotbain, Givat Haviva, Isr., May 14, 2018.

36. Personal interview, Daniela Ozacky-Stern and Yonat Rotbain, Givat Haviva, Isr., May 14, 2018.
37. Cited in Cohen, *Avengers*, 172.
38. Personal interview, Michael Kovner, Jerusalem, May 17, 2018.
39. Korczak, Tubin, and Rab, *Zelda the Partisan*, 150.
40. From an article written by Ruth Meged for *Haaretz*, April 19, 1971, reprinted in *Zelda the Partisan*, 136.
41. Ozacky-Stern and Rotbain interview.
42. Kovner interview.
43. Personal interview, Kovner interview.
44. 有些資料寫的是四十歲。
45. For more on Stern, see "Color Psychotherapy," http://www.colorpsy.co.il/colorPsyEng.aspx.For Vitka's psychotherapy work, see Michael Kovner, "In Memory of My Mother," https://www.michaelkovner.com/said04eng.
46. Ibid.
47. Personal interview, Michael Kovner, Jerusalem, May 17, 2018.
48. Leisah Woldoff, "Daughter of Survivors Continues Parents' Legacy," *Jewish News*, April 23, 2014, http://www.jewishaz.com/community/valley_view/daughter-of-survivors-continues-parents-legacy/article_7249bb6e-cafb-11e3-8208-0017a43b2370.html.
49. Personal interview, Jacob Harel and Leah Waldman, Haifa, Isr., May 14, 2018.This section is based on personal interviews with Renia's family.
50. Personal interview, Merav Waldman, Skype, October 23, 2018.
51. 利妮亞在以色列猶太大屠殺紀念館的證詞中強調，她到全世界各地旅行，但她再也沒有回到波蘭。
52. 薇特卡的出生日期在不同資料中都不一樣，但多數資料都一致指出她死於九十二歲。
53. 在我撰寫本書時，游擊隊員蜜拉·羅斯諾（Mira Rosnow）仍活著，今年九十九歲。她的妹妹莎拉（Sara）也是游擊隊員，今年九十二歲。維爾納市游擊隊員查耶莉·帕萊夫斯基（Chayele Porus Palevsky）也還活著。維爾納市游擊隊員莉芭在九十五歲逝世。

22. 海克・格羅曼把自己的一生奉現在公共服務上，從幫助波蘭倖存者，到擔任以色列國會的民選議員，她在議會上直言不諱地為青年、長者、女性平權與阿拉伯人口發聲。
23. Personal interview, Sandy Fainer, Telephone, November 27, 2018.
24. Vershitskaya, 572.
25. Gurewitsch, "Preface," *Mothers, Sisters, Resisters*, xi–xxi.
26. Ya'ari Hazan, *Bronislawa Was My Name*. 本段資料來源為：*Bronislawa Was My Name* and my personal interview with Yoel Yaari, Jerusalem, May 17, 2018。尤爾在二〇一九年十二月二十三日回覆的一封電子郵件中告訴我，《我是布羅尼斯拉瓦》（*Bronislawa Was My Name*）中的解放故事有些錯誤，提供了新的細節。
27. 約瑟夫・巴拉茲（Yoseph Baratz）指出，法蘭卡群組是由貝拉與另外三十名十八到二十二歲的女孩子組成的，參見：Yoseph Baratz, "The Frumka Group," *Women in the Ghettos*, 182–184。
28. 有關此獎項（三級格倫瓦爾德十字勳章〔Grunwald Cross Third Class〕）的紀錄保存在隔離區戰士之家博物館檔案，是艾薩克・舒瓦茲巴特（Isaac Schwarzbart）在一九四五年四月二十六日從倫敦寄到巴勒斯坦託管地給摩希・克林格的信。我無法確定獲得這個獎項的是法蘭卡還是韓希。利百加・葛蘭茲也獲得了波蘭軍方榮譽。菲伊、海希雅和比亞維斯托克市的信使全都獲得了共產黨政府頒發的獎牌。(The HeHalutz archive in England.)
29. 二十五歲的海希雅在沒有正式心理學訓練的狀況下，自己設計出了一套創傷群組的管理系統。她為群組中的每個人的創造了「家庭角色」，她指派自己擔任「長姊」。Izhar, *Chasia Bornstein-Bielicka*, 319–320.
30. Yaari, "A Brave Connection.
31. The rest of this section is from my personal interview with Yoel Yaari, Jerusalem, May 17, 2018.
32. "About Anna Heilman," http://www.annaheilman.net/About%20Anna%20Heilman.htm.

    根據海希雅的家人所述，海希雅機智但安靜，體貼又慷慨，是個人道主義者。在近期有關難民的政治爭論中，她的家人必須決定要如何選擇。「海希雅會怎麼說？」他們捫心自問。答案顯而意見：無論遇到什麼狀況，都要「考慮最脆弱的環節」。她的家人選擇幫助難民，這是海希雅留下的同理心傳承。

    維爾納市游擊隊莉芭・奧根菲爾向來很歡迎人們造訪她家。她們家的踰越節聖餐儀式總是擠滿了「在自己家中成為難民」的客人。利百加說她的父母留給他們的傳承是「如何成為極為正直的人」。Personal interview, Rivka Augenfeld, add details.
33. Personal interview, Yoel Yaari, Jerusalem, May 17, 2018.
34. 舉例來說，艾波斯坦指出，對一些孩童倖存者來說，他們很難把各種經歷拼湊成完整的故事，他們的敘事時是以感情為導向，而非事件發生順序為導向，十分不連貫，參見：Epstein, *Children of the Holocaust*, 179。
35. Cohen, *Avengers*, 148–149. 蘿希卡在《維爾納市游擊隊》描述的版本有些微差卡的希伯來文，意思是杜鵑。

3. According to a footnote in Kukelka, "In the Gestapo Net," 436. 根據利妮亞在以色列猶太大屠殺紀念館的證詞，她是在抵達以色列之後才從祖克曼一家那裡得知這件事的，可能是在一九四六年。
4. Liwer, *Town of the Dead*, 23.
5. 利妮亞的家人指出，叫利妮亞寫下回憶錄的是札爾曼．夏札爾，其他資料來源則提到她是在匈牙利開始撰寫回憶錄的。Personal interview, Jacob Harel and Leah Waldman, Haifa, Isr., May 14, 2018.
6. 利妮亞的兒子說，利妮亞質疑翻譯的內容，參見：Harel and Waldman interview. 我沒能找到最原始的波蘭手稿，但我找過了下列檔案與組織：Lavon, Yad Tabenkin, Kibbutz Dafna, Jewish Historical Institute, Hakibbutz Hameuchad and Naamat USA。
7. Geva, *To the Unknown Sisters*, 275.
8. Hasia R. Diner, *We Remember with Reverence and Love: American Jews and the Myth of Silence After the Holocaust, 1945–1962* (New York: New York University Press, 2009), 96–109, 134.
9. Fredka Mazia, USHMM testimony, 1991, https://collections.ushmm.org/search/catalog/irn502790. 佛瑞德卡．馬齊亞（Fredka (Oxenhandler) Mazia）是猶太復國主義青年團的領導人，利妮亞曾批評過這個組織。
10. 她協助的部分是編輯與註解翻譯一篇摘錄自《地下流浪》的文章。在這些由倖存者用意第緒語與希伯來語撰寫而成的紀念（Yizkor）書籍，記錄下了大屠殺毀掉的猶太社群。當時出版的回憶錄超過兩千本。
11. Harel and Waldman interview.
12. Personal interviews, Anna Shternshis, New York, April 9, 2018, and Avihu Ronen, Tel Aviv, Isr., May 16, 2018.
13. The rest of this section is based on personal interviews with Renia's family.
14. Uta Larkey, "Transcending Memory in Holocaust Survivors' Families," in *Jewish Families in Europe*, 216.
15. See, for instance, Michlic, ed., *Jewish Families in Europe*, and Epstein, *Children of the Holocaust*.
16. 根據她的姪子約拉姆．克萊曼所述，她「說話諷刺又直接，你可以跟她談論任何想談的話題。」參見：Kleinman interview.
17. 他們也沒有照顧過年長的父母。莉芭的女兒利百加．奧根菲爾指出他們這個世代必須自己想辦法弄清楚他們該怎麼做。Personal interview, Rivka Augenfeld, Montreal, August 10 and 17, 2018.
18. Chawka Lenczner, Chana Gelbard, and Yitzhak Fiszman.
19. See Larkey, "Transcending Memory in Holocaust Survivors' Families," 209–232.
20. 艾波斯坦描述了許多倖存者在成為父母後都會被視為「脆弱」的人，需要孩子保護，參見：Epstein, *Children of the Holocaust*, 168–169, 178, 251。
21. Izhar, *Chasia Bornstein-Bielicka*, 272.

72. Personal interview, Barbara Harshav, New York, March 9 and April 23, 2018. 芭芭拉・哈薛夫（Barbara Harshav）強調，華沙隔離區有許多猶太反抗軍的領導人在抵達以色列後變成了「無名氏」，許多人都找不到自己。（但並非所有人都是如此，她也提到了卡齊克變成了一間連鎖超市的老闆，過得很開心。）
73. Cited in Zuckerman interview.
74. 泰克提到有一名波蘭男人不願意承認自己在反抗軍中角色，一直到一九七〇年代晚期才承認，參見：Tec, *Resistance*, 31。有些人說波蘭從來沒有人提到過貝塔爾的猶太軍事聯盟，原因在於猶太軍事聯盟和波蘭民族主義者地下陣營的關係。
75. Agi Legutko, tour of the Kraków ghetto, Jewish Culture Festival, Kraków, June 2018.
76. 在許多敘述中，利妮亞都把這名女人稱做「哈莉娜」。她甚至宣稱她對於戰後一直沒有找到她感到很沮喪。但在雷吉娜・庫克爾卡（Regina Kukelka）著作的註腳中，「哈莉娜」指的是伊雷娜・格布倫，參見：Regina Kukelka, "In the Gestapo Net," *Memorial Book of Zaglembie*, ed.J. Rapaport (Tel Aviv, Isr., 1972), 436。
伊雷娜・格布倫是一名勇敢的華沙行動執行者，和卡齊克是戀愛關係。她曾被派到札倫比區，可能是被奇薇亞派去的，目的是尋找失蹤的信使與藏在本津鎮的猶太人，拿錢給他們加入游擊隊。根據其中一份資料，她在札倫比區意外遇到利妮亞，並說服了莎拉跟她一起前往梅斯沃維采市。戰後，伊雷娜搬到了義大利，把名字改成伊雷娜・康堤，成為了詩人，遠離了自己的過去。安提克在回憶錄中也提到了她，將她稱做「伊爾卡」（Irka），參見：Zuckerman, *Surplus of Memory*, 389。另請見：Joanna Szczesna, "Irena Conti," *Wysokie Obcasy*, 21 April 2014.
77. Grupińska, *Reading the List*, 21.
78. The rest of her story is based on Ronen, *Condemned to Life*, 403–479.
79. Harshav interview. 羅南在個人訪談中，討論到了海柯的傳承，說她一直以來都是「不隨波逐流」的人，她的孫子——許多人都是「拒絕在迦薩占領區服兵役的以色列公民」，也繼承了這種個性。羅南認為自己是熱愛學術的例外，參見：Personal interview with Avihu Ronen, Tel Aviv, Isr., May 16, 2018。

第三十一章：被遺忘的力量

1. 我找到許多有關利妮亞的兄弟的敘述都互相矛盾。在難民營裡發現利妮亞還活著的也可能是亞倫，他當時也可能在賽普勒斯。這名發現利妮亞還活著的兄弟原本以為活下來的是莎拉。請見：Renia's testimony at the Israel National Library and personal interview, Yoram Kleinman, telephone, February 11, 2019。
2. 利妮亞過著世俗生活的這段時間，她的兄弟在以色列過上了虔誠的一生。亞倫住在海法，是利妮亞的鄰居。他在海關擔任調查員，也會前往各國表演的教堂領唱。根據他的兒子約拉姆（Yoram）所述，亞倫和利妮亞很像：「自我中心、強勢、頑固又在意自尊。」他曾是武裝組織伊爾貢（Irgun）的戰士，因此成為了英國的通緝要犯，所以把姓氏改成了克萊曼。茲維的個性則比較溫柔冷靜。他住在耶路撒冷，個性嚴謹，在司法部擔任書記官。利妮亞和茲維花了很多時間分析他們的過去，討論戰爭與家人。他把自己的名字改成札米爾（Zamir）是庫基烏

based on ibid., 349–487.

43. Gutterman, *Fighting for Her People*, 386, 389.我們無法確知葛特曼是從哪裡獲得這些個人資訊的。
44. Zuckerman interview.
45. Gutterman, *Fighting for Her People*, 361.
46. *Blue Bird*.
47. Zuckerman interview.
48. 如同這個故事裡提到的，利妮亞和貝拉都從父母那裡獲得了力量。菲伊也覺得她母親的能力與父親的關愛帶給她獨立的能力與個人的力量。「我們覺得父母非常愛我們，」菲伊後來寫道。「我相信他們的愛給了我安全感，在我的後半生帶給我良好的影響。」
49. Shelub and Rosenbaum, *Never the Last Road*, 174.莉芭和她丈夫每次都會搭不同班機。佛瑪・伯格很害怕打雷，打雷會使她回想起軍方轟炸。
50. Discussed in Gutterman, *Fighting for Her People*, 418–423.
51. Gutterman, *Fighting for Her People*, 452.
52. Zuckerman interview.
53. 《祖克曼密碼》指出，有些人把他們家稱做「持續進行的坐七守喪期」(ongoing shiva)。海倫・艾波斯坦（Helen Epstein）則指出，有些倖存者靠著不斷工作調適身心，他們能藉此獲得經濟上的安全感，也因此沒有時間思考，參見：Helen Epstein, *Children of the Holocaust*, 176。
54. Zuckerman interview.
55. Zuckerman interview. Zuckerman, *Surplus of Memory*, ix, also mentions this motto.
56. *The Zuckerman Code*.
57. *The Zuckerman Code*.
58. Epstein, *Children of the Holocaust*, 170–171, 195–196, 207–210.
59. Shelub and Rosenbaum, *Never the Last Road*, 186.
60. 根據《祖克曼密碼》所述，這只是巧合，她的名字並不是來自ŻOB。
61. Zuckerman interview.
62. *The Zuckerman Code*.
63. Eyal Zuckerman in *The Zuckerman Code*.
64. 在《祖克曼密碼》中，羅妮拒絕在華沙玩樂。艾波斯坦則舉了一些例子，指出倖存者的孩子會主動投入險境，只是為了證明自己能倖存下來，參見：Epstein, *Children of the Holocaust*, 201, 230。
65. *The Zuckerman Code*.
66. *The Zuckerman Code*.
67. Lubetkin, *Days of Destruction*, 275.
68. Zuckerman interview.
69. *Blue Bird*.
70. Zuckerman interview.
71. Zuckerman, *Surplus of Memory*, 677.

24. 莉芭・奧根菲爾（Liba Marshak Augenfeld）的母親祝福她順利逃離隔離區並加入游擊隊，因此莉芭比較能夠平靜地接受自己離開家庭的決定。但有許多人都因為沒有受到祝福而被罪惡感壓垮。Augenfeld interview.
25. Izhar, *Chasia Bornstein-Bielicka*, on Chasia's silencing: 294, 309, 310, 313. 海希雅很少談論自己的戰時經歷，部分原因在於她覺得自己的經歷沒有其他倖存者那麼可怕，部分原因是為了她的小孩。她的女兒在長大後問起了她的過去，她便把過去的不可思議經歷告訴了她們。她們一直到這時候才知道，她們的母親每天晚上都會驚醒。
26. For instance, personal interviews, Daniela Ozacky-Stern and Yonat Rotbain, Givat Haviva, Isr., May 14, 2018.
27. This section is based on Schulman, *Partisan's Memoir*.
28. Schulman, *Partisan's Memoir*, 192–193.
29. Ibid., 188–189.
30. Starr interview.
31. Schulman, *Partisan's Memoir*, 206.
32. Schulman, *Partisan's Memoir*, 224.
33. This section about Zivia and the Warsaw uprising is based on Gutterman, *Fighting for Her People*, 280–290; Lubetkin, *Days of Destruction*, 260–274; Zuckerman, *Surplus of Memory*, 526–529, 548–549, 550–556.
34. 舉例來說，他們要求伊雷娜・祖伯曼（Irene Zoberman）分發傳單。海倫・馬霍特（Helen Mahut）在地下波蘭學校教書，並加入了猶太復國主義組織「阿基瓦」，她為此站在公車站熟記了納粹軍用卡車的標誌，並協助把倫敦電台（Radio London）的廣播翻譯成波蘭文。米娜・亞斯波勒（Mina Aspler，又名「瘋狂瑪麗亞」〔Mad Maria〕）是一名信使，她照顧受傷的士兵，在不同團體間傳遞訊息。柔菲雅・高德法布－斯特布考斯卡（Zofia Goldfarb-Stypułkowska）是波蘭地下組織的成員。
35. Grupińska, *Reading the List*, 96.
36. 依照資料來源計算的建築類型不同，數據也會有所變化。請見：Micholaj Glinski, "How Warsaw Came Close to Never Being Rebuilt," Culture.pl, February 3, 2015, https://culture.pl/en/article/how-warsaw-came-close-to-never-being- rebuilt.
37. 這個救援故事有許多不同的版本。請見：Gutterman, *Fighting for Her People*, 291–299；Lubetkin, *Days of Destruction*, 272–274；Warman, in *Mothers, Sisters, Resisters*, 288–294；Zuckerman, *Surplus of Memory*, 552–556。
38. Lubetkin, *Days of Destruction*, 274.安提克也指出解放令人沮喪，參見：Zuckerman, *Surplus of Memory*, 558, 565。
39. Zuckerman interview.
40. 一九四六年，在凱爾采區的一次反猶暴動中，波蘭士兵、警察與平民殺掉了超過四十名猶太人。
41. This paragraph is based on Gutterman, *Fighting for Her People*, 303–345.
42. Gutterman, *Fighting for Her People*, 381.This section about Zivia in Palestine is

（甚至也包括那些對著納粹的臉開槍的戰士）都死了，波蘭原本有三百三十萬名猶太人，倖存下來的只有三十萬人。每個人在大屠殺期間遭受刑求時的選擇與能做出什麼反應會受到許多不同因素影響，更不用說還有許多種其他的反抗方式了。全世界最強大的軍隊都無法打敗納粹，因此飢餓的猶太人無法加入抗戰是很合理的一件事。在《最後的戰士》中，馬雷克・艾德曼強調，走進毒氣室的猶太人全都是英雄：「拿起武器遠比光著身體走向死亡還要容易得多。」

16. 其他因素包括對於失敗的困窘感、擔心作戰行動會產生反效果，甚至推動納粹加速殺死更多人。部分歷史學家認為華沙隔離區起義導致納粹加速了他們殺死所有猶太人的計畫，參見：Gutterman, "Holocaust in Będzin," 63。
    有關反抗行動是徒勞無功的努力，甚至是造成會導致損害的行動的相關討論，請見：Eli Gat, "The Warsaw Ghetto Myth" and "Myth of the Warsaw Ghetto Bunker: How It Began," in Ha'aretz, December 19, 2013, and January 13, 2014, https://www.haaretz.com/jewish/.premium-fiction-of-warsaw-ghetto-bunkers-1.5310568 and https://www.haaretz.com/jewish/.premium-warsaw-ghetto-myths-1.5302604. 馬克・伯納德（Mark Bernard）指出，猶太人不會反抗的假設在我們的心中已經根深蒂固，以致於猶太反抗軍常被視為「奇蹟」，而不被視為它原來的本質：一項常見的行為，參見：Mark Bernard, 41–65。此文獻描述道，猶太人會在貶低反抗行動的價值時指出，只一小部分的人口所做的事不能算是國族奮鬥，但無論在任何國族奮鬥裡，真正參與戰鬥的永遠都只有少數戰士。
17. 把「女人與大屠殺」當作研究領域這件事本身就充滿爭議，有些學者沒辦心安理得地把他人的痛苦經驗拿來當作證明政治觀點的工具，因此他們花了很久才將之建制化成正當的研究領域。就連自稱為女性主義者的大屠殺學者，也都會在關注在女人身上時遇到問題，原因在於這種關注會使他們不加思索地頌揚友誼和家庭。就連近年來新出現的、特別聚焦在女性與大屠殺的新展覽和線上資源，也都會特別標註「免責聲明」說所有猶太人受的痛苦是一樣的。
18. Ronen, "Women Leaders in the Jewish Underground During the Holocaust."
19. Weitzman, "Living on the Aryan Side," 217–219. 魏茲曼認為：我們比較容易注意到（男性的）武裝戰鬥，而（女性的）救援行動則比較隱密；女性通常不附屬於任何組織，而是參與反抗軍的私下行動；雖然女性扮演的角色比較危險，但她們常被視為輔助角色；女性的行動（尤其是救援孩童的行動）受到低估；女性沒有記錄自己的任務，也沒有在戰後尋求公眾注意。她對信使為什麼會消失在歷史中的討論，請見"Kashariyot (Couriers) in the Resistance During the Holocaust"。
20. Berger and Berger, eds., *With Courage Shall We Fight*, 45. 這些因素中有許多都和男性倖存者有關。
21. 安娜・施特恩西斯指出，有一名游擊隊員的姊妹因為她拋棄了母親而無法原諒她，就算她們最後都活下來了也一樣，參見：Personal interview, Anna Shternshis, New York, April 9, 2018。
22. Helen Epstein, *Children of the Holocaust: Conversations with Sons and Daughters of Survivors* (New York: Penguin, 1979), 23.
23. Personal interview, Rivka Augenfeld, Montreal, August 10, 2018.

侵了匈牙利。

第四部：情緒的傳承

1. Video testimony, Yad Vashem archive #4288059, June 20, 2002.
2. Cited in Paldiel, *Saving One's Own*, 394.

第三十章：對活著的恐懼

1. Klinger, *Writing These Words*, 49.
2. Renia's testimony, Israel National Library.
3. Avinoam Patt, "A Zionist Home: Jewish Youths and the Kibbutz Family After the Holocaust," in *Jewish Families in Europe*, 131–152.
4. Kukiełka, *Underground Wanderings*, 218.
5. 此段針對以色列大屠殺論述的討論源自：Gutterman, *Fighting for Her People*, 12–19, 352–379, 455–467；Paldiel, *Saving One's Own*, xvii–xxi；Sharon Geva, *To the Unknown Sisters: Holocaust Heroines in Israeli Society* (Tel Aviv, Isr.: Hakibbutz Hameuchad, 2010)。在《最後的戰士》中，馬雷克・艾德曼說以色列在面對歐洲猶太人時抱持著反猶主義。羅南指出，海柯的日記之所以一直沒有受到太多注意，是因為日記內容不符合受害者與武裝戰士的描述，參見：Klinger, Writing These Words, 21。
6. 科爾因巴爾討論到奇薇亞的英雄經歷在一九四六年的以色列非常受歡迎，比被害者的故事更容易讓人接受，參見：Kol-Inbar, *Three Lines of History*, 523–524。
7. *The Last Fighters*.
8. See, for instance, Gutterman, *Fighting for Her People*, 473–474.
9. Personal interview, Eyal Zuckerman, Tel Aviv, Isr., May 15, 2018.
10. 迪納也指出，華沙隔離區起義那天是踰越節，自由解放的主題和踰越節聖餐儀式之間彼此相關。美國猶太人每年都會在這段時期舉行許多紀念活動，但這些活動主要都以哀悼為主軸，起義本身從來都不是核心議題。
11. Tec, *Resistance*, 1–15.
12. Schulman, *Partisan's Memoir*, 10.See Eva Fogelman, "On Blaming the Victim," in *Daring to Resist*, 134–137.
13. 大屠殺心理學研究者沙亞・奧斯特羅瓦（Chaya Ostrower）指出，特定的詢問方式可能會無意地歪曲大屠殺事件的殘暴與沉重之處，參見：Chaya Ostrower, *It Kept Us Alive*, 14, 20, 64, 231。
14. 根據猶太人向德國索賠協商會（Conference on Jewish Material Claims Against Germany）在二〇一八年的研究指出，在當時的調查中，有三分之二的千禧世代美國人不知道「奧斯維辛」是什麼。
15. 這些戰士的其中一句格言是：「我們不會成為屠夫面前的羔羊。」雖然這句話原本是戰士的強大力量來源，但後來卻被視為是一種對被害者的攻擊。許多戰士

8. The rest of this chapter is based on Kukiełka, *Underground Wanderings*, 191–200, including direct quotations.
9. Ronen, *Condemned to Life*, 357–370.
10. 以色列猶太大屠殺紀念館的「國際義人」，也包括收取不算過高的金額提供救援的人，只要他們救援的猶太人沒有受到不當對待或剝削就算符合資格。請見：Paulsson, *Secret City*, 129.
11. Paulsson, *Secret City*, 382–383.
12. Kukiełka, Yad Vashem testimony.
13. Ronen, *Condemned to Life*, 341–370.
14. From a photo of the group in Budapest held in the Ghetto Fighters' House Museum archive.

第二十九章：「永遠別說這是最後一趟旅程」

1. 這首意第緒語歌是赫許・格里克在維爾納隔離區寫成的，是最知名的猶太反抗歌之一。英文歌詞是米麗安・施勒辛格（Miriam Schlesinger）翻譯而成。
2. 吉希與斯洛伐克的主要資訊，來自："Slovakia," Shoah Resource Center, http://www.yadvashem.org/odot_pdf/Microsoft%20Word%20-%206104.pdf；Yehuda Bauer, "Gisi Fleischmann," *Women in the Holocaust*, 253–264；Gila Fatran, "Gisi Fleischmann," The Encyclopedia of Jewish Women, https://jwa.org/encyclopedia/article/fleischmann-gisi；Paldiel, *Saving One's Own*, 100–136.
3. Paldiel, *Saving One's Own*, 101–102.
4. The rest of this chapter based on Kukiełka, *Underground Wanderings*, 147–218, including direct quotations.
5. From a photo in the Ghetto Fighters' House Museum archive.
6. The story of Chajka and Benito, including direct quotations, is from Ronen, *Condemned to Life*, 384–402.
7. 羅南指出，偷運行動結束是因為偷運者背叛了他們，有些難民被抓進了奧斯維辛集中營，參見：Ronen, *Condemned to Life*, 384–402。
8. 利妮亞對莎拉的描述非常模糊。我認為她並不確定自己是不是再也見不到她了，但她隱約有這種感覺。
9. Kukiełka, *Underground Wanderings*, 211.
10. 羅塔姆提到，華沙有一群街頭攝影師會幫你拍照，在照片洗好後寄信告訴你。接著你就可以去取照片並付錢。薇拉德卡、赫拉和修沙娜的照片以及利妮亞的照片可能都是這樣拍攝下來的，參見：Rotem, *Memoirs of a Ghetto Fighter*, 90。
11. 這段敘述來自利妮亞。美國聯合救濟委員會檔案並沒有證實這件事。
12. 魯特・札里茲（Ruth Zariz）指出，利妮亞是在布達佩斯開始寫日記，參見：Ruth Zariz, "Attempts at Rescue and Revolt," 23。
13. Photo is from the Ghetto Fighters' House Museum archive.
14. 在利妮亞的巴勒斯坦移民文件上，她抵達的日期是三月七日。兩週後，希特勒入尼卡（Hadassah Zlotnicka）、蘿絲・梅西（Rose Meth）、瑞秋・鮑姆（Rachel Baum）、亞達・哈爾彭（Ada Halpern）、哈達莎・托曼－札洛尼卡（Hadassah Tolman-Zlotnicki）與路易莎・福斯坦伯格（Luisa Ferstenberg）。

27. 有關羅莎利用圍裙的隱藏夾層走私的故事，請見：Tec, *Resistance*, 139–141。
28. Now goes by Kitty Hart Moxon.Grunwald-Spier, *Women's Experiences in the Holocaust*, 275–277.
29. 在部分敘述中，炸掉的是三號火葬場，在其他敘述中則是四號火葬場。
30. 在部分資料來源中，聯合工廠的火藥與這次的爆炸其實沒有關連，其他資料來源則指出所有火藥都來自聯合工廠，許多女人對奧斯維辛集中營的這場武裝起義著實重要。
31. Harran, *Jewish Women at the Union Factory*, 53–56, and Tec, *Resistance*, 138.
32. 哈蘭指出，他們被判刑的原因是毀壞產品，而不是反抗行動。納粹很生氣奴隸工廠受到大規模破壞。公開對這些猶太女孩執行絞刑的目的是制止其他人繼續破壞，並向柏林當局證明他們控制住破壞的問題了，參見：Harran, *Jewish Women at the Union Factory*, 60–64。

第二十七章：天之光

1. 除另外指出不同來源，本章內容與引言的資料來源皆為：Kukiełka, *Underground Wanderings*, 173–179。
2. 利妮亞在以色列猶太大屠殺紀念館的證詞中以些微不同的方式描述他與他們之間的關係。
3. Kukiełka, Yad Vashem testimony.

第二十八章：大逃亡

1. 利妮亞在以色列猶太大屠殺紀念館的證詞中說的則是香腸和伏特加。
2. This section is based on: "Montelupich Prison," Shoah Resource Center, https://www.yadvashem.org/odot_pdf/Microsoft%20Word%20-%206466.pdf; Draenger, *Justyna's Narrative*, 9–15, 27–29; Grunwald-Spier, *Women's Experiences in the Holocaust*, 209–210; Kol-Inbar, *Three Lines of History*, 520–521; Margolin Peled, "Gusta Dawidson Draenger," Margolin Peled, "Mike Gola."
3. Draenger, *Justyna's Narrative*, 29.
4. Quoted in Kol-Inbar, *Three Lines of History*, 521.
5. 更多內容稍有差異的不同版本逃脫過程，請見：Draenger, *Justyna's Narrative*, 18–19; Grunwald- Spier, *Women's Experiences in the Holocaust*, 209–210; Peled, "Gusta Dawidson Draenger," and Peled, "More Gola" both in the Encyclopedia of Jewish Women.
6. 在另一個版本的敘述中，哈莉娜把顯眼的皮大衣給了利妮亞。
7. Zuckerman, *Surplus of Memory*, 406.

17. Tec, *Resistance*, 155.
18. 瑪拉的資訊截取自許多資料來源，每一資料來源在描述瑪拉的背景、逃脫方式與殺死她的人時都有些許差異。請見：Grunwald-Spier, *Women's Experiences in the Holocaust*, 271–275；Jack Porter, "Jewish Women in the Resistance"; Na'ama Shik, "Mala Zimetbaum," The Encyclopedia of Jewish Women, https://jwa.org/encyclopedia/article/zimetbaum-mala；Ya'ari-Hazan, *Bronislawa Was My Name*, 109–113.
19. 在《隔離區裡的女人》中，貝拉指出他們從渥茲市與特雷辛集中營（Theresienstadt）走私了十四名女孩到勞動營裡，參見：*Women in the Ghettos*, 134–139。
20. Olga Lengyel, "The Arrival," *Different Voices*, 129.
21. See, for instance, Karay, "Women in the Forced Labor Camps," 293–294, and Laska, "Vera Laska," *Different Voices*, 254; Suzanne Reich, "Sometimes I Can Dream Again," in *Before All Memory Is Lost*, 315.
22. 本名法妮雅・藍道（Fania Landau）。法妮雅來自比亞維斯托克市，被遣送到強制勞動營，接著又被送到奧斯維辛集中營，在聯合工廠工作。
23. 本名斯奈德豪茲（Snajderhauz）。有關心型卡片的故事出自：*The Heart of Auschwitz*, directed by Carl Leblanc, Canada, 2010; Personal interview, Sandy Fainer, telephone, November 27, 2018; wall text, Montreal Holocaust Museum, Montreal。
24. 這十八人是漢卡（Hanka）、曼妮雅（Mania）、瑪札爾（Mazal）、漢卡・W（Hanka W）、貝爾塔（Berta）、菲拉（Fela）、瑪拉（Mala）、露絲（Ruth）、雷娜（Lena）、蕾切拉（Rachela）、伊娃・潘尼（Eva Pany）、布朗妮雅（Bronia）、塞西亞（Cesia）、伊雷娜（Irena）、米娜（Mina）、托妮雅（Tonia）、葛西亞（Gusia）與莉莎（Liza）。在《奧斯維辛之心》（*The Heart of Auschwitz*）中，安娜說她沒有簽過這張卡，「漢卡・W」並不是她。
25. 她們在一九四四年十二月十二日把心型卡片放在法妮雅的工作桌上。她把這個寶貴的禮物藏在軍營中的天花板上，用一些稻草掩蓋住。在一九四五年一月的死亡行軍之前，法妮雅把心型卡片藏在腋下，整趟行軍都帶著卡片。法妮雅倖存下來，心型卡片也是，卡片是她頭二十年的人生唯一留存下來的物品，她把卡片藏在內衣抽屜中，她的女兒在數十年後才發現了這張卡片。
在《奧斯維辛之心》中，當時在聯合工廠的一名女性說這個故事不可能發生，她說那裡的女人不可能走私任何東西，法妮雅也不可能在死亡行軍中帶著這張卡片，當時有許多人光是走路多往旁邊踏了一英寸就被射殺了。其他人則說他們從沒聽說過奧斯維辛集中營裡有人慶祝過生日。
26. 哈蘭指出，有超過三十名女人參與這個任務，多數都是波蘭猶太人。其中五人來自華沙市，五人來自本津鎮，許多人都是青年衛隊的成員，參見：Harran, *Jewish Women at the Union Factory*, 51–52。此資料來源列出了其他名字：哈雅・克羅因（Haya Kroin）、瑪拉・溫斯坦（Mala Weinstein）、海倫・舒瓦茲（Helen Schwartz）、吉妮雅・朗格（Genia Langer）。參與此事件的其他女性包括：費吉・西格爾（Faige Segal）、瑪拉・溫斯坦（Mala Weinstein）、哈達莎・札洛

auschwitz-revolt; "Revolt of the 12th Sonderkommando in Auschwitz," Jewish Partisan Educational Foundation, http://jewishpartisans.blogspot.com/search/label/Roza%20Robota；Ronen Harran, "The Jewish Women at the Union Factory, Auschwitz 1944: Resistance, Courage and Tragedy," *Dapim: Studies in the Holocaust* 31, no. 1 (2017): 45–67；Kol-Inbar, *Three Lines in History*, 538–539; Rose Meth, "Rose Meth," in *Mothers, Sisters, Resisters*, 299–305; Paldiel, *Saving One's Own*, 384；Tec, *Resistance*, 124–144.Page 136 of *Resistance* discusses the lack of precise details and figures for this story.

9. 資料來源為：*The Heart of Auschwitz*, directed by Carl Leblanc, Canada, 2010。羅南・哈蘭（Ronen Harran）指出，這間聯合工廠本來是腳踏車部件公司，但在一九四〇年代創立了製造武器的子公司，參見：Ronen Harran, *Jewish Women at the Union Factory*, 47。
10. 根據安娜的回憶錄所述，有些「愛人」會發生性關係，有些不會。這些能夠進入女性勞動營的男人會帶一些東西送給女人，例如食物。
11. In addition to the sources listed above regarding the resistance at Auschwitz, information about Roza is from: Jack Porter, "Jewish Women in the Resistance," *Jewish Combatants of World War* 2, No. 3 (1981); Na'ama Shik, "Roza Robota," The Encyclopedia of Jewish Women, https://jwa.org/encyclopedia/article/robota-roza.
12. 多數資料來源認為是男人先開始執行這項行動的。許多資料指出男人要求羅莎從其他女獄友那裡設法取得火藥。在這項行動中，羅莎時常被視為女性領導人代表。
13. 許多資料來源都提到了法蘭西斯卡・曼恩，當時她被稱做凱特林娜・霍羅維茲（Katerina Horowicz）。在部分敘述中，她故意表現得像是撩人的脫衣舞孃，還有一些敘述指出她注意到納粹守衛在對她拋媚眼。有一些敘述說她對納粹丟衣服，另一些敘述則說她丟的是鞋子。另外一些敘述則說其他女人也和她一起攻擊納粹。請見：*Women of Valor*, 44; Grunwald-Spier, *Women's Experiences in the Holocaust*, 266–271；Kol-Inbar, *Three Lines of History*, 538. 維蒂斯－召姆龍則說她是納粹協助者，參見：Vitis-Shomron, *Youth in Flames*, 200。
14. Reinhartz, *Bits and Pieces*, 42.
15. Goldenberg, "Camps: Foreword," 269.
16. 在索比堡集中營起義中，猶太人殺掉了十一名納粹親衛隊和輔助警察，並在集中營裡縱火。大約有三百名猶太人從剪開的鐵絲網逃跑，將近兩百人沒有被抓住，成功逃離。
    索比堡滅絕營的反抗行動領導人為了隱瞞自己的地下行動，假裝自己和另一名女人盧卡（Lyuka，全名葛楚・波普特－修伯恩〔Gertrude Poppert-Schonborn〕）談戀愛。盧卡在偽裝談戀愛的過程中意外聽到了整個計畫，在領導人逃獄的前夕送了一件幸運上衣給他。請見："Jewish Uprisings in Ghettos and in Camps," USHMM Encyclopedia, https://encyclopedia.ushmm.org/content/en/article/jewish-uprisings-in-ghettos-and-camps-1941-44; Paldiel, *Saving One's Own*, 371–382; Tec, *Resistance*, 153–157.

the Ghettos and *Bronislawa Was My Name*.

10. Yaari, "A Brave Connection."
11. This section, including dialogue and quotations, is based on Kukiełka, *Underground Wanderings*, 152–160.

第二十六章：姊妹們，復仇！

1. Estimated date based on Renia's story.
2. 除另外指出不同來源，本章內容、對話與引用的資料來源皆為：Kukiełka, *Underground Wanderings*, 160–173。
3. Kukiełka, Yad Vashem testimony.
4. Description of Mirka is also from Renia's Yad Vashem testimony.
5. 利妮亞在以色列猶太大屠殺紀念館的證詞中描述了不同的故事：她曾說她把猶太人的身分和真正的名字告訴了米爾卡，以免她被殺掉之後有人來找她。米爾卡簡直不敢相信竟然有猶太人能夠如此流利地和基督徒一起禱告。利妮亞不能讓其他人知道她和這名猶太人建立了友誼，並警告米爾卡絕不能接近她。
   過了好幾年後，利妮亞的哥哥在以色列的雅法市舉辦婚禮，利妮亞和婚禮樂團一同前往場地。在趕往婚禮的路上，她看到米爾卡衣衫不整的站在街上，懷裡抱著一名小孩。雖然利妮亞既開心又震驚，但她不能留下來和她聊天。米爾卡說她和丈夫與孩子住在附近——她指了指旁邊的一棟建築，並說利妮亞之後可以來找她。後來利妮亞花了很多時間想找到她，她挨家挨戶地敲門，找了鄰居詢問。她甚至打電話到一個專門追蹤生還者的以色列廣播節目上找她，但她再也沒有找到米爾卡。
6. Goldenberg, "Camps: Foreword," 273; Rebekah Schmerler-Katz, "If the World Had Only Acted Sooner," in *Before All Memory Is Lost*, 332.
7. Brandeis, "Rebellion in the Ghettos," in *Daring to Resist*, 127.See Tec, *Resistance*, 124–127, for background on the Auschwitz underground.
8. 原名漢娜・漢卡・瓦傑西布盧（ Hannah (Hanka) Wajcblum ）。此經歷的資料來源是她的回憶錄：Anna Heilman, *Never Far Away: The Auschwitz Chronicles of Anna Heilman* (Calgary: University of Calgary Press, 2001), as well as her testimony in *Mothers, Sisters, Resisters*, 295–298。她的口頭證詞儲存在：USC Shoah Foundation collection。
   雖然我大致上來說是以安娜的視角描述這個故事的，但也有其他資料來源對於這個行動的細節有不同的描述，包括誰是參與者、誰最先走私火藥、如何走私、如何被抓到、叛亂行動如何被暴露以及誰倖存下來。我在這段敘述中融合了許多資料來源，包括：oral history of Noach Zabludovits, "Death Camp Uprisings," in *Daring to Resist, 133*；*In Honor of Ala Gertner, Róza Robota, Regina Safirztajn, Ester Wajcblum: Martyred Heroines of the Jewish Resistance in Auschwitz Executed on January 5, 1945* (Unknown publisher, 1991?) ；"Prisoner Revolt at Auschwitz-Birkenau," USHMM, https://www.ushmm.org/learn/timeline-of-events/1942-1945/

3. 出自利妮亞在以色列猶太大屠殺紀念館的證詞。「我在生活中也是個非常固執的人。我會盡一切努力設法獲得我想要的事物。」
4. Rotem, *Memoirs of a Ghetto Fighter*, 63.
5. 羅南指出柏克遵守諾言，提供了幫助，參見：Ronen, *Condemned to Life*, 357–370。亞歷山大・納米斯洛（Aleksandra Namyslo）則說他的名字是波列斯瓦・柯祖奇（Boleslaw Kozuch），參見：Aleksandra Namyslos, *Before the Holocaust Came*, 25。
6. 大衛・利沃（David Liwer）指出，在這次救援之後，莎拉回報有二十三名同志和兩名孩童躲在雅利安區的多個地點，參見：David Liwer, *Town of the Dead*, 18。
7. 利妮亞在以色列猶太大屠殺紀念館的證詞中描述的是另一個版本的故事：一名賣鞋子的小販把現金藏在她的鞋子裡，而她想不起來那間賣鞋子的店在哪裡。在這個版本的證詞中，利妮亞因為知道許多信使在比亞維斯托克市和維爾納市周遭被抓到，所以告訴蓋世太保她來自華沙。
8. 利妮亞在以色列猶太大屠殺紀念館的證詞中說，她當時必須威脅伊爾札，如果她告訴任何人利妮亞是猶太人的話，她就會勒死她。
9. For a prisoner's account of the brutality he faced, see "Escape from a Polish Prisoner of War Camp," WW2 People's War, https:// www.bbc.co.uk/history/ww2peopleswar/stories/63/a3822563.shtml.
10. Grunwald-Spier, *Women's Experiences in the Holocaust*, 173–174.

第二十五章：杜鵑

1. This section, including all dialogue and quotations, is based on Ya'ari-Hazan, *Bronislawa Was My Name*, 68–93.I have also drawn on Bela's testimony "From Ghetto to Ghetto," *Women in the Ghettos*, 134–139.
2. Cited in "From Ghetto to Ghetto," *Women in the Ghettos*, 134–139.
3. 在貝拉的敘述中，修沙娜是以猶太人的身分被監禁的。根據《隔離區裡的女人》所述，她被殺死了。但是，奇薇亞和安提克指出，她被誤認成波蘭人，經歷了好幾個集中營後活下來，成功「阿利亞」，她冠了夫姓克林格（Klinger）。隔離區戰士之家有許多張她在一九四〇年代照的相片，參見：Lubetkin, *Days of Destruction*, 305；Zuckerman, *Surplus of Memory*, 472。
4. 貝拉並沒有提到「路燈上」，但安提克提到，把帕維克監獄的受刑人吊死在路燈上是當時很常見的處死方法，參見：Zuckerman, *Surplus of Memory*, 429。
5. Paldiel, *Saving One's Own*, 382–384; Tec, *Resistance*, 124.
6. "Official Camp Orchestras in Auschwitz," Music and the Holocaust, http://holocaustmusic.ort.org/places/camps/death-camps/auschwitz/camp-orchestras.
7. Ostrower, 149.
8. 約瑟夫・門格勒對受刑人執行不人道的醫療實驗，把許多人送進毒氣室。
9. This quote is an amalgamation of different versions in Bela's testimonies in *Women in*

套嗎？」狄沃拉問道，好像他們在過的是普通的正常生活一樣。卡齊克沒有保險套。因此，他們這整個晚上都只是躺在一起聊天。狄沃拉被殺死後，卡齊克把童貞獻給了一名波蘭女孩，後來愛上了信使伊雷娜．格布倫（即哈莉娜），這段愛情「用上了我年輕時的所有愛火」。住在雅利安區時，他們兩人會在公園裡親熱，避免冒犯反抗行動的領導人。

5. 根據海柯的文字紀錄，基布茲的地堡裡沒有槍，他們的武器是青年衛隊帶來的兩把槍。根據梅爾的敘述，他們藏了好幾把槍。
6. 有關哈夫卡的敘述來自她在以色列猶太大屠殺紀念館檔案中的證詞與羅南的研究，參見：Ronen, *Condemned to Life*, 91–103。哈夫卡來到本津鎮是為了執行一項移民計畫，這個計畫後來失敗了。她在隔離區擔任醫務員，協助救助孤兒。她的波蘭文十分流利，看起來很「恰當」。
7. Sarah's presence in the bunker is recorded in David Liwer, *Town of the Dead: The Extermination of the Jews in the Zaglembie Region* (Tel Aviv, Isr., 1946).
8. 在描述這個事件時，羅南與利妮亞在回憶錄中轉述的梅爾的說法有些許差異。羅南說逃出去的人是馬克斯．費雪，梅爾則說逃出去的是摩希．馬可斯（Moshe Marcus）。
9. 凱茲在猶太歷史機構的證詞中指出，青年衛隊、自由青年運動與戈登尼亞青年運動曾一度共同持有七萬馬克的財產（他們可能運用這些錢把同志送進游擊隊中的）。赫謝爾在地堡裡有一個保險箱。
10. This is from Meir's account in Kukiełka, *Underground Wanderings*, 126.
11. Kukiełka, *Underground Wanderings*, 127.This scene is based on ibid., 127–128.
12. 戰士地堡的敘述截取自：Kukiełka, *Underground Wanderings*.(relayed by Ilza), 128–30; Klinger, *Writing These Words*, 159–165 (she partly fictionalized her account to imagine what happened to her comrades in their last moments); and the testimony of Jewish policeman Abram Potasz which is published in Klinger, *Writing These Words*, 181–184。在許多其他的敘述中，這個地堡都被稱做「洗衣間地堡」。
13. Kukiełka, *Underground Wanderings*, 129.
14. Kukiełka, *Underground Wanderings*.
15. Klinger, *Writing These Words*, 182–183.
16. Klinger, *Writing These Words*, 183.
17. Klinger, *Writing TheseWords*, 164.
18. This section from the liquidation camp is based on Klinger, *Writing These Words*, 71–79, including direct quotations.

第二十四章：蓋世太保的網羅

1. 除另外指出不同來源，本章內容、對話與引用的資料來源皆為：Kukiełka, *Underground Wanderings*, 130–152。
2. 這個勞工猶太復國主義青年團體較不政治化，比較在乎猶太人的多元與團結，他們願意公開討論，也願意接受任何自認為猶太人的人。他們推動救援。

and Laska, *Different Voices*, 261–267; Ostrower, *It Kept Us Alive*, 139–146; Gurewitsch, *Mothers, Sisters, Resisters*.
4. Ringelheim, "Women and the Holocaust," 376–377.
5. See *Women of Valor: Partisans and Resistance Fighters*, Center for Holocaust Studies Newsletter 3, no. 6 (New York: Center for Holocaust Studies, 1990), 8.
6. Grunwald-Spier, *Women's Experiences in the Holocaust*, 174.
7. Ringelheim, "Women and the Holocaust," 376–377.
8. Izhar, *Chasia Bornstein-Bielicka*, 147–148.
9. Babey Widutschinsky Trepman, "Living Every Minute," in *Before All Memory Is Lost*, 383.
10. Zuckerman, *Surplus of Memory*, 108, on Rivka; Reinhartz, *Bits and Pieces*, 33, for a sense of his personality.
11. Draenger, *Justyna's Narrative*, 98–99.
12. 這名倖存者要求我使用假名。我在阿茲瑞利基金會（Azrieli Foundation）收藏的文獻中找到了她未出版的證詞。

第三部：「沒有國界能擋住她們的去路」

1. Chaika Grossman, "For Us the War Has Not Ended," *Women in the Ghettos*, 180–182.

第二十三章：地堡與地堡之外

1. Kukiełka, *Underground Wanderings*, 123.This section is based on Renia's memoir, 123–124.
2. Additional information from Ronen, *Condemned to Life*, 256–276.
3. 接下來有關海柯的段落源自：Klinger, "The Final Deportation," in *Writing These Words to You*, 33–79，引述的部分也同樣來自上述頁數。海柯的敘述和利妮亞在回憶錄中（P.124–128）的敘述十分相似，利妮亞是從梅爾．舒曼那裡聽來的。索斯諾維茲鎮的青年衛隊成員菲拉．凱茲在證詞中的敘述也很相似（儲存在猶太歷史機構的檔案中，出版於：Jerzy Diatłowicki, ed. *Jews in Battle, 1939–1945*。不過她的敘述中提到了幾個大型槍戰，每個版本的敘述都有些微差異。）
4. 華沙隔離區的男性戰士卡齊克寫到了他和狄沃拉．巴朗的戀情，在狄沃拉被殺死之前，卡齊克和她曾在華沙的隔離區起義中並肩作戰。他們盡力在親熱的時候躲著其他人，擔心會冒犯其他堅持組織的貞潔規範的戰士。「你很難分辨誰和誰是一對：先驅者運動的領導人很堅持『性的純潔』，他們建立的大多都是柏拉圖式戀愛。」他後來寫到，指的是他所在那個戰鬥小組。「戀人通常會說很多話，交換彼此的感覺與夢想。」卡齊克所在的戰鬥小組的領導人很沮喪卡齊克沒有把他和狄沃拉的戀情告訴他——他想要替他們慶祝這件事。在這些生死攸關的時刻，許多事情都有了例外，性和死亡，不可避免地結合在一起。
一天晚上，這對戀人躺在地堡的雙層床上，他們決定停止自我克制。「你有保險任務。我在第二部中節錄了各種不同的（有時互相矛盾的）描述，建構出看起來應該最準確的敘事。

7. 在隔離區戰士之家的檔案中，利妮亞在口頭與紙本證詞中指出，當時飯店發生了恐慌騷動，有當局在搜尋猶太人，因此她被迫在街上四處遊蕩了好幾個小時。
8. Grunwald-Spier, *Women's Experiences in the Holocaust*, 254–255; Zuckerman, *Surplus of Memory*, 97, 242 (the mother was in her fifties). 在隔離區戰士之家博物館的檔案中，她在名單上的名字是「蘇珊娜－羅莎莉亞」(Shoshana-Rozalia)。
9. Kukiełka, *Underground Wanderings*, 115.
10. Kukiełka, *Underground Wanderings*, 115. 哈維・德萊弗斯（Havi Dreifuss）在《祖克曼密碼》(*Zuckerman Code*) 中描述道：「你需要無盡的勇氣和街頭智慧，而安提克正是這兩方面的翹楚。部分原因在於他的外表，另一部分則是因為他有能力裝成波蘭小混混，因此無論任何人對他說任何話，安提克都知道該如何讓對方別再說下去。」
11. 在納粹控制猶太人財產的系統下，拯救口琴也是一種反抗。納粹執行非常多規定猶太人可以擁有什麼財產與不能擁有什麼財產的法令，例如，在其中一條法律中，猶太人必須把所有黃金、毛皮和武器都交給納粹，而食物必須經由配給獲得，持有多餘食物的人會被處死。納粹把猶太人轉移到不同地點時，會明確告訴他們可以攜帶的物品數量。但許多猶太人違反了這些法律，留下了一些財物——有人把祖傳珠寶藏在軍營的牆壁裡、有人把現金和鑽石別針塞進鞋刷中、有人留下了祖母製作的無酵餅華麗布套。這些財物帶來的是安全感與希望。
12. The story of the Częstochowa ghetto uprising is from Kukiełka, *Underground Wandering*, 117–118; Brandeis, "Rebellion in the Ghettos," in *Daring to Resist*, 128–129; Binyamin Orenstayn, "Częstochowa Jews in the Nazi Era," *Czenstochov; A New Supplement to the Book "Czenstochover Yidn,"* trans.Mark Froimowitz (New York: 1958), https:// www.jewishgen.org/yizkor/Częstochowa/cze039.html.
13. Brandeis, "Rebellion in the Ghettos," in *Daring to Resist*, 128–129.
14. Kukiełka, *Underground Wanderings*, 118.
15. This account of Ina's capture is culled from Fela Katz's testimonies and Ronen, *Condemned to Life*, 311.

第二十二章：烈火吞噬札倫比的耶路撒冷

1. 除另外指出不同來源，本章描述、對話與引用的資料來源皆為：Kukiełka, *Underground Wandering*, 118–122。
2. Ronen, *Condemned to Life*, 349.
3. See Rochelle G. Saidel and Batya Brudin, eds. *Violated! Women in Holocaust and Genocide* (New York: Remember the Women Institute, 2018), exhibition catalogue; Rochelle G. Saidel and Sonja M. Hedgepeth, eds., *Sexual Violence Against Jewish Women During the Holocaust* (Waltham, MA: Brandeis University Press, 2010). Additional sources for this section are Karay, "Women in the Forced Labor Camps"

羅森的研究指出，躲在華沙的猶太人曾達到兩萬八千人左右（總數請見：*Secret City*, 2–5）。

24. Zuckerman, *Surplus of Memory*, 496.
25. 根據波林博物館的牆上文字，這些錢幾乎連購買每個月的必需食物都不夠。這些捐款提供的最大幫助是保持希望與聯繫。
26. The story of his bunker is in Meed, *Both Sides of the Wall*, 200.
27. Goldstein, *Stars Bear Witness*, 229.
28. Warman, *Mothers, Sisters, Resisters*, 285–286.
29. Izhar, *Chasia Bornstein-Bielicka*, 230.
30. 魏茲曼指出，有百分之十的猶太人士靠著轉變身分活下來的，參見：Weitzman, "Living on the Aryan Side," 189。
31. This discussion of passing is from Weitzman, *Living on the Aryan Side.*
32. Cited in Paldiel, *Saving One's Own*, 35.
33. For more accounts of and details about these *melinas*, see Rotem, *Memoirs of a Ghetto Fighter*, 86; Zuckerman, *Surplus of Memory*, 474; Warman, "Marysia Warman."
34. Rotem, *Memoirs of a Ghetto Fighter*, 76–77. 在奇薇亞的狀況中，和她躲在一起的大多都是聯盟黨人，他們的年紀比奇薇亞小了將近十歲。
35. Zuckerman, *Surplus of Memory*, 501.

第二十一章：血之花

1. Ronen, *Condemned to Life*, 256–276.
2. Information on Rivka is from Grupińska, 96, and Neustadt, ed., *Destruction and Rising*.
3. Draenger, *Justyna's Narrative*, 54.
4. 他指的其實是「賽利西亞區」，這個區域位於邊界，在文化與歷史上和札倫比區有許多相似之處。
5. 羅塔姆解釋了地下組織通常會如何建立備案，以免聯絡人沒有出現。舉例來說，組織可能會要他們在隔天回到同一個地點，參見：Rotem, *Memoirs of a Ghetto Fighter*, 69。
6. 在利妮亞的其中一個版本的敘述中，她是意外遇到這名女人的。她在隔離區戰士之家作證實則說地址是安提克給她的。

   整體來說，利妮亞在不同的證詞中描述她的華沙任務時，彼此之間都有很大的差異（GFH, INL, YV, *Underground Wanderings*）。她在以色列國家圖書館（Israel National Library）提供的證詞中，指出她替奇薇亞和安提克帶了錢。她在隔離區戰士之家提供的證詞中，提到了她和卡齊克見了面（她說這是在她看見隔離區起火之前發生的事），但在其他證詞中沒有提到卡齊克。她說她不記得自己是怎麼找到安提克的，而她的槍是從一位波蘭人那裡拿到的。她在每個證詞中對於她和安提克的見面場景都有不同的描述。此外，她的任務順序也在不同的證詞中有變化。在部分敘述中，她宣稱自己曾執行過六到七次任務，在其他敘述中則是四次

10. 有關不同組織的細節，請見：Paulsson, *Secret City*, 3–4, 201–210。
11. Paldiel, *Saving One's Own*, 32–42.
12. Paldiel, *Saving One's Own*, 25.
13. Samuel D. Kassow, lecture, at "In Dialogue: Polish Jewish Relations During the Interwar Period."
14. 有關美國聯合救濟委員會的資料來源，包括："American Jewish Joint Distribution Committee and Refugee Aid," USHMM Holocaust Encyclopedia, https://encyclopedia.ushmm.org/content/en/article/american-jewish-joint-distribution-committee-and-refugee-aid；Yehuda Bauer, "Joint Distribution Committee," in *Encyclopedia of the Holocaust*, ed. Israel Guttman (New York: Macmillan, 1990), 752–756。
15. Nathan Eck, "The Legend of the Joint in the Ghetto," unpublished report, JDC archives.
16. 安提克指控波蘭地下組織苛扣這些錢，參見：Rotem, *Memoirs of a Ghetto Fighter*, 98–99; Zuckerman, *Surplus of Memory*, 419.
17. Bauer, "Joint Distribution Committee," 752–756; Zuckerman, *Surplus of Memory*, 43n15.
18. Michael Beizer, "American Jewish Joint Distribution Committee," trans.I. Michael Aronson, The YIVO Encyclopedia of Jews in Eastern Europe, https://yivoencyclopedia.org/article.aspx/American_ Jewish_ Joint_Distribution_Committee.
19. Paldiel, *Saving One's Own*, 32–42.
20. Paldiel, *Saving One's Own*, 33. See also Lubetkin, *Days of Destruction*, 263; Meed, *Both Sides of the Wall*, 226–229; Zuckerman, *Surplus of Memory*, 486–487.
21. 文獻裡沒有相關的全面紀錄，這些數字是推估出來的，不同的資料來源提供的數字也會有所不同。奇薇亞指出有兩萬名猶太人經過或躲在華沙區域，一萬兩千人到奇薇亞的組織尋求幫助，參見：Lubetkin, *Days of Destruction*, 262；安提克同意上述數字，並指出他自己的證件檔案中有三千個名字（是用密碼記錄下來的），參見：Zuckerman, *Surplus of Memory*, 449；科爾因巴爾指出熱戈塔拯救了四千名猶太人（與四千名孩童），參見：Kol-Inbar, "Three Lines in History," 531；莫迪凱·帕迪爾指出這些救援團體總共幫助了大約一萬一千至一萬兩千名猶太人，參見：Paldiel, *Saving One's Own*, 34。帕迪爾也進一步指出，推估有一萬五千至兩萬五千名猶太人躲在華沙區域，大約有半數從熱戈塔與其他猶太組織那裡獲得幫助，參見：Paldiel, 26；保羅森指出約有九千名猶太人受到這些組織的幫助，參見：Paulsson, *Secret City*, 3–4, 207, 229–230。
22. 安提克解釋說，在文字記錄裡，他們只會使用不會被辨認出來的猶太名字，參見：Zuckerman, *Surplus of Memory*, 435, 496。波林博物館展示的熱戈塔收據上，寫下的數字是實際金額的百分之一，並為了掩蓋行動而把日期押在十年前。保羅森針對所有紀錄與收據做了討論，參見：Paulsson, *Secret City*, 232–233。
23. 不同資料來源提供的人數也有所不同，有些甚至多達四萬人。帕迪爾估計躲在華沙區域的猶太人約有一萬五至兩萬人，參見：Paldiel, *Saving One's Own*, 26。保

52. Rich Cohen, *Avengers*, 125. The story of this mission is related in ibid., 125–128; Korczak, "Women in the Vilna Ghetto," 113–127; Wilfand, *Vitka Fights for Life*, 42. 艾巴在《維爾納市游擊隊》中指出，在維爾納市執行破壞任務是他的主意，目的是讓德國人知道這裡有地下組織在活動。他希望能在執行這個任務的同時也一併拯救猶太人，把他們帶到森林裡。
53. Cited in Rich Cohen, *Avengers*, 128.
54. Wilfand, *Vitka Fights for Life*, 48.
55. Vitka Kempner in *Partisans of Vilna: The Untold Story of Jewish Resistance During World War II*, directed by Josh Waletsky, USA, 1986.
56. Korczak, "Women in the Vilna Ghetto," 113–127.
57. Rich Cohen, *Avengers*, 129–130.
58. Rich Cohen, *Avengers*, 139.The following story is based on ibid., 139–142, and Tubin, Deror, et al., eds., 73. 這個故事有許多版本。蘿希卡指出，薇特卡趁著抓住她的人分心時逃脫並逃跑了，參見：Korczak, "Women in the Vilna Ghetto," 113–127。在《薇特卡為生命而戰》中，薇特卡指出這個事件發生在她執行炸掉維爾納市電力設施的任務那時候。她在回去的路上，被數名騎著機車的納粹困在橋上。她說服了這些納粹把她放走，並告訴他們，她會在戰後作證時說他們的好話。當時她還帶著從波納里逃出來的人，參見：Wilfand, *Vitka Fights for Life*, 42。
59. Cited in Rich Cohen, Avengers, 142.
60. 根據菲拉．凱茲的證詞，領導人因為擔心伊薩克的外表會引起恐慌，所以把他藏在地堡裡。凱茲的敘述中有一些不太一樣的細節。
61. Quote is culled from Kulielka, *Underground Wanderings*, 110–111 and Ronen, *Condemned to Life*, 295–312.

第二十章：梅利納、金錢與救援

1. 除另外指出不同來源，本段描述的資料來源皆為：Kukiełka, *Underground Wanderings*, 112–113.
2. Klinger, *Writing These Words*, 119–120.
3. Klinger, *Writing These Words*, 120–121.
4. Information in this section is primarily from Meed, *Both Sides of the Wall*; Ochayon, "Female Couriers During the Holocaust"; Weitzman, "Kashariyot (Couriers) in the Jewish Resistance."
5. Ackerman, Zookeeper's Wife, 173，字面意思是「小偷的巢穴」。
6. 《隔離區戰士回憶錄》(*Memoirs of a Ghetto Fighter*) 描述了這些信使的挑戰與策略，參見：Rotem, *Memoirs of a Ghetto Fighter*, 96–98。
7. 梅爾指出，納粹沒有在孩童身上浪費子彈，而是直接把他們活埋了，參見：Schulman, *Partisan's Memoir*, 89。
8. This is an oral testimony held in the Wiener Holocaust Library archives.
9. 有關德國人如何刑求波蘭人的討論，請見：Lubetkin, *Days of Destruction*, 260。

32. 科恩指出，有些歐洲地下組織的指揮官會派「他的女孩」去領導最艱難的任務，藉此展現他的力量。參見：Cohen, *Avengers*, 61。
33. 任務內容、準備方式與差點被抓住的過程出自於：Rich Cohen, *Avengers*, 62–64; Korczak, "Women in the Vilna Ghetto," 113–127; Wilfand, *Vitka Fights for Life*, 29–31。不同資料來源的細節有些許差異。
34. 海希雅曾在運送武器到比亞維斯托克市外的森林時被抓到。她哭著說自己迷路了。納粹替她指引方向，並警告她要小心，否則有可能會被游擊隊的人殺掉！Izhar, *Chasia Bornstein-Bielicka*, 251.
35. Rich Cohen, *Avengers*, 62.
36. 薇特卡在《維爾納市游擊隊》中指出，這個炸彈既簡陋又巨大。一位擔任猶太警察的聯合游擊組織同志把炸彈放在大衣底下，偷偷帶出隔離區。
37. 許多文獻都對蘿希卡和芬蘭語的炸彈冊子有不同的描述。範例請見：David E. Fishman, *The Book Smugglers: Partisans, Poets, and the Race to Save Jewish Treasures from the Nazis* (Lebanon, NH: ForEdge, 2017), and Wilfand, *Vitka Fights for Life*, 29–31.
38. Rich Cohen, *Avengers*, 64.
39. Korczak, "Women in the Vilna Ghetto," 113–127.
40. Rich Cohen, *Avengers*, 88.
41. Wilfand, *Vitka Fights for Life*, 46;「事實：薇特卡・坎普納是森林中的總指揮官。她不只是參與所有巡邏而已，她也負責指揮所有人！」，參見：Ruzka in Tubin, Deror, et al., eds., *Ruzka Korchak-Marle*, 42。
42. Wilfand, *Vitka Fights for Life*, 41. 薇特卡也曾在影片《不可思議的每一天：游擊隊的猶太女人》(*Everyday the Impossible: Jewish Women in the Partisans*) 中討論這件事。根據蘿希卡所述，女人幾乎參加了每一次的補給品蒐集行動、破壞行動、埋伏和戰鬥任務，參見：Katz and Ringelheim, *Proceedings of the Conference on Women*, 93。
43. Rich Cohen, *Avengers*, 123.The story is on pp. 122–125.
44. Korczak, "In the Ghettos and in the Forests," *Women in the Ghettos*, 74–81.指的很可能是另一個不同的事件。
45. Tubin, Deror, et al., eds., *Ruzka Korchak-Marle*, 67.
46. Yehuda Tubin ed., *Ruzka Korchak-Marle*, 42.
47. From various accounts, including Aida Brydbord, *Women of Valor*, 16.
48. Izhar, *Chasia Bornstein-Bielicka*, 247.
49. 佛瑪後來在一首詩中寫道：「藏在土地下的，一個深坑／如今變成了我的家。」Ralph S. Berger and Albert S. Berger, eds., *With Courage Shall We Fight: The Memoirs and Poetry of Holocaust Resistance Fighters Frances "Fruma" Gulkowich Berger and Murray "Motke" Berger* (Margate: ComteQ, 2010), 82–83.
50. Wilfand, *Vitka Fights for Life*, 46.
51. The information and scenes about Zelda, as well as dialogue, are primarily based on Korczak, Tubin, and Rab, *Zelda the Partisan*.

17. Née Faye Lazebnik. Faye's story is based on Schulman, *Partisan's Memoir and Daring to Resist: Three Women Face the Holocaust*, directed by Barbara Attie and Martha Goell Lubell.USA, 1999.
18. Schulman, *Partisan's Memoir*, 17.
19. Schulman, *Partisan's Memoir*, 149.
20. For instance, Fruma Berger (with the Bielski detachment); Mira and Sara Rosnow.
21. I have based my story of the Vilna resistance on accounts including: *Partisans of Vilna: The Untold Story of Jewish Resistance During World War II*, directed by Josh Waletsky, USA, 1986; Neima Barzel, "Rozka Korczak-Marla" and "Vitka Kempner-Kovner," The Encyclopedia of Jewish Women; Rich Cohen, *Avengers*; Grossman, *Underground Army*; Moshe Kalchheim, ed., *With Proud Bearing 1939–1945: Chapters in the History of Jewish Fighting in the Narotch Forests* (Tel Aviv, Isr.: Organisation of Partisans, Underground Fighters and Ghetto Rebels in Israel, 1992); Michael Kovner, www.michalkovner.com; Korczak, *Flames in Ash*; Roszka Korczak, Yehuda Tubin, and Yosef Rab, eds., *Zelda the Partisan* (Tel Aviv, Isr.: Moreshet and Sifriyat Po'alim, 1989); Ruzka Korczak, "In the Ghettos and in the Forests," "The Revenge Munitions" and "Women in the Vilna Ghetto," in *Women in the Ghettos*; Dina Porat, *The Fall of a Sparrow: The Life and Times of Abba Kovner* (Stanford, CA: Stanford University Press, 2010); Ziva Shalev, "Zelda Nisanilevich Treger," The Encyclopedia of Jewish Women; Yehuda Tubin, Levi Deror, et al., eds., *Ruzka Korchak-Marle: The Personality and Philosophy of Life of a Fighter* (Tel Aviv, Isr.: Moreshet and Sifriyat Po'alim, 1988); Wilfand, *Vitka Fights for Life*. I have also drawn from personal interviews with: Rivka Augenfeld, Montreal, August 10 and 17, 2018; Michael Kovner, Jerusalem, May 17, 2018; Daniela Ozacky-Stern and Yonat Rotbain, Givat Haviva, Isr., May 14, 2018; Chayele Palevsky, Skype, November 20, 2018.
22. 蘿希卡和薇特卡認識的故事出自：Rich Cohen, *Avengers*, 18–19。我在這整章中都是直接使用此資料來源提供的對話，他有可能是直接引用真正的對話。這些個人背景的描述來自多個資料來源，包括：ibid., 13–23。
23. Michael Kovner, "In Memory of My Mother," https://www.michaelkovner.com/said04eng. Rich Cohen, *Avengers*, 19, also mentions this meeting.
24. Rich Cohen, *Avengers*, 27. The story of Vitka's return to Vilna is from ibid., 26–27.
25. Tubin, Deror, et al., eds., *Ruzka Korchak-Marle*, 22.
26. Rich Cohen, *Avengers*, 38.
27. Korczak, "Women in the Vilna Ghetto," 113–127.
28. Rich Cohen, *Avengers*, 37.
29. Rich Cohen, *Avengers*, 38.
30. Ibid., 49. 科恩在第七頁描述了其他人如何推測這場三角戀愛關係。薇特卡對這場戀愛的描述，請見：Tubin, Deror, et al., eds., *Ruzka Korchak-Marle*, 63。
31. As told to me by a Dror youth group member in the United Kingdom, 2018.

選，參見：Ronen, *Condemned to Life*, 295–312。菲拉·凱茲在證詞中說大衛隸屬第一組小組，他們只有寥寥幾把槍，這個小組只有男人，每個人都有一把刀和一些子彈。羅南和凱茲都認為當時第二組有十名男人，只有兩名女人跟他們一起離開，參見：Ronen, *Condemned to Life*, 295–312。

3. Klinger, "Girls in the Ghettos," 17–23.
4. Fela Katz testimony.
5. Information about the partisans is based primarily on the Jewish Partisan Education Foundation, http://www.jewishpartisans.org; Kol-Inbar, "Three Lines in History," 513–46; Nechama Tec, "Women Among the Forest Partisans," in *Women in the Holocaust*; Tec, *Resistance*, 84–121; Tamara Vershitskaya, "Jewish Women Partisans in Belarus," *Journal of Ecumenical Studies* 46, no. 4 (Fall 2011): 567–572.I also drew on personal accounts, including: Shelub and Rosenbaum, *Never the Last Road*; Schulman, *Partisan's Memoir*; and the sources listed below for the Vilna fighters.
6. 包括不願落入納粹手中的蘇聯士兵和戰俘、立陶宛的異議者與共產主義者、躲避德國強制勞動營徵召的白俄羅斯人、波蘭地下組織支持的波蘭人等。
7. From Jewish Partisan Education Foundation, http://www.jewishpartisans.org. 這些數據也包括了猶太游擊隊與非猶太游擊隊。菲伊·舒曼和泰克提供了差異很大的數據，參見：Schulman, *Partisan's Memoir*; Tec, *Resistance*; Vershitskaya, "Jewish Women Partisans"。
8. 游擊隊中禁止性行為，違反者可能會被處死。儘管如此，還是有些游擊隊男性成員會前往當地村莊尋找女孩。有謠言指出納粹知道這件事，他們會用針劑使女人感染性病，讓這些女人把疾病傳染給游擊隊員。Tec, *Resistance*, 107.
9. 泰克提供的數字是百分之七十七，參見：Tec, "Women Among the Forest Partisans," 223。
10. Fanny Solomian-Lutz, cited in Kol-Inbar, "Three Lines in History," 527.
11. From the documentary video *Everyday the Impossible: Jewish Women in the Partisans*, Jewish Partisan Education Foundation, http://www.jewishpartisans.org/content/jewish-women-partisans.
12. Vitka Kempner, interviewed in Yigal Wilfand, ed., *Vitka Fights for Life* (Givat Haviva, Isr.: Moreshet, 2013), 49.
13. Shelub and Rosenbaum, *Never the Last Road*, 111–114.
14. 科爾因巴爾強調，儘管游擊隊可能反對權威主義，但在面對女人時，游擊隊往往會採取傳統社會中最保守的做法，參見：Kol-Inbar, "Three Lines in History," 526。
15. Fanny Solomian-Lutz, *A Girl Facing the Gallows* (Tel Aviv, Isr.: Moreshet and Sifryat Hapoalim, 1971), 113–114.
16. 荷莉·斯塔爾對母親莎拉·羅斯諾（Sara Rosnow）的描述，參見：Personal interview, Holly Starr, telephone, November 13, 2018。維爾納市游擊隊的莉芭·奧根菲爾（Liba Marshak Augenfeld）同時是廚師與裁縫，她能用游擊隊帶給她的皮製作靴子。

24. 本段敘述截取自利妮亞提供給以色列國家圖書館的證詞、以色列猶太大屠殺紀念館證詞與回憶錄《地下流浪》第九十八頁。根據蓋爾巴德所述，每人要為這次交易支付七千馬克，參見：Gelbard, "Life in the Warsaw Ghetto," 11。
25. Kukiełka, *Underground Wanderings*, 98.
26. Later in *Underground Wanderings*, Renia explains that she used this tactic.
27. Izhar, *Chasia Bornstein-Bielicka*, 206–207. 菲伊總是會在皮帶上多綁一顆手榴彈，若她被活捉了就要用這顆手榴彈炸死自己。另一位女性游擊隊員解釋：「一顆給別人，一顆給自己。」
28. Kukiełka, *Underground Wanderings*, 97.

第十八章：絞刑架

1. 利妮亞在《地下流浪》中寫道，這件事發生在一九四三年五月初，但這並不合理，當時她已經見到華沙起火也完成武器走私了，不太可能還是五月初。本津鎮在一九四三年六月二十二日還有一次遣送行動，我認為她指的可能是這一次行動。她的書中還有許多互相矛盾的日期，這只是其中之一。
2. This chapter, including quotations and dialogue, is based on Kukiełka, *Underground Wanderings*, 98–107.
3. 羅南指出，這群人沒有足夠的決心能採取行動。他們在等待華沙下令，參見：Ronen, *Condemned to Life*。
4. 從他在隔離區戰士之家的證詞中可以得知，他也參與了亞提德孤兒院的設立。
5. 伊爾札．漢斯德夫有時也被稱做阿莉莎．漢斯德夫（Aliza Hoysdorf）。
6. Ronen, *Condemned to Life*, 277–294, quoting Max Fischer.
7. 雖然我們可能會認為那不是適合玩笑的時候，但開玩笑本身也是一種反抗。在隔離區和集中營裡，幽默不但存在，而且還廣為流行。許多女人會針對身體、外表、食物和烹飪發展出特定的幽默感。延伸討論請見：Ostrower, *It Kept Us Alive*。
8. 這是利妮亞提供的數字。根據猶太虛擬圖書館（Jewish Virtual Library）中「猶太百科全書」（Encyclopedia Judaica）的條目，在一九四三年六月二十二日，本津鎮被抓走的猶太人是四千人，參見："Będzin, Poland," Encyclopedia Judaica, Jewish Virtual Library, https://www.jewishvirtuallibrary.org/Będzin。

第十九章：森林裡的自由——游擊隊

1. 凱茲說他是個外表英俊的男人，他和女朋友阿莉莎一起教導與照顧孤兒。馬雷克．傅爾曼在華沙隔離區組織了自由青年運動學校。
2. 許多資料對這兩組的成員是誰有不同的描述。利妮亞說伊爾卡．帕薩克森和莉亞．帕薩克森和其中一組成員一起離開了，但根據海柯所述，她們是因為其他原因而死，參見：Klinger, *Writing These Words*, 122–123。羅南指出，當時大衛成為了青年衛隊的指揮官，他和第一個小組一起離開，而海柯很生氣只有男人能入

14. 那張照片是一九四三年六月時赫拉和蘇珊娜・朗格（Shoshana Langer）一起拍的。照片來自隔離區戰士博物館檔案。
15. Draenger, *Justyna's Narrative*, 70.
16. 根據薇拉德卡所述，她自己的武器是走私來的，參見：Meed, *Both Sides of the Wall*, 9–109, 123–132。
17. Shalev, *Tosia Altman*, 174.
18. Zuckerman, *Surplus of Memory*, 125–126, 153. 他們在維爾納市使用假的交通號誌，引導汽車前往一條有下水道開口的街上，在下水道用工具箱運送長槍。歷史學家保羅森解釋了許多種把物品運輸進出隔離區的方式，一切都始於食品走私。這些方法包括：下水道和地下道；車輛（電車、卡車、垃圾車、靈車、救護車）；工作小組；合法通行證；華沙的地方辦公室與藥房；梅塔（meta，意思是「洞」）屋頂或依附牆壁的排水管；在牆上鑿梯子、華沙的蓋西亞街市（Gesia Street Market）、靠著賄賂守衛或激發守衛的同情心。以上參見：Paulsson, *Secret City*, 61–65。
19. 安提克的一位主要信使哈薇卡・傅爾曼最後進了奧斯維辛集中營，在戰爭後倖存下來。她在二〇〇一年出版回憶錄《他們全都仍在我身邊》（*They Are Still with Me*）。
20. 這段經歷有很多不同的版本。請見：Havka Folman testimony in Diatlowicki, ed., *Jews in Battle, 1939–1945*；Lubetkin, *Days of Destruction*, 80；Ochayon, "Female Couriers During the Holocaust"；Yaari, "A Brave Connection." 根據隔離區戰士之家博物館的牆上文字所述，納粹將軍史特魯普回報說猶太女人「屢次把手槍才在內衣裡」。
21. Information about Chasia and the Białystok couriers comes primarily from Izhar, *Chasia Bornstein-Bielicka*, as well as Liza Chapnik, "The Grodno Ghetto and its Underground," in *Women in the Holocaust*, 109–119; Chaika Grossman, *Underground Army*; Klibanski, "In the Ghetto and in the Resistance," 175–186.
22. 海克・格羅曼（又名「海林娜・沃拉諾維茲」〔Halina Woranowicz〕）是一名金髮藍眼的女性，來自開設工廠的富有家庭。一九三八年，她為了青年衛隊而延後了在希伯來大學（Hebrew University）的學業。希特勒發動攻擊時，她趕回西伯利亞執行備案。接著她靠著仔細考慮且不感情用事的態度，和艾巴・科夫納一起管理維爾納市的反抗運動。她住在雅利安區，帶著波納里的相關消息前往華沙與其他隔離區，接著回到她的故鄉比亞維斯托克市，根據自己在隔離區的經驗組織了地下行動。她和男友艾迪克・柏克斯（Edek Borks）一起把多個青年運動團體統合成單一的反抗組織，最後由莫迪凱・阿尼列維茲領導。海克總是堅持要從隔離區內部開始作戰，而非逃到游擊隊中再反抗。她和猶太居民委員會的領導人很熟，多次要求他支持反抗軍的努力。她教導年輕的同志「推動這個世界前進的是勇敢的瘋狂之舉。」她比亞維斯托克市反抗軍一起作戰，接著靠著往群眾前進的反方向奔跑逃過了遣送行動，她偷溜進一座工廠中，假裝自己在那裡工作。
23. Leah's story is based on Tec, *Resistance*, 159–171. Her testimony is in the USHMM archive.

47. 他甚至在游泳中間的空檔開會。他無論去哪裡都用步行的，目的是避開電車。Zuckerman, *Surplus of Memory*, 352, 377.
48. Meed, *Both Sides of the Wall*, 156–162.
49. Zuckerman, *Surplus of Memory*, 390. 誰進入哪個躲藏點是個充滿爭議的議題。
50. 許多有關工廠大火與托西雅之死的描述是互相矛盾的，部分敘述請見：Shalev, *Tosia Altman*, 194, 206。另請見：Lubetkin, *Days of Destruction*, 257；Zuckerman, *Surplus of Memory*, 394–396。

第十七章：武器、武器、武器

1. Ruzka Korczak, "The Revenge Munitions," in *Women in the Ghettos*, 81.
2. 本章內容的資料來源主要為：Kukiełka, "Last Days," 102–106。
3. Klinger, *Writing These Words*, 129.
4. 本章的其餘部分，包括對話和引用的資料來源主要為：Kukiełka, *Underground Wanderings*, 96–98。
5. From Sosnowiec's Young Guard, born 1923.Information based on Fela Katz's testimonies; Ronen, *Condemned to Life*, 311.
6. 利妮亞曾用許多不同的名字稱呼他。他在羅南的紀錄中的名字是塔爾羅（Tarlow），參見：Ronen, *Condemned to Life*, 256–276；在亞倫・布蘭德斯（Aaron Brandes）紀錄中的名字是布蘭迪斯（Brandeis），參見：Aaron Brandes "The Underground in Bedzin," 128。
7. Kukiełka, *Underground Wanderings*, 97.
8. See, for instance, Chaya Palevsky, "I Had a Gun," in *Daring to Resist*, 120–121; Riezl (Ruz'ka) Korczak, *Flames in Ash* (Israel: Sifriyat Po'alim, Hakibbutz Ha'artzi Hashomer Hatzair, 1946), 109; Tec, *Resistance*, 92.
9. Zuckerman, *Surplus of Memory*, 252–255, 292, for weapons acquisitions.
10. 雖然我們無從得知是哪一個墓園，但一般來說，猶太墓園對反抗軍來說都是很重要的地點。根據奇薇亞所述，曾在遣送期間幫助許多青年衛隊成員的猶太人朗道兄弟（Landau brothers）擁有一座木工工廠。他們要求納粹在猶太墓園附近保留一塊菜園，奇薇亞覺得那裡是華沙最平靜的區域，納粹鮮少會靠近那裡。諷刺的是，墓園因為這些保留下來的綠地，而變成了隔離區裡最生機盎然的地方。猶太工作者會拿著鋤頭和乾草叉，排成列隊離開隔離區，來到這個菜園，在這裡和住在雅利安區尋找武器的成員聯絡，參見：Lubetkin, *Days of Destruction*, 160。安提克曾利用意第緒語作家I・L・貝瑞茲（I. L. Peretz）已經翻新過的墳墓，透過挖墓人和屍體運送者寄信到隔離區外。更多相關資訊請見：Zuckerman, *Surplus of Memory*, 260, 356。
11. Weitzman, "Kashariyot (Couriers) in the Jewish Resistance."This section draws from this article as well as Ochayon, "Female Couriers During the Holocaust."
12. Rich Cohen, *The Avengers*, 59.
13. Hela's stories are based on Rufeisen-Schüpper, *Farewell to Mila 18*.

22. Lubetkin, *Days of Destruction*, 233.
23. Lubetkin, *Days of Destruction*, 234.
24. Lubetkin, *Days of Destruction*, 236.
25. This story is from Pnina Grinshpan Frimer in *The Last Fighters*.
26. Lubetkin, *Days of Destruction*, 244.
27. Shalev, *Tosia Altman*, 189.
28. Lubetkin, *Days of Destruction*, 247.
29. 不同資料來源描述的救援行動細節不太一樣，奇薇亞的敘述細節也有所不同。請見：Gutterman, *Fighting for Her People*, 244–257；Rotem, *Memoirs of a Ghetto Fighter*, 48–58；Shalev, *Tosia Altman*, 189.
30. Lubetkin, *Days of Destruction*, 247.
31. 如今人們對於這時發生了什麼事有一些爭議。卡齊克說他告訴所有人都留在人孔蓋附近，言下之意就是奇薇亞不應該讓那些人離開，請參見：Rotem, *Memoirs of a Ghetto Fighter*, 53。
32. Rotem, 55.
33. Lubetkin, *Days of Destruction*, 252.
34. 但卡齊克記錄下了這件事，收錄在：*Memoirs of a Ghetto Fighter*, 53–56。葛特曼提供了有關此事件的幾個描述，主要是卡齊克的視角，參見：Gutterman, *Fighting for Her People*, 251–253。葛特曼描述當時奇薇亞在卡車上威脅要對卡齊克開槍。在卡齊克的《回憶錄》（*Memoirs*）中，他描述說奇薇亞曾在森林裡威脅要對他開槍。
35. Personal interview, Barbara Harshav, New York; March 9 and April 13, 2018.
36. Lubetkin, *Days of Destruction*, 252.
37. A number of these women's obituaries can be found in: Grupińska, Reading the List; Spizman, *Women in the Ghettos*; Neustadt, ed., *Destruction and Rising*.
38. Kol-Inbar, "Three Lines in History," 522.
39. This description is reiterated throughout *Women in the Ghettos*.
40. *Women in the Ghettos*, 164.
41. Lubetkin, *Days of Destruction*, 81.
42. Rotem, *Memoirs of a Ghetto Fighter*, 26. For more on Dvora Baran, see Lubetkin, *Days of Destruction*, 214–215.
43. Information from: Grupińska, *Reading the List*, 132–133; Vera Laska, *Different Voices*, 258; Jack Porter, "Jewish Women in the Resistance," *Jewish Combatants of World War 2* 2, no. 3 (1981); Katrina Shawver, "Niuta Teitelbaum, Heroine of Warsaw," https://katrinashawver.com/2016/02/niuta-teitelbaum-aka-little-wanda-with-the-braids.html.
44. Gutterman, *Fighting for Her People*, 258.
45. Lubetkin, *Days of Destruction*, 256.
46. Gutterman, *Fighting for Her People*, 260–261. 但奇薇亞的回憶錄中沒有提到這件事。

50. 有些資料指出共有三百名納粹被殺死，納粹的報告提出的死亡人數則少得多，但他們確實會少報死亡人數，在史特魯普將軍亟需展現自己的功績時尤其如此。根據 黛安・艾克曼（Diane Ackerman）所述，共有十六名納粹被殺死，八十五人受傷，參見：Diane Ackerman, *Zookeeper's Wife*, 211–213。
51. In Meed, *Both Sides of the Wall*, insert.
52. Kukiełka, *Underground Wanderings*, 94.
53. Kukiełka, *Underground Wanderings*, 94.
54. Kukiełka, *Underground Wanderings*, 94.
55. Kukiełka, *Underground Wanderings*, 94.For similar accounts, see Kuper, "Life Lines," 201–2, and Meed, *Both Sides of the Wall*, 141.

第十六章：編著辮子的匪徒

1. 除另外指出不同來源，本章內容的資料來源主要為：Lubetkin, *Days of Destruction*, 190–259。
2. Lubetkin, *Days of Destruction*, 199–200.
3. Ibid., 200–201.
4. Cited in Gutterman, *Fighting for Her People*, 222.
5. Tec, *Resistance*, 174–176.
6. Lubetkin, *Days of Destruction*, 190–192.
7. Cited in Meed, *Both Sides of the Wall*, 155.
8. Lubetkin, *Days of Destruction*, 206–207.
9. Lubetkin, *Days of Destruction*, 205–208，書中也包含了針對納粹放火燒隔離區那段時期的討論。
10. Ibid., 209.
11. 「卡齊克」是席姆查・羅塔姆（Simcha Rotem）取的假名，他出生時取的名字是席姆查・拉薩札（Simcha Rathajzer）。
12. Lubetkin, *Days of Destruction*, 239–240; Zuckerman, *Surplus of Memory*, 412.
13. Cited in Gutterman, *Fighting for Her People*, 230.
14. 地理很重要。華沙市有數個下水道系統，可以用來走私和逃跑。下水道系統和東部森林距離不遠，游擊隊因此得以成立營地。但渥茲市則完全獨立於此，那裡沒有下水道系統。
15. Lubetkin, *Days of Destruction*, 220–224.
16. Hela's escape story is based on Rufeisen-Schüpper, *Farewell to Mila 18*, 113.
17. Lubetkin, *Days of Destruction*, 229.
18. Shalev, *Tosia Altman*, 208–211. A clipping of the article from Davar, June 1, 1943, is held at the Ghetto Fighters' House Museum archive.
19. Dror, *The Dream, the Revolt*, 3.
20. Shalev, *Tosia Altman*, 208.
21. *Gutterman, Fighting for Her People*, 244.

Lubetkin, *Days of Destruction*, 176–177。

大多資料來源都同樣奇薇亞的觀點，他們認為ŻOB大約有五百名戰士，猶太軍事聯盟大約兩百五十名戰士。不過有些資料來源（例如《最後的戰士》）認為ŻOB只有兩百二十名左右的戰士。安卡・格魯賓斯卡（Anka Grupińska）以一九四三年ŻOB領導人編輯的清單為主要資料來源，共列出了兩百三十三名戰士，參見：Anka Grupińska, *Reading the List*。但他們這為這份名單是不完整的，而ŻOB並非來者不拒，有些被拒絕的人自己組成了「野生」團體，也同樣參與作戰。其他不屬於任何團體的戰士則進入了猶太軍事聯盟。

28. Kol-Inbar, "Three Lines in History," 522.
29. Rufeisen-Schüpper, *Farewell to Mila 18*, 99.
30. Rotem, *Memoirs of a Ghetto Fighter*, 22.
31. Zuckerman, *Surplus of Memory*, 304.
32. Lubetkin, *Days of Destruction*, 178.
33. Culled from Gutterman, *Fighting for Her People*, 215, and Zuckerman, *Surplus of Memory*, 313. 根據電影《藍鳥》所述，每一名戰士都有一把手槍和一顆手榴彈，每個戰鬥小組都有兩把步槍和幾個自製炸藥。
34. Lubetkin, *Days of Destruction*, 181.
35. Lubetkin, *Days of Destruction*, 181.
36. Lubetkin, *Days of Destruction*, 182.
37. Cited in Gutterman, *Fighting for Her People*, 218.
38. Description of that first night based on Gutterman, *Fighting for Her People*.
39. Gutterman, *Fighting for Her People*, 216.
40. Cited in Gutterman, *Fighting for Her People*, 220.
41. Goldstein, *Stars Bear Witness*, 190 從聯盟黨人的角度詳細描述了這次起義。
42. Rotem, *Memoirs of a Ghetto Fighter*, 34.
43. Lubetkin, *Days of Destruction*, 34–35, 187.
44. 她的中間名是葛萊特曼（Gleitman）。她在《最後的戰士》中更詳細描述了她的另一次攻擊：「我走到陽台，看見一名德國人，我已經沒有彈藥了，但當時我們正在煮喬倫特燉菜（chulent）。所以我把鍋子丟下去，砸中了那名德國人。鍋子裡裝了許多猶太香腸（kishke），在掉下去時鍋蓋打開了，香腸全都掉在他頭上，接著他開始掙扎著想從那些香腸裡掙脫。」
45. Masha Futermilch in Pillar of Fire (Hebrew version, probably episode 13), viewed at Yad Mordechai Museum, directed by Asher Tlalim, Israel, 1981.
46. 此段落及其中引述內容接來自：Kukiełka, "Last Days," 102–106. 在另一份資料中，自由青年運動派韓希回到本津鎮。
47. From the Yiddish version, *Women in the Ghettos*.
48. 本段對於從雅利安區看到燃燒中隔離區的描述節選自：Kukiełka, *Underground Wanderings*, 92–94；Mahut, 144；Meed, *Both Sides of the Wall*, 140–146；Vitis-Shomron, *Youth in Flames*, 191。
49. Kukiełka, *Underground Wanderings*, 92.

了，最後抵達隔離區的只有四十九把手槍，參見：Zuckerman, *Surplus of Memory*, 292。

10. 安提克在回憶錄中指出，他穿的是「七分褲」（這件褲子顯然來自另一位較矮小的男人。他後來發現人們是因為這件褲子所以認出他是誰），參見：Zuckerman, *Surplus of Memory*, 344–345。同一資料來源第兩百三十五頁描述了他在克拉科夫市起義時的裝扮：「我看起來像是來自鄉村的波蘭貴族。我身穿七分長的大衣、頭戴帽子、把馬褲塞進靴子裡，還蓄了鬍子。」
11. Meed, *Both Sides of the Wall*, 135–138.
12. 武器相關資訊主要來自：Zuckerman, *Surplus of Memory*, 292–295。根據泰克所述，ŻOB總共有兩千個汽油彈、十把步槍、兩把從德國人那裡偷來的機關槍還有許多彈藥，參見：Tec, *Resistance*, 80。
13. Lubetkin, *Days of Destruction*, 166. 這段期間隔離需發生了無數小型起義事件。
14. 根據《藍鳥》（*Blue Bird*）和安提克的回憶錄所述，ŻOB強迫麵包師傅幫忙（不過其中也有一些人士自願的），參見：Zuckerman, *Surplus of Memory*, 318。
15. Zuckerman, *Surplus of Memory*, 318.
16. David M. Schizer, "The Unsung, Unfinished Legacy of Isaac Giterman," *Tablet*, January 18, 2018, https://www.tabletmag.com/scroll/253442/the-unsung-unfinished-legacy-of-isaac-giterman.
17. Gutterman, *Fighting for Her People*, 196.
18. Lubetkin, *Days of Destruction*, 166–167.
19. Rotem, *Memoirs of a Ghetto Fighter*, 25–30.
20. 安提克指出，他們擁有珠寶和數百萬茲羅提、美元與英鎊，參見：Zuckerman, *Surplus of Memory*, 378。
21. 米麗安・海因斯多夫的相關資訊來自：Grupińska, 70；Zuckerman, *Surplus of Memory*, 78, 229, 259 等。人們通常是因為她的歌聲而記得她。她的年齡比其他人更大，約三十歲。
22. 不同文獻資料對於女人在組織中的地位有多種不同的描述。在某些資料中，是人們選擇了奇薇亞擔任領導人，其他資料則指出她因為知道自己的極限，所以自願放棄這個職位。
23. Zuckerman, *Surplus of Memory*, 228–229.
24. Culled from Gutterman, *Fighting for Her People*, 205–215, and Lubetkin, *Days of Destruction*, 170–177.
25. 根據葛斯塔的觀察：「游擊隊的成效並不僅僅取決於人數多寡，而是取決於突襲……取決於他能使敵人失去平衡的能力。」參見：*Justyna's Narrative*, pp.80–81。
26. 許多自由青年運動成員都來自華沙市之外的地方，年齡較大。
27. 根據奇薇亞所述，共有四個青年衛隊團體、一個戈登尼亞青年運動團體、一個阿基瓦團體、一個猶太復國主義青年團、五個自由青年運動團體、一個波利錫安ZS團體（Poalei-Zion ZS）、一個左派波利錫安團體、四個聯盟黨團體和四個共產主義團體。猶太軍事聯盟（ZZW）的組織的人數也很多，十分強大，參見：

要來自：Diatłowicki, ed., *Jews in Battle, 1939–1945*；Itkeh, "Leah Kozibrodska," *Women in the Ghettos*, 129–131；Lubetkin, *Days of Destruction*, 76–78；Zuckerman, *Surplus of Memory*, 106–107, 121, 176–177, etc. 她是安提克第一個主要信使。

3. 塔瑪・施奈德曼的相關資訊主要來自：Bronia Klibanski, "Tema Sznajderman," The Encyclopedia of Jewish Women, https:// jwa.org/encyclopedia/article/sznajderman-tema。塔瑪、莉亞・帕薩克森和莎拉・格倫納施汀（Sarah Granatshtein）都在華沙一月清空中被殺死了。
4. 這張照片的相關故事（包括這一章與下一章）來自：Yoel Yaari, "A Brave Connection," *Yedioth Ahronoth*, Passover Supplement, April 5, 2018, and personal interview, Yoel Yaari, Jerusalem, Israel, May 17, 2018. 貝拉在以色列猶太大屠殺紀念館的證詞中說，是她邀請蓋世太保到她家過聖誕節派對的。
5. 這是我到現場親眼所見。
6. Zuckerman, *Surplus of Memory*, 242. 他解釋了吉爾納街的戰士是如何發現這件事的。我推斷伊雷娜把這件事告訴了利妮亞。
7. Izhar, *Chasia Bornstein-Bielicka*, 155.

第十五章：華沙隔離區起義

1. 本章的三個段落是以奇薇亞的觀點來描述當時的事件，資料來自：Lubetkin, *Days of Destruction*, 160–189。
2. 華沙隔離區有一些電話（例如工作坊就有），那裡的人可以打電話到外面或接聽打來的電話。在運用信件往返時他們會使用密碼。安提克的回憶錄描述了他如何從一間餐廳打電話到工作坊，並用密碼對話，參見：Zuckerman, *Surplus of Memory*, 354。同本書的第二一九頁指出他們在起義期間的晚上透過電話做報告（托西雅打給信使法蘭妮雅・貝提斯〔Frania Beatis〕）；而薇拉德卡則利用電話組織她的槍枝走私。根據保羅森的描述，當時很可能是因為納粹的疏失才導致戰士能夠使用這些電話，參見：Paulsson, *Secret City*, 237。
3. Based on reported conversation, Lubetkin, *Days of Destruction*, 178.
4. Tec, *Resistance*, 79.
5. 根據科爾因巴爾所述，遣送行動之所以會暫停並不是因為反抗行動，但猶太人相信兩者之間是有關連的，參見：Kol-Inbar, "Three Lines in History," 522。
6. Tec, *Resistance*, 67.
7. 根據艾莉莎・維蒂斯－召姆龍（Aliza Vitis-Shomron）的說法，她把衣服賣給強制勞動者（他們會轉賣到隔離區外），把這些錢存起來向波蘭走私販買槍，參見：Aliza Vitis-Shomron, *Youth in Flames*, 174–175。隨著越來越個別多猶太人需要槍枝，黑市交易也逐漸蓬勃了起來。
8. 另一方面，根據瑪莉莎・瓦爾曼（Marysia Warman）在《母親、姊妹、戰士》（*Mothers, Sisters, Resisters*）的證詞，雖然她是聯盟黨的信使，但她完全沒聽說過起義的事，當時因此嚇了一大跳。
9. Meed, *Both Sides of the Wall*, 123. 根據安提克所述，有一把手槍在路上被偷走

5. Izhar, *Chasia Bornstein-Bielicka*, 167.
6. Weitzman, "Kashariyot (Couriers) in the Jewish Resistance."
7. Korczak, "Men and Fathers," *Women in the Ghettos*, 28–33.
8. Zuckerman, *Surplus of Memory*, 153.
9. 根據科爾因巴爾所述，百分之七十的信使是女人，信使的總人數大約是一百人，他們的平均年齡是二十歲，參見：Kol-Inbar, "Three Lines in History," 517。
10. Shalev, *Tosia Altman*, 165.
11. Myrna Goldenberg, "Passing: Foreword," in *Before All Memory Is Lost*, 131–134.
12. Aliza Vitis-Shomron, *Youth in Flames: A Teenager's Resistance and Her Fight for Survival in the Warsaw Ghetto* (Omaha: Tell the Story, 2015), 176.
13. Personal interview, Havi Dreifuss, Tel Aviv, Isr., May 16, 2018.
14. Weitzman, "Living on the Aryan Side in Poland," 213.
15. Weitzman, *Living on the Aryan Side in Poland*, 208.
16. Diane Ackerman, *The Zookeeper's Wife: A War Story* (New York: Norton, 2007), 220.
17. Shalev, *Tosia Altman*, 134.
18. 雖然其中一位信使海希雅知道如何跪拜，但她完全不知道哈莉娜是兩名聖人的名字——她是名字是來自哪一個聖人？
19. 比亞維斯托克市的信使布隆卡寫道：「在我看來，相較於男人，我們女人對使命更忠誠、對環境的感知更敏銳、頭腦更聰明——又或者我們天生就具有比較優秀的直覺。」參見：Klibanski, "In the Ghetto and in the Resistance," in *Women in the Holocaust*, 186。
20. 她們同時還有其他動機。根據薇拉德卡所述，有些信使會彼此競爭，為了獲得更多任務而互相較量，參見：Katz and Ringelheim, *Proceedings of the Conference on Women*, 82。
21. Story from Shalev, *Tosia Altman*, 150.
22. Draenger, *Justyna's Narrative*, 99.
23. Izhar, *Chasia Bornstein-Bielicka*, 237.
24. Meed, *Both Sides of the Wall*, 90–92.
25. Draenger, *Justyna's Narrative*, 56.

第十四章：蓋世太保之中

1. This section, including dialogue and quotations, is based primarily on Bela's memoir *Bronislawa Was My Name* (Ghetto Fighters' House, 1991), 24–67.Additional sources include: Sara Bender, "Bela Ya'ari Hazan," The Encyclopedia of Jewish Women, https://jwa.org/encyclopedia/article/hazan-bela-yaari; M. Dvorshetzky, "From Ghetto to Ghetto," *Women in the Ghettos*; and personal interview with Yoel Yaari, Jerusalem, Israel, 17 May 2018. Bela's written testimonies can be found at the Ghetto Fighters' House Museum (2 documents) and Yad Vashem archives.
2. Grunwald-Spier, *Women's Experiences in the Holocaust*, 251. 朗卡的相關資訊主

6. 本段落資料來源為：Kukiełka, *Underground Wanderings*, 77–82. 根據羅南描述，還有少數幾件類似事件，參見：Ronen, *Condemned to Life*, 208–233。
7. 《逃離深坑》指出利妮亞可能也有被毆打，參見：*Escape from the Pit*, 78。不久之前，法蘭卡在華沙隔離區和一名猶太警察打了起來。當時納粹正在「行動」，法蘭卡、奇薇亞、安提克和另一名領導人突然被包圍起來。法蘭卡辱罵了一名警察，他回以猥褻行為，法蘭卡便打了他一巴掌。一群警察把法蘭卡丟進馬車中，導致她鼻子大量流血，安提克在過程中不斷像個瘋子一樣踢那些警察。一群經過的路人因為這些警察羈押青年先驅的領導人而責備他們，其中一名同志幫忙把他們放走了。安提克和法蘭卡對著那名警察的臉吐了口水。請見：Lubetkin, *Days of Destruction*, 41–44; Zuckerman, *Surplus of Memory*, 190–191.
8. 除另外指出不同來源，本章內容、對話與引用的資料來源皆為：Kukiełka, *Underground Wanderings*, 82–88.
9. 伊雷娜的相關資料來自："Adamowicz Irena," POLIN Polish Righteous, https://sprawiedliwi.org.pl/en/stories-of-rescue/story-rescue-adamowicz-irena; Izhar, *Chasia Bornstein-Bielicka*, 155; Anka Grupińska, *Reading the List* (Wołowiec: Czarne, 2014), 21; Lubetkin, *Days of Destruction*, 131; Zuckerman, *Surplus of Memory*, 96, 146–147. 儘管伊雷娜冒著生命危險做了許多工作，但安提克宣稱她付出這些努力其實是為了（向猶太人）傳教。請見：Zuckerman, *Surplus of Memory*, 421。
10. 伊琪雅・帕薩克森的相關資訊來自多個資料來源，包括 Klinger, *Writing These Words*, 112–113; 140–141。
11. Klinger, "Girls in the Ghettos," *Women in the Ghettos*, 17–23.
12. 這些資料全數來自：Klinger, Writing These Words, 141。根據菲拉・凱茲的證詞，伊琪雅是因為她的夥伴才被認出來的。
13. 愛絲麗德的資料來自多個不同的資料來源，包括：Klinger, *Writing These Words*, 112–113, 140–141；Kukiełka, *Underground Wanderings*, 85；Aaron Brandes, "The Underground in Bedzin," in *Daring to Resist*, 27–28. 伊琪雅前往華沙尋找武器，雖然她後來再也沒有回到本津鎮，但愛絲麗德帶著手槍與手榴彈來到本津鎮。
14. Klinger, *Writing These Words*, 113.
15. 這名信使是愛絲麗德。

第十三章：信使女孩

1. Draenger, *Justyna's Narrative*, 1–57.
2. 下列兩段敘述及其中的對話與引用皆來自：Kukiełka, *Underground Wanderings*, 88–91。我運用其他人對當年華沙的描述加強了場景。
3. Sheryl Silver Ochayon, "The Female Couriers During the Holocaust," https://www.yadvashem.org/articles/general/couriers.html.General information about the couriers comes from Lubetkin, *Days of Destruction*, 73–81; Ochayon, "Female Couriers During the Holocaust"; Weitzman, "Kashariyot (Couriers) in the Jewish Resistance."
4. Lubetkin, *Days of Destruction*, 73.

21. 泰克指出，他們一開始只派了兩百名德國警察，最後派出的變成八百名警察。他們以為這次的行動只要花數個小時，結果卻花了數天，參見：Tec, *Resistance*, 79。羅南指出，共有四十名德國人被殺死（他引用了海柯的紀錄），他們原本的遣送目標是八千名猶太人，最後只遣送了四千人，參見：Ronen, *Condemned to Life*, 208–233。
22. Kukiełka, "Last Days," 102–106.
23. 多數資料來源都指出本津鎮一直到一九四二年秋天才建立了隔離區。根據華沙波蘭猶太人歷史博物館入口網站「Virtual Shtetl」的資訊（"Będzin"），在那之前猶太人一直生活在開放的隔離區中。
24. Laskier, *Rutka's Notebook*, 34.
25. Gutterman, "Holocaust in Będzin," 63.美國大屠殺紀念博物館有許多卡米翁卡鎮隔離區的照片。範例請見：photographs 20745 and 19631。
26. 利妮亞說隔離區有柵欄，整個都封閉起來了，但其他資料來源則指出隔離區沒有柵欄，只有守衛。請見：Gutterman, "Holocaust in Będzin," 63.
27. Kukiełka, *Underground Wanderings*, 73.
28. 利妮亞說她看到這件事發生在她弟弟身上，參見：personal interview with Jacob Harel and Leah Waldman, Haifa, Isr. May 14, 2018。

第二部：惡魔或女神

1. 這是他在戰後對獄友說的話。出自：Witold Bereś and Krzysztof Burnetko, *Marek Edelman: Being on the Right Side*, trans.William R. Brand (Kraków, Pol.: Bereś Media, 2016), 170. 泰克強調，史特魯普對於和男人並肩作戰的猶太女人格外印象深刻，參見：Tec, *Resistance*, 81。

第十二章：準備階段

1. 有關準備階段的敘述截取自：Renia's memoir, Fela Katz's testimonies, Chajka's diary, Ronen's *Condemned to Life*, and Namyslo's catalogue. 自由青年運動、戈登尼亞青年運動（Gordonia）、青年衛隊以及後來的猶太復國主義青年團和基督衛隊（Hashomer HaDati）全都彼此協作。戈登尼亞青年運動的領導人也有女人，就像ŻOB的領導人施洛瑪・雷納（Szloma Lerner）和亨卡・伯恩斯泰（Hanka Bornstein）一樣。我們無法確知本津鎮當時的聯合指揮權落在誰的手上。整體來說，本津鎮的地下團體把自己視為華沙ŻOB的衛星組織，接受華沙的命令。札倫比區的成人政黨沒有參與此協作。
2. Kukiełka, *Underground Wanderings*, 76.
3. Kukiełka, *Underground Wanderings*, 77.
4. Ahron Brandes, "In the Bunkers," trans.Lance Ackerfeld, from the Bedzin yizkor book, https://www.jewishgen.org/Yizkor/bedzin/bed363.html.
5. Tec, *Resistance*, 90.

聯盟黨領袖馬雷克．艾德曼描述他去找貝塔爾談話時，貝塔爾的領導人對他開槍。）左派與右派無法在反抗軍領導者人選與戰士招募方法上取得共識。貝塔爾認為他們的人受過實際的軍事訓練，所以想讓他們的人指揮作戰，但勞工猶太復國主義者不接受（而貝塔爾覺得左派提出的要求毫無道理）。隨後，貝塔爾在納粹的「行動」中失去了許多人後，公開徵求戰士，這使得其他組織嚇壞了——要是納粹協助者來加入他們的話，要怎麼辦？對自由青年運動和青年衛隊來說，彼此了解與信任是很重要的一件事。貝塔爾把武器放在戶外，安提克認為這種舉動很愚蠢（他曾遇過納粹檢查），顯得他們「既傲慢又愛炫耀」，參見：Zuckerman, *Surplus of Memory*, 226–227, 412。奇薇亞認為（p.134）修正猶太復國主義者在遣送中失去那麼多人後便陷入混亂了。貝爾塔無法和其他組織取得共識，便自己創造了民兵團「猶太軍事聯盟」。猶太軍事聯盟是由三百名武裝良好的戰士所組成的，貝爾塔因為過去的歷史以及他們和波蘭地下組織的聯絡，所以能取得比較好的武器。請見：Lubetkin, *Days of Destruction*, 128, 133–136, and Tec, *Resistance*, 72–77.

4. 根據泰克所述，聯盟黨是在發現波蘭地下組織不會和他們合作後，才同意加入ŻOB計畫，參見：Tec, *Resistance*, 72。
5. Tec, *Resistance*, 42–45, 78–80. 此根據安提克的觀點，參見：Zuckerman, *Surplus of Memory*, 219–220, 349, 360–363. 根據戈爾茨坦的觀點，波蘭救國軍「並不是單一概念」，而是廣泛且具有多樣化的地下軍隊，參見：Bernard, *Problems Related to the Study*, 52–59。
6. 根據安提克所述，在一月起義之前，ŻOB擁有的武器只有不到二十把的手槍，沒有任何步槍和汽油彈，只有手榴彈和燈泡，參見：Zuckerman, *Surplus of Memory*, 252–255。
7. This section about Vladka is based on Meed, *Both Sides of the Wall*, 68–85.Vladka's oral testimonies can be found in the USHMM and USC Shoah Foundation collections.
8. 大部分仍留在隔離區中的猶太人做的工作都是苦役。
9. Edelman, *The Ghetto Fights*, 30.
10. Zuckerman, *Surplus of Memory*, 230, 251.
11. Meed, *Both Sides of the Wall*, 120. 根據奇薇亞的敘述，多數猶太人都很混亂，沒有反擊。
12. Gutterman's translation, *Fighting for Her People*, 199.
13. Lubetkin, *Days of Destruction*, 151.
14. Lubetkin, *Days of Destruction*, 154.
15. Lubetkin, *Days of Destruction*, 155.
16. Lubetkin, *Days of Destruction*, 57.
17. Lubetkin, *Days of Destruction*, 158.
18. 在華沙隔離區中，擁有數千名猶太奴隸工作者的其中兩間工廠是舒茲工廠（全名托賓斯與舒茲〔Tobbens and Schultz〕）和霍曼工廠。
19. Meed, *Both Sides of the Wall*, 120–121.
20. Klinger, *Writing These Words*, 152.

30. 利妮亞曾描寫過男性同志使用偽裝，在華沙的隔離區陷入火海時救出困在裡面的猶太人。有兩、三名男人穿上了德軍制服，這些制服可能來自死去的士兵或強制勞動工廠，他們偽裝成納粹，大吼著把猶太人趕上一輛巴士。納粹看到時，以為他們是要遵照規定把猶太人帶去森林裡殺掉，但事實上他們是把猶太人放走了。
在另一個類似的事件中，一名假裝成納粹的猶太人大喊著要猶太人從地道裡出來。有些猶太人沒有意識到這是同胞的伎倆，因此拒絕離開地道。這名偽裝成納粹的猶太人親自把好幾個人從地道裡拖出來——然後叫他們快跑。
還有些猶太男人喬裝成警察後，走到毫無警戒心的納粹身旁，開槍殺死他們。漢娜的回憶錄指出，有五百名猶太人喬裝成納粹，襲擊了帕維克監獄，參見："The Battle of the Warsaw Ghetto," *The Pioneer Woman*, 5。
31. Lubetkin, *Days of Destruction*, 138–139.Lubetkin and Zuckerman, *Surplus of Memory*. 兩本書都寫到了克拉科夫市的反抗行動。(安提克當時在克拉科夫市。)
32. Katz and Ringelheim, *Proceedings of the Conference on Women*, 36–38.
33. Draenger, *Justyna's Narrative*, 115.
34. Draenger, *Justyna's Narrative*, 117.
35. Ibid., 125.
36. Ibid., 126.
37. Kol-Inbar, "Three Lines in History," 520.
38. 謝麗爾・奧查昂（Sheryl Silver Ochayon）指出，有七至十二名納粹被殺，參見：Sheryl Silver Ochayon, "Armed Resistance in Kraków and Białystok"；奇薇亞指出，有十三名納粹被殺，十五名納粹重傷，參見：Lubetkin, *Days of Destruction*, 9。科爾因巴爾指出，有七名納粹被殺，多名納粹受傷，參見：Yehudit Kol-Inbar, "Three Lines in History," 51。
39. Story in Draenger, *Justyna's Narrative*, 6–7.

第十一章：一九四三年，新的一年：華沙的小規模叛亂

1. The sections in this chapter from Zivia's perspective are based on Lubetkin, *Days of Destruction*, 125–136 (preparation for uprising) and 145–159 (January uprising). Varying accounts of the January uprising are offered by Goldstein, *Stars Bear Witness*; Gutterman, *Fighting for Her People*; Meed, *Both Sides of the Wall*; Ronen, *Condemned to Life*; Zuckerman, *Surplus of Memory*.
2. 一般認為納粹領導人希姆萊是大屠殺的策劃者。
3. 貝塔爾是修正猶太復國主義運動附隨青年團體。他們認為猶太人必須在巴勒斯坦建立猶太國家，並在猶太人與敵人之間用武力打造一座「鋼鐵高牆」。貝塔爾並非社會主義組織，他們的組織基礎是軍事行為與軍事結構（頭銜、軍隊、軍階），他們的畢業生在一九三〇年代創造了「軍營」編制。他們附屬在波蘭武裝組織下。貝塔爾和左派猶太復國主義青年往往彼此分歧，兩方在戰爭期間的華沙仍然意見不合。
隔離區的青年團體無法統合協作。（在《最後的戰士》〔*The Last Fighters*〕中，

市裡只剩下兩萬名猶太人。
5. Draenger, *Justyna's Narrative*, 46.
6. Draenger, *Justyna's Narrative*.
7. Draenger, *Justyna's Narrative*, 33.
8. Draenger, *Justyna's Narrative*, 50.
9. Draenger, *Justyna's Narrative*, 37–38.
10. Draenger, *Justyna's Narrative*, 39.
11. Draenger, *Justyna's Narrative*, 43.
12. Draenger, *Justyna's Narrative*, 48.
13. Draenger, *Justyna's Narrative*.
14. Wojciech Oleksiak, "How Kraków Made it Unscathed Through WWII," Culture.pl, May 22, 2015, https://culture.pl/en/article/how-Kraków-made-it-unscathed-through-wwii. 納粹創造出撒克遜城鎮的迷思，可能是為了合理化把這裡當做策略性首都的決定。納粹也投注許多資源發展克拉科夫市的市區基礎建設。請見：http://www.krakowpost.com/8702/2015/02/looking-back-70-years-wawel-under-occupation
15. Draenger, *Justyna's Narrative*, 61.
16. Draenger, *Justyna's Narrative*, 62.
17. Draenger, *Justyna's Narrative*, 64–67.
18. Draenger, *Justyna's Narrative*, 101.
19. Desciption of Kraków underground publications is in the testimony of Kalman Hammer (collected in Budapest, Hungary, on September 14, 1943) held in the Ghetto Fighters' House Museum archive.
20. Draenger, *Justyna's Narrative*, 103.
21. 關於赫拉的敘述，請參見：Hella Rufeisen-Schüpper, *Farewell to Mila 18* (Tel Aviv, Isr.: Ghetto Fighters' House and Hakibbutz Hameuchad, 1990)；Yael Margolin Peled, "Hela Rufeisen Schüpper," The Encyclopedia of Jewish Women, https://jwa.org/encyclopedia/article/schupper-hella-rufeisen; Tec, *Resistance*, 171–177。
22. Draenger, *Justyna's Narrative*, 94–95.
23. Draenger, *Justyna's Narrative*, 71.
24. Ibid., 72.
25. Information about Gola Mire (nee Miriem Golda Mire) who is also referred to as Mire Gola and Gola Mira, is primarily from Grunwald- Spier, *Women's Experiences in the Holocaust*, 207–211; Kol-Inbar, "Three Lines in History," 520–521, and Yael Margolin Peled, "Mire Gola," The Encyclopedia of Jewish Women, https://jwa.org/encyclopedia/article/gola-mire.
26. Draenger, *Justyna's Narrative*, 84.
27. Draenger, *Justyna's Narrative*. 標題為「一九四一年，阿基瓦的傑出成員」（Leading members of Akiba 1941）的照片中有六名女人與三名男人。
28. Ibid., 112.
29. Ibid.

27. Klinger, *Writing These Words*, 7.
28. Klinger, *Writing These Words*, 177. 茲維（Zvi）的名字也拼作「Cwi」。
29. 奇薇亞指出，這是在蘇聯與德國交戰時（一九四一年）設想出來的，由五名猶太人組成的自衛小組，參見：Lubetkin, *Days of Destruction*, 83。青年團體認為蘇聯軍會打贏，這些五人小組的目的是在政權轉換的混亂期間，保護猶太人不受波蘭人攻擊。他們沒有想到這些五人小隊會變成反納粹民兵的基礎。
30. 除另外指出不同來源，下一段描述的資料來源皆為：Kukiełka, *Underground Wanderings*。
31. Kukiełka, Yad Vashem testimony.
32. 韓希其實是在一九四二年的夏天離開格羅庫夫區，前往本津鎮。但利妮亞卻寫得好像韓希抵達時她也在場似的，參見：Kukiełka, "The Last Days," *Women in the Ghettos*。利妮亞有可能是依照其他人的印象撰寫韓希抵達的景象，另一種可能是韓希因為任務短暫離開，在利妮亞抵達本津鎮時回來。無論如何，利妮亞都因為韓希的積極個性深受吸引。
33. Kukiełka, "Last Days," 102–106.
34. Kukiełka, *Underground Wanderings*, 65.
35. Kukiełka, "Last Days," 102–106. 此段落是依據此文章寫成。
36. Kukiełka, *Underground Wanderings*, 67.
37. Ronen, *Condemned to Life*, 186–207.
38. 猶太電訊社成立於一九一七年，是一個為猶太社群報紙提供服務的跨國新聞蒐集組織。這篇報導的出刊日期是一九四三年一月八日，事件發生的日期是一九四二年十月四日。猶太通訊社的報導與《隔離區裡的女人》都描述了這次的女性起義，不過兩者之間的細節有些許差異。資料來源：JTA.org。

第十章：歷史中的三條線——克拉科夫市的聖誕節驚喜

1. Draenger, *Justyna's Narrative*, 141.(They use "Akiba.")
2. 根據葛斯塔的資料，這件事發生在一九四二年秋天，也有可能是九月。
3. The scenes in this chapter are based primarily on Gusta Davidson Draenger's diary, *Justyna's Narrative*. Information about Gusta and the Kraków resistance also comes from: Anna Czocher, Dobrochna Kałwa, et al., *Is War Men's Business? Fates of Women in Occupied Kraków in Twelve Scenes*, trans. Tomasz Tesznar and Joanna Bełch-Rucińska (Kraków: Historical Museum of the City of Kraków, 2011), exhibition catalogue; Sheryl Silver Ochayon, "Armed Resistance in the Kraków and Białystok Ghettos," Yad Vashem, https://www.yadvashem.org/articles/general/armed-resistance-in-Kraków-and-Białystok.html; Yael Margolin Peled, "Gusta Dawidson Draenger," The Encyclopedia of Jewish Women, https://jwa.org/encyclopedia/article/draenger-gusta-dawidson.
4. 由於總督政府位於克拉科夫市，所以德國人想要「清除」這座城市的猶太人，把多數人都驅逐到郊區了。一九四一年三月二十日，克拉科夫市隔離區關閉時，城

6. Ibid., 81.
7. Rutka Laskier, *Rutka's Notebook: January–April 1943* (Jerusalem: Yad Vashem, 2007), 54.
8. 實例請見：Ronen, *Condemned to Life*, 125–143。根據部分描述，藏德通行證是黃色的，還有些文件則說藏德通行證是藍色的。
9. Klinger, *Writing These Words*, 84. 羅南也描述了類似的節慶場面，不過此資料指出這時的節慶是光明節，參見：Ronen, *Condemned to Life*, 104–124。
10. Klinger, *Writing These Words*, photo insert.
11. Photos from 1943 are in the Ghetto Fighters' House Museum archive.
12. Ronen, *Condemned to Life*, 104–124.
13. Klinger, *Writing These Words*, 131–132.
14. 本段敘述來自：Klinger, *Writing These Words*, 136–143，不過場景的出現順序不同。部分描述來自《隔離區裡的女人》。
15. 根據其中一份資料的描述，和她一起帶小孩的是莉亞・帕薩克森，另一份資料則說是娜西雅。
16. 這些名字來自：Klinger, "Girls in the Ghettos," in *Women in the Ghettos*，無法確知這些名字指的是誰。海柯的《我正為你寫下這些話語》則只寫了「勞動營」，參見：*Writing These Words*, 138。
17. 曾有一段時間，在札倫比區負責指揮強制勞動行動的納粹領導人擁有的影響力，大於負責指揮屠殺行動（萊茵哈德行動〔Operation Reinhard〕）的納粹領導人。
18. This section is based on Ronen, *Condemned to Life*, 162–185.
19. 根據露特卡・拉斯基爾的描述，她被選中了要送去強制勞動，但她從一扇窗戶跳出去，逃跑了，參見：Rutka Laskier, *Rutka's Notebook*, 36–39。
20. *Writing These Words*, 139; Klinger, "Girls in the Ghettos," *Women in the Ghettos*。羅南描述的故事細節有些微差異，參見：Ronen, *Condemned to Life*, 162–185。
21. 這段敘述有許多不同的版本，此版本來自：Klinger, "Girls in the Ghettos," *Women in the Ghettos*，海柯指出共有數百人因此重獲自由；羅南則指出領導閣樓逃脫計畫的是大衛，參見：Ronen, *Condemned to Life*, 162–185。而海柯只說「有人找到了一條通道」，並指出有兩千人因此重獲自由，參見：Klinger, *Writing These Words*, 139–140。
22. Shalev, *Tosia Altman*, 134.
23. Klinger, *Writing These Words*, 98.
24. Klinger, *Writing These Words*, 15. 大屠殺見證人菲拉・凱茲（Fela Katz）的證詞指出，共有兩百至三百位成員。
25. 這些訊息與解釋來自《隔離區裡的女人》。安提克指出，他們會在不同區域使用相對應的不同密碼。有些區域使用的是單字的第一個字母，有些密碼來自聖經，參見：Zuckerman, *Surplus of Memory*, 89。
    寄到東方的信件使用「大寫字母密碼」，把所有大寫的字母放在一起就能獲得隱藏訊息。
26. Klinger, *Writing These Words*, 98.

25. This scene and dialogue are based on Kukiełka, *Underground Wanderings*, 52.
26. Kukiełka, *Underground Wanderings*, 53.
27. Ibid.

第八章：變成石頭

1. 利妮亞在描述這個場景時提供了許多自相矛盾的日期，就連在她自己的回憶錄《地下流浪》（*Underground Wanderings*）中也一樣。桑多梅茲隔離區的主要清空發生在十月，而本章的事件則發生在十月底或十一月初。
2. 本章內容與其中的引用文具和對話來自：Kukiełka, *Underground Wanderings*, 56–62。在以色列猶太大屠殺紀念館的證詞中，利妮亞在描述人口偷運犯來到霍蘭德家時，描述的是另一個截然不同的故事。
3. 本津鎮的建築混合了學院派風格、新藝術運動、波蘭新古典風格、裝飾藝術風格、義大利法西斯風格（火車站）和荷蘭復興風格，是個非常怪異的組合，這表示本津鎮在一八七〇年代到一九三〇年代非常富有。
4. 根據庫基烏卡在以色列猶太大屠殺紀念館的證詞，莉亞和摩希被殺死時分別是四十五歲和四十八歲。
5. Skarzysko-Kamienna, Yad Vashem Shoah Resource Center, https://www.yadvashem.org/odot_pdf/Microsoft%20Word%20-%206028.pdf.
6. Draenger, *Justyna's Narrative*, 111–112. 魏茲曼指出，年輕人在母親被殺死後特別容易獲得想要參與抵抗行動的動力，參見：Weitzman, "Living on the Aryan Side," 192–193。猶太游擊隊教育基金會（Jewish Partisan Educational Foundation，JPEF）有一支關於猶太女性游擊隊員的影片，影片中的一段敘述是：「我在母親死後變得很堅強。」

第九章：黑色渡鴉

1. 根據她兒子的說法，她當時不想把頭髮剪得太短，否則看起來會像是美國好萊塢的中產階級者。Personal interview, Avihu Ronen, Tel Aviv, Isr., May 16, 2018.
2. 海柯發傳單的這一幕是依據她的日記寫成，她在日記中沒有指明這個任務是誰推行的。本章的資料來源為：Klinger, *Writing These Words*，部分改寫自："Girls in the Ghettos" and "Pioneers in Combat," in *Women in the Ghettos*。額外資訊大多出自：Ronen, *Condemned to Life*；Fela Katz (in JHI archives) and in Jerzy Diatłowicki, ed., *Jews in Battle, 1939–1945* (Warsaw: Association of Jewish Combatants and Victims of World War II and Jewish Historical Institute, 2009–2015)，我也引用了此前曾提到的本津鎮資料來源。
3. 羅南指出，青年衛隊最早建立的其中一個分支單位就在本津鎮，參見：Ronen, *Condemned to Life*, 29–38。
4. Klinger, *Writing These Words*, 167.
5. Klinger, *Writing These Words*, 167.

11. Kukiełka, Yad Vashem testimony.
12. The following two sections, including dialogue, are culled from Renia's memoir, 45–47, and her Yad Vashem testimony; the details differ in each account.
13. 利妮亞指出，她是在塞奇蕭鎮（Sedziszow）的集中營認識的，參見：Kukiełka, *Underground Wanderings*, 45。我找不到太多有關那個集中營的資訊，但還有另一個人曾提到塞奇蕭鎮外圍的勞動營，請見：https:// njjewishnews.timesofisrael.com/dor-ldor-a-polish-town-remembers-its-holocaust-victims/. 根據大屠殺歷史學會（Holocaust Historical Society）所述，有一些來自延傑尤夫鎮的男人被送去了塞奇蕭火車站的勞動營，因此來自沃濟斯瓦夫鎮的男人也可能會被送去那裡，參見："Jędrzejów," Holocaust Historical Society, https://www.holocausthistoricalsociety.org.uk/contents/ghettosj-r/Jędrzejów.html。
不過，根據國際追蹤組織（International Tracing Service，ITS）的資料顯示，亞倫在一九四二年三月至一九四三年七月之間待在斯卡日斯科－卡緬納勞動營，在一九四三年七月至一九四四年四月之間在琴斯托霍瓦勞動營，在一九四四年四月至一九四五年五月之間在布赫伯格（Buchberg）。儘管如此，斯卡日斯科－卡緬納勞動營的規模很大，並不符合利妮亞的描述。利妮亞要花好幾天的時間，才能從斯卡日斯科走到她後來在火車上遇到熟人的地點查茲尼卡鎮（Charsznica），而若從塞奇蕭鎮出發的話，只要三十公里。國際追蹤組織檔案的紀錄中，亞倫的出生日期也有爭議，因此總的來說我傾向於覺得他當時應該是在塞奇蕭鎮，後來才被送到斯卡日斯科－卡緬納勞動營。
利妮亞在以色列猶太大屠殺紀念館的證詞中用很長的篇幅描述了她的弟弟和勞動營的狀況，她提到亞倫被送去建造火車鐵軌，而塞奇蕭集中營位於火車站旁邊。
14. Renia describes his journey in her Yad Vashem testimony.
15. This scene is based on a combination of Renia's slightly differing accounts in *Underground Wanderings* and her Yad Vashem testimony.
16. Kukiełka, *Underground Wanderings*, 47.
17. Kukiełka, *Underground Wanderings*, 47.
18. 利妮亞在以色列猶太大屠殺紀念館的證詞提供了不同的說法。
19. 利妮亞與熟人之間的對話與狀況出自她在回憶錄中的敘述，以及她在以色列猶太大屠殺紀念館的證詞，這兩者之間有些微的差異，參見：*Underground Wanderings*, 48–50。
20. Kukiełka, *Underground Wanderings*, 48.
21. 出自：Kukiełka, Yad Vashem testimony. 安提克解釋道，有一些抱持愛國主義的牧師會蒐集死者的名字和文件，把資料交給波蘭地下組織，地下組織再把這些東西賣給猶太人，參見：Zuckerman, *Surplus of Memory*, 485–486。
22. See Meed, *Both Sides of the Wall*, 226–227; Paldiel, *Saving One's Own*, 37, 218–219; Weitzman, "Living on the Aryan Side," 213–215; Zuckerman, *Surplus of Memory*, 485–486.
23. This section and dialogue is based on Kukiełka, *Underground Wanderings*, 49–51.
24. 利妮亞在以色列猶太大屠殺紀念館的證詞中描述他們是用另一種方式認識的。

「EYAL」是Irgun Yehudi Lochem的縮寫。

38. 海報上的文字列印在奇薇亞的著作中，參見：Lubetkin, *Days of Destruction*, 112。各個文獻對於誰是最先報導特雷布林卡村的人莫衷一是，可能的對象包括多位逃脫者（他們繪製了該地點的地圖）、一位聯盟黨信使和一位自由青年運動的信使。
39. Lubetkin, *Days of Destruction*, 115.
40. Meed, *Both Sides of the Wall*, 70; Tec, *Resistance*, 72–73. 奇薇亞描述了他在第一次開槍之後就卡膛了，但他威脅說他會把任何靠近的人殺死，這是卡納第一次開槍，參見：Lubetkin, *Days of Destruction*, 116。
41. For discussion on Jews bringing weapons into the Warsaw ghetto, see, for instance, Shalev, *Tosia Altman*, 155, 174–175.
42. Zuckerman, *Surplus of Memory*, 213.
43. Cited in Gutterman, *Fighting for Her People*, 183.
44. 美國大屠殺紀念博物館的研究指出，在華沙隔離區裡人口最多時，有四十萬名猶太人。其中有三十萬人在一九四二年的夏天被遣送去處死。在那之後剩下的猶太人至多只有七萬名，參見："Warsaw," United States Holocaust Memorial Museum: Holocaust Encyclopedia, https://encyclopedia.ushmm.org/content/eu/article/warsaw
45. This quotation merges accounts of the speech given in Gutterman, *Fighting for Her People*, 189; Lubetkin, *Days of Destruction*, 122; Zuckerman, *Surplus of Memory*, 214.

第七章：顛沛流離的日子：從無家可歸到管家

1. Kukiełka, *Underground Wanderings*, 37. 本章是依據利妮亞的回憶錄與她在以色列猶太大屠殺紀念館的證詞所寫成的。
2. Kukiełka, *Underground Wanderings*, 38.
3. Kukiełka, *Underground Wanderings*, 42.
4. Ibid., 43.
5. "Jędrzejów," Virtual Shtetl.
6. 「警察」指的可以是德國警察，也可以是波蘭警察。納粹控制了波蘭警力，創造出「藍警」(Blue Police)。德國警察被稱做秩序警察（Orpo），或「綠警」（Green Police）。城市裡的德國警察比較多，偏遠地區則是波蘭警察比較多。「Gendarme」通常指的都是德國警察。有關波蘭警察與納粹合作的議題，參見：Jan Grabowski, "The Polish Police: Collaboration in the Holocaust," Lecture at USHMM, November 17, 2016, text accessed online.
7. 格倫瓦爾德–施皮爾指出，費用大約是三千至一萬茲羅提，參見：Grunwald-Spier, Women's Experiences in the Holocaust, 245。另見：Zoberman, "Forces of Endurance," 248; Weitzman, "Living on the Aryan Side, 201–205。
8. Paulsson, *Secret City*, 4.
9. See Zuckerman, *Surplus of Memory*, 482–483, for a discussion of types.
10. Weitzman, "Living on the Aryan Side," 188.

見：Ronen, *Condemned to Life*, 186–207。

21. Lubetkin, *Days of Destruction*, 93.
22. Cited in Gutterman, *Fighting for Her People*, 163.
23. Lubetkin, *Days of Destruction*, 92.
24. Cited in Gutterman, *Fighting for Her People*, 161. 在部分文獻中，他們只有一把槍。文獻中沒有明確指出一開始的那些槍是哪裡來的。
25. 貝拉和蘿希卡都曾提到她們分別在自由青年運動和青年衛隊上過自衛課程，學會了如何使用武器。她們做自衛訓練是為了適應巴勒斯坦的生活。不過羅南在一次個人訪談中強調，聯盟黨和修正主義者的準備比其他人更齊全。聯盟黨在戰前設立了民兵「未來風暴」（Tzufunkt Shturem），目的是保護社群不受反猶主義者的攻擊（波林波蘭猶太人歷史博物館擁有他們在一九二九年製作的一張海報）。聯盟黨在戰爭爆發早期開始執行「冷武器」反抗行動，在遇到大規模屠殺時使用鐵管和手指虎反擊，而當時波蘭人每攻擊一名猶太人就能從納粹那裡拿到四茲羅提。他們是當時唯一起身反抗的黨派，也是第一個呼籲隔離區進行武裝戰鬥的黨派。他們也成立了防護兵力，在大批猶太人搬進隔離區並造成混亂時，到猶太人居住的街上巡邏。請見：Marek Edelman, *The Ghetto Fights* (New York: American Representation of the General Jewish Workers' Union of Poland, 1946), 3; Goldstein, *Stars Bear Witness*, 45–65.
26. Marek Edelman, *The Last Fighters*, directed by Ronen Zaretsky and Yael Kipper Zaretsky, Isr., 2006. 根據其他聯盟黨人所述，他們不是反猶太復國主義者。他們只是覺得在沒有波蘭支援的狀況下反抗是毫無意義的。安提克描述了和聯盟黨互動時的挫折經歷，參見：Zuckerman, *Surplus of Memory*, 166, 173, 221, 249。
27. 奇薇亞和寶拉是特殊照顧室的領導人。Gutterman, *Fighting for Her People*, 167.
28. 這次事件發生在週五晚上。葛特曼指出，他們把那天稱做「血腥星期六」，參見：Gutterman, *Fighting for Her People*, 167。其他資料來源則說那天叫「血腥星期五」。安提克指出那是「血腥之夜」，參見：Zuckerman, *Surplus of Memory*, 178。齊瓦・沙列夫（Ziva Shalev）則把那天稱做「血腥之日」，參見：Ziva Shalev, 141。
29. 華沙的猶太歷史機構展示了法蘭卡在一九四二年六月五日的報告內容。
30. This section is based on Meed, *Both Sides of the Wall*, 9–67.
31. Meed, *Both Sides of the Wall*, 22.
32. Tec, *Resistance*, 68.
33. Tec, *Resistance*, 67.
34. Klinger, "The Pioneers in Combat," in *Women in the Ghettos*, 23–28. 逐字翻譯：「後來，納粹宣布只要抓到一個猶太人，就能獲得半公斤麵包和四分之一公斤柑橘果醬。就這樣，猶太人的生命變得如此廉價。」
35. "The Liquidation of Jewish Warsaw," a report drawn up by the Oneg Shabbat group, November 1942, on display at the Jewish Historical Institute, Warsaw.
36. Meed, *Both Sides of the Wall*, 65.
37. Jewish Fighting Organization，在英文又名 Jewish Combat Organization。希伯來語

第六章：自靈魂至血肉：成為ŻOB

1. Information about Tosia Altman in this chapter comes primarily from Shalev, *Tosia Altman*.
2. Anna Legierska, "The Hussies and Gentlemen of Interwar Poland."
3. Shalev, *Tosia Altman*, 215.
4. Shalev, *Tosia Altman*, 163.
5. Izhar, *Chasia Bornstein-Bielicka*, 157.
6. Chaika Grossman, *The Underground Army: Fighters of the Białystok Ghetto*, trans. Shmuel Beeri (New York: Holocaust Library, 1987), 42.
7. Ruzka Korczak, "Men and Fathers," in *Women in the Ghettos*, 28–34.
8. Grossman, *Underground Army*, 42.
9. Korczak, "Men and Fathers," 28–34.
10. 根據艾巴在《維爾納市游擊隊》（*Partisans of Vilna*）中的描述，她是一名十一歲的女孩（艾巴沒有寫出名字）。里奇・科恩（Rich Cohen）則說她十七歲，參見：Rich Cohen, *The Avengers: A Jewish War Story* (New York: Knopf, 2000), 38。許多人都描述了波納里的倖存者逃到隔離區並描述自己的經歷後，往往沒有人相信他們。此段敘述來自：Rich Cohen, 43–45。
11. 在這三年間，大約有七萬五千名猶太人和兩萬五千名非猶太人在這裡被槍決。
12. 來自艾巴在會議上閱讀的意第緒語傳單，《維爾納游擊隊》也收錄了這段話。
13. The following two sections are based on Lubetkin, *Days of Destruction*, 83–99.
14. 他們撰寫的部分文章收藏在林格布倫檔案和猶太歷史機構（Jewish Historical Institute）檔案中。
15. 葛特曼列出了數位信使，參見：Gutterman, *Fighting for Her People*, 159。根據隔離區戰士之家的研究者內奧米・希姆西（Naomi Shimshi）的研究，法蘭卡是「第一個把東區波蘭猶太人被消滅掉的消息帶回來的人」，參見：Naomi Shimshi, "Frumka Plotniczki"。
16. Lenore J. Weitzman, "Kashariyot (Couriers) in the Jewish Resistance During the Holocaust," in The Encyclopedia of Jewish Women, https://jwa.org/encyclopedia/article/kashariyot-couriers-in-jewish-resistance-during-holocaust.For additional reasons why Jews did not suspect or believe: Izhar, *Chasia Bornstein-Bielicka*, 114; Mais, "Jewish Life in the Shadow of Destruction," 18–25; Meed, *Both Sides of the Wall*, 31, 47; Zuckerman, *Surplus of Memory*, 68, 72.
17. Ziva Shalev, "Tosia Altman," The Encyclopedia of Jewish Women, https://jwa.org/encyclopedia/article/altman-tosia.
18. Vera Slymovicz testimony, pp. 23–24, Alex Dworkin Canadian Jewish Archives, Montreal.
19. Lubetkin, *Days of Destruction*, 88.
20. Lubetkin, *Days of Destruction*, 92–93 (JDC leaders on 108). See also Zuckerman, *Surplus of Memory*, 194. 羅南指出，還有些人認為猶太法律禁止武裝反抗，參

了恐懼、疲憊與絕望，這幅畫作令人難以忘懷。她作畫時用的是她偷來的鉛筆。請見：Rochelle G. Saidel and Batya Brudin, eds., *Violated!: Women in Holocaust and Genocide* (New York: Remember the Women Institute, 2018), exhibition catalogue.

26. 莫迪凱是比亞維斯托克市的自由青年運動領導人，他也創建了一座檔案並藏了起來，如今變成了可以閱讀的資料來源。安提克也曾試著建立一個自由青年運動的檔案。
27. Wall text, Emanuel Ringelblum Jewish Historical Institute, Warsaw.
28. Gelbard, "Warsaw Ghetto," 3–16.
29. Lubetkin, *Days of Destruction*, 38–39. 漢娜說，那些能購買麵包的猶太人「每週可以領三次八分之一公斤的麵包」。一九四一年，華沙隔離區的猶太人獲得的食物配給是每天一百八十四大卡。泰克指出，在波蘭隔離區有百分之二十的人口死於飢餓，參見：Tec, *Resistance*, 60。
30. See Tec, *Resistance*, 62–65, on how the JDC and other organizations supported soup kitchens, many run by women.For more women, see: *Women in the Ghettos*; Meilech Neustadt, ed., *Destruction and Rising*; Katarzyna Person, ed., *Warsaw Ghetto: Everyday Life*, "Women" chapter.
31. According to Vladka Meed, in Katz and Ringelheim, *Proceedings of the Conference on Women*, 34, 80.
32. See, for instance, "A Bit Stubborn: Rachela Auerbach," Jewish Historical Institute, http://www.jhi.pl/en/blog/2018-05-30-a-bit-stubborn-rachela-auerbach, and Ofer, "Gender Issues in Diaries and Testimonies of the Ghetto," 143–167.
33. Yakov Kenner, "Paula Elster," *Women in the Ghettos*, 148–150. 她是一位信使，在一九四四年的華沙起義參與抗戰時死亡。
34. 有某段期間在波蘭舉辦青年運動相關活動（尤其是具有共產主義傾向的活動）是違法的。請見：Ido Bassok, "Youth Movements," trans.Anna Barber, The YIVO Encyclopedia of Jews in Eastern Europe, https:// yivoencyclopedia.org/article.aspx/Youth_Movements.
35. 資料來自：Paldiel, *Saving One's Own*, 32–42。帕迪爾在戰爭後期致力於救援任務。她在二〇一二年出版回憶錄《城市中的城市》(*City Within a City*)。
36. Goldstein, *Stars Bear Witness*, 82.
37. Information is from *Women in the Ghettos*, 162–163.
38. Gutterman, *Fighting for Her People*, 150.
39. Lubetkin, *Days of Destruction*, 57.
40. 她和伊扎克・費茲曼結婚。漢娜和利妮亞在戰後的達夫納集體農場變成了朋友。更多相關內容請見：Zuckerman, *Surplus of Memory*, 47。
41. Gelbard, "Warsaw Ghetto," 3–16. 他們真的是「奇薇亞的孩子」。
42. 戈爾茨坦指出，聯盟黨也有一個遍及全國的信使系統，共涵蓋六十個市鎮，參見：Goldstein, *Stars Bear Witness*, 47。

過了後半段青年時期，很快就以「隔離區夜鶯」的身分廣受歡迎。她在隔離區的費米納劇院（Femina theater）舉辦演唱會，上千張票券全都受罄，費米納劇院位於公寓一樓，距離大猶太會堂不遠。參見：*Women in the Ghettos*, 160。

11. 有關聯盟黨在隔離區的抵抗行動範例，請見：Goldstein, *Stars Bear Witness*, 41–42, 45, 82–84, 102–103。根據薇拉德卡所述，華沙隔離區裡有八十五所地下學校，參見：Katz and Ringelheim, *Proceedings of the Conference on Women*, 80。
12. 在部分資料來源中，猶太人不准為了禱告而聚集在一起，表面上的原因是要避免疾病傳染。在其他資料來源中，猶太人不准因為任何原因聚集在一起，例如漢娜指出：「德國人嚴格禁止任何人聚會或集結。」漢娜接著解釋道，隨著時間流逝，聚會又漸漸變多了，參見：Gelbard, "Life in the Ghetto," 7。部分資料來源指出，德國人會聚在一起演說和學習，他們會把窗戶檔起來，派人看門。有些資料來源則指出，雖然納粹禁止猶太人在華沙隔離區聚會，但他們比較擔心的是非法走私（他們不相信猶太人有能力聚在一起討論反抗行動）。
13. 有關自由青年運動的教育與社會計畫，請參照：Gelbard, "Warsaw Ghetto," 3–16；Lubetkin, *Days of Destruction*, 58–72；Zuckerman, *Surplus of Memory*, 52–64, 114–125。
14. Rotem, *Memoirs of a Ghetto Fighter*, 21.
15. Gelbard, "Warsaw Ghetto," 3–16.
16. *Who Will Write Our History*.
17. For more on their press, see Lubetkin, *Days of Destruction*, 66–67; Zuckerman, *Surplus of Memory*, 55–56.
18. 前者在一九四〇年，後者在一九四二年。
19. Wall text, POLIN Museum of the History of Polish Jews, Warsaw.
20. Information on these publications is from Barbara Engelking and Jacek Leociak, *The Warsaw Ghetto: A Guide to the Perished City* (New Haven, CT: Yale University Press, 2009), 683–688.
21. Gelbard, "Warsaw Ghetto," 3–16.
22. 貝爾納・戈爾茨坦（Bernard Goldstein）描述了他們如何拯救了一座聯盟主義圖書館，參見：Bernard Goldstein, *Stars Bear Witness*, 49–50。安提克也拯救並創造了一些圖書館。
23. Henia Reinhartz, *Bits and Pieces* (Toronto: Azrieli Foundation, 2007), 24–30.
24. Analysis by Rachel Feldhay Brenner, *Writing as Resistance: Four Women Confronting the Holocaust* (University Park: Pennsylvania State University Press, 2003).
25. 也有些視覺藝術家創作是也為了抗議不人道行為、保持理智、身分認同與找到活下去的理由。舉例來說，華沙出生的畫家哈莉娜・歐羅穆基（Halina Olomucki）把自己在華沙隔離區的經歷畫下來，趁著納粹把她帶去強制勞動時，把作品走私給她熟識的波蘭人。她因為藝術天分而在集中營中獲得特殊地位，納粹提供比較好的食物和美術用品，要她畫下軍營和集中營的職員。她利用這些材料偷偷替自己的獄友作畫。她的傑出畫作《比克瑙集中營的女人》（*Women of Birkenau Camp*）描繪了三名消瘦的女人，她們身穿殘破的監獄制服，黑色的雙眼中充滿

37. Kukiełka, *Underground Wanderings*, 18.
38. Jon Avnet mentioned this "rule of the ghetto" in discussion of his film *Uprising* at the Directors Guild, New York City, April 22, 2018.
39. Izhar, *Chasia Bornstein-Bielicka*, 112.
40. Kukiełka, *Underground Wanderings*, 28.
41. Schulman, *Partisan's Memoir*, 79–80.
42. 當時有少部分的烏克蘭人和納粹合作，有些人是負責替德國人執行髒工作的戰俘。隨然這個主題已經超出了本書的主題，不過許多女性的回憶錄中都描述了烏克蘭人曾與德國合作。有些女性在論及波蘭人與德國合作時，說他們因為鄰居的這種背叛而覺得身受傷害。
43. 葛斯塔・戴維森在日記中試著對這種暴力行為進行心理分析：「占領最低階地區的警察最常和受刑人互動。他們比其他人更有可能展現出憐憫甚至同情心。但在其他長官在場時，他們會變成行刑人，變成最殘酷的獄卒。折磨猶太人和波蘭人的並不是德國人和烏克蘭人。折磨他們的是潛伏在人類心中的野獸，他們揮舞著權力的棍棒，把痛苦施加在我們身上。然而，並非所有人都是這個樣子。有些人的野蠻行為尚未深深根植在他們心中，因此他們偶爾還是會暫時停止這些暴行。有些納粹安全局的職員雖然抱持著反猶意識形態或憎恨波蘭人，但他們仍舊無法刑求他人或把痛苦施加在他人身上。」Draenger, *Justyna's Narrative*, 20–21.
44. Kukiełka, *Underground Wanderings*, 27.

第五章：華沙猶太隔離區：教育與文字

1. Zuckerman, *Surplus of Memory*, 65.
2. All information about Hantze in this section comes from *Hantze and Frumka*.
3. 奇薇亞描述了韓希的演講使她多麼感動，參見：Lubetkin, *Days of Destruction*, 37。
4. Rachel Katznelson-Shazar, "Meeting Hantze," in *Hantze and Frumka*, 153.
5. Zuckerman, *Surplus of Memory*, 104. 安提克描述說她像「花蕾」一樣脆弱精緻，出生在一個錯誤的時代。
6. From a letter to Z-L, Łódź, June 1939, Ghetto Fighters' House Museum archive.
7. Eliezer, "In the Movement," 87–91. 他花了很長的篇幅描述了他們之間的關係。
8. Yudka, "Catastrophe," 95–102.
9. 艾琳・佐伯曼（Irene Zoberman）指出，有四十六萬名猶太人擠在一平方英里中（約二點五六平方公里），也就是說每八到十名猶太人必須共享一個房間，參見：Irene Zoberman, "The Forces of Endurance," in *Before All Memory Is Lost*, 221。隔離區的牆會隨著人口增加與被殺掉而移動，這些牆是特別為了囚禁猶太人而用現有建築打造成的，高達三公尺。
10. Chaya Ostrower, *It Kept Us Alive: Humor in the Holocaust*, trans.Sandy Bloom (Jerusalem: Yad Vashem, 2014), 237. Ostrower includes a chapter on cabarets and performances, 229–330.《隔離區的女人》提到了米麗安・艾森斯塔特（Miriam Eisenstat），她是著名的華沙猶太會堂唱詩班指揮家的女兒。她在華沙隔離區度

26. Agi Legutko, tour of the Kraków ghetto, Jewish Culture Festival, Kraków, June 2018.
27. Izhar, *Chasia Bornstein-Bielicka*, 111.
28. Izhar, *Chasia Bornstein-Bielicka*, 112, and Shelub and Rosenbaum, *Never the Last Road*, 80–81.
29. 美國聯合救濟委員會也記錄了差不多的金額，參見：Who Will Write Our History, directed by Roberta Grossman, USA, 2019. JDC reports held in the JDC archive and Warsaw Ghetto, Everyday Life (Ringelblum archive), chapter on Women。根據此章節所述，在一九四〇年的華沙，工廠的女性勞工每天能賺進三茲羅提，擁有專業技能的女性勞工則是每天賺進六茲羅提。但一碗湯就要價一茲羅提。在戰爭期間的異常經濟狀態下，物價和收入比起來高昂很多。美國聯合救濟委員會的報告指出，在一九四二年的華沙，搭猶太巴士要花費六十格羅希，一杯水要價十八格羅希。

    一般來說，一九四〇年的一茲羅提大約等於二〇二〇年的三點三美金。由於在換算匯率時無法完整地符合戰爭期間的高波動幣值（有許多原因會導致幣值波動），所以數字並不準確，當時的美國的通膨率也一樣。此外，雖然在波蘭的不同占領地區會使用不同的貨幣，但這些貨幣似乎和茲羅提的匯率相符，當時訂定茲羅提匯率的是納粹，他們依據德國馬克訂定匯率，藉此推動德國經濟發展。有些隔離區會使用他們自己的貨幣。
30. 我們很難估算當時在波蘭的這個區域販賣走私商品的價格是多少。利妮亞可能不會把商品拿去賣錢，而是拿去以物易物。
31. 根據USHMM Encyclopedia，這個中轉營成立於一九四一年九月。利妮亞的敘述並沒有清楚指出亞倫是什麼時候被抓過去的，參見："Janowska," USHMM Encyclopedia, https://encyclopedia.ushmm.org/content/en/article/janowska。
32. Goldenberg, "Camps: Forward," 267. USHMM Encyclopedia 指出，納粹設立了超過四萬個集中營與其他監禁地點（包含隔離區），參見："Nazi Camps," The USHMM Encyclopedia。根據安提克的回憶錄，波蘭有八千個集中營，參見：Zuckerman, *Surplus of Memory*, 340。學者蘭諾．魏茲曼則指出，納粹在德國占領波蘭成立了至少四百三十七個猶太人的勞動營，參見：Dalia Ofer and Lenore J. Weitzman, "Labor Camps and Concentration Camps: Introduction to Part 4," in *Women in the Holocaust*, 267。
33. Goldenberg, "Camps: Forward," 266–267. 納粹親衛隊是負責執行最終解決方案的納粹軍力。
34. Ofer and Weitzman, "Labor Camps and Concentration Camps," 268. 根據費利西亞．卡拉伊（Felicja Karay）所述，斯卡希斯科卡緬納勞動營支付納粹親衛隊的價錢是每名男人每天五茲羅提，每名女人則只有每天四茲羅提，參見：Felicja Karay, "Women in the Forced Labor Camps," in *Women in the Holocaust*, 285。
35. Dyna Perelmuter, "Mewa (Seagull)," in *Before All Memory Is Lost*, 179.
36. 利妮亞在回憶錄中撰寫這段回憶的方式，使人難以分辨她的家人是否也一起離開了。不過根據她在以色列猶太大屠殺紀念館的證詞，她的家人搬到了沃濟斯瓦夫鎮。

5. See, for instance, Izhar, *Chasia Bornstein- Bielicka*, 104–115.
6. Barbara Kuper, "Life Lines," in *Before All Memory Is Lost: Women's Voices from the Holocaust*, ed.Myrna Goldenberg (Toronto: Azrieli Foundation, 2017), 198.
7. Myrna Goldenberg, "Camps: Forward," in *Before All Memory Is Lost*, 272.
8. Renia Kukiełka, Yad Vashem testimony.
9. See, for instance, Faye Schulman, *A Partisan's Memoir: Woman of the Holocaust* (Toronto, Canada: Second Story Press, 1995), 77.
10. Tec, *Resistance*, 52–54.
11. Izhar, *Chasia Bornstein-Bielicka*, 108–110.
12. Tec, *Resistance*, 52.
13. 走私的場景來自利妮亞在一九八五年提供給以色列國家圖書館的證詞，這份證詞如今收藏在圖書館檔案中。證詞中並沒有明確指出她是在隔離區「封閉」之前還是之後進行走私的。我依照許多猶太女走私者的經歷建構出這段敘述。舉例來說，請見：the chapter "Women" in *Warsaw Ghetto: Everyday Life*, The Ringelblum Archive, Volume 1, ed.Katarzyna Person, trans.Anna Brzostowska et al. (Warsaw: Jewish Historical Institute, 2017), 232–255.
14. 在利妮亞的敘述中，她說自己是在早晨離開的，但在其他的多數文件中，女性走私者都是在晚上離開隔離區的。
15. examples are from "Women," *Warsaw Ghetto: Everyday Life*.
16. Lenore J. Weitzman, "Resistance in Everyday Life: Family Strategies, Role Reversals, and Role Sharing in the Holocaust," in *Jewish Families in Europe, 1939–Present: History, Representation and Memory*, ed.Joanna Beata Michlic (Waltham, MA: Brandeis University Press, 2017), 46–66.
17. Tec, *Resistance*, 59. 在較大的隔離區中則是兩者皆有。
18. Schulman, *Partisan's Memoir*, 78.
19. Izhar, *Chasia Bornstein- Bielicka*, 120–122.
20. Izhar, *Chasia Bornstein-Bielicka*, 111.
21. 海希雅·比利卡解釋說他們會透過許多種方法進入隔離區，有時是躲在垃圾車中穿越隱密的地點，參見：Izhar, *Chasia Bornstein-Bielicka*。
22. Kukiełka, *Underground Wanderings*, 21.
23. See discussions in: Ofer, "Gender Issues in Diaries and Testimonies of the Ghetto," 143–167; Ringelheim, "Women and the Holocaust," 378–379; Tec, *Resistance*, 55–57; Michael Unger, "The Status and Plight of Women in the Łódź Ghetto," in *Women in the Holocaust*, 123–142.
24. Dalia Ofer, "Parenthood in the Shadow of the Holocaust," in *Jewish Families in Europe*, 3–25.
25. See, for instance, Brana Gurewitsch, "Preface," *Mothers, Sisters, Resisters*, xi–xxi; Esther Katz and Joan Miriam Ringelheim, eds., *Proceedings of the Conference on Women Surviving the Holocaust* (New York: Institute for Research in History, c1983), 17-19; Ringelheim, "Women and the Holocaust," 373–418; Tec, *Resistance*, 50, 55.

27. Zuckerman, *Surplus of Memory*, 244.
28. Kukiełka, *Underground Wanderings*, 12. 利妮亞曾在其他時間點指出，曾有些軍人士想要用他們的食物份額幫助其他人。
29. Bernard, "Problems Related to the Study," 61–62. 根據亞維胡・羅南所述，札倫比猶太居民委員會共有五百名職員，參見：Avihu Ronen, "The Jews of Bedzin," 21。來自美國聯合救濟委員會檔案的文件則指出華沙有兩千名猶太警察。
30. 舉例來說，猶太人大屠殺研究者尼賀馬・泰克就對猶太居民委員會的複雜狀況做了文獻探討，參見：Nechama Tec, *Resistance*, 14。其他有關猶太居民委員會支持反抗軍的描述，以及針對他們扮演何種角色的討論，可見：Izhar, *Chasia Bornstein-Bielicka*, 124–125, 140; Rotem, *Memoirs of a Ghetto Fighter*, 15; Don Levin and Zvie A. Brown, *The Story of an Underground: The Resistance of the Jews of Kovno (Lithuania) in the Second World War* (Jerusalem: Gefen, 2018); Mira Shelub and Fred Rosenbaum, *Never the Last Road: A Partisan's Life* (Berkeley, CA: Lehrhaus Judaica, 2015), 78. 也有些類似討論的主題是猶太警察。若想進一步了解猶太居民委員會與勞動力的發展，請見：Bernard Goldstein, *The Stars Bear Witness*, trans. Leonard Shatzkin (London: Victor Gollancz, 1950), 34–36。
31. 奇薇亞花了很長的篇幅描述她有多鄙視猶太居民委員會、猶太警察與協助納粹的猶太人。Lubetkin, *Days of Destruction*, 39–42.
32. Chana Gelbard, "Life in the Ghetto," *The Pioneer Woman*, No. 97, April 1944, 11.
33. Zuckerman, *Surplus of Memory*, 44–45.
34. Personal interview, Eyal Zuckerman, Tel Aviv, Isr., May 15, 2018.
35. Naomi Shimshi, "Frumka Plotniczki," Jewish Women's Archive, The Encyclopedia of Jewish Women, https://jwa.org/encyclopedia/article/plotniczki-frumka.
36. 安提克曾提到有關三角戀愛的傳聞，參見：Zuckerman, *Surplus of Memory*, 130。貝拉・葛特曼也猜測過這件事，參見：Gutterman, *Fighting for Her People*, 101, 127, 134, 135。
37. Ibid., 132. 夏倫・吉瓦指出，波蘭全國各地的人都用「奇薇亞」當做暗語，參見：Sharon Geva *The Zuckerman Code*, and *Blue Bird*, directed by Ayelet Heller, Isr., 1998。

第四章：看見下一個黎明——隔離區的恐懼

1. 根據利妮亞在以色列猶太大屠殺紀念館的證詞，一位鄰居問她要不要去做法庭秘書，她欣然接受了。
2. 除了特別備註的部分，本章的場景、描述與資訊皆盡來自：Renia Kukiełka, *Underground Wanderings*, 9–36。有關延傑尤夫隔離區的額外資訊請見第一章的資料來源註解。
3. Renia Kukiełka, Yad Vashem testimony. 根據利妮亞所述，他們之後再也沒有見過那位鄰居和他們的財物。
4. See, for instance, Izhar, *Chasia Bornstein-Bielicka*, 104, 133.

2. Lubetkin, *Days of Destruction*, 16.
3. Gutterman, *Fighting for Her People*, 9.
4. 這些人包括法蘭卡、韓希、莉亞．波爾斯坦和托西雅。
5. 安提克是他的「內部綽號」。他在面對德國人與波蘭人時使用的是不同的名字，參見：*The Zuckerman Code*, directed by Ben Shani and Noa Shabtai, Israel, 2018.
6. Lubetkin, *Days of Destruction*, 14.
7. Lubetkin, *Days of Destruction*, 14.
8. 她有可能到華沙去找舒姆爾，參見：Eyal Zuckerman, Tel Aviv, Isr., May 15, 2018。另一種說法則指出她延後前往華沙的日期是因為舒姆爾被捕，參見：Gutterman, *Fighting for Her People*, 107。
9. Lubetkin, *Days of Destruction*, 13.
10. Gutterman, *Fighting for Her People*, 110. 根據奇薇亞所述，時間是「隔天晚上」。奇薇亞的描述中沒有提到安提克，參見：Zivia Lubetkin, *Days of Destruction*, 14。
11. Lubetkin, *Days of Destruction*, 15.
12. Lubetkin, *Days of Destruction*, 17.
13. "The History of the Great Synagogue," Jewish Historical Institute, http://www.jhi.pl/en/blog/2013-03-04-the-history-of-the-great-synagogue.
14. "Warsaw," The YIVO Encyclopedia of Jews in Eastern Europe.Dalia Ofer, "Gender Issues in Diaries and Testimonies of the Ghetto: The Case of Warsaw," in *Women in the Holocaust*, 144–145. 前書指出，戰前的人口是三十五萬九千人，文件中也包括人口結構分析。
15. 八百六十萬人中有一百一十萬名猶太人。此為二〇一六年的數據，相關報導請見：Uriel Heilman, "7 Things to Know About the Jews of New York for Tuesday's Primary," *Jewish Telegraphic Agency*, April 18, 2016, https://www.jta.org/2016/04/18/politics/7-things-to-know-about-the-jews-of-new-york-for-tuesdays-primary.
16. 戰前華沙的影片請見：https://www.youtube.com/watch?v=igv038Pqr34; https://www.youtube.com/watch?v=CQVQQQDKyoo; https://www.youtube.com/watch?v=Zk_8lTLGLTE.
17. Lubetkin, *Days of Destruction*, 19.
18. Lubetkin, *Days of Destruction*, 21.
19. Eliezer, "In the Movement," in *Women in the Ghettos*, 87–91.
20. Lutke, "Frumka," in *Hantze and Frumka*, 169.
21. Y. Perlis, "In the Hachshara and the Movement," in *Hantze and Frumka*, 155.
22. Zruvevel, "Meeting and Separation," in *Women in the Ghettos*, 91–95.
23. Eliyahu Plotnicki, "Childhood Home," in *Hantze and Frumka*, 10.
24. Yudka, "Catastrophe," in *Women in the Ghettos*, 95–102. 根據此資料來源所述，她可能是因為聽說了韓希在納粹占領波蘭被殺死的假消息，才被激發出這種熱忱。
25. Gelbard, "Warsaw Ghetto," 5–7.
26. Zuckerman, *Surplus of Memory*, 104. 莉亞．波爾斯坦在渥茲市和華沙市的反抗行動農場擔任反抗軍領導人。她很可能死於一九四三年一月的「行動」。

34. Avihu Ronen, "Young Jewish Women Were Leaders in the Jewish Underground During the Holocaust," Jewish Women's Archive: The Encyclopedia of Jewish Women, https://jwa.org/encyclopedia/article/Poland-women-leaders-in-jewish-underground-during-holocaust. 另一方面，耶胡迪特・科爾因巴爾（Yehudit Kol-Inbar）則指出女人在波蘭的青年運動中沒有扮演重要角色，參見：Yehudit Kol-Inbar, "Three Lines in History," 514。
35. 第一個原因出自利妮亞在《逃離深坑》一書中的序言，第二個原因出自利妮亞在以色列猶太大屠殺紀念館的證詞。
36. See, for instance, the women's testimonies in the Alex Dworkin Canadian Jewish Archives, Montreal.

第二章：逃離戰火後，前方仍是戰火

1. 希特勒的閃電戰計畫包括用大規模轟炸毀掉敵人的運輸線路與通訊線路，接著再大範圍的入侵敵方領土。波蘭軍隊的設備不足、觀念老舊（他們想要用騎著馬的騎士和德國正面對抗），敵不過已經機械化與現代化的德國軍隊。
2. Kukiełka, *Underground Wanderings*, 4. This chapter is based on material from Kukiełka, *Underground Wanderings*, 3–8, and her Yad Vashem testimony.
3. Kukiełka, *Underground Wanderings*, 4.
4. 在以色列猶太大屠殺紀念館的證詞中，利妮亞說他們躲在地下室。
5. "Chmielnik," Beit Hatfutsot: My Jewish Story, The Open Databases of the Museum of the Jewish People, https://dbs.bh.org.il/place/chmielnik.
6. An alternate account of that first night with different details is offered in "Chmielnik," Virtual Shtetl.
7. Naomi Izhar, *Chasia Bornstein-Bielicka, One of the Few: A Resistance Fighter and Educator, 1939–1947*, trans.Naftali Greenwood (Jerusalem: Yad Vashem, 2009), 133.
8. Renia's Yad Vashem testimony.

第三章：鑄造女性戰爭

1. All the scenes about Zivia in this chapter are based on Zivia Lubetkin, *In the Days of Destruction and Revolt*, trans.Ishai Tubbin and Debby Garber, ed.Yehiel Yanay (Tel Aviv, Isr.: Am Oved; Hakibbutz Hameuchad; Ghetto Fighters' House, 1981). Additional information is primarily from: Zvi Dror, *The Dream, the Revolt and the Vow: The Biography of Zivia Lubetkin-Zuckerman (1914–1978)*, trans.Bezalel Ianai (Tel Aviv, Isr.: General Federation of Labor [Histadrut] and Ghetto Fighters' House, 1983); Chana Gelbard, "In the Warsaw Ghetto," in *Women in the Ghettos*, 3–16; Gutterman, *Fighting for Her People*; Yitzhak "Antek" Zuckerman, *A Surplus of Memory: Chronicle of the Warsaw Ghetto Uprising*, trans. Barbara Harshav (Berkeley: University of California Press, 1993).

29. 自由青年運動是青年衛隊和自由（Freiheit，為意第緒語）在一九三八年合併而成的團體，「自由」是一個以意第緒語為基礎的團體，吸引了許多勞工階級的成員。當時自由青年運動是一個猶太復國主義團體，同時使用意第緒語和希伯來語，較多勞工階級年輕人。他們是波利錫安政黨（Poalei Zion）的附隨組織，該政黨至今仍存在。自由青年運動的同志最著名的是他們和青年衛隊比起來年紀較大、個性較不自傲且比較務實。參見：Bella Gutterman, *Fighting for Her People: Zivia Lubetkin, 1914–1978*, trans. Ora Cummings (Jerusalem: Yad Vashem, 2014), 132。
30. 例如：「我從來都不是熱愛參與政治運動的人。由於ŻOB的每一個成員都必須把抵抗行動中的名字放進自己的名字中，就像姓氏一樣，所以我必須使用阿基瓦（Akiba）當做名字。」參見：Simha "Kazik" Rotem, *Memoirs of a Ghetto Fighter*, trans. Barbara Harshav (New Haven, CT: Yale University Press, 1994), 22. 有些團體之間是敵對關係，有些團體甚至會攻擊敵對團體的總部。
31. 不過當時的規定不准女人參與猶太地方會議的投票。
32. For discussions of both Polish and Jewish women in interwar Poland, see, for instance,Gershon Bacon, "Poland: Interwar," The Encyclopedia of Jewish Women, https://jwa.org/encyclopedia/article/poland-interwar; Judith Taylor Baumel-Schwartz and Tova Cohen, eds. *Gender, Place and Memory in the Modern Jewish Experience: Re-Placing Ourselves* (London: Vallentine Mitchell, 2003); Anna Czocher, Dobrochna Kałwa, et al., *Is War Men's Business?* Fates of Women in Occupied Kraków in Twelve Scenes.trans.Tomasz Tesznar and Joanna Bełch-Rucińska. (Kraków: Historical Museum of the City of Kraków, 2011); Nameetha Matur, "'The New Sportswoman': Nationalism, Feminism and Women's Physical Culture in Interwar Poland," *The Polish Review* 48 (2003), no. 4: 441–462; Jolanta Mickute, "Zionist Women in Interwar Poland," on *The Macmillan Report*, https://www.youtube.com/watch?v=TrYt4oI4Mq4; Lenore J. Weitzman and Dalia Ofer, "Introduction to Part 1," Paula E. Hyman "Gender and the Jewish Family in Modern Europe," Gershon Bacon, "The Missing 52 Percent: Research on Jewish Women in Interwar Poland and Its Implications for Holocaust Studies," and Daniel Blatman, "Women in the Jewish Labor Bund in Interwar Poland," all in *Women in the Holocaust*; Puah Rakovsky, *My Life as a Radical Jewish Woman: Memoirs of a Zionist Feminist in Poland*, trans. Barbara Harshav with Paula E. Hyman (Bloomington: Indiana University Press, 2001); Avihu Ronen, "Poland: Women Leaders in the Jewish Underground in the Holocaust," The Encyclopedia of Jewish Women, https://jwa.org/ encyclopedia/article/poland-women-leaders-in-jewish-underground-during-holocaust; Jeffrey Shandler, ed., *Awakening Lives: Autobiographies of Jewish Youth in Poland Before the Holocaust* (New Haven, CT: Yale University Press, 2002); Anna Zarnowska, "Women's Political Participation in Inter-War Poland: Opportunities and Limitations," *Women's History Review* 13 (No. 1, 2004): 57–68.
33. 當時多數波蘭的「女性主義者」會說自己是「激進分子」或「革命分子」。

爾漢卡」(Kukielchanka),原因是那位老師覺得庫基烏卡這個名字對猶太人來說太過波蘭了。

16. 本章有關波蘭歷史與波蘭猶太人的資訊,參見:"Poland," The YIVO Encyclopedia of Jews in Eastern Europe, https://yivoencyclopedia.org/article.aspx/Poland; Samuel D. Kassow, "On the Jewish Street, 1918–1939," *POLIN, 1000 Year History of Polish Jews—Catalogue for the Core Exhibition*, ed.Barbara Kirshenblatt-Gimblett and Antony Polonsky (Warsaw: POLIN Museum of the History of Polish Jews, 2014), 227–285; Jerzy Lukowski and Hubert Zawadzki, *A Concise History of Poland* (Cambridge: Cambridge University Press, 2001).
17. Adriel Kasonata, "Poland: Europe's Forgotten Democratic Ancestor," *The National Interest*, May 5, 2016, https://nationalinterest.org/feature/poland-europes-forgotten-democratic-ancestor-16073.
18. Paul Brykczynski lecture given at "In Dialogue: Polish Jewish Relations During the Interwar Period," November 15, 2018, at Fordham University, with Columbia, YIVO.
19. Accounts given in "Jędrzejów," Virtual Shtetl.
20. 希曼・吉岡和伊斯羅・舒馬赫是在渥茲市的喜劇表演團體認識的。到了一九三〇年代,他們變得非常受歡迎,以至於後來他們在華沙成立了自己的卡巴萊歌舞表演的劇團。
21. 山謬・卡索在演說裡提點我注意到這齣短喜劇,參見:"In Dialogue: Polish Jewish Relations During the Interwar Period"。有關這齣短喜劇的討論請見:Ruth R. Wisse, *No Joke: Making Jewish Humor* (Princeton, NJ: Princeton University Press, 2015), 145–146。
22. 聯盟黨在一九三八年成為了最大黨,原因在於英國白皮書和波蘭政府不願意聽從宗教政黨的請求,導致人民無法移民巴勒斯坦。在這之前,三個政黨獲得的選票一直十分平均。
23. 利妮亞的孩子指出,摩希影響了莎拉的智識能力,而莎拉則影響了利妮亞的領導能力。不過,有鑑於莎拉年紀比較大,又常住進各個訓練營和集體同場,利妮亞也可能會和貝拉一起行動。利妮亞在以色列猶太大屠殺紀念館的證詞中指出,在戰爭開打前,也就是她十五歲之前,她生命中的焦點是學校,對於青年運動毫無興趣。
24. 「她穿著深藍色的寬羊毛裙,裙子非常短——你幾乎能看見整隻鞋子從裙子底下露出來⋯⋯其他人一定會對你指指點點!」出自:Legierska, "The Hussies and Gentlemen of Interwar Poland."
25. Photos of Sarah Kukiełka are from the Ghetto Fighters' House Museum archive.
26. 維爾納市的意第緒科學院注意到了這場危機,組織了回憶錄競賽,邀請猶太年輕人寫下自己的人生經歷,希望能藉此讓他們更了解自己,也幫助他們培養道德感。
27. 青年衛隊不是任何政黨的附隨組織,但他們是社會主義猶太復國主義者。
28. Photos of the hachshara in Jędrzejów are from "Jędrzejów," Beit Hatfutsot: My Jewish Story.

第一章：波－林

1. 在不同的文件上，利妮亞的出生日期也有所不同，這是以色列猶太大屠殺紀念館記錄與利妮亞的小孩確認的日期。
2. 我建構這個出生場景的資料來源，是利妮亞在以色列猶太大屠殺紀念館檔案中的證詞與當時的歷史脈絡。本章中所有有關利妮亞與其家人的資料全都來自她在以色列猶太大屠殺紀念館的證詞，唯有另外註明的除外。
3. 根據利妮亞在以色列猶太大屠殺紀念館的證詞，他們一家人在家中講意第緒語，她和朋友對話時說的則是波蘭語；而根據她在隔離區戰士之家的口述證詞，她在家說的是波蘭語。她的姪子說他們在家時既會說意第緒語也會說波蘭語，參見：personal interview, Yoram Kleinman, Telephone, 11 February 2019。
4. 這是延傑尤夫鎮的一位當地人在二〇一八年六月告訴我的。
5. 《伊斯科爾書》（*Jędrzejów Yizkor Book*）列出了「庫基烏卡」（Kokiełka）家族中，有五個分支都被納粹殺死了，參見：*Jędrzejów Yizkor Book*, Tel Aviv, Isr.: Irgun Ole Yendzéyov be-Yiśra'el, 1965。
6. "Food and Drink," The Yivo Encyclopedia of Jews in Eastern Europe, http://www.yivoencyclopedia.org/article.aspx/Food_and_Drink.See also: Magdalena Kasprzyk-Chevriaux, "How Jewish Culture Influenced Polish Cuisine," Culture.pl, https://culture.pl/en/article/how-jewish-culture-influenced-polish-cuisine.
7. The information about Jędrzejów in this chapter is primarily from: "Jędrzejów," Virtual Shtetl, https://sztetl.org.pl/en/towns/j/40-Jędrzejów/99-history/137420-history-of-community#footnote23_xgdnzma; "Jędrzejów," Beit Hatfutsot: My Jewish Story, The Open Databases of the Museum of the Jewish People, https://dbs.bh.org.il/place/Jędrzejów; "Jędrzejów," Holocaust Historical Society, https://www.holocausthistoricalsociety.org.uk/contents/ghettosj-r/Jędrzejów.html; "Jędrzejów," JewishGen, https://www.jewishgen.org/yizkor/pinkas_poland/pol7_00259.html—originally published in *Pinkas Hakehillot: Encyclopedia of Jewish Communities, Poland*, Volume VII (Jerusalem: Yad Vashem), 259–262.
8. 這些出生日期是預估出來的，但亞倫應該是在一九二五年出生，伊絲特在一九二八年出生，雅科夫在一九三二年出生。
9. Wall text, POLIN Museum of the History of Polish Jews, Warsaw.
10. "Jędrzejów," Virtual Shtetl.
11. Personal interview with Merav Waldman, Skype, October 23, 2018.
12. Anna Legierska, "The Hussies and Gentlemen of Interwar Poland." 這是當時很常見的洋裝，我推斷利妮亞應該曾穿過。
13. As cited in "Jędrzejów," Virtual Shtetl.
14. 根據利妮亞在以色列猶太大屠殺紀念館的證詞，她曾短暫就讀過貝特雅科夫學校（Beit Yakov school），但由於學校離他們家太遠了，所以她轉學到波蘭公立學校。
15. 利妮亞在以色列猶太大屠殺紀念館的證詞中指出，一位老師堅持要稱她為「庫基

html; Avihu Ronen, "The Jews of Będzin," in *Before They Perished . . . Photographs Found in Auschwitz*, ed.Kersten Brandt et al. (Oświęcim, Pol.: Auschwitz-Birkenau State Museum, 2001), 16–27; Marcin Wodziński, "Będzin," The YIVO Encyclopedia of Jews in Eastern Europe, http://www.yivoencyclopedia.org/article.aspx/Bedzin; Ruth Zariz, "Attempts at Rescue and Revolt; Attitude of Members of the Dror Youth Movement in Będzin to Foreign Passports as Means of Rescue," *Yad Vashem Studies* 20 (1990): 211–236.

2. "Będzin," The YIVO Encyclopedia of Jews in Eastern Europe, https://yivoencyclopedia.org/article.aspx/Bedzin. 其他資料來源提供的數據落在百分之四十五至百分之八十之間。
3. 不同的資料來源提供的數字不同，範圍落在四十到兩百之間。根據意第緒科學院東歐猶太人百科全書（The YIVO Encyclopedia of Jews in Eastern Europe），有四十四名猶太人被殺死。
4. 不同地區的猶太人被迫要戴上的臂章也有所不同。在波蘭的許多區域中，波蘭人必須戴上的是白底與藍色大衛之星的臂章，其他區域則是黃色星星。請見："Holocaust Badges," Holocaust Memorial Center, https://www.holocaustcenter.org/visit/library-archive/holocaust-badges.
5. 納粹用委婉的用詞描述他們的謀殺計畫。「最終解決方案」指的是消滅全歐洲猶太人的計畫。「清空」是暗語，指的是把隔離區中的人遣送到死亡營或大量謀殺的地點消滅隔離區。
6. 這段敘述是基於利妮亞在回憶錄中的描述論述而成。參見：Kukiełka, *Undergound Wanderings*, 74–75。
7. Description of Hershel is from Chajka Klinger, *I Am Writing These Words to You: The Original Diaries, Będzin 1943*, trans.Anna Brzostowska and Jerzy Giebułtowski (Jerusalem: Yad Vashem and Moreshet, 2017), 69.
8. "Generalgouvernement," Yad Vashem Shoah Resource Center, http://www.yadvashem.org/odot_pdf/Microsoft%20Word%20-%206246.pdf.
9. 本段敘述依據莎拉存在隔離區戰士之家博物館檔案的照面寫成。
10. Zariz, "Attempts at Rescue and Revolt," 211–236. 更多有關護照騙局的討論，請見：Vladka Meed, *On Both Sides of the Wall*, trans.Steven Meed (Washington, DC: United States Holocaust Memorial Museum, 1993), 175–80; Paldiel, *Saving One's Own*, 361–62; Avihu Ronen, *Condemned to Life: The Diaries and Life of Chajka Klinger* (Haifa and Tel Aviv, Isr.: University of Haifa Press, Miskal-Yidioth Ahronoth and Chemed, 2011), 234–294.

第一部：隔離區的女孩

1. 此地過去的波蘭語地名是Lvov，意第緒語地名是倫貝格（Lemberg），如今的烏克蘭語地名是利沃夫（Lviv）。
2. Ringelbaum, *Notes from the Warsaw Ghetto*, 273–274.

12. Jewish Partisan Educational Foundation, http://www.jewishpartisans.org.
13. 這些網絡幫助過的猶太人數量一直備受爭議。請見二十章的註解。
14. Grunwald-Spier, *Women's Experiences in the Holocaust*, 228–229. 需特別留意的是，在奇薇亞的孫女成為戰鬥機飛行員時，英國《每日電訊報》（*Daily Telegraph*）寫了一篇文章介紹她以及她的祖父在華沙成為戰士的故事，文章沒有提到奇薇亞。馬修・布熱津斯基（Matthew Brzezinski）指出，在戰士列表中，女人總是被列在男人之後，常被描述成「某人的女友」，男人則不會被描述成「某人的男友」，參見：Matthew Brzezinski, *Isaac's Army: A Story of Courage and Survival in Nazi-Occupied Poland* (New York: Random House, 2012).
15. Ziva Shalev, *Tossia Altman: Leader of Hashomer Hatzair Movement and of the Warsaw Ghetto Uprising* (Tel Aviv, Isr.: Moreshet, 1992), 32–33.For more on "hussies," see Anna Legierska, "The Hussies and Gentlemen of Interwar Poland," Culture.pl, https://culture.pl/en/article/the-hussies-and-gentlemen-of-prewar-poland, 16 Oct 2014.
16. Chaika Grossman, "For Us the War Has Not Ended," in *Women in the Ghettos*, 180–82.
17. From Emanuel Ringelblum's diary entry, May 1942. One translation can be found in: Emanuel Ringelblum, *Notes from the Warsaw Ghetto: The Journal of Emanuel Ringelblum*, ed.and trans.Jacob Sloan (New York: ibooks, 2006).
當時有許多領導人都曾給出類似的讚譽。前波蘭反抗組織領導人楊・卡爾斯基（Jan Karski）也非常尊崇信使，他強調這些人面對的危險遠大於組織者和執行者，他們做的是最困難的工作，得到的是最少的獎賞，參見：Cited in Vera Laska, ed., *Different Voices*, 255.
18. Ruzka Korczak, "Women in the Vilna Ghetto," in *Women in the Ghettos*, 126.
19. 葛斯塔寫道：「我們絕不可能活著離開這間個人牢房，我們這些年輕的戰士將在死時向你致敬。我們自願為了神聖的使命現出生命，唯一的要求只有在永恆記憶之書中描述我們的行為。」參見：Gusta Davidson Draenger, *Justyna's Narrative*, trans.Roslyn Hirsch and David H. Hirsch (Amherst: University of Massachusetts Press, 1996), 33。

序：預敘——抵禦還是拯救？

1. Information about Będzin is from "Będzin," Virtual Shtetl, https://sztetl.org.pl/en/towns/b/406-bedzin/99-history/137057-history-of-community; Bella Gutterman, "The Holocaust in Będzin," in *Rutka's Notebook: January–April 1943* (Jerusalem: Yad Vashem, 2007); Aleksandra Namyslo, *Before the Holocaust Came: The Situation of the Jews in Zaglebie During the German Occupation* (Katowice: Public Education Office of the Institute of National Remembrance, with the Emanuel Ringelblum Jewish Historical Institute in Warsaw and Yad Vashem, 2014); Anna Piernikarczyk, "Bedzin," Polskie Dzieje, https://polskiedzieje.pl/dzieje-miast-polskich/bedzin.

5. Renia Kukiełka, *Underground Wanderings* (Ein Harod, Isr.: Hakibbutz Hameuchad, 1945).
6. See, for instance, the description of Renia's book in https://images.shulcloud.com/1281/uploads/Documents/Narayever-News/news-jan-feb-2014.pdf.
7. Renya Kulkielko, *Escape from the Pit* (New York: Sharon Books, 1947). 雪倫出版社和先驅者女性組織共用同一個地址。（二〇一八年，利妮亞的家人完全不知道有這個英文版的存在。）
8. 雖然猶太反抗軍的故事沒有流傳到我的猶太文化圈中，但在許多倖存者社群都知道這些歷史，以色列學術圈也有討論相關事件。有些人宣稱這些努力太過微小，不值得注意，其他人則指出當時有非常「大量」的反抗行動。
   值得一提的是，本書中許多數據都是推估出來的，且推估者往往會抱持著競爭意識。許多大屠殺的「數據」都來自納粹記錄，而納粹的反抗軍相關記錄往往都有偏差。雖然猶太人曾數次創造出流存至今的文獻，但許多資訊已經遺失了，或者必須祕而不宣——有些根本沒有留下紀錄，或者是用密碼記錄下來。許多數字來自相關個人的記憶。
9. Mais, "Jewish Life in the Shadow of Destruction," 24. 其他資料來源提供的數字有些許差異。根據 USHMM Encyclopedia大約有一百個隔離區曾出現過地下活動（資料並沒有標明這些地下活動成員是否有武裝），參見：https:// encyclopedia.ushmm.org/content/en/article/jewish-uprisings-in-ghettos-and-camps-1941-44。除外，根據大屠殺倖存者安尼斯・格倫瓦爾德－施皮爾（Agnes Grunwald-Spier），波蘭和立陶宛有十七個隔離區擁有各自建立的反抗團隊，預估在白俄羅斯地區有六十五個隔離區的武裝團體後來以森林為基地進行反抗，參見：*Women's Experiences in the Holocaust: In Their Own Words* (Stroud, UK: Amberley, 2018), 180–81。
10. Wall text, "Fighting to Survive: Jewish Resistance," Montreal Holocaust Museum, Montreal.Wall text, POLIN Museum of the History of Polish Jews, Warsaw, also includes: Będzin, Braslaw, Brzesc, Kobryn, Krzemieniec, Mir, Nieswiez, Tuczyn and Vilna. 根據USHMM Encyclopedia指出，猶太反抗行動也出現在卡齊米札、比亞瓦－波德拉斯卡（Biala Podlaska）、普瓦維（Puławy）、拉曾（Radzyn）、亞斯沃（Jaslo）、桑多梅茲；作者提到游擊隊的成立地點是武庫夫（Lukow）、普瓦維、 比亞瓦－波德拉斯卡、馬佐夫舍地區明斯克（Minsk Mazowiecki）、布雷斯特（Brest）、盧布林、平斯克的猶太隔離區；他也提及了特拉維尼基集中營（Trawniki camp）的起義行動，參見：https://encyclopedia.ushmm.org/content/en/article/jewish-uprisings-in-ghettos-and-camps-1941-44 also includes: Lachva, Kremenets, Nesvizh.Mark Bernard, "Problems Related to the Study of the Jewish Resistance Movement in the Second World War," *Yad Vashem Studies* 3 (1959): 45。根據以色列猶太大屠殺紀念館的研究，格羅德諾市的戰士也曾試圖刺殺隔離區的指揮官，但沒有成功，參見：https://www.yadvashem.org/odot_pdf/Microsoft%20Word%20-%206316.pdf。
11. Tec, *Resistance*, 148.

注釋

引言：戰斧

1. Leib Spizman, ed.*Women in the Ghettos* (New York: Pioneer Women's Organization, 1946).《隔離區裡的女人》是一本選集，裡面有回憶錄、信件和詩集，這些資料都和猶太反抗女性有關，有些是她們親手撰寫的，大多文件都來自波蘭勞工猶太復國主義運動，有些資料則是從較長的作品中摘錄下來。這本書的語言是意第緒語，目標讀者是美國猶太人，不過許多文章一開始的語言是希伯來語。編者李布・史皮茲曼（Leib Spizman）從德國占領的波蘭逃到了日本，之後又前往紐約，在那裡成為勞工猶太復國主義的歷史學家。
2. For discussion on the definition of "resistance," see, for instance: Brana Gurewitsch, ed. *Mothers, Sisters, Resisters: Oral Histories of Women Who Survived the Holocaust* (Tuscaloosa: University of Alabama Press, 1998), 221–222; Yehudit Kol- Inbar, " 'Not Even for Three Lines in History': Jewish Women Underground Members and Partisans During the Holocaust," in *A Companion to Women's Military History*, ed.Barton Hacker and Margaret Vining (Leiden, Neth.: Brill, 2012), 513–546; Yitchak Mais, "Jewish Life in the Shadow of Destruction," and Eva Fogelman, "On Blaming the Victim," in *Daring to Resist: Jewish Defiance in the Holocaust*, ed.Yitzchak Mais (New York: Museum of Jewish Heritage, 2007), exhibition catalogue, 18–25 and 134–137; Dalia Ofer and Lenore J. Weitzman, "Resistance and Rescue," in *Women in the Holocaust*, ed.Dalia Ofer and Lenore J. Weitzman (New Haven, CT: Yale University Press, 1998), 171–174; Gunnar S. Paulsson, *Secret City: The Hidden Jews of Warsaw 1940–1945* (New Haven, CT: Yale University Press, 2003), 7–15; Joan Ringelheim, "Women and the Holocaust: A Reconsideration of Research," in *Different Voices: Women and the Holocaust*, ed.Carol Rittner and John K. Roth (St. Paul, MN: Paragon House, 1993), 383, 390; Nechama Tec, *Resistance: Jews and Christians Who Defied the Nazi Terror* (New York: Oxford University Press, 2013), especially 12–13; Lenore J. Weitzman, "Living on the Aryan Side in Poland: Gender, Passing, and the Nature of Resistance," in *Women in the Holocaust*, ed.Dalia Ofer and Lenore J. Weitzman (New Haven, CT: Yale University Press, 1998), 187–222. 古納爾・保羅森和蘭諾・魏茲曼（Lenore J. Weitzman）強調，躲藏也應該是一種反抗。
3. 有關猶太救援者的討論，請見：Mordechai Paldiel, *Saving One's Own: Jewish Rescuers During the Holocaust* (Philadelphia: Jewish Publication Society, University of Nebraska Press, 2017)。根據以色列猶太大屠殺紀念館的部門前主管莫迪凱・帕迪爾所述，波蘭的大規模救援比其他國家還要少非常多。
4. Vera Slymovicz testimony, p. 27, Alex Dworkin Canadian Jewish Archives, Montreal.

國家圖書館出版品預行編目（CIP）資料

沒有終點的戰爭：二戰波蘭猶太少女和她們不為人知的戰鬥／茱蒂・巴塔利恩（Judy Batalion）著；聞翊均譯.
-- 初版. -- 新北市：臺灣商務印書館股份有限公司, 2022.12
528 面；17×23公分 --（歷史・世界史）
譯自：The light of days : the untold story of women resistance fighters in Hitler's ghettos

ISBN 978-957-05-3461-0（平裝）

1. CST：第二次世界大戰　2. CST：猶太民族　3. CST：女性
4. CST：波蘭

712.84　　111017804

歷史・世界史

沒有終點的戰爭

二戰波蘭猶太少女和她們不為人知的戰鬥

The Light of Days: The Untold Story of Women Resistance Fighters in Hitler's Ghettos

作　　者—茱蒂・巴塔利恩（Judy Batalion）
譯　　者—聞翊均
審 定 者—夏克勤
發 行 人—王春申
選書顧問—林桶法、陳建守
總 編 輯—張曉蕊
責任編輯—陳怡潔
封面設計—張　巖
內頁設計—黃淑華
版　　權—翁靜如

營 業 部—張家舜、謝宜華、王建棠
出版發行—臺灣商務印書館股份有限公司
231023 新北市新店區民權路 108-3 號 5 樓（同門市地址）
電話：（02）8667-3712　傳真：（02）8667-3709
讀者服務專線：0800056193
郵撥：0000165-1
E-mail：ecptw@cptw.com.tw
網路書店網址：www.cptw.com.tw
Facebook：facebook.com.tw/ecptw

局版北市業字第 993 號
初版一刷：2022 年 12 月
印刷廠：鴻霖印刷傳媒股份有限公司
定價：新台幣 690 元

法律顧問—何一芃律師事務所